KB074180

| 본인블랙니스 |

BORN IN BLACKNESS

| 본 인 블랙니스 |

아프리카, 아프리카인, 근대 세계의 형성,
1471년부터 제2차 세계대전까지

하워드 W. 프렌치 지음 | 최재인 옮김

책과함께

일러두기

- 이 책은 Howard W. French의 BORN IN BLACKNESS(Liveright, 2021)를 우리말로 옮긴 것이다.
- 옮긴이가 덧붙인 설명은 괄호와 '—옮긴이'로 표시해 구분했다.

나의 자매와 형제에게.

그리고 타니아Tania에게도.

이 모든 말words은 판매상에게서 나왔다.
그러나 팔려간 이들에게서는 한 마디도 나오지 않았다.
왕과 선장의 말이 배를 움직였다.
그러나 짐짝에서는 한 마디도 나오지 않았다.

- 조라 닐 허스턴Zora Neale Hurston, 《노예수용소Barracoon》

알지 못하는 것, 이는 어려웠다. 아는 것, 이는 더 어려웠다.

- 토니 모리슨Toni Morrison, 《빌러비드Beloved》

나루카와 지도

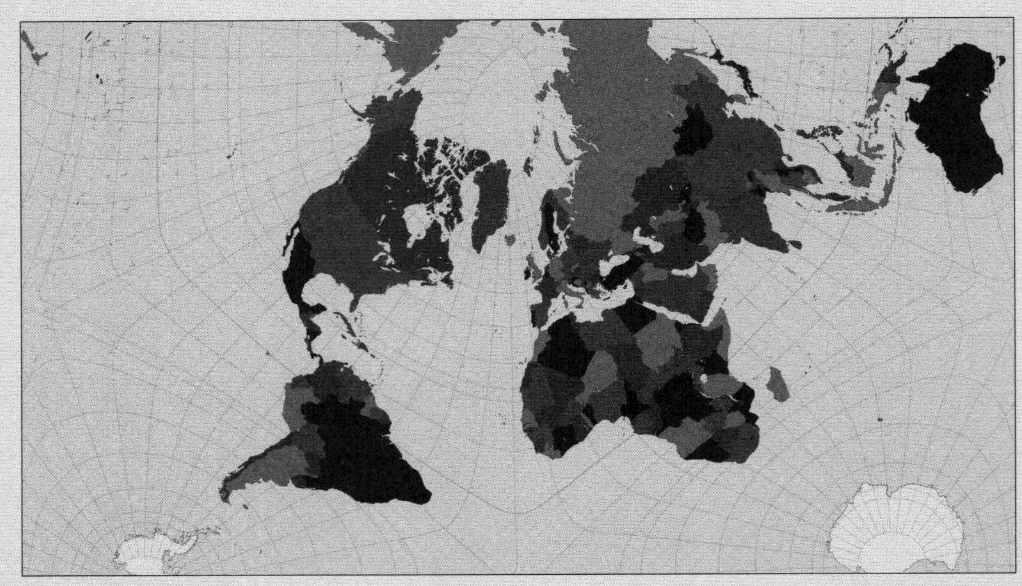

일본인 건축가 하지메 나루카와가 개발한 '오사그래프AuthaGraph' 방식으로 제작한 지도. 대륙과 바다의 비율을 가장 정확히 표현한 기법으로 인정받고 있다. — 옮긴이

차례

3부 아프리카인을 향한 각축전

4부 비단뱀신의 저주

5부 검은 대서양과 새롭게 형성된 세계

서론

잘못된 지점에서 시작된 이야기가 올바른 결론에 도달하는 경우는 거의 없다. 그런데, 우리가 통상 근대 세계의 형성과정으로 이해하고 있는 역사 이야기가 그렇게 잘못된 지점에서 시작되고 있다. 근대 세계의 시작에 대한 설명에서 전통적으로 가장 중시해온 것은 유럽의 15세기 '대항해시대Age of Discovery'와 유럽이 오랫동안 열망했던 동서양 사이의 해양교류였다. 이런 역사적 업적과 함께 짝을 지어 제시되어온 것은 신세계라고 알려져온 지역을 발견했다는 유명한 이야기이다.

근대의 등장에 대한 또 다른 설명은 윤리와 기질을 강조한다. 이는 유대교와 기독교의 신앙, 과학적 방법론의 발전이나 확산과도 관련이 있다. 혹은 이보다 훨씬 국수주의적인 설명이지만, 유럽인은 특별한 창의력과 독창성을 갖고 있다고 공공연히 이야기되는 신념과도 어느 정도 결부되어 있다. 이런 생각은 프로테스탄트 종교개혁에 담긴 함의에 대한 대중적 통념, 혹은 영국이나 네덜란드와 같은 곳에서부터 흘러나왔다고 여겨지는 강직한 노동 윤리, 개인주의, 기업가적 추진력 등에 대한 통념과도 연관되어왔다.

1498년 인도양을 거쳐 캘리컷Calicut(인도 서남부의 항구도시—옮긴이)에 도착한 바스쿠 다 가마Vasco da Gama, 아시아로 가기 위해 서쪽으로 항해하며 남아메리카 남단을 돌았던 마젤란Ferdinand Magellan 등 이 시기 이베리아반도 출신의 유명한 항해자들의 항해가 중요했다는 데 이견은 없다. 이는 콜럼버스Christopher Columbus에 대해서도 마찬가지이다. 그가 카리브해 연안 섬들을 일본과 인도로 오인했고 죽을 때까지도 이런 오해에 매달려 있기는 했지만, 그렇다고 그의 항해가 지닌 의미를 부정할 수는 없다. 어떤 작가는 콜럼버스에 대해 다음과 같이 점잖게 말하기도 한다. 그가 서쪽으로 가는 항해에 나섰을 때, "그는 중세 세계에서 온 중세인이었다. 그의 머릿속은 키클롭스Cyclops(그리스 신화에 나오는 외눈박이 거인—옮긴이), 피그미, 아마존, 개의 얼굴을 한 선주민, 머리로 걷고 발로 생각하는 지구 반대편 사람들, 귀금속이 주렁주렁 열리는 땅에 사는 검은 피부에 거대한 귀를 가진 종족 등 중세적 관념으로 가득했다. 그러나 아메리카의 흙을 밟으며 그는 새로운 세계로 진입하는 것 그 이상을 해냈다. 새로운 시대로 들어선 것이다."[1]

대중적 통념에서 흔한 일이지만, 이렇게 가장 유명한 발견의 업적으로 시작되는 일반적인 근대사 이야기는 마치 세 개의 원형무대로 구성된 서커스장의 가운데 무대에 있는 공중그네를 타고 바라본 세상처럼 부산하다. 그렇게 봐서는 어떻게 지구가 영구히 하나로 엮이게 되었고, '근대적'이게 되었는지에 대한 이야기의 진정한 시작점들을 찾기 힘들다. 또한 그렇게 시작할 경우, 아프리카에 매우 부당한 역할이 부여되기 때문에, 처음부터 이야기를 잘못 시작할 수밖에 없다.

우리 대부분은 초등학교 시절부터, '대항해시대'가 처음 열리게 된 것은 유럽이 아시아와 관계 맺기를 열망했기 때문이라고 배웠다. 그러나 이는 사실이 아니다. 유럽이 수 세기 동안 상업적 유대를 구축하고자 갈망했던 대상은 아시아가 아니라 전설로 회자되어온 유명한 부자 흑인 사회들, 즉 '가장 어두운' 서아프리카 중심부 어딘가에 숨어 있다고 알려진 부유한 흑인 사회들이었다. 유명한 이베리아반도의 항해자들은 아시아로 가는 항로를 모색하면서가 아니라, 서아프리카 해안을 왕래하면서 경험을 쌓았다. 서아프리카 해안에서 그들은 지도 제작 기술과 항해술을 최고 수준으로 끌어올렸고, 에스파냐와 포르투갈은 디자인이 개량된 선박들로 시험 항해를 했다. 이곳에서 콜럼버스는 대서양의 해풍과 조류의 기능을 충분히 익혔기 때문에, 그 이전의 어떤 유럽인도 갖지 못했던, 귀항할 수 있다는 자신감을 갖고 훗날 대서양 서쪽 끝까지 항해할 수 있었다.

에스파냐의 이름으로 원정을 떠나기 한참 전에, 제노바 출신 이탈리아인 콜럼버스는 열대 지역인 오늘날의 가나Ghana, 엘미나Elmina에 자리한 유럽 전초기지로 식량을 공급하기 위해 항해를 했다. 그 기지는 유럽인이 해외에 구축한 최초의 대규모 요새였다. 15세기 중엽 유럽의 서아프리카 원정은 그 지역 어딘가에 막대하게 비축되어 있는 금의 원천을 찾는 일에 집중되었다. 1471년 포르투갈인이 개척했고, 1482년 엘미나에 요새를 건설하면서 확보한 황금무역의 규모는 막대하여, 여기서 얻은 수입으로 훗날 바스쿠 다 가마의 아시아 항로 개척 임무도 지원할 수 있었다. 또한 이를 통해 유럽의 작고 가난한 왕실 소재지에 불과했던 리스본이 이웃나라들을 물리치고 세계사의 궤적을 급격하게 바꿀 수 있게 되었다.

엘미나를 드나들었던 또 다른 인물인 디아스Bartolomeu Dias는 1488년 아프리카의 희망봉Cape of Good Hope을 돌아, 훗날 인도양으로 알려진 또 하나의 바닷길이 있음을 보여주었다. 그러나 바스쿠 다 가마가 캘리컷까지 항해한 이래 거의 10년 동안, 아시아로의 항해는 시도조차 되지 않았다. 이런 대표적인 탐험활동들에 대해 역사교육은 당황스러울 정도로 침묵하고 있다. 이 10년뿐만 아니라 포르투갈인이 엘미나에 도착한 뒤부터 그들이 인도에 상륙할 때까지 30년에 가까운 시기에 대해서도 역사교육은 침묵하고 있다. 그러나 바로 이 무렵에 유럽과 오늘날 사하라 이남 아프리카라고 불리는 지역이 불가역적인 깊은 관계를 맺었고, 그 과정에서 근대의 기초가 마련되었다.

오늘날의 세계가 어떻게 형성되었는지를 이해하는 것이 근본적으로 중요한 문제임에도 불구하고, 이런 식의 생략은 수없이 많이 벌어졌다. 근대 세계의 서사에서 아프리카인과 그 후손들의 이야기는 수 세기에 걸쳐 축소되고, 주변으로 밀려나고, 지워졌다. 이 책의 중심 목표는 이렇게 생략된 주요 대목들을 살려, 근대성과 관련해 우리가 공유하는 서사에서 적절한 자리로 복원하는 것이다. 애매한 경우도 많지만, 이 책의 내용 대부분이 새로 발굴된 정보는 아니다. 사실 역사서술이 그런 식으로 이루어지는 경우는 거의 없다. 내가 엮어낸 사실들은 파편화되어 흩어져 있거나, 거의 언급되지 않은 채 계속 어두운 구석으로 밀려났던 정보들이다. 뒤에서 다룰 주요 관심사는 아프리카와 유럽이 15세기에 지정학적 충돌로 시작해 서로에게 깊이 얽혀 들어가면서 빚어낸 비극적인 역사 이야기이다. 아프리카인과 유럽인의 만남으로 야기된 사건들과 활동들이 대서양으로 향했던 유럽인 대부분을 하나의 길로 올라서게 만들었고, 이 길을 통해 유럽은 권력과 부 모두에서 아시아의 위대한 문명 중심지들과 이슬람 세계를 앞지르게 되었다. 우월성을 창출한 이런 상승세가 유럽인의 타고난 혹은 항구적인 기질에서 기인한 것은 아니다. 제대로 알려져 있지 않지만, 이는 유럽과 아프리카가 경제적·정치적으로 맺은 관계에 기초해서 세워진 것이다. 물론 그 핵심에는 수 세기 동안 지속된 대규모의 대서양 노예무역이 자리하고 있다. 노예무역을 통해 신세계로 팔려간 수백만 명의 아프리카인이 플랜테이션에서 사탕수수, 담배, 면화 등 환금작물을 재배하는 노동을 해야 했다.

우리를 오늘날의 세계까지 이끌어온 근대의 긴 역사가 시작된 것은 바로 위에서 언급한, 사라진 수십 년 동안 일어난 일이었다. 이 시기에 포르투갈과 아프리카 사이에서 상업적 유대관계가 발전했다. 여기서 새로이 피어나온 번영이 과거에 유럽의 주변국이었던 포르투갈로 흘러들었고, 곧 근대성을 낳은 젖줄이 되었다. 이는 그곳에서 유례없는 규모로 도시화를 추동했고, 새로운 근대적 정체성들을 만들어냈다. 이를 통해 토지에 결박되어 있던, 이전에는 끊을 수 없을 것처럼 보였던 봉건적 유대관계에서 점차 벗어나게 되었다. 이 참신했던 정체성들 중 하나가 국민성nationhood, 우리가 오늘날 알고 있는 의미 그대로의 국민성이다. 이런 의식의 등장은 멀리 있는 땅에서 부를 추구했던 것과 밀접히 관련되고, 열대 지역으로 이주하여 그곳에 식민지를 건설했던 경험과도 연결된다.[2]

15세기 초 포르투갈이 과감하게 세계로 진출하면서(사실 거의 한 세기 동안 세계로 진출한다고 할 때, 세계는 전적으로 아프리카를 의미했다), 포르투갈인은 인류 최초로 새로운 개념적 도약을 해냈다. 그들은 '발견discovery'이란 갖가지 새로운 것들과 우연히 마주하게 되거나, 한번도 가보지 못한 곳에 어리둥절해하며 들어가는 단순한 행위가 아니라, 새롭고 더 추상적인 것이라고 여기기 시작했다. 발견은 새로운 사고방식이 되었고,

모더니즘의 또 다른 초석이 되었다. 이는 세계의 사회적 복잡성은 끝이 없음을 이해한다는 것을 의미했다. 그 과정에서 거대한 폭력과 참상이 수반되기는 했지만, 그래도 발견은 의식을 확장하고 지역적 편협함에서 좀 더 체계적으로 벗어날 것을 요구했다.

확실히 근대성은 여전히 매우 논쟁적인 용어이고, 여러 의미를 갖고 있으며, 모순되는 해석들도 종종 나온다. 근대성이 등장하던 시기에 아프리카가 했던 역할이 널리 알려지지 않았다는 점을 강하게 주장하려는 책에서는 일종의 기능적 규정에 비중을 두는 편이 적합할 것이다. 캐나다 철학자 테일러Charles Taylor는 근대성을 서술하면서, 근대성에 대해 매우 다른 두 개념이 있다고 상정한다. 이 용어가 일부에서는 문화적 의미로, 다른 일부에서는 비문화적 의미로 통용된다는 것이다. 우리는 결국 이 두 용법 모두를 사용하겠지만, 이 책에서 더 관심을 두는 것은 근대성에 대한 문화적 관점이다. 테일러는 다음과 같이 말한다. "〔그런〕 관점에서, 우리가 중세 유럽과 같은 시기 중국 혹은 인도의 차이를 보듯이, 오늘날 서구 사회와 이른바 중세 유럽 사회의 차이도 비슷하게 바라볼 수 있다. 다시 말하면, 그 차이는 각기 고유의 문화를 갖고 있는 문명들 사이의 차이라고 생각할 수 있다."[3] 테일러의 개념에 따라, 이 책은 유럽과 사하라 이남 아프리카의 운명적 맞물림을 보여줄 것이다. 이는 15세기 초에 시작하여 갈수록 더 빈번해지고 심화되었으며, 양 지역뿐 아니라 더 큰 세계적 차원에서도 문명적 전환을 만들어냈다. 오늘날 돌이켜보면, 유사한 사례를 찾기 힘들 정도로 그 '이전'과 '이후'가 뚜렷하게 달라졌다.

당시 유럽인은 이런 현실을 자각하고 있었다. 1530년대에도, 즉 포르투갈이 아시아와 유명한 향신료 무역을 시작한 이후에도, 리스본은 여전히 아프리카를 모든 새로운 것을 이끌어내는 선도적인 견인차로 여기고 있었다. 예를 들어, 포르투갈 국왕의 자문관이었던 주앙 드 바후스João de Barros는 "이 왕국에는 토지세, 통행료, 십일조, 소비세, 이외에도 왕실이 부여하는 각종 세금이 있지만, … 기니Guinea와의 교역만큼 안정된 수익을 보장해주는 것은 보지 못했다"라고 말했다.[4]

바후스가 아프리카의 활력을 인정한 것만큼이나, 그가 그 교역관계의 기둥이었던 노예제를 언급하지 않았다는 점에 주목해야 한다. 아마도 이것이 중대한 사회적·경제적 변화에서 노예제가 가졌던 중심성이 서구의 근대성 경험을 상세히 전하는 이야기 속에서 부정되거나 쉽게 무시되기 시작했던 첫 번째 사례인 듯하다. 이게 마지막은 아니었다. 바후스가 위 글을 썼을 때, 포르투갈은 유럽인의 아프리카 무역에서 압도적인 지배력을 행사하고 있었고, 노예는 금과 겨룰 수 있을 만큼 높은 수익성의 원천이 되고 있었다. 노예제가 이미 플랜테이션 농업에 기초한 새 경제체제의 기반이 되고 있었던 것이다. 이후 플랜테이션 농업을 통해 유럽은 아프리카의 금, 혹은 유럽인이 몹시 탐냈던 아시아의 유명한 비단이나 향신료보다 훨씬 더 큰 부를 획득할 수 있었다.

바후스보다 한 발 더 나간 사람으로 18세기 영국의 주요 통상 전문가인 포스틀레스와이트Malachy Postlethwayt를 들 수 있다. 그는 플랜테이션 노예 노동으로 얻는 초과이윤과 세입이 영국의 풍요와 사회적 활력을 일으키는 "중심 기둥이자 받침대"라고 했다. 포스틀레스와이트는 당시 절정에 달했던 영제국을 "아프리카를 토대로 삼아 〔세워진〕 아메리카 교역과 해군력으로 구성된 거대한 상부구조"라고 묘사했다. 비슷한 시기에 비슷한 명성을 떨쳤던 프랑스 사상가 레날Guillaume-Thomas-François de Raynal은 아프리카인 노예의 노역으로 돌아가는 유럽의 플랜테이션이 "지금 세계를 떠들썩하게 만들고 있는 급격한 변동의 주된 원인"이라고 했다. 《로빈슨 크루소》를 쓴 영국인 작가이자 무역상, 논객, 스파이이기도 했던 디포Daniel Defoe는 위의 두 사람을 능가했다. "아프리카인을 매매하는 무역이 없었다면, 니그로도 없었다. 니그로가 없었다면, 설탕도 인디고(디포는 indico라고 썼지만, 아마도 indigo를 의미할 것이다—옮긴이)도 없었다. 설탕 등이 없었다면, 섬도 대륙도 없었다. 대륙이 없었다면, 무역도 없었다."[5]

포스틀레스와이트, 레날, 디포 모두 분명 맞는 말을 했지만, 그 원인을 충분히 이해하지는 못했다. 이 책에서 명료하게 밝히겠지만, 아프리카는 세계 어느 지역보다 근대성이라는 기제機制, machine의 중심축으로 작동해왔다. 아프리카인이 아프리카 해안에서 인신매매당하는 일이 없었다면, 아메리카가 서구의 부상에서 별 의미를 갖지 못했을 것이다. 아프리카인 노예의 노동 덕분에 아메리카가 이른바 개발 혹은 발전할 수 있었다. 아프리카인의 노동이 없었어도 신세계에서 유럽의 식민지 프로젝트가 익히 우리가 알고 있는 역사처럼 전개되었으리라고는 상상도 할 수 없다.

플랜테이션 농업의 발전과 담배, 커피, 카카오, 인디고, 쌀, 그리고 무엇보다 설탕과 같이 역사를 바꾼 환금작물들을 통해 유럽과 아프리카가 맺어온 깊은, 그리고 대개는 잔혹했던 관계가 말 그대로 전 지구적 차원의 자본주의 경제를 낳았다. 노예가 생산한 설탕을 통해 오늘날 우리가 산업화라고 부르는 과정들이 더 신속하게 통합될 수 있었다. 이는 식단에 큰 변화를 가져왔고, 이를 통해 노동 생산성이 크게 높아졌다. 이렇게 설탕은 유럽 사회에 완전한 혁명적 변화를 가져왔다. 곧 알게 되겠지만, 설탕은 유럽에 민주주의를 정착시키는 과정에서도 중요한 역할을 했지만 대개는 인정받지 못했다.

설탕에 이어, 미국 남부에서 노예가 경작한 면화가 공식적인 산업화의 출발에 도움을 주었다. 그리고 이와 함께 소비주의의 두 번째 큰 흐름이 등장했다. 고칼로리 식품들에 이어 인류사에서 처음으로 대중을 위한 의류가 다양하게 대량으로 공급되었던 것이다. 이 책에서 밝힌 것처럼, 이를 가능하게 만든 미국 내전 이전 면화 호황의 규모와 범위는 그야말로 대단했다. 이런 호황으로, 면화 등 노예가 생산한 상품과는 별개로 미국의 노예거래 및 소유에서 나온 가치가 미국의 공장, 철도, 운하를 모두 합친 것의 가치보다 더 커졌다.

아프리카에서 이권을 장악하기 위해 유럽인은 수많은 다툼을 벌여왔고 이 과정에서 근대 세계가 수립되었다. 이 책은 부분적으로는 지금은 잊힌 그 싸움들에 대한 설명이기도 하다. 에스파냐와 포르투갈은 금을 얻기 위해 서아프리카에서 격렬한 해상 전투를 벌였다. 17세기에는 네덜란드와 포르투갈(당시는 에스파냐와 통합된 포르투갈)이 오늘날의 콩고와 앙골라 지역에서 노예무역에 대한 권리를 놓고, 두 지역을 오가며 거의 세계대전을 벌였다. 당시 콩고와 앙골라는 아프리카에서 노예를 가장 많이 공급하던 곳이었다. 대서양 건너 멀리 떨어진 브라질은 17세기 초 노예가 경작한 사탕수수의 최대 생산지였다. 이곳에서도 비슷한 싸움이 전개되었고 주도권이 계속 바뀌었다. 17세기 말 영국은 카리브해에서 주도권을 놓고 에스파냐와 전쟁을 했다. 왜 머나먼 곳에서 강국들이 그런 것들을 두고 격렬하게 전쟁을 벌였는가? 답은 작은 바베이도스섬에서 찾을 수 있다. 1660년대 중반, 영국이 바베이도스의 플랜테이션에서 아프리카 노예 노동력 모델을 도입했다. 불과 30년 만에 바베이도스에서 생산된 설탕이 에스파냐령 아메리카 전역의 귀금속 수출액보다 더 가치가 커졌다. (노예가 경작하는 플랜테이션이 처음 도입된 것은 이보다 100여 년 전 포르투갈령 상투메São Tomé섬에서였다.)

이 책은 가장 비옥한 플랜테이션 토지와 가장 큰 노예 공급원을 장악하기 위한 고전적인 군사력 경쟁에 대한 이야기이기도 하고, 이 역사의 여러 단계에서 노예가 생산해낸 경제적 기적에 대한 이야기이기도 하다. 또한 이 책은 이례적이면서도 끊임없이 이어져온 완전히 다른 종류의 대립, 바로 흑인에 대한 전쟁 이야기이기도 하다. 이는 최소한으로 잡아도 미국에서 인종차별체제인 짐크로Jim Crow 제도(19세기 후반부터 20세기 후반까지 미국 남부에서 확립되었던 인종차별적인 법제도와 관행—옮긴이)가 사라지는 시기까지 이어지는데, 이 책의 마무리 지점에서 이 시기를 다룬다. 흑인에 대한 전쟁에서는 아프리카인을 때려서 항복시키고, 서로를 노예화하게 만들고, 흑인을 프락치나 조력자로 동원하는 전략이 계속 시도되었다. 신세계의 선주민에게서 영토를 빼앗거나, 아메리카 전역에서 유럽 강국들이 치열한 경쟁을 벌이는 이야기도 있다. 이런 이야기가 아프리카인에게서 능동성을 앗아가는 것은 아니다. 이 문제에 대해서는 이 책에서 길게 다룰 것이다. 이 전쟁이 이후 아프리카 발전에 미친 영향, 근대성이 치러야 했던 또 다른 대가는 이루 헤아릴 수 없을 지경이다. 아프리카에서 아메리카로 이송된 아프리카인의 규모에 대해 오늘날 합의된 추정치는 대략 1200만 명이다. 그런데, 이 잔악하면서도 너무나 깔끔한 셈법에서 놓치고 있는 것이 있다. 바로 노예사냥 과정 중에 고향 혹은 고향 부근에서 사망한 또 다른 약 600만 명의 아프리카인, 즉 사슬에 묶여 선박에 태워지기 전에 사망한 이들이다. 다양한 추정이 있지만, 5퍼센트에서 40퍼센트 가량이 아프리카 대륙을 횡단하여 해변으로 가던 혹독한 행로에서, 혹은 수개월간 갇혀야 했던 수용소에서 죽어나갔다. 그리고 배에 탄 이들 중 약 10퍼센트가 대서양 항해 중 사망했고, 그 영향을 받은 모든 사람이 육체적·정신적으로 극한 고통을 겪었다.[6] 19세기 중엽 아프리카 전체 인구를 1억 명 정도라고 생각하고 계산하면, 노예무역이 인구 면에서 아프리카에 얼마나 심각한 피해를 입혔는지 가늠할 수 있다.

흑인에 대한 전쟁이 대서양 서안에서 치열했던 만큼 저항도 거셌다는 점을 간과하지 말아야 한다. 신세계 플랜테이션 사회들 대부분에서, 잡혀 온 흑인의 평균 여생은 7년 이하로 추산된다. 1751년 안티과Antigua의 한 영국인 대농장주는 대다수 노예주의 생각을 이렇게 정리하여 표현했다. "비용이 적게 드는 방식은 노예에게 거의 비용을 들이지 않으면서 노예가 쓸모없어질 때까지, 더 이상 일을 할 수 없을 때까지, 혹사를 시켜 나가떨어질 때까지 최대한 일을 시키는 것이다. 자리가 비면, 새 노예로 채우면 된다."

이 책은 18세기 말 미국에서 '면화 대량생산'의 시대가 어떻게 갑자기 등장했는지, 그 과정에서 생산기록관리와 잔혹성이 어떻게 기이하게 결합되었는지에 대한 이야기를 하며 흑인에 대한 전쟁의 거의 마지막 단계로 들어간다. 1808년 사우스캐롤라이나에서 일반 면화 채집자 한 명의 하루 평균 수확량은 28파운드(약 13킬로그램)였다. 1846년 미시시피의 면화 채집자는 주인에게 하루 평균 341파운드(약 155킬로그램)를 갖다 바쳤다. (미국 목화밭의—옮긴이) 생산성 증가 수준이 맨체스터

공장의 생산성 증가 수준과 완전히 일치하고 있었다.[7]

이런 설명을 해내기 위해 숨겨진 역사의 물리적 흔적들을 되도록 많이 찾아내야 했다. 많은 사건과 과정이 발생했던 땅, 그래서 그 의미가 새겨져 있는 땅을 밟으며 그 공기를 호흡해보는 것도 중요했다. 그런 시도를 해보는 동안 여기저기서 놀라울 정도로 우연하게 여러 도움을 받았다. 가족사와 얽힌 세세한 개인적 사연들에서 도움을 받기도 했고, 언론인이자 작가로 40년을 살았기에 쓸 수 있게 된 부분도 있다. 이 책을 읽는 거의 모든 이들이 어떤 식으로든 이 책에서 탐구한 역사의 산물이다. 특히 나는 부모가 모두 아프리카계 미국인이고, 두 분 모두 혼혈이기에 다양한 조상을 두고 있는데, 나는 이 점을 각별히 유념하고 있다.

다행스럽게도 나는 내 가족사에 대해, 특히 돌아가신 어머니 쪽으로 꽤 알고 있다. 외가의 뿌리는 버지니아 노예제가 시행되던 시기까지 길게 이어지고 분명하게 추적할 수 있다. 여기에는 원하지 않았던 인종 혼혈도 있는데 이를 야기한 가장 유명한 이로 미국 제3대 대통령인 제퍼슨Thomas Jefferson을 들 수 있다. 내 조상 중에는 제퍼슨의 친구도 있는데, 그가 제퍼슨의 집을 설계했다. 이 책은 그것이 나에게 어떤 의미였는지, 어떻게 이 책의 서사로 이어졌는지에 대한 사색으로 마무리될 것이다.

학부 시절 아프리카에 갈 수 있었던 것은 행운이었다. 처음에는 들뜬 여행객으로 방학을 이용해 갔고, 졸업 후에는 6년 동안 그곳에서 살왔다. 나는 널리 여행하며 아프리카에 대해 글을 쓰면서 언론인으로 첫 발을 뗐다. 나는 코트디부아르Côte d'Ivoire에서 성장했지만 집안은 가나 출신인 여성과 결혼했다. 당시에는 몰랐지만, 그녀의 조상은 15세기에 유럽인이 수십 년 동안 열심히 찾은 끝에 마침내 우연히 발견한 서아프리카의 풍성한 황금자원 지대에서 얼마 안 떨어진 곳에 살았다. 15세기 유럽인의 이 발견은 세계를 바꾸었다.

1986년 나는 서아프리카를 떠나 《뉴욕타임스》에 입사했다. 약 3년 뒤, 해외 특파원이 되어 처음 담당하게 된 지역이 카리브해 연안이었다. 이곳에는 잇달아 발생했던 지구적 차원의 중요한 변동들이 시작되었던 섬들이 결집되어 있다. 그 변동의 첫 수백 년간은 바베이도스나 자메이카와 같은 섬들이 훗날 미국이 되는 영국령 북아메리카 식민지들보다 훨씬 중요했다. 그러나 이를 아는 사람은 전문가를 제외하고는 거의 없다. 지금은 아이티로 알려진 섬 역시 마찬가지였다. 18세기 이 섬은 역사상 가장 부유한 식민지였다. 19세기에는 이곳 노예들이 혁명에 성공하면서, 아이티는 그 세계적 영향력에서 미국과 라이벌이 되었다. 특히 계몽주의적 가치 중에서 가장 근본이 되는 가치를 실현하는 데 일조하면서, 즉 노예제를 끝내면서 큰 영향력을 발휘했다. 카리브해 연안에서 지내는 동안 나는 이 지역 특유의 거대담론을 연상시키는 기운들을 이따금 감지하곤 했다. 도미니카 공화국에서 진흙으로 질펀한 바닷물에 무릎까지 담그고 서서 콜럼버스의 첫 번째 항해의 잔해를 한 조각이라도 찾아보려는 발굴 광경을 바라볼 때, 혹은 아이티 북부에 있는 신록으로 덮인 봉우리를 오를 때 그런 기운들을 느꼈다. 아이티의 초기 흑인 지도자인 크리스토프Henri Christophe는 라페리에르 성채Citadelle Laferrière를 지었다. 서반구에서 가장 큰 요새로 365개의 대포로 무장했는데, 아이티가 프랑스로부터 어렵게 쟁취한 독립을 수호하기 위해 세워졌다. 자메이카와 수리남의 산악 지대와 열대림을 다니면서도 나는 여러 번 어떤 감흥을 느꼈다. 마룬maroon이라고 알려진 자랑스러운 도망노예 공동체의 후손들과 이야기를 나누며, 나는 아내와 연애하던 시절 조금 배웠던 가나의 링구아프랑카lingua franca(서로 다른 모어를 사용하는 화자들이 의사소통을 하기 위해 공통어共通語로 사용하는 언어—옮긴이)인 트위Twi어로 소통할 수 있음을 알고 놀라기도 했다. 그러나 당시 내 머리에 큰 그림은 없었다. 대다수의 특파원과 마찬가지로 뉴스를 따라다니느라 너무 바빠서 꽤 뿌리가 깊은 역사적 연관성을 파고들지는 못했다.

훗날 나는 《뉴욕타임스》의 특파원으로 서아프리카에 다시 가게 되었다. 1990년대 말에 수년을 그곳에 있으면서 사헬에 오래 머물렀다. 사헬은 이 책에서 다루는 중세 아프리카 제국이 세워졌던 곳이고 사헬의 해안가는 노예무역이 가장 성행했던, 피로 물든 장소이다.

나는 오늘날 우리가 살고 있는 근대 세계의 형성과정에서 아프리카와 아프리카인이 중심적으로 기여해온 점을 둘러싸고 침묵과 강요된 무지가 있다는 점을 이미 잘 안 채로 이 프로젝트를 시작했다. 그러나 이 역사의 물리적 흔적에 조금이라도 접근하는 것이 어디에서든 얼마나 어려운 일이 될 터인지, 혹은 이 아프리카의 역할을 적합한 차원으로 올려놓을 수 있는 기억이나 추모의 지역적 양식들을 발견하는 것이 얼마나 어려울지는 미처 알지 못했다.

우리가 공유하는 역사가 절절하게 배어 있는 여러 큰 지역들, 나이지리아나 콩고민주공화국과 같은 나라들에서도 대서양의 역사를 기리는 공공 유적지를 거의 찾아볼 수가 없었다. 상투메는 서반구의 역사를 지배했던 노예 플랜테이션 복합체의 모델이었고, 400년 동안 북대서양에서 부의 창출을 추동했던 섬이지만, 내가 그 섬에 갔을 때 그 흔적은 찾아볼 수 없었다. 기념비나 명판도 하나 없었다.

부유한 포르투갈의 식민지 역사 전체에서도 두드러졌던 곳, 가장 노예제가 성했고 가장 흑인이 많았던 지역인 바이아Bahia주의 주도 사우바도르Salvador에서, 나는 적극 추천받은 흑인 브라질인 안내인 한 명을 고용했다. 내가 플랜테이션 유적지를 둘러보고 싶고 도망노예의 후손이 사는 농촌 마을도 가보고 싶다고 구체적으로 주문을 하자, 그녀는 몹시 당황하며 이렇게 대답했다. "설탕 플랜테이션에 관심이 있는 사람이 있을 줄은 상상도 못했네요." 수년간 안내인으로 일했지만 그런 요청은 받아본 적이 없다고 했다.

가장 놀란 건 바베이도스에서였다. 이 섬에서 노예는 아마도 지구 어느 곳에서보다 많은 양의 설탕을 생산했고, 이는 17세기 영국이 확실하게 도약할 수 있었던 기반이 되었다. 2019년 3월 이 섬에 가면서 나는 이 전설의 흔적을 가능한 한 많이 찾아내리라 결심했지만, 정작 발견한 것은 그런 흔적이 얼마나 철저히 지워지고 감춰졌는지 하는 점이었다. 나는 서반구에 있는 대규모의 노예 공동묘지 중 하나를 방문하는 것을 우선순위로 삼았다. 그중에는 거의 600명의 유해가 발굴된 곳도 있었다. 그런데, 그 장소를 찾아내기 위해 3일 이상 갖은 노력을 해야 했다. 도로에는 표지판 하나 없었다. 여러 차례 지역 주민을 붙잡고 늘어져서 대화를 시도하면서 분명히 알게 된 것은 그곳의 중요성을 알고 있는 사람, 아니 그 존재 자체를 알고 있는 사람이 거의 없다는 사실이었다.

이제는 내려서 걸어야 할 때라는 감이 올 때까지, 울퉁불퉁한 비포장도로를 운전하면서 본 것이라고는 지금도 운영되는 한 플랜테이션 부근의 작은 공터뿐이었다. 플랜테이션의 사탕수수가 거의 내 키와 비슷하게 6피트4인치(193센티미터) 정도 자라 있었다. 그 공터에 있는 녹슨 철제 기둥에 빛바랜 간판이 하나 붙어 있었다. 그곳이 '노예의 길The Slave Route'이라는 구역의 일부라는 점을 알려주는 표지판이었다. 그 외에는 다른 어떤 정보도 없었다. 해가 서쪽 하늘로 저무는 동안 잠시 주변을 서성거리며 사진을 몇 장 찍다가, 사탕수수밭에서 불어오는 휘파람 소리 같은 바람 소리에 비로소 정신을 차렸다. 나는 있는 힘을 다해 이 부근에 감돌던 어떤 공포감과, 타인이 탈취해갈 몫을 위해 일하다 죽은 사람의 땀으로 얻은 부와 쾌락의 느낌을 상상해보려고 했다. 먼 시장으로 보낼 당분과 값싼 열량을 생산하기 위해 무자비하게 갈려 나간 수많은 생명에게 제대로 경의의 마음을 전할 수 있을 만한 그 어떤 것도 당시 그곳에는 없었다. 이 책을 쓴 것은 이런 마음을 되도록 오래 간직하려는 노력의 일환이기도 하다.

가장 악질적인 역사적 망각이 주로 작은 마을들, 대서양 연안 전역에 흩어져 있는 이전의 노예시장들이나 플랜테이션 사회들과 관련된 것만은 아니라는 점을 밝힐 필요가 있다. 망각이 일어나고 있는 가장 중요한 자리는, 단연코 부유한 나라 국민의 마음속이다. 지금 이 글을 쓰는 순간에도, 미국 버지니아의 리치먼드Richmond에서 영국의 브리스틀Bristol에 이르기까지, 미국과 북대서양 일부 사회들은 인습이 타파되는 특별한 시기를 경험하고 있다. 아프리카에서 강제로 끌고 온 사람들을 폭력적으로 착취하여 제국적·경제적 체제를 수립했고 이를 통해 이후 오랫동안 영웅으로 여겨져온 인물들의 동상이 여기저기서 철거되고 있다. 그러나 이런 행위들이 더 깊고 더 지속적인 의미를 갖기 위해서는, 훨씬 더 크고 더 어려운 과업이 우리 앞에 남아 있다. 우리는 지난 600년의 역사를 이해해온 방식을 바꾸어야 한다. 특히 오늘날 우리에게 익숙한 거의 모든 것들을 형성하는 데 중심적인 역할을 했지만 그동안 알려지지 않았던 아프리카의 역할을 알아야 한다. 이를 위해서는 대학의 커리큘럼뿐 아니라 초등학교의 역사 교재도 다시 써야 한다. 언론인도 우리 모두가 살고 있는 이 세계를 기술하고 설명하는 방식에 대해 재고해보려고 노력해야 한다. 우리 모두가 자신이 알고 있는 것, 혹은 오늘날 세계의 형성에 대해 알고 있다고 생각하는 내용들을 다시 검토해볼 필요가 있다. 그리고 이런 새로운 인식을 일상적인 토론에 결합시켜 나가기 시작해야 할 것이다. 책 한 권으로 이 모든 것을 이룰 수 있으리라고 기대할 수는 없지만, 이 책을 그런 어려운 일에 도전하는 마음으로, 그런 목표와 정신을 염두에 두고 읽었으면 한다.

1부

아프리카의 '발견'

젠네Djenné의 대大모스크Great Mosque. © Hamdie Traoré

황금은 경제의 동력일 뿐 아니라
모든 사회활동을 넘어서는 것,
문명 그 자체의 동력이다.

– 페르낭 브로델Fernand Braudel, 〈돈과 문명Monnaies et Civilisations〉

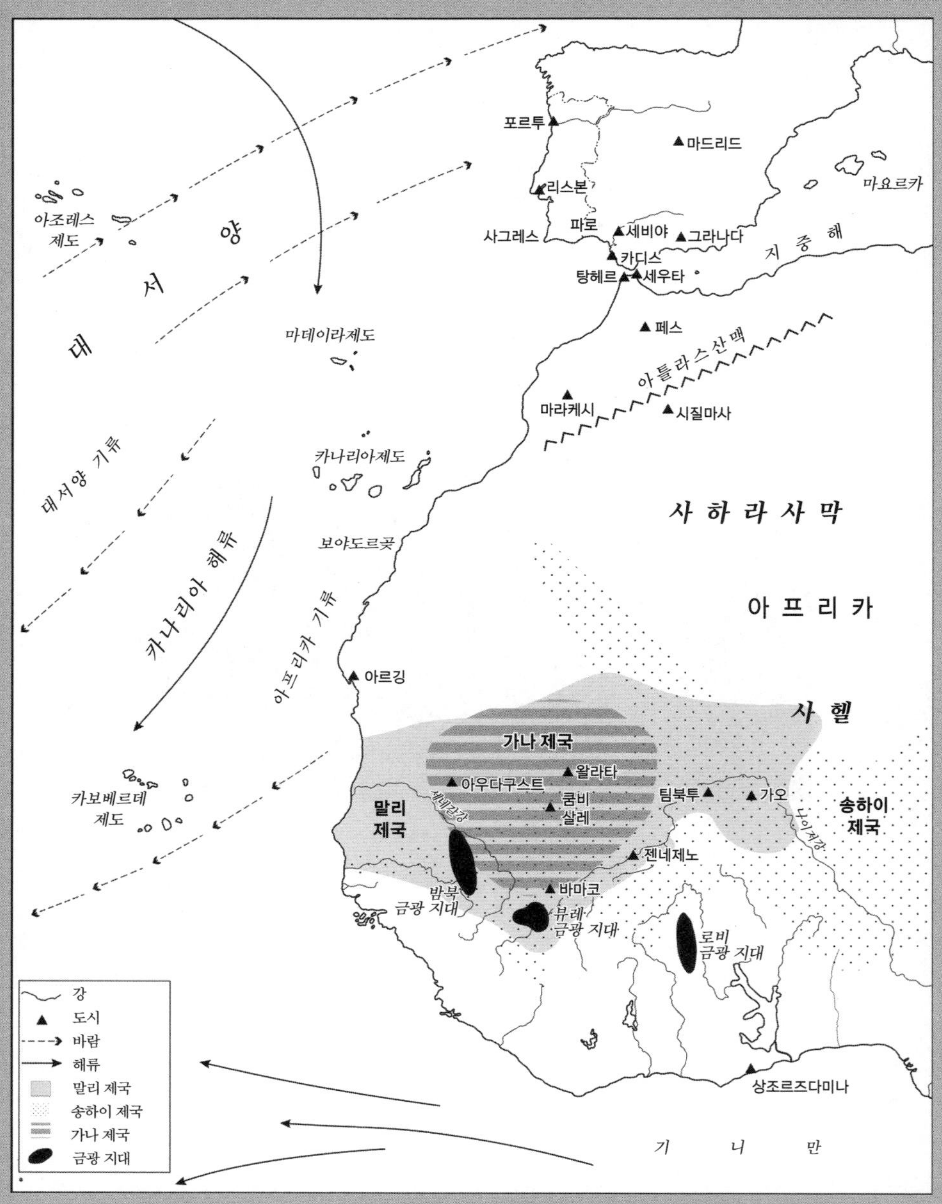

이베리아반도 및 서아프리카의 해풍과 해류

1

균열

1995년, 말리Mali 남서쪽의 시간을 잊은 듯 보이는 도시 젠네Djenné, 이 작은 도시에 가는 일이 나에게는 거의 성지순례와도 같았다. 이보다 15년 전에 처음 갔을 때, 나는 배낭여행을 하는 대학생이었고, 남동생과 함께 이 도시의 거대한 첨탑 사원, 세계에서 가장 큰 규모의 아도베 벽돌 건물로 유명한 이 사원을 보려고 갔다.

《뉴욕타임스》 특파원으로 다시 갔을 때, 내 관심을 끈 것은 이곳에서 진행되던 발굴 작업이었다. 이 도시는 이집트를 제외하고 아프리카에서 당시까지는 가장 오래된 도시로 잘 알려져 있었다.• 젠네는 주요 고대 도시 문명의 세계에서 가장 최근에 발견된 사례였다. 그 여행에서 가장 강하게 기억에 남은 것은 소리들이다. 매일 밤 해 질 무렵부터 소음이 흙먼지로 가득한 범람원 지대를 가득 채웠다. 귀뚜라미의 시끄러운 합창보다 더 집요하게 울려 퍼졌다. 도둑들의 모습이 그림자 속에서 어렴풋이 보였다. 사실 이들 대부분은 괭이와 곡괭이를 든 농민이었

• 이후 고고학자들이 밝혀낸 바에 따르면, 젠네보다 팀북투(Timbuktu)가 더 오래되었다고 한다.

다. 이들은 유물 하나라도 걸리기를 바라며 마른 땅을 헤집고 있었다. 당시만 해도 온전하게 묻혀 있던 항아리나 깨진 곳 없는 조각품과 같은 아주 드문 유물들이 거품이 차 있는 유럽 암시장으로 수천 달러에 팔려 나갔다. 이런 암시장을 통해 아프리카 예술품이 파렴치한 수집가에게, 심지어 박물관으로도 공급되었다.

낮 시간의 소음은 밤보다 훨씬 더 끔찍했다. 600년 혹은 그보다 더 오래전에 존재했다가 불가사의하게 사라진 성벽도시의 윤곽을 드러내는 눈물 모양의 긴 경사진 둔덕을 걷는 일은 제멋대로 펼쳐져 있는 유적지에 상처를 입히는 일이기도 했다. 발을 내딛을 때마다 날카로운 무언가가 튀어나왔다. 자박자박 밟아갈 때마다 황갈색 땅에 빽빽하게 널려 있는 도기 조각들을 더 산산조각 내는 것 같았다.

젠네제노Djenne-jeno, 혹은 '고대 젠네'는 예수 탄생보다 대략 250년 앞선 시기에 바니강 기슭 가까이에 있는 범람원 지대에서 시작되었다. 젠네는 바니강이 서아프리카 지대에서 길게 호를 그리며 흐르는 아프리카 대륙의 큰 강인 나이저강Niger River으로 합류하게 되는 지점에서 멀지 않은 곳에 있다. 이 도시가 성장하던 초창기에 인구는 1만 5000명이 넘었던 것으로 추산되며, 주민 다수가 성벽으로 둘러싸인 고지대에서 살았다. 성벽의 길이는 1.3마일(약 2킬로미터), 성벽 하부의 두께는 12피트(약 3.6미터)였다.[1] 이 외에 약 3만 명의 사람들이 부근의 서로 연관된 도시 밀집지대에서 살았다.[2] 서력 초기에 이 정도로 밀집된 인구를 가졌음을 볼 때, 고대 젠네는 세계적 수준의 도시였다고 할 수 있다. 중국을 비롯한 몇몇 지역에 이보다 더 큰 도시 중심지들이 분명 있기는 했지만, 그리 많지는 않았다.

대중은 오랫동안 아프리카에는 전근대 역사가 거의 없거나, 적어도 우리 세계의 큰 그림을 그리기 위해 필요할 정도로 중요한 역사는 거의 없다고 믿도록 길들여졌다. 헤겔Hegel에서부터 지금의 프랑스 대통령 마크롱Emmanuel Macron에 이르기까지 서양의 사상가와 정치가는 아프리카 사회들이 완전히 역사의 밖에서 늘 옛날과 같은 모습으로 태초부터 최근까지 살아왔다고 주장해왔다. 이에 따라 사하라 이남의 아프리카는 아랍인과의 접촉을 통해서야 겨우 도시화를 시작했고, 이때가 서기 1000년이 끝나갈 무렵이었다고 오랫동안 간주되어왔다. 아프리카를 이렇게 여기다 보니, 상상의 산물인 '검은 아프리카'를 고립 상태에서 끌어내서, 중세 말 다른 세계를 휩쓸기 시작했던 변화의 큰 흐름과 연결시킨 것은 오직 유럽과의 접촉이었다는 관점이 오랫동안 지배해왔다.•

젠네는 아프리카의 여러 고대 도시들 중 가장 두드러진 곳이지만, 아프리카이기 때문에 그 점이 사실로 받아들여지지 않는다. 젠네라는 도시가 세워진 것은 7세기 아랍인이 처음으로 북아프리카를 휩쓸었던 시기보다 수백 년 앞서서였다. 아랍어를 말하는 여행자가 사하라사막 바로 남쪽의 에티오피아에서 대서양까지 뻗어 있는 지역, 수단Sudan으로 알려진 다소 건조한 드넓은 지역의 서쪽에 도착한 것은 7세기 이후로도 한두 세기가 더 지난 뒤였다. 젠네는 수백 마일 떨어진 지역들, 지금까지 남아 있는 곳으로는 팀북투Timbuktu나 가오Gao와 같은 도시들(32쪽

• '검은 아프리카'라고 하는 문제적 발상은 우리 문화에 매우 깊이 뿌리박혀 상투적인 말이 되었기 때문에 회피하기도 어렵게 되었다.[3] 주저하지 말고 해결해가야 할 문제이다. 자주 쓰이는 이 말은 '아프리카 대륙의 대부분은 아무 의미 없이 전투나 벌이는, 무식하고 역사도 없는 부족들로 구성되어 있다'는 생각과 연결되어 있다. 이 책은 이런 관점들과 정면으로 맞선다. 또 한편, '검은 아프리카'라는 용어는 사하라사막 이남과 이북 사회들 사이의 인종적 차이를 지나치게 과장하여 그들의 혼종성을 간과하고 있다.

지도 참조)과 생선, 곡물, 구리와 여타 금속들을 거래하며 번창했다. 흥미롭게도 젠네에서 발굴된 유물 중에는 아주 초창기의 것도 있는데, 그중에는 중국 한나라(기원전 202년~서기 220년)에서 온 유리구슬도 있다. 당시는 한나라 왕조가 세워진 지 100년도 안 되던 시기였다. 이 외에도 지중해 동부지역에서 온 수입품들이 발견되었다. 이런 유물들은 서아프리카가 다른 나머지 세계와 단절되었거나 역사에서 사라졌던 것이 아니라는 사실을 말해준다.

1995년에 내가 고고학자들과 함께 나이저강의 범람원 지대를 걸었던 것은 이와 같이 열악한 환경에서 보존이 제기하는 매우 중요한 문제들에 대해 글을 쓰기 위해서였다. 그러나 이후 내가 알게 된 것은 이 지역이 중세의 여러 사건들 속에서 결코 수동적이거나 둔감하지 않았다는 점이다. 앞으로 설명하겠지만, 이 지역에서 아프리카인이 보여준 주도성은 오늘날 우리가 살고 있는 세계를 창출하는 과정에서 유럽인의 주도성만큼이나 모든 면에서 중요했다.

젠네제노가 존재했던 서기 첫 1000년의 전반기 500년 중 어느 시기에, 이 도시는 높은 수익성을 자랑했던 사하라 횡단 황금무역의 중요한 남부 종착지가 되었다. 이 무역에 대한 소문이 처음 기록에 등장한 곳은 고대 지중해였다. 사하라 이남의 아프리카에서 온 약간의 황금이 지중해 세계에 전해졌다는 것을 실제로 보여주는 가장 오래된 증거는 그 시기가 서력 초기로 거슬러 올라간다. 이 교역은 6세기 무렵, 훗날 가나제국이 형성되는 일대의 몇몇 지역들이 북쪽에서 온 베르베르인Berber과 소금, 직물 등을 거래하면서 규모가 더 커졌다. 이 모든 것은 사막에 강한 낙타를 도입한 덕분이었다. 당시 낙타는 교통혁명을 가져왔다.[4]

낙타가 낳은 이 무역은 풍요라는 새로운 바람을 만들었을 뿐 아니라,

수단어를 쓰는 아프리카 지역에서 경제적·종교적 격변을 일으키기도 했다. 그 결과 이 지역에서 지정학적으로 광대한 제국들이 형성되었다. 그중 첫 번째 제국인 가나는 넓게 펴져 있는 느슨한 연합체였다. 이곳에서는 호미 농사와 가축의 이동 방목이 혼합되어 있었다. 그러나 가나 지배자의 진짜 힘은 전략적 관문의 지배에 기반을 두고 있었다. 이곳을 통해 황금이 남쪽에서 북쪽으로, 소금과 같은 필수품이 그 반대방향으로 이송되었다. 남쪽의 우림 지역에서는 소금이 부족했다. 11세기까지 가나는 상당 규모의 군대를 유지할 수 있을 정도로 부와 권위가 있었다.[5]

서기 3세기에 시작된 이 지역의 큰 기후변화로 사하라와 사헬의 오랜 건기가 끝났고, 점차 북아프리카인은 사하라사막 이남으로 계속 더 멀리 내려가서 그곳 사람들을 상대로 황금과 노예 모두를 거래할 수 있게 되었다.

가나 지도자들이 북부인과 계속 접촉하면서 이슬람화되기도 했지만, 이는 일부에서의 유행일 뿐이었다. 고대 가나는 수도가 두 곳이었는데, 이들은 서로 6마일(약 9.6킬로미터) 떨어져 있었다.[6] 하나는 엄격하게 이슬람을 고수했고, 다른 하나는 그로브 왕조al-Ghāba, the Grove의 왕이 거주하는 곳으로, 조상 대대로 내려오는 더 오래된 종교들, 여전히 다수의 관습으로 유지되던 종교들을 존중했다. 가나 제국 내내, 이 특이한 방식은 수익성 높은 무역과 베르베르인과의 평화로운 관계 모두를 유지하기 위해 선호되었고, 이를 통해 가나의 군주는 농민과 도시 평민의 충성을 유지할 수 있었다.•

• 크게 보면, 사헬 전역에서 이슬람이 대중종교가 된 것은 19세기에 일련의 개혁 운동들이 이 지역을 휩쓴 이후였다.

아랍의 지리학자이자 연대기 작가인 하우칼Ibn Hawqal이 10세기에 남긴 놀라운 설명을 보면, 사하라 전역에서 무역이 꽃피우게 된 것은 신용과 신뢰의 관계망이 발전했기 때문이라는 인상을 준다.

> 아우다구스트Awdaghust에서 나는 보증서 한 장을 보았다. 그들(시질마사Sijilma-sa의 상인들) 중 한 명이 아우다구스트의 한 상인에게 총 4만 2000디나르의 빚을 졌다는 내용이었다. 동양에서는 이런 비슷한 일을 본 적도 들은 적도 없다. 이 이야기를 이라크, 파르스Fars, 후라산Khurasan(두 지역 모두 이란에 있다)에 있는 사람들에게 했는데, 모두 놀랍다고 했다.[7]

이 무역에 기초해 가나는 북아프리카, 지중해 연안 유럽, 그리고 멀리 예멘까지 '황금의 나라'로 알려지게 되었고, 이는 그럴 만했다. 곧 가나는 중세 서부 유라시아의 주민 사이에서 금 공급의 3분의 2 정도를 담당하는 산지로 알려지게 된다.[8]

수단에서 흘러나온 황금은 아랍의 황금기에 중요한 역할을 했다. 이 시기는 서기 750년부터 몽골이 침략한 13세기까지의 기간으로, 폭발적인 성장과 정치적 팽창이 이루어졌다. 이 귀금속 무역을 통해, 아랍 세계의 경화였던 디나르 금화는 유통되던 모든 세계에서 그 가치를 높이 인정받았다. 여기에는 중세 기독교 세계도 포함되었는데, 이곳에서는 아랍 동전들이 종종 복제되곤 했다. 아랍 통화가 거의 보편적인 통화로 사용되면서 레반트Levant에서 안달루시아Andalusia에 이르는 아랍 무역이 더 발전할 수 있게 되었다. 안달루시아는 지금의 에스파냐와 포르투갈 지역에서 번성했던 이슬람 제국의 이름이다.

15세기 전반기부터 유럽인, 주로 포르투갈인이 이전에는 너무 멀어서 다가갈 수 없다고 여겨졌던 아프리카 지역으로 우직하게 밀고 들어가서 무역 기회를 확보하고 정치적 관계를 쌓기 시작했다. 앞으로 우리가 풀어가야 할 문제는 왜 그런 일이 벌어졌는가 하는 점이다. 유럽인이 오랫동안 간직했던 두려움과 미신을 극복하게 만든 요인은 무엇인가? 현대 독자에게는 모호할 수도 있지만, 잘 알려지지 않은 고대도시 젠네가 이 이야기의 중요한 단서를 갖고 있다. 이런 도시국가 형태의 고대 도시 중심지들은 아프리카 어느 한 지역에서 제국이 형성되는 과정 중에 휩쓸려 사라지곤 했고, 그 제국은 곧 외양상 포르투갈이나 에스파냐처럼 바다 건너편으로 진출하고자 했다. 다만 이런 일은 이베리아반도인의 대양 탐험보다 훨씬 전에 발생했다. 사실 이 수단 지역의 제국들 중 가장 유명한 말리는 13세기에 가나에 이어 세워진 제국으로, 오늘날에도 한 나라의 국명으로 그 이름을 남기고 있다. 14세기 전환기에 이 나라를 지배했던 황제 바크르Abu Bakr 2세는 배로 대서양 서안에 도착하겠다는 꿈에 사로잡혀 있었다. 콜럼버스가 안달루시아에서 신세계를 향해 출발하기 한 세기 반 이상 앞서서 있었던 일이다.

안타깝게도 바크르 2세에 대해 남은 기록이 빈약하지만, 그가 존재했다는 것은 분명하고 그가 해양 탐험에 집착했다는 것을 의심할 이유도 없다. 이는 그보다 훨씬 유명한 그의 후계자 만사 무사Mansā Mūsā가 1324~1325년 사이에 메카로 성지순례를 갔을 때 카이로 총독에게 바크르의 생애와 해양 탐험의 시도에 대해 자세히 설명했고, 이에 대한 당대의 기록이 남아 있기 때문이다.

> 나의 선왕께서는 이 대양의 끝까지 가는 것, 지구를 일주하는 것이 불가능하다고 생각지 않았다. 선왕께서는 그 끝에 도달하기를 원했고, 그 계

획을 집요하게 추진했다. 그분은 200척의 배에 선원을 가득 태웠고, 이들이 몇 년을 버틸 수 있는 물과 식량과 금도 실었다. 그는 책임자(제독)에게 대양의 끝에 도달하지 않고서는, 혹은 식량과 물이 떨어지기 전까지는 돌아오지 말라고 명령했다. 그들은 출발했고, 오랜 시간이 지나, 돌아온 배는 오직 한 척이었다. 자초지종을 묻는 질문에, 선장은 이렇게 답했다. "왕이시여, 우리는 오랜 항해 끝에, 바다 한가운데에서 큰 강이 격류처럼 흘러나오는 듯한 곳을 보았습니다. 제 배는 제일 뒤에 있었습니다. 다른 배들은 모두 제 앞에 있었지요. 배들이 그곳에 닿자마자 모두 소용돌이에 휩쓸려 들어가 나오지 못했습니다. 저는 그 급류에서 벗어나고자 후진해 나왔습니다." 그러나 술탄은 선장의 말을 믿으려고 하지 않았다. 술탄은 자신과 자신의 부하들을 위해 2000척의 배를 준비하고, 물과 식량을 실을 1000척의 배를 더 준비하라고 명령했다. 그리고 나에게 섭정을 부여하고 부하들과 함께 항해를 나갔다. 그분은 다시 돌아오지 않았고, 살아 있다는 흔적도 찾지 못했다.[9]

어떻게 이런 이야기를 아는 사람이 오늘날 거의 없는가? 이는 충분히 제기할 만한 문제이다. 여기 제시된 자세한 이야기 외에 이를 뒷받침해주는 기록이나 고고학적 증거들이 거의 없었기 때문이라는 점은 분명하다. 그러나 그것이 다는 아니다. 마찬가지로 중요한 것은 세계에 대한 우리의 이해가 많은 경우 윤색된 이야기들에서 유래했다는 사실이다. 이런 무지는 근대 대서양 세계를 형성하는 과정에서 아프리카와 아프리카인의 역할을 의도적이고 집요하고 빈번하게 무시하고 지워온 과정과 결합되어 있다. 박멸까지는 아니라고 해도, 이런 문화적 경도 때문에 입증할 수 있고 흥미를 자아낼 수 있는 사안들에 대해서도 우리의 감수성은 제대로 발휘되지 못했다. 그래서 바크르가 해양 탐험을 나갔을지도 모른다는 이야기가 그토록 회자되지 못했고, 학교에서도 이런 이야기는 거의 배우지 못했다.

공정하게 말하자면, 중요한 세부내용에서 애매한 부분들이 있다. 만약 실재했다면, 우선 이 "선박들"은 아주 큰 나무의 바닥을 파서 만든 목선과 비슷했을 가능성이 높다. 높은 돛대를 갖춘 범선은 분명 아니었을 것이다. 서아프리카에서 건조기술이 그렇게 자체적으로 발전했던 적은 없었던 것 같다. 항해에 나선 선박의 숫자는 또 다른 문제이다. 그러나 고대에는 여러 문화권에서 천단위의 숫자는 실제라기보다는 그저 '아주 많음'을 나타내는 비유적 의미로 사용되는 것이 보통이었다.• 아마도 가장 흥미롭지만 영원한 미제로 남을 가능성이 높은 질문은, 세계에 대한 바크르의 이론이 어떠했는가 하는 점이다. 지구의 직경이 길지 않아 하루 정도의 항해로 대양 건너편까지 갈 수 있다고 상상했다면, 간단한 고급 카누들로 대양을 건너는 모험을 하는 것이 과감하고 전에 없던 시도이기는 했지만 상상도 할 수 없는 엄청난 바보짓이라고 할 수 있을까?

바크르의 이야기에 대한 고찰은 그동안 유보되어왔지만, 그 안에는 진지하게 들여다볼 만한 논리적 요소들이 있다. 첫째는 콜럼버스가 서아프리카 해안에서 떨어진 곳에 있는 카나리아제도Canary Islands에서 지냈던 덕분에, 특정 위도에서 강한 바람과 해류가 시계 반대방향으로 흐르고 있고, 이 바람과 해류가 선박들을 끌어들여 서쪽으로 보낸다는 것

• 이런 숫자 표현의 관행은 현재 중국에서도 많이 볼 수 있다. 중국에서 1만이라는 숫자는 거의 셀 수 없는, 무한대를 표현하는 비유로 사용되기도 한다.

을 발견했다는 점을 우리는 알고 있다. 바크르 2세가 지배했던 서아프리카 해안 지역 외곽의 물길이 그런 해풍과 조류의 영향을 받고 있었기 때문에, 우리는 큰 강이 바다 한 중간에서 거세게 흘러나왔다는 생존자의 설명이 나름 그럴듯하다고 생각해볼 수 있다. 사실 지금은 카나리아 해류라고 명명된 이 큰 시스템, 즉 시계 반대방향으로 흐르는 바람과 해류 바로 북쪽에는 마찬가지로 강하지만 시계방향으로 흐르는 해류가 있다. 그 해류 속으로 들어가는 모든 것은 동쪽으로 가게 된다. 사실 유럽인이 수 세기 동안 서쪽으로 대양을 횡단하는 것은 비현실적일 뿐 아니라 자살행위라고 믿었던 원인도 이런 시스템으로 어느 정도 설명할 수 있다.

이 이야기를 경시하지 않는 다른 이유로는 우리가 알고 있는 이슬람 세계의 중세 과학과 당시 복잡한 지정학적 상황을 들 수 있다. 13세기 중반 이래 말리의 지배자들은 메카로 성지순례를 했고, 이 기간 내내 카이로와 아랍 세계의 여러 다른 도시로 외교 사절단을 파견하기도 했다. 당시 유럽과 달리, 최소한 10세기에 아랍의 지리학자이자 역사학자인 알-마수디al-Masūdī의 저작이 나온 이래로, 중동에서는 지구가 둥글다는 주장이 확실한 사실로 받아들여지고 있었다. 이런 점을 고려하면 아프리카인이 대양을 탐험하는 항해를 구상했다거나 최소한 그런 야심을 품었다는 점이 미지의 세계로 눈감고 뛰어드는 것에 불과했다고 할 수는 없을 것 같다. 한 세기도 더 지나서 항해에 나섰던 포르투갈인과 에스파니아인이 더 무모했다고도 할 수 있다.

바크르 2세가 그렇게 끈질기게 추진했다면, 좀 더 강력한 동기가 있었을 것이다. 바크르의 시대로 돌아가서 상상해보자. 그토록 막대한 황금 공급을 장악하고 있던 지배자라면 북아프리카를 지배하던 베르베르인에 대한 의존도를 극복하기 위해 온갖 노력을 했을 것이다. 지배자의 거의 모든 귀금속이 베르베르인의 손을 통해 빠져나갔고 이 중개인들은 아마도 크게 가격을 올려 수익을 확보했을 것이다.

말리의 수익을 최대로 키우기 위해 중개인을 없애려고 시도했다면 이는 일반적인 목표였다고 할 수 있지만, 이 외에 다른 동기들도 있었을 것이다. 말리는 13세기 초에 만데Mande언어권에서 유래한 씨족들의 정치협정에 기초하여 하나의 정치체로 결집했다.• 제국 초기 시절에 말리는 앞서 오래 존속했던 가나와 중요한 측면에서 비슷했다. 예를 들면, 특정 부족 집단에 기초한 정치체로 내부에 카스트와 같은 신분제도를 갖고 있었고, 엘리트는 이슬람교뿐 아니라 아프리카에서 조상 대대로 내려오는 종교 관습도 유지하고 있었다.[10] 두 번째 세대에서 이미 지배자들은 말링케Malinke어족이 아닌 사람들까지 정복하여 좀 더 넓어진 반경 내에서 이들을 수용하기 시작했다. 이에 따라 팽창주의를 표방했던 말리 제국은 꽤 다양한 집단이 공존하는 왕국으로 변모했다. 이런 활기에 힘입어 이슬람 개종도 더 큰 규모로, 더 열성적으로 시작되었다.[11] 개종은 영적인 문제일 뿐 아니라 지역 상거래와 안보 등 변화하는 정치에 실리적으로 대응하는 문제이기도 했을 것이다.

말리의 지배자들은 만인구제의 열망을 강하게 지녔고 당시 상승세였던 이슬람으로 개종하면서, 사실상 두 가지 목적을 달성하고 있었다. 첫째, 그들은 자신들이 정복하고 수용한 사람들 사이에서 자신들의 정통성을 세우고 있었다. 다른 대부분의 제국과 마찬가지로, 특히 그 형

• 이 집단은 말링케(Malinke), 만덴(Manden), 만딩(Manding), 만딩고(Mandingo) 등 여러 이름으로 통하기도 한다.

성단계에서 다양한 형태로 우주를 망라하는 허풍을 지어내야 했다. 말리 권력의 핵심가문인 카이타Keïtas가 빌랄Bilāl의 직계 후손이라고 자처할 정도였다.[12] 빌랄은 선지자 마호메트의 흑인 동반자이자 이슬람교의 첫 번째 무에진muezzin으로, 이슬람교를 창립한 세대 사이에서 기도 시간을 알리는 임무를 맡고 있었다.

둘째, 앞서 보았던 가나 제국보다 이슬람교를 더 철저하게 수용함으로써 말리 제국은 더 큰 세계에서 더 나은 지위를 확보하는 데 도움을 받을 수 있었다. 14세기 중엽, 유명한 북아프리카 역사가이자 세계 여행자인 이븐 바투타Ibn Battūtah는 말리인이 예배드리는 모습을 다음과 같이 긍정적으로 묘사했다. "사람들이 흰 옷을 입고 나와 기도실로 간다. 기도실은 술탄의 궁전과 가깝다. 술탄은 말을 타고 나오는데, 제일 앞에 선 설교자와 법학자들이 이렇게 외친다. '알라 외에 다른 신은 없다. 알라는 위대하시다.'"[13]

사업과 학습의 관계망이 발전하면서, 말링케 상인의 이슬람교 수용은 북아프리카 상업망을 지배하는 사람들과의 신뢰관계를 강화시켰다.[14] 이 지역이 종교적으로 유연한 태도를 취하면서, 평민 사이에서 이슬람교가 좀 더 빠르게 확산될 수 있었다.[15] 신도가 아니라고 해서 사악하다는 비난을 받지는 않았으며, 다만 뭘 모르는 사람으로 취급받았다. 그들이 점차 변화하도록 신께서 시간을 주고 있다는 생각으로 그들을 수용했다.

그러나 말리의 지도자들은 이슬람에 아무리 열심히 귀의하더라도 안전을 보장받을 수 없음은 분명히 알고 있었을 것이다. 말리가 부상하기 두 세기 정도 앞서, 가나는 고립된 상태로 북쪽에서 온 낙타 상인들에게 의존했기 때문에 크나큰 대가를 치러야 했다. 가나의 권력은 1076년에 무너졌다. 당시 북아프리카에서 온 열렬한 이슬람 금욕주의자인 알모라비드 베르베르인Almoravid Berbers이 가나가 지배했던 사하라 횡단 무역의 중요한 남부 종착지인 아우다구스트를 장악하면서 벌어진 일이었다. 역사가 루이스David Levering Lewis가 "'올바름'을 전파하는 데 전념하면서, 정도를 잃지 않는 코란의 문자주의"라고 표현한 엄격한 교리를 내세웠던 알모라비드 왕조는 아우다구스트에서 거둔 승리를 시작으로 곧 이베리아반도 남쪽까지 정복했다. 이슬람인이 유럽에서 취약한 조건에도 불구하고 이후 400년 동안 계속 정착할 수 있었던 것은, 이런 아프리카인의 개입 덕분이었다.[16] 가나의 몰락에서 얻은 두 가지 교훈이 있다면 이는 수단 서부 지역의 지배자들이 이슬람에 대해 애매한 태도를 취하지 말아야 하고, 지정학적 상황에 무관심해서는 안 된다는 점이었다. 좋든 싫든 이 지역은 사하라 이북과 그 너머에 있는 권력의 중심지들까지 포괄된 두터운 연계망으로 영구히 얽혀들어 갔고, 이에 따른 온갖 혜택과 공포도 함께 경험하게 되었다.

바크르의 대양 탐험 시도에 대해 남은 유일한 기록, 그의 후계자인 만사 무사가 카이로에서 제공한 이 기록에 따르면, 원정대 중에는 금을 가득 실은 선박도 포함되었다는 중요한 이야기가 있다. 이런 귀중품을 가져갔다고 한 이유는 많겠지만 두 가지를 생각해볼 수 있다. 하나는 대양 건너 어딘가에서 발견되기를 기다리고 있는 미지의 땅이 새로운 귀중품 시장이 될 수 있을지를 가늠해보기 위해서였을 것이다. 다른 하나는 말리의 엄청난 부를 보여줘서 먼 땅의 지배자들을 주눅 들게 하여, 말리 제국을 우러러보게 만들기 위해서였을 것이다. 사실 만사 무사가 카이로에서 그런 이야기를 한 것도 위와 비슷한 목적에서였다. 말리의 성공하지 못한 탐험가들이 멀리 떨어진 아메리카와 같은 대륙을 찾아 나섰던 것인지, 그 정도는 아니더라도 콜럼버스의 진짜 목적처럼 인도와 같은 땅을 찾아 나선 것은 아닌지 상상하는 것은 불필요하고 별 도움도 안 된다. 다만 분명하게 짚을 점은 당시 말리의 지도자들이 먼 지중해 너머에 또 다른 대륙, 유럽이 있음을 이미 잘 알고 있었다는 사실이다. 서쪽으로 탐험을 시도했던 것은 유럽과 비슷한 지역을 찾기 위해서였을 수도 있다. 함께 무역을 하고, 관계망을 다각화할 수 있는 새로운 영토, 서아프리카 해안 어딘가에 있으며, 가 닿을 수 있는 새 영토를 생각했던 것일 수도 있다. 그리고 이 훨씬 국한된 목표를 보면, 15세기 대부분의 기간 동안 이베리아반도 사람들이 아프리카 해양원정을 통해 구축하려고 시도했던 목표를 흥미롭게도 미리 보여주고 예견하는 것이라고 할 수 있다. 이베리아 사람들의 목표는 부의 새로운 원천을 찾고 그들이 에티오피아라는 이름으로 상상한 어떤 곳에 살고 있는 흑인 사이에서 아마도 동맹세력을 찾아내, 마그레브Maghreb(아프리카 북서부 일대의 총칭—옮긴이)에 있는 무슬림이 지배하는 나라들의 압력에서 벗어나는 것이었다.

2

흑인 왕, 황금 왕홀

역사가와 인류학자들 중에 바크르 2세의 전설에 몹시 회의적인 사람들도 있다는 점을 인정할 필요가 있다. 어떤 이들은 실패한 해양 탐험 이야기는 말리 제국의 권력승계 과정에서 갑작스러운 변화가 일어났기 때문에 이를 덮기 위한 이야기일 뿐이라고 주장하기도 한다.[1] 권력승계 과정에서 폭력적인 권력투쟁이나 쿠데타가 일어났을 수도 있다는 것이다. 바크르 2세와 관련된 불가사의한 이야기에 대해 더 이상 오래 고민할 필요는 없다. 하지만 만사 무사가 카이로까지 육로로 3500마일(약 5600킬로미터)의 성지순례에 착수했던 동력은 우리가 사헬인의 실패한 탐험의 동기로 추정했던 것과 상당히 비슷하다. 무사가 전임자의 탐사 시도 이야기를 역사의 기록으로 남긴 곳은 카이로였다. 무사는 1312년에 권좌에 올랐는데, 역사가들은 이 시기를 말리의 황금기라고 본다. 전성기의 말리 제국은 서아프리카에서 아주 중요한 하천 계곡인 세네갈강·감비아강과 가장 핵심적인 나이저강이 모여 있는 지대를 지배했다. 말리가 거느렸던 백성과 봉신은 총 5000만 명에 달했을 것으로 추정되는 데[2] 당시로는 엄청난 규모였다. 금 생산 또한 호황을 누리고 있었다. 가나는 밤북Bambuk이라고 불리던 곳에 있는 금광 지대에 주로 의존하면서 모로코까지 이어지는 서부 카라반 교통로를 통해 금을 판매했던 반면에, 말리는 금 공급원을 다각화했기 때문에 생산량을 크게 늘릴 수 있었다. 고대부터 귀금속의 원천지였던 밤북 외에도, 말리는 뷰레Bure라는 지역에 더 풍부한 금맥을 갖고 있었다. 뷰레는 젠네의 남서쪽 산림 지대에 위치해 있었는데 제국에 금으로 공물을 바치는 지역이었고 비이슬람인이 통치하고 있었다. 또한 말리가 금 무역망을 남동쪽으로 더 멀리 확장하기 시작하면서, 오늘날 가나 지역의 종족 집단인 아칸인이 지배하는 지역에서 금 생산이 시작되었다.[3] '가나'라는 이름은 영국 식민지였던 '골드코스트Gold Coast'가 독립하면서 새로 지은 국명이고, 여기서 말하는 가나 제국과 이어진 것은 아니다.

주요 하천 유역과 사하라사막 이남의 사바나 지대인 수단 지역을 지배했던 세 주요 제국, 가나, 말리, 송하이Songhai는 모두 금 외에도 노예의 무역을 공격적으로 추진하고 있었다. 일부 노예는 국내에서 (예를 들면, 군대나 행정에서 노동력으로 사용하기 위해) 이용했고, 나머지 노예는 투아레그인Tuareg이나 베르베르인에게 판매했다. 이들은 노예를 북아프리카와 그 너머 지역으로 데려갔다. 아프리카 대륙을 연구한 역사학자 쿠퍼Frederick Cooper는 자신의 책, 《세계 속의 아프리카: 자본주의, 제국, 그리고 국민국가Africa in the World: Capitalism, Empire, and Nation-State》에서 다음과 같이 서술한다. "황제는 '자기' 백성에게서 잉여생산물을 추출하는 것보다 금이나 노예무역에서 좀 더 확실하게 자기 몫을 챙길 수 있었다. 황제는 무역에서 얻은 소득으로 노예를 살 수 있었다. 노예는 생산노동을 할 뿐 아니라, 황제를 위해 싸울 수도 있었다. 황제는 부와 군사력을 이용해, 부족에서 소외되었거나 다른 대안을 추구했던 젊은이들을 자신의 지지세력으로 끌어들일 수 있었다."[4] 쿠퍼는 가나에 대해서만 이야기했지만 수단 지역 제국들 모두에 해당되는 이야기이기도 하다. 금과 노예제가 깊이 얽힌 경제적 배경은 중대한 결과, 즉 16세기 초부터 시작된 대서양 노예무역의 탄생을 가져온다.

바다로 세계를 일주하겠다는 바크르 2세의 값비싸고 불가능해 보이는 꿈을 다시 시도하는 대신, 무사는 즉위한 지 12년 차인 1324년에 이집트와 메카를 향해 출발했다. 나이는 30대 중반 밖에 되지 않았지만, 무사는 말리의 외교 관계를 다각화하겠다는 놀라운 지정학적 책략에 몰두해 있었다. 그의 선왕은 같은 문제에 직면했을 때 달 탐사와 같이 아주 먼 곳을 향하는 방법을 택한 데 반해, 만사 무사는 과감한 외교정책을 선택했다. 무사는 마린 왕조와 친밀한 관계를 유지할 필요가 있었다. 알모라비드의 최후 계승자였던 마린 왕조는 마그레브 전역을 지배하면서, 말리의 무역을 질식시키며 이득을 챙기고 있었기 때문이다. 동시에 무사는 이집트와 관계를 강화하여 북아프리카에 대한 전적인 의존도를 낮추고 싶어 했다. 당시 이집트는 맘루크Mamluks 왕조가 지배하고 있었는데, 이 튀르크족 술탄국은 이슬람 세계에서 높은 명망을 자랑하고 있었다.

만사 무사는 "빨간 바탕에 노란 상징들을 새긴 아주 큰 휘장 혹은 깃발을 앞세우고" 1324년 7월 18일에 카이로에 도착했다.[5] 이후 설명하겠지만, 이 날짜는 중세 아프리카를 공부하는 역사가 외에는 아무도 기억하지 않기는 하지만, 대서양 세계의 형성에서 매우 중요한 순간으로 기억해두는 것이 좋다. 이날의 중요성은 만사 무사의 예견이나 상상과는 관련이 없다. 대신 그의 외교가 웅장한 세계무대에서 의도치 않게 만들어낸 결과가 중요하게 작동하면서 생겨났다.

무사가 멋지게 카이로에 입성하여 메카로 가기 전까지 3개월을 머무르는 동안, 말 그대로 대단한 드라마가 펼쳐졌다. 두 세대 이후에도 이에 대한 이야기가 이집트와 그 너머 지역까지 회자될 정도였다. 이토록 화려한 장관과 아낌없이 베푸는 모습을 그 전에는 누구도 연출하지 못했다. 이런 장면들 때문에 이 말리 지도자는 지금까지도 역사상 가장 부유한 인물로 유명하다. 그 이유는 가장 기초적인 사료만 속독해도 쉽게 이해할 수 있다. 무사는 6만 명을 대동했는데, 그중 노예가 1만 2000명이었고 이들 각각은 4파운드(약 1.8킬로그램, 약 483.8돈)의 금으로 만든 긴 막대처럼 생긴 부채를 지니고 있었다고 한다. 무사의 부인 이나리 쿠나테Inãri Kunãte는 개인 시중을 드는 목적으로만 500명의 하녀와 개인 노예를 대동했다고 한다.[6] 낙타와 말이 수백 파운드의 금가루를 운반했다. 무사가 성지순례를 위해 가져온 순도 높은 금의 양은 총 18톤 정도로 추산하고 있다.•

성지순례 과정 내내 빈자와 부자 모두에게 귀금속을 선물로 나눠주었는데, 이는 큰 이야깃거리를 만들고, 말리 제국의 위엄을 온 세계에 알리려는 목적이었던 것으로 보인다. 황금은 금괴와 순금가루가 들어 있는 자루 형태로 사원에 기증했고, 관직에 있는 이들에게 후원금으로 나누어주었다. 그 결과 이 지역 금 가격이 이후 10년 넘도록 12~25퍼센트 급락했다고 한다.

이렇게 방대한 규모의 수행원을 대동하기 위해서는 정교한 조직적 관리가 뒷받침되어야 한다는 점을 고려할 때, 말리의 통치자들은 권력

• 참고로, 지금까지 인류 역사에서 채굴된 금은 16만 1000톤에 불과한데, 그 절반 이상이 지난 50년 동안 채굴되었다.[7]

의 극장theater of power에 대해 당시로는 매우 발전된 감각을 갖고 있었다. 예를 들어 한 탄원자가 무사 앞으로 가려면, 그 전에 먼저 이마를 땅에 여러 번 조아리고 발언이 허락될 때까지 흙을 자신의 어깨와 머리와 등에 뿌려야 했다. 말리 통치자는 간접적으로만 교시를 내렸다. 모든 의사소통이 공식 대변인과 통역인을 통해서만 전달되었다. 누구도 군주의 먹는 모습을 보지 못하게 했고, 군주 앞에서 재채기를 하면 사형을 당했다. 이븐 바투타는 무사가 그의 백성에게 세계 어느 지배자들보다 더 큰 헌신을 요구했다고까지 썼다.[8]

무사가 이집트에서 보여준 가장 호탕한 제스처는 그가 맘루크 왕조의 지배자인 알-말리크 알-나시르al-Malik al-Nāsir에게 개인적으로 선물을 보낸 것이었다. 무사가 알-나시르로부터 동등하다는 인정을 갈구했던 것은 분명해 보인다. 전하는 말에 따르면 선물은 5만 디나르, 혹은 순금 400파운드(약 181킬로그램)가 넘는 엄청난 양이었다고 한다.

도시 외곽에 있는 피라미드 주변에서 3일을 머물며 알-나시르와 함께 있는 무사를 따라다녔던 청중이 남긴 기록들을 보면, 내용은 다양하지만 무사가 거만하면서도 현명하다는 인상을 주었다는 점에서는 일치한다. 사실 무사는 맘루크 왕조의 술탄과 동급으로 대우받기를 갈망하고 있었기 때문에 기본적으로는 위축된 상태였을 것이다. 알-우마리al-Umari라는 이름의 술탄 신하는 다음과 같은 기록을 남겼다.

> 우리가 무사를 영접하러 갔을 때 … 나는 그에게 성채로 올라가서 술탄을 만나라고 설득했지만, 그는 집요하게 거절했다. … 그는 〔종교적〕 이유를 들기 시작했지만, 그가 관중의 시선을 크게 의식하면서 진저리를 내고 있다는 점을 알아챘다. 술탄 앞에서 그는 땅에 입을 맞추고, 술탄의 손에

입을 맞추어야 했기 때문이다. …

술탄 앞에 도착했을 때 우리는 무사에게 "땅에 입을 맞추시오!"라고 말했다. 그러나 무사는 곧장 "어떻게 그럴 수 있소?"라고 답했다. 그러자 무사와 동행했던 한 지혜로운 자가 무사의 귀에 우리가 이해할 수 없는 무언가를 속삭였다. 그러자 무사는 "나는 나를 창조하신 신에게 복종하오!"라고 말했다. 그리고 그는 엎드렸고 술탄 앞으로 다가갔다. 술탄은 반쯤 일어나 무사를 맞이했고 무사를 자기 옆에 앉혔다. 두 사람은 오랜 시간 함께 대화를 나누었고 이후 술탄과 무사는 밖으로 나갔다.[9]

술탄의 초대로 그 자리에 참석했던 또 다른 사람의 설명에 따르면, 무사는 엎드리지 않았고, 술탄과 상당히 떨어져서 앉아야 했으며, 맘루크 지배자가 말하는 동안 서 있어야 했다고도 한다. 그는 무사를 맞이할 때 일어서지도 않았다고 한다. 멀리서 아주 큰 야심을 품고 와서 그토록 당당하게 행동하는 무사에게 술탄이 거리를 둔 것은, 설령 의전이라고 해도 무사를 크게 실망시켰을 것이다. 전대미문의 엄청난 황금을 뿌렸지만, 무사가 자신의 나라를 위해 그렇게 원했던, 술탄과 대등한 이로 존중받는 결실을 맺는 데는 결국 실패했다. 이 실망은 무사가 카이로에 머무는 기간 내내 술탄이 궁전 하나를 내주었던 것으로 약간은 무마되었을 수도 있다. 역사가 고메즈Michael A. Gomez는 《아프리카인의 지배: 서아프리카 초기와 중세시대 제국에 대한 새로운 역사African Dominion: A New History of Empire in Early and Medieval West Africa》에서 다음과 같이 썼다. "맘루크 지배자의 입장에서 보면, 두 사람은 전혀 같은 부류가 아니었다. … 모든 증거를 종합해볼 때, 무사에게 알-나시르와의 만남은 기본적으로 실망을 가져다주었을 것이다."[10]

왕을 방문하고, 대규모 수행원을 이끌면서 했던 여러 과소비 행태들이 사실은 말리의 이미지를 깎아내렸을 수도 있다. 그리고 여기가 기대와는 다른 결말을 가져올 우리의 이야기를 시작할 적절한 시점이다. 그 시대의 한 평론가에 따르면, 수단에서 출발해서 이집트에 도착한 방문객은 자기들의 돈이 바닥나리라고는 상상해본 적이 없었다. 그러나 말리로 돌아가야 할 때가 오자, 믿을 수 없게도 무사는 귀국 노자를 위해 고리로 자금을 빌려야 했다. 위 평론가와 비슷한 입장에서, 이집트 역사가 이븐 알-다와다리ibn al-Dawādārī는 다음과 같은 기록을 남겼다. "말리 사람들은 이집트의 규모에 놀랐고, 자신들이 갖고 있던 돈을 어떻게 다 쓰게 되었는지 당황스러워 했다. 돈이 부족해진 이들은 자신들이 구매했던 물품을 반값에 팔았고, 이집트 사람은 이를 통해 이득을 챙겼다. 이는 신께서 가장 잘 아신다."[11]

이 여행의 또 다른 치명적 결과이자 과소평가해서는 안 될 것은 무사가 노예를 과시적으로 사용하는 방식이 초래한 문제이다. 무사가 금을 보란 듯이 뿌렸을 때처럼, 무사가 노예를 부리는 모습 역시 매 순간 주목을 받았고, 이를 통해 근동 지역에서 사하라사막 이남의 아프리카는 흑인 남녀 노예를 한없이 보급할 수 있는 원천으로 유명해졌다.[12] 이런 소문은 이후 5세기반 동안 이 지역에 악령처럼 달라붙었다. 1500년에서 1800년 사이에, 약 300만 명의 흑인 노예가 인신매매를 당해 사하라사막을 건넜거나 동아프리카를 거쳐 홍해와 인도양 지역으로 이송되었다.[13] 그 외에도 100만 명이 세네감비아Senegambia(세네갈강과 감비아강 사이의 지역 — 옮긴이)와 어퍼기니Upper Guinea를 거쳐 아메리카로 이송되었다.[14] 두 지역 모두 중세시대 대규모 사헬 지역 국가들의 영향 아래 있던 중심지였다. 이렇게 노예로 인구를 유출하는 일은 대부분 말리 제국 이후에 발생했고, 말리 이후 들어선 송하이 제국이 무너진 뒤에 더 급속하게 진행되었다. 송하이는 나이저강이 남쪽으로 굽이쳐 흐르는 큰 강줄기 아래에 자리해 있으며 팀북투에서 강을 따라 260마일(약 418킬로미터) 떨어져 있는 고대 도시 중심지였던 가오에 기반을 둔 제국이다. 가나가 말리의 기세 앞에 무너졌던 것처럼 송하이는 1591년 사하라사막을 건너 침범해온 모로코에 패배했다. 만사 무사가 근동외교를 펼친 주된 이유는 바로 이런 사태가 두려웠기 때문이었을 것이다. 송하이의 패배는 서아프리카 역사에서 큰 분기점이었다. 이는 헤이스팅스 전투가 유럽 역사에 미친 영향력과 맞먹는다. 송하이는 오늘날의 말리, 니제르Niger, 세네갈, 감비아, 기니, 라이베리아 지역의 대부분을 지배하며 아메바 형태의 지형을 차지한 거대 제국이었다. 이 제국의 몰락으로 서아프리카에서는 정치단위가 급속하게 파편화되었고, 작은 나라나 부족들의 흥망이 계속되면서 전쟁 상태가 오래 지속되는 시대로 접어들었다. 이런 만성적인 혼란과 분쟁 상태가 결국은 초기 대서양 노예무역의 한 배경이 되었다.

단기적으로는, 무사의 성지순례가 좀 더 긍정적인 효과를 남겼던 것 같다. 무사는 이슬람 교리와 법을 배운 성직자들을 확보했고 큰 도서관을 채울 수 있을 정도로 많은 이슬람 문헌을 고향으로 가져왔다. 메카에서 이루 말할 수 없을 정도로 많은 금을 뿌렸던 무사는 귀국할 때 선지자 무함마드의 후손 두세 명을 함께 데려가게 해달라고 했다. 이 요청은 정중하게 거절당했지만, 무사는 동행하는 샤리프sharif(이슬람교도의 지도자)에게는 금 1000미트퀄mithqāl(4.5킬로그램)을 주겠다고 제안했고, 선지자 부족 쿠라이시Quraysh 출신인 4명의 샤리프와 그들의 가족을 데리고 귀국할 수 있었다. 이 여행을 통해 무사는 아부 이스하크 알-사힐리Abū I-shāq al-Sahilī를 비롯한 당대 최고의 건축가들을 고용했고, 이들이 팀북투를 비롯한 말리의 주요 도시에 거대한 사원을 설계하고 건축하는 데 기여하도록 했다. 무사의 낙타 행렬은 이집트의 고급품 시장에서 쓸어온 호화로운 비단, 카펫, 도자기 등 온갖 종류의 장식품을 갖고 귀환했다. 무사는 수많은 튀르크인 노예를 데려왔으며, 여성노예는 그의 하렘에서 일하게 했다고 한다.

무사는 돈만으로는 맘루크 술탄과 동급이 될 수 없음을 알게 되었지만, 그가 보여준 행동들을 통해 말리가 이슬람 세계의 중요한 일부이며 그 자체로 '초지역적인' 큰 영향력을 갖고 있음을 확고하게 알렸다고 할 수 있다.[15] 아무튼 늘 그렇듯이, 가장 흥미로운 반향을 일으킨 것은 말리 제국 앞에 불쑥 나타난 역사의 소용돌이였다. 시간의 문제로 보면, 만사 무사는 이집트와 근동에서 이미 광범위하게 도입되었던 화기를 수입할 기회를 겨우 몇십 년 차이로 놓쳤다. 그가 카이로를 여행하는 동안 이 무기들을 접할 수 있었다면, 아프리카 역사는 또 다른 길을 갈 수 있었다고 여러 가지로 상상해볼 수 있다. 무사가 거의 무제한으로 금을 쓸 수 있었던 점을 고려할 때, 그가 건축가, 성직자, 하렘에서 쓸 이국적인 터키인 노예뿐 아니라 화약을 사용한 무기를 대량으로 수입했다면 또 얼마나 흥미로운 역사가 전개되었을지 상상해볼 수 있다. 말리가 이미 쇠를 비롯한 다양한 금속 가공에서 오랜 전통과 앞선 기술을 자랑하고 있었기 때문에, 만사 무사는 근대적인 화기 제작의 노하우를 자체적으로 획득했을 수 있다. 그랬다면 말리(혹은 송하이)는 더 강력한 지위를 다졌을 테고, 수단 지역에서 그 힘을 더 확대시켰을 것이며, 이를 통해 북쪽에서 반복되던 침공도 막아낼 수 있었을 것이다.

그런 길을 가지 않았던 말리는 이후 두 세기 동안 흥망을 거듭하며 크게 흔들렸고, 이 과정에서 군주들은 주목받을 규모는 아니었지만 무사가 했던 성지순례 외교를 시도하기도 했다. 지배자들과 말리 제국 전체가 약해지면서 닥친 운명은 궁극적으로는 위대한 잉카 제국이나, 이베리아반도 사람들이 정복하여 이룩한 나라로서 아프리카에서 곧 존재감을 보여줄 에스파냐나 포르투갈 등 세계제국들의 운명과 마찬가지였다.[16] 즉, 만성적인 내분과 왕위계승을 둘러싼 내란이 이어진 것이다. 말리 제국의 몰락과 함께, 서아프리카에서 큰 제국들이 연달아 형성되면서 전략적 외교가 지구적 차원에서 가장 크게 펼쳐졌던 이 짧은 시대는 거의 알려지지 않은 채 조용히 막을 내리게 된다.•

한 세기 혹은 그 이상이 지난 뒤, 무사의 후임들은 무사의 카이로 여행이 몰고 온 여파로 말리의 명성이 유럽의 수도들로 빠르게 퍼졌고, 유럽의 왕과 통치자 들이 아프리카 왕국에 비축되어 있는 금에 대해 동경심을 갖게 되었음을 뒤늦게 알았다. 유럽인은 무사가 보여줬던 금의 원천을 찾아내려고 했다. 가나, 말리, 송하이와 같은 사헬의 검은 아프리카 국가들은 과감한 제국주의 프로젝트를 펼칠 수 있는 그릇이 되지는 못했다. 그러나 아프리카가 인류의 역사에서 중차대한 몫을 하는 시대가 현실에서 이제 막 시작되었다.

• 이는 사하라이남 아프리카의 왕국이나 나라 들이 이후로 외교적 주도성을 제대로 발휘하지 못했다는 의미가 아니다. 예를 들어, 오늘날 나이지리아에 자리했던 하우사(Hausa)인의 도시국가인 카노(Kano)는 오스만 튀르크 제국과 동맹관계를 맺는 데 성공하지는 못했지만, 이를 성사시키려 노력했다. 16세기 콩고 왕국은 라틴 기독교 세계에서 다각도로 외교활동을 펼쳤고, 30년 전쟁이라고 알려진 여러 대륙을 넘나드는 대서양 분쟁에서 네덜란드의 동맹국으로서 포르투갈에 맞서며 중요한 역할을 하기도 했다.

3

다시 생각해보는 탐험의 시대

14세기 초부터 15세기 말까지 200년도 채 안 되는 사이에 세계사의 흐름은 좀 더 지속적으로 변혁되어가는 방식으로 바뀌었다. 이전의 인류사에서는 단 한 번도 경험하지 못한 일이었다. 그 이후로 인간의 삶에 이보다 더 큰 변화를 가져온 것은 아마도 산업혁명이 유일했다.

이 시기를 경과하면서, 전 세계 각 대륙의 주요 중심지들 사이에서 처음으로 영구적이고 지속적인 상호교류가 시작되었고, 이는 매우 심대한 결과를 낳았다. 사회, 국가, 그리고 전 지역이 서로 부딪치며 움직였고, 이렇게 격돌한 그들은 복권 추첨기계 안에 들어 있는 탁구공들처럼 빠르게 움직여나갔다. 특별한 전망이 없어 보였던 일부가 갑자기 순식간에 부상하기도 했고, 또 다른 일부는 뒤처지거나, 뒤로 가파르게 미끄러지며 밀려나거나, 폭력으로 소멸했다. 새로운 거대 제국들이 출범했고, 이와 함께 대규모의 사람과 물자가 식물, 동물, 식량, 그리고 질병 등과 함께 세계의 한 부분에서 다른 부분으로 이송되었다. 다른 무엇보다 역사에서 볼 수 없던 큰 규모의 이동성이 가장 중요한 특징으로 떠올랐다. 그리고 이 이동의 중심에서 대규모의 인신매매라는 끔찍한 일이 벌어지고 있었다. 수많은 사람이 고향 아프리카에서부터 사슬에 묶여 전혀 알지 못하는 곳으로, 처음에는 유럽으로 이후에는 곧 신세계라고 알려지게 될 곳으로 보내졌다. 이 과정에서 시녀 역할을 한 것은 당연히 인종 관념이었다. 인종 관념은 어떤 사람을 노예로 만들 수 있는지를 결정하는 원리가 되었다.

'신세계'라는 단어를 보면, 우리는 익숙한 지형을 곧바로 떠올릴 수 있다. 유럽인에게, 그리고 아프리카인이나 아시아인에게도 알려져 있지 않았던, 고유의 선주민 종족들이 살던 아메리카라는 광대한 지대를 말이다. 그러나 이 신세계는 단순히 장소들의 집합만이 아니라 그 이상을 의미했다. 신세계는 하나의 프로젝트라고 봐야 한다. 유럽인이 권력을 행사하고 에너지를 쏟은 결과물, 오랫동안 사람의 목숨을 희생시키고 파괴하고 광대한 규모의 노동력을 전유하여 만들어낸 것으로 이해해야 한다. 이는 수많은 선주민 사회가 성전의 이름으로 진행된 전쟁, 정복, 질병 탓에 유례없는 재앙을 당했음을 의미한다. '홀로코스트'가 완벽한 비유는 아니지만, 대량학살이었다는 점에서 비견할 만하다. 아프리카에서 흑인의 생명과 노동력이 사슬에 묶여 실려 나갔고 그 과정에서 수백만 명이 사멸하면서, 유럽인은 새롭게 플랜테이션 농업을 기획할 수 있었다. 이 기획들은 차례로 세계경제를 휩쓸면서 혁명적 변화를 일으켰고, 활력뿐 아니라 높은 수익성도 가져다주었다. 이 시대가 시작되었을 때, 누구도 이 대규모 프로젝트의 결과를 정확히 예상하지 못했지만, 세계경제가 발명되고, 우리의 '근대' 세계가 탄생하게 된 근간에는 이런 잔혹한 조정들이 있었다.

이 시대에 만들어진 심대한 변화들을 제대로 이해하려면 그런 변화가 어떻게 시작되었는지에 대해 먼저 답해야 할 것이다. 이전 수 세기 동안 서유럽이 세계적 무대에서 이룬 업적은 그 자체로는 미미했다. 동쪽으로 중국까지 뻗은 광대한 대륙에서 서유럽은 상대적으로 부차적 존재였다. 종교와 철학, 혹은 과학과 기술, 혹은 탐험과 전쟁 등에서 인류 문명의 가장 큰 발전은 주로 다른 곳에서 나왔다고 할 수 있다. 유럽의 근대사 때문에 유럽은 사상, 진취성, 창의성에서 늘 선도자였던 것처럼 많이들 생각해왔다. 그러나 돌파구가 열리기 전까지, 유럽은 동쪽에서 흘러 들어오는 사상들을 주로 받기만 하던 수신자였고, 동쪽에서 대서양 연안으로 이주해온 이들의 마지막 피난처였다.

학교 수업과 많은 전통 역사서들은 대서양 세계의 통일을 '대항해시대'라는 가공의 시대에 이루어낸 기적 같은 위업이라고 설명한다. 그러나 이 시기까지 세계의 여러 다른 지역도 이미 제각기 대항해시대들을 경험하고 있었다. 가장 유명한 사례는 중국 명나라의 발견일 것이다. 명나라 제독 정화는 중국에서부터 멀리 동아프리카와 홍해까지 이르는 일곱 번의 해양 탐험을 이끌었다. 시작부터 이는 거대한 모험이었다. 1405년 처음 출발했을 때, 원정대 규모는 거의 2만 5000명에 달했고, 선박 수는 250척이 넘었다. 정화가 탔던 가장 큰 배는 돛대가 아홉 개였고, 길이가 400피트(약 122미터)에 달했다. 콜럼버스의 기함인 산타마리아호는 이와 비교할 수 없을 정도로 작았는데, 길이가 20야드(약 18미터)에도 미치지 못했고, 승선인원은 52명에 불과했다.[1]

서유럽 이전에 가장 눈길을 끄는 탐험가는 중국인이지만, 그렇다고 중국인만 탐험을 했던 것은 아니다. 남아시아인과 아라비아인은 인도양의 몬순 주기를 이미 매우 잘 알고 있었다. 말레이인은 오래전에 남중국해와 인도양 탐험을 완수했고, 아프리카의 마다가스카르섬에 정착하기도 했다. 남태평양에서 현지 주민은 장거리 항해를 하면서, 대양의 섬들에 정착하기도 했고 남아메리카까지 간 사람들도 있었다. 최근의 DNA 분석이 밝힌 바에 따르면, 800년 전 폴리네시아인 사이에 아메리카 선주민의 유전자가 유입되었다. 남태평양의 탐험가들이 아메리카로 다녀오는 과정에서 데려온 초기 아메리카인의 유전자인 것으로 추정된다.[2] 유전자 연구는 아마존 선주민이 오스트레일리아, 뉴기니New Guinea, 안다만제도Andaman Islands의 선주민과 밀접한 유대가 있었음을 밝혀주기도 했다. 이는 선사시대에 태평양을 항해하여 건너갔어야만 가능한 결과라고 한다.[3] 한편, 카리브해 연안 인디언 역시 오늘날 콜롬비아, 플로리다, 멕시코 사이에 있는 서대서양 연안 지역과 장거리 무역을 하며 왕래하고 있었다. 잉카 역시 능숙하게 장거리 항해를 했던 것 같다. 마지막으로 말리인Malians의 해양 탐험 미스터리도 잊지 말자. 장거리 대양 항해를 했다는 물질적 증거는 없지만 아프리카 내륙 깊은 곳에 자리한 제국들도 14세기 무렵이 되면 장거리 탐험의 가능성을 이미 탐색하고 있었던 것으로 보인다.

이베리아인들이 선도하던 탐험이 폭발적으로 이어지면서 우리 세계가 어떻게 하나로 합쳐졌는지를 말할 때, 보통 장소를 부각하는 설명들은 각기 일말의 진실을 갖고 있지만 그 배경에 자리한 핵심적인 진실은 제대로 보여주지 못하고 있다.

가장 흥미로운 것은 유럽인이 아시아로 가는 해로의 개척을 갈망했고, 무엇보다 이를 향한 집착이 유럽인의 탈주를 주도하여 이른바 대항해시대를 창출해냈다는 흔들리지 않는 믿음이다. 미국 초등학교 교과과정에서부터 오랫동안 강조되어온 설명에 따르면, 유럽의 왕과 여왕이 중세 말에 항해에 적합한 선박들에 투자하고, 콜럼버스처럼 바다를 통해 동양으로 가기 위해 용감하게 미지의 길을 나선 인물들을 중용한 것은 향료와 비단을 구입할 수 있는 아시아의 시장을 탐냈기 때문이었다고 한다.

이런 설명은 역사서술에서 상투적으로 반복되었다. 매우 자주 접하기 때문에 미리 프로그래밍된 설명 같은 인상을 주는데, 마치 기능키를 이용해서(복사, 붙여넣기를 하여 — 옮긴이) 쓴 역사서술 같다. 교과서마다 볼 수 있는 매우 단순한 설명이기 때문에 거역하기 어렵게 하는 힘을 갖고 있지만, 여기에는 한 줌의 진실도 없다. 진실의 모조품일 뿐이며, 전혀 진실이 아니다. 기본적으로 이는 거의 거론되지 않는 '대항해시대'의 아주 초기 단계, 15세기가 시작되던 첫 수십 년, 포르투갈인이 서아프리카 남쪽으로 조금씩 경계를 넓혀 가고 무어인의 땅을 넘어 흑인의 세계로 진출하던 시대를 유럽인이 아프리카 주변을 항해하면서 직물원단을 입찰하던 시대 정도로 보기 때문이다. 아프리카 대륙은 걸림돌로 제시되고, 아프리카 무역은 부차적인 것으로 잠시 언급될 뿐이다. 이런 연출 속에서, 1488년 디아스가 희망봉에 도달한 뒤, 아프리카는 대체로 이야기에서 갑자기 뒤로 밀려나거나 완전히 사라진다. 그러나 포르투갈이 실제로 아시아로 가는 항로의 개척에 그렇게 열심히 집착했다면, 디아스의 과업 이후 왜 거의 10년이 지나서야 바스쿠 다 가마가 디아스의 행로를 따라 항해하도록 임명을 받고 캘커타까지 가도록 지원을 받았는지가 설명되지 않는다.

현대 역사가들이 이베리아인의 탐험 가운데 매우 이례적인 항해로 꼽아온 디아스의 행로를 계속 추적해보려는 노력이 사실 초기에는 없었다. 그 시대 포르투갈 왕 주앙João 2세와 관련된 사료들을 보아도 디아스의 업적에 큰 관심을 보이지 않는다.[4] 그런데, 이와 관련한 강력한 단서를 포르투갈 왕실이 즐겨 사용한 별명에서 찾을 수 있다. 주앙 2세는 당대에 '아프리카인 주앙'으로 알려져 있었다. 그의 신하들이 서아프리카에서 풍부한 자원에 접근해 이를 가져왔기 때문인데, 이는 우연이 아니었다. 포르투갈은 처음부터 서아프리카에서 부를 찾고 있었다.

(포르투갈이 아프리카 서안을 항해했던 것에 대해 — 옮긴이) 아프리카에 관심을 둘 만한 무언가가 있었음을 인정하기보다, 아프리카를 돌아서 가는 길을 찾으려는 것이었다는 발상이 '대항해시대'를 주제로 한 책마다 일관되게 유지되어왔다. 그리고 이는 오늘날까지 지속되는 현상의 중요한 기초를 제공했다. 이렇게 아프리카를 그림에서 지우는 것이 서구가 근대로 이르는 길을 설명하는 방식의 가장 근저에 놓인 특징이다. 그 예로, 2017년에 나온 고든Peter Gordon과 모랄레스Juan José Morales의 책, 《은의 길: 중국, 에스파냐령 아메리카, 그리고 지구화의 시작The Silver Way: China, Spanish America and the Birth of Globalization》을 들 수 있다. 이 책은 두 이베리아 국가가 아시아로 가는 항로를 발견하기 위해 했던 경쟁을 20세기 중반 미국과 소련의 우주 기술 경쟁에 비유하면서, 디아스가 아프리카 남단을 돌던 것을 에스파냐가 "스푸트니크Sputnik를 경험했던 순간"이었다고 했다. 저자들에 따르면 "포르투갈은 수십 년에 걸쳐 아프리카 해안을 따라 조금씩 남쪽으로 내려가고 있었다. 당시 일부 사람들이 생각했던 것처럼 아프리카가 영원히 남쪽으로 이어져 있다고 해도 별일은 아닐 성싶었다."[5] 물론, 이 글이 함의하는 것은 포르투갈이 아프리카와 관계를 맺었던 것이 그리 중요하지 않으며, 관계 형성 이전에 비해 이후도 크게 달라지지 않았다는 생각이다.

결정적 사례로는, 전반적으로 높이 평가받고 있는 필립스 주니어William D. Phillips Jr.와 필립스Carla Rahn Phillips의 책, 《크리스토퍼 콜럼버스의 세계들The Worlds of Christopher Columbus》을 인용할 수 있다. 책의 서두에서 두 저자는 이렇게 썼다. "불과 30여 년 만에 이베리아반도의 뱃사람들이 세계를 유례없던 방식들로 묶어냈다. 탐험을 향해 돌진하는 수십 번의 항해가 있었지만, 가장 유명한 것은 1488년 아프리카의 남단을 돌은 디아스의 항해, 1492년 콜럼버스의 첫 번째 카리브해 항해, 1498년 바스쿠 다 가마의 인도 도착, 1519년 페르낭 마갈량이스Fernão Magalhães의 세계일주이다."[6] 마갈량이스는 영어 이름 마젤란으로 더 잘 알려져 있다. 그리고 뒤에서 두 저자는 "15세기 유럽인은 아시아에 도착하고, 무슬림을 배후에서 공격하는 것을 최고의 소망으로 삼으며, 아프리카 해안을 일주했을 것"이라고 선언한다.[7] 이런 결론을 보면, 저자들은 아프리카가 고유의 가치나 수익성을 갖고 있었다는 생각을 해볼 마음도 능력도 없었음을 알 수 있다.

이베리아인의 혁신적 성과에 대한 또 다른 일반적 설명은 이교도와 벌였던 성전이라는 틀에 매여 있고, 1415년 포르투갈이 모로코 세우타Moroccan Ceuta를 정복한 이야기에 집중되어 있다. 세우타는 마린 왕조가 지배했던 작은 아프리카 영토로, 지브롤터의 바로 맞은편, 지중해 입구 가까이에 자리해 있다. 이 이론은 "아무 생각이 없는 가운데 갑자기" 얻은 제국이라는 식의 이야기로 이어진다.[8] 이는 영국 역사가 실리John Robert Seeley의 유명한 표현에서 나왔다. 실리는 영국이 어떻게 세계의 상당 부분을 확보하게 되었는지를 설명하면서 전략적 목표나 자기이익을 추구해서가 아니라 우연한 결과였다고 말한다. 이런 설명 방식을 포르투갈에 적용하면, 이교도인 모로코를 굴복시키려는 승리에 대한 욕망, 그리고 이와 함께 약탈과 전리품 정도에 욕심을 내면서 포르투갈인은 별 계획이 없는 가운데 대서양과 아프리카 양쪽에서 계속 팽창을 추진했다는 말이다. 이는 14세기 포르투갈인이 카나리아제도로 진입하면서 시작되었다. 이후 그들은 마데이라Madeira제도와 아조레스Azores제도를 확보했고, 이후 점차 아프리카 해안 남쪽으로 내려갔다. 이런 이야기에서 아프리카 대륙은 이전과 마찬가지로 피상적으로 다루어질 뿐 거의 언급하지 않고 곧장 디아스가 인도양과 돈벌이가 되는 아시아로 진출하는 내용으로 건너가버린다.

유럽이 세계제국으로 성장했음을 설명하는 또 다른 전통적인 줄거리는 과학과 기술에서 새로 이룩한 발전을 강조한다. 이 서사에 따르면, 유럽인이 범선으로 바람과 맞서고 연안 항해에서 벗어나 장거리 항해를 좀 더 쉽게 할 수 있게 된 것은 결국은 건조기술의 발전, 특히 이베리아인이 카라벨caravel(15~16세기경 사용된 쾌속 소형 돛배)과 카라벨에 장착한 큰 삼각돛을 이용했기 때문이라고 설명한다. 이런 기술 덕분에 카나리아 해류를 만나면 고향으로 돌아갈 수 없다는 두려움에서 벗어날 수 있었다는 것이다. 더 나아가 삼각돛을 활용해 이후 유럽 해양탐험가는 서아프리카 해안을 따라 계속 남진할 수 있었고, 대서양을 건너 카리브해 연안으로 진출할 수 있었다. 그리고 마침내 1500년 카브랄Pedro Álvares Cabral 선장의 지휘 아래 우연히 브라질을 '발견', 혹은 좀 더 제대로 표현하자면 브라질의 위치를 알아냈다. 유럽인이 서쪽에서 풍요로운 새 영토를 발견하고, 동양으로 가는 수익성 높은 새로운 해로를 개척할 수 있었던 동력을 기술 발전에서 찾는 서사는 그런 혁신이 기본적으로 항해기술의 발전에서 나왔다고 강조한다. 포르톨라노portolan 해도의 등장과 함께 훨씬 더 정교해진 지도 제작기술 외에도 한층 더 발전된 나침판, 아스트롤라베astrolabe(고대 그리스 시대 이래 사용된 천체관측기—옮긴이), 섹스탄트sextant(육분기: 배의 위치를 판단하기 위해 천체와 수평선 사이의 각도를 측정하는 광학 장치—옮긴이)가 강조된다. 해도는 갈수록 정확한 항해 위치를 보여주었고 항구들의 배치 상황을 강조해서 나타냈다. 선박은 이렇게 표시된 항구들에서 안전하게 기항할 수 있었을 것이다. 이런 발전이 항해 능력을 향상시키는 중요한 역할을 했음은 분명하지만 오늘날에는 이전만큼 이를 강조하지 않는다. 누구든 유추할 수 있겠지만, 위에서 인용한 대부분의 발전들과 역풍을 극복하고 항해하는 기술 등을 포함한 기술 발전 대부분은 비유럽인, 특히 아랍인이 이루어낸 혁신이라는 이유도 하나의 요인이다. 서구의 부상은 과학과 이성에 기초했다는 역사적 결정론이 이 시대에 관한 많은 전통적 설명들의 핵심에 자리해 있지만, 앞서 말한 그런 이유 때문에 그 이론에 대한 신뢰는 크게 약화되어 있다.[9]

이런 반대들에도 불구하고, 이 설명들 각각에는 진실의 알갱이가 다양한 크기로 들어 있고, 이에 대해서는 곧 서술할 것이다. 그러나 이를 개별적으로 살펴보든, 혹은 연결시켜 보든 간에 어떤 것도 이른바 유럽의 돌파를 만족스럽게 이해할 수 있는 실제적인 기반을 제공하지 못하고 있으며, 강력한 중심 동기가 부족하다. 사람들이 이런 설명에 그렇게 오래 매달려왔다는 것이 놀랍다. 특히 훨씬 더 설득력 있는 중요한 동기가 잘 보이는 곳에 계속 있었지만, 주목받지 못했다는 것을 고려하면 더 놀랍다. 이는 우리가 최근 익숙해진 인물 만사 무사와 그가 차원이 다른 규모로 갖고 있던 황금과 관련되어 있다.

현대의 여러 학술연구에 따르면, 대서양 세계가 창출될 수 있도록 자극한 것은 1324년 만사 무사의 카이로 여행과 메카 성지순례에 관한 소식들이 일으켰던 센세이션이라는 주장이, 어떤 전통적 이론보다 설득력이 있다. 무사의 외교가 당대에 가져온 효과를 추정할 수 있는 척도는 그 이야기가 퍼져나갔던 속도이다. 예를 들어, 역사적 기록들에 따르면 이미 1320년대 말에 유럽에서 유통되던 지도들에 말리, 혹은 '멜리Melly'라는 황금이 풍성한 제국이 사하라사막 이남, 서아프리카 내륙 깊숙한 곳 어딘가에 존재한다고 표시되어 있었다.[10]

만사 무사가 그 유명한 성지순례를 마치고 14년이 지난 뒤인 1339년에 제작되어 지금도 남아 있는 둘체르트Angelino Dulcert의 지도는 아프리카를 조금 더 정확하게 묘사했다.[11] 당시까지 지도에서 아프리카는 빈칸이거나, 제작자가 거친 환상들을 투사하는 스크린이었다. 이 지도는 이른바 마요르카Majorca 지도학파를 설립하게 만든 자료로 평가되며, '대항해시대'라는 흐름을 만들어내는 과정에서 중요한 역할을 했다. 이 지도에는 "흑인들Negroes의 땅으로 가는 길"이 표시되어 있고, 아틀라스산맥 너머에 은신해 있는 연한 피부색의 "사라센Saracen 왕"이 그려져 있는데, 이 왕은 "모래 나라"를 다스리는 왕이며, "놀라울 정도로 풍부한 금광들"을 소유하고 있다고 씌어 있다.[12] (이 시대 유럽에서 "사라센"은 어두운 피부색의 무슬림을 총칭하는 용어로 쓰이곤 했다.)

1346년, 지도들이 아프리카에는 황금이 무한대로 펼쳐진 땅이 발견되기만을 기다리고 있다는 꿈을 부채질하는 분위기에서, 제노바 출생의 마요르카인 모험가 페레르Jaume Ferrer가 큰 환호를 받으며 서아프리카 해안을 따라 남쪽으로 출발했다. 이때 그가 탔던 '욱세르uxer'라는 배는 노를 젓는 갤리선과 사각 돛을 단 범선의 특징들을 결합하여 동력을 얻는 기이한 하이브리드 선박이었다. 이 항해는 오늘날 모리타니Mauritania 해안에 있으며 오랫동안 귀환 한계점으로 여겨졌던 보야도르Bojador곶을 돌파하려는 유럽인 최초의 시도로 알려져 있다.•

• 1291년 제노바 출신의 형제, 반디노(Vandino)와 우골리네(Ugoline) 비발디(Vivaldi)는 인도를

페레르가 분명하게 밝힌 목표는 14세기의 여러 세계지도들이 갑자기 중요하게 조명하기시작했던 지점, 즉 아프리카를 여행하는 것이었다. 말하자면, 14세기 중반 유럽 궁정들에서 널리 읽혔던 《지식의 책Libro del conos imiento》에서는 '황금의 강Rio do Ouro'이 존재한다고 주장했다. 익명의 에스파냐 프란시스코 성직자가 여행담 형식으로 쓴 이 책에는 오늘날 관점에서 보면 순전한 상상과 아프리카에 대해 잘 알고 상세하게 기술한 것으로 보이는 알짜 정보들이 제멋대로 뒤섞여 있다.

몇 년 뒤, 아프리카의 황금에 대한 라틴계 유럽의 관심은 유명한 베르베르인 학자 이븐 바투타가 1355년 그라나다에서 했던 일련의 강좌들에 대한 소식들을 통해 더욱 커졌다. 바투타는 수단으로 알려진 지역을 다녀온 여행담을 풀어놓았다고 한다.

이 초기 지도들에서 뜨거운 관심을 모았던 지리적 지점이 세네갈강이었음은 거의 확실하다. 당시 유럽인은 이 강이 나일강의 서쪽 지류라고 생각했다. 길이가 1015마일(약 1633킬로미터)인 세네갈강은 오늘날 세네갈의 해안을 향해 북서쪽으로 흐르는데, 공교롭게도 바로 그 원류에 말리 제국의 황금 생산 중심지가 자리하고 있었다. 페레르에 대해서는 안타깝게도 알려진 것이 거의 없다. 그가 서아프리카로 향한 이후의 행적에 대해서는 어떤 소문도 남아 있지 않다. 항해자들이 그토록 두려워했던 카나리아 해류가 흐르는 곳, 즉 물길이 서쪽으로 강하게 선회하는 장소였기에 금기의 지점이었던 보야도르곶을 유럽인이 성공적으로 돌파하려면 한 세기가 더 지나야 했다.

1375년에 제작된 이른바 카탈란 아틀라스Catalan Atlas는 손으로 화사

찾아, 두 척의 갤리선을 타고 항해를 떠났지만, 흔적도 없이 사라졌다. 그들이 모로코 해안에 위치한 케이프 넌(Cape Nun) 너머까지 진출했다는 기록은 없다.

하게 그려낸 채색 지도로, 전체 여섯 장의 구형평면도로 구성된 세계 지도mapamundi이자 당시 알려져 있던 세계를 그린 지도이다. 이와 비슷한 시기에 비슷한 규모로 제작된 다른 지도들은 거의 남아 있지 않지만, 그 다른 지도들 모두가 이 카탈란 아틀라스의 전조로 간주될 수 있다. 카탈란 아틀라스는 많은 역사가가 역사상 가장 중요하고 아름다운 지도 가운데 하나로 꼽는다.[13] 마요르카 학파의 이 유명한 지도에는 점성술·전설·미신의 요소들이 포함되어 있다. 이는 중세시대 이래 전해진 가장 오래된 지도이지만 긴 기간 지배력을 행사해온 교회의 도그마를 멀리하면서 실제 세계에 대한 과학적 지리학을 정립하려고 시도한 결과물이기도 하다. 이 지도에서, 유럽인은 처음으로 아시아를 하나의 대륙으로 표현했다.[14] 다만 그 윤곽은 모호하고, 오늘날 눈으로 보면 분명 짐작으로 그린 것이기는 하다.• 이 특별한 지도에서 가장 흥미롭고 중요한 부분은 아프리카이다. 북부와 서부 해안의 수많은 지점을 식별할 수 있게 표시하고 있어, 항해 지침서로 적합할 뿐 아니라, 내륙에 대해서도 꽤 상세하다. 이런 내용은 이전의 지도들에서는 거의 찾아볼 수 없다.

이와 같은 새 지도들은 세계를 실질적으로 재현한 것 그 이상의 의미를 지녔다. 이 시대의 지도에는 무엇보다 새로운 발견들이 정리되어 있었고, 이 지도들은 유럽 각국의 수도에서 불티나게 팔려나가, 널리 유통되었다.[15] 그리고 여기서 카탈란 아틀라스의 가장 흥미로운 특징은

• 아시아, 유럽, 아프리카 대륙을 대양들과 내륙해들까지 포함해서 그려 넣은 지도들이 등장하기 시작한 것은 10세기 이슬람 세계였다. 유명한 예로 알리 알-마수디의 지도를 들 수 있는데, 그는 에스파냐에서 튀르키스탄(Turkistan)까지 여행을 한 사람이다. 이 지도에는 중국뿐 아니라, 동아프리카에 있던 나라들까지 표시되어 있다.[16]

말리와 무세 멜리Musse Melly(만사 무사)라고 불렸던 말리의 유명한 왕을 표시하고 있다는 점이다. 이 왕은 분명하게 흑인으로 그려져 있고, 다음과 같은 말로 찬란하게 묘사되어 있다. "지네바Gineva(가나) 흑인 땅의 주권자. 그의 땅에서 채굴한 풍성한 황금 덕분에 세상에서 가장 부유하고 가장 고귀한 왕이 되었다."[17]

카탈란 아틀라스의 시기, 즉 14세기 중반의 수십 년 동안 유럽의 지도 제작자들은 만사 무사의 제국적 전설을 미화하는 일에 경쟁적으로 나섰다. 역설적이게도, 앞서 봤던 것처럼 말리의 옛 왕 만사 무사는 생전에 더 큰 세계의 강력한 황제나 제왕들과 동급이 되려는 꿈을 결코 이루지 못했었다. 그러나 사망한 뒤에야 카탈란 아틀라스를 통해 주목받고 인정받고 싶었던 소망이 넘치게 실현되었다. 사실 이 지도책의 표지에서 볼 수 있는 것처럼, 왕관을 쓰고 제일 높은 왕좌에 앉은 만사 무사의 거룩한 초상화는 유럽의 왕과 거의 같은 방식으로 묘사되어 있다. 한 손에 황금 홀을 들고 있는데, 이는 그의 권위를 상징한다. 다른 한 손에는 황금 구체를 들고 있는데, 이는 그가 가진 엄청난 부를 나타낸다. 새롭게 주목할 점은 그의 분명한 흑인성Blackness이다. 그를 둘러싸고 사방으로 그의 왕국의 대도시들이 있다. 팀북투, 가오, 그리고 말리 자체도 여러 사원들과 함께 표시되어 있다. 이를 배경으로 만사 무사가 터번을 쓴 한 투아레그인을 청중에게 소개하는 모습이 그려져 있다. 비취색 예복을 입은 투아레그인은 아프리카 황금을 거래하는 수익성 높고 활발한 카라반 무역에 참여하려 서쪽에서 낙타를 타고 말리까지 온 사람이다.

카탈란 아틀라스는 유럽 왕족에게 세계 최대의 귀금속 공급지로 보이는 지역을 알리는 것 이상의 역할을 했다. 이 지도를 통해 아프리카

지리의 미스터리들을 초점으로 삼은 새로운 종류의 지도 제작이 폭발적으로 발전했다. 인도에 대한 꿈이나 기술적 발전 자체보다, 이런 지도 제작이 훨씬 더 과감한 항해를 이끌어내는 유인이 되었다. 어떤 의미에서 이 지도는 분명 난제를 해결하는 열쇠의 역할도 했을 것이다. 예를 들면, 지도 각 장에 표기된 내용은 황금무역을 위해 사막을 건너려고 했던 이들에게 지침이 되었다. 어려운 사하라사막을 통과하기 위해 상인들이 이용했던 루트들을 적어둔 것이다. "흑인들의 땅, 기니로 여행하는 상인들은 이 지역을 통해서 갔다. 상인들은 이 지역을 드라아Dra'a의 계곡이라고 불렀다."•18 아프리카 서해안을 따라 가장 멀리 내려간 지점을 자세히 표기했다는 점은 좀 더 높은 관련성을 보여준다. 이곳은 마요르카인 모험가 페레르가 황금의 강을 찾던 끝에 도착했다던 곳이지만, 그가 귀환했음을 보여주는 사료는 없다. 이 지도는 페레르의 종착지가 주비곶Cape Juby 주변이었다고 보는 듯하다. 주비곶은 오늘날 모로코의 남단으로, 서사하라Western Sahara와의 국경 부근에 자리해 있다.

페레르의 시대에 유럽인 사이에서 확실히 인도에 대해 오래전부터 지속적인 관심이 있었지만, '무어Moor' 혹은 '사라센'처럼 '인도'라는 단어는 맥락에 따라 완전히 다른 내용을 의미했고, 오랫동안 북동아프리카와 그 너머의 지역을 가리키는 지명으로 혼란스럽게 통용되기도 했다. 한편 중국은 늦어도 저명한 (일부 세부 사항은 터무니없기도 한) 마르코 폴로Marco Polo의 여행기가 출판된 13세기부터는 미스터리로 간주되지

• 기니(Guinea, 혹은 Guiné)는 14세기 초부터 유럽 지도와 자료에 등장하기 시작한다. 1320년 제노바 지도제작자인 카리냐노(Giovanni da Carignano)의 지도에서 기니는 사하라 이남 아프리카에서 흑인이 거주하는 전 지역을 총칭하는 지명으로 나온다.

않았다. 같은 시기, 몽골인의 지배 아래에서 유럽과 아시아를 넘나드는 육로 여행이 실제로 상당히 광범하게 개방되었고, 이 덕분에 실크로드를 따라 매우 활발한 무역이 진행되고 있었다. 카탈란 아틀라스의 출판 이래 100년 동안 해상 탐험의 역사를 지배했던 것은 아시아에 대한 생각이 아니라 황금이 있는 서아프리카의 부의 원천을 확보하려는 강한 욕망이었다.

4

아비스 왕조의 시작

카탈란 아틀라스 자체가 정확히 어디에서 유래했는지는 여전히 논쟁 중이다. 대부분은 크레스케스Abraham Cresques가 이 지도를 제작했다고 본다. 그는 마요르카에 거주하던 유대인으로, 카탈루냐나 북아프리카에서 온 사람이라고 믿고 있다.[1] 그러나 다른 한편에서는, 이 지도가 마요르카의 지도 제작 업계에서 수학과 과학에 조예가 깊었던 '유대계 학파'에서 함께 고심하여 만들어낸 것이며, 이 중 한 명이 크레스케스의 아들 예후다Jehuda였다는 주장을 내놓기도 했다. 이 주장은 세밀하지 못하고 개략적이지만, 우리를 매우 중요한 정보의 세계로 안내한다. 우선 이 시대 아프리카에 대해 지금까지 기록으로 남겨진 자료가 거의 없는 점, 세계사적으로 중요한 사건들에 대해서도 아프리카와 관련해서는 별다른 것이 없는 점이 오늘날 우리를, 그리고 우리의 이야기를 몹시 답답하게 만든다. 예를 들어, 유명한 항해왕자 엔히크'navigator', Prince Henry의 개인편지는 단 한 통만 남아 있다. 엔히크의 활동이나 사고방식이 지나치게 한 자료에만 의존하고 있다. 이는 포르투갈 왕실의 연대기 작가이자 성인전聖人傳 작가인 주라라Gomes Eanes de Zurara의 서술로,

사건들이 일어나고 한참 뒤에 엔히크가 한 이야기를 받아 쓴 것으로 보인다.

14세기 마요르카Majorca섬은 아라곤 왕실의 소유지였다. 유럽인과 아프리카계 지중해인이 모여들어 거의 구별 없이 어울리던 세계로, 풍요롭고 다문화적인 상업 중심지였다. 유대인을 향한 적대감이 날로 커지던 시대였지만, 아라곤인은 상당히 드물게도 이들에게 상대적으로 우호적이었다. 역사가 페르난데스-아르메스토Felipe Fernández-Armesto에 따르면, "1247년부터, 하이메Jaime 1세가 〔유대인에게〕 '우리 땅에 거주하고 정착하기 위해' 그의 영토로 오라고 권했다"고 한다. "유대인은 이후 한 세기 반 동안 이베리아반도의 아라곤 왕국 영토에서 계속 환대를 받았다. 외부 세계에서 고난을 당했던 유대인이 아라곤 왕국에서 안전지대를 발견한 셈이다. 예를 들어, 당시 유대인은 1307년에 루시용이나 몽펠리에에서 추방되기도 했다."[2] 잘 알려지지 않았지만, 당시 유대인 공동체가 가까운 두 대륙인 아프리카와 유럽을 중재하는 중요한 역할을 점진적으로 수행할 수 있었던 것은 이런 개방성 덕분이었다. 이는 부분적으로는 유대인의 오랜 상업 활동의 전통 때문이기도 하고, 다른 한편으로는 기독교인과 달리 유대교 구성원은 이슬람 세계인 북아프리카를 자유롭게 여행할 수 있었고 심지어 거주도 할 수 있었기 때문이기도 했다. 그들은 그곳에서 유대교도임을 나타내는 복장을 입을 필요가 없는 경우도 많았다.[3]

13세기 이래 유대인은 이런 방식으로 북아프리카에서 작은 규모로 교역을 하고 있었다. 동시에 외부로 진출하려는 의지가 가장 강했던 유럽의 강국 제노바는 북아프리카와 이베리아반도 남쪽에 무역 전초기지들을 세우기 시작했다. 14세기 말 무렵이 되면 유대인은 아마도 제노바인과 함께 사하라사막을 여러 번 넘었을 것이고, 사헬 서부에 있는 무역 도시들까지 진출했음이 거의 확실하다.[4] 어느 현대 역사가에 따르면, "1447년 투아트Tuāt 오아시스〔오늘날 알제리에 위치〕를 여행했던 제노바인 말판테Antonio Malfante는 '많은 유대인이 투아트에서 잘 살고 있는데, 이는 그들이 여러 지배자들의 보호 아래 있기 때문이며, 각 지도자는 자기 휘하에 있는 유대인들을 지켜주고 있다'고 언급했다."[5] 이런 곳에 거주하던 유대인은 사하라사막을 횡단하는 카라반 상단에서 무슬림 참가자와 함께 황금무역을 위해 남쪽으로 갈 때 신용장을 사용했다. 유대인 상인은 마그레브에 사는 유대인이 짠 옷감으로 가나, 그리고 이후에는 말리와 같은 서아프리카 제국들이 공급하는 황금과 거래를 하기도 했다.[6] 이런 메커니즘은 사하라를 연구하는 역사가 라이던Ghislaine Lydon이 "신용의 종이경제paper economy of faith"라고 부른 체제의 일부이기도 했다.[7] 이는 처음에는 유대인 상인이, 그리고 나중에는 무슬림 상인이 수 세기 전부터 거대한 사하라사막을 가로지르고 있었던 상업망 속에서 구축한 체제였다.

이미 12세기에, 제노바인은 아프리카의 황금을 꿈꾸며, 세우타에 '팩토리factories'라고 알려졌던 무역거점들을 무슬림의 양해를 얻어 건설했다. 모로코의 지중해 쪽으로 톡 튀어나온 작은 반도인 세우타는 북쪽으로는 이슬람이 지배하고 있던 이베리아반도를 마주하고 있었고, 남쪽으로는 무슬림이 사는 북아프리카와 접하고 있었다. 세우타는 아프리카의 황금을 거래하는 수익성 높은 카라반 교역의 중요한 북쪽 종착지

이기도 했다. 포르투갈 초기 역사의 흐름과 그들이 가장 빠르게 해외 제국 탐색에 나섰던 동력은 아프리카가 가졌던 부의 원천에 대해 더 많이 알게 된 것과 밀접한 연관이 있다. (이런 지식은 무슬림과 유대인의 무역망이 확장되면서, 혹은 유럽인의 지도 제작과 항해 기술이 향상되면서 습득할 수 있었을 것이다.) 포르투갈 팽창의 시작점은 1385년의 알주바로타Aljubarrota 전투까지 거슬러 올라갈 수 있다. 당시 왕위계승을 두고 벌어진 분쟁에서 사생아 주앙João 1세의 군대가 카스티야(에스파냐 중부의 옛 왕국—옮긴이) 세력을 물리치고, 새로운 왕통인 아비스Aviz 왕조를 열었다.

이보다 딱 10년 앞서 제작된 카탈란 아틀라스(1375)에는 만사 무사의 부유하고 세속적인 왕국에 대한 자세한 사항들이 담겨 있다. (만사 무사가 1335년 무렵 사망했기 때문에, 이 지도가 제작될 무렵에는 더 이상 왕이 아니긴 했다.) 카탈란 아틀라스 제작과 포르투갈 아비스 왕조의 통치체제 구축은 유럽사의 중요한 전환기에 이루어졌다. 14세기 하반기는 크게 두 가지 현상으로 특징지을 수 있다. 하나는 광범하게 인지되어 있고, 다른 하나는 잘 알려져 있지 않다. 첫째는 흑사병이다. 14세기 중엽에 유럽에서 절정에 달했던 이 병으로 서유럽 인구의 3분의 1에서 5분의 3 정도가 사망했다. 이 중세 전염병은 극심한 노동력 부족을 낳았는데, 이탈리아와 이베리아반도에서 아프리카인 노예를 확보하는 일에 큰 관심이 생긴 것은 아마도 이 문제 때문임이 거의 확실하다. 두 번째는, 14세기가 저물기 직전 나타난 국제수지의 큰 위기상황이다. 유럽에서 은광 생산이 아마도 노동력 부족 때문에 감소했고, 같은 시기에 사헬에서 황금 공급도 감소하면서 나타난 현상이었다. 사헬에서 황금 공급이 중단된 것은 말리 제국에서 왕위계승을 놓고 벌어진 위기 때문에 발생한 수단 서부 지역의 정치적 불안정과 연결되어 있었다.

동양을 상대로 한 레반트 무역에서 주기적으로 발생했던 국제수지의 위기는 고대 이래 유럽을 불안정하게 했던 요인이었다. 서서히 등장하고 있던 세계경제에서 주변부였던 유럽은 당시 중국·인도 아대륙·동남아시아의 더 부유한 무역중심지를 상대로 비단·고급 면제품·향신료 등 고가의 사치품과 교환할 만한 제품이 거의 없었기 때문이다. 14세기와 15세기 동안 유럽에서 정금正金의 만성적 부족은 너무 심각해져서, 성지순례에도 금지령이 내려질 정도였다. 성지순례 자체가 귀금속을 크게 유출시켰기 때문이다.[8]

위대한 프랑스 역사가 브로델Fernand Braudel에 따르면, 중세성기High Middle Ages(1000~1300년대까지의 유럽 중세시기를 이르는 말—옮긴이) 초, 사헬에 위치한 가나 제국의 부상 이래, 아프리카에서 나온 황금은 유럽의 이런 골치 아픈 문제에 대해 신이 내려주신 해결책이 되었다. "13세기 이래, 마그레브는 금광의 역할을 했다. 마그레브가 없었다면 지중해와 부유하고 강력한 레반트에서 이루어지던 무역은 중단되었거나, 최소한 위기에 처했을 것이다."[9]

1340년대에서 1370년대 사이, 말리 제국의 전성기 동안, 다량의 아프리카 금이 유럽의 금고들로 쏟아졌다.[10] 제노바의 기록에 따르면, 제노바에서만 매년 400~800킬로그램 정도의 수단산 황금이 대부분 사금 형태로 거래되었다. 14세기 말과 15세기 초 첫 10년 사이에 말리 제국이 쇠퇴하면서, 유럽 전역의 조폐국이 극심한 금 부족 사태를 겪었다. 플랑드르와 몇몇 지역에서는 1402년에서 1410년 사이에 화폐 생산이 멈추면서 조폐국은 운영이 정지되거나 모두 폐쇄되기도 했다. 이 시대 영국에서는 금화가 1360년대에는 매년 평균 5만 6064파운드가 주조되었는데, 1401년에서 1410년 사이 10년 동안에는 매년 평균

4715파운드로 무너져 내렸다. 이에 따라 유동성이 크게 떨어졌고, 물물교환에 기초한 원시적인 경제체제로 돌아가는 강력한 역행현상이 나타났다. 15세기 중엽, 교황 비오 2세는 정금 부족 때문에 나타났던 당시의 정서를 "돈 문제가 상황을 압도하고 있다. 흔히 말하는 것처럼, 돈 없이는 제대로 되는 일이 아무것도 없다"라고 정리했다.[11] 물론 유럽인에게 '환전업자'는 의례 유대인을 의미했다. 당시 금 부족 사태가 이 시대 유럽 여러 지역을 휩쓸었던 유대인과 그 옹호자에 대한 맹렬한 폭동과 집단학살까지 가는 흐름에서 중요한 요인이 되었다.

이런 관점에서 보아야 아비스 왕조의 출범과 포르투갈이 일찍부터 아프리카에서 해외 제국을 추구한 과정을 제대로 이해할 수 있다. 포르투갈이 자국보다 더 크고 더 부유한 이웃나라인 카스티야 왕국과 평화협정을 맺은 것은 1411년에 가서였다. 여러 해 동안 국경선을 넘나들며 벌였던 분쟁 탓에 도시화도 거의 안 되어 있던 가난한 나라 포르투갈은 경제적으로 완전히 고갈되어 있었고, 새로운 세입원이 절박하게 필요한 상황이었다.

포르투갈의 인구는 100만 명 정도에 불과했는데, 대부분 겨우 먹고 사는 형편이었고, 사회적 유동성도 없었다. 주앙 1세의 백성은 거의 물물교환으로 살았고, 시골 고향에서 멀리 떨어진 곳으로 나가는 법도 없었다. 세투발Setubal의 소금, 포도주, 건어물 외에 팔 만한 포르투갈산 제품은 거의 없었다. 새 왕은 계속 생존할 수 있는 수단을 꼭 찾아내야 했다. 특히 호시탐탐 노리고 있는 카스티야에 맞서려면, 꼭 필요했다.[12]

이후 여러 해 동안 이베리아반도에서 격변과 분쟁이 이어졌기 때문에, 어떤 이들은 당시 가장 필요했던 것은 포르투갈의 새 지배자가 기반을 더 단단하게 다질 수 있는 평화 기간이었다고 판단할 수 있다. 그러나 아비스 왕실은 다른 생각을 갖고 있었다. 기본적으로 군사력에 기초한 쿠데타로 집권한 주앙 1세는 서둘러 새 엘리트층을 구축해야 한다고 생각했는데, 이는 사실상 무에서 유를 창조하는 작업이었다. 이를 위해 주앙 1세는 십자군 성전과 기사도라는 그 시대의 폭력적 기풍을 적극적으로 수용했다. 이를 추진하면서 주앙 1세는 그의 여섯 아들에게 크게 의존했는데, 가장 유명한 이가 1394년 출생한 엔히크다. 포르투갈은 너무 작고 가난해서 왕족조차도 자체 토지와 자원에 기초해 부유해지려는 평범한 희망을 달성하기 힘들었다. 주앙 1세의 셋째 아들 엔히크는 현실적으로 왕위를 계승하겠다는 꿈을 가질 수도 없었기에 시야를 왕국 밖으로 돌렸고, 사후에는 '항해왕자'라는 칭호를 얻게 되었다.

15세기 초, 엔히크 왕자의 끈질긴 부추김 속에서 아비스 왕조는 400년 전 클레르몽 공의회에서 교황 우르바노스Pope Urban 2세가 내놓았던 유명한 표어를 채택하고, 이를 유럽 외부와 십자군 전쟁의 전통적 무대인 근동 지역의 영토로 열심히 적용해 나갔다. 교황 우르바노스는 산으로 둘러싸여 있고, "바다로 막혀 있는" 곳에 사는 남유럽인에게 과감히 영토를 넘어서라고 했다.[13] 포르투갈은 이베리아반도 내에서 카스티야에 도전하는 것에는 신중했고, 레반트 지역에서 전개된 십자군 전쟁에서 유럽이 우위를 상실한 상황이었기 때문에, 그 외 다른 지역으로 해외 정복을 시도하게 된 부분도 있다. 앞서 본 것처럼 포르투갈이 정복의 첫 걸음을 내딛은 곳은 세우타였다. 그전까지 포르투갈인에게 거의 알려지지 않은 곳이었지만, 지중해 어귀에 톡 튀어나온 이 땅은 이해관계와 주변 환경이 강하게 융합하는 지점이기 때문에 매력적인 표적이 되었다. 표적의 측면에서 보면, 세우타는 크기가 적당하고 포르투갈 해안에서 160마일(약 257킬로미터) 거리에 있을 정도로 가깝다. 카스티야가 카나리아제도로 진출하고 있었기 때문에, 포르투갈은 해외 제국을 향한 경쟁 시대가 열리는 국면에서 이베리아반도의 강력한 경쟁 국가에 뒤처질까 두려워했던 것으로 보인다. 그런 조건에서 세우타는 정복지로 삼을 만해 보였던 것이다.

포르투갈인은 여전히 다른 목표도 갖고 있었는데, 예를 들면 이교도에게 전쟁을 선포하여 무소불위의 가톨릭교회로부터 환심을 사고 싶어하기도 했다. 그러나 유럽 전역에서 금이 부족했던 절박한 시기에 세우타를 표적으로 삼은 것은 그곳이 수익성 높은 사하라 횡단 무역의 종점이었기 때문이다. 아프리카의 귀금속 산지에 접근할 수 있다는 전망이 전쟁의 가장 큰 이유였던 것이다.

1415년 8월 21일 포르투갈은 대규모 함대의 공격을 통해 13시간 만에 세우타를 정복했다. 이 소식은 기독교 세계인 유럽 전역으로 우레처럼 울려 퍼졌고, 포르투갈은 새로운 주요 강국으로 주목받기 시작했다. 당시 21세였던 엔히크 왕자는 공격을 지휘하지는 않았지만 주도적 역할을 했다. 개인적 위험을 무릅쓰고 공격대의 선봉에 서서 돌진했고, 이는 기사도를 갖추었다는 개인적 전설을 양산하는 생생한 자료가 되었다.[14]

그러나 포르투갈인은 세우타만 확보해서는 아프리카 황금무역에 거의 영향력을 발휘할 수 없음을 알고 당황했다. 사하라사막을 횡단하는 황금무역의 북아프리카 종착점은 서쪽으로 50킬로미터 떨어진 탕헤르Tangier로 이미 옮겨진 후였고, 그곳은 여전히 무슬림의 손아귀에 있었다. 탕헤르는 세우타보다 훨씬 벅찬 군사적 표적이었는데, 포르투갈은 큰 대가를 치르고 나서야 이를 알게 된다. 한편 세우타를 계속 확보하기 위해서 그곳에 수비대를 배치해야 했고, 비용을 많이 들여 방위시설들을 구축해야 했다.

그러나 전혀 예상치 못했던 방식으로 이 작은 영토는 식민화와 제국 건설 두 가지 모두를 초기에 실험할 수 있었던 중요한 장소로 바뀌었다. 포르투갈의 세우타 지배와 관련된 긴급 상황들 때문이었다. 세우타에 포르투갈 군대를 배치하는 것은 여론의 지지를 받지 못했다. 항해왕자 엔히크가 이끌었던 템플기사단Knights Templar의 분파인 그리스도기사단Order of Christ조차 모로코의 마린 왕조에 맞서 세우타를 지키기 위해 군대를 소집하는 데 저항했다. 대안이 별로 없던 포르투갈은 수감자를 비롯해 사회에서 환영받지 못하는 이들까지 세우타로 데려가는 정책을 도입했다. 이를 통해 세우타는 해외전초기지로 인구를 이주시키고 관리하는 정책을 실험하는 장소라는 다중적 특성을 갖게 되었다. 새로운 시대가 시작되던 이 시기 내내 이런 정책은 앞으로 수립될 포르투갈의 식민지에서 관행으로 반복되었다.

5

아프리카 근해 섬들

항해왕자 엔히크가 세우타를 정복하면서 의기양양해하기도 했지만, 그의 개인적 관심은 빠르게, 사실은 지속적으로 다른 목적지인 카나리아제도를 향해 옮겨갔다. 이것이 우연은 아니다. 카나리아제도가 훨씬 멀리 떨어져 있고, 이미 부분적으로는 카스티야의 지배를 받고 있었지만, 그는 이 지역을 주목했고 마침내 1470년대에는 세우타를 대신해서 제국 정책을 실험하기에 가장 적합한 지역으로 낙점했다. 지금은 에스파냐령인 카나리아제도에서 아프리카 대륙에 가장 가까운 섬은 모로코의 대서양 해안 남단에서 불과 62마일(약 100킬로미터) 떨어져 있다. 카나리아제도는 세계사 책에 거의 등장하지 않으며, 최근 시사문제에서도 거의 언급되지 않지만, 이 지역은 대서양에서 유럽인이 처음으로 식민화를 실행한 곳이다. 포르투갈인, 에스파냐인 등이 해외 제국에 대한 경험을 쌓은 곳이고, 그 과정에서 사악하기 그지없는 수단이 수없이 동원된 지역이다. 대서양에서 동산노예제chattel slavery(노예매매시장이 발달한 가운데 수립된 노예제—옮긴이), 집단학살, 폭력적인 교리 주입, 정착민 식민주의 등이 가장 먼저 선보여진 곳이 바로 카나리아제도이다.

포르투갈이 세우타를 점령했을 때, 카나리아제도의 선주민은 이미 수십 년 전부터 유럽인의 잔혹함을 경험하고 있었다. 14세기 내내 이 섬들은 무자비한 공격을 받았다. 최근 연구에 따르면, 석기시대 문화를 향유하던 선주민은 아프리카의 사하라 지대 부근에 살던 사람들과 멀게나마 연계되어 있었던 것으로 보이는데, 사하라 지대 아프리카인은 한때 무슬림 에스파냐Muslim Spain(711~1492)의 지배자였다. 카나리아인은 무자비하게 납치된 후 선박에 실려 유럽으로 보내졌고, 유럽에서 그들은 수익성 높은 노예시장에 공급되었다. 이후 카나리아제도인은 대서양 부근에 있는 섬들에 노예로 팔려갔다. 초기 사탕수수 플랜테이션 노동력으로 부리기 위해서였다.

한편, 에스파냐인은 카나리아제도 일부에 정착하려고 했지만, 선주민이 이에 거세게 저항했다. 카나리아제도 선주민의 저항을 완전히 무력화시키려는 유럽인의 노력이 성과를 거둔 것은 1496년에 가서였다. 한편 그 무렵 포르투갈인은 이미 서아프리카의 문을 크게 열어젖힌 상황이었고, 이는 세계를 변화시켰다. 당시는 이미 디아스가 인도양을 항해하고, 콜럼버스가 아메리카를 '발견'한 뒤였다.

처음에 이베리아인 정복자는 카나리아인을 쉬운 먹잇감으로 확신했던 듯하다. 유럽인은 카나리아인을 즉각 원시적이라고 판단했다. 카나리아인은 바다를 항해하는 전통도 전혀 없었고, 옷도 거의 걸치지 않았으며, 가진 도구라고는 나무나 동물 뼈로 만든 것뿐이었기 때문이다. 이런 문화적 특성들 때문에 유럽인이 우월감에 한껏 부풀어 올랐으리라고 상상하기는 어렵지 않다. 1393년 중무장한 카스티야 원정단은 란사로테Lanzarote섬에서 160명의 포로와 함께 현지의 왕과 여왕을 포획했고, 이들 중 다수를 배에 태워 에스파냐로 보내 노예로 삼았다. 공격을 이끌었던 마르텔Gonzalo Pérez Martel은 카스티야 왕에게 카나리아제도를 "정복하는 일은 쉽고 … 비용도 적게 드는 일일 것"이라고 말했다.[1] 이후 100년 뒤, 콜럼버스는 아이티Ayiti(Haiti)라고 불리던 지역의 한 구역에 도착했고, 그곳에서 그는 비슷하게 과장된 자신감을 표현했을 것이다. 에스파냐의 선교사이자 역사가인 라스카사스Bartolomé de las Casas에 따르면, 콜럼버스는 일기에 "우리는 벌거벗은 사람들을 보았다. 그들은 모든 면에서 부족한 사람들이다"라고 썼다고 한다.[2] 그리고 곧장 콜럼버스는, 당시 300만 명 정도가 거주하고 있었으리라고 오늘날 추정하는 한 섬에 대해 "50명의 병사만 있으면, 거주민 모두를 복속시킬 수 있고, 이들을 마음대로 부릴 수 있다"라고 썼다.[3] 이는 아이티에 살았던 타이노Taino(카리브해 여러 섬에 퍼져 살았던 아라와크 선주민의 한 종족—옮긴이) 선주민의 앞날을 말해주는 소름끼치는 선견지명이 되었다. 이후 50년 사이에 그 섬의 인구 규모가 500명 정도로 감소했다. 그들이 새로운 전염병에 노출되었기 때문이었다. 아무튼 우리의 목적을 위해서는 란사로테와 아이티가 가장 적합한 이야기의 기점과 종점이 될 수 있다. 그 두 지역으로 진출한 시점 사이의 약 100년 동안 아프리카로 진입했던 유럽인의 가파른 학습 곡선을 볼 수 있기 때문이다. 선주민의 언어, 종교, 통치기구에 무지한 탓에 생긴 얄팍한 오만함과 피상적인 이해가 대서양 세계 전역에서 분쟁과 황폐를 초래했다. '승자의' 역사가 거의 언급하지 않아 잘 알려지지 않은 것은, 선주민 역시 새로 들어온 유럽인을 자주 그리고 극적으로 초라하게 만들었으리라는 점이다.

예를 들어, 카나리아인은 대규모 공격을 여러 번 물리쳤고, 탁월하고 효과적인 방식으로 이베리아인 군대에 맞서서 자신들을 방어해냈다. 잘라낸 나뭇가지로 뾰족한 장대를 만들었고, 특히 큰 돌을 던져서

"무장한 기사들을 말에서 떨어뜨리고 패퇴하게" 만들었다.[4] 카다모스토Cadamosto로 널리 알려진 알비데 카다모스토Alvide da Ca' da Mosto는 15세기 베네치아인 노예상인이자 엔히크 왕자가 고용한 해양탐험 기록자였다. 그가 카나리아인에 대해 다음과 같이 불평할 때에는, 18세기(미국 혁명 당시—옮긴이) 어느 영국인 장교가 조지 워싱턴George Washington의 전술이 '변칙적'이지만 효과적이라고 불평했던 것과 비슷한 인상을 준다. "그들은 마치 염소처럼 맨발로 바위에서 바위로 뛰어다니고, 믿기 힘들 정도로 멀리 뛰어오르기도 한다. 그들은 돌을 정확하고 세게 던지기 때문에, 원하는 것은 뭐든 쓰러뜨릴 수 있다. 그들은 팔 힘도 강해서, 몇 번만 쳐도 방패를 산산조각 낸다. … 그들은 세상에서 가장 민첩하고 영리한 종족이라는 것이 나의 결론이다."[5]

1424년, 어느 선주민 민병대가 첫 번째 대규모 습격을 물리쳤는데, 이는 이후 이어질 여러 번의 승리 중 최초일 뿐이었다. 이 습격은 엔히크 왕자가 병력을 파견한 것이었는데, 카나리아제도에 대한 권리문제를 놓고 에스파냐와 분쟁 중에 주도권을 확보하려는 시도였다. 이후 1468년 카나리아제도의 또 다른 섬, 지금은 그란카나리아Gran Canaria로 알려진 섬의 선주민이 큰 승리를 거두었다. 이는 대서양에서 전개된 초기 유럽 제국주의 역사에서 아주 드문 전적이었다. 포르투갈과 에스파냐가 연합하여 전개한 합동공격을 막아낸 것이다. 당시 카나리아인은 주로 나무로 만든 검과 방패를 사용했는데, 이는 침입자들의 무기를 본따서 만든 것이었다.[6]

오늘날에는 완전히 묻혀서 알려져 있지 않지만, 이런 전투들은 이후 500여 년 동안 유럽인이 전 세계 선주민과 끊임없이 싸웠던 일련의 식민지 전쟁의 바로 첫 출발점이었다. 우리가 들었던 것보다 훨씬 더 많은 전투가 식민주의자의 굴욕적인 참패로 끝났다. 그중 백미는 위의 전투들보다 3세기 이상 지난 시점에 아이티에서 노예출신 자유인들이 유럽군대에 맞서 이룬 승리이다.

어느 해 3월 저녁, 나는 마드리드에서 출발해 라스팔마스Las Palmas 공항에 도착했다. 카나리아제도를 처음 방문했을 때였다. 나는 가능하다면 이 역사의 흔적을 몹시 보고 싶었다. 온화한 밤바람 덕분에 유럽이 아닌 곳에 있음을 금방 느꼈지만, 이어지는 모든 경험은 내가 유럽에 있는 것처럼 느끼게 해주었다. 그곳이 지리적으로 어디든 간에, 정치적으로, 법적으로, 그리고 무엇보다 문화적으로 유럽에 있는 것 같았다. 관광객으로 붐비는 공항을 잽싸게 빠져나와, 택시를 타고 시내로 향했다. 멀리서 카지노처럼 반짝이는, 해안가의 석유굴착기 불빛으로 밝혀진 해안선을 타는 길이었다. 마침내 도시 중심에 있는 구도심에 도착했다. 조약돌로 포장된 도로와 계단으로 된 언덕길이 있는 세계로, 500년 전에 처음 세워진 곳이었다. 그곳은 더할 나위 없이 전형적인 에스파냐 지역 같았다. 철제 난간으로 된 발코니가 늘어선 좁은 길이 이어져 있고, 식당에서는 초리조(향신료와 마늘을 쳐서 강한 맛을 낸 에스파냐 소시지—옮긴이)를 곁들인 파에야(쌀·고기·어패류·야채를 에스파냐식으로 찐 밥—옮긴이)나 토르티야 에스파뇰라와 같은 요리를 했다. 그곳에서 내가 카나리아인을 볼 수 없으리라는 것은 알았지만, 카나리아인을 떠올릴 만한 무언가도 거의 찾을 수 없음을 비로소 알게 되었다. 눈에 띄는 표지판 같은 것도 없었다. 이후 며칠 동안, 오래된 성당이 우뚝 솟아 있는 광장들을 다니며 오래 걸었고, 그곳에서 초췌한 아프리카인들을 보았다. 세네갈과 모리타니에서 위험을 무릅쓰며 배를 타고 온 사람들이었고, 유럽 본토로 가기를 갈망하고 있었다. 오래전 에스파냐인의 조상들, 대부분 무일푼으로 고향에서 배척당했던 그 조상들은 반대 방향으로 이동했었다. 지금 이곳 중심을 장악하고 있는 에스파냐인이 그런 아이러니를 기록하고 있을지 궁금했다. 나는 콜럼버스가 1492년 방문했던, 화려한 입구들과 목조로 된 높은 천장이 있는 겨자색 집을 비롯해 몇몇 명승지를 다녔다. 1492년 당시 그 집은 총독의 거주지였는데, 그런 역사에 대해서는 단서도 찾기 힘들었다. 이곳은 콜럼버스가 그의 기념비적인 항해를 준비하면서, 라핀타La Pinta호의 조타장치를 수리하려 들렀던 장소다. 유로를 갖고 몰려드는 관광객으로부터 돈을 벌고자, 이곳은 콜럼버스를 기념하는 박물관으로 변모해 있었다.

일단 유럽인이 카나리아제도를 완전히 정복한 뒤로, 카나리아인 인구와 문화는 유례가 거의 없을 정도로 사라져 갔다. 섬뜩한 사건이지만, 지금까지도 이는 거의 주목을 받지 못하고 있다. 콜럼버스에게 헌정된 인기 있는 박물관에서 나는 카나리아인이나 그 문화에 대해 아무것도 찾지 못했다. 근대의 시작을 생각하는 방식은 여러 가지가 있다. 사진을 찍는 관광객들 사이를 빠져나오면서, 나는 히스파니올라Hispaniola섬의 선주민을 전멸시키기 수십 년 전에 카나리아인에게 가해졌던 이 집단학살이 제노바인 선장 콜럼버스의 항해만큼이나 새 시대의 시작을 알리는 이정표가 될 만하다는 생각을 했다.

뒤이은 유럽의 세계적 부상이 어떤 우월성 때문이라는 신념만큼 끈질기게 지속되면서도 검증되지 않은 개념은 거의 없다. 그 우월성이 기술이든, 혹은 신념 체계들이든, 혹은 광범하게 번져 있고 오늘날에도 완전히 부인되지는 않은 타고난 인종적 속성 때문이라고 보는 통념이든 간에, 이런 신념은 검증 없이 계속 유지되었다. 오늘날 중세 유럽인이 과학이나 기술 등 어떤 면에서든지 무슬림이나 남아시아인 혹은 동아시아인을 선도하는 지위에 있었다는 생각은, 깊이 들여다볼 필요도 없이 말이 안 된다는 평가를 받는다. 우리가 앞서 항해와 관련하여 살펴본 것처럼, 유럽인은 사실 많은 분야에서 상당히 뒤처져 있었다. 유럽인이 이성, 진취성, 근면과 같은 유익한 문화적 덕목에 힘쓰도록 만든 기독교 고유의 무엇인가가 있다는 믿음이 한때 공유된 바 있지만, 이 역시 의심스럽다. 반례를 하나 들자면, 유교는 그런 덕목 면에서 기독교와 비교할 때 조금도 손색이 없다. 그리고 위에서 서술했던, 이베리아인이 카나리아인을 이기는 과정에서 겪었던 어려움들을 통해 우리는 이베리아인이 15세기 초 서아프리카인보다 어떤 우월한 장점들을 만약 갖고 있었다고 해도, 그 장점들이 오늘날 대다수가 추정하는 것처럼 그리 대단하지는 않았다고 유추해볼 수 있다.

엔히크 왕자 혹은 그의 에스파냐 적수들이 카나리아제도를 왜 그토록 지배하고 싶어 했는지를 잠시라도 생각해본 사람은 거의 없을 것이다. 역사를 현재부터 시작해서 역순으로 읽어가면 서구 제국의 역사를 이미 알고 있기 때문에, '항해왕자'로 알려지게 되는 이 사람이 이미 과감한 통찰력을 갖고 바다를 통한 팽창이라는 어느 정도 광범한 비전을 갖고 있었고, 카나리아제도는 인도 혹은 아메리카까지 가기 위한 디딤돌로 여겨졌다고 상상하고 싶게 된다. (인도나 아메리카로 가기 위해 카나리아제도를 디딤돌로 상상하는 것은 당시에는 공상이나 다름없었다. 예를 들어 브라질은 대서양 어딘가에 있다고 소문이 돌던 유령의 섬 이름이었는데, 이 이름이 처음 사용되기 시작한 것은 14세기였다.) 그러나 엔히크 왕자의 동기는 좀 더 실리적이고, 현실적이었다. 그가 카나리아제도를 중시했던 것은, 세우타가 중요했던 이유와 마찬가지로 온전히 아프리카와 관련되어 있었다. 보다 구체적으로 말하면, 그가 아프리카의 황금무역에 대한 지배권을 확립하려는 꿈을 포기하지 않았기 때문이었다.

카나리아제도는 금역禁域이었던 보야도르곶과 비슷한 위도에 있다고 간주됐다. 유럽인에게 보야도르곶은 항해의 경계 지대로, 그곳을 넘어가면 누구도 무사히 귀환할 수 없다고 여겨졌다. 그래서 아프리카 대륙과 그렇게 가까운 섬들을 장악하게 되면, 포르투갈(혹은 에스파냐)이 유구한 역사를 가진 카라반 황금무역으로 진출할 수 있고, 그 너머의 세계까지 나갈 발판을 얻을 수 있다고 생각했다. 카나리아제도의 위도는 사하라사막 남부 경계와 앞서 이미 여러 번 언급했던 사헬 지대가 시작되는 지점과 거의 비슷하다. (덧붙여 말하자면, '사헬'이라는 단어는 해안을 뜻하는 아랍어 'sāhil'에서 유래한다.) 작은 잡목이 우거진 이 광활한 건조 지대는 중세 아프리카의 위대한 수단 왕국의 본거지로, 세계에서 가장 큰 사막의 모래언덕으로 둘러싸였고 해안처럼 보이는 경계지역이기도 하다. 세우타를 정복하여 황금무역을 통제하려는 계획에 실패한 엔히크 왕자는, 수단의 황금이 사막으로 들어가기 전에, 즉 해안가처럼 보이는 사헬 지대에 진입하기 전에 가로챌 수 있는 방법을 모색하는 데 관심을 기울였다.

카나리아제도에 '이교도' 종족이 살고 있다는 것 역시 아프리카를 탐험하게 만든 또 하나의 동기였다. 엔히크 왕자의 공식 기록관이던 카다모스토는 이 문제를 대체로 경제적 관점에서 접근했는데, 그는 자신이 엿보았던 카나리아인에 대해 다음과 같이 무시하는 투의 글을 남겼다. "그들은 신앙도 없고, 신을 믿지도 않는다. 일부는 태양을 숭배하고, 다른 일부는 달과 행성들을 경배한다. 괴이한 우상숭배의 환상을 갖고 있다."[7] 이런 글을 통해 엔히크 왕자는 아프리카 해안을 따라 더 남쪽 미지의 세계, 무어인과는 다른 사람들 혹은 이슬람교를 수용하지 않은 사람들이 살고 있을지도 모를 세계로 갈 수 있다는 희망을 품었다. 그 미지의 사람들을 기독교도로 개종시켜 포르투갈이 북아프리카와 근동의 강력한 이교도에 맞서 싸울 때 참전시킬 수 있지 않을까 기대했다. 엔히크 왕자의 충직한 전기작가 주라라는 1450년 그의 《기니 소식Crónica de Guiné》에서 엔히크가 아프리카 해안을 따라 탐험을 계속 추진했던 이유로 다섯 가지를 꼽았는데, 그중 하나가 "기독교인 군주들, 좋은 성품과 그리스도에 대한 사랑이 충만하여, 가톨릭 신자가 그 적들과 싸우는 것을 기꺼이 도와줄 기독교인 군주들을 찾기 위해서"였다.[8]

이런 생각은 16세기까지 이어졌고, 1450년대부터 이베리아반도와 유럽 전역에 만연했던 왜곡된 지리 인식을 따라 확장되었다. 그 시대 다른 여러 사람들처럼 엔히크는 보야도르곶 너머 아프리카 해안 어딘가에 동서로 흘러 홍해나 아비시니아(에티오피아의 별칭)로 곧장 이어지는 큰 강, 즉 에티오피아의 부비강副鼻腔(사이너스 에티오피쿠스Sinus Aethiopicus)이 있을 것이라고 믿었다. 아비시니아는 사제왕 요한Prester John이라는 아프리카인 기독교 신자의 고향으로 추정하는 곳이었다. 사제왕 요한은 크고 강한 왕국을 이끌었다는 전설의 인물인데, 포르투갈은 이 왕국의 군대를 십자군 전쟁에 참여시켜 맘루크 튀르크Mamluk Turks를 격파하려는 희망을 품고 있었다. 당시 맘루크 튀르크는 근동에서 오래된 실크로드 길을 장악하고 있었다. 요한을 찾는 것은 앞서 언급한 항해의 동기 중 하나인데, 이는 15세기 유럽 이베리아인이 이끈 아프리카 관련 사업에 대한 전통적인 설명으로 지금까지 계속 강조되어왔다. (나는 지나치게 강조되었다고 주장하려 한다.)

엔히크 왕자 시대 포르투갈의 항해에 대한 어느 면밀한 연구에 따르면, 그 시대에 언급된 인도와 인도인은 사실 아프리카를 의미했다.

엔히크의 사료들이 염두에 두고 있던 "인도"는 사실 북동부 아프리카다. 사제왕 요한이 다스리는 전설상의 기독교 제국이 자리해 있다고 추정했던 장소가 14세기 초 남유럽 출판물들을 통해 아시아에서 아프리카로 옮겨졌다. 나일강 동편, 이집트 남쪽에 있는 아프리카의 어느 지역이 우주구조학자들에게 "인도 테르티아India Tertia"라고 알려졌다. 따라서 엔히크의 사료에 나오는 "인도인"이라는 단어는 북동아프리카에 있다고 상상했던 사제왕의 제국에 거주하는 흑인 기독교인을 의미한다. 15세기 유럽인들은 그 제국의 거주민들을 말할 때 보통 인디언이라고 했다.[9]

엔히크 왕자는 인생의 상당 부분을 모로코를 굴복시켜 지배하고, 카나리아제도를 장악하려는 군사 활동으로 보냈다. 그러나 카나리아제도를 군사적·외교적으로 강압하려는 온갖 시도는 완전히 실패로 끝났는데, 이는 카나리아제도 자체보다는 아프리카 대륙의 황금에 중점을 두고 볼 때 좀 더 잘 이해할 수 있다. 진짜 목적은 북아프리카에서 무슬림과 계속 이어온 치열한 전투에서 벗어나려는 것이었다. 포르투갈인이 찾았던 것은, 지금까지는 주로 아프리카를 우회하는 길이었다고 설명되었지만 사실은 적대적인 마그레브 지역을 비켜가는 길이었다.

포르투갈은 에스파냐로부터 카나리아제도에 대한 통치권을 빼앗으려 했지만 실패했다. 그러나 이는 얄궂게도 포르투갈이 15세기 대서양 세계에서 가장 성공적인 탐험국가가 되는 계기가 되었고, 그 덕분에 1420년대에 여러 새로운 지역을 개척했다. 우선 1424년 마데이라제

도, 그리고 곧이어 아조레스제도를 발견했다. 작은 규모의 섬들이지만 이를 통해 엔히크는 상당한 정치적 후원세력과 금전적 소득을 확보할 수 있었다. 가장 중요한 점은 새로 정복한 마데이라섬에 제노바 사업가들과 함께 대서양 세계에서는 아마도 처음으로 제당소를 세우고 엔히크가 그 소유자가 된 것이다. 이는 수익성이 높은 투자인 동시에 미래를 예고하는 사업이었다. 15세기 중엽, 마데이라는 매년 약 70톤의 설탕을 생산했다. 1456년 그곳을 다녀간 한 영국 배가 이 새로운 사치품의 첫 번째 상품을 가져가 브리스틀(잉글랜드 남서부의 항구도시—옮긴이)의 응접실에 공급했다. 당시 대다수에게 설탕은 귀한 외국산 약재로 여겨지고 있었다.

포르투갈인은 설탕을 대량생산하고자 유일하고 현실적인 방책으로 노예 노동을 대규모로 투입한다는 결단을 내렸다. 백인이든 다른 인종이든, 자유인이라면 사회에서 가장 경멸받는 이들이라 할지라도 끝없이 이어지는 잔혹한 설탕 생산 노동을 그저 감수할 수는 없을 터였다. 한 역사가에 따르면, "플랜테이션에서의 설탕 생산은 목숨을 크게 위협하는 인류사적 혁신 중 하나였다."[10] 마데이라에 처음 노예로 들여온 이들은 카나리아인이었다. 그러나 설탕 생산량이 1472년에 200톤에 달할 정도로 증가했고, 이후 16세기 전환기까지 그 생산이 계속 배가하면서 인구가 급속하게 줄고 있던 카나리아제도는 적합한 노예 공급처가 되지 못했다.[11] 포르투갈 자체도 인구 밀도가 낮아서 대규모의 노동력을 제공할 수가 없었다. 한편, 마데이라는 특히 숲이 우거졌기 때문에 값싸고 풍부한 목재의 공급처이기도 했는데, 목재는 제당소에 연료를 제공하고, 섬에서 배를 건조하는 작업에 사용할 수 있었다. 이 배는 노예들이 아프리카 북서부 해안에서 어부로 살아가는 부족인 임라

구엔Imraguen인을 공격할 때 이용되었다.[12]

1433년, 엔히크는 개인적으로 질 이아네스Gil Eanes라는 한 뱃사람에게 아프리카 해안을 따라 남쪽으로 계속 항해하라고 명령하면서, 보야도르곶이라는 심리적 장벽을 넘어보라고 지침을 내렸다. 그러나 이아네스는 솔직하게 두렵다면서, 명령을 무시하고 카나리아제도까지만 갔다가 곧장 귀항했다. 귀항 다음 해에 그는 다시 항해를 시도했는데, 목표지점 가까이에서 그의 선원들이 항명하지 않는 것을 보고 놀랐다. 아프리카 대륙 가까이에서, 이아네스 일행은 그들이 보야도르곶이라고 생각했던 지역[사실 그들은 보야도르곶에서 북쪽으로 175마일(약 280킬로미터) 떨어져 있는 주비곶에 도착했다] 주변의 바다를 보았는데, 그 바다는 전설에서처럼 검지도 않았고 소용돌이도 치지 않았다. 그들은 "고향 바다에서처럼 순탄하게 항해했다." 이아네스는 모든 수고에도, 해안가에서 발견한 가냘픈 로즈메리 가지 이상으로 주목할 만한 것은 가져오지 못했다. 1435년 같은 지역으로 파견된 다른 탐험대는 해안가 모래에서 사람과 낙타가 지나간 자국을 발견했다고 보고했다. 1436년에 파견된 또 다른 탐험대는 '황금의 강'에 다녀왔다고 주장했다. 훗날 이는 강이 아니라, 만灣으로 밝혀졌다. 어떻든 간에 불행히도 금의 징조는 찾지 못했다.[13]

이런 상황에서도, 그리고 분명 부분적으로는 카탈란 아틀라스에 힘입어 엔히크 왕자는 '황금의 강'과 그 너머로 탐험해 말리 제국의 금광과 막대한 부에 접근할 수 있다는 신념에 집요하게 매달렸다. 포르투갈 궁정에서 다른 이들은 이에 회의적이었다. 카나리아제도를 놓고 카스티야 왕국과 벌이는 경쟁이나 모로코에서 계속되는 전쟁과 같은 사안들과 비교해볼 때, 아프리카 해안을 따라 남진하는 탐험을 계속 밀어붙이는 것은 과도한 궤도이탈이라며 반대했다. 연대기 작가들 중 보통은 가장 순응적이었던 주라라조차도 1434년 기록에서 이에 대해 다음과 같이 넌지시 언급했다.

> 첫 몇 해 동안, 〔엔히크〕 왕자의 대함대와 그에 따라 발생한 큰 비용을 보자면, 그들은 재산을 돌봐야 하는 일을 간과했고, 자신들도 제대로 알지 못하는 것을 공유하느라 분주했다. 결과를 내려는 노력이 길어질수록 비난의 목소리도 커졌다. 그리고 최악은, 저속한 이들의 말은 제쳐놓더라도, 가장 중요한 사람들조차 이를 아무 이득도 거두지 못하고 자원과 노동력만 낭비할 거라고 믿으며 비난하는 어조로 말한다는 점이다.[14]

엔히크의 지도력에 대한 비판, 많은 비용이 소모되고 전적으로 투기나 다름없음에도 아프리카에서 경제적 모험을 지속하려는 엔히크를 향한 비난은 1437년 탕헤르 공격에서 포르투갈이 크게 패하면서 더 거세졌다. 탕헤르 공격의 목표는 아프리카 황금무역의 북쪽 종착지 장악이었다. 이 실패로 인해 리스본에서 정치 환경이 변화했고, 아프리카 해안을 따라 남진하는 탐험활동은 오랫동안 침체될 수밖에 없었다. 이런 공백을 통해 동시대에 발생했던 사건들과, 명나라와 아비스 왕조가 처했던 기이하게도 비슷한 상황들을 놓고 흥미로운 역사적 비교와 반反사실적 시나리오를 만들어볼 수 있다.

명나라 영락제가 환관으로 고용한 무슬림이었던 정화는 1405년과 1433년 사이에 일곱 차례의 대규모 해양 원정을 통해 중국의 깃발과 무적의 해군력을 과시했다. 그는 인도양에서부터 아프리카 동부 해안까지를 크게 휩쓸고 다니며, 아프리카의 기린을 비롯해 수많은 보석과 이국적 물품들을 갖고 귀국했다. 정화의 함대는 보통 200척 이상의 선박으로 구성되었는데, 이는 1588년의 그 유명한 에스파냐 무적함대Armada보다 70척이 많은 규모였다. (게다가 이 선박들은 에스파냐 무적함대의 선박보다 평균적으로 훨씬 컸으며, 잘 훈련된 2만여 명의 병사가 승선했다.) 이유를 완전히 밝힐 수는 없겠지만, 무역과 공물을 찾아 이렇게 거대한 탐험대를 파견하는 것은 수지가 맞지 않는다고 판단되어, 이 사업은 갑자기 중지되었다.

일부에서는 명나라 황궁의 검소하고 보수적인 유교 관료들이 탐험에 드는 비용이나 효과와 공해에 해군력을 투입하는 문제를 놓고 경쟁 당파들과 벌인 격론에서 우위를 점했다고 주장해왔다. 이로 인해 중국은 갑작스럽게 해양 탐험의 세계에서 철수했고, 심지어 정화의 함대까지 해체했다는 것이다. 그 규모를 생각해보면 이는 놀라운 전환이었다. 이 사건 이후 채 10년도 지나지 않아, 포르투갈에서 엔히크를 신뢰하지 못했던 보수적 인사들은 비슷한 논쟁에서, 중국과는 대조적으로 크게 패배했다. 검소한 성향의 엔히크 반대자들은 리스본이 지중해 서쪽과 대서양 근해 바다에서 위용을 떨치기를 원했고, 작은 포르투갈 왕국의 한정된 자원을 십자군 전쟁과 모로코 약탈 활동에 집중시켜야 한다고 주장했다.• 그러나 1448년 이후, 다른 이들은 아프리카 대륙의 어깨에 해당하는 지역에서 데려온 흑인 노예의 숫자가 급속하게 증가한 것에 주목했다. 그리고 1453년 무슬림이 콘스탄티노플을 장악한 뒤로는, 과거 확실한 노예 공급처였던 동유럽과 중동에서 더 이상 노예를 데려

• 정화의 항해와 그것이 갖는 함의들에 대한 광범한 설명, 그리고 포르투갈과 조우했을 가능성에 대한 반(反)사실적 탐구는 나의 책, 《하늘 아래 모든 것(Everything Under the Heavens)》에 수록되어 있다.

올 수 없었다. 그러면서 운명적으로 여론의 논조가 항해왕자 엔히크에게 우호적으로 돌아갔다. 대서양 역사에서 이 중요한 방향전환은 주라라의 《기니 소식》에 기록되어 있다. 이는 1434~1448년 사이에 엔히크 왕자의 후원 아래 서아프리카 해안을 따라 탐색하며 남진했던 항해를 기록한 공식 자료이다. 주라라는 포르투갈인이 '무어인'이라고 특정한 이들을 쉽게 포로로 나포했다고 기술하면서, 엔히크가 아프리카 해안을 따라 더 남진하라고 했던 명령에 반기를 들었던 이들이 자신들의 우둔함을 실토했다고 기록했다. 일부 궁정인은 후원자(엔히크—옮긴이)를 치켜세우기 위해 안간힘을 쓰면서, 엔히크가 노예를 데려온 업적 때문에 또 다른 알렉산드로스 대왕으로 기록될 것이라고 말하기도 했다고 한다.•[15]

• 같은 맥락에서, 한 세대 뒤에, 에스파냐의 이사벨라 여왕과 페르난도 2세의 보좌관들은 "서인도제도 사업"이 시간과 돈 낭비라고 잠시나마 비슷한 불평을 했다.[16]

6

아프리카 본토

엔히크의 기록관 카다모스토에 따르면, 엔히크의 명령에 따라 1450년대까지 아르긴Arguim섬에 노예거래소가 지어졌다. 아르긴은 오늘날 모리타니 공화국 근해에 위치한 섬으로, 당시에는 이 섬을 통해 매년 800명에서 1000명 사이의 노예가 급성장하던 포르투갈의 아프리카인 노예시장에 공급되었다. 알렉산드로스 대왕에게 비유하는 것이 오늘날에는 우습게 들리지만, 인적 자본의 관점에서 보면 당시로는 상당한 수익이 걸려 있는 사업이었다. 이 거래를 위해 선박들이 대규모의 호송대를 거느리고 포르투갈을 떠나 아프리카로 향했다. 노예 사업에 참여하려는 열기가 높아지면서, 알가르브Algarve(포르투갈 남부에 위치한 지역—옮긴이)의 주교도 노예를 얻기 위해 카라벨을 타고 아프리카 해안으로 갈 정도였다. 아프리카인 노예제로 이익을 챙겼던 가톨릭교회의 오랜 역사가 이렇게 시작되었다.[1]

일찍이 1440년대에 노예제와 관련해 발생했던 포르투갈인과 아프리카인의 접촉은 모두 해변에서 펼친 기습공격을 둘러싸고 발생했다. 포르투갈의 아비스 왕조는 약탈을 일삼는 무사세력에 기초해 수립되었다. 그 나라의 패기만만한 팽창 계획의 핵심에는, 전쟁에는 항상 보상이 따르도록 만들어야 한다는 생각이 중요하게 자리해 있었다. 엔히크는 비용을 많이 들여서 아프리카 해안을 탐험하며 황금을 찾았지만, 금은 거의 거두어들이지 못했고, 황금 공급망에 대한 통제권도 거의 확보하지 못했다. 황금을 향한 탐험에 소모된 비용이 점점 쌓이면서, 탐험을 계속하기 위해서는 다른 소득원을 찾아야 했다. 도식적으로 간단히 설명하면, 황금 때문에 포르투갈은 노예로 눈길을 돌리게 되었고, 노예는 수익성이 높은 새로운 산업인 설탕 산업의 팽창을 추동했다. 설탕만큼 세계를 바꾸어놓은 생산품은 역사상 거의 없으며, 설탕 생산 과정에서 역사상 기록적인 인적 피해를 낳은 사태가 벌어지게 된다.

1440년대는 탐험의 측면에서 상대적으로 소강상태로 보이지만, 포르투갈의 황금 탐험에서도 중요한 일이 전혀 없었다고 볼 수는 없다. 이베리아반도인들에게서 제국주의에 대한 정치적 구상이 싹트고, 이후 수백 년 동안 대서양 세계에서 형성되어갈 인종에 대한 사고방식이 등장하기 시작했다는 점에서도 이 시기가 의미 없지 않고, 오히려 상당히 중요한 시기였다. 그야말로 탐험 사업을 주도했던 지주층과 낮은 지위의 귀족들은 작은 규모의 중무장한 병사들과 말 한두 마리를 오늘날 모리타니의 해변으로 보냈다. 지역 주민들을 납치해서 노예로 팔기 위해서였다. 희생자에게는 황당하고 끔찍한 상황이었지만, 습격자들은 "산티아구Santiago"라고 외치며 달려들었다. 이는 에스파냐 수호성인의 이름이지만, 포르투갈인도 모시는 성인의 이름이었다. 정복의 순간들에 이 수호성인이 기적처럼 등장해서 그것이 어떤 식의 십자군 사업이든 간에 축복을 내려줄 것이라고 믿었다. 1441년 한 원정대의 지도자였던 곤살베스Antão Gonçalves는 그가 무어인이라고 지칭한, 낙타 한 마리와 걷고 있던 한 사람과 작은 싸움을 벌였다가, 해 질 녘에 같은 장소로 되돌아왔다. 그곳에서 곤살베스는 한 여성을 포획하고는, 그 여성을 "검은 무어인 여성"이라고 묘사했다. 일부에서는 이름을 알 수 없는 이 여성을 어두운 피부색의 아프리카인에게 집중된 대서양 횡단 노예무역의 형성과정에서 등장한 최초의 사례 혹은 첫 번째 희생자였다고 보고 있다.[2] 이는 그녀가 아메리카로 이송되었기 때문이 아니다. 물론 당시 아메리카는 아직 발견되지도 않았다. 이 사례가 중요한 것은 그녀의 인종에 특별한 의미를 덧붙였기 때문이다. 인종은 유럽인 사이에서 노예화의 적격성을 가르는 중요한 기준이 되었고, 이는 갈수록 중시되었다.

곤살베스는 고작 10명의 노예를 포획하여 포르투갈로 데려왔다. 보잘것없는 '포획량'이었지만 곤살베스에게는 충분했다. 이를 통해 그는 포르투갈의 토마르Tomar라는 마을의 군수가 되었고, 엔히크의 후원을 받는 강력한 '그리스도기사단'에서 기사 작위를 받았다.[3] 포르투갈인에게 이는 실망스러운 일이 아니라, 장려할 만한 시작이었다. 그리고 독자들 모두 잘 알고 있듯이 훨씬 더 수익성 높은 아프리카인 포획이 곧 시작되었다.

3년 뒤, 여섯 척의 카라벨로 구성된 원정대가 포르투갈의 아프리카 무역 전반에 대한 권리를 장악하고 있던 엔히크의 허가를 받은 뒤 더 많은 노예를 잡기 위해 아프리카로 출발했다. 중무장을 하고 여러 번 습격을 감행한 끝에 235명을 잡았다. 당시에도 이들은 "산티아구"나 "상조르즈São Jorge"와 같은 구호를 외쳤다. 원정대가 포르투갈 남부에 있는 항구도시 라구스Lagos로 귀국하자, 포르투갈에서 큰 반향이 일었다. 흑인 포로를 데려온다는 이야기가 삽시간에 퍼져 나갔고, 유럽에서 대규모 관중이 처음으로 사하라 이남 지역 아프리카인 다수가 매매되는 광경을 목격했다. 사실 엔히크도 당시 부근에 있던 사그레스Sagres에 거주하고 있었기 때문에, 직접 나가서 아프리카인 노예시장이라는 새로운 광경을 바라보았다. "멋진 말을 타고, 신하들을 거느리고 나섰는데, 자기 몫을 챙겨가기 위해서"이기도 했다.[4]

이 사건에 대해 유일하게 남아 있는 기록은 주라라의 것인데, 상당 부분을 할애하여 도덕적 동요를 표현하고 있다. 평소 그가 주군 엔히크에게 노골적으로 아부해온 것을 고려하면 놀라운 일이다. "나는 내 눈물이 내 양심에 상처를 입히지 않도록 기도합니다. 그것은 그들에 대한 당신의 율법 때문이 아니라, 당신도 갖고 있는 인간성이 나로 하여금 그들의 고통이 애처로워 울도록 만들기 때문입니다. 야만적인 감정을 가진 이 광포한 짐승들이, 그래도 타고난 지각력이 있어서 자신들이 입은 상처를 호소하는데, 당신은 내 인간적 본성이 어떻게 하기를 기대합니까. 눈앞에 펼쳐진 이 광경 앞에서, 이 불쌍한 사람들 역시 아담의 후손임을 상기하게 됩니다."[5]

주라라는 같은 인류가 멀리서 잡혀와 긴 항해 끝에 노예로 팔려가는 고난을 지켜보는 경험이 가져다준 감정적 고통을 계속해서 더 노골적으로 표현했다. 그의 문장을 통해 보면 그는 특히 남편이 아내로부터, 모친이 자녀로부터 분리되는 참사에 놀랐다. 그런데, 이런 일들은 곧 환대서양 전역에서 흔하게 일어난다. 여성들이 땅바닥에 엎드려 애통해하고 있지만, 돌아오는 것은 주먹과 채찍질뿐이라고 하면서, 그는 "큰 투쟁 없이 누가 이런 상황을 끝낼 수 있겠는가"라고 질문한다.[6]

그러나 비슷한 부분에서, 그는 3년 전 곤살베스가 '검은 무어인 여성'을 잡으면서 그리기 시작한 차별선에 굵게 덧칠을 했다. 그는 배에서 갓 내린 포로들을 보며, "놀라운 광경"이라고 했다. "일부는 백인에

잘생기고 몸매도 좋고 꽤 괜찮은 편이다. 좀 별로인 이들은 피부색이 표범을 닮았다. 나머지 사람들은 에티오피아인처럼 검고, 얼굴도 몸도 흉하다. 마치 남반구 사람을 보는 것 같았다."•7

이런 식으로, 유럽인의 첫 탐사 대상이 된 사하라 이남 아프리카의 흑인들을 향한 낙인이 1440년대부터 등장하기 시작했다. 흑인은 유난히 비천하며 문명이 선사하는 구원을 받지 못했다고 하면서, 그 원인을 피부색으로 돌렸다. 이 논리는 마찬가지로 고약한 다른 논리와 결합되었다. 즉, 이 아프리카 흑인이 이교도이기는 하지만, 포르투갈인이 무슬림이라고 인정한 무어인과는 종교적으로 완전히 다르다는 생각이다. 무어인 역시 살려둘 수 없는 적이기는 하지만, 이들은 자신들과 마찬가지로 '경전을 가진' 사람들이었다. ('경전을 가진 사람들'이라는 표현은 이슬람인이 유대교도와 기독교인을 지칭하는 말이었다. 이슬람인은 유대교도와 기독교인이 진정한 신앙에서 멀어져 있지만, 무신론자나 다른 종교인보다는 낫다고 여겼다. 그래서 고유의 종교 활동을 허용하기도 했다. 이 책에서는, 기독교인도 비슷하게 이슬람교도를 '경전을 가진' 사람이라고 여겼다고 말한다.—옮긴이) 흑인을 노예로 징발하는 것을 정당화하고자 포르투갈인은 일찍부터 위의 두 가지 논리를 적극적으로 이용했다. 그러나 이후 십여 년 동안 이 지역에서 강한 국력의 아프리카 사회들과 조우하면서, 그곳으로 처음 진출한 유럽인은 그런 관점들을 누그러뜨려야 했을 것이다. 먼 타국에서 현실적인 힘의 한계를 인정해야 했고, 최소한 임시로라도 노예제와 관련해서는 지역 법을 따라야 했다.

• 그 시대 서구 기독교 세계에서 남반구는 거의 참을 수 없을 정도로 덥고, 그곳 주민은 태양으로 인해 그을리고 망가진 모습일 것이라고 일반적으로 믿고 있었다.

그러나 여기서는 주라라가 찬사를 남발하는 보통의 성인전 작가로 돌아갈 기회를 어떻게 잡았는지 살펴볼 필요가 있다. 그는 엔히크의 후원 아래 흑인 노예무역이 생겨난 명분, 혹은 실제로는 구실을 대며 엔히크의 업적을 기렸다. 노예무역에는 "한때 타락했던 영혼들이 구원"을 받으면서 생겨난 당연한 "기쁨"이 있었다고 썼다.[8] 여기서 '타락'은 기독교의 신에 대한 믿음이 없는 삶, 신의 은총 바깥에 있는 삶을 죄라고 단정하는 말이다.

중세 말 유럽인은 흑인을 나라도 없고, 신도 믿지 않는 야수들이며, 문명도, 효과적인 집단적 방어수단도 없는 이로 간주하면서 흑인 노예제를 법적으로 정당화했다. 하지만 이후 수년 동안 포르투갈인이 경험했던 아프리카와 아프리카인의 실제 세계는 완전히 달랐을 것이다. 이렇게 노예제를 정당화하는 역사서술을 대표하는 이미지는, 역사가 베넷Herman L. Bennett이 사용한 "야만인에서 노예로"라는 말이 잘 포착하고 있다.[9] 1440년대에 유럽인과 '기니', 즉 흑인의 땅이 처음으로 바다를 통해 접촉하면서부터 약 한 세기 뒤에 실제 대서양을 횡단하는 노예제가 시작되기까지 세계가 어떻게 나아갔는지를 설명하기 위해 흔히 극단적 생략과 압축이 이용되는데, 베넷의 말이 그 한 예이다.

아프리카인과 유럽인이 접촉했던 이 수십 년 동안 근대 세계가 탄생하고, 서구는 발전하고, 아프리카는 지금까지도 이어지는 상황으로 오게 된 기초가 마련되었다. 그러나 서구의 역사를 다루는 대부분의 설명에서 이 점은 거의 언급되지 않는다. 서구 문화는 식민지 이전의 아프리카가 완전한 원시적 공간이자 발전할 능력이 없던 곳이라는 생각을 오랫동안 애써 유지해왔다. 따라서 야만인에서 노예로의 갑작스러운 전환, 즉 이베리아인이 주도한 사하라 이남 아프리카의 '발견'에서부터 신세계 노예무역이 탄생하는 과정을 아마도 무난한 진행과정으로 보았기 때문에, 많은 이가 이런 전환을 특별히 설명할 필요도 없는 문제라고 느끼고 있다. 유럽인은 중요한 모든 부분에서 분명히 우월했다. 유럽인은 서반구를 점령했고, 그곳의 (마찬가지로 원시적이라고 간주되었을) 선주민은 대규모로 사망했기 때문에, 백인 정착자의 작업을 보충해줄 새로운 노동력이 대규모로 필요했다. 유럽인만이 이성과 진취성과 진보의 화신이 되었다. 그런 상황에서, 문명화되지 못했고 다소 무방비 상태였던 '기니'의 흑인은 이용하기 좋은 타고난 희생자이자 절박한 노동력 부족 사태에 대한 확실한 해결책으로 보였다. 이런 패러다임으로 보면, 이 시대 아프리카는 의미 있는 역사 혹은 존재감을 상실하고 있던 알 수 없는 암호에 불과하다.

그러나 1448년, 이런 서사에서 완전히 궤도를 벗어난 상황이 전개되었다. 이해에 엔히크 왕자는 노예시장에서 매매할 아프리카인의 인신을 양산하던 기습공격과 이교도 척결 운동을 중지하라고 공식 명령을 내렸다. 대신 엔히크는 통상적인 외교라고 할 수 있는 접근방법을 취하기 시작했다. 거의 들어본 바가 없겠지만 이 방식은 단순한 감언이설이 아니라, 상호 주권을 인정하는 데 기초한 것이었고, 총체적이고 복합적인 국정운영의 일환이었다.[10] 17세기까지 전반적으로 유럽은 사하라 이남의 아프리카와 이런 식으로 관계를 맺었다. 여기에는 대사 파견과 동맹 체결과 공식 무역 협정, 그리고 조약까지 수반되었다.

이런 전략 변화는 부분적으로는 포르투갈인의 깨달음에서 시작되었다. 확장되고 있던 아프리카와의 접경지대가 가장 중요한 해외 해양활동의 무대가 될 것이고, 잠정적으로는 그곳이 어디든 유럽이 가장 원하는 '포상'이 될 수 있음을 포르투갈인이 인지했기 때문이었다. 이는 일부가 상상하는 것처럼, 아직 아시아 탐험의 성과가 없었기 때문은 아니었다. 이는 15세기 중엽부터 아프리카가 유럽의 부와 풍요에 기여하는 비중이 커지기 시작했기 때문이었다. 당시 이베리아 경제들이 자본화되고, 1457년 새로운 금화인 크루자도cruzado(포르투갈과 브라질의 옛 화폐단위—옮긴이)가 발행되는 등 큰 경제적 변화가 있었다.[11] 이를 통해 유럽 대륙에서 도시화가 크게 진전되었고, 사회적 유동성이 매우 높아지기도 했다. 당시를 부분적으로나마 되돌아보면, 16세기 초 마누엘Manuel 1세는 포르투갈 왕 중 아폰수Afonso 5세에 이어 두 번째로 '아프리카인'이라는 별명을 채택한 왕이었다.• 서아프리카는 아메리카가 발견되기 수십 년 전에는 '신세계'라고 불릴 정도로 중요했다.[12] 이 지역에서 부를 얻어내는 일이 리스본에는 너무도 긴요했기 때문에, 검은 아프리카를 포르투갈의 본토라고 여길 정도였다. 이는 에스파냐가 훗날 아메리카를 본토라고까지 여기게 되었던 것과 마찬가지였다. 이를 애매하고 지엽적이라고 치부할 수는 없다. 앞으로 곧 보겠지만, 포르투갈은 유럽 열강들과의 역사상 첫 해전을 유럽이 아니라 서아프리카 해안에서 벌였다. 이곳에서 경쟁세력에 대한 우위를 유지하기 위해서였다.

엔히크가 노예를 잡기 위한 공격을 더 이상 하지 말라고 명령한 것은

• 마누엘은 바다 이쪽에서는 포르투갈과 알가르브인들의 왕이고, 바다 건너 아프리카에서는 기니의 주군이고, 에티오피아, 아라비아, 페르시아, 그리고 인도에서는 정복, 항해, 상업을 주도하는 주군이라고 자칭했다.

다른 한편으로는 그 과정에서 포르투갈인이 무장을 했다고 해도, 혹은 무장을 한 탓에 많은 수가 계속해서 사망하고 있었기 때문이기도 했다. 보호를 위해 무거운 금속조각들로 만든 갑옷을 입었기 때문에 포르투갈 병사의 행동은 어쩔 수 없이 느려졌고, 열대 지역의 더위도 참을 수 없는 지경이 되었다. 게다가 못 보던 배를 타고 온 낯설고 폭력적인 외지인에 대한 소문이 아프리카 해안가 사회들 사이에서 상당히 빠르게 퍼져나갔던 것 같다. 그렇다 보니 포르투갈인이 더 많은 아프리카인을 포획하기 위해서는 아프리카 해안을 따라 남쪽으로 더 멀리, 그리고 나중에는 역시 해안을 따라 동쪽 방향으로 모험을 할 수밖에 없었다. 포르투갈인이 해안을 따라 가다가 어떤 지점에서는 기습을 하곤 했는데, 이 소식을 들은 다른 먼 곳의 마을 사람은 백인이 또 올 것에 대비했을 것이다. 더 중요한 것은, 흑인이 유럽인과의 접촉을 굳이 피하지 않으면서 꽤 방어를 잘 해냈다는 점이다. 사실 그들은 용감했던 카나리아인보다 더 유리한 거래를 이끌어냈다. 이는 파렴치한 전술을 썼다거나, 포르투갈인 사이에서 회자되던 말처럼 아프리카인이 초인에 가까운 신체 능력을 가졌기 때문은 아니었다.• 이는 아프리카인이 기술을 적절히 잘 사용했기 때문이었다. 예를 들어, 120명까지 탈 수 있는 80피트(약 24미터)의 빠른 통나무 카누들을 활용해 함대 대형으로 출전하기도 했다.[13] 이 외에도 아프리카인은 정교한 철기 제작 기술, 활쏘기, 강력한 독초를 바른 화살과 다트 등을 사용했다. 서아프리카 전사의 힘과 기술을 자주 언급했던 주라라는, "그들의 무시무시한 전투모습에 분별 있

• 예를 들어 아프리카인은 잡히지 않기 위해 가마우지가 되거나 수영을 해서 도망을 간다는 말이 돌았다.

는 사람이라면 놀랄 수밖에 없었을 것"이라고 했다.[14] 사실 1445년 아프리카인은 독화살을 이용해 해안에 상륙했던 22명의 포르투갈인 중 20명을 죽였는데, 사망자 중에는 원정대의 수장이었던 트리스탕Nuno Tristão도 포함되어 있었다.[15]

유럽인은 이런 패배들을 겪으면서 그들이 기니라고 불렀던 지역의 현실이 처음 가졌던 편견과는 크게 차이가 있다는 사실을 빠르게 인정할 수밖에 없었다. 처음 그곳으로 갔던 유럽인은 검은 아프리카인 대부분은 제대로 된 위계도 확실히 없고, 잘 조직화되지 않은 사회들에서 살아가고 있으며, 고유의 정교한 신앙 체계도 없다고 생각했다. 사실 오늘날 세네갈이 자리한 지역의 해안을 따라 탐험하면서, 포르투갈인은 많은 흑인이 왕의 지배 아래 살고 있으며 왕이 아니더라도 공식 부족장 휘하에서 살고 있음을 알게 되었다. 단지 관습만이 아니라, 그것이 문자로 쓰여 있건 아니건 간에, 많은 아프리카 사회가 법과 이를 강제할 수단 역시 갖고 있었다. 따라서 포르투갈이 숫적으로 열세이고 어떤 대단한 기술적 우위도 갖고 있지 못한 대부분의 조건에서, 그들은 아프리카인에게 맞출 수밖에 없었다.

오늘날 세네갈에 위치해 있던 졸로프Jolof는 이 지역에 처음 발을 내디딘 포르투갈인과 지속적이고 복잡한 관계를 시작했던 첫 흑인 사회였다. 큰 부를 찾아온 포르투갈인은 보야도르곶 이남으로 모험을 시도하기 이전부터, 사하라사막을 횡단하는 교역망을 통해, 졸로프에 대해 사실 이미 조금 알고 있었다.[16] 15세기 중반, 졸로프는 말리의 속국에서 갓 벗어난 상황이었기 때문에, 부근에 있던 수단 지역의 대제국들과 매우 잘 알고 있었다. 부분적으로 이슬람화된 이 사회는 마그레브와 이베리아반도의 상당 부분을 지배해온 왕조들에 대해서도 분명 잘 알고 있었을 것이다. 아랍어를 하는 적지 않은 수의 상인이 그들 사이에서 거주하고 있었다. 그 이유 하나만으로도, 졸로프 제국은 유럽인에 대해서 확실한 사전 지식 혹은 인식을 갖고 있었을 것이다.

1488년, 부미 젤렌Bumi Jeléen이라는 졸로프의 왕자가 이베리아인도 익숙한 왕위계승 분쟁에서 도움을 청하기 위해 포르투갈을 방문했다. 부미 젤렌은 자신을 밀어내려는 선왕의 아들의 시도에 맞서려고 했다. 아래 자세히 설명하겠지만, 포르투갈의 왕 주앙 2세는 이보다 4년 앞선 1484년 처남의 음모에 굴복했던 적이 있었기 때문에 아프리카에서 비슷한 처지에 놓인 이에게 각별한 동질감을 느꼈을 것이다. 이런 맥락에서 리스본은 이 졸로프 왕자를 귀하게 영접하여, 기사작위를 주고 돔 주앙Dom João이라는 이름으로 기독교로 개종하게 했다. 당시 부미 젤렌은 말리의 지배 아래 있던 사헬의 전통에 따라 엎드려서 자신의 어깨에 흙을 반복하여 뿌리는 방식으로 포르투갈의 왕에게 경의를 표했다. 일어나라고 하자, 부미 젤렌은 서서 긴 연설을 했는데, 기대 이상의 명료함과 품위로 청중을 놀라게 했다. 한 궁정 기록관은 부미 젤렌에 대해 "〔고대〕 아테네 시대 그리스 귀공자의 뛰어난 웅변 능력"을 갖추었다고 표현했다.[17] 이후 어떤 시기에 주앙 2세는 군인과 사제를 가득 태운 28척의 카라벨로 구성된 함대를 파견하여, 이 왕자가 졸로프의 왕위에 오를 수 있도록 지원을 하기도 했다. 그러나 과업을 목전에 두고, 부미 젤렌은 함대의 대장 쿠냐Pêro Vaz de Cunha에게 칼에 찔려 사망했다. 역사가들은 대장이 위험한 곳에 배치받자 겁을 먹고 젤렌을 살해했다고 추정한다. 동맹을 형성하고 지역의 권력승계 분쟁에 개입하려 했던 첫 시도는 완전히 실패했지만, 14세기부터 17세기까지 포르투갈은 아프리카 해안 전역에서 자신의 영향력을 높이고, 또 나중에는 아프리카의 나라들 사이에서 분쟁을 더 부추기기 위해 이런 전략을 반복해서 사용하게 된다.

포르투갈인은 기니의 왕국들 중 졸로프를 비롯해 여러 왕국을 발견했는데, 이 왕국들은 노예무역에 아주 기꺼이 임했다. 노예제는 흑인 아프리카 사회들과 사하라 횡단 무역 모두에서 이미 단단히 자리 잡고 있었다. 물론 다른 인간을 포획하기 위해 칼을 휘두르기보다, 노예무역이 훨씬 쉽고, 수익률도 높고, 무엇보다 안전한 방식이었다. 노예무역 초기에 졸로프는 포르투갈에 가장 많은 노예를 공급하는 나라였다.[18]

포르투갈이 아프리카에서 큰 진전을 본 것이 엔히크 왕자가 사망한 1460년 11월 직후부터였다는 것은 역사의 작은 아이러니다. 1460년까지 포르투갈 선박은 지금의 시에라리온Sierra Leone의 해안까지 남진해 있었다. 이곳은 아프리카 해안선이 거의 동쪽으로 방향을 바꾸기 시작하는 지점과 가까웠는데, 마침내 여기를 넘어서기까지는 큰 비용을 치러야 했다. 엔히크는 원정대 재정의 상당 부분을 개인적으로 지원했다. 그리고 그의 기금은 그가 이끌었던 그리스도기사단에서 가져온 자금으로 채웠다. 황금을 열망했지만, 확보한 귀금속의 양은 기대에 크게 미치지 못했다. 포르투갈의 지출은 계속 성장하던 노예무역을 통해 갈수록 크게 벌충되고 있었다. 아프리카에서 노예를 구매하기 위해 포르투갈 선박은 마닐라manilhas라고 불리던 무거운 팔찌나, 넵튠neptunes이라고 불리던 양동이나 대야와 같은 놋 제품을 가져갔다. 양동이나 대야는 음식준비와 청소에 사용되었다. 때로는 가공되지 않은 놋쇠 주괴를 가져가기도 했는데, 이를 간절히 원하는 이들이 있었기 때문이다. 유럽 개척자들이 서아프리카 해안을 따라 내려가면서 아프리카인 사이에서 수요가 높다는 사실을 알게 된 또 다른 상품은 다양한 종류의 옷감이었다. 옷감은 이후 우리가 다룰 역사에서 중요한 역할을 하게 된다.

포르투갈인의 기록이나 수많은 고고학적 증거에 따르면, 많은 서아프리카 사회가 이미 정교한 금속세공 기술과 뛰어난 품질의 직물을 생산하는 직조 능력을 갖고 있었다. 다만, 포르투갈인이 들렀던 여러 지역에서 아프리카인은 이런 제품을 생산하는 데 필요한 광석이나 천연식물 섬유가 부족했다. 17세기 아프리카에 갔던 여러 나라 출신의 방문자들은 아프리카 옷감의 품질이 훌륭하다는 내용을 기록으로 많이 남겼다. 특히 세네갈과 어퍼기니 지역과 오늘날 나이지리아에 해당하는 나이저강 하류 유역에서 인디고를 사용한 염색 기술이 뛰어났다고 한다. 영리한 네덜란드 상인은 이 기술을 그대로 모방하여 소량의 옷감을 신세계 시장에 판매했다.

포르투갈 상인은 아프리카로 계속 금속제품과 직물을 수출하면서 아프리카에서 획득한 상품을 북유럽인에게 판매하기 시작했다. 이는 유럽 자체 내에서 중요한 역할을 했지만, 지금까지도 잘 알려지지 않고 있다. 포르투갈인이 북유럽에 판매한 아프리카 제품에는 많이들 탐냈던 '천국의 곡물' 혹은 말라게타malagueta 후추라고 불리던 칠리 같은 열매도 포함되어 있었다. 포르투갈인이 이를 오늘날 시에라리온과 라이베리아 지역 부근에서 대량으로 들여왔는데, 그래서 이 지역을 '후추해안Pepper Coast'이라고 부른다. 이 '천국의 곡물'을 구매하려고 북유럽인은 포르투갈인에게 새로 발견한 아프리카 사회들에서 수요가 높았던 옷감과 금속제품을 팔았다. 지금은 거의 기억되지 않는 거래지만, 이는 첫 번째 삼각무역이라고 부를 만한 가치가 있다. 대서양을 횡단하는 유명한 삼각무역이 정착한 것은 이보다 한참 뒤였다. 아프리카와 교역을 한 덕분에 남유럽은 북유럽과 경제적으로 보다 더 밀착될 수 있었다. 특히 게르만족 국가들과 북해 연안 저지대 국가들과 가까워질 수 있었다.

대서양 횡단 삼각무역보다 앞서 이루어졌던 두 번째 삼각무역 역시 역사가들에게 마찬가지로 무시당해왔는데, 이 무역은 포르투갈인이 15세기 말 인도를 '발견'한 직후 시작되었다. 최상의 아프리카 지역 직물보다 고품질이 아닌 경우도 많았지만, 당시 인도산 직물은 유럽산보다는 훨씬 뛰어났다. 인도에서 들여온 면직물(이는 아직 유럽에서는 거의 볼 수 없는 제품이었다)은 특히 아프리카 열대 지역에서 인기가 높았기 때문에, 포르투갈인은 아프리카와 남아시아를 잇는 또 다른 왕복 항로를 만들었다.[19] 유럽이 통상 친츠chintz(화려한 무늬의 옷감을 뜻하는 힌두어 친트chint의 변형)라고 알려진 인도산 면직물로 아프리카와 했던 무역은 17세기 말에 절정에 달했다. 흑인 예속 노동력의 거대한 원천이었던 중앙아프리카 서부와 같은 일부 지역에서 유럽인은 대량의 인도산 직물 없이는 노예무역을 사실상 할 수 없었다. 이어진 18세기까지 지역의 이런 선호도는 계속 유지되었다.[20]

1469년 포르투갈의 아폰수 왕은 아프리카와의 무역과 탐사에 계속 개입하고자 새로운 장치를 마련했다. 그 하나는 왕실 재정의 지출을 줄이는 방안이었다. 왕은 포르투갈의 기성 상인이자 하급관료fidalgo였던 고메스Fernão Gomes라는 사람에게 매년 20만 레이스reis를 받는 조건으로 5년간 탐사권을 부여했다. 또한 기발한 계약조건을 넣어, 고메스의 선박들이 시에라리온 너머로 아프리카 해안을 따라 매해 100리그(약 482킬로미터) 이상을 진전하게 했고, 새로 발견한 지역을 지도에 기록하게 했다. 황금 발견 이전에 아폰수 아래서 포르투갈이 아프리카 무역의 팽창에 두었던 비중은 여전히 상대적으로 낮았다. 이는 아폰수의 탐사권 문서 내용을 통해서도 알 수 있다.[21] 어느 역사가의 계산에 따르면, 이 계약의 가치는 당시 왕실 수입의 0.4퍼센트에 불과했다. 그러나 이는 얼핏 보이는 것처럼 단순하지 않다. 이런 계약들에 따라 왕실은 아르긴섬에서 거래되던 수익성 높은 노예무역에 대해 배타적 권리를 갖고 있었다. 게다가 왕실은 그 지역에서 가장 돈벌이가 되는 사치품들, 예를 들면 향수 제조에 쓰이는 사향이나, 동양에서 육로로 유럽까지 오는 향신료만큼이나 높은 가치를 갖고 있어 많이들 탐내던 말라게타 후추 등도 독점하고 있었다.

고메스와 계약하면서 약소한 금액만 요구한 것을 놓고, 리스본이 황금을 찾는 탐험에서 가까운 시일 내에 큰 성과를 기대하지 않았음을 반영한다고 추정할 수도 있다. 그러나 그런 기대는 놀랄 정도로 빠르게 변화할 수 있었다. 1470년, 계약이 효력을 발휘하자마자 고메스는 첫 번째 원정대를 보냈다. 그리고 이듬해에는 두 번째 선단을 보내서 서아프리카 해안의 돌출된 부분을 돌아가도록 했다. 그들은 오늘날 '상아해안Ivory Coast'이라고 불리는, 환초에 둘러싸인 얕은 바다를 건너는 모험을 감행하면서 오늘날 가나의 연안으로 남진했다. 도중에 그들은 "해안을 따라 4~5리그(약 19~24킬로미터)까지 뻗어 있던 높은 붉은 절벽" 옆을 통과했다.[22] (이는 본야르Bonyere 지역에서 보았던 것과 같은 붉은 절벽이다. 그 지역은 가나의 서쪽 끝에 있으며 내 아내의 조상이 살던 곳으로 그곳에서는 탁 트인 바다를 조망할 수 있다. 내가 그곳에 처음 간 것은 1980년대 초였다.) 고메스의 선박들은 여기에서부터 동쪽으로 조금 더 가서 샤마Shama라는 마을에 도착해 안전하게 정박할 수 있었다.[23] 해안에서부터 그들은 황금의 징조를 너무나 많이 보았기 때문에, 이를 굳이 찾으려 할 필요도 없었다. 해안가 마을에서는 신분상 평민처럼 보이는 이들조차도 보석을 걸치고 있었다. 부근에 큰 광산이 있을 것이라고 생각한 포르투갈인은 그렇게 오래 찾았던 이 행운의 지역을 '엘미나El Mina(포르투갈어로 '전설의 광산'이라는 의미—옮긴이)'라고 했다.

충분한 견본을 손에 쥐고, 고메스의 선박들은 급히 포르투갈로 복귀했다. 중세 말에서 근대로 넘어가는 이 전환의 시대에, 이들이 가져간 소식만큼 세상을 뒤흔든 것도 없을 것이다. 아프리카의 황금에 먼저 접근하고자 했던 포르투갈의 60년에 가까운 노력이 마침내 성과를 냈다. 이 획기적 성과는 아프리카 대륙의 부의 금고를 열어줄 수 있는 바닷길을 찾고자 했던 아주 오래된 유럽인의 꿈, 일찍이 13세기부터 주로 제노바인이 키워왔던 꿈이 실현된 것이었다. 한때 인색해 보였던 고메스의 계약은 갑자기 터무니없는 도둑질처럼 보였다. 가나의 아칸인 사회들과 정규 무역 관계를 수립하는 동안에도, 갑자기 큰 부자가 된 하급관료 고메스의 선박들은 다른 아프리카 탐험을 위해 더 동쪽으로 나아가서, 베냉만Bight of Benin과 상투메섬까지 갔다.

계약에 따라 고메스는 탐험에서 얻은 금의 5분의 1만 왕에게 바치면 되었다. 그러나 이 정도만으로도 거의 빈사지경에 있던 포르투갈 통화에 활기가 돌았다. 이런 뜻밖의 횡재가 지닌 중요성을 간파한 아폰수 왕은 아들인 황태자 주앙이 급등하던 이 새로운 무역을 통제하도록 했다. 그때까지 아폰수 왕은 아프리카에 대해 유보적이었지만 이후로는 황태자가 금괴 수익을 가장 풍성하게 챙길 수 있도록 해야 한다고 생각했던 것이다. 포르투갈인이 취한 수익은 상당했을 것이다. 해상무역상이 처음 진출한 해변은 곧 '황금해안Gold Coast'이라고 불렸다.[24] 이는 서아프리카 해안의 일부로, 지금의 가나에 위치한 해안인데, 서쪽 끝으로는 소도시 아시니Assinie가, 동쪽 끝으로는 볼타강Volta River이 자리해 있다. 이곳 주민은 정교하게 염색된 고급의류와 금속세공품에 기초한 풍요로운 물질문명을 갖고 있었다. 그러나 의류와 금속제품 양쪽 모두에서 지역민은 어려움을 겪고 있기도 했다. 면화가 부족했고, 무기나 농기구를 만들 만한 철이나 놋쇠가 부족했던 것이다. 사실 이는 포르투갈인이 해안에 면한 다른 지역들에서도 익히 봤던 모습이었다. 황금해안에서 생산된 옷감 중 일부는 북아프리카를 통해서만이 아니라, 다호메이Dahomey와 동쪽에 있던 사회들과의 해안 무역을 통해서도 공급되었었다. 곧 시장성을 간파한 포르투갈인은 옷감과 놋쇠 그릇과 주괴를 공급하면서 무역에 끼어들었다. 현지 아프리카인들은 이를 욕심껏 사들였고, 그 대가로 금괴와 사금을 내놓았다. 황금해안 주민에게 포르투갈과의 무역 거래에서 새로운 것이라고는 늘어난 수량뿐이었다. 그리고 그에 기초해서 역사를 바꾸어버린 대규모의 정규 무역관계가 수립되었다.

한 가지 문제만 제외하면, 황금해안 무역은 포르투갈 왕실에 완벽했다고 할 수 있었다. 바로 이 좋은 일을 비밀로 유지하는 것이 불가능했다는 점이다. 특히 아주 가까이 붙어 있고, 온갖 계략이 난무했던 당시 남유럽 세계에서는 더욱 그랬다. 이를 가장 잘 설명하는 콜럼버스의 글을 예로 들면, 모든 주요 항구와 수도에는 스파이와 순수한 모험가뿐 아니라 야심가도 많았다. 이들은 출신지와 상관없이, 돈을 주는 왕이 있으면 어디든 달려가는 사람들이다. 리스본에 떨어진 횡재에 대한 소문은 빠르게 번져나갔고, 곧 여러 사람이 이를 위한 나름의 활동 계획을 짜기 시작했다. 머지않아 에스파냐인, 프랑스인, 제노바인 등이 그 해안으로 조금씩 들어오기 시작했다. 이들은 고메스의 혁신적 발견에 끼어들려고 했다. 1475년, 에스파냐인 조타수가 모는 한 플랑드르 선박이 오늘날 가나 해안에 왔었다고 전해진다. 선박을 타고 온 이들은 우리가 '두 구역의 마을Village of Two Parts(Aldea de Duas Partes)'이라고 불렀던 곳, 혹은 곧 엘미나•로 알려질 곳을 중심으로 교역을 했는데, 귀향하는 배에 타기 전에 선원들이 5000~6000도브라dobra(포르투갈의 옛 화폐—옮긴이)의 가치가 있는 황금을 잔뜩 배에 실었다고 한다. 그런데, 그 배가 서쪽으로 수백 마일 항해해 나간 지점에서 난파하여 사라져버렸다.[25]

포르투갈은 자신들의 탐사사업을 보호하기 위해, 1474년 8월, '외국인'이 미나와 거래하는 것은 불법이라고 선언하면서, 그러다 잡히면 사형에 처할 것이라고 선포했다. 거의 비슷한 시기에 아폰수 왕은 포르투갈과 미나 간의 무역을 1474년 말부터 왕실이 독점한다는 포고령을 발표했다. 고메스는 분명 그 전까지 많은 재산을 비축했을 것이다. 그는 왕실에게 중요하고 새로운 부의 원천을 확보해준 공로로 작위와 봉건적 문장을 수여받았다. 문장에는 "미나Mina"라는 글자 바로 아래에 세 명의 아프리카인의 얼굴이 새겨져 있었다. 이후로 그는 '페르낭 고메스 다 미나Fernão Gomes da Mina'로 알려지게 되었고, 영예로운 왕실 고문단의 일원이 되었다.

아폰수가 미나 무역을 왕실 독점으로 만든 것은 순전히 경제적 이익 때문이라고 생각할 수 있다. 아폰수와 포르투갈 왕실은 믿을 수 없을 정도로 풍부한 아프리카 황금 수익금에서 더 이상 5분의 1의 분량만 취할 필요가 없었다. 이제는 그 모든 수익이 왕의 것이 될 수 있었

• 오늘날 가나의 해안을 따라 다량의 금을 발견하자, 포르투갈인은 그 지역을 '광산해안[La Costa da Mina(the Coast of the Mine)]'이라고 칭했다. 이곳에서 포르투갈인은 처음으로 거래소들을 열고, 주요 요새를 건립했다. 이 책에서 이 지역을 언급할 때, 거의 대부분은 이 소도시의 오늘날 이름인 '엘미나'로 썼다. 그러나 당대 여러 기록에서는 줄임말로 '미나(Mina)'라고 기록되어 있기도 하다. 이 책에서도 그렇게 쓴 부분이 있다.

다. 그러나 아폰수 입장에서는 왕실이 이 아프리카의 황금 광맥을 철저히 관리하지 않는다면, 이를 경쟁국 카스티야에게 빼앗길 수 있다는 우려를 하지 않을 수 없었다. 카스티야가 자신들 역시 그곳에 깊은 관심을 갖고 있다고 이미 공언하기 시작했기 때문이다.

사실, 이후 5년 동안 엘미나를 놓고 치열한 투쟁이 전개되었고, 이는 포르투갈과 에스파냐의 경제적 번영뿐 아니라 이 왕국들의 운명 자체에도 중요한 영향을 미쳤다. 그러나 이는 거의 간과되어왔다. 1474년 12월 11일 카스티야의 왕 엔리케Henrique 4세가 사망하면서, 이베리아반도에서 왕위계승을 둘러싸고 또 한 번 치열한 분쟁이 벌어졌다. 엔리케의 통통하고 소녀 같으며 슬픈 눈을 가졌다고 알려진 여동생 이사벨라가 스스로 왕위계승자임을 선언했다. 그런데 문제는, 아폰수 왕도 카스티야의 왕위계승자임을 선언했다는 것이다. 그는 엔리케의 딸이자 자기 조카 후아나Juana와 곧 결혼했다. 카스티야 왕위에 대한 주장을 강하게 밀고 나가기 위해서였다. 엘미나의 황금을 이용해 대규모의 군대를 조직한 아폰수는 1475년 3월에 카스티야를 침공했다. 힘으로 이길 심산이었지만 토로Toro 전투에서 격퇴를 당했고, 이로 인해 포르투갈 왕국 역시 정치적 재앙을 맞았다. 권력의 위기에서, 아폰수는 지원세력을 찾으려 프랑스로 갔다. 이사벨라는 통치에 관한 교육 대신 '가사'로 한정된 교육만 받았지만, 포르투갈이 취약해져 있는 좋은 기회가 왔다는 점은 파악할 수 있었다.[26] 그녀는 포르투갈이 서아프리카에서 새로 확보한 곳, 특히 엘미나를 목표로 삼기 시작했다. 포르투갈이 카스티야의 왕위를 노릴 수 있게 만든 것이 가나의 황금이라는 사실을 이사벨라가 날카롭게 포착했음을 보여주는 행보였다. 에스파냐의 기록자 팔렌시아Alonso de Palencia는, "〔포르투갈의〕 왕은 1475년에 카스티야로 침공하기 위해 군대를 소집할 수 있었고, 병사들에게 60만 크루자도를 지급했는데, 이는 60만 베니치아 백동화에 달하는 금액"이라고 썼다.[27] 이는 포르투갈이 가진 힘의 열쇠가 아프리카에 있다는 믿음이 이베리아반도 전역, 아니 그 너머까지 퍼져 있음을 보여주는 기록이다.

그 이전까지 에스파냐는 서아프리카 탐험을 진지하게 시도해본 적이 거의 없었다. 사실 이 점에서 포르투갈에 비길 나라는 없다. 그러나 이제 갑자기 이사벨라와 그녀의 배우자, 아라곤의 페르난도 2세, 1469년 결혼하며 널리 알려진 가톨릭 세계의 두 군주는 막연하지만 그래도 수십 년 동안 에스파냐가 주장해왔던 그 지역에 대한 권리를 되살리고, 이를 해군력을 통해 장악하겠다는 방침을 목소리 높여 선언했다. 이 일에 착수할 수 있는 중앙의 집중된 해군력이 부족했기 때문에, 이사벨라는 사략선들을 통해 서아프리카 해안으로 가서 엘미나 부근에 있는 금이 풍성한 사회들과 거래하고, 포르투갈 선박들을 공격하게 했다. 그녀로부터 공식 명을 받는 이들에게는 상업을 통해서건 노략질을 통해서건 확보한 수익금의 5분의 1을 확실하게 바치도록 했다. 분명 많은 사람이 이를 할 만하다고, 길고 위험한 항해를 감수할 만큼 충분한 부를 보장받을 수 있다고 계산했을 것이다. 이사벨라는 포르투갈이 직전에 취했던 조치를 그대로 따라, 공식 허가를 받지 않은 이들이 기니와 거래하는 것을 금했고 이를 어길 시 "사형이나 재산 몰수"를 당할 것이라고 했다.[28]

초기 에스파냐의 카스티야 호위함들은 황금과 후추, 그리고 수백 명의 노예까지 풍성하게 챙겨서 무사히 귀환했다. 포르투갈 역시, 중앙정부의 관리가 강해지고 멀리 서아프리카 해안까지 항해하는 경험이 쌓이면서, 경쟁 상황에 좀 더 잘 대비할 수 있게 되었다. 이에 따라 서아프리카 해안에서 해상 전투가 여러 차례 벌어졌다. 가장 결정적인 사건은 1478년, 경쟁국의 움직임을 아마도 사전에 파악한 포르투갈 선박들이 매복해두었던 큰 함포들을 동원하여 카스티야 호위함들을 공격한 것이다. 당시 호위함대는 35척의 선박으로 구성되어 있었고, 엘미나에서 막 출발한 상태였다. 일부 선박이 침몰했고 일부는 포획되었다. 이 전투에서 얻은 금만 놓고 보면, 3년 전 포르투갈이 카스티야 침공에 실패하면서 감수했던 비용과 같았다고 한다.[29] 이베리아의 이 두 경쟁국이 가톨릭교회가 중재하는 평화협정에 임하기로 합의한 것은 바로 이 엘미나 근해 전투 직후였다. 이는 역사상 처음으로 유럽 강국들 내부에서 벌어졌던 식민지 해상 전쟁이었다. 이 분쟁에 따라 떨떠름한 교착상태가 만들어졌다. 에스파냐는 이베리아반도에서는 분명 승리를 거두었다. 반면에 포르투갈은 멀지만 순식간에 전략적으로 중요해진 서아프리카 근해에서 승리했다. 이에 따라 교황이 공인한 가운데, 두 나라가 알려진 세계를 놓고 분할하는 상황이 조성되었다. 이 분할은 근대 초와 그 이후까지 큰 영향을 미쳤다. 1479년에 체결된 알카소바스Alcáçovas 조약에 따라, 포르투갈은 카스티야 왕권에 대한 주장을 포기하게 된다. 그러나 이보다 더 중요한 점은 이후로 포르투갈이 "카나리아제도에서부터 기니에 이르기까지 발견되고 정복된 모든 섬에 대해" 권리를 갖게 되었다는 점이다. "다만 [카나리아섬 자체와] 카나리아제도의 다른 모든 섬들은 제외하며, 이 섬들에 대한 권리는 카스티야 왕국이 계속 갖도록" 했다.[30]

오늘날 가나가 위치한 지역의 황금을 둘러싸고 예고되었던 작은 해전을 거친 뒤에, 포르투갈은 교회가 승인한 사하라 이남 아프리카 모든 지역에 대한 지배권을 확보했다. 한편, 에스파냐는 오랫동안 겨눠왔던 카나리아제도에 대한 통치권을 마침내 얻을 수 있었다. 이후 10년 동안 포르투갈은 엘미나에서 매년 황금 8000온스(약 227킬로그램)를 가져갔는데, 그 양은 1494년까지 거의 세 배로 증가했고, 이 증가세는 이후로도 계속되었다.[31] 포르투갈이 서아프리카의 엄청난 황금을 새롭게 독점하면서, 에스파냐가 할 수 있는 것은 '헤라클레스의 기둥' 너머로 멀리까지 나아가는 것과 대서양의 극서쪽까지 새로운 탐사를 계속 밀어붙이는 일이었다. 다시 말하면, 포르투갈이 새롭게 발견한 부를 보면서, 에스파냐도 자기만의 귀금속 원천지를 찾아야 한다는 집착에 빠지게 되었던 것이다. 여기서 중요한 것은 지속성이었다. 우리는 부분적으로는 콜럼버스의 기록에 남아 있는,[32] 그가 황금을 찾기 위해 참고한 여러 자료들을 통해 이를 알고 있다.[33] 사실 콜럼버스는 이사벨라 여왕과 나눈 대화에서 자신이 대서양을 건너려고 하는 이유는 황금이라고 설명했다.[34] 엘미나가 그렇게 많은 황금을 공급하는 것을 보면, 그의 발견을 기다리고 있는 같은 위도의 '아시아' 땅에서도 마찬가지로 황금을 발견할 수 있을 것이라고 했는데, 그는 이를 실제로도 꽤 확신했던 것 같다. 제임스C. L. R. James는 대표작 《블랙 자코뱅The Black Jacobins》의 1963년 판을 다음과 같은 문장으로 시작한다. "크리스토퍼 콜럼버스는 산살바도르섬에 상륙하며, 신세계에 첫 발을 내딛었다. 그는 하느님을 찬양한 뒤, 곧 다급하게 금을 찾았다."[35] 콜럼버스가 믿음으로만 움직인 것은 아니었다. 그에게는 그를 고용한 에스파냐 왕실에서 부여한 분명한 임무가 있었다. 확실히 에스파냐 왕실은 포르투갈이 엘미나를 통해 이룬 쾌거에 대한 질투로 더 속이 타고 있었다. 한편, 카나리아제도는 곧 콜럼버스의 항해를 위한 도약대가 되었고, 이어 에스파냐가 교회의 공인 아래 새로운 '신세계' 대부분에 대한 지배권을 확보하는 데 도움이 되었다.• 카나리아 해류 양쪽으로 늘어선 이 섬들의 지정학적 위치가 매우 잘 알려진 에스파냐의 쾌거를 보장해주었다. 포르투갈이 대서양으로 향하는 출발점으로 삼았던 아조레스제도에서 출발한 선박들은 언제나 변함없이 바람에 밀려 유럽으로 되돌아왔다.[36]

가장 친숙한 이야기를 보자면, 이 시대에 대한 역사서술은 에스파냐와 에스파냐가 아메리카를 정복했던 화려한 장면에 지나치게 우호적이다. 에스파냐는 아메리카 정복을 통해 거의 무한한 새 영토를 얻었고, 곧이어 꿈꾸지도 못했던 엄청난 양의 금과 은을 얻게 되었다. 이와 대조적으로 포르투갈이 아프리카에 대한 권리를 획득한 것에 대해서는 각주 정도로 축소하는 것이 사실상 전통처럼 되어왔다. 그러나 그 시대 포르투갈인이 혁신적인 업적을 이루면서 직접 경험했던 분위기는 분명 그런 것이 아니었다. 또한 그것이 오늘날 우리가 그들을 바라보는 방식이어서도 안 된다. 주앙 2세가 서아프리카를 "포르투갈의 본토"라고 기리고, '기니의 주군'이라는 또 다른 칭호를 자랑스럽게 추가하기 시작한 것은 엘미나 근해에서 승리한 뒤부터였다.[37] 가장 전형적인 설명에 따르면, 포르투갈은 뒤늦게 아시아로 진출한 역사, 즉 15세기 말 바스쿠 다 가마나 알부케르크Afonso de Albuquerque와 같은 해양탐험가의 지휘 아래 아시아로 간 업적을 통해서만, 유럽이 다른 나머지 세계를 제치고 압도적으로 성장한 이야기들 속으로 돌아온다. 신세계 정복자들을 둘러싸고 구축된 이야기의 무대와 궁극적 목적을 결합하면 이해할 수야 있지만, 그렇다고 이것이 올바른 이야기가 되지는 않는다. 그리고 앞부분에서 설명한 '검은 대서양'의 탄생을 생각할 때, 이를 제대로

• 아메리카의 '발견' 이전에는, 서아프리카가 종종 신세계로 불리곤 했다.

이해하기 위해서는 이 시대에 대한 전통적인 설명방식의 일부를, 근대성을 연구하는 학자 로우Lisa Lowe의 표현에 따르면, "삭제해야" 한다.[38] 15세기 말 바티칸이 주재한 알카소바스 조약을 시작으로 세계를 분할하는 일련의 조약 과정에서 있었던 대대적인 홍정들을 보면, 포르투갈이 에스파냐에 사실상 밀리지 않았음을 알 수 있다. 사실 이베리아반도의 두 강대국 중에서 훨씬 더 강력하게 근대성을 추동한 것은 포르투갈이었다. 그리고 이를 설명하면서, 우리는 포르투갈이 사하라 이남 아프리카와 처음에는 황금, 그다음에는 노예를 통해서 맺었던 훨씬 깊은 관계들이 이 시대 다른 어떤 요소보다 지금 우리가 알고 있는 세계를 만드는 데 큰 역할을 했음을 분명하게 보게 될 것이다.

2부

중심축

가나의 엘미나 성채. (저자 제공)

어쩌다 만난 이들과의 사이가 이웃보다 좋다.

인간의 마음이 그렇게 생겼다.

– 콰메나 안사Kwamena Ansa(엘미나 부근 어느 지역의 군주), 1471

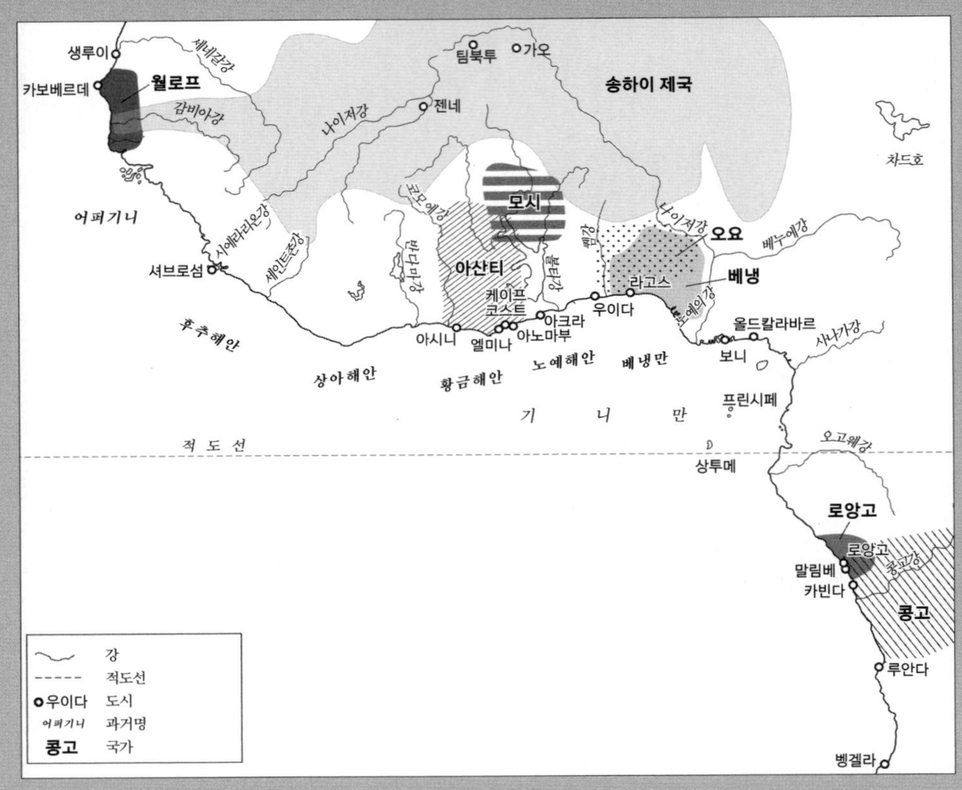

아프리카의 서부와 중부. 주요 왕국과 유럽인이 명명한 주요 무역 지대.

7

광산

도심을 굽어보고 있는 가파른 언덕 꼭대기에서 보면, 오늘날의 엘미나는 잠자는 아프리카 어느 마을의 모습 그 자체이다. 3만의 마을 인구 중 다수가 살고 있는 판자촌이 언덕 아래 지역에 빼곡하게 들어섰고, 이는 해변까지 뻗어 있다. 시멘트로 대강 발라놓은 보도는 언덕 꼭대기까지 이어져 있다. 차가운 밤공기가 금방 올라오는 아침 열기에 밀려날 즈음, 어머니들은 허술한 플라스틱 대야에서 아이들을 씻긴다. 이 대야는 한때 이곳에 살던 사람들이 포르투갈과의 교역을 통해 구했던 놋쇠 넵튠의 값싼 아시아산 대용품이라고 할 수 있다. 검은 새들이 350년이 넘은 오래된 성벽 위로 날아다닌다. 이 성벽은 버려졌지만, 지금도 흠잡을 데 없이 하얗게 칠해져 있다.

네덜란드인이 세운 성채 세인트 자고St. Jago는 그보다 더 오래된 포르투갈인의 성채보다 확실히 훨씬 덜 알려져 있다. 멀리 아래, 바다가 면한 곳에 우뚝 서 있는, 포르투갈인이 세운 성채가 보인다. 오늘날 이 언덕 꼭대기에 오르려고 엘미나에 오는 사람은 거의 없다. 이곳으로 오는 길을 안내하는 표지판도 없다. 그러나 여기는 저 아래에 해안가를 따라 늘어선 다른 수백 개의 마을과 전혀 구별되지 않는 이 작은 어촌이 어떻게 근대를 열어젖히는 핵심 지역이 되었는지를 이해하기에는 최적의 장소이다. 비록 실제로는 제대로 된 평가를 거의 받지 못했지만 말이다.

1479년 이후에도 에스파냐가 서아프리카 황금을 확보하기 위해 세운 기획이 무산되었던 것은 아니다. 드러내지 않았을 뿐이다. 가톨릭 군주인 이사벨라와 페르난도는 엘미나로 개인 원정을 나서도록 계속 장려했다. 그 지역에서 쏟아져 나오는 엄청난 부의 일부에 대해서, 그런 방식으로라도 권한을 갖고 싶어 했다. 여기서 멈추지 않고, 이사벨라는 포르투갈에서 가장 부유하고 강력한 귀족이었던 브라간자Braganza 공작의 음모를 지원했다. 공작은 그의 친척인 주앙 2세에 맞서 쿠데타를 하려고 했고, 여왕은 종국에는 이웃나라를 흡수하고 싶어 했다. 만약 공작의 반란이 성공하면, 여왕은 지원의 대가로 이른바 기니 무역, 즉 미나의 황금무역에 대한 완전한 접근권을 가질 수 있었다. 그러나 음모는 발각되었고, 브라간자 공작은 반역죄로 22개 사안에 걸쳐 유죄 판결을 받고 1483년 6월 20일 공개 참수되었다.[1] 이 시기가 되면 탐욕스러운 영국인까지 미나와 교역할 계획으로 분주하다는 소문이 돌았다.

1481년, 엘미나에 대한 권리를 엿볼 기회도 주고 싶지 않았던 주앙 2세는 비용에 대한 궁정의 걱정들을 떨쳐버리고, 가나 해안가에 성채 하나를 세우라고 명령했다. 황금을 유럽 경쟁국과 해적으로부터 지켜내기 위해서였다. 포르투갈은 원거리 해안 경비대와 같은 것을 이미 시도한 적이 있었다. 때로는 고메스가 직접 이끄는 호위대 선박들을 보내기도 했다. 그러나 그런 방식으로는 비용이 많이 들고, 군사적 차원에서도 한계가 있으며, 완벽한 효과도 낼 수 없었다. 에스파냐가 이 지역에서 무역 선박을 계속 포획하려고 했기 때문이다. 성채 건립을 지지했던 이들은 포르투갈 선박들이 본국으로까지 가져오는 황금의 양은 어쩔 수 없이 한정되었다고 주장했다. 예를 들어 포르투갈 선박이 당도할 때마다 지역 상인이 취하는 몫이 있기 때문이다. 그러나 성채를 짓게 되면, 이 지역에서 이뤄지는 황금 구매가 방위력을 갖춘 높은 성벽 뒤에서 지속적인 기반을 갖고 진행되면서, 황금이 그곳에 축적되고 안전하게 보관될 수도 있다. 따라서 선박은 규칙적인 일정에 따라 왕래할 수 있고, 용량을 채울 수 있을 정도로 충분한 금을 좀 더 확실하게 확보할 수 있게 되고, 각 항해에 드는 비용을 쉽게 추산할 수 있었다.

주앙 2세는 엘미나 성채 건립의 지휘관으로 아잠부자Diogo de Azambuja를 앉혔다. 궁정 귀족이자 신뢰받는 군 장교로, 모로코나 카스티야 등과 벌였던 전투에서 다방면으로 능력을 보여준 인물이었다. 그의 동료 중 한 명이 디아스였다. 귀족 디아스는 이로부터 7년 뒤, 유럽인으로는 처음으로 아프리카 남단에 도착했고, 그곳을 돌아 인도양까지 갔다. 이후 몇 년간, 훗날 '대항해시대'로 불리게 될 시대의 여러 거장이, 포르투갈이 사하라 이남 지역에 처음 세운 전초기지인 엘미나로 들어오거나 그곳을 관리하는 사람으로 경력을 갖게 된다. 이는 포르투갈이 시작한 지구적 차원의 사업에서 엘미나가 핵심적 역할을 했음을 증명해준다. 이 거장 중에는 훗날 아시아에 대한 제국주의적 정복의 길을 훤하게 열었던 알부케르크와 멀리 동남아프리카에 자리한 주요 왕국인 콩고Kongo를 '발견'한 캉Diogo Cão도 포함되어 있다. 당시 리스본에서 캉의 콩고 개척사업은 인도로 가는 길을 찾는 것보다 훨씬 중시되었다고 이제는 충분히 말할 수 있다. 이후 여러 해 동안, 포르투갈에서 캉은 디아스보다 더 유명한 인물이 되었다. 캉은 지방유지에서 왕가의 기사로 승급했고, 넉넉한 연금과 문장을 받았다. 이와 대조적으로 디아스는 포르투갈이 인도양까지 항해할 수 있음을 증명한 공로로 특별한 상도 받지 못했고, 그가 귀환했을 때 왕실에서 그를 불러 보고를 받았다는 기록도 없다.[2] 거장 중에는 콜럼버스도 있다. 당시 그는 리스본에서 채용한 인물이기도 했다. 콜럼버스는 적도에서 북쪽으로 얼마 떨어져 있지 않은 아프리카의 이 지역이 생활하기에 힘든 조건이라는 점을 유럽인이 걱정하지만, 이는 지나치게 과장된 말이라고 편지글에서 다음과 같이 강조했다. "나는 포르투갈 왕의 라미나La Mina 성에 있었다. … 따라서 그곳이 살기 힘든 곳이 아니라는 것을 잘 증언할 수 있다."[3] 콜럼버스는 자신이 그곳을 1482년에 방문했다고 썼는데, 엘미나 성채가 완공된 첫해였다.

1481년 12월, 포르투갈 호위대가 미나 해안을 향해 출범했다. 당시 인력 배치와 보급품 계획을 보면, 얼마나 세세한 부분까지 주의를 기울였는지를 잘 알 수 있고, 이 사업이 포르투갈에 얼마나 중요했는지도 짐작할 수 있다. 왕실과 고메스가 상대적으로 적은 액수로 무역에 대한 계약을 처음 체결한 이래, 엘미나는 긴 과정을 겪었다. 당시 10척의 카라벨로 총 500명의 군인과, 석공을 비롯해 다양한 건설업 전문가 100여 명을 실어 날랐다. 더 무겁고 더 느린 선박 두 척이 이보다 앞서 몇 주 전에 파견되었는데, 이들은 아프리카 해안에서 좀 떨어진 지정 장소에서 주력 선단을 기다리라는 지침을 받았다. 이 두 척의 화물선은 석회, 벽돌, 못, 통나무뿐 아니라 성채의 기초와 주춧돌이 될 주요 부품들을 싣고 있었다. 이 모든 재료가 규격에 따라 미리 잘라져 있었고, 꼼꼼하게 표시되어 있었다. 건물의 방어를 비롯해 어떤 것도 위험에 방치해두지 않았다. 방어를 위해 대포와 다량의 탄약도 배에 실려 있었다.[4]

1482년 1월 중순에 아잠부자의 원정대가 오늘날 가나의 해안에 도착했다. 그때까지 포르투갈의 황금무역 대부분은 샤마 주변에 집중되어 있었다. 그러나 이곳은 큰 배를 대기에 적합하지 않았고, 식수도 이미 부족했으며, 제대로 된 성채를 완공하기 위해 필요한 큰 돌도 부족했다. 1월 19일 오후 늦게, 동쪽으로 25마일(약 40킬로미터) 더 항해한 뒤에, 호위대는 '두 구역의 마을'에 닿았다. 이 마을은 작고 느리게 흐르는 강을 따라 두 구역으로 나뉘어 있었다. 엘미나를 내려다볼 수 있는, 산들바람이 부는 언덕을 비롯해 이 마을의 매력은 아주 분명해 보였다. 서쪽에서 접근하면, 반들반들한 돌들이 흩뿌려진 거친 해안 지대를 지나 아치 모양의 넓은 만으로 들어가게 된다. 이곳은 매우 아늑한 곳에 자리해 있어서, 모래사장으로 되어 있는 곡선의 경계면으로 잔잔한 파도만이 오갈 뿐이다. 해안에서 안전한 거리에 있는 그곳에서 포르투갈 호위대는 지역민에게 공격을 받거나 항해 중 좌초할 걱정 없이 닻을 편하게 내려 정박하는 호사를 누릴 수 있었다. 게다가 포르투갈인은 현지인에게 도움을 받아 벤야Benya라는 이름을 가진 강의 어귀로 조금 더 항해하여 올라갈 수 있었는데, 이를 통해 활기찬 어촌과 다채로운 시장에 직접 접근할 수 있었다. 이곳 강기슭은 오늘날에도 여전히 북적거린다.

1482년 초, 아잠부자가 그의 선박을 벤야강 입구에 정박시키면서, 그와 그의 선원들은 그들의 깃발 앞에 이미 한 포르투갈인 상인의 무허가 범선이 닻을 내린 모습을 보고 매우 놀랐다.[5] 체류기간이 길어져서인지 혹은 여러 번 방문했기 때문인지, 그 배의 선장 주앙 페르난도João Fernando는 그 지방에서 오랜 시간을 보낸 뒤여서 판티Fante인의 언어로 웬만한 의사소통이 가능했다. 그래서 아잠부자는 동포 페르난도에게 포르투갈 정식 원정대의 지도자가 다음날 새벽에 만나고 싶어 한다는 말을 지역 군주에게 전해달라고 부탁했다.

아잠부자와 그의 선원들은 곧 상륙부대를 조직하면서, 특히 위압적인 분위기를 제대로 조성해내기 위해 각별한 노력을 기울였다. 곧 왕을 만날 수 있으리라 생각했기 때문이다. 기대가 하늘을 찌를 듯 높았지만, 그들의 행동은 우리가 앞서 보았듯이 군사적 기습보다는 외교 쪽으로 크게 기울어 있었다. 포르투갈인은 잠깐 들러서 비열한 거래나 하려는 것이 아니라, 이 황금이 풍성한 지역에 상설 전초기지를 세운다는 이전에 없던 발상을 갖고 있었다. 외지인이 이런 시도를 해본 적은 없었다. 다음날 상륙 부대원은 도발상황을 피하기 위해서 화승총과 칼을 옷 속에 조심스레 숨겼다. 무기를 쓸 필요가 없기를 희망했음이 분명했다.

여기서 강조할 것은, 이 시대 다른 많은 사건들과 마찬가지로, 이 사건 역시 포르투갈인 기록자들에게만 의존하고 있어 자세하게 설명하기에 한계가 있다는 점이다. 그러나 그들이 남긴 이야기들에 따르면, 아잠부자는 그가 성채 건설을 위해 선정한 부지 옆에서 현지의 왕을 기다리고 있었다. 그가 선정한 자리는 바위해안이 잔잔한 만으로 이어지는 지점 부근에 있는, 벤야강의 서쪽 기슭 위로 솟아 있는 작은 땅이었다. 만약 그곳에 성채를 짓고, 그들이 공수해 온, 14킬로그램의 돌을 600야드(약 548미터)까지 투척할 수 있는 6개의 대구경 대포를 포함해 30개의 대포를 설치한다면, 포르투갈인은 이 만으로 들어오려는 어떤 적함도 쉽게 물리칠 수 있을 것임을 알 수 있었다.[6] 포르투갈인은 그들이 선정한 곳에서 아침에 우선 미사를 올렸고, 홀로 서 있는 큰 나무의 높은 가지에 주앙 2세의 왕실 깃발을 달았다. 이후 아잠부자는 "보석들을 단 황금색 옷깃이 달린 양단 조끼"를 비롯해 당대 유럽에서 가장 세련된 복장으로 갖춰 입었다. 그리고 급히 세운 단상 위에 큰 의자를 놓고 앉아 부관들을 옆에 거느린 채 왕을 기다렸다.[7]

누구도 당시 그곳에서 새로운 시대가 시작되고 있음을 잘 알지 못했을 것이다. 당시 그곳에서는 유럽과 아프리카와의 관계에서, 아니 사실은 유럽과 더 큰 세계와의 관계에서 완전히 새로운 시대가 시작되고 있었다. 이 장소에서 아프리카인과 유럽인이 서로를 통해 경험한 것들은 근대성의 막강한 기둥이 될 터였다. 이는 엄청난 결과를 낳았지만, 오늘날에는 거의 인정받지도, 상기되지도 못하고 있다. 여기서 새로운, 대개는 급조된, 임기응변에 가까운 제국주의적 실험들이 시작되었다. 말하자면, 아프리카 열대 지역에 방어력을 갖춘 성채를 건립하여 상설 기지를 세우는 것이다. 이 기지는 한동안 유럽인 고유의 독특한 신세계로 유지되었다. 이 프로젝트를 통해, 유럽인은 자신들이 가진 힘의 가능성과 한계를 알게 되었다. 그리고 구별되는 새로운 정체성들을 구축하는 데 참여하게 되었다. 이들이 구축한 정체성들에는 이들의 정체성들만 포함된 것은 아니었다. 이렇게 일이 진행되고, 아프리카의 황금으로 리스본의 지위가 높아지면서, 포르투갈의 아프리카 경험에서 발원된 새로운 대서양 노예무역이 본격적으로 시작되었다. 이를 통해 플랜테이션 농업에서의 혁명이 곧 도래했고, 북대서양에서 완전히 다른 새로운 부가 창출되었다.

좀 더 직접적으로 말하면, 당시는 아프리카의 서부해안을 따라 늘어선 지역들을 방문했던 유럽인들이 그곳에 세련된 사회들이 있다는 사실을 받아들이고 배워야 했던 시대였다. 그곳에는 충분히 발달한 고유의 정치제도와 원칙과, 나아가 스스로를 굳건하게 지킬 수 있는 수단까지 갖춘 사회들이 자리하고 있었다. 포르투갈인은 그들이 열심히 꿈꾸고 찾았던 것, 즉 무어인의 땅 너머 멀리 자리해 있는 엄청난 부를 가진 새로운 아프리카 왕국을 발견하는 중이었다. 그러나 그들이 만난 아프리카인 다수에게는 지평 너머에 있는 세계, 풍부하고 다양한 세계에 대한 이야기가 전혀 새롭지 않았다. 예를 들면, 아칸인이 지배하는 지역들에서 나온 황금은 이미 수단에 있는 무슬림 무역망을 통해 유럽으로 전해지고 있었다. 그리고 한 세기 넘게, 같은 무역망을 통해 아프리카가 아닌 다른 곳에서 나온 상품들이 남쪽으로 전해지고 있었다. 따라서 포르투갈인이 엘미나로 들어가기 시작했을 때, 그곳 주민은 전혀 놀라지 않았고, 겁도 먹지 않았다.[8]

그 첫 번째 징조는 그 지역의 왕을 일컫는 오만히니omanehene(아칸인의 수장 혹은 왕—옮긴이)였던 콰메나 안사Kwamena Ansa(포르투갈어로 카라만사Caramansa라고 기록됨)가 덤불숲을 헤치고 등장하는 바로 그 모습이었다. 권력의 무대에 익숙했던 콰메나 안사는 케틀드럼, 트럼펫 등 여러 악기로 구성된 왕실 악단을 앞세우고 만남의 장소로 왔다. 이런 광경을 처음 본 유럽인에 따르면, 음악 때문에 "귀가 즐겁기보다는, 귀청이 터질 것 같았다"고 한다.[9] 악단 뒤로 시중을 비롯한 궁정 구성원들이 따라왔는데, 자기들 문화에서 가장 좋은 옷을 차려입고 있었다. 무장한 이들이 호위하며 따라왔는데, 이들은 무기를 전혀 감추지 않았다. 아잠부자 측의 일원이었던 주앙 드 바후스에 따르면, "전반적으로 볼 때 그들은 고유의 방식으로 완전 무장을 하고 있었다. 일부는 작은 창과 방패를 갖고 있었고, 다른 일부는 활과 화살통을 갖고 있었다."[10] 바후스는 이어 다음과 같이 설명한다. "그들의 왕 카라만사는 일행 중앙에서 다가오고 있었다. 카라만사는 다리와 팔에 황금 보호대와 고리를 차고 있었고, 작은 종들이 달린 목걸이를 했다. 턱수염은 금사 몇 가닥을 넣어 땋았다. 이런 방식으로, 머리카락도 부드럽게 꼬아 넘겼다." 이 첫 번째 '공식' 만남에 대한 묘사를 통해, 그 지역 왕에게 금은 교환수단일 뿐 아니라, 정치적·영적 힘을 보여주는 중요한 수단이었음을 잘 알 수 있다.

안사가 대장을 중심으로 정렬해 있던 포르투갈인들에게 가까이 오자, 아잠부자는 의자에서 내려와 왕 혹은 수장에게 걸맞은 예의를 갖추어 다가갔다. 안사는 아잠부자의 손을 잠깐 잡고 떼면서, "아잠부자의 손가락들을 만지고 나서, 한 손가락으로 다른 손가락을 탁 쳤다. 그러면서, 그의 언어로 '비리, 비리Bere, bere'라고 했는데, '평화, 평화'라는 의미였다."[11] 서아프리카에 가본 적이 있는 사람이라면, 손가락을 탁 치며 악수하는 이 방식이 오늘날에도 분명한 환영의 인사 표시로 남아 있음을 알 것이다. 이런 첫 환영 의식이 끝나고, 인사말과 선물 교환이 이어졌다. 그런 다음 아잠부자는 사업에 착수하여, 자신의 왕이 자신에게 정규적인 거래관계를 수립하기 위한 목적으로 여기서 바로 면해 있는 지대에 상설 무역센터, 혹은 '튼튼한 거주지'의 건립 사업을 위임했다고 알렸다. 안사가 그리 관심이 없는 것을 보고, 아잠부자는 아프리카 지도자와 그 백성에게 부와 새로운 상품들이 생길 것임을 재차 강조했다. 방문자들에 따르면, 이 대화에는 기독교인으로 개종하여 세례를 받으라는 권유도 포함되었는데, 그럴 경우 안사는 포르투갈 왕의 '형제'이자 동맹자가 될 것이라는 내용도 있었다고 한다.[12]

안사는 아잠부자가 강조했던 혜택, 그리고 유럽인과의 교역이 가져올 피해들에 대해서도 어느 정도는 이미 인지하고 있었다. 유럽인은 약 10년 전부터 조금씩 이 지역에 들어왔는데, 이들 모두는 서아프리카 황금으로 큰 부를 얻고 싶어 했다. 안사는 그들에게 별 흥미를 느끼지 못했다. 안사는 다음과 같이 짧게 말했다. "지금까지 이곳에 온 기독교인은 극소수였는데, 추잡하고 저질이었다."[13] 차분하고 자신감 있는 아프리카인 지도자만이 그런 말을 할 수 있다고 생각할 만하다. 그러나 이는 비교를 통한 칭찬으로도 읽을 수도 있다. 안사는 주앙 2세의 명으로 온 이들이 꾸며낸 모습을 보며, 유럽인이 그런 모습을 보여줄 정도로 문명화된 줄은 몰랐다고 말하는 것 같기도 하다. 우쭐해진 것이든 용감한 것이든, 아잠부자는 계속 자신의 요구를 밀고 나갔다. 그러자 안사는 지금도 아칸인을 비롯한 서아프리카인 사이에서 많이 회자되는, 일종의 우화 같은 이야기를 했다. 그는 아잠부자의 요청에 이렇게 답했다. "어쩌다 만난 이들과의 사이가 이웃보다 좋다. 인간의 마음이 그렇게 생겼다."[14] 아잠부자는 이 뻔히 보이는 유보적 입장에 대해 수익성 높은 교역 기회들을 더 많이 약속하면서 밀고 나갔다. 안사는 마침내 아잠부자의 제안을 수용했지만, 그러면서 다음과 같이 경고하기도 했다. "포르투갈인은 약속을 모두 철저히 지켜야 하며, 문제가 생길 경우, 왕의 사람들은 이 지역을 그냥 버리고 떠나야 하며, 포르투갈인은 교역할 상대를 잃게 될 것이다."

이 만남에서부터 풀려나오기 시작한 거센 흐름이 서구 제국주의 시대 말기까지 이어졌다. 이후 멀리서 온 끈덕진 유럽인들이 현지 상거래에서 기회를 얻고자 이익의 큰 몫, 새로운 상품, 기독교와 보호를 통한 구원 등을 약속하는 익숙한 양상이 전개됐다. 현지 권력은 보통 이방인에게 편의를 제공했지만, 육지 활동에는 제약을 가했다. 그러나 이곳저곳에서 곧 극심한 혼란상태가 벌어졌다.

마침 엘미나에서도 문제가 발생했고, 처음에는 심각해 보였지만 곧

풀어갈 수 있을 것 같았다. 엘미나 왕의 예지력이 온전히 현실로 나타난 것은 훨씬 오랜 기간, 족히 한 세기 반은 지나서였다. 다음날 아침, 아잠부자의 선원들이 약속했던 선물을 전달하기도 전에, 호위대의 석공들이 새 성채 건설 작업에 착수했고, 이에 마을 주민들이 분노했다. 포르투갈인이 작업을 시작한 고지대가 아프리카인에게는 성스러운 구역이라는 불평도 있었다. 고양된 분위기에서 약간 폭력적인 접전이 일어났고, 양쪽 다 부상자가 나왔다. 유럽인은 허둥지둥 상륙지점으로 모여, 배로 복귀했다. 다음 날 유럽인 한 무리가 나와서, 그들이 제공했던 선물을 두 배로 늘리겠다고 하여 겨우 지역 주민의 민심을 누그러뜨릴 수 있었다. 유럽인들은 옷, 구리 그릇, 그 지역 주민이 선호하던 소라 껍질, 그리고 팔찌인 마닐랴를 제공했다. 다시 허가가 나오자, 아잠부자의 선원들이 급히 성채를 건립했다. 오랫동안 가나인은 이를 성이라고 불렀다. 무장한 경비대가 지키는 가운데, 석공들은 20일 동안 성채의 내벽을 완성했고, 훨씬 큰 외벽도 몇 주 만에 완성했다.[15] 상조르즈다미나São Jorge da Mina를 시작으로 이후 3세기 동안, 오늘날의 가나 해안을 따라 유럽 여러 나라가 60여 개의 전초기지를 세웠다. 처음 전초기지 건설 바람이 일어난 것은 황금을 얻기 위해서였다. 한참이 지난 뒤, 1640년대에 가서야 이 지역은 주요 노예 공급지가 되었다. 어퍼기니, 콩고, 루안다Luanda(오늘날 앙골라의 수도)가 노예 공급지가 된 이후에도 한참을 지나서였다. 상조르즈다미나 성채는 오늘날에는 엘미나성Elmina Castle이라고 불린다. 21세기에도, 이 성은 빈틈없이 단단하고 멋지다. 멀리 언덕 꼭대기에서 바라보면 더 감탄하게 된다.

오늘날 계속 밀려드는 관광객들은 안내자를 따라 산들바람이 부는 성의 상층부를 둘러본다. 총독과 고위 관리들이 거주했던 곳이다. 지하

감옥들은 안뜰 바로 옆 지하에 자리해 있었다. 노예들은 "돌아올 수 없는 문"이라는 구절로 유명한 이곳을 거쳐, 카리브해 연안, 브라질, 그리고 좀 더 뒤에는 영국의 북아메리카 식민지로 이송되었다. 귀금속은 포르투갈을 이곳까지 데려온 역사의 동력이었다. 여기서부터 에스파냐의 신세계 발견, 플랜테이션 경제들의 출범까지 모든 것이 흘러 나왔다. 이에 따라 사슬에 묶인 아프리카인이 거의 말 그대로 진공청소기에 빨려 들어가듯 선박에 실려 대서양을 건너갔다. 그러나 오늘날 엘미나에 서 있는 성채는 노예제에 대한 기억을 도와주는 장소 정도로만 축소되었다. 황금무역에 대한 언급은 이곳 어디서도 발견하기 어렵다.

8

유예된 아시아 항로 개척

15세기의 막바지에, 포르투갈은 황금 사업에 조바심을 냈고, 이에 따라 1482년 성채가 완공되자마자 교역은 빠르게 성장했다. 리스본은 이 비장의 새 기지에서 매달 대체로 카라벨 한 척 분의 화물을 받았다. 당시 해상 운송에 일반적으로 약 한 달이 걸렸다고 한다. 이 규모가 상당했기 때문에, 오래지 않아 이 작은 국민국가의 경제생활이 크게 바뀌었다. 사실 엘미나는 엔히크 왕자의 초기 항해 이래 통치자들이 꿈꾸어왔던 모든 것, 아니 그 이상이었다. 엘미나에 성채를 완공한 이후부터 16세기 중반까지, 포르투갈의 카라벨은 '황금해안'을 오가며 왕실 금고에 비축할 몫으로 매달 46~57킬로그램의 귀금속을 가져왔다.[1] 포르투갈 왕국의 재무부를 이전에는 '기니의 집Casa da Guiné'이라고 했는데, 이는 검은 아프리카와의 교역이 재정에서 가장 중요했음을 말해준다. 그런데, 이제는 이름을 '미나의 집Casa da mina'으로 바꾸고, 리스본의 왕궁에 있는 건물로 이주했다. 이 왕국의 번영에서 엘미나의 황금이 차지하던 중요성을 이보다 더 직접적으로 보여줄 수는 없을 것이다. 15세기 마지막 20년 동안, 엘미나와의 교역으로 포르투갈 왕실 수입이 거의 두 배로 증가했다. 1506년까지, 포르투갈 제국의 촉수가 이미 브라질을 덮었고, 아시아로 깊숙하게 뻗어나가고 있었다.[2] 엘미나 지역에서 온 황금이 여전히 왕실 재정의 4분의 1을 채우고 있었다. 황금해안은 포르투갈로 매년 약 680킬로그램의 황금을 보냈다. 이는 당시 전 세계 금 공급의 약 10분의 1에 달했을 것이라고 추정되고 있다.[3]

이 황금의 강을 통해 포르투갈은 고질적인 통화약세에서 벗어날 수 있었다. 이제 포르투갈 통화는 처음으로 어디서나 높이 평가받게 되었고, 이를 통해 포르투갈의 경제가 소금, 건어물, 와인에서 벗어나 무역 상품들을 훨씬 더 세련되게 조합할 수 있게 되었다. 그런데 이는 이보다 크게 앞선 시기 아프리카 황금의 역사가 되풀이된 것이기도 했다. 먼 과거에 아프리카의 황금은 아랍, 카르타고, 로마 등 팽창하던 다른 여러 제국들에 활기를 주는 비슷한 역할을 했다. 그러나 포르투갈이 엘미나에서 거둔 황금 수확은 훨씬 더 광범위한 결과를 낳았다. 즉, 이 시대 새롭게 등장하고 있던 근대성의 토대가 된 것이다. 엘미나의 황금을 통해, 우리가 앞서 살펴봤던 것처럼, 놋쇠와 구리 제품들, 철근, 의류, 고품질의 인도 직물에서부터 조악한 총기에 이르기까지 갈수록 다양해졌던 고가품들이 원거리 무역을 통해 거래되면서, 복잡하게 뒤얽힌 경제적 통합이 나타나게 되었다.[4] 위의 상품들은 아프리카의 황금을 획득하기 위해, 그리고 나중에는 노예를 더 쉽게 구매할 수 있도록 작은 왕국들 사이에서 전쟁을 부추기기 위해 이용되었다. 한편, 리스본에서 궁정생활은 바로 직전까지는 상상도 할 수 없던 수준의 물질적 사치에 휩싸이게 되었다.[5]

이런 새로운 무역로들이 유럽에만 한정된 것은 아니었다. 포르투갈과 자유롭게 교역했던 아프리카의 왕들과 지역 수장들 스스로가 곧 외국 수입품을 차별적으로 선택하는 소비자가 되었다. 예를 들어, 그들은 유럽산 의류 대부분을 외면했다. 양모 혹은 아마로 제작된 당시 유럽산 옷은 무거워서 열대 지역에 잘 어울리지 않았다. 이에 포르투갈인은 그들이 아프리카에서 얻은 금을 이용해서 인도산 면직물을 구매하기 시작했는데, 이는 서아프리카에서 인기를 끌었다. 서아프리카에서 연안 무역이 날로 성장하기도 했는데, 포르투갈인은 한 지역(특히 베냉)에서 아프리카 의류를 구입하여, 그 상품을 다른 지역에서 금과 교환하기도 했다.[6]

1480년대에 아프리카에서 마침내 금이 대량으로 발견되면서, 포르투갈은 아시아로 가는 길을 찾는다는 야심찬 모험을 사실상 중단했다. 오랫동안 '대항해시대'에 유럽인의 팽창 동기는 아시아로 가는 길을 찾기 위해서라고 설명되어왔다. 이것이 표준화된 설명으로 선택된 이야기였다. 그러나 교황으로부터 아프리카 대부분에 대한 권리를 인정받은 포르투갈이 가장 서두른 것은 아프리카의 금을 계속 지켜내는 일이었다. 엘미나에 교역을 위한 성채를 세운 것이 그 증거이다. 또한 포르투갈이 그곳과의 교역을 위해 정성을 쏟아 다량으로 만들어낸 공급 상품과 방어를 위한 군수품을 통해서도 이를 확인할 수 있다. 황금해안을 벗어나서도 포르투갈의 주된 관심은 아프리카에서 다른 황금 공급 지대를 찾아내는 것이었다. 아프리카에는 금속이 풍부하다고 널리 알려졌기 때문이다. 그러나 금은 결국 양이 한정된 상품이라는 점은 분명하다. 결국 포르투갈은 팀북투까지 사절단을 파견했다. 세네감비아에서 강 상류 쪽으로 200마일(약 322킬로미터)을 거슬러 올라가야 하는 길이었다. 이렇게 한 것은 사헬에서 오는 황금 시장을 독점하겠다는 희망을 여전히 품고 있었기 때문이다.[7]

만약 인도로 가는 길을 여는 것이 15세기 말 포르투갈의 최우선 목표였다면, 1491년 중앙아프리카에 있는 콩고 왕국으로 또 다른 본격적인 외교사절단을 파견하는 데 그렇게 많은 힘과 노력을 쏟은 것은 아주 앞뒤가 전혀 맞지 않는 일이 된다. 이는 사제와 예술가가 대거 참여한 프로젝트였고, 엘미나보다 더 큰 규모로 경제적 유대를 수립하고자 파견된 것이었다. 콩고는 포르투갈이 엘미나에서 교역하면서 접했던 작은 왕국들보다 훨씬 크고 더 권위 있는 정치체였다. 그래서 포르투갈은 이곳과의 교류를 통해 막대한 상업적 수익을 왕실 독점으로 금방 거두어들일 수 있으리라고 여겼다. 이에 비해, 인도로 혹은 남아프리카로 가는 것은 더 위험한 투기로 보였다.[8]

앞서 본 것처럼, 1488년 디아스가 인도양으로 가는 항로를 개척한 이래 거의 9년 동안 포르투갈은 이 사업을 이어가지 않았다. 아프리카에서 너무 바빴기 때문이다. 그곳에서 얻는 수익이 이례적으로 높았던 것이다. 게다가 리스본이 마침내 디아스 탐험의 후속작업을 시작했을 때, 선발된 선장은 이 새로운 해양의 시대를 헤쳐 나온 경험과 업적이 있는 노련한 인물이 아니었다. 책임자의 지위는 왕실이 그 사업에 부여하는 비중을 반영하기 마련인데, 바스쿠 다 가마는 궁정의 하급관리였다.[9]

그러나 서아프리카 황금의 역사적 효과를 이해하는 완전히 또 다른 방식이 있다. 서아프리카에서 확보한 황금을 통해 재정적으로 새로운 함대를 조직하는 것이 가능했고, 이를 통해 포르투갈의 가장 유명한 탐험, 즉 처음으로 아프리카 남단을 돌아 1497년 이후 인도까지 진출한 항해가 가능했다. 미나에서 포르투갈 왕실로 가져온 황금이 제공한 막대한 상승세에 힘입어, 아프리카에서 더 많은 황금을 찾겠다는 욕망이 더 강해지기도 했지만, 이는 그 이상의 결과를 낳기도 했다. 해양 항해, 발견, 정복, 성전, 그리고 대륙 간 무역으로 들어가는 치열한 경쟁 과정에서 포르투갈은 에스파냐와 어깨를 나란히 할 수 있게 되었다. 크리스토퍼 콜럼버스의 개인 도서관에 있는 책, 피에르 다이Pierre d'Ailly의 《이마고 문디Imago mundi(세계의 형상)》의 한 귀퉁이에는 콜럼버스가 적어놓은 흥미로운 주석이 하나 있는데, 이는 디아스가 아프리카 남단에서 돌아왔던 바로 그때에 콜럼버스도 리스본에 있었고, 거기에 각별한 관심을 기울였음을 시사해준다. 그러나 당시 디아스의 귀국은 큰 행사 없이 지나갔다.

> 그리고 그는 포르투갈의 가장 거룩한 왕에게 그가 이전에 항해했던 곳, 말하자면 남쪽으로 450리그 그리고 북쪽으로 250리그(원문대로)를 넘어서, 그가 희망봉이라고 이름붙인 곳까지 600리그(약 2900킬로미터)를 어떻게 항해했는지를 고했다. … (디아스는) 항해도 위에 그리고 쓰면서, 가장 거룩한 왕의 눈앞에서 항해 과정을 보여주었다. 그 자리에 나도 있었다.[10]

이후 4년 만에 포르투갈은, 콜럼버스가 첫 번째 아메리카 탐험을 마치고 귀국했다는 소식을 가장 직접적인 방법으로 입수했다. 탐험가 콜럼버스의 유명한 선박 니냐Niña호는 에스파냐로 귀국하기에 앞서서 리스본에 닻을 내렸다. 그리고 우연의 일치로, 그 항구에서 다름 아닌 디아스가 선장으로 있는 무장 선박을 만났다. 디아스는 콜럼버스를 항구까지 호위했다. 그리고 얼마 지나지 않아 주앙 2세가 콜럼버스를 궁정에서 맞이했다. 주앙 2세는 이 제노바인이 경쟁국 카스티야의 이름으로 항해를 하면서 발견한 것들에 대해 당연하게도 몹시 듣고 싶어 했다. 라스카사스가 그의 《인도사Historias de las Indias》에서 이 모임에 대해 기록했다. 내용을 보면 그 자리에서 나온 말을 정확하게 기록했다기보다는, 극적으로 표현했다고 추정해볼 수도 있다.

> 이제 왕은 발견된 땅들과 그 안에 있는, 이미 예상했던, 풍성한 재물들에 대해 잘 알게 되었고, 이어 아려오는 고통을 숨길 수가 없었다. … 그의 잘못으로, 이루 헤아릴 수 없을 정도의 재물들이 그냥 손끝으로 흘러가버린 것이다. 크게 신음하고, 자책하며, 주먹으로 자신의 가슴을 쳤다. "이 한치 앞도 모르는 인간아, 어떻게 그렇게 중요한 사업을 놓쳐버렸단 말이냐?"[11]

이 드라마 같은 순간에 주앙 2세가 자책하며 분개했음에도 불구하고, 자료를 바탕으로 충분히 고려해보면, 포르투갈이 자국보다 더 크고 더 유명하고, 오랜 경쟁자 에스파냐와 이 시대에 벌였던 지정학적 각축전에서 분명하게 패했다고 생각할 만한 객관적 이유는 없다. 우리가 포르투갈이 패했다고 쉽게 믿는 것은 무엇보다도 우리 시대가 아프리카를 평가절하하기 때문이다. 1494년 토르데시야스 조약Treaty of Tordesillas에서 포르투갈과 에스파냐는 카보베르데제도Cape Verde islands에서 서쪽으로 370리그(약 1786킬로미터) 떨어진 곳에 위치한 자오선에 따라, 유럽 밖에서 새롭게 발견한 땅들을 분할했다. 당시 카보베르데제도는 이미 포르투갈이 차지하고 있었다. 포르투갈은 그 선 동쪽에 위치한 땅에 대해 권리를 갖게 되었고, 명목상 여기에는 사하라 이남의 아프리카가 속해 있었다. 에스파냐는 아메리카 대부분의 지역에 대해 권리를 확보했다. 포르투갈에 할당된 몫은 브라질뿐이었다. 한편, 적어도 한동안 포르투갈은 아시아 상당 부분에 대한 권한을 갖고 있었다. 아시아는 유럽이 가장 중시해왔던 지역이고, '대항해시대'에는 가장 탐냈던 지역이었다고 지금까지 일반적으로 여겨져왔다. 그러나 16세기에 아시아로 가는 훨씬 긴 장거리무역 항로에 들었던 비용을 면밀히 계산해보면, 포르투갈은 오랫동안 열망해왔던 동양과의 향료, 초기 직물 교역보다 아프리카와의 무역에서 두 배의 실익을 거두었다.[12]

역사가 페르난데스-아르메스토 역시 비슷한 내용을 오늘날에도 이해하기 쉬운 비유를 써서 훨씬 더 인상적으로 전한다. 이를 통해 그는 당대의 매우 뛰어난 히스패닉 세계 역사가가 되었다. 대부분의 역사가는 이 시대 유럽이 아프리카와 거래하고 접촉했던 것을 '서구 형성에서 있었던 여담' 정도로 다루어 왔다.[13] 그러나 페르난데스-아르메스토는 15세기 말 포르투갈을 오늘날 이른바 개발도상의 세계에 있는, 경제적으로 어려운 나라에 비유한다. 당시 포르투갈의 사업은 오늘날 개발도상국이 석유나 천연가스 산지를 발견하는 횡재를 간절히 바라며, 즉 그런 자원을 확보해 가난에서 벗어나 좀 더 유망한 미래를 보장하는 길로 올라갈 수 있기를 기대하며, 바다로 나아가 물속 깊이 기계를 대고 파고들어가는 것과 마찬가지라고 했다.[14] 그러나 이런 식으로 성공할 수 있는 나라는 거의 없다. 그리고 600년 전에도 포르투갈이 그런 식으로 성공할 수 있을 거라고는 아무도 생각하지 못했다.

포르투갈이 아프리카의 황금을 발견한 것은 대단한 업적이었지만, 이후 계속 이어졌던 극적인 성취들 중 첫 번째 쾌거일 뿐이었다고 말할 수 있다. 황금무역은 더 수익성 높은 새로운 아프리카인 노예무역으로 대체되었고, 이후에는 아프리카 대륙과 인접한 섬들에서 포르투갈인의 설탕 생산 호황이 이를 대체했다. 이후 얼마 지나지 않아, 이 설탕 호황은 훨씬 더 큰 국면으로 들어갔고, 정말 세계사적으로 중요한 사건이 된다. 이 설탕 생산에는 오로지 아프리카인 노예 노동력만 이용되었는데, 이런 방식의 생산은 작은 섬 상투메에서 시작되었다. 고메스의 선원들이 1471년 상투메섬을 발견했다. 그들이 콰메나 안사와 회합을 가진 뒤였다. 이후 1485년 이 섬은 포르투갈의 식민지가 되었고, 큰 소득을 올리는 실험장으로 만들어져 훗날 브라질의 플랜테이션 농업에 도움이 되었다. 어떻게 계산을 해도, 이 모든 것은, 에스파냐가 아메리카에서 얻은 것과 마찬가지로 결국 횡재라고 할 수 있다. 다만 포르투갈이 에스파냐보다 시간상 조금 앞서 있었다. 그러나 장차 유럽에 이런 행운이 떨어지게 만든 핵심 회전축은 상조르즈다미나 성채와 이곳에서 나온 풍부한 황금이었다. 이 시대 근대성의 등장을 이해하기 위해서 우리는 아프리카와 유럽의 만남을 깊이 있게, 그리고 찬찬히 탐구해야 하고, 아울러 다음과 같은 질문을 스스로에게 제기해야 한다. 어떻게 이런 이야기가 지금까지 이렇게 오랫동안 거의 탐구되지도 않고, 거론되지도 않았는가?

9

인적 재산 대 물적 재산

포르투갈이 미나 해안 발견을 최대한 활용하기 위해서는 노동력이 필요했다. 당시 현실에서 나온 숫자를 보면, 황금 생산을 그렇게 증가시켰다는 것은 노예 노동력을 획득했음을 의미했다. 그렇다면 이렇게 물어야 한다. 황금의 공급이 보장되었다고 해도 여전히 안정적으로 보급되지 못했다면, 엘미나에 교역 기지를 세울 필요가 있었겠는가? 마찬가지로, 아프리카의 입장에서 보면, 멀리서 온 새로운 백인 이방인이 성가시게 미나 해안에 출몰하는 것을 무슨 이유로 참아내야 했겠는가? 백인이 할 수 있는 최선의 일이라고는 얼마 안 되는 익숙한 금속제품이나, 북아프리카산 직물을 가져오는 것뿐이었다. 그러나 이는 이미 서아프리카인도 접하고 있었다.

백인이 아랍인이나 백인을 부리는 노예제(백인 노예는 대부분 슬라브인이었다. 슬라브Slav라는 이름은 '노예Slave'라는 단어와 분명 같은 뿌리를 갖고 있다)는 이탈리아, 프랑스 남부, 이베리아반도에서 16세기까지 남아 있었다. 15세기 말과 16세기 초, 이들 지역에서 노예제가 급속하게 쇠퇴했지만, 역사학자 커틴Philip Curtin에 따르면, "18세기 말까지 지중해 세계 전역에서 경제생활의 작은 부분으로라도" 계속 남아 있었다.•[1] 아프리카인이 백인과 절대적으로 다르다고 편리하게 합리화를 해준 것은 아프리카인의 흑인성이었다. 흑인성은 노예제가 새롭게 그리고 곧 극적으로 확대되는 것을 정당화하는 최고의 명분이 되었다. 이런 획일화 혹은 단언적인 사고방식에서 근대 인종주의의 기원이 시작되었다.

서아프리카에서 노예제는(사하라 이남 지역의 다른 곳과 마찬가지로) 오래된 관행이었다. 그러나 이 노예제는 당시 설탕 플랜테이션에서 막 등장하여 서구 제국주의의 발전과 병행했던 동산노예제와는 별 공통점이 없었다. 널리 퍼져 있지만, 서로 꽤 명료하게 소통할 수 있는 언어들을 가진 종족 집단들의 집합체인 아칸인이 전통적으로 노예를 획득하는 방식은 전혀 관련 없는 집단들을 복속시키며 팽창해나가거나 목숨을 건 내부 경쟁을 통해서였다. 이 과정에서 획득한 포로들은 농사나 건설 노동자, 심지어는 군인으로 배치되기도 했다. 그러나 오스만 제국과 꽤 비슷하게도, 보통 중점은 그들을 가능한 한 신속하게 사회 내부로 동화시키는 데 있었다. 노예는 결혼을 통해 아칸 가족의 일원이 되었다. 특히 여성은 첩이나 하녀로 통합되기도 했는데, 이렇게 동화된 이들에게 낙인이 붙는 경우는 거의 없었다.

아칸인은 엘미나 내륙에서 황금이 가장 풍부한 지역을 지배하고 있었고, 말리나 송하이와 같은 서부의 사헬 제국들과 수익성이 높은 무역망들을 근래에 구축하여, 자신들의 귀금속을 수출하는 통로로 이용하고 있었다.[2] 그들은 이 귀금속을 북아프리카뿐 아니라 심지어 유럽에

• 패터슨(Orlando Patterson)은 "노예제가 특별할 것은 전혀 없다. 이는 인류 역사가 동트기 전부터, 20세기까지 존재해왔다. 가장 원시적인 사회에도, 가장 문명화된 사회에도 있었다"라고 했다.[3]

서 온 상품과도 교환했다. 포르투갈과 아칸, 양측의 접촉이 갖는 가치나 서로에 대한 비용과 성가심은 얼마나 많이, 그리고 얼마나 정규적으로 거래하는지에 달려 있었다. 아칸인은 선호했던 인도산 의류가 오기 전까지, 즉 포르투갈 상품만으로는 자신들의 노동력을 대대적으로 황금 생산에 돌리려 하지 않았다. 한 프랑스 노예상인이 꼬집어 지적한 바에 따르면, 포르투갈인이 "무역을 하겠다고 갖고 간 것은 순 하찮은 것들〔bagatelles〕뿐이었다."[4] 유럽인과 접촉했던 시기에, 아칸인은 금 생산에서 이미 탁월한 기술적 독창성을 발휘하고 있었다. 광산에서 거의 230피트(약 70미터)까지 갱도를 파 내려갔는데, 세계 어디서도 이렇게 깊이 들어가지는 못했다. 그러나 유럽과 교역할 광물을 더 생산하기 위해서는 광산 작업과 운송 모두에 훨씬 더 많은 노동력이 필요했다.[5] 말과 같은 수레를 끄는 동물을 이용하는 것이 유럽과 아시아에서는 오래전부터 익숙했지만, 서아프리카 남부의 사헬에서는 그럴 수가 없었다. 트리파노소마 기생충 전파자인 체체파리가 들끓었기 때문이다. 이 지역에는 짐을 옮기는 데 이용할 만한, 웬만한 규모의 토착 동물이 거의 없었다.

이렇게 짐을 옮기는 데 이용할 만한 동물이 부족한 조건과 다른 요소들이 결합하여, 아칸인은 자기 집단 구성원을 판매하려고 하지 않았다. 이웃과 전쟁을 통해 확보한 포로 역시 그런 이유로 유럽인에게 노예로 판매하려 하지 않았다. 최소한 이 시기에는 그랬다. 이 시대 아프리카 왕국들에서 부와 권력의 중요한 기준 중 하나는 백성의 숫자였다.[6] 남성인구를 더 높이 평가하기도 했다. 아프리카 해안을 따라 유럽 상인이 더 많이 들어오면서 아프리카인을 외부로 판매하지 않겠다는 입장을 더 이상 고수하지 못하게 된 것은 당연했다. 노예 수요가 높아지면서 더 많고 다양한 무역품이 공급되었는데, 마침내 총까지 매매되었다. 특히 17세기 네덜란드와 영국 상인은 무기를 팔았다. 앞으로 다루겠지만, 이 무기가 이 지역에서 정치적 폭력과 불안을 증폭시켰고, 이는 새로운 노예시장을 만들어내는 가장 효과적인 방법임이 증명되었다.

신세계 플랜테이션에 공급하기 위한 노예무역이 출현하기 약 반세기 전에, 포르투갈인이 서아프리카에서 직면했던 가장 어려운 문제는 엘미나에서 금을 더 많이 확보하는 것이었다. 이 문제에 대한 해결책이 나온 것은 1480년 무렵이었다. 황금해안 사람들은 멀리서 데려온 아프리카인 포로를 자신들의 황금과 바꾸는 교역에 기꺼이 적극적으로 응했다. 여기서 짚고 넘어갈 것은 당시 아프리카 대륙에 살던 사람들은, 오늘날 통용되는 의미로, '아프리카인'이라는 집단 정체성을 거의 갖고 있지 않았다는 점이다. 다시 말하면, 15세기 아프리카 대륙에 살던 사람들 사이에서, '아프리카인'이라는 단어가 어떤 도덕적 혹은 정치적 공동체를 지칭하는 꼬리표가 되기 위해서는 그 개념이 발명되기를 기다려야 했다. 다음과 같이 말하는 것이 안전하겠다. 황금 공급이 본격적으로 시작되었던 엘미나 해안 지대와 내륙 양쪽의 아칸인이 미래에는 그들에게도 노예와 같은 운명이 닥칠 수도 있음을 어렴풋이라도 감지했다면, 다른 아프리카인을 유럽인과 거래하는 것에 대해 매우 다른 태도를 취했을 것이다.

만약 포르투갈인에게, 그리고 그들을 따라 이 지역으로 온 다른 유럽인에게 '검은 아프리카인'이 이미 (아프리카인을 보는—옮긴이) 정체성의 중요한 틀이 되고 있었다면, 백인에게서 흑인 노예를 열심히 구매하는 엘미나 수장의 모습이나 베냉 수장과 선주민 상인이 마찬가지로 열심히 백인에게 인간을 팔아넘겼던 모습이 유럽인의 상상 속에서 이 (인신매매라는—옮긴이) 새로운 교역형태가 '정상적인 것으로 정착하는 데' 많은 도움이 되었으리라고 쉽게 생각해볼 수 있다.

포스Eustache de la Fosse라는 한 플랑드르 선원이 이 새로운 유형의 아프리카 대륙 내 노예거래의 첫 사례를 기록으로 남겼다. 1479년 혹은 1480년, 그는 오늘날 시에라리온 해안에서 한 여성과 그녀의 아들을 구매했다. 놋쇠로 만든 이발소용 세면기 하나, 서너 개의 팔찌(마닐랴)와 교환한 것이었다. 그리고 더 동쪽에 있는 샤마로 가서 14개의 황금추를 받고 이 두 포로를 팔았다. 자신의 여정을 쓴 기록에서, 포스는 훗날 자신이 포르투갈인에 의해 미래의 엘미나인 '두 구역의 마을'에서 억류되어 있는 동안, 더 동쪽에서 배를 타고 온 200명의 노예를 목격했다고 기록했다. 엘미나 지역에서 공급하는 황금에 팔려 온 사람들이었다.[7]

이 플랑드르 선원의 이야기는 해안을 따라 더 동쪽에 사회들이 있었다는 우리의 설명과 일치한다. 그리고 적어도 초기에는, 의류나 금속제품 등 앞에서 익숙하게 봤던 다양한 상품들을 받고 유럽인에게 아프리카인을 노예로 파는 것에 선주민들이 크게 주저하지 않았던 것으로 보인다. 1486년, 포르투갈의 선박들이 나이저강Niger River 삼각주의 동쪽 끝까지 탐험을 했다. 포르투갈인이 그곳에 처음 갔던 것은 1471년이었다. 1486년에 포르투갈인은 광활한 망그로브숲 속 물의 세계에 자리한 다섯 개의 굽이쳐 흐르는 강들을 발견했다. 그들은 이를 '노예의 강들Slave Rivers'이라고 불렀다. 포르투갈인이 무엇을 찾고 있었는지를 분명하게 보여주는 이름이다.

처음 그곳으로 간 포르투갈인은 과튼Gwaton(오늘날 나이지리아의 우고턴Ughoton—옮긴이)에서 환영을 받았다. 과튼은 오스강River Osse에 있는 번성한 항구로, 포르투갈인이 기지로 이용했다. 포르투갈인은 곧 과튼이 비니 왕국Bini Kingdom(대부분의 유럽어로는 베냉으로 알려진 왕국)의 상업적 위성지역임을 알게 되었다. 비니 왕국의 기원은 11세기까지 거슬러 올라간다.•

유럽인이 만난 베냉은 콰메나 안사가 다스리던 정치체와는 아주 달랐다. 안사의 영토는 작았고, 더 큰 나라들에 둘러싸여 있었다. 당시 아칸인은 여러 개의 소국들로 흩어져 있었다. 당시 베냉은 길게 뻗어 있는 서아프리카 해안 지대에서 막강한 힘을 갖고 있었다. 1485년 포르투갈인은 해안으로 들어오면서, 중심 도시를 둘러싸고 있는 거대한 성벽을 보고 크게 놀랐다. 1990년대에 진행된 고고학 발굴에 따르면, 이 구조는 여러 장벽들의 복잡한 네트워크의 일부분이었고, 그중 일부는 높이 솟아 있었으며, 길이가 약 1만 마일(약 1만 6093킬로미터)까지 뻗어 있었다.[8] 또한 왕국은 고도로 중앙집권화된 정부와 무역 규제, 치안 체계, 10만 명 이상의 군인을 조직 편성할 수 있는 군대까지 갖추고 있었다.[9] 베냉 왕국은 오바oba라는 직명을 가진 왕들이 지배하고 있었고, 왕실 조합들을 통해 경제활동을 철저하게 관리하고 있었다. 왕실 조합은 예술품과 고가의 상품, 예를 들면 이 나라 전역에서 거래되었던 고급 직물과 같은 상품의 생산을 모두 감독했다.[10]

포르투갈은 곧 과튼의 향긋한 지역 후추가 교역품으로 높은 가치가 있음을 간파했고, 이 후추는 플랑드르 시장에서 인기 있는 상품이 되었다. 그러나 어떤 인기 상품도 노예에 필적하지 못했다. 포르투갈인은 노예 공급의 뿌리가 베냉이 이웃과 벌이는 전쟁들에 있음을 알고 기뻐

• 오늘날의 아프리카 국가 베냉과는 다르다. 비니 왕국은 오늘날 나이지리아 지역에 자리해 있었다.

했다. 처음에는 베냉인도 새로 들어온 유럽인과의 접촉을 통해 얻을 수 있는 상업적 잠재성에 대해 큰 관심을 쏟았다. 1486년 베냉인 오바는 과튼의 수장이 이끄는 사절단을 리스본으로 보냈고, 수장은 그곳에서 환대를 받았다. 이는 앞서 언급했던 졸로프의 왕이 리스본으로 사절단을 보내기 2년 전에 있었던 일이다. 역사가 노섭David Northup에 따르면, 주앙 2세의 궁정에서 나온 기록에서 베냉의 외교관은 "연설도 잘하고 타고난 지혜도 있는 사람"으로 묘사되어 있다.[11] "그를 위해 큰 연회들이 열렸고, 왕국의 여러 좋은 것들을 보여주었다." 그리고 "그와 그의 아내를 위해 값비싼 옷들이 제공되었고" 귀국할 때 모두 가져갈 수 있도록 해주었다.[12] 무엇보다도 베냉으로 귀국하는 배에 성직자를 태워 보냈다는 것이 중요하다. 이 부유한 왕국의 지배자를 기독교로 전향시키려는 시도였다. 또한 향료와 노예의 구매를 시작하고자 상인들도 함께 보냈다.

포르투갈인들은 이러한 궁중 환영회와 외교를 통해, '타자'로 인식되는 이들과의 관계를 통해, 우리가 흔히 근대성이라고 여기는 것을 구성하는 또 다른 중요한 요소인 자기인식self-awareness이라는 새로운 개념을 갖게 되었다. 그런데 베냉인도 거의 같은 경험을 하고 있었다. 우리는 이를 그들 고유의 예술적 전통 덕분에 알 수 있다. 이는 일찍이 12세기부터 싹트기 시작했고, 미적으로도 기술적으로도 매우 세련되어 있었다. 포르투갈과 접촉할 무렵, 베냉의 미술가들은 정교한, 이른바 납형법 기술을 이용하여 불과 8분의 1인치 두께의 황동 명판을 주조할 수 있었다. 이는 르네상스 시기 유럽 장인의 기술을 뛰어넘는 금속공예술이었다.[13] 여기에는 진흙으로 모형을 조각하고, 그 위를 세밀하고 정교한 밀랍 층으로 바르는 과정도 포함되어 있었다. 이 밀랍 층은 또 다른 진흙층으로 세심하게 덧씌워졌다. 완전히 형태가 만들어지면, 용해된 금속을 주형에 넣는다. 금속이 밀랍 층을 밀며 들어가고, 밀랍 층은 떨어져 나간다.

다른 어떤 것보다 궁정과 역사에서 일어났던 사건들을 기록하는 역할을 하는 의례용 예술품의 제작 때문에 베냉인은 구리나 청동으로 만든 마닐라(팔찌)들을 얻을 수 있었던 외국인과의 무역을 그렇게 원했던 듯하다. 베냉인은 팔찌들을 녹여서 벽면 띠장식이나 흉상을 만드는 데 이용했다. (이 작품들은 오늘날 부유한 나라의 박물관들에 있다. 주로 놋쇠로 만들어졌지만, 일괄하여 '베냉 청동품Benin Bronzes'으로 알려져 있다.) 1500년 과튼에서 포르투갈인은 노예 한 명당 12~15개의 팔찌를 지불했다.[14] 그러나 무역이 계속 커지면서 노예 가격이 크게 올랐다. 놀랍도록 멋지게 제작된 이 시대 베냉 미술품 속에는 포르투갈인이 자주 나온다. 이들은 긴 머리카락과 턱수염, 과장되게 뾰족한 코를 가진 작은 인물상으로 혹은 새로운 기법의 작품으로 표현되었다. 마치 유럽의 조형미술이나 문학에서 아프리카인을, 그리고 곧이어 아메리카 선주민이나 다른 '이국적인' 사람들을 표현하듯 그려졌다. 이는 이 시대부터 일어나기 시작한, 학자들이 "주체성들의 변환transformation in subjectivities"이라고 말하는 것의 일부다.[15] 아프리카인과 유럽인의 만남이 시작되었을 때, 유럽뿐 아니라 세계 모든 곳의 사람들이 세계를 보면서, 자기 자신의 인간성에 대한 이해가 훨씬 더 상대론적인relativist 방식들로 바뀌었다.

이렇게 희망차게 시작했지만, 그 이후 베냉과의 무역은 곧 실망만을 남겼다. 이 인신매매의 초기 몇 년 동안, 포르투갈은 선박 하나를 보내, 엘미나와 베냉 사이의 사업에만 주력하게 했다. 선박은 보통 두세 달 간격으로 왕복했다. 황금해안에 있는 포르투갈 성채로 돌아오는 서향

항해는 동쪽으로 흐르는 해류를 거슬러야 했기 때문에 오랜 시간이 걸렸다. 그래서 1년에 공급할 수 있는 노예 규모는 300명 정도에 불과했다.[16] 16세기로의 전환기에, 엘미나를 운영하던 사람들은 더 많은 노예가 필요하다고 강하게 요구했다. 사헬 지대를 거쳐 육로로 들어가 자리해 있는, 아주 오래전부터 아칸인과 라이벌이었던 금 생산지와 겨루기 위해서였다.[17] 엘미나의 포르투갈인들은 리스본을 설득하여 노예를 우송하는 이 항로에 세 척의 선박을 더 배치하게 만들었다. 이를 통해 이 단순하지만 믿기 어려울 정도로 활기찼던 경제적 항로가 훨씬 더 강력한 추진력을 얻게 되었는데, 이는 동부의(베냉의—옮긴이) 몇몇 지점들에서 엘미나로 데려온 노예를 아칸 왕국에 판매할 수 있었기 때문이다. 절정기까지는 아직 몇 년이 더 있어야 했지만, 이미 이때 포르투갈인은 이렇게 노예를 판매해서만 얻는 수익이 황금무역에서 얻는 수익의 15퍼센트에 달한다는 것을 깨달았다.[18] 그렇게 해서, 두 번째 선박 조에게 엘미나에서 리스본까지 정기적으로 운항하는 임무가 부여되었다. 이 항로에서 한 방향으로는 아프리카의 황금이, 다른 방향으로는 유럽인 관리와 교역 상품이 운송되었다.

포르투갈은 순전한 상업적 목적 외에 다른 목표도 갖고 있었다. 그들은 무역협정에 종교 개종을 연계시키기 위해 특히 열심이었다. 엘미나의 안사와 다르게, 베냉의 왕은 낯선 유럽인의 종교 의식에 대해 최소한의 예의로라도 초기에는 관심을 보여주었다. 만약 아프리카인이 기독교를 널리 받아들였어도, 대서양 노예무역의 궤적이 크게 달라졌을 것이라고 시사하는 역사적 기록은 없다. 포르투갈인은 일찍부터 베냉에서, 그리고 이후에는 콩고에서 진지하게 개종 작업에 임했다. 그러나 전반적으로 보면, 14세기 말과 15세기의 선교사업은 우리가 지금 동산

노예제라고 알고 있는, 당시 막 시작된 완전히 새로운 노예제의 참상을 종교적·이데올로기적으로 은폐하는 역할을 했다는 인상을 준다. 그리고 이런 선교사업이 유럽 내에서 전개되던 정통성과 권위를 둘러싼 경쟁과도 관련되어 있었다는 점은 말할 필요도 없을 것이다. 가톨릭교회가, 그리고 이슬람과 세계적 차원에서 벌였던 투쟁이 이 경쟁에서 아주 큰 역할을 했다

종교적 목적을 품고 있던 유럽인과 만났던 초기에, 아프리카인 역시 드러내지 않은 목적들이 적지 않아서 힘들었다는 점을 언급해야겠다. 베냉의 왕은 이웃 나라 아이더Idah와 진행 중인 전쟁에서 포르투갈로부터 무기도 공급받고 다른 형태의 도움도 받을 수 있다면, 백인이 그들의 신앙에 대해 논하는 것을 허용하고, 온건하고 신중하게 통제된 개종 실험도 감수할 만한 가치가 있다고 계산했던 것으로 보인다. 이런 생각으로 왕은 전장 가까이에 있던 막사로 포르투갈 선교사 일부를 불러 기독교에 대해 대화를 나누었다.[19] 수도로 돌아간 뒤, 그는 아들 한 명과 여러 명의 다른 귀족이 개종을 하도록 허락한다고 선언했다. 베냉은 아이더와의 전쟁에서 큰 어려움 없이 이겼지만, 개방적 태도를 보이는 듯했던 왕은 그 직후 사망했다. 후계자들은 상품이든 종교든 상관없이 포르투갈인에게 별로 관심을 보이지 않았다. 이후 1514년 무렵, 베냉은 노예무역을 제한하기 시작했다. 우선은 전쟁 포로로 잡은 남성의 매매를 금지했다. 남성 포로를 외부로 판매하기보다 동화시키는 것이 더 이익이라고 여겼기 때문일 것이다. 아프리카인 지배자에게는 백성의 규모를 증대시키는 것이 중단기적으로 자신의 권력을 키울 수 있는, 현실적으로 유일한 방책이었다.[20]

노예 노동력을 공급받지 못하고, '베냉만'에 있던 포르투갈 요원이 말

라리아나 황열병과 같은 열대 풍토병으로 많이 사망했기 때문에, 포르투갈인은 결국 그들의 '무역기지feitoria, factory'를 폐쇄해야 했다.[21] 16세기 초 아프리카와 포르투갈 사이의 이 에피소드에서 가장 주목할 점은, 베냉이 유럽인과의 교역에서 언제나 주도권을 확고히 갖고 있었다는 점이다. 보통은 외지인이 베냉의 관습과 의례를 따르도록 만들었고, 결국 상거래가 더 이상 이익이 안 된다고 판단했을 때에는 노예 공급을 차단했다. 사실, 포르투갈과의 쌍무적 관계에서 주도권을 가진 것은 대부분 베냉이었기 때문에, 이후 베냉의 왕들은 유럽인들의 생각과는 상관없이 그들을 자신들의 가신으로 여겼을 수도 있다.[22]

그러나 훗날 포르투갈은 나이저강 삼각주 지역으로 돌아가서, 17세기 마지막 사사분기부터 18세기 일사분기 사이에, 그 지역을 아프리카인 포로의 핵심 공급지 중 하나로 만들었다. 당시 약 50만 명이 '베냉만'으로 알려진 해안 지대에서 선박에 실려, 신세계의 환금작물 플랜테이션으로 팔려갔다. 그러나 (16세기—옮긴이) 포르투갈의 관심은 중앙아프리카 해안 가까이에 있으며 적도에 자리한 상투메섬으로 옮겨가고 있었고, 이는 중대한 결과를 낳았다.[23]

10

구항로와 신항로

과거 제국주의적 약탈행위의 명성을 오늘날 사업에서 효과적으로 활용하고자, 포르투갈 국적 항공사 TAP는 장거리 항공기 여러 대에 유명한 자국 항해자들의 이름을 붙였다. 이 책을 준비하는 동안, 리스본 공항에서 불편하고 긴 대기시간을 보내며, 나는 탑승구로 가기도 하고 목적지를 향해 이륙하기도 하는 그 비행기들을 바라보았다. 비행기 몸통의 불룩한 부분이 포르투갈의 가장 유명한 탐험가 이름으로, 즉 디아스, 가마, 마젤란, 카브랄 등으로 장식되어 있었다. 비행기를 타고 상투메섬에 가는 것만으로도 설레었다. 몇 안 되는 가보지 않은 아프리카 나라였기 때문이기도 했지만, 다른 이유도 있었다. 비행기는 가나의 수도인 아크라Accra를 경유할 예정이었는데, 이는 TAP가 거의 500년 된 항로를 되살려 오늘날 비행기 노선으로 운영하고 있음을 의미했다. 이 노선은 세계사에서 경제적으로 매우 중요했던 노선 중 하나다. 이는 포르투갈-가나-상투메섬을 잇는 노선으로, 16세기에는 노예나 황금을 실은 선박이 다녔다. 안타깝게도 항공사는 이에 대한 홍보도, 그리고 지식도 없이 이 노선을 운항하는 듯했다. 대서양의 역사에서 흑인성의 비중에 대한 인식 수준을 보여주는 사례라고 할 수 있다.

다양하고 중첩되는 이유들 때문에, 1486년 포르투갈은 베냉의 무역 거점을 포기했고, 1510년대에는 거주민이 없었던 상투메섬을 완전히 식민화하는 정책으로 선회했다. 1471년에 발견된 상투메섬은 검은 화산회토양에 열대 강우량이 풍부한 섬으로, 오늘날 가봉에서 약 200마일(약 322킬로미터) 떨어진 적도 부근에 위치해 있다. 포르투갈인이 베냉과 같이 아프리카 본토에 있는 나라로 진출했을 때에는 많은 사망자가 나왔었다. 강하고, 때로는 일관성이 없기도 했던 아프리카 나라들을 상대하면서 정치적 문제들을 겪기도 했는데, 그런 과정에서 포르투갈인은 몇 가지 교훈을 얻었다. 또한 아프리카 연안의 마데이라제도, 카나리아제도, 카보베르데제도 등에서 설탕을 비롯한 수익성이 높은 환금작물들을 생산하면서, 초기 아프리카 제국주의에 재정적으로 도움을 받았던 경험(에스파냐인과 함께했던 경험)을 통해서도 교훈을 얻었다. 포르투갈인에게 상투메섬은 정착할 수 있다는 장점도 있었는데, 이는 왕국의 적은 인구와 연관되어 있었다. 해외 탐험에 전념하려면 남성이 많이 필요했다. 그런데 섬과 같은 환경에서는 소수의 정착자만 있어도 큰 효과를 낳을 수 있었다. 카보베르데와 같은 곳을 발판으로 삼는다면, 리스본은 가까운 아프리카 대륙의 해안 지대에서 수익성 높은 노예무역을 안전하게, 즉 공격받거나 좌초될 걱정 없이 진행할 수 있음을 알게 되었다. 상투메섬은 1485년에 식민지로 공식 선언되었는데, 이에 대해 일부 역사가는 이 섬이 아시아로 가는, 당시로는 아직 하나의 꿈에 머물러 있었던 긴 여정을 기획하면서 하나의 중간 기착지로 설정된 것이라고 주장해왔다. 그러나 1488년 디아스가 인도양까지 항로를 개척한 이후로도, 상투메섬이 경유지가 되지는 않았다. 그리고 이런 설명은 포르투갈이 당시 이 섬에 대해(그리고 상투메섬과 가까이 있지만 그보다 작은 프린시페Príncipe섬에 대해) 높은 우선순위를 부여했다는 점을 제대로 보지 못하게 만든다. 처음부터 이 섬은 왕실 칙령들을 통해 기능적 식민지로서 법적 기초를 갖게 되었다. 포르투갈은 세 가지 현실적인 목표를 품고 있었다. 하나는 엘미나에 식료품을 비롯한 여타 구호품을 제공하여 상조르즈다미나 성채에 거주했던 적은 인구가 버틸 수 있게 해주는 것이었다. 두 번째는 가까운 아프리카 대륙에서 획득한 노예들을 이 섬에 공급하여, 이 섬이 흑인 노동력 공급지로서 베냉을 보조하고 나아가 대체할 수 있도록 하는 것이었다. 세 번째는 유럽 시장에 판매할 설탕을 생산하는 것이었다. 이는 포르투갈이 마데이라제도에서 생산하던 것을 보충하려는 의미였다. 당시 마데이라제도의 설탕 생산은 절정기로 수익률이 아주 높았지만, 이후로는 쇠퇴하게 된다.

상투메섬이 기여하게 될 중요한 네 번째 목표는 의도한 것은 아니었고, 우연히 시기가 맞았던 경우였다. 1492년 에스파냐는 주로 카스티야와 그라나다 출신이었던 약 10만 명의 유대인을 추방했는데, 이들이 포르투갈로 유입되면서 얼마 지나지 않아 유대인은 포르투갈 인구의 10분의 1 정도를 차지하게 된다.[1] 포르투갈의 지배층은 유대인 인구의 급증에 대해 매우 양가적이었다. 우선은 유대인이 가져오는 새로운 부와 기술, 지식을 흡수하여 혜택을 얻는 데 열심이었지만, 이베리아반도 전역에 반유대인 정서가 깊이 흐르고 있다는 점도 잘 알고 있었다. 유대인은 어려운 선택을 해야 했다. 기독교로 개종하든지, 아니면 나라를 떠나야 했던 것이다. 많은 이들이 후자를 선택했다. 일부는 카보베르데나 아프리카 본토의 '어퍼기니' 지역으로 갔다. 그곳에서 일부는 지역사회로 섞여 들어갔다. 다른 이들은 당시 열리기 시작하던 신세계로 갔고, 그들 중 일부가 급등했던 설탕 생산 이야기의 주역이 되었다.

상투메섬은 유럽에서 멀리 떨어져 있었고, 베냉에서만큼은 아니었지만 열대 풍토병 때문에 유럽인의 사망률이 상당히 높았다. 새 식민지 건설에서 가장 어려운 문제는 그곳으로 사람이 가도록 하는 것이었다. 그래야 식민지가 경제적 가치를 갖게 되기 때문이다. 이 문제를 해결하기 위해 포르투갈은 범죄자(수감자), 창녀 등 '달갑지 않은 이들'과 함께 2000명에 달하는 유대인 젊은이를 이 섬으로 보냈다. 이 유대인들은 이름을 바꾸고, 이른바 '새 기독교인'으로 살아야 했다. 기독교도로 새롭게, 그리고 억지로 개종해야 했다는 말이다. 이 시기에 관해 남아 있는 기록이 빈약하지만 자료에 따르면, 새로 이주한 유대인 중 약 600명이 그곳에 도착한 지 얼마 지나지 않아 사망한 것으로 보인다.[2] 그러나 생존자는 이 지역에서 형성되고 있던 완전히 새롭고 중요한 사회적 혼혈 집단에서 주요 구성원이 되었다. 이 혼혈 집단은 황금과 노예무역의 용광로를 통해 나온, 포르투갈인과 아프리카인의 만남이 낳은 부산물이었고, 이들은 '크리올Creole' 문화를 만들어냈다.• 이 유대인들은 상투메섬의 설탕 생산을 혁신적으로 발전시키고, 이어 유럽에서 이를 상품화하는 데 중요한 역할을 했던 것으로 보인다.[3] 초기부터 포르투갈은 섬의 정착자에게 쾌락과 편의를 제공하기 위해 아프리카 여성을 공급하는 일에 열심이었다. 여기에는 식민지 인구를 증가시켜야 한다는 생각도 포함되어 있었다. 그러나 이를 뛰어넘어, 다양한 언어적 뿌리에서

• '크리올'이라는 용어는 시대와 상황에 따라 의미가 달라진다. 근대 아프리카를 비롯한 구세계에서 '크리올'은 일반적으로 인종 간 혼혈 집단들과 그 집단들에서 나온 파생적 언어들을 가리킨다. 그러나 초기 신세계, 특히 미국에 대한 역사연구서들에서 '크리올'은 주로 신세계에서 태어난 유럽계 후손 혹은 아프리카계 노예의 후손을 가리키는 의미로 한정되었다.

파생되어 나온 새로운 언어들과 방언들을 구사했던 혼혈의 크리올은 대서양 세계에서 바다를 향해 펼쳐진 새로운 문명을 창조하는 데 필수불가결한 역할을 하게 된다. 이런 활동을 통해 크리올은 근대성이라는 우뚝 솟은 거대한 건축물을 구성하는 또 하나의 중요한 벽돌이 되었다. 그러나 이 현상을 들여다볼 첫 번째 장소는 상투메섬이 아니라 엘미나이고, 우리는 곧 그곳으로 돌아갈 것이다.

15세기가 막을 내리기 직전, 상투메섬은 엘미나로 첫 노예선적을 보내기 시작했다. 이 노선을 따라 진행된 초기 인신매매는 주로 베냉과의 노예무역에서 시작된 것으로 보인다. 그러나 16세기 첫 20년 동안에는 콩고가 엘미나로 가는 노예의 주요 공급처로 부상했고, 1530년대에는 노예가 된 이들이 콩고에서 상투메섬을 거쳐 신세계로 보내졌고, 다른 한편으로는, 리스본과 세비야에서 날로 성장하던 흑인 노동력 시장으로도 보내졌다. 포르투갈의 관점에서 볼 때, 콩고는 새 전초기지인 상투메섬까지의 거리가 베냉보다 훨씬 가깝다는 이점이 있었다. 15~16세기의 콩고 지도자들은 주요 아프리카 나라들 중에서는 처음이자 유일하게, 그리고 진지하게 기독교를 수용했다. 그래서 적어도 초기에는 포르투갈과 정치적으로 협력해나갔다. 상투메섬에 포르투갈인이 정착하자마자 시작된 아프리카 대륙에서의 노예무역은 사실 수익률이 상당히 높았다. 그래서 애초에는 계약하인으로 보내졌던 유럽인 범죄자들degredados이 빠르게 섬에서 빠져나가기 시작했다. 아프리카 본토로 진출해, 자기 구좌를 갖고 불법적으로라도 사업을 해서 자리를 잡고 싶어서였다.

1504년, 900명의 노예가 매매 목적으로 상투메섬에서 엘미나로 이송되었다. 1520년대 초가 되면, 상투메섬으로 아프리카 본토에서 매년 약 2000명의 노예가 실려 왔다. 이 노예 중 매해 약 4분의 1이 교역을 통해 황금해안에 자리한 아칸으로 팔려갔다. 이들은 포르투갈이 법으로 50일마다 운항하게 만든 노예선박을 통해 이송되었다.[4] 가까운 콩고와 그 부근 지역에서 잡혀온 나머지 약 1500명은 신세계나 유럽으로 팔려갔다. 결국에 가서는 파열음을 내게 마련이었지만, 이렇게 규정에 기초하여 주기적으로 근대 노예를 만들어내는 과정에서 가장 악명 높은 새로운 방식들이 시도되었다. 여기에는, 결박된 노예로 선박을 잔혹하게 가득 채우는 것, 바다에서 노예에게 주기적으로 극소량의 음식만 주는 것, 10대 초반에서 20대 초반까지의 노예에게 높은 가격을 매기는 것 등이 포함되었다. 젊은 노예가 선호되었는데, 이는 노동 생산성 때문이었고, 여성의 경우는 출산 능력 때문이었다. 이송과정의 환경이 매우 열악했기 때문에, 마지막 고려사항은 노예수용소barracoons 혹은 감옥, 즉 노예가 먼 곳에 있는 시장으로 이송되기 전까지 대기하는 공간에서 생존할 수 있는 능력이었다. 이후 수 세기 동안, 유럽인이 동산노예 노동력에 의존하는 관행이 브라질과 에스파냐령 아메리카부터 카리브해 연안과 북아메리카까지 광범하게 퍼져나가면서 서아프리카와 중앙아프리카 해안 지대를 따라 형성된 모든 주요 노예시장마다 이런 수용소가 들어섰다.

이 책은 포르투갈을 힘차게 부상시켰고, 유럽의 경제적 통합 속도를 높이는 데 일조했고, 유럽 대륙 전반에서 가격혁명, 즉 스태그네이션에 가까운 긴 기간 이후 꾸준한 성장과 완만한 인플레이션의 시대가 진행될 수 있는 동력을 제공한 역사에서 엘미나가 지금보다 훨씬 더 높은 평가를 받을 만하다고 주장해왔다. 아프리카 다른 지역에서 노예를 구매해서 오는 주체였던 엘미나는 장차 대서양 노예무역으로 전개될 구조에서도 마찬가지로 중요한 기폭제였다. 또한 상투메섬 역시 엘미나와 마찬가지로 확실한 명성 혹은 악명을 갖고 있었다. 그러나 이런 내용은 지금까지 전반적으로 간과되어왔다. 330평방마일(약 855평방킬로미터)의 상투메섬은 동반구에서 사탕수수 재배의 마지막 정거장이 된다. 사탕수수 재배 관행은 선사시대에 뉴기니에서 시작해 인도로 전파되었고, 이후 근동 지역으로 가는 불규칙한 서진 과정을 거쳤던 것이었다. 마지막으로, 십자군 운동과 함께 사탕수수 재배 관행의 이동은 남유럽 말단 지대에서 멈추었다. 이베리아인의 항해가 진척되면서, 사탕수수 재배는 대서양 연안, 특히 카나리아제도와 마데이라제도로 확산되었다. 아프리카 대륙 근해에 자리한 이 섬들에서 조용한 혁신이 일어났다. 훗날 대규모로 커지는 플랜테이션의 고향은 유럽보다는 이 섬들이었다. 플랜테이션은 멀리 떨어진 시장에 판매할 목적으로 특정 작물을 재배했고, 멀리 자리한 제국주의 권력의 지배를 받았다.[5] 플랜테이션은 형태뿐만 아니라 노동력의 규모 면에서 유럽의 어떤 농업방식과도 비교할 수 없었다. 이 노동력에는 계약하인과 노예가 섞여 있었고, 어느 시기든 그 규모는 모두 합하면 수백 명에 달했으며, 2에이커마다 역할을 부여받은 노예가 최소한 한 명은 있었다. 그 시대의 관점에서 볼 때, 플랜테이션의 특이점은 노동력을 고도로 엄격하게 관리했다는 점이다.[6] 대서양 연안 섬들에서 진행된 사탕수수 재배에서 여러 전문화된 역할이 노동자에게 부여되었다. 이는 자본주의와 산업화 초기로 가면 더 광범하게 나타났던 철저한 노동 분업의 초기 형태라고 볼 수 있다.

그러나 설탕 생산에 기초한 근대적 플랜테이션이 어느 정도 확고한 형태를 갖추게 된 것은 상투메섬에서였다. 이 섬의 대농장주는 마데이라 혹은 카나리아제도에서 사탕수수 재배자가 했던 새로운 시도들을 거의 그대로 따랐지만, 거기에 마지막으로 몇 가지 세부사항을 덧붙였다. 상투메섬 플랜테이션들은 다른 섬들에 비해 규모가 훨씬 컸고, 기본적으로 더 산업화되었다. 상투메섬에서 이룬 가장 중요한 혁신은 그곳에서 강제로 일하게 된 인간의 삶에 미친 영향, 그리고 향후 500년 동안 지구적 차원의 경제, 사회, 지정학을 형성하는 데 미친 영향, 이렇게 두 가지 측면에서 두드러진다. 여기서 제일 눈에 띄는 것은 해외 시장에 수출할 농작물 가공 생산에서 완전히 인종화된 노예제가 사용되었다는 점이다. 다시 말하면, 상투메섬의 플랜테이션은 흑인 아프리카인 노예 노동력을 폭력적으로 지배하기 위해 기획되었고, 오로지 폭력적 지배를 통해서 운영되었다. 이는 근대성과 떼어놓을 수 없는 살인 기제임이 증명되었다.[7] 그리고 이 모델은 상투메의 항구를 통해 곧 신대륙으로 퍼져나갔다. 이 모델에는 온갖 그로테스크하고 무자비한 것들이 내재해 있었다.

가까운 아프리카 대륙에서 노예를 충분히 공급받을 수 있다는 강점에 힘입어, 포르투갈령 상투메섬 플랜테이션의 수확량은 인류의 농업 역사상 가장 빠르게 성장했다.[8] 아프리카 연안 외곽에 자리한 섬들에서 사탕수수 생산이 시작되었던 16세기 초에(원문에는 15세기로 되어 있으나, 16세기의 오기로 보임—옮긴이), 수정처럼 투명한 설탕가루는 상품이라기보다는 약품이었고, 왕실을 비롯한 엘리트층이나 구할 수 있는 강장제였다. 상투메섬을 통해 설탕이 오늘날처럼 대중 소비재가 되는 길이 열렸다. 포르투갈은 당시 엘미나 황금무역을 통해 비로소 부상하기 시작했던 나라다. 16세기 삼사분기 중엽이 되면 포르투갈은 남대서양과 유럽-아프리카 무역관계를 지배하기 위해 설탕 생산, 흑인 노예 노동력,

그리고 주로 민간기업들을 통합하는 방법을 계속해서 찾아내고 있었다. 중요한 것은, 이를 통해 포르투갈이 막대한 부와 전문성을 동원할 수 있는 위치에 놓이게 되었다는 점이다. 포르투갈의 풍요와 전문성은 신세계와 그 너머까지 계속 팽창하려는 시도들 속에서 획득된 것이었다.

매우 중요한 상투메섬의 역사는 그동안 간과되어왔다. 유럽인이 만들고, 유럽인의 돈벌이를 위해 운영되었던, 장기적인 흑인 노예 사회들, 노예 인구가 주인 인구보다 훨씬 많았던 흑인 노예 사회들(바베이도스, 자메이카, 브라질 일부, 그리고 미국 남부의 면화 재배 중심지 등)의 역사가 바로 상투메섬에서 시작되었다. 이 양상은 아메리카 노예제 시대의 첫 두 세기 동안, 유럽인과 그 후손이 플랜테이션 경제들을 구축했던 대부분의 지역에서 규범이 된다. 1820년까지 대서양을 건너 신세계로 들어온 아프리카인의 수가 유럽인의 네 배를 넘는다.[9] 이와 관련해보면 상투메섬은 흑인 남성과 여성을 처음부터 동산chattel, 動産으로 전환시켜 버렸던 첫 번째 장소였다. 동산이라는 단어는 '가축cattle'이라는 단어와 어원이 같다. 인간성을 박탈당하고, 짐을 나르는 짐승이 되었음을 의미한다. 상투메섬은 포르투갈인이 아프리카에서 온 상품화된 노예를 신세계로 보내기 위해 처음 승선시켰던 장소다. 아주 초기의 흑인 노예봉기들이 일어났던 곳이기도 하다. 이는 거의 기억에서 사라졌지만, 역사상 몇 안 되는 성공적 봉기이기도 했다. 앞으로 보겠지만, 이 주목받지 못한 번갯불들은 250여 년이 지난 뒤 세계를 뒤흔든 천둥소리, 즉 세계사에서 특별한 변혁적 힘을 발휘했던 사건인 아이티 혁명의 전조였다. 그러나 이상하게도, 이렇게 중요한 의미를 지녔음에도, 이 책을 준비하면서 상투메섬을 며칠 동안 차를 타고 다녔지만 이런 역사를 상기시켜 주는 표지판이나 공공 기념비는 찾을 수가 없었다.

11

세계의 끝까지

상투메섬에서는 노예제와 그 시대를 제대로 보여주는 물질적 유물을 거의 찾을 수 없어, 당황스러울 지경이었다. 플랜테이션 사회의 '저택들'도, 혹은 폐허가 된 유적조차도 거의 볼 수 없었다. 남아 있는 집들은 깊은 산 울창한 숲의 막다른 길에 숨어 있었다. 이 섬과 똑같은 이름을 가진, 먼지 자욱하고 쓸쓸한 작은 수도의 중심에 자리한 '인민광장People's Square'에는 성모마리아 교회Our Lady of Grace가 있다. 쌍둥이 첨탑이 있는 초라한 교회로, 1534년 식민지 시대에 건립되었다. 가톨릭 교회가 인신을 포로로 잡고 심지어 매매까지 하는 것을 승인함으로써 포르투갈의 노예무역 출범에 산파 역할을 했다는 점을 떠올리며 이 성당 앞을 걸어가다 보면, 바로 그 자리에 노예에 대한 기념물이나 동상 같은 것 하나는 있어야 마땅하지 않을까 생각하게 된다.•[1] 대신 군데군데 움푹 파인 길을 따라 5분 정도 더 걸어가면 바닷가가 나오는데, 그

• 교회가 직접 관여한 초기 활동 중 하나로 1446년, 알가르브 주교는 아프리카 노예무역에 참여한 카라벨 범선에 투자를 했다. 이는 다른 선박과 마찬가지로 엔히크 왕자의 승인을 받은 선박이었다.

곳에 1566년 세워진 성채 안에 작은 국립박물관이 있다. 이 건물 기저에는 오래된 옛날 총들이 여기저기 놓여 있다. 이 성채는 포르투갈인이 자신들의 귀중한 식민지를 지키기 위해 건축했던 것이다. (1599년, 상투메섬은 네덜란드인의 공격을 받았다. 유럽 경쟁국들은 포르투갈 제국의 아프리카 무역 지배를 종식시키기 위해 계속 압박을 가하고 있었다.)

사실, '박물관'은 좀 잘못된 호칭이다. 이 바람도 안 통하고, 조명도 안 좋은 건물에서 노예제에 대해, 근대 노예제의 중심에 이 섬의 역사가 자리하고 있다는 명확한 사실에 대해 제공하는 정보는 빈약하다. 몇 안 되는 내부 전시품도 주로 20세기에 대해 이야기한다. 무엇보다 가장 생뚱맞은 광경은 박물관 바로 밖의 젊은이들이 무리를 지어 수영을 하는 바닷가 모래사장 위에 포르투갈 탐험가 세 명의 동상이 거대하게 우뚝 솟아 있는 것이다. 이 식민지를 건설하면서 무역관계를 수립하는 데 일조한 사람들인데, 그중 한 명은 주앙 드 산타렝João de Santarém으로 1471년 가나의 황금을 발견한 포르투갈 선박 중 하나를 이끌었던 사람이다. 또 다른 한 명은 페루 에스코바르Pêro Escobar로, 1482년 디오구 캉과 함께 선박들을 이끌고 콩고로 가서 콩고인과 처음 접촉했던 사람이다. 세 번째 인물은 주앙 드 파이바João de Paiva로 1485년 포르투갈 왕에게서 이 섬에 대한 소유권을 하사받았던 사람이다. 포르투갈어에서 '발견하다descobrir'라는 동사가 멀리 떨어져 있는 아프리카 사회들과 관련해 일반적으로 통용되기 시작한 시기가 바로 이들의 시대였다.[2] 이 개념 자체가 정체성에 대한 새로운 사고방식이 등장하고 있음을 보여주는데, 정체성이란 여러 형태이고, 고도로 상대적인 것이라고 여겨지게 되었다. 각기 고유의 변화 잠재력을 가진 다양한 세계들이 끊임없이 이어져 있고, 그 세계들이 각 지평 바로 너머에 자리하고 있다는 새로운 생각이 아주 짧은 시간 동안에 평범한 상식이 되었다. 이 모든 것은 서아프리카의 황금과 함께 시작되었고, 노예 인신매매가 뒤를 이었다. 이후 에스코바르는 1497년 가마의 첫 번째 인도 원정에 함께했고, 3년 뒤에는 카브랄이 우연히 브라질을 발견했던 항해에도 참여했다.

이 책을 준비하기 위해 세계를 다니면서, 아프리카인의 노예제 경험과, 신세계에서 유럽인을 위해 부를 생산하다가 죽어간 수백만 명의 사람들에 대한 기념물이 이토록 없는 것에 비해, 유럽 탐험가를 기리는 조형물은 어떻게 이렇게 세계 곳곳에서 흔하게 볼 수 있게 되었는지를 새로이 생각하게 되었다. 역설적이게도, 이는 흑인이 지배하는 명목상 독립국들에서도 사실상 마찬가지인 것 같다. 나는 카리브해 전역에서 이런 현상을 보았다. 예를 들어, 바베이도스의 수도 브리지타운Bridgetown의 중심지에는 넬슨Horatio Nelson의 실물 동상이 자리하고 있어, 마치 런던의 광장을 걷는 느낌이었다. 다 알다시피, 넬슨은 18세기 말, 아메리카 노예무역이 절정에 달했던 시기에 공해와 카리브해에서 영국의 지배력을 유지하고자 프랑스와 에스파냐에 맞서 싸웠던 사람이고, 개인적으로도 노예무역을 열렬히 지지했다.

내가 다녀온 뒤 1년 반이 지나, 마침내 바베이도스는 의회 바로 맞은편에 자리했던 이 동상을 철거했다. 세워진 지 207년 만이었다. 2주 뒤에 상징적이고 아주 중요한 또 다른 변화가 일어났다. 바베이도스가 영국 왕실을 더 이상 국가의 수장으로 인정하지 않는다고 선언한 것이다. 자메이카의 통찰력 있는 예술가 밥 말리는 대히트곡인 〈구원의 노래Redemption Song〉에서 아프리카인과 흑인 디아스포라 구성원에게 "정신적 노예제에서 스스로를 해방시키자"고 호소했다. 바베이도스를 통해 우리는 그 과정이 얼마나 어렵고 오래 걸리는 일인지를 알 수 있다.

특히 관광수입에 주로 의존해 살아가는 나라에서 이는 상당히 어려운 일이다.

상투메섬에서 노예제의 역사를 가장 명확하게 보여주는 것은 16세기 성채를 개조해 만든 박물관이 아니라, 섬 북쪽을 휘감은 가파른 산길에 옛 모습 그대로 남아 있는 작은 마을과 도시들이다. 여기에는 사탕수수를 재배했던 노예의 직계 후손이 여전히 가난한 상태로 지금도 살고 있다. 이 작은 동네들에서 초기 노예제 시대 역사적으로 가장 악명 높았던 이 동네 플랜테이션들의 이름들을 아는 이는, 내가 물어본 사람 중에는 아무도 없었다. 그러나 조금 더 인내심을 발휘하여 질척거리는 비포장도로를 운전하다 보면, 표시는 되어 있지 않지만 '플라야 다스 콘샤스Playa das Conchas' 같은 지역을 발견할 수 있다. 바닷가까지 펼쳐진 언덕을 따라 녹지가 길게 펼쳐진 곳으로 사탕수수를 재배하여 큰 소득을 올릴 수 있을 만한 곳이다. 오늘날 이 밭들은 휴경지로, 이곳에서는 높이 웃자란 잡초들이 바람에 흩날리고 있다.

설탕 생산을 통해 상투메섬은 불꽃처럼 매우 환하게 솟아올랐지만, 이런 일들이 보통 그렇듯 오래가지 못했다. 상투메섬은 막 형성되고 있던 대서양 경제에서 막강한 강자로 부상했지만, 토지의 비옥도가 떨어지고 고갈되면서, 브라질에 그 자리를 내주었다. 브라질은 설탕 플랜테이션 복합체에서 압도적 비중을 차지하는 새로운 중심지가 되었다.•

• '플랜테이션 복합체(plantation complex)'라는 용어는 역사학자 커틴의 저작에서 가져왔다. 커틴은 이 용어를 16세기 초 유럽인이 대규모의 동산노예들을 이용해 열대 환금작물을 재배하기 위해 시작했던 유례없는 대규모의 농장을 가리키는 데 사용했다. 나는 커틴의 이 용어에 '설탕'이라는 단어를 추가한다. 설탕은 상투메섬이나 브라질과 같은 지역에서 나온 생산물이었기 때문이다. 이를 생산하기 위해 플랜테이션과 같은 기구들이 만들어졌다. 이 책 뒷부분에서 나는 '노예 플랜테이션 복합체(slave plantation-complex)'를 이야기한다. 이 용어는 대규모 노예 노동력을 기반으로 한 플랜테

이후로 상투메섬은 회복할 수 없는 쇠락의 단계로 접어들었다. 이 모든 것이 겨우 70년 사이에 벌어졌다. 1425년 무렵 설탕이 마데이라에서 상당히 큰 이익을 내며 출시되었다. 마데이라의 설탕 생산은 절정기에 약 30만 아로바arroba에 달했다.[3] (아로바는 이 시기 포르투갈의 일반적인 무게 측량단위로, 1아로바는 32파운드(약 15킬로그램)이다.) 1496년, 상투메섬이 정비되면서, 마데이라에서의 생산은 약 12만 아로바로 감소했다. 1530년에는 상투메섬이 바통을 넘겨받아, 리스본에 설탕을 공급하는 선두주자가 되었다. 1555년, 상투메섬에는 사탕수수를 처리하는 제당소가 60~80개에 달했고, 15만 아로바의 설탕을 생산했으며, 매해 그 생산량이 가파르게 상승하고 있었다.[4] 약 12만 명의 아프리카인이 밭에서 사탕수수를 경작했고, 제당기가 쉼 없이 돌아갈 수 있도록 끊임없이 작업했다. 너무도 고되게 일을 했기 때문에 기대수명이 몇 년 되지 않았다. 그렇다 보니 아프리카 본토에서 새로운 아프리카인이 계속 공급되어야 했다. 노예는 사탕수수를 흡입하는 탐욕스러운 제당소가 계속 돌아가도록 일해야 했고, 일주일에 하루 쉬는 날에는 자기들이 먹을 식량을 어떻게든 생산해내야 했다. 이와 대조적으로 상투메섬의 소수 백인 사회는 매년 약 20척의 선박을 통해 포르투갈로부터 기본 식량과 사치품을 모두 공급받았다.[5]

노예 플랜테이션으로의 혁신들은 상투메섬에서 결집되어 거의 형태가 완결되었다. 이는 지독하게 잔혹했지만, 장기적으로 보면 같은 시기 에스파냐가 진행했던, 훨씬 더 유명한 팽창정책보다 월등하게 큰 경제

이션 모델이 커피나 카카오에서 쌀과 면화에 이르기까지 여러 작물의 생산을 위해 광범하게 도입되었다는 사실을 설명하기 위한 것이다.

적 효과를 낳았다. 이는 폭력을 통해 관리된 흑인 노동력이 훨씬 더 지속적이고 생산적으로 경제활동을 했기 때문이다. 이 노예 플랜테이션은 경제학자들이 선순환구조라고 부르는 기회들을, 에스파냐가 신세계에서 부를 획득하려 추진했던 광산 산업보다 더 많이 양산해냈다. 에스파냐의 은과 브라질의 황금 호황이 막대하기는 했지만, 결국은 사그라들었고 절정기는 한 세기를 넘지 못했다.• 반면에 흑인 노예를 동력으로 삼는 플랜테이션 농업은 포르투갈어권 세계에서는 19세기까지 지속되었고, 다른 여러 나라가 모방했다. 상투메섬과 쿠바를 비롯한 대서양 세계 여기저기에서, 노예와 다름없는 조건의 노동력을 이용한 플랜테이션은 20세기까지도 완전히 사라지지 않았다. 직간접적으로, 여기서 생겨난 노예 플랜테이션 모델의 정수가 근대사에서 발생한 가장 중요한 두 가지 대규모 농업혁명, 즉 뒤에서 자세히 살펴보겠지만 대규모 설탕 생산과 면화 생산의 근간이 되었다. 신세계에서 노예 플랜테이션 경험은 작동할 수 있는 모든 곳으로 퍼져나갔다. 여기저기에서 재배되던 인디고와 담배 경작으로도 빠르게 전파되었고, 사우스캐롤라이나의 쌀과 커피와 카카오 경작으로도 이어졌다.

상투메섬의 심오하지만 잘 알려지지 않은 역사의 마지막 장면을 생각해보지 않고 이 섬을 떠날 수는 없다. 왜 유럽인은 아프리카 본토에서 플랜테이션을 세우려고 애쓰지 않았는가, 특히 그들이 곧 발견하게 될 신세계와 비교하면, 아프리카가 유럽에서 훨씬 가까운데, 왜 아프리카 본토에는 플랜테이션을 세우지 않았냐는 문제는 오늘날에는 거의

• 볼리비아의 광산도시, 포토시(Potosí)는 이 시기 신세계에서 가장 풍성한 은 생산지였지만, 1700년 무렵 완전히 고갈되었다. 이에 비해 브라질의 황금 호황이 본격적으로 시작된 것은 그보다 좀 늦지만, 완전히 고갈된 것은 19세기 말에 이르러서였다.[6]

제기되지 않는다. 사탕수수뿐 아니라, 면화를 비롯해서 이후 등장했던 모든 플랜테이션 작물의 재배에 딱 맞는 토양이 아프리카에 풍부했던 점을 고려하면 더 궁금해지는 문제이다. 결국 아프리카는 이 사업에 꼭 필요한 노동력을 온전히 제공하는 공급지가 되었고, 오랫동안 유럽인은 노동력은 고갈되지 않는다고 여겨왔다. 유럽인의 이런 생각은 상투메 노예 식민지가 건설된 후 한 세기 동안 지속되었고, 이후로도 노예를 만들어냈던 유럽의 열강들 사이에서 오래 유지되었다. 1591년, 선박에 실려 나간 노예 수가 앙골라Angola에서만 2만 명이 넘었다. 한 포르투갈 관리는 왕실에 보낸 편지에서 이 앙골라 식민지를 "세상이 끝날 때까지" 브라질로 노예를 공급할 수 있는 원천으로 여기면 된다고 썼다.• 알다시피, 19세기 이전에는 사탕수수 등 환금작물 재배를 위한 플랜테이션 부지를 아프리카에서 확보하려는 시도가 거의 없었다. 있었다 해도 간헐적이었고, 신세계에서 노예제체제가 마침내 무너지고 있을 때에 가서야 그런 시도가 나타났다.[7] 질병이 부분적인 답변이 될 수 있지만, 충분한 설명은 아니다. 유럽인이 아메리카에서는 전염병과 관련해서 훨씬 더 우위에 있었고, 그런 배경 아래 아메리카 땅에서 플랜테이션을 시작할 수 있었다는 점을 유럽인이 정확히 이해할 수 있게 되기까지는 오랜 시간이 걸렸다. 아메리카 선주민은 구세계 질병들과 접하지 않고 수천 년을 살아왔기 때문에, 백인과 만나자마자 선주민 사이에서 대규모로 사망자가 속출했다. 유럽에서 온 사람들과 그들이 데

• 16세기부터 19세기말까지, 오늘날 콩고와 앙골라와 가봉의 영토에 해당하는 '중앙아프리카'는 아메리카 노예무역 전반에 걸쳐 가장 큰 노예 공급지였다. 이 지역에서 18세기에만 250만 명의 아프리카인이 선박에 실려 대서양을 건넜다.[8] 흑인 신체는 기본적으로 무제한 공급 가능하다고 보았던 유럽인의 잔혹하고 끔찍한 망상을 설명해주는 숫자라고 할 수 있다.

려온 동물들, 특히 돼지를 통해 유입된 질병들을 견딜 수 있는 생물학적 내성이 부족했던 것이다. 선주민에게는 오늘날 우리가 흔히 감기라고 부르는 병조차 치명적이었다. 최근 인구학적 연구에 따르면, 아메리카 선주민과 유럽인이 처음 접촉했을 무렵인 1492년 아메리카 선주민 인구는 약 6000만 명으로 당시 세계 인구의 약 10퍼센트 정도였다. 하지만 1600년 무렵까지, 백인과의 접촉으로 약 5600만 명이 사망했다.[9]

그러나 열대 아프리카에서 전염병에 대한 면역력 균형은 반대방향으로 기울었다. 말라리아나 황열병과 같은 치명적 질병뿐 아니라 자잘한 질병을 일으키는 수많은 병균에 대해 면역력을 갖지 못한 측은 유럽인이었다. 근대 초, 서아프리카에 도착한 유럽인 중 25퍼센트에서 많게는 75퍼센트까지가 1년을 넘기지 못하고 사망했다. 위생 개념이 자리잡으면서 백인 사망률이 크게 낮아진 뒤에도, 아프리카에서 연 사망률은 여전히 10퍼센트를 유지했다.[10] 이런 높은 사망률 때문에 제국주의 시대에 유럽이 기니만이나 중앙아프리카에서 품었을 영토에 대한 지배욕은 자연스레 크게 누그러졌다.

그러나 치명적 질병은 이야기의 부분일 뿐이다. 항해왕자 엔히크의 시대에 이미 포르투갈은 서아프리카 해안에서의 전술을 테러와 약탈에서 외교와 공정무역으로 전환했다. 그것이 가장 합리적이고, 실현가능한 유일한 방식이기 때문이었다. 엔히크 사후, 포르투갈인은 아프리카 서해안을 따라 더 남쪽으로 항해하면서, 당시 아프리카에서 핵심적인 사회들과 조우했다. 즉 아칸, 베냉, 콩고처럼 하위 지역들을 거느리고 있던 사회와 만났던 것이다. 이 사회들은, 피부색을 제외하고는 정치 조직이나 군사력에서 포르투갈과 크게 다를 바가 없어 보였을 것이다. 포르투갈이 칼이나 조악한 화기라도 갖추었다는 약간의 이점이 있었다고 해도, 고국에서 멀리 떨어져 있어 보급이 쉽지 않고, 아프리카 지역 어느 곳에서든 포르투갈 병력이 제한되어 있었기 때문에 그런 이점은 상쇄될 수 있었다.[11]

아프리카의 현재와 과거에 대한 공공의 무지를 비롯해 아프리카를 원시적이라고 보는 고정관념이 만연해 있기 때문에, 독자는 중세 말 근대 초까지만 해도 아프리카, 특히 사헬과 그 주변 지역은 문해력에서도 중세 유럽과 그리 차이나지 않았다는 점에 크게 놀랄 수 있다.•[12] 중세 유럽에는 학문이나 교육을 위한 공식 기구나 과정이 있음을 내세울 만한 나라가 많지 않았다. 실수하지 말자. 유럽과 아프리카가 갈라지는 분기점들 대부분은 그 이후에 나왔다. 이런 분기점은 플랜테이션 농업과 동산노예제라고 하는 폭력적 파괴력을 타고 온 것이다.

포르투갈인이 상투메섬에 느낀 매력과 설득력은 풍부한 강우량과 대단히 비옥한 화산토뿐 아니라 아프리카 본토에서 큰 나라들과 만나면서 겪었던 껄끄러운 사회관계와 쉽게 해결되지 않았던 하드 파워hard-power(경성권력, 원하는 것을 상대가 하도록 강요하는 힘—옮긴이)의 현실과도 관련되어 있었다. 노예 노동력을 통해 생산을 보장받기 위해서는 잡아온 흑인이 쉽게 도망갈 수 없도록 섬에 고립시켜야 한다고 믿었고, 이는 꽤 타당해 보였다. 섬에서 저항행위는 가혹한 억압을 가져올 뿐이었다. 벗어날 방법이 없었기 때문이다.

플랜테이션 단지가 상투메섬에서 가깝고 토지와 인구 모두 풍부했던 아프리카가 아니라, 아메리카로 멀리 넘어갔다는 것은 이 시대 유럽이

• 19세기까지도, 이슬람교도 아프리카인 노예의 문자해독 비율이 아메리카 노예소유주보다 높은 경우가 많았다.[13]

상대적으로 약했음을 말해주는 현상이다. 역사학자 엘티스David Eltis에 따르면, 노예를 멀리 떨어진 아메리카까지 데려간 것은 "차선책"이었다.[14] 이는 유럽인에게 불리한 질병 환경 때문만이 아니라, 아프리카인의 주도적인 활동 때문에 선택된 길이었다.

트리니다드토바고의 수상을 지낸 바 있는 역사학자 윌리엄스Eric Williams는 다음과 같이 썼다.

> 플랜테이션에서 백인 하인이 도주하는 것은 쉬웠다. 그러나 흑인은 자유인이라고 해도, 자기 보호를 위해서는, 잘 아는 사람들이 있는 기존 거주지역에 머무르는 경향이 있었다. 그래야 걸인이나 도망노예로 오인받을 일이 적었기 때문이다. (백인) 하인은 계약기간이 끝나면 토지를 기대했다. (그러나) 흑인은 낯선 환경에 있었고, 피부색을 비롯한 용모 때문에 눈에 잘 띄었고, 백인의 언어와 관습에 무지했기 때문에 토지소유에 접근하기가 영원히 힘들었을 것이다.[15]

윌리엄스가 연구했던 시기 카리브제도에서는 이 지역의 천직이 된 플랜테이션 농업을 계약하인 노동력으로 시작했지만, 곧 노예 플랜테이션 모델을 도입하게 된다. 브라질은 배후지가 끝없이 보이는 광활한 영토를 갖고 있지만, 이 기본적인 구조가 또 다른 형태로 구현된 것이라고 봐야할 것이다. 신세계에서 포르투갈인과 이후 다른 나라 백인까지, 플랜테이션의 노동력은 노예라고 자연스럽게 생각하도록 하기 위해 흑인의 피부색, 바로 흑인성을 이용할 수 있다는 것을 배웠다. 그리고 이는 (아프리카인이 노예에서 벗어날 수 있는—옮긴이) 잠재적 출구를 막아버리는 데 도움이 되었다. (아프리카인과 달리 아메리카 선주민은 때로 그냥 사라져

버리기도 했다.) 다시 말하면, 동산노예제에 개방된 이 새로운 환경들에서는 흑인성 자체가 일종의 섬이 되었다.

유럽인이 선호했던 또 다른 장치는 아주 다른 종족과 언어 집단으로 구성된 아프리카인 포로들을 의도적으로 섞어놓는 것이었다. 그렇게 해서 어느 한 출신 집단이 중심축이 되는 것을 방지했다. 이는 이들 사이에서 의사소통이 쉽게 이루어지지 못하게 하고, 그래서 조직과 공모를 불가능하게 해서, 노예의 능력을 한정하려는 명백한 의도를 갖고 진행되었다. 이는 이들이 한때 하나의 구성원으로 공유하던 사회적 정체성을 빠르게 망각시키고, 저항에 대한 희망을 포기하게 하고, 우리가 정치사상이라고 부를 만한 생각이 포로 사이에서 등장하는 것을 사전에 차단하기 위해 착수되었던 것으로 보인다. 그러나 유럽인의 이런 전략에 맞서서 노예들이 멋진, 또 역사적으로 중요한 저항을 펼쳤던 첫 장소가 바로 이 상투메섬이었다. 상투메섬으로 잡혀오고 팔려온 흑인은 자기를 지배하는 유럽인에게 행동을 통해, 유럽인이 아프리카에서 아프리카인을 데려올 수는 있었지만, 아프리카인에게서 아프리카를, 자유의 기억을 비롯해 아프리카가 의미하는 모든 것을 그렇게 쉽게 앗아갈 수는 없으리라는 메시지를 전달했다.

12

저항의 길

상투메섬에 머무는 동안, 도로 위를 달리다가 역사 속으로 빨려 들어가는 것 같은 경험을 몇 번 했다. 그중 하나가 섬 북쪽으로 향했던 드라이브였다. 어느 조용한 일요일 오후에, 나는 적도 지방의 무기력에서 벗어나기 위해, 이 섬의 노예 혹은 노예가 될 사람들과 관련하여 기록된 첫 두 사건을 상기시켜줄 수 있는 유적을 찾아보려고 출발했다. 이 두 사건은 역사책에서는 잘 찾을 수 없지만, 아프리카인은 자기들끼리도 소원하다거나 자유와 관련한 모든 사상과 거리가 있으리라는 생각을 일찍이 논파해주는 경험들이었다.

상투메시는 수도이지만 여느 서아프리카 도시처럼 남루하고 수수한데, 새해 바로 전날이었던 이날은 나지막하면서도 널찍한 수산 시장을 제외하고는 모든 곳이 문을 닫았다. 이 수산 시장은 이 도시의 무게 중심 같았다. 지저분한 분홍색 지붕 주변은 매연을 내뿜는 택시와 보행자로 가득했다. 파는 이들, 사는 이들이 소리를 질러댔다. 이 모든 거래가 갓 잡은 꽤 다양한, 내가 본 중에서 가장 특이한 생선들을 놓고 진행되었다. 바다를 따라 남쪽으로 향하다 보면, 좁고 붐비는 길 위에 오래된 거주지들이 뒤죽박죽 빼곡히 들어선 가운데, 상투메시가 점차 흩어져 사라져버리는 것 같았다. 이 너덜너덜한 도시 외곽의 빈곤은 내가 본 상투메시 다른 어느 곳보다 더 심각했다. 금방 무너질 것 같은 작은 1층 주거지에는 공간도 부족하고, 아마도 에어컨도 없었기에, 이곳에서의 생활은 거의 거리에서 이루어졌다.

그 이후 길게 이어지는 드라이브 길에 차라고는 오직 내 차뿐이었다. 목가적이지만 사람이 없는 해변을 따라 길은 끝없이 이어지는 듯하다가, 가파른 산길을 만나 울창한 숲으로 들어갔다. 땅에서 습기가 부풀어 올라 베게처럼 생긴 구름으로 합쳐지는 것을 볼 수 있었다. 출발한 지 90분 정도 지나 마침내 상주앙도스앙골라레스São João dos Angolares라는 마을에 도착했다. 2차선 고속도로에서 급커브를 하여 가파른 언덕길로 접어들었는데, 그 길은 높은 평원으로 이어져 있었다. 그 꼭대기에는 크고 새빨간 집이 한 채 있었다. 처음에는 나 말고 아무도 없다고 생각했는데, 갑자기 길가 수풀에서 넓은 어깨의 20대 후반 정도 되어 보이는 남성이 나타나, 언덕 끝까지 차를 갖고 올라가라고 열심히 손짓을 했다. 그게 현명한 짓일지 미처 판단을 내리지 못하고 있는 몇 초 사이에 한 무리의 아이들이 나타나 언덕을 올라갔다. 그 아이들이 평소 보지 못했던 외지인을 보며 느낀 흥분을 금방 알아차릴 수 있었다. 나는 그 남자에게 에스파냐어가 섞인 포르투갈어로 인근 바다에 있는 세테페드라스Sete Pedras라는 일군의 바위섬을 찾고 있다고 설명했다. 1554년에 배 한 척이 난파했던 장소였다. 이제는 열정적인 안내자가 된 그 젊은이는 차를 세워두고 언덕 꼭대기까지 자기를 따라오라고 했다. 그곳에서 우리 둘은 밝은 색의 다 떨어져가는 옷을 입은 아이들에 둘러싸였다. 그는 입이 귀에 걸리게 씩 웃으며, 해안 앞 어딘가를 가리켰다. 그곳에 일곱 개의 검은 바위가 솟아 있었다. 이 바위들은 주기적으로 들어오는 파도의 흰 거품을 맞고 있었다.

오래전부터 내려오는 이야기에 따르면, 세테페드라스 바로 앞에서, 배 한 척이 좌초했다. 아프리카 본토에서 포획한 이들을 싣고 가던 배였다. 좌초한 곳은 수영을 해서 해안까지 올 수 있을 만한 거리였고, 갓 노예가 되었던 이들은 자유를 되찾을 수 있었다. 가까이 있는 마토스섬, 이 섬의 남쪽에 있는 산림이 울창한 곳, 유럽인 거주지에서 멀리 떨어져 있는 이곳에서 그들은 살아남을 수 있는 공동체의 맹아를 만들어냈다. 그 일이 단순한 해상사고였는지, 반란의 결과였는지에 대해서는 알려진 바가 없다. 그 일보다 22년 앞선 1532년에 미세리코르디아Misericordia(자비)호라는 좋은 이름의 선박이 190명의 노예를 싣고 상투메섬을 출발하여 엘미나로 향했다. 그 배에서 노예 폭동이 발생하여, 선원은 두 명만 제외하고 모두 살해되었다. 두 명은 가까스로 도망쳤고, 이 배에 탔던 노예들의 행적은 이후 알려진 바가 없다.[1] 세테페드라스 이야기의 자세한 부분에 대해서는 불확실한 지점들이 있다. 그러나 도망자들의 언어였던 앙골라어, 음분두Mbundu어의 묵직한 흔적은 이 지역 포르투갈 크리올어 속에서 지금도 찾아볼 수 있다. 그날 그 언덕에서 나를 둘러쌌던 아이들에게서도, 이 섬 남부 어느 곳에서도 그 흔적을 감지할 수 있었고, 이는 역사적 연관성에 대한 심증을 굳혀주었다. 계속 들려오는 언어에서 이를 더 확실히 유추할 수 있었다.

세테페드라스 앞에서 일어났던 난파 이야기의 윤곽은 여러 세대에 걸쳐 백인들이 소설로 자아내어 전해온 모험 이야기, 즉 제국주의 초기에 재앙을 당해 낯설고 먼 지역들로 흘러들어간 이야기들의 명암이 뒤바뀐 사진 원판과 닮아 있다. 이런 장르의 원조로 떠오르는 책은 1719

년에 나온 대니얼 디포의 《로빈슨 크루소》와 7년 뒤인 1726년에 나온 조너선 스위프트의 《걸리버 여행기》, 그리고 디포의 고전 이후 거의 100년이 지난 1812년에 출판된 《스위스 로빈슨 가족의 모험The Swiss Family Robinson》이 있다. 사실 로빈슨 크루소는 아프리카에서 출발한 노예처럼 혹사당하는 원정 중에 난파를 당했던 것이다. 이 이야기의 한 지점에서 크루소는 구원해줄 이를 찾아볼까 싶어 언덕길을 오르다가 절망에 빠져든다. "나는 작은 언덕 꼭대기까지 올라서, 배 한 척이라도 보고 싶은 마음으로 바다를 쳐다보는 것도 견디기 힘들었다. 멀리 항해하는 배가 보였다는 착각을 했고, 그 희망으로 나를 달랬고, 그러면서 또 찬찬히, 거의 장님이 될 때까지 쳐다보다가, 자제력을 상실했고, 앉아서 어린아이처럼 울었다. 이런 바보 같은 행동에 나는 더 비참해졌다." 이 작가들이, 혹은 이 장르의 다른 작가도 세테페드라스 사건처럼 실제 있었던 재난을 탐구하여 있음 직한 이야기를 써볼 궁리를 했던 경험은 전혀 없는 것 같다. 작가들은 흑인 해방의 가능성, 드라마 같지만 도덕적인 이런 이야기는 전혀 다루지 않았다. 소수 역사가를 제외하면, 이런 에피소드에 관심을 둔 이는 거의 없었던 것 같다.

거의 20년 동안, 포르투갈인 포보아상povoação(거주민) 혹은 상투메시의 백인 거주자는 자유흑인의 존재에 대해 아무것도 몰랐다고 한다. 두 집단은 마주볼 일 없이 평행하게 살고 있었던 것이다. 하나는 가까운 아프리카 본토에서 온, 우연히 거주하게 된 정착민 식민자 사회 집단이었고, 다른 하나는 유럽에서 목적을 갖고 온 집단이었다. 전자는 앙골라인Angolars(상투메섬과 그 인근에서 포르투갈어에 기반을 둔 혼성어creole, 혹은 그 혼성어를 쓰는 사람들—옮긴이)이라고 알려지게 되었다. 이 집단은 노예제에서 도망 온 아프리카인이 형성한 초기 자치 공동체 중 하나였다. 유럽의 대서양 노예무역 초기에는 이런 집단을 마룬maroon이라고 통칭했다. 브라질에서 마룬이 번성했는데, 이들은 킬롬부스quilombos라고도 불리게 된다.• 자유흑인 정착민의 존재에 대한 포르투갈인의 무지가 깨진 것은 앙골라인의 상투메시 습격 때문이었다. 1574년 아프리카인들이 상투메시를 쑥밭으로 만들어놓은 뒤, 아무 흔적도 남기지 않은 채 남쪽 마토스matos에 있는 근거지로 복귀했다. 그 지역은 산세가 험악하고, 자연항은 부족하고, 플랜테이션 농업에 적합한 평평한 농지가 없었기 때문에 포르투갈인에게는 정착지로서 매력이 없었다.

당시 포르투갈의 주요 식민지 전초기지이자 중앙아메리카의 노예 수출입항이었던 상투메시를 공격했던 이 사건에 대해 알려진 것은 많지 않다. 그러나 이는 점점 커지고 있던 유럽의 제국주의 프로젝트에 반대하여 아프리카인이 일으킨 최초의 조직화된 주요 무장 저항활동으로 주목할 만하다. 가필드Robert Garfield와 같은 역사학자들이 이 앙골라인들에 대해 추정한 바에 따르면, 이들은 처음에는 극소수였지만, 생존을 보장받기 위해 규모를 더 키워야 한다는 절박한 필요가 있었다. 그런데 시간이 지나고 특히 여성의 숫자가 많아지면서 인구 압력이 점차 증가했다. 이 이론에 따르면, 앙골라인들은 고립되어 있던 초기 20년 동안에도 이미 도망노예를 조금씩 받아들이고 있었고, 이 도망노예를 통해 포르투갈인과 잔혹한 플랜테이션 경제에 대해서도 상당히 잘 알고 있었을 것이다. 백인을 향한 그들의 적대감이 세테페드라스 암초나 노예선 '미세리코르디아'에 관한 앙골라인의 구전 전통에서 비롯되었다고

• 상투메섬에서 이 자치체들은 모캄부(mocambos)라고 불렸다. 그들은 19세기 초 식민 당국과 협상에 들어갈 때까지 계속 공동체를 유지했다.[2]

상상하는 것도 꽤 그럴듯하다. 배가 좌초되었던 지역을 찾아다녔던 그 날, 내 차를 길가에 세웠던 그 순간부터 아이들에게 둘러싸여 있으면서 나는 그런 전통들에 대해 일종의 살아 있는 증언을 계속 듣고 있었던 셈이다. 상투메섬에 가는 관광객은 드물지만, 그곳에 가본 사람들은 그날 내가 감지했던 것을 직관적으로 알게 된다. 아주 어린 아이도 바다에서 일어났던 재앙과 생존의 이야기를 약간이나마 암송할 수 있다. 세테페드라스 사건 이후 노예제로부터 도망해 온 기억들 때문에 그 섬에 있던 포르투갈인을 습격했던 것까지는 아니라고 해도, 앙골라인이 그 섬 다른 쪽에 자리한, 흑인들을 억압하는 견딜 수 없는 체제에 대해서는 알고 있었을 것이다. 그들은 도망노예로부터 사탕수수를 재배하고 설탕을 생산하면서 흑인을 억압하는 체제에 대한 이야기를 들었을 것이기 때문이다. 얼마 안 되지만 이런 세부 사항이 이 이야기를 저항의 역사에서뿐 아니라 범아프리카적 이상이 싹텄던 긴 역사의 출발점이 될 수 있게 해준다. 흔히 범아프리카적 이상을 완전히 근대적인 것으로 간주하지만, 이는 오랜 역사를 갖고 있다.

포르투갈 세력에 대한 첫 번째 공격이 갑자기 끝나고 몇 년이 지나는 동안, 앙골라인에 관한 이야기는 거의 나오지 않았다. 상투메섬의 유럽인 사회에서 일상은 곧 어느 정도 정상화되었다. 이는 그곳에서 설탕을 생산하는 노예의 피와 살을 통해, 그리고 당시 급속히 성장하던 신세계 노예무역 자체를 통해 엄청난 이윤을 뽑아내는 사업이 번창하던 시절로 돌아갔다는 뜻이다. 혹시 모를 공격에 대비하여 백인은 당연히 순찰을 강화했을 것이다. 대서양 세계 전역에서 차후 터져 나온 저항의 역사는 백인이 자기가 소유한 노예를 더 모질게 다루고, 노동 감독을 강화했음을 시사하기도 한다. 이렇게 금방 번영의 시기로 되돌아간 것처럼 보였지만, 사실 이는 일시적인 유예에 불과했다. 1595년 더 큰 충격적인 반란이 일어났고, 이는 20일 동안 지속되었다. 이를 일으킨 것은 정체를 알 수 없는 앙골라인이 아니라 바로 상투메섬 플랜테이션의 노예였다. 그해 7월, 아마도르Amador라는 남성이 이 반란을 주도했는데, 그는 왕이자 총사령관이라는 직함을 갖고 있었다. 반란을 일으킨 노예들이 이 섬에 있는 제당소의 절반 이상과 사탕수수가 풍성하게 자라난 북부의 여러 대저택들을 불태웠고, 그 주인들을 죽였으며, 무기를 손에 넣었다. 아마도르는 병력을 네 집단으로 나누어 상투메시를 포위해 들어갔고, 마침내 7월 28일에 도심에 도착하여 격전을 벌였다. 그의 혁명 시도는 실패했다. 핵심 동료 한 명이 배신했기 때문으로 보인다. 흑인 왕이 되려고 했던 아마도르는 그 전투현장은 벗어났지만, 얼마 뒤 시골에서 단독으로 검거되었고, 교수형에 처해진 뒤 능지처참을 당했다. 저항했을 때 당할 수 있는 두려운 결과를 다른 흑인들에게 경고하기 위해 가해진 잔혹한 처벌이었다. 아마도르는 패배했지만, 상투메섬에서 도망노예의 저항은 간헐적이고, 덜 조직화된 형태이긴 했어도 수년간 지속되었다. 이는 상투메섬이 녹색 황금, 즉 사탕수수의 주된 재배지로는 조종을 고하던 과정에 한몫을 했다.

이 시기가 되면 상투메섬은 (설탕 생산에서—옮긴이) 이미 브라질에 밀리고 있었다. 브라질은 작은 섬이 할 수 있는 것보다 훨씬 더 대량으로 생산하는 길로 나아가고 있었다. 브라질은 설탕 산업뿐만 아니라 흑인 저항과 반란도 이어받았고, 그것도 훨씬 큰 규모로 이어갔다. 이후 수 세기 동안 약 3만 6000척의 노예선이 대서양을 건넜는데, 10분의 1 정도의 선박에서 적극적인 노예반란이 일어났다고 추정하고 있다.[3] 1839년 아미스타드Amistad호•에서 발생했던 사례처럼 유명했던 선상

반란도 있고, 당대에 더 크게 알려졌던 것은 1730년 96명의 아프리카인을 싣고 기니 해안에서 항해를 시작한 외돛범선 리틀조지Little George호에서 일어난 반란이었다. 배가 로드아일랜드를 향해 출발한 지 6일이 지난 어느 새벽 4시 30분, 노예들은 족쇄를 끊고, 차단벽을 뚫고 세 명의 백인 선원을 잡아 배 밖으로 던졌다. 아프리카인과 남아 있던 선원 사이에서 치열한 전투가 벌어졌다. 백인은 급하게 폭파장치를 이용했지만, 많은 반란자를 다 죽이지는 못했고, 대신 배가 초토화되었다. 큰 싸움을 거쳐, 노예가 될 뻔했던 남녀들이 마침내 승리를 거두었다. 그들은 망가진 배를 추슬러 시에라리온강까지 항해했고, 거기서 배는 좌초했다. 리틀조지호는 노예로 팔려간 사람들을 다시 아프리카로 데려다준, 아주 드문 선박 중 하나가 되었다.[4]

미세리코르디아호 이래, 유럽인이 배워야 하는 내용이 상투메섬의 역사에 깊이 각인되었다. 이 섬은 규모도 작고, 제대로 알려져 있지도 않지만, 대서양 세계사에서 막대한 비중을 차지하고 있다. 우선, 노예 봉기들은 플랜테이션 설탕 생산과 뗄 수 없는 관계에 있었다. 이후 수 세기 동안, 사슬에 묶여 아메리카로 이송된 노예의 70퍼센트 정도가 이 잔혹한 단일 상품 생산공정에서 일했다. 설탕 생산지가 확산되는 역사만 조명해보면, 이는 산림을 황폐화시키고 토지를 고갈시키며 계속 더 큰 규모의 생산을 향해 무자비하게 몰아가는 과정이었다. 이는 끔찍하고 경악할 만한 경제 이야기이다.[5] 또 다른 관점에서 보면, 이는 기본적으로 무장 봉기의 역사였다. 브라질의 팔마레스Palmares와 같은 지

• 반란 당시 아미스타드호는 멘데(Mende)인(아프리카 서부 시에라리온 중앙부와 라이베리아 일부에 산재하여 거주하는 부족—옮긴이) 노예들을 싣고 아바나(Havana)에서 구아나야(Guanaja)섬에 있는 쿠바의 작은 항구로 이동 중이었다.

역에서 킬롬보quilombo(브라질 배후지에 자리한 흑인 공동체, 주로 도망노예들로 구성—옮긴이)들의 규모가 1만 1000명 이상으로 증가했다.[6] 브라질과 자메이카에서 생존이 위협받게 되자, 도망노예는 식민지 군대를 상대로 치열하면서도 장기적인 전쟁을 벌였다.

1640년대, 바베이도스는 노예에 기초한 농업혁명의 진원지가 되었고, 카리브해 전역을 설탕 생산 군도로 만들어버렸으며, 북대서양 경제의 기관실이 되었다. 이와 함께 서인도제도는 식민지 집단의 고향이 되었고, 이 각각의 식민지는 번갈아가며 인류사에서 가장 부유한 곳이 되었다. 그러나 바베이도스처럼 도망칠 만한 산이나 숲이 부족한 곳에서도, 설탕을 대량생산하기 시작했던 초기부터 반란들이 발생했다.

1751년, 청년이었던 조지 워싱턴이 바베이도스로 여행한 일이 있었다. 결핵을 앓고 있던 이복형제의 요양에 동행하여, 따뜻한 바닷바람을 찾아온 여행이었다. 워싱턴은 그곳에서 받은 인상을 성실하게 일기로 남겼는데, 그 대부분은 긍정적이었다. 어떤 날은 도입부에서 이 섬의 아름다움에 "완전히 반했다"고 쓰기도 했다. 그런데, 당시 바베이도스 인구의 4분의 3이 노예였지만, 기록에는 이들에 대한 언급이 전혀 없다.[7] 다만 일부 백인을 폄하하면서, "흑인 방식"으로 살아가고 있다고 썼다. 워싱턴은 이미 11세 때부터 노예를 상속받은 노예소유주였다. 그러나 훗날 미국의 초대 대통령이 되는 그는 당대 바베이도스에서 가장 흔한 장면들, 즉 번잡한 교차로에 세워둔 뾰족한 장대들 위에서 반란을 일으켰던 노예들의 머리가 꽂혀서 썩어가던 모습을 기록에서 언급하지 않았다. 그 모습은 플랜테이션 테러 정권의 피비린내 나는 상징이자, 반란을 꿈꾸는 이들에게 죽음을 경고하는 것이었다.[8] 우리는 건국의 아버지들을 오늘날의 잣대로 판단하지 말라는 말을 자주 듣는다.

그러나 나는 여기서 볼드윈James Baldwin의 "무지는 범죄의 한 구성요소이다"라는 경구를 되새겨본다.[9] 워싱턴은 이 그로테스크한 장면을 기록하지 않았다. 우리 세계를 형성하는 과정에서 흑인이 해온 경험을 짓누르고 있는 두껍고 꽉 찬 침묵의 책에서, 워싱턴의 침묵이 최소한 얇은 종이 한 장 정도는 차지한다고 말할 수 있다.

'마룬'이라는 단어가 기록에서 나타나기 시작한 것은 1666년 바베이도스에서였다. 당시 이 섬의 초기 역사를 번역했던 영국인 데이비스John Davies는 이렇게 썼다. 노예들이 "도망하여 산과 숲으로 숨어들어, 그곳에서 짐승처럼 살아가는데, 이들을 마룬Marons이라고 했다. 야만인이라는 뜻이다." 이런 용례는 프랑스어로도 생겨났고marrons, (아메리카 노예무역이 처음 시작되던 시기였던) 1535년까지 거슬러 올라갈 수 있는 에스파냐어 단어에서 유래한 것이기도 했다.[10] 학자 켈리Joseph Kelly의 설명에 따르면, 그 에스파냐어 단어 시마론cimarrón은 "히스파니올라섬으로 데려간 길들여진 가축이 그 섬의 황야로 도망했을 때 사용했던" 단어이고,[11] 비인간적인 비참한 상황에 놓여 있는 대상을 향해 쌀쌀하게 내뱉는 말이며, 본질적으로 그 뿌리에서부터 가축 개념이 담겨 있다. 노예가 된 흑인들이 히스파니올라섬에 처음 들어간 것은 1501년이었고, 이미 바로 그다음 해부터 일부가 도망을 쳤다.[12]

1526년 사우스캐롤라이나 해안에 있던 쇠락한 에스파냐 정착지에서 도망쳐 나왔던 흑인들이 아메리카 선주민 공동체들 속으로 들어가 자리를 잡았다. 이는 북아메리카 본토에서 발생한 첫 도망 사례다. 도주는 가장 오래되고 일반적인 노예 저항의 형식이 되었다. 이런 방식으로 그들은 나중에 미국이 된 지역에 처음 정착한 흑인이 되었다. 처음으로 미국이 될 땅에 도착한 흑인으로는 훗날 제임스타운Jamestown으로 들어온 예속민 거주자들이 더 유명하지만 이들이 들어온 시기는 앞선 도망노예들보다 93년 뒤인 1619년이었다.[13] 나는 연구 중 제임스타운을 여행한 적이 있다. 우중충한 하늘 아래, 윌리엄 피어스라는 어느 부유한 대농장주의 집터 발굴 작업이 진행되고 있었는데, 그 현장에서 나는 말을 잃었다. 피어스는 안젤라라는 여성을 소유하고 있었는데, 그녀는 버지니아에서 처음 노예가 되었던 30여 명 중 한 명이었다. 안젤라는 1619년 이 영국인에게 판매되었다. 집은 오래전에 사라졌지만, 연구자들은 유물을 찾기 위해 계속 흙을 파내고 있었다. 그곳에는 안젤라가 일해야 했던 부엌도 있었을 것이다. 오늘날 앙골라 해안 지역에서 이 초기 버지니아 정착지로 실려 온 이 아프리카인들이 훗날 미국이 되는 초기 식민지의 역사에서 중심에 서게 된 것은 아주 최근의 일이고, 또 아주 마지못해 이루어진 일이기도 했다. 이는《뉴욕타임스》의 한나존스Nikole Hannah-Jones가 이끄는 취재팀의 노력 덕분이다. 그러나 1526년의 마룬(도망노예)들은 아직도 널리 알려지지 못하고 있다.[14]

상투메섬에서 일어난 반란들이 처음 알려진 때부터 1804년 아이티 해방에 이르기까지, 노예무역을 했거나 그로부터 직간접적으로 이득을 보았던 이들은 인종적 노예제를 합리화하고자 모든 수단을 강구했다. 이는 자기의 양심을 덮으려는 것이기도 했고, 자기의 삶과 번영을 떠받치고 있던 체제의 잔혹성을 정당화하려는 것이기도 했다. 18세기 말, 자메이카의 백인 롱Edward Long과 같은 사이비과학 사상가들이 널리 퍼뜨린 한 이론은 아프리카인은 사람이 아니며, 다원발생의 과정에서 나온 산물일 뿐이라고 주장했다. 그에 따르면, 인류라는 속은 세 개의 종으로 나뉘는데, 유럽인과 그 비슷한 사람들, 흑인, 그리고 오랑우탄이다.[15] 다른 사람들, 예를 들면 항해왕자 엔히크 시대의 포르투갈인이나 뉴잉글랜드의 청교도 등은 노예화된 아프리카인이 기독교인이 됨으로써 야만에서, 그리고 불가피하게 예정되었던 지옥행에서 구원되었다는 주장을 하며 도덕적 위안으로 삼았다. 이들은 진지하게 노예가 '행복'하다고 계속 주장했다. 일상에서 잘 쓰이지 않는 단어인 '행복'은 노예가 백인의 관리를 받는 덕분에, 스스로를 돌봐야 할 필요에서 벗어나 자유를 누린다는 의미로 사용되었다. 18세기 말 프랑스 식민지 의회로 파견된 한 대표는 이렇게 증언했다.

> 지성이 있고 교육을 받은 사람이라면 아프리카에 있는 사람이 놓인 비참한 상황과 식민지에서 아프리카인이 누리는 즐겁고 편안한 삶을 비교해 볼 수 있을 겁니다. … 의식주를 걱정할 필요 없고, 유럽의 다수는 알지도 못하는 편의와, 재산을 향유할 수 있는 안전함도 누리고 있습니다. 그들은 재산을 갖고 있고, 이는 신성하게 여겨집니다. 아프면 비용을 들여 치료를 해주는데, 이는 잉글랜드가 그렇게 자랑하는 병원들에서도 찾기 힘든 서비스입니다. 나이 들어 쇠약해지면 보호받고 존중받습니다. 전에 이들이 수행했던 중요한 업무에서 벗어나, … 아이들과 그리고 가족과 함께 평화롭게 지냅니다.[16]

가장 화려하게 꾸며낸 말만 빼고 보면, 이는 '행복'한 노예 이야기와 다름없지만, 이는 (세계 어느 역사를 보더라도) 사실과 무관하다. 누구보다 더글러스Frederick Douglass가 이런 생각에 대해 여러 차례 상세하게 반박했다. 그는 아프리카계 미국인 신문, 《북극성The North Star》에 실린 좌담에서 다음과 같이 말했다.

> 나는 플랜테이션에서 일하고 있는 한 유색인 여성 옆을 지나다가, 그녀가 활기차 보이는 모습으로 부르는 노래를 들었다. 그런 평범한 모습을 보며 나는 그녀가 집단노동을 부르는 이들 중 가장 행복한 사람이라고 단정했다. 나는 그녀에게 말을 건넸다. "당신, 일이 즐거워 보입니다." 그러자 그녀가 답했다. "아니지요, 나리."
>
> 당장 하고 있는 일이 특별히 힘들다는 말이라고 생각하고, 다시 그녀에게 말했다. "당신 하는 일 중에 무엇이 가장 즐겁나요?"
>
> 그녀는 강한 어조로 이렇게 답했다. "하나도 즐겁지 않아요. 다 강제로 하는 일이에요."[17]

유럽 최초의 플랜테이션 사회인 상투메에서 일어난 사건이 300년 전에 입증한 것은, 듣고자 하는 청중이 있다면, 자유를 향한 의지와 자유라는 목표를 추구하기 위해서는 기꺼이 목숨을 걸고 싸우겠다는 각오가 동산노예제에 각인되어 있다는 점이다. 이런 에너지들이 담긴 시도들은 결국 실패했지만, 그들이 가는 길에 남긴 모든 발자국마다 그 시도들의 의미는 깊이 새겨져 있다. 해방의 기세를 제압하려 했던 백인의 입장에서는 사악한 자욱이었지만 말이다.•

• '행복'한 노예에 대한 신화는 20세기까지 지속되었다. 의회도서관 사서 출신의 부어스틴(Daniel J. Boorstin)이 1989년에 발간한 고등학교 교재 《미국사(A History of the United States)》에는 다음과 같은 대목이 있다. "대부분의 노예가 살면서 몇 차례 채찍을 맞기는 했지만, 전혀 고통을 느끼지 않았던 이들도 있다. 모든 노예가 밭일을 했던 것은 아니다. 다수는 자기 운명에 대해 몹시 불행하다고 생각하지도 않았을 것이다. 다른 삶은 알지도 못했기 때문이다."[18]

13

크리올이 되다

16세기 초, 상투메섬이 설탕 플랜테이션 사회의 선두주자이자 초기 아메리카 노예무역의 잔혹한 중계지로서 역할을 해나가기 시작할 바로 그 시점에, 엘미나는 새로운 대서양 문명의 건설을 위한 또 다른 기반을 다지고 있었다. 엘미나는 처음에는 포르투갈의 요새인 상조르즈의 보호막에서 시작해서, 큰 마을로, 붐비는 소도시로 발전하다가, 마침내 17세기 중엽, 당시 기준으로는 흔치 않았던 코즈모폴리턴 국제도시로 발전했다. 그 의미를 이해하기 위해서 말하자면, 1만 5000에서 2만 명에 이르는 엘미나의 거주민 규모는 당시 뉴암스테르담New Amsterdam(오늘날 뉴욕)보다 훨씬 컸고, 이후 한 세기 뒤의 뉴올리언스New Orleans보다 더 컸다.[1]

그러나 이 시기 엘미나와 관련하여 가장 새롭고 중요한 것은, 규모보다는 이후 수십 년 동안 등장하고 번성했던 그 사회의 특별한 성격이다. 특히 그 구성이 특이했는데, 엘미나 주민은 흑인과 백인으로 이루어져 있을 뿐 아니라, 이런 장소들에서 막 나타나기 시작한 새로운 사회적 범주의 구성원들이 있었다. 그곳에서는 "아프리카를 수용한" 유럽인과 현지 선주민 인구가 서로에게 이득이 되는 상업적 거래를 하면서 깊고 장구하게 만나고 있었다.[2] 여기서 우리는 '크리올'이라는 이름으로 통하는 인구 집단에 대해 이야기한다. 다양한 의미를 가진 이 단어가 약간의 혼란을 야기할 수도 있다. 앞서 본 것처럼, 아메리카 전역에서 크리올은 그저 신세계에서 태어난 사람을 의미하는 말로 자주 쓰였다. 또 다른 용례를 보면, 크리올은 유럽인과 아프리카인이 교역하던 지역들에서 생겨난 혼성 언어들, 특히 노예가 된 이들 사이에서 통용되던 혼성 언어들을 의미하는 언어학 용어가 되기도 한다. 그러나 여기서 우리는 이 단어를 문화적이고 또 자주 인종적으로 섞인, 매우 새로운 집단에 속한 사람들을 지칭하는 것으로 사용한다. 이들은 대륙을 넘나드는 여러 접촉을 통해, 말 그대로, 생겨난 후손들이다. 엘미나가 이런 새로운 집단이 생겨난 유일한 곳도, 최초의 곳도 아니다. 15세기에 포르투갈의 가톨릭교도와 개신교도 모두 카보베르데의 이 섬을 세네감비아에서 어퍼기니에 이르는, 아프리카 서해안의 튀어나온 지대 전역과 교역하기 위한 기지로 사용했다. 일부 백인 무역상은 아프리카 내륙 지역들에서 단단한 유대관계를 형성하면서, 현지 여성들과 아이를 낳기 시작했고, 때로 이는 현지의 수장과 공식적 관계를 수립하는 수단이 되기도 했다. 이렇게 태어난 포르투갈계 아프리카인이 아프리카계 유럽인 크리올 문화들을 형성한 가장 초기의 선례가 되었을 것이다.[3] 세네갈강으로 진출했던 프랑스인 무역상 겸 탐험가들 역시 비슷한 경험을 통해 고유의 크리올 집단을 만들었고, 얼마 뒤 상투메섬에서도 비슷한 현상이 나타났다.[4]

흑인과 백인이 장기간에 걸쳐 만남을 이어간 것이 서아프리카 해안 지대에서만은 아니었다. 뮌처Hieronymus Münzer라는 뉘른베르크 출신 의

사는 1494년 리스본에 갔다가, 사하라 이남 지역에서 온 사람들이 학교에서 라틴어와 신학을 배우는 모습을 보고 깜짝 놀랐다. 당시 리스본에는 아프리카인에게 라틴어와 신학을 가르치기 위해 세운 특별한 학교들이 있었다. (이런 교육은 대개 콩고 왕국의 요청에 따라 이루어졌다. 당시 콩고 귀족들이 자녀들을 리스본으로 보냈던 것이다. 뮌처는 이 점을 잘 알지 못했던 것 같다.[5])

포르투갈이 유럽 자국영토 내로 노예의 수입을 금했던 1761년 전까지 약 40만 명의 아프리카인이 노예로 포르투갈 왕국에 수입되었다. 그러나 역설적으로 이런 큰 숫자에도 불구하고, 엘미나와 같은 곳에서 보았던 새로운 크리올 사회가 만들어질 수 있는 일종의 인종적·문화적 융합과 교류가 일어나지는 않았다. 리스본, 세비야 등 유럽 여러 곳에서 아프리카인이 가내하인으로, 농업 노동자로, 대장장이나 석공으로 유럽인과 분명 상호작용을 했지만, 유럽에서 아프리카인의 존재는 상대적으로 주변에 머물렀고, 시간이 지나면서 혼혈인의 비중은 상대적으로 아주 미미해졌다.

이와 대조적으로, 18세기 중엽까지 엘미나에서는 수 세대에 걸쳐 문화적으로 다양한 주체들이 양산되고 있었다.[6] 이들 중 모두는 아니었지만 그래도 다수가 인종적으로 혼혈이었는데, 바로 이들이 대서양 세계에서 경제적으로 중요한 모든 기항지들을 성장시켜낸 씨앗이었다고 할 수 있다. 엘미나와 그 주변에서 이런 독특한 문화가 출현할 수 있었던 것은 유럽인이 결코 완전히 통제할 수 없는 상황에서 유럽인과 흑인 사이의 접촉이 지속되었기 때문이다. 크리올 하위문화는 15세기 말 엘미나에서 포르투갈이 교역을 했던 긴 기간 동안 뿌리를 내렸고, 1637년 네덜란드가 상조르즈다미나 요새를 장악하고, 안정적인 네덜란드 교역 시대가 열린 이후에도 계속 이어졌다.

엘미나와 같은 곳에서 초기 크리올 공동체의 중요성은 아프리카계와 노예제의 역사를 연구한 미국 역사학자 벌린Ira Berlin의 학문적 업적을 통해 널리 알려지고 있다. 벌린은 아프리카의 여러 해안 도시에 거주했던 이 집단 구성원의 경계성 혹은 중계자로서의 역할을 강조한다. 엘미나와 같은 항구라는 환경에서 크리올은 자신들의 뛰어난 적응력을 증명했다. 다양한 경험을 품고 있던 크리올은 유럽인의 아프리카 교역이나 초기 신세계 정착 과정에 기여를 했다.

몇 가지 점에서, 허리케인은 대서양 횡단 노예제에 대한 적절한 은유가 될 수 있다. 허리케인의 기압 배치는 아프리카 서쪽 가장자리들에서 생겨나지만, 그 에너지가 퍼부어지는 곳은 아메리카 해안들이다. 이와 비슷하게, 아프리카인의 대규모 인신매매를 위해 수백만 명의 희생자에게 족쇄를 채우는 일은 아프리카의 서부 해안 지대에서 시작되지만, 이들은 먼 서반구로 뿔뿔이 흩어져버린다. 유럽의 신세계 제국주의 초기 단계에서 크리올은 꽤 다양하게 활동했다. 그들은 흑인세계와 백인세계를 오가며 두 세계 사이의 간극을 메웠고, 그들만의 대륙횡단 통신망과 형제 관계(포르투갈어로 코프라디아스cofradias)를 유지해갔다. 선박이나 항구 안팎에서 일하던 노동자 중에 크리올이 막강한 비중을 차지하고 있었기 때문에, 이런 일은 대부분 어렵지 않게 진행되었다.

근대가 막 시작되던 시점에서, 이 크리올 공동체 출신들이 신세계를 향한 콜럼버스의 항해에 함께했다. 또 다른 이들은 발보아Balboa, 코르테스Cortés, 소토Soto, 피사로Pizarro의 역사적 정복행위에 함께하기도 했다. 이렇게 크리올은 상업적·사회적 기구들이 잘 돌아갈 수 있게 해주는 윤활유가 되었다. 그들은 최고의 중개자였다.

이는 나중에 독립하여 미국의 일원이 되는 독립 이전의 (영국의 북미—옮긴이) 식민지들에서도 마찬가지였다. 벌린은 식민지에 정착했던 크리올을 "특허장 세대"라고 했다.[7] 이는 플랜테이션 노예제가 광범하게 수립되기 이전에 꼭 필요한 역할들을 했던 아프리카계 아메리카인을 지칭한다. 이들이 없었다면 유럽 제국주의 프로젝트는 더 힘든 난관에 처했을 것이다. 나중에 미국의 일부가 된 체서피크Chesapeake 지역과 뉴암스테르담에 처음 정착한 이들 중에도 크리올이 있었다.[8] 뉴암스테르담 흑인 중에는 노예와 자유인뿐 아니라 그 사이에 있는 유동적인 범주에 속하는 이들도 있었다. 그들은 최소한 1625년 이래 그곳에서 살았고, 1640년에는 인구의 약 30퍼센트를 차지하고 있었다.[9]

카프프랑수아Cap François(생도맹그Saint Domingue 소재), 카르타헤나Cartagena, 아바나, 멕시코시티, 산살바도르San Salvador 등 다양한 지역에서 곧 크리올 공동체가 형성되었다. 대서양 양안의 문화들과 익숙했던 크리올은 피진어와 크리올어를 사용하곤 했다. 여러 곳에서 통용된 이 언어들에는 포르투갈의 식민지가 아닌 곳에서도 포르투갈어의 흔적이 많이 보였다. 이 언어들을 통해 크리올은 특별하면서도 꼭 필요한 문화적 중개자의 역할을 수행할 수 있었다.

이런 크리올에 대한 역사적 평가가 벌린을 통해 아프리카 디아스포라를 연구하는 학자들 사이에서 유명해지기는 했지만, 아프리카에서, 특히 엘미나에서 두드러졌던 코즈모폴리턴 크리올 공동체들의 중요성을 이해하기 위해 필요한 설명을 더 일찍 제시했던 것은 아프리카 출신을 비롯한 다른 지역의 학자들이다. 예를 들면, 1970년 가나 학자 다쿠Kwame Yeboa Daaku는 엘미나 사회가 겪은 인종적·사회적·문화적 변화를 "상품을 팔기 위해 도시로 왔다가 고향으로 돌아간 사람도 있었고,

팔 것이라고는 기술과 서비스밖에 없는 사람도 있었다"라고 서술했다.[10] 공통의 무역언어를 습득한 이들은 사업 중개자라고 하는 새로운 계층을 형성했다. 이른바 교역의 왕자라고 불리던 카베스John Kabes나 코니John Konny와 같은 현지 인물이 부와 권력을 얻었다. 이들은 외국인이 세운 요새에 자기들의 플랜테이션에서 생산한 식량을 공급했다. 자기들이 운영하는 카누 선단을 이용하여 노예선까지 수송하기도 했다. 게다가 자율성을 유지하기 위해 거래하는 유럽인을 자주 바꾸었고, 자기들만의 요새들을 건설하기도 했다. "새로운 계급과 함께 새로운 주민 집단이 등장했다. 혼혈인들이었다. 이들은 유럽 상인과 아프리카 여성의 직계 후손이었다."[11]

최근의 학계는 크리올 정체성들의 형성에서 중앙아프리카 서부의 중요성을 벌린이 시사했던 것보다 훨씬 더 강조한다.[12] 신세계로 가는 총 노예 선적의 절반 이상이 이 지역에서 진행되었다. 다수의 노예가 콩고나 그 이웃인 은동고Ndongo 왕국에서뿐 아니라, 벵겔라Benguela나 로앙고 코스트Loango Coast 등 오랫동안 잘 알려져 있지 않은 지역에서도 왔다. 벵겔라는 오늘날 앙골라 남부에 위치한 항구로, 이곳에서만 약 70만 명이 사슬에 묶여 배에 올랐다. 최근의 학술 연구는 중앙아프리카 서부 지역 출신의 노예 중 다수가 노예화되기 이전부터 기독교와 지속적인 관계가 있었으며, 기독교를 잘 알고 있었다고 역설한다. 그리고 아프리카 농업·종교·언어·문화의 전통이 아메리카 전역에서, 여러 측면에서 얼마나 오래 지속되었는지도 강조한다. 이런 연구 성과 덕분에 크리올화creolization의 그림은 더 복잡해지고 있다.

사실 나는 앞으로 이 주제에 대한 재해석, 혹은 더 나은 확장, 의미 있는 확대를 제안하면서 벌린, 다쿠 등 여러 학자가 제시했던 통찰에서 벗어나고 싶지는 않다. 벌린은 1996년에 발표한 영향력 있는 논문 〈크리올에서 아프리카인으로From Creole to African〉에서 다음과 같이 썼다. "북아메리카 본토 흑인의 삶은 아프리카나 아메리카에서 유래한 것이 아니라, 그 두 대륙 사이에 있는 어둠의 세계에 기원을 두고 있다. 대서양 주변을 따라, 처음에는 아프리카에서, 다음에는 유럽에서, 마침내 아메리카에서 만들어진 아프리카계 아메리카인 사회는 아프리카인과 유럽인 그리고 아메리카 선주민과의 운명적인 만남의 산물이었다."[13]

여기서 덧붙이고 싶은 말은, 벌린이 일부 흑인, 많은 경우 혼혈인인 새로운 유형의 아프리카 후손에 대해 주장한 모든 것은 신세계에 거주하게 된 백인에게도 거의 마찬가지로 적용된다는 점이다. 흑인만큼이나 백인 역시 흑인과 같은 새로운 '타자들'과 신체적으로 교류하면서 크게 변화했다. 그들을 '유럽인'이라고 할 수 없는 것은, 조상 중 아프리카인의 비중이 큰 신세계 주민이라고 해도 그를 계속 '아프리카인'이라고 부를 수 없는 것과 마찬가지다. 아메리카를 새롭고 완전히 구별되는 영역, 진정한 신세계, 근대를 만들어낸 가장 강력한 궁극의 동력이 되도록 한 것은, 다른 무엇보다 이런 만남들과 그것이 가져온 수많은 이동·결합 그리고 충격적 경험 등을 통해 나온 문화적·인종적·사회적·경제적 혼합이었다. 재즈와 블루스에 이르기까지 아메리카의 독특하고 독창적인 모든 것의 기원에는 이런 과정이 자리하고 있다.

이런 현실에 부작용이 없었다고 말하는 것은 아니다. 널리 알려진 바처럼, 아메리카라는 가마솥 속에서 이루어진 혼합은 언제나 부분적이고 불완전했다. 흑인은 아메리카 사회가 돌아가게 만드는 촉매였지만, 섞이는 과정에서 대부분 선별적으로 배제되었다. 흑인의 존재와 흑인이 제한적이고 부차적인 역할에 계속 매여 있다는 점이 갓 이민 온 이들을 포함한 다른 이들을 단합시켜주었다. 이런 과정이 백인성을 만들어내고, 백인성의 가치를 높이는 데 일조했다. 이렇게 생산된 백인성의 유산을 우리는 지금까지 힘들게 겪어왔고, 오늘날에는 벗어나기 위해 안간힘을 쓰고 있다. 작가 모리슨Toni Morrison은 다음과 같이 썼다.

> 흑인은 여전했다. 모든 이가 흑인을 내려다볼 수 있었다. 이민 온 이탈리아인. 이민 온 폴란드인. 당신이 만만하게 볼 수 있는 밑바닥은 언제나 존재했다. 그리고 그것이 이 나라를 하나의 도가니로 만들어주었다. … 큰 가마솥, 큰 냄비의 토대가 무엇이었는가? 그래, 흑인은 냄비였다. 그 밖의 다른 모든 것은, 당신도 알다시피 함께 녹아들어서, 그러니까, 미국인이 되었다. 그렇게 당신은 미국인이 된다.[14]

3부

아프리카인을 향한 각축전

브라질 사우바도르 펠로리뉴Pelourinho, Salvador, Brazil. (저자 제공)

예의범절과 학문이 발전하기에 가장 좋은 환경은
여러 이웃 독립국들과 상업과 외교로 연결되는 것이다.
이럴 경우 이웃 나라들과 자연스럽게 경쟁하게 되는데,
이는 발전으로 가는 확실한 길이 된다.

– 데이비드 흄, 《예술과 과학의 발전과 진보에 관하여Of the Rise and Progress of the Arts and Sciences》 14장

설탕 생산 지대가 표시된 브라질과 카리브해

14

"얼마 안 되는 눈 쌓인 벌판"

아프리카의 근대사는 1884년 독일에서 열린 베를린회의Berlin Conference라는 유명한 사건을 통해 공식적으로 시작되었다. 아프리카의 광대한 땅은 지정학적으로 경쟁의 대상이 되었고, 탐욕스러운 외지인들이 조각조각 잘라놓은 영토들로 꽉 차버리게 되었다. 사실 1884년 당시 아프리카에서 유럽인이 권력을 행사할 수 있는 지역은 대륙의 10퍼센트도 되지 않았고, 그것도 주로 대륙의 남단과 북단에 집중되어 있었다. 그러나 베를린회의의 결정들에 따라, 1914년까지 구대륙의 왕실들을 비롯한 유럽의 지배자들이 아프리카 대륙의 90퍼센트에 대한 지배권을 확보했다. 유럽 지도자들끼리 합의한 이 경계선들은 오늘날까지도 아프리카 대부분의 지역에서 여전히 효력을 발휘하고 있다.

대륙을 장악한 유럽인은 아프리카의 역사나 아프리카 제국들의 유산, 혹은 기존 아프리카 나라들에 대해서는 아무 고려도 하지 않았다. 유럽인은 아프리카를 분할하고 또 재분할하면서, 그 지역에서 주로 사용되는 현지 언어들의 분포에 대해서도 신경 쓰지 않았다. 그들은 지역 정체성, 지역에서 이루어지는 교역, 혹은 종족 집단들 사이의 경쟁이나 적대 관계에 대해서도 전혀 관심을 두지 않았다. 아프리카인에게 자문을 구하지도 않았다.

'아프리카를 향한 각축전Scramble for Africa'이라는 개념은 19세기 말 유럽인이 아프리카 대륙 모든 곳에 대해 제국주의적 권리를 주장하려고 내놓은 것이다. 이는 아프리카의 역사에 대해 공공에 알려진 강력한 이미지 중 하나이며, 여기에는 그럴 만한 이유가 있다. 이는 계속해서 아프리카 대륙을 쇠약하게 만드는 유산으로 남았다. 아프리카 대륙은 보잘것없이 작고, 하는 일은 거의 없는 나라들로 넘쳐나고, 종족 집단들 사이 혹은 그 내부에서 분쟁이 벌어지고, 응집력 있던 집단들은 그들 사이로 무심하게 그어진 국경선들 때문에 갈라지게 되고, 거의 공통점이 없는 집단들이 한 국경선 내에 모이게 되었다. 알록달록한 젤리나 사탕들이 섞여 있는 봉지처럼, 두서없이 뒤범벅되어 있는 양상이다.

이 유산만큼이나 유해했던 것은 이 시기보다 훨씬 앞서 있었던 또 다른 각축전이었다. 이는 더 중요했고, 당연히 치명적이었다. 그러나 이 각축전이 가져온 결과들 대부분은 여전히 공공에 잘 알려져 있지 않다. 전문가들의 이해 역시 빈약하다. 우리는 이 초기의, 그리고 훨씬 더 오래 지속되었던 각축전을 '아프리카인을 향한 각축전Scramble for Africans'이라고 부르려고 한다. 우리에게 근대 세계를 가져다준 것은 바로 이 각축전이었으며, 이는 포르투갈이 별 계획 없이 번잡하게 질질 끌면서 엘미나 요새를 건설한 이래 수 세기동안 진행되었다.

아프리카를 둘러싸고 유럽인은 다양하게 경쟁을 벌였지만, 그들의 경쟁은 아프리카 해안에 머물러 있었기 때문에 지리적 공백이 있었다. 이 경쟁은 15세기가 끝나갈 무렵, 에스파냐와 포르투갈이 황금해안의 풍성한 황금 공급원들을 지배하기 위해 주요 해전들을 벌이면서 시작되었다. 17세기까지 아프리카와 아프리카인 노동력이 신세계의 플랜테이션들에서 만들어낸 새로운 부를 둘러싸고 유럽 국가들 간의 경쟁이 치열해졌다. 그리고 이에 따라 남대서양에서 일어난 분쟁은 장기적이고 다면적인 성격을 갖게 되었다. 세계대전이라고도 할 만한 이 분쟁에 대해서는 논의도 언급도 찾기 힘들다. 이 분쟁은 대서양 양안에서 동시에 일어났다. 유럽과 아프리카의 여러 나라가 동맹을 옮겨가며, 또 브라질에 있는 이 나라들의 동맹과 대리인까지 끌어들이며 복잡하게 전개되었다. 30년 전쟁의 잊혔지만 중요한 이 과정을 통해 전쟁을 이끌었던 이들이 국가 자원에 대해 요구하는 바도 상당히 커졌고, 육지와 바다에서 도박이나 다름없는 극적인 일들이 벌어지기도 했다.

남대서양을 놓고 벌어졌던 이 분쟁은 곧 대서양에서 가장 탐나는 바다가 된 카리브해를 놓고 계속되면서, 끝없이 이어지는 전쟁처럼 보이기도 했다. 이 분쟁은 1653년 잉글랜드·스코틀랜드·아일랜드 연방의 호국경이 된 크롬웰Oliver Cromwell이 '서구의 기획Western Design'이라고 명명한 것을 구상하면서 더 본격적으로 시작되었다.[1] 이 기획이 공언한 목표는 아메리카 전역에서 에스파냐를 몰아내는 것이었는데, 이는 서인도제도에서 시작되었다. 크롬웰이 이끄는 잉글랜드는 1655년 자메이카를 에스파냐로부터 탈취하면서 이 사업에서 첫 번째 대승을 거두었지만, 이는 산토도밍고Santo Domingo를 확보하려는 시도가 실패한 뒤에 겨우 얻은 업적이었다. 두 번의 원정 모두 펜William Penn 제독이 이끌었다. (펜 제독은 약 25년 뒤 북아메리카 본토에 펜실베이니아 식민지를 세운 퀘이커교도 펜의 부친이다.) 자메이카는 그 이전까지 카리브해에서 영국의 가장 중요한 발판이 되었던 바베이도스보다 18배나 큰 규모의 섬이었지만, 이 섬은 영국에 (산토도밍고에서 패배한 뒤에—옮긴이) 위로로 주는 상과 같았다. 영국은 바베이도스의 경험에서 배운 것을 지체하지 않고 자메이카에 적용했고, 곧 자메이카는 바베이도스를 이어 세계 최대의 설탕 생산지가 되었다.

영국은 네덜란드의 초기 제국주의적 성과들을 면밀히 연구했고, 자신이 그 자리를 대체할 수 있기를 늘 희망했다. 왕립아프리카회사Royal African Company는 1660년 스튜어트 왕가와 런던의 상인들이, 증대하던 서아프리카 교역에서 유럽인 경쟁자들을 제치고 더 큰 몫을 확보하기 위해서 세운 것이었다.• 이 회사는 네덜란드서인도회사Dutch West India Company를 대강 모방한 것이었고,[2] '서구의 기획'은 네덜란드가 포르투갈을 물리치고 정복사업을 해나가기 위한 기획에서 아이디어를 얻은 것이었다.[3] 네덜란드는 이를 '위대한 기획Great Design, groot desseyn'이라고 했는데, 이에 대해서는 뒤에서 좀 더 다룬다. 영국은 네덜란드가 합스부르크 가문의 에스파냐 왕정으로부터 독립하는 것을 지원했지만, 이후 17세기 하반기동안 전개되었던 세 번의 전쟁에서는 모두 네덜란드와 맞서 싸웠다. 영국과 해협을 사이에 두고 있는, 같은 프로테스탄트 국가이자 경쟁국인 네덜란드는 브라질과 앙골라에서 포르투갈에 패하면서 많이 쇠약해져 있었다. 그 결과 1660년 영국은 대서양을 가로지르는 최대 노예 수송국이 되었고, 1700년이 되면 전체 대서양 노예무역의 거의 절반을 차지하게 된다.••[4] 영국은 그 덕분에, 아프리카로의 수

• 왕립아프리카회사는 잠시 동안은 왕립탐험회사(Company of Royal Adventurers)라는 이름으로 아프리카로 진출했다. 초기 이 회사는 다양하게 이름을 변경했고, 몇 번의 재편성을 꾀하기도 했고, 자회사들을 양산하기도 했다. 1688년에 노예무역을 위해 세운 '감비아 탐험가들(Gambia Adventurers)'이 그런 자회사들 중 하나였다.

•• 대서양 횡단 노예무역 데이터베이스(Trans-Atlantic Slave Trade Database)에 따르면, 1640~

출도 크게 증가하여, 18세기 동안 그 가치가 10배로 커졌다.[5] 설탕과 노예무역에서 나오는 엄청난 부의 흐름에서 네덜란드와 에스파냐가 점점 더 옆으로 밀리게 되면서, 오늘날 주로 태양과 모래사장을 찾아 떠나는 휴양지로 여겨지는 지역에 대한 지배권을 놓고 프랑스와 영국이 자주 분쟁을 벌이게 되었다. 그중 하나가 '7년 전쟁'이었는데, 그 전쟁의 막바지인 1763년에 프랑스는 과들루프Guadeloupe라는 작은 섬을 확보하는 데 성공했다.[6] 그리고 대신 영국에는 프랑스가 캐나다에 갖고 있던, 과들루프섬과는 비교할 수 없을 정도로 큰 '뉴프랑스New France'를 양도했다. 당시 볼테르Voltaire는 그런 선택을 한 프랑스 정치인들을 지지하는 발언을 했다. 볼테르는 그의 걸작 《캉디드Candide》에서 '뉴프랑스'를 "얼마 안 되는 눈 쌓인 벌판"에 불과하다고 폄하했다.

현대인이 듣기에 볼테르의 발언은 가벼운 재담에 불과해 보이지만, 그것이 신세계에서 프랑스의 역사적인 거래였다는 식의 논리가 면밀하게 검토되었다. 그러면서 아프리카인을 둘러싼 각축전의 범위와 성격에 대해 다양한 주장이 나왔다. 우리가 제국주의 시대 유럽 국가들 사이의 경쟁을 상상할 때, 이를 영토의 지배권에 대한 것이며, 더 넓은 영역을 차지할수록 더 비중 있는 나라가 되었을 것이라고 생각하기 쉽다. 그러나 아프리카인을 향한 각축전은 다른 원리에 입각해 있었다. 땅의 넓이보다는 흑인 노동력 공급을 통제하거나 사탕수수를 재배할 수 있는 비옥한 토지를 확보하는 문제가 더 중요했던 것이다. 신세계 플랜테이션에서 아프리카인을 노예로 삼아, 이전에는 꿈도 꾸지 못했던 규모의 부를 생산해낼 수 있었기 때문이다. 대략 한 세기 반 정도 뒤에 도래

1807년 사이 영국(그리고 이어 영제국)은 290만 명의 아프리카인을 대서양 너머로 수출했다.

할 '면화 대량생산Big Cotton'의 시대 전까지는, 엘미나와 같은 작은 해안 전초기지나 포르투갈의 앙골라 식민지처럼 소규모의 고립된 지역이나 서인도제도의 섬 같은 곳을 장악했을 때 가장 큰 성과를 낼 수 있었다. 이 대부분은 볼테르가 높이 평가했던, 629평방마일(약 1629평방킬로미터)의 과들루프섬처럼 규모가 작았다.

지금은 미국 영토의 일부가 된 오하이오강 계곡Ohio River Valley을 둘러싼 영국과 프랑스의 전쟁도 카리브해에서 두 강국 사이에 벌어졌던 경쟁이라는 맥락에서 보아야 제대로 이해할 수 있다. 그러나 오늘날처럼 미국 중서부의 상부와 캐나다에서 전개되었던 전투들에 중점을 둔 역사서술에서는 당시 그런 현실이 거의 언급되지 않는다. 대부분의 전통적인 역사서술은 이 갈등을 설명할 때, 7년 전쟁으로 사망자가 가장 많이 나온 유럽 강대국들 사이의 세력균형에 초점을 두고 있다. 미국에서는 이 전쟁을 보통 '프랑스-인디언 전쟁'이라고 하는데, 이 전쟁을 해석할 때 미국에서 특히 주목하는 부분은 북아메리카에 대한 지배권을 놓고 영국과 프랑스가 벌였던 분쟁이다. 그 외의 여타 다른 문제들은 거의 보지 않는다. 이런 설명에서 가장 부각되는 것은 당시 버지니아 민병대의 중령이었던 젊은 조지 워싱턴의 업적과 과오이다. 그것이 가장 이해하기 쉽기 때문이다.

그러나 당시 유럽의 지배자들과 여론 모두 해운업과 무역에 국운이 달려 있다고 생각했는데, 여러 상황을 볼 때 전쟁의 주당사자였던 영국과 프랑스의 입장에서도 마찬가지였다.[7] 1750년 이전 한 세기 동안, 카리브해는 아메리카 대륙 북부의 식민지들보다 이 점에서 경제적·전략적으로 더 중요했다. 전쟁이 발발하면서 이 두 식민지 지역 사이의 균형이 조금씩 변하기 시작했지만, 프랑스에서 권세가 있던 일부 인사들의 관점에서 볼 때 아메리카 본토에서 영국과 싸우는 가장 중요한 이유는 방어적인 것이었다. 프랑스는 경쟁국 영국을 아메리카 본토에 묶어두어야 영국이 프랑스령 서인도제도 식민지들을 탐하지 못하게 할 수 있다고 생각했다. 서인도제도에 대한 지배력을 여전히 중시했던 것이다. 초기 노예인구는 영국보다 훨씬 적었지만, 18세기 카리브제도의 프랑스령 영토에서 플랜테이션 지대는 영국보다 훨씬 빠르게 확대되었다. 그 대부분은 생도맹그(훗날 아이티)의 실적에 힘입은 것이었다.[8]

역사학자 보Daniel A. Baugh는 뉴프랑스의 총독인 갈리소니에르 백작 바린Roland-Michel Barrin이 베르사유 궁전에 보낸 다음과 같은 조언을 인용한다. "북아메리카의 영국이 캐나다인이나 인디언의 위협을 더 이상 받지 않게 되면, 그들은 대륙에서 '무적의 군사력을 조직'할 수 있게 될 것이다. 그렇게 되면 얼마 지나지 않아 그 큰 병력을 이끌고 생도맹그나 쿠바 혹은 우리의 윈드워드제도Windward Islands로 들어올 것이다. 그들을 막아내기는 매우 어려울 것이고, 비용도 막대하게 들 것이다."[9]

바린의 예언은 실제로 매우 정확했다. 영국 장관 윌리엄 피트William Pitt가 1757년 집권했을 때, 그는 프랑스의 부의 원천지를 공격하겠다는 야심을 품고 있었다. 피트는 그것이 서아프리카 노예 공급 파이프라인을 통해 노동력이 계속 공급되는 카리브해의 사탕수수 재배 섬들이라고 이해하고 있었다. 이듬해 피트의 해군은 오늘날 세네갈과 감비아에 자리한 다카르Dakar 앞바다의 고레섬Gorée Island을 비롯해 프랑스의 주요 노예 공급 중심지들을 장악했다. 프랑스 번영의 중심지점을 향한 첫 단계 공격에서 성공을 거둔 피트는 9000명의 선원을 실은 73척의 선박을 지휘하여 서인도제도로 향했다. 한 달 만에 바베이도스에 도착했을 때, 영국군 4000명이 사망했거나 더 이상 복무할 수 없는 상태였다. 주로 황열병이 빚은 참사 때문이었다. 영국군은 프랑스군과 맞붙지도 못했다. 다시 한 달 뒤, 영국군 중 전투할 수 있을 정도로 건강한 병사는 거기서 다시 3분의 1로 감소해 있었다.[10]

서인도제도에서 피트의 첫 목표는 마르티니크Martinique를 확보하는 것이었다.[11] 롱아일랜드의 4분의 1도 되지 않을 정도로 작은 섬이지만, 설탕 생산을 위해 많은 노예를 수입하고 있었다. 식민지 시대를 포함해 미국사를 통틀어 미국으로 팔려간 아프리카인 전체 숫자보다도 더 많은 아프리카인이 이 섬으로 보내졌다. 그러나 이 섬에 배치된 방어용 대포의 위력에 눌려, 영국은 마르티니크 대신 부근의 과들루프를 공격했다. 영국의 이런 시도 자체가 우리에게 놀라운 것을 말해준다. 그들의 반복된 행동들로 판단해보건대, 이 시대 유럽의 선진 강대국은 노예무역과 노예무역의 공급을 받는 플랜테이션 지대에 대한 지배력을 확보하기 위해서는 막대한 희생도 각오할 만한 가치가 있다고 생각했음이 분명하다. 왜 그랬는지에 대한 답변은 일부 역사가가 말하는 것처럼 그리 어렵지 않다. 일단 과들루프를 장악한 영국은 곧 이 섬을 원래의 목적대로, 즉 노예가 설탕을 생산하는 섬으로 되돌려놓는 작업에 착수했다. 영국은 이 섬에서 노예 수입을 갑자기 증대시켜, 2년 사이에 프랑스가 18세기 내내 수입했던 규모보다 더 많은 노예를 들여왔다. 설탕 플랜테이션도 185개에서 447개로 급증했다. 그 결과는 곧 확연하게 나타났다. 과들루프의 플랜테이션 생산량이 마르티니크를 훨씬 앞질렀을 뿐 아니라, "1761년에는 과들루프가 설탕, 면화, 럼주, 커피 등의 수출에서 영제국의 선두에 서게 되었고, 영국과 아메리카의 생산품 구매에서도 이 섬이 큰 비중을 차지하게 되었다."[12]

바린의 예견대로, 노예가 된 아프리카인의 엄청난 생산력을 지배하려는 이런 다툼은 생도맹그로 이어졌다. 18세기 말 이곳에서 플랜테이션 생산은 절정에 달했다. 히스파니올라섬의 크기는 카리브해 표준보다 컸지만(과들루프의 46배), 그래도 사우스캐롤라이나보다는 훨씬 작았다. 한 추정에 따르면, 생도맹그가 크게 앞서며 주도했던 프랑스령 카리브해 식민지들은 1716년에서 1787년 사이 호황기 동안 프랑스 전체 경제성장의 약 15퍼센트를 차지하면서 프랑스가 자본주의와 산업화로 전환하는 데 큰 힘이 되었다.[13] 이 시대 유럽 최대 강국인 영국과 프랑스 모두 이렇게 수익성 높은 중심지들에 대한 지배권은 무조건 가져야 하는 것이었으며, 인적·물적 자원을 유례없이 소모하면서라도 싸울 가치가 있는 욕심나는 포상이었다. 그러나 두 나라의 입장에서는 불행히도, 생도맹그에서 자유를 쟁취하겠다는 많은 노예인구의 의지와 흑인을 자유로 이끌었던 혁명 지도자 세대의 전술적·정치적 능력은 그런 욕심보다 훨씬 더 컸다.

서구 국가들의 기성 학계는 근대 세계의 역사에 대한 전통적 서술에서 아프리카나 아프리카인의 역할을 거의 진지하게 다루지 않는다. 그런 가운데, 트리니다드 출신의 한 젊은 박사 후보생이 무모할 정도로 과감하게 다음과 같이 주장했다. 아프리카가 없었다면, 그리고 아프리카에서 데려온 노동력으로 지탱된 카리브해의 노예 플랜테이션 농업이 없었다면, 19세기 서구가 향유했던 부의 폭발적 증가는 결코 일어나지 않았을 것이며, 그렇게 일찍 혹은 급속하게 산업화가 이루어지지도 못했으리라는 것이다.

이 주장은 1938년 에릭 윌리엄스가 옥스퍼드대학 역사학 박사학위 논문 주제로 제시한 것이다. 우연히도 같은 해, 또 다른 뛰어난 카리브해 지역의 사상가이자 윌리엄스의 한때 스승이었던 제임스도 그의 대표작인 아이티 혁명에 대한 책《블랙 자코뱅》을 출판했다. 윌리엄스는 훗날 자신의 논문 주제를 좀 더 다듬고 보완하여, 1944년에《자본주의와 노예제Capitalism and Slavery》라는 책으로 발간했고, 이 책 역시 지식의 세계에서 이정표가 되었다.《자본주의와 노예제》에서 에릭 윌리엄스는 서구를 지구적 차원에서 우세하게 만든 경제혁명을 이해하는 지배적인 방식들을 대담하게 뒤집었다. 그리고 이를 통해, 21세기 학자 캐링턴Selwyn Carrington의 표현에 따르면, "카리브해를 대서양 경제체제의 중심에 놓았다."[14] 영국 지식인들과 노예제의 역사를 논하다 보면, 나는 노예무역 폐지에서 영국이 했던 선도적인 역할로 초점을 옮기고 싶은 갑작스런 혹은 끈질긴 욕망을 자주 경험하곤 한다. 영국 지식인들은 영국의 노예무역 폐지를 위한 노력이 당시 등장하고 있던 자유주의 원칙을 고수하려는 의도에서 나온 것이라고 말한다. 이런 경험 때문에 나는 윌리엄스가 90년 전 영국학계에 만연했을 훨씬 더 보수적인 분위기에서 자신의 논문 주제를 승인받기 위해 얼마나 어려움을 겪었을지가 조금 이해가 간다. 2020년 영국계 자메이카인 인기 작가 스미스Zadie Smith는 "내가 영국 교육과정에서 노예제에 대해 배운 것이라고는 '우리'가 그것을 끝냈다는 것뿐이라고 해도 과장이 아니다"라고 썼다.[15] 윌리엄스의 저작 이전에, 결국 지배적인 역사학 전통은 영국 제국주의 학파British Imperial School의 학문이었다고 할 수 있다. 이 학파는 "카리브해 식민지들의 발전은 유럽의 부에서 비롯되었으며" 그 반대는 아니라고 주장했다.•[16] 한편, 아프리카의 발전이 유럽의 식민화로 가능했다고 하

• 국제무역 이론으로 자유주의의 문제를 넘어서, 오늘날에도 여전히 자랑스럽게 여겨지고 있는 영국의 반노예제 운동은 영국 국내에서 임노동자의 지위를 높이고 고귀하게 만들어주는 중요한 역할을 했다. 당시 빈민은 농촌의 토지에서 대규모로 강제 퇴출되고 있었고, 발전하던 산업 경제에서는 저임

는 주장에 대해서도 같이 다룰 것이다.

이런 학계의 역풍에도 윌리엄스는 일관되게 맞섰고, 결국 수 세대가 지나서야 인정을 받았다. 그러나 이런 인정은, 영제국이 말하자면 반격을 가한 이후에나 받았다고 할 수 있다. 윌리엄스의 핵심 주장에 대한 문제제기들이 학계에서 곧 쏟아졌지만, 그렇다고 해서 이 책의 전제들을 무력화시킬 정도는 아니었다. 역사가 넬슨Scott Reynolds Nelson에 따르면, "1950년대부터 1980년대까지 줄곧 랜즈David Landes에서부터 데이비스Ralph Davis에 이르는 수십 명의 영국 정치경제사학자들은 식민지가 영국의 경제성장에서 중요했던 적이 없었다고 주장했다. 대신 기계, 국제 해운업, 자유주의적인 은행법들이 본국에서 경제성장의 '엔진들'이었다고 주장했다."[17] 멀리 대서양 건너에 있는 미국에서도 비슷하게 단호한 반발이 제기되었다.

당시 서구 학계는 플랜테이션 식민지들, 노예 노동, 노예무역, 설탕 플랜테이션 복합지대 등이 개별적으로든 총체적으로든, 영국의 산업화 혹은 좀 더 일반적으로 말하면 근대 서구의 부상에 크게 기여했을 가능성에 대해 진지하게 고려해본 적이 거의 없었다. 그런 배경에서 윌리엄스의 주장이 나왔다는 것은 대단히 놀라운 일이다. 18세기 스코틀랜드 출신 경제학자이자 철학자인 애덤 스미스까지 거슬러 올라가는, 좀 더 광범한 이론을 통해 보자면 학계는 노예제를 경제적 전망이나 가치가 나올 리 없는, 역사의 막다른 길로 묘사하는 경향이 있었다. 다시 말하면, 오늘날 우리가 누리는 번영이 아프리카인의 근육 세포가 일으킨 불꽃, 이마의 땀, 노예가 된 아프리카인의 눈물, 생존하려는 의지와 탁월

금에다 위험하기 일쑤인 일자리로 내몰리고 있었다.[18]

함에서 나온 것이라고 볼 수 있다는 주장을 펼칠 때, 이를 진지하게 들으려고 하지 않았다는 말이다.

윌리엄스의 주장에 오류가 하나도 없다는 말은 아니다. 사실 치명적인 오류들이 있다. 윌리엄스에 동조하는 비평가들도 그가 경제학자로 공식 훈련을 충분히 받지 못했다는 점을 지적한다. 그의 방법론적 틀은 다소 고루하며, 그렇게 과감한 경제적 주장들을 하려면 데이터나 통계를 깊이 있고 능숙하게 사용하여 뒷받침했어야 한다고 하는데, 타당한 지적들이다. 그가 펼치는 주장의 범위가 워낙 넓어서 비판자들이 겨누는 표적의 크기 역시 비례하여 커졌다. 서인도의 설탕 플랜테이션 복합체와 그곳에서 일하는 노예가 산업혁명을 태동하는 데 기여했다는 주장은 시작에 불과했다. 윌리엄스의 주장을 어떤 이는 "리버풀의 성장, 영제국의 풍요, 잉글랜드 해군의 승리, 영제국 금융 가문들의 성공, 잉글랜드 면직공장들의 성공 등이 모두 노예무역과 노예가 만든 상품에 기반을 두고 있었다"라고 요약했다.[19] 이런 주장에 대해 조목조목 반박이 제기되기는 했지만, 최근 수십 년 동안은 윌리엄스의 관점을 대체로 인정하는 근대사 연구자들이 윌리엄스와 윌리엄스의 주장 모두를 강력하게 옹호해왔다.

트리니다드 출신으로 훗날 그곳의 수상이 되는 이 젊은 학자를 비판했던 이들이 가장 효과를 거둔 지점은 제국주의 학파에게 가장 공격적이었던 주장을 반박하는 부분이었다. 즉, 영국이 노예제를 폐지하기로 결의한 것은 플랜테이션 복합체가 더 이상 수익성이 높지 않아졌을 때, 특히 상품 공급에서 '자유무역'이라는 대안이 가능하게 되었을 때였다는 윌리엄스의 주장에 대한 반박이었다. 윌리엄스는 "이제 전 세계가 영국의 식민지가 되었고, 서인도제도는 쇠락해 있었다"고 썼다.[20]

사실 1807년 노예제가 폐지되었을 때는, 윌리엄스에 대한 여러 비판자들이 지적해온 것처럼 영국의 대서양 노예 사업이 한창 호황을 누리고 있었을 때였고 영국의 플랜테이션 역시 꽤 번성하고 있었다.• 노예제 폐지 운동이 하나의 운동으로 미국 혁명 직후부터 성장했고, 여기에 많은 주체가 참여했다. 퀘이커교도, 클라크슨Thomas Clarkson이나 샤프Granville Sharp와 같은 끈질긴 활동가, 영국의 하원의원 윌버포스William Wilberforce 등이 여기에 포함된다. 이와 함께 빼놓을 수 없는 중요한 인물이 에퀴아노Olaudah Equiano이다. 노예출신 자유인인 에퀴아노는 샤프에게 1783년 리버풀의 노예무역 선박 종Zong호에서 132명의 아프리카인이 바다로 던져졌다는 사실을 알렸다. 당시 종호는 엘미나와 상투메섬 부근에 위치한 케이프코스트Cape Coast(가나의 센트럴주에 있는 도시—옮긴이)를 출발하여 자메이카로 향하고 있었다. 그런데 실수로 선박이 카리브해에서 항로를 벗어나게 되었고, 이를 안 선원들이 물이 부족해질 것을 우려해 이런 잔혹행위를 저질렀다고 한다. 훗날 선원들은 그들이 살해한 아프리카인에 대해 보험사에 손해배상을 청구했다. 샤프는 이 경악할 사건을 여론에 알리는 데 중요한 역할을 했다.

1807년 영국이 노예무역을 금지한 것은 같은 인류의 일원으로 흑인의 운명을 우려해서라기보다는, 제국의 정통성 위기가 더 큰 이유였다. 이 위기는, 긍정적 측면에서 보면 북아메리카 영국 식민지들이 독립투쟁에서 성공하면서 촉발되었다. 당시 서아프리카를 휩쓸고 있던 이슬람 개혁Reformist Islam 운동들이 노예무역을 폐지하기 위해 맞서 싸우기 시작했고, 이는 관련된 기독교의 아프리카 자선 운동들이 노예무역을

• 대서양 횡단 노예무역의 전성기는 1680년부터 1830년까지 지속되었다.[21]

옹호했던 위선적 언행(초기 포르투갈 노예무역 시기부터 시작되었던 주장들)을 더 어렵게 만드는 데 일조했다.[22] 한편, 영국 노예무역 금지에 현실적인 박차를 가한 또 다른 사건은 아이티에서 프랑스가 패배한 것이었다. 이에 따라 영국은 카리브해에서 노예가 생산한 상품을 놓고 프랑스와 크게 경쟁할 필요가 없어졌다.

윌리엄스는 노예사업에서 영국의 이익을 잘못 측정했다. 주로 물질적인 것만 고려했기 때문이다. 사실 또 다른 종류의 이익추구, 즉 도덕적 타락과 죄책감에서 벗어나 자부심을 추구하는 것도 중요한 문제가 되었다. 프로테스탄트 국가 영국은 가톨릭 국가 프랑스와 경쟁하면서 18세기 내내 승리를 구가해왔다. 영국의 역사학자 테일러Michael Taylor의 표현에 따르면, 영국은 이 성공을 "의회 민주주의와 절대주의 전제정치 사이의 보편적 투쟁"에서 거둔 승리라고 설명했다.[23] 영국은 자유 자체가 위기에 놓여 있었다고 보았다. 그런데 북아메리카에서 개신교도가 중심이 되어 자유를 내세우며 진행된 독립혁명이 갑작스럽게 승리를 거두면서 영국에, 그리고 영제국이라는 개념 자체에 근본적인 도덕적 난관이 조성되었다. 역사학자 브라운Christopher Brown에 따르면, "제국 통치의 미덕이 공론에서 문제로 제기된다면, 노예제에 대한 지지 때문에 궁지에 몰릴 수 있었다."[24]

윌리엄스의 오류와는 별개로, 그의 주장을 반박하는 데 열심이었던 비평가 집단의 문제는 너무 명백하고 해결이 불가능했다. 그러니 그들 모두가 이 주제를 회피하는 경향을 보였다는 점은 놀랄 일도 아니다. 일부 비평가는 노예무역의 수익이 사실 얼마 되지 않았기 때문에, 영국 혹은 유럽의 급성장에 결정적이거나 아주 중요한 요소는 아니었을 것이라고 주장해왔다. 그러나 노예제가 유럽과 신세계 내 유럽 영토들의 번영에서 부수적인 요소에 불과했다면, 왜 구대륙 유럽의 강국들은 아프리카의 주요 노예 공급지들과 아메리카 플랜테이션들을 지배하기 위해 그들의 피와 자산을 그토록 엄청나게, 그리고 그렇게 오래 투자했는지가 설명되지 않는다. 물론 가장 개연성 있는 답변은 강국들이 노예제와 노예제에서 생산된 상품이 자기 번영의 핵심이라고 확신했고, 그 체제를 유지하기 위해 제국이 감당해야 하는 비용에 대해 제대로 이해하고 있었다는 설명일 것이다.

그렇다면 18세기와 19세기에 유럽 일부, 특히 영국이 부와 권력에서 아프리카뿐 아니라 중국, 인도, 오스만 제국을 제치고 경제적으로 도약한 것을 가장 합리적으로 설명하는 익숙한 서사를 재고해볼 필요가 있다. 북유럽에 집중되어 있는 이런 성공들을 설명하는 가장 일반적인 주장에 따르면, 이 지역 나라들이 훗날 복속시키고 결국 식민화하게 될 여러 나라들을 비롯해 여타 동료 국가나 경쟁국들보다 더 유능해졌다고 한다. 그런 주장을 채택하는 것은 분명히 동어반복에 가깝지만, 여기에 일말의 진실이 없지는 않다. 미국의 사회학자이자 정치학자인 틸리Charles Tilly의 "전쟁이 국가를 만든다"는 유명한 말이 있다. 나는 이를 확장하여, 유럽인이 유럽 대륙 외부에서 벌인 경쟁에 더 큰 강조점을 두고 설명해보려고 한다. 이 시기 성장한 국가의 능력은 제국을 둘러싼 유럽 국가들 사이의 무력 경쟁과 바로 연결되어 있었다. 그리고 이는 무엇보다 대서양에서 전개되었고, 앞서 본 것처럼 15세기 말 엘미나 앞바다와 같은 곳에서 시작되었다. 더 능률적인 국가를 건설하는 것은 수익성이 높은 새로운 정복지들을 확보하고 확대하는 데 필수조건이었다. 틸리에 따르면, 더 능률적인 국가는 "전쟁의 부산물이었다. 지배자들은 싫든 좋든 결국 자신의 생명을 앗아가게 될 활동과 조직들,

즉 법원, 재무기구, 조세제도, 지방 행정, 공공 의회 등 많은 것을 시작했다."[25] 이와 함께 국가의 추출 능력, 동원 능력, 그리고 사업 능력이 막대해졌고, 더불어 "국가에 대한 시민의 주장도 커졌다."[26] 이에 따라 사회적 계약을 확대해야 했고, 국가는 시민에게 더 많은 서비스를 제공해야 했다. 17세기에 시작된 대규모 선박제조를 통해 대서양 세계에서 마침내 국가가 발군의 위치를 차지하게 된 것에 대해, 역사학자 쿠퍼Frederick Cooper는 다음과 같은 내용의 글을 자주 썼다. "제국이 영국을 만들어냈지, 영국이 제국을 만들어낸 것은 아니다."[27]

"전쟁이 국가를 만든다"는 틸리의 유명한 공식은 일정 범위에서 유용하지만, 자칫하면 너무 협소하게 해석될 위험이 있다. 이 시기 유럽 국가들 사이의 전쟁은 역사책을 채우고 있는 끊임없는 동맹, 반反동맹, 전술, 결과의 목록들만 갖고 이해해서는 안 된다. 이 시기 꽤 자주 있었던, 새롭고 근본을 뒤흔들 정도로 변혁적이었던 것에 주목하면서, 좀 더 솔직하게 바라볼 수 있어야 한다. 즉 바다 멀리까지 뻗어나갔던 대제국들의 지배력과 관련해서 바라봐야 한다는 것이다. 그러나 그런 용어조차도 혼란을 초래한다. 400년에 걸쳐 대부분은 선전포고도 없는 비정규전으로 진행되었던 이 일련의 긴 싸움들은 아프리카와 아프리카인, 특히 검은 육체를 지배하고 착취하기 위한 것이었다. 아프리카인의 노동을 엄격하게 조직하고 철저히 감시하면서 끌어낸 수익이 16세기 아프리카의 황금보다 훨씬 더 높은 가치를 갖게 되었다. 사슬에 묶여 대서양을 건넜던 사람들을 검은 황금으로 여기는 것보다 더 나쁜 일도 일어날 수 있었다. 아프리카인을 둘러싼 각축전은 그런 상상도 뛰어넘는 것이었다. 이 세계적 경쟁은 노예 공급을 위해서만이 아니라 전 세계의 과들루프들을 함께 확보하기 위한 것이었다. 즉 강제로 잡아온 이들을 가장 생산적인 노동에 투하할 열대 지역들을 확보하기 위한 경쟁이기도 했다. 이런 목표로 전개된 전쟁들이었기 때문에 끝없는 전투와 군비 증강과 죽음을 무릅쓰고 진행되었고, 그런 전쟁들을 통해 무엇보다 가장 성공적인 근대 유럽 국가들이 성장해 나왔다.

15

아프리카인을 확보하기 위한 경쟁

엘미나 외곽으로 어렴풋이 보이는, 홀로 우뚝 솟은 봉우리 산티아고 언덕Santiago Hill은 유럽인이 흑인의 몸을 지배하기 위해 수 세기 동안 공들인 과정을 가장 잘 보여주는 곳이다. 포르투갈인이 이 언덕을 올라 먼저 꼭대기에 예배당을 세웠다. 얼마 뒤에 그들은 작은 방어용 성벽을 지었다. 근대에 들어와 이 언덕에는 나병환자를 위한 요양원이 들어섰고, 그 이후에는 국가적 관광 산업을 육성하기 위한 학교로 이용되었다. 안타깝게도 지금은 장기 휴교 상태이다. 그러나 산티아고 언덕이 지녔던 가장 큰 의미는 1637년 네덜란드가 이곳에서 수십 년 동안의 시도 끝에 마침내 포르투갈을 물리쳤고, 이를 통해 황금해안에 대한 지배권을 갖게 된 것이다. 이로서 포르투갈이 서아프리카 해안에서 155년 동안 누렸던 황금무역에 대한 헤게모니가 막을 내렸다.

네덜란드는 바다에서도, 요새 바로 앞에서도 공격을 시도했다. 그들은 함포로 상조르즈다미나를 맹공격했고, 초승달 모양의 항구를 봉쇄하여 포르투갈인이 선박으로 금을 실어나가거나 물자를 공급하는 것을 막기도 했다. 그러나 제독들이 차례로 죽어나가도, 요새 거주자가 말라리아를 비롯한 각종 열대 풍토병으로 사망하여 수십 명에 불과한 규모로 줄어들어도, 포르투갈인은 그곳을 지켜냈다. 이런 그들의 내성은 요새의 견고함 때문이기도 하지만, 선주민과의 동맹을 통해 필요한 자원을 성공적으로 확보할 수 있었기 때문이기도 했다. 현지의 아칸인 지원군은 식량을 공급했을 뿐 아니라, 바로 인근 지역 네덜란드 선박과 군대의 움직임에 대한 정보까지 시의적절하게 제공했다.

1637년 8월, 800명의 병사를 태운 9척의 군함으로 구성된 네덜란드 부대가 다시 엘미나를 공격하기 위해 황금해안 앞바다에 당도했다. 포르투갈은 현지 동맹군들 덕분에 네덜란드가 산티아고 언덕을 장악하여 고지에서부터 요새를 공격해 들어올 계획임을 알게 되었다. 이를 막고자 아프리카인 지원부대들은 네덜란드인이 언덕으로 접근하지 못하게 하여, 고지를 오르려 했던 네덜란드인의 첫 시도를 무산시켰다. 그러나 대부분이 엘미나 거주민이었던 아프리카인 전사들은 곧 전투지를 떠났고, 도심에서 너무 섣부르게 승리를 축하하는 잔치를 벌였다. 덕분에 적들은 다시 병력을 정비하여, 총포를 갖고 언덕 꼭대기까지 올라갈 수 있었다. 그곳에서부터 네덜란드군은 상조르즈섬을 무자비하게 공격했지만, 요새가 워낙 견고하게 건설되었기 때문에 별 효과는 없었다. 여러 날 동안의 폭격 끝에, 결국 포르투갈을 항복시킨 것은 계속되는 대포 공격이 아니라 배고픔이었다.[1] 승리한 네덜란드는 남아 있는 포르투갈인이 요새를 버리고 떠나는 것은 허용했지만, 어떤 것도 가져갈 수는 없다는 조건을 걸었다. 나중에 포르투갈인은 포르투갈 소유의 상투메섬으로 보내졌지만, 엘미나보다 방어력이 훨씬 약했던 그 섬 역시 곧 네덜란드가 장악하게 된다. 포르투갈이 식민지로 삼은 지 얼마 되지 않았던 루안다 역시 잠시나마 비슷한 과정을 밟는데, 이에 대해서는 다음에 좀 더 살펴본다.

네덜란드인은 엘미나를 손에 넣기 전에도, 황금해안 지대에서 포르투갈의 독점 거래를 몰래 침범하여 매년 약 5톤의 황금을 벌어들이고 있었다.[2] 포르투갈인은 네덜란드인이 자신과 전면전을 벌일 정도로 급성장한 비결이 아프리카에서 가져간 자원 덕분임을 시종일관 의심하지 않았다. 엘미나를 장악한 네덜란드는 포르투갈 혹은 다른 유럽 국가들이 곧 자기를 몰아내려고 하거나 그런 활동에 끼어들려고 할 것임을 알고 있었다. 그런 가능성을 차단하고자 네덜란드는 아프리카인을 동원하여 백색 도료를 바른 사각형 보루를 건설했다. 이 기지는 지금도 이 봉우리에 우뚝 서 있다. 이는 다른 나라가 이 항구로 들어오는 것을 막고, 자신들이 요새 아래쪽에서 감행했던 것과 같은 공격을 감히 시도하지 못하도록 만들 수 있었다.

네덜란드 공국이 이렇게 했던 전략적 목표는 너무나 분명했다. 1580년 포르투갈이 에스파냐와 합병되었을 때, 에스파냐는 네덜란드와 전쟁 중이었다. 에스파냐가 네덜란드인 프로테스탄트의 반란을 진압하고 북해 저지대 나라들을 장악하기 위한 전쟁이었다. 당시 펠리페 2세 치하의 에스파냐 제국은 오늘날 캘리포니아에서부터 남아메리카 남단까지 신세계의 상당 부분을 장악하고 있었고, 태평양을 넘어 필리핀까지 뻗어나가 있었다. 필리핀이라는 국명은 당시 에스파냐 국왕의 이름에서 유래했다. 펠리페 2세의 문장紋章에는 "세계는 좁다The World Is Not Enough"라는 말이 쓰여 있다.[3] 그는 8000명의 병력을 이끌고 중국을 침공하는 것을 진지하게 검토했을 정도로 야심찬 지배자였다. 완고하게 버티는 네덜란드인을 응징하기 위해 펠리페 2세는 네덜란드 선박이 이베리아반도의 항구에 들어오지 못하게 했다.[4] 이 때문에 해상무역으로

부를 쌓아온 네덜란드의 열정적인 뱃사람들은 상업 활동의 기회를 얻고자 다른 곳을 찾아 헤매다가 카리브해 연안으로 진출했고, 오늘날 베네수엘라 근해에 있는 푼타데아라야Punta de Araya에서 풍성한 소금 공급처를 발견했다.[5] 1630년 네덜란드 서인도회사에서 나온 소책자에는 다음과 같이 쓰여 있다.

> 서인도제도가 네덜란드에 막대한 자원 공급처가 될 수 있다. 네덜란드가 은화를 더 많이 비축할수록, 적의 힘은 약화될 것이다.[6]

얼마 지나지 않아, 네덜란드는 활동의 반경을 넓혔다. 약 두 세기 전에 포르투갈의 엔히크 왕자가 시작했던 것과 마찬가지로 서아프리카 해안을 따라 남쪽으로 항해해나갔다. 이들은 이 지역에서 급속하게 발전하고 있던 황금무역에 참여하여 자기 몫을 확보하려는 분명한 목표를 갖고 있었다.

돌아보면, 포르투갈 제국은 에스파냐와의 갑작스런 강제 결혼으로 큰 고난을 겪었던 것으로 보인다. 이에 비해 완고하게 저항했던 네덜란드는 여전히 여러 큰 이점을 갖고 있었다. 그중 하나는 네덜란드가 안트베르펜, 그리고 조금 뒤에는 암스테르담과 같은 번화한 국제적인 상업 중심지들을 갖고 있었기 때문에 아프리카인이 황금을 지불하면서 요구했던 여러 상품들을 제공할 수 있는 주요 공급자가 될 수 있었다는 점이다. 대표적 상품에는 유럽산 혹은 인도산 직물뿐 아니라, 항상 인기 있는 마닐라(팔찌), 주철, 다양한 종류의 금속가공품이 있었다. 이와 대조적으로 포르투갈인은 아프리카 해안 지대 사람들이 귀하게 여겼던 상품을 거의 생산하지 못했다.

상업적 야심을 뒷받침하기 위해, 네덜란드 역시 굳건한 해군력을 비롯해 대규모 해운업을 위한 준비를 갖추었다. 그런데, 네덜란드가 가졌던 가장 중요한 이점은 역설적인 것이었다. 포르투갈의 경우 유례없던 제국주의적 팽창이 너무도 빠르게 진행되었기 때문에, 엉성하게 확장된 상태이기도 했다. 제국주의 시대를 선도하면서 포르투갈은 부국이 되었지만 인구 규모가 작아 인적 자원이 빈약했다. 그래서 포르투갈 모델은 용병에 기초해 있었고, 이것이 발목을 잡았다. 다른 강국이 각기 해외로 진출하여 자원 확보를 추구하고 있을 때, 포르투갈은 이에 빠르게 대처하지 못했고, 곧 뒤처지게 되었다. 유럽의 경쟁국(특히 프랑스와 영국)은 이미 16세기에 포르투갈이 보유하던 곳을 침공해 들어가기 시작했다. 그러나 16세기 말에 이베리아반도인에게 체계적으로 도전해 들어간 나라는 강한 정치적 동기를 갖고 있던 네덜란드였다. 네덜란드는 이에 상응하는 전략을 개발했다. 상인들에게 식민지 통치를 조직할 수 있는 공식 권한을 주었고, 포르투갈인의 출몰이 드물거나 경제적으로 취약한 곳에서 포르투갈을 공격해 포르투갈이 현실적으로 방어가 가능한 지점만 지키도록 강요했다. 승자가 독식하는 제국주의 경쟁이 흑인과 흑인이 만들어낸 부를 둘러싸고 전개되면서 다른 강국들이 그 경쟁에 계속 유입되었다. 영국은 약 150년 뒤에 네덜란드가 포르투갈을 상대로 썼던 것과 거의 동일한 전술을 프랑스에 구사했다.

1624년 네덜란드 선박들이 포르투갈령 브라질을 공격하기 시작한 것을 두고 칼뱅주의 성직자로 함대와 함께 항해하던 에스타르테니우스Henock Estartenius는 이를 '30년 전쟁' 당시 네덜란드의 전술이었다고 한마디로 정리했다. 그에 따르면, 브라질의 페르남부쿠Pernambuco를 공격한 것은 "에스파냐왕의 부대를 우리의 목구멍에서 내보내고 그 왕이 유럽에서 진행하는 전쟁들과 연결된 신경망들을 끊어내는 것"과 다름 아니다.[7] 이 군사행동은 3년 뒤 엄청난 성과를 거둔다. 당시 네덜란드 해군제독 헤인Piet Heyn은 쿠바 앞바다에서 벌어진 마탄사스Matanzas 전투에서 에스파냐의 대규모 은 함대를 공격하여, 화물로 실려 있던 최소한 1150만 길더(네덜란드 화폐단위—옮긴이) 가치의 금을 가로챘다.[8] 그 혜택은 막대하여 1621년에 인가를 받은 이래 여전히 고군분투하고 있던 서인도회사가 새로운 대규모 함대에 자금을 댈 수 있게 되었고, 주주들에게 50퍼센트의 배당금을 지급할 수 있었다. 통상 이야기하듯, 이 역사의 다음 장들은 언제나 이 확대된 함대가 가장 큰 규모의 브라질 사탕수수 재배 지역들을 정복하는 데 이용되었음을 강조해왔는데, 이는 정말 네덜란드인의 성과였다. 그러나 대부분의 역사 설명에서 간과하는 부분은, 새로 진입한 네덜란드 상인의 권력이 아프리카 해안을 따라 네덜란드의 영향력을 확대하는 데 사용되었으며, 이는 포르투갈의 손실로 이어졌다는 점이다. 네덜란드인은 아프리카와 아프리카인 노예를 확보하는 것이 포르투갈을 패퇴시키는 가장 좋은 방법이라고 여겼고, 훗날 브라질이 네덜란드에 이익이 되도록 만들기 위해서도 필요하다고 생각했다. 그리고 이 모든 것이 엘미나 공격을 성공적으로 이끌면서 시작되었다. 유럽인에게 엘미나는 여전히 서아프리카 황금 시장들을 공략하기 위한 열쇠로 보였다.

엘미나 습격은 새롭고 세계적이지만, 거의 알려지지 않았던 분쟁 속에서 터져 나온 신호탄이었다. 당시는 '전쟁은 또 다른 수단의 정치'라는 격언을 조금 비틀어서, '17세기 초 유럽 무역은 또 다른 수단의 전쟁'이었다고 말할 수 있게 된, 개량된 시대였다. 간단히 말하자면, 네덜란드는 아프리카와 신세계에서 동시 공격하여 포르투갈이 전례 없는 선택을 하도록 만들었다. 포르투갈의 상업적·행정적 네트워크가 사실은 포르투갈이 감당할 수도 없는 규모로 뻗어 있었음을 보여준 것이기도 했다. 틸리에 따르면, "포르투갈이 제국주의 사업을 위해 국내에서 제공했던 인적 자원이나 통나무 등 물적 자원은 오랫동안 위태로울 정도로 빈약했다. 16세기 '포르투갈' 선박에는 지휘관을 제외하면 포르투갈 출신을 찾기 어려운 경우가 다반사였다."[9]

17세기 첫 수십 년 동안, 이 위기를 해결하기 위해 포르투갈의 일부 인사는 국왕에게 아시아 향신료 무역을 지키던 함대에서 파견대를 보내 아프리카에서 네덜란드인의 개입을 차단해달라고 요청했다. 그러자 다른 이들은 동인도의 가치가 높기 때문에, 그럴 경우 더 큰 위험이 따를 수 있다고 주장했다. 최소한 초기에는 아시아에서 발생하는 이익이 더 컸다. 그래서 수년 동안 엘미나로 재공급이 제대로 되지 못했고 주둔하는 수비 병력도 계속 감소했다. 그러나 1637년 네덜란드가 엘미나를 장악하고 곧이어 상투메섬과 루안다를 정복하자, 포르투갈은 완전히 새로운 차원에서 경각심을 갖게 되었다. 그들은 군주의 제국 자산들을 근본적으로 재검토하면서, 대서양 뒤편으로 물러날 수밖에 없었다. 루안다는 네덜란드의 차지가 되기 전에는 1년에 약 2만 명의 노예를 포르투갈에 공급하던 곳이었다. 이는 이후 수백 년 뒤의 관점에서 보면 그리 큰 규모는 아니었지만 당시로는 이례적인 숫자였다.[10]

당시에는 "앙골라 없이는 노예도 없고, 노예 없이는 설탕도 없으며, 설탕 없이는 브라질도 없다"라는 말이 있었다.[11] 이 시기 대서양 세계의 역사적 진실을 이보다 더 압축적으로 보여주는 말은 없을 것이다. 앙골라인Angolan이 공급했던 노예 노동력 덕분에 브라질은 설탕 강국이 되었고, 놀라울 정도로 짧은 기간 내에 포르투갈에 큰 이익을 가져다주는 앞서가는 중심지가 되었다. 1500년 카브랄이 남아메리카에 상륙한 이래 첫 30년 동안, 브라질은 신생 포르투갈 제국의 경제 기획에서 별 고려사항이 아니었다. 아프리카처럼 황금이 풍성하지도 않았고, 아시아처럼 향신료가 많지도 않았기 때문이다. 사실 브라질의 생산물 중 유일하게 관심을 두었던 것은 이국적인 열대산품인 브라질소방목蘇方木으로, 이를 이용해 밝은 붉은색 염료를 생산했다. 이 때문에 많은 이들이 브라질을 카브랄이 개척한 경로를 따라서 동양으로 가는 선박들의 중간 경유지 정도로 여겼다. 이 경로는 대서양을 동쪽으로 건너 다시 희망봉을 돌아 인도양으로 들어가기 전에, 서쪽으로 바람을 따라 지그재그로 나아가는 항로였다. 베스푸치Amerigo Vespucci가 한탄했던 것처럼 "그곳에 돈이 될 만한 것은 거의 없다. 염색재료가 될 나무, 카시아나무 등 놀라운 천연자원이 있기는 하지만, 이런 것을 나열해봐야 지루해할 것이다."[12] 당대의 기록자인 스칼리제르Julius Caesar Scaliger는 브라질에서 발견된 향신료들에 대해 훨씬 더 야박하게 평했다. 그는 이들을 "빈약하고, 저질에, 해롭다"고 했다.[13] 물론 역사적으로 보면 여기에는 큰 모순이 있다. 브라질이 곧 설탕 생산을 지배하게 되는데, 이는 그 무엇에도 비할 수 없는 최고의 향신료이기 때문이다.[14] 사실 1660년까지 세계 시장에서 설탕의 가치는 다른 모든 열대 상품을 합친 것보다 컸다.

포르투갈이 브라질을 실제로 통치하려는 태도를 처음 보인 것은 공교롭게도 1530년대에 가서였다. 이는 왕실이 일련의 봉건적 용인제도인 도나토리아스donatorias(지휘권)를 수립하는 방향으로 나아가던 시점이었다. 이는 수십 년 전 상투메섬을 조직하면서 만들었던 청사진에서 적당히 가져온 것이기도 했다. 카스티야는 지방세와 같은 거대한 세입원을 갖고 있었지만, 포르투갈 절대왕정의 생명줄은 제국주의적 교역과 기업 활동에 달려 있었다. 그리고 이를 뒷받침했던 것은 직접적인 국가 행정이 아니라 귀족의 금전적 야심이었다.[15] 이런 체제에서는 식민지들이 각자 알아서 수익을 내야 했다. 그런데 어떤 잣대로도 브라질은 수익을 거의 내지 못하는 뒤처진 식민지였다. 이 문제는 각종 무역에 관세를 부과하는 것뿐 아니라 농산물 생산을 통해서도 점차 해결되어 나갔다. 처음에는 담배로 시작했다. (담배가 처음 재배되기 시작한 곳은 아마조니아Amazonia였다.) 그다음이 설탕이었다. 생산만큼이나 중요한 것은 갑자기 개입해 들어오는 유럽 중개상들을 차단하고, 이들이 남아메리카에서 포르투갈이 확보해온 권한을 침해하지 못하도록 하는 일이었다. 가장 위협적인 이들은 프랑스 무역상이었다. 이들이 사용료 납부를 거부하자 1530년 포르투갈은 자기 지분을 지키기 위해 함대를 파견했다. 그러나 프랑스 상인은 쉽게 물러나지 않았다. 1550년대에 프랑스 칼뱅주의자들은 식민지를 세우기 시작하기도 했다. 첫 식민지는 리우데자네이루 부근의 작은 섬인 콜리니Coligny였다. 이곳은 열대 지역인데, 이상하게도 이름을 '프랑스 안타르크니크France Antarctique(프랑스 남극 지대)'라고 붙였다. 오늘날에는 거의 기억에서 사라졌지만, 당시 프랑스 국왕은 이 섬을 직접 지원했다. 그러나 이 때문에 포르투갈에서 전 식민지를 총괄하는 새 총독, 멤 드 사Mem de Sá가 군대를 파견하기도 했다. 그는 리우데자네이루를 세운 인물이자 사탕수수 재배의 선구자로 초기 브라질 역사에서 매우 중요한 인물이 되었다.

2000명의 병사를 태운 26척의 전함으로 구성된 함대의 지휘관으로 멤 드 사가 초기에 한 일 중 하나는 작은 프랑스 식민지들을 모두 해체해버리는 것이었다. 그가 포르투갈 왕실을 대신하여 직접 영토를 관리한다는 점 자체가 리스본이 브라질에 더 큰 관심을 갖고 관리하기 시작했음을 보여주었다. 이 시기는 그곳에서 사탕수수 재배를 발전시키려는 노력들이 일사불란하게 시작되던 시기와 거의 일치했다. 당시에도 유럽에서 설탕은 여전히 이국적 약재거나 고급 감미료였다. 브라질의 설탕 상품 생산은 약 2500톤 정도였는데, 이는 상투메 생산량의 절반 정도였다.[16]

'브라질 설탕의 세기'라고 불리던 시기로 들어가기 약 10년 전인 1580년, 브라질의 설탕 생산량은 상투메섬의 설탕 생산 절정기에 육박했다. 그리고 16세기가 끝나갈 무렵, 중앙아프리카 해역에 자리한 이 섬의 생산량은 가파르게 떨어지고 있었고, 브라질의 생산량은 일 년에 1만 6000톤에 달했으며 여전히 상승세를 타고 있었다. 상투메섬에서 초기 설탕 생산이 급증한 것이 마데이라섬에서 설탕 생산이 끝나는 시기를 앞당겼던 것처럼, 브라질의 설탕 생산이 규모나 속도 면에서 대폭 상승하면서 상투메섬의 대규모 설탕 산업의 쇠퇴를 부추겼다. 1625년까지 포르투갈 식민지 브라질의 설탕 생산은 사실상 유럽 전역을 포괄할 수 있을 정도가 되었고, 브라질은 압도적인 설탕 공급지가 되었다.[17] 이후 100년이 조금 넘는 기간이 지나면서, 설탕은 더 이상 사치품으로 여겨지지 않게 되었다. 놀라울 정도로 짧은 기간 동안, 설탕은 대서양 전역에서 보편적인 필수품이 되었다. 그러나 그렇게 되면서, 앞서 상투메섬이 그랬던 것처럼 설탕을 세계에서 많이 거래되는 품목 중 하나로 확립시켰던 브라질 역시 낙오자로 내려앉았다. 새로운 주자는 카리브해에 자리한, 노예가 사탕수수를 경작하는 식민지 섬들이었다. 18세기 중반까지 설탕을 비롯해 당밀이나 럼주 등 다양한 상품이 그곳에서 생산되었다. 이를 통해 대중소비의 기초가 마련되었고, 유럽의 식생활 관습을 완전히 바꾸어놓았는데, 그 대표적인 나라가 영국이었다. 설탕만큼 근대 사회의 조건과 특징을 만드는 데 크게 기여한 상품은 없다. 모두가 새롭게 누릴 수 있는 풍부한 상품이 된 설탕은 경제사회의 근본적 변화를 가져왔다. 무역, 노동, 노동자의 생산성, 여가, 그리고 당연히 건강에 영향을 미쳤다. 좀 더 잔인한 측면을 보자면, 노예 입장에서 설탕은 계속 노예 노동을 만들어내는 앞잡이가 되기도 했다. 설탕이 세계 경제, 지정학, 인류사에 가져온 변혁의 방식과 원인을 설명하는 이야기의 대부분은 책 앞부분에 자리해 있다. 그러나 우선해야 할 일은 브라질의 설탕 노예제 자체를 자세하게 들여다보는 일이다. 앙골라인이 이미 노예에 대한 격언을 통해 보여준 것처럼, 이 모두를 가능하게 만든 것은 아프리카와 아프리카에서 훔쳐간 노동력이었기 때문이다.

기마상. 12~14세기, 말리. (메트로폴리탄 국립박물관. 제임스 J.와 로라 로스의 수집품)

네덜란드인이 세운 성채 세인트 자고에서 바라본 엘미나성의 모습. (저자 제공)

엘미나성 내부를 둘러보는 관광객들. (저자 제공)

상투메에 있는 상세바스치앙 요새와 박물관. 포르투갈인 정복자의 동상들이 세워져 있다. (저자 제공)

프란스 포스트, 〈제당소가 있는 브라질 풍경〉. (코펜하겐 국립미술관)

브라질 바이아에 있는 제당소 유적지(세르지피 두콘드의 제당소. 일명 "헤콩카부의 여왕"). (저자 제공)

브라질 바이아 사우바도르에 있는 앙골라 문화교류센터. (저자 제공)

바베이도스에 있는 뉴튼 노예 묘지. 아프리카인 노예를 위한 공동묘지라고 알려진 곳들 중에서는 서반구에서 매우 규모가 큰 편이다. (저자 제공)

바베이도스에 세워진 노예해방 기념비. (저자 제공)

드랙스 플랜테이션의 제당소 보일러 터. (저자 제공)

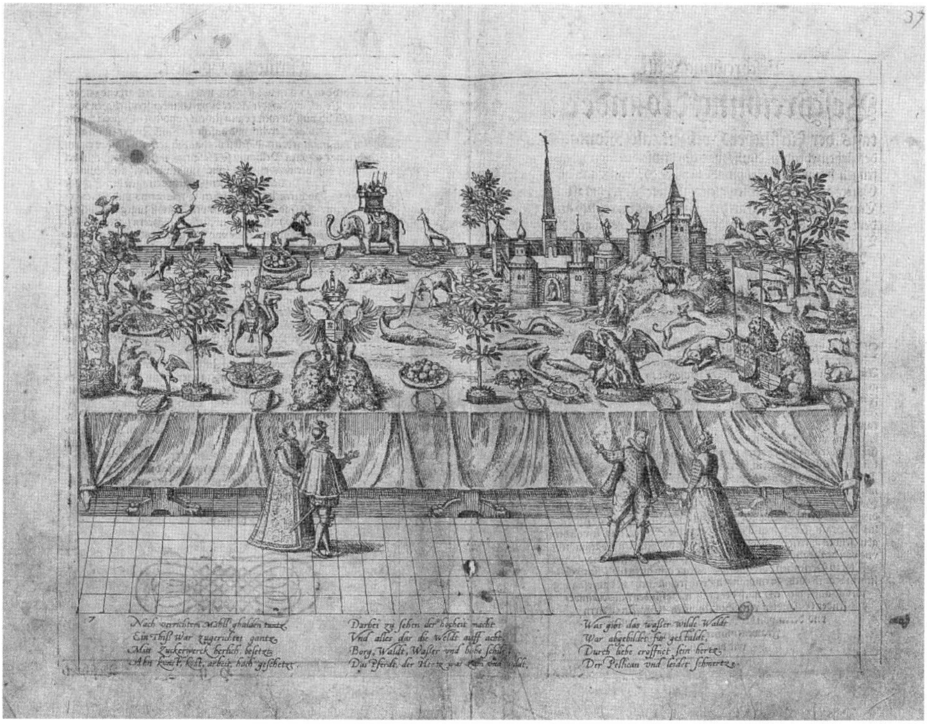

프란츠 호겐부르크, 〈연회〉. (미국 로스앤젤레스 게티연구소)

베냉에 있는 포르투갈 군인들이 새겨진 청동 부조. (메트로폴리탄 박물관)

콩고 왕국의 수도인 음반자콩고. 올페르트 다페르, 《아프리카에 대한 설명》, 562~563쪽. (스탠퍼드대학 도서관, 데이비드 럼지 지도 센터, 캐롤라인 배첼러 지도 수집품)

자신의 궁정에서 네덜란드 대사들을 맞이한 콩고 왕 가르시아 2세. 올페르트 다페르, 《아프리카에 대한 설명》, 580쪽.

파울루스 모렐스, 〈부총독 피트 피터르스존 헤인〉, 1630년. (암스테르담 해양박물관)

16~17세기 콩고 왕국에서 야자섬유 혹은 파인애플 섬유로 제작한 고급모자. (키트 바이스 촬영, 덴마크 국립박물관)

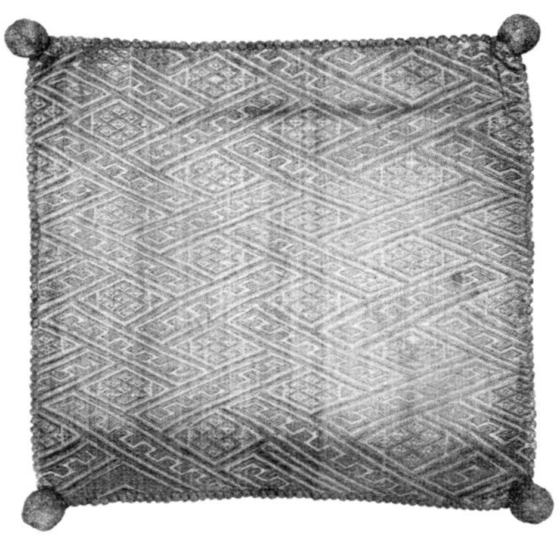

17~18세기 콩고 왕국에서 라피아(야자섬유)로 제작한 고급스러운 쿠션커버. (존 리 촬영, 덴마크 국립박물관)

가나의 황금해안 인근 지역에서 금을 거래할 때 사용했던 아칸 무게 추들. (네덜란드 국립 세계문화박물관)

1640~1647년, 네덜란드령 브라질로 파견된 소요 왕국의 귀족 특사 돈 미구엘 데 카스트로. (야코프 스코우-한센 촬영, 코펜하겐 국립미술관)

〈루베르튀르, 생도맹그 흑인 반란군 수장〉, 1800년 무렵. (브라운대학 존 카트 브라운 도서관)

미국 버지니아 제임스타운의 고택 유적지. 1619년 이곳으로 팔려온 여성 안젤라가 이 건물의 부엌에서 일했을 것이다.
(저자 제공)

루이지애나의 세례요한 침례교구에 있는 에버그린 플랜테이션. (저자 제공)

에버그린 플랜테이션의 노예 거주지. (저자 제공)

미국 미시시피 클라크스데일 삼각지에 있는 목화밭. (저자 제공)

1964년, 머디 워터스와 하울링 울프의 블루스 공연을 홍보하는 클럽 파라다이스의 포스터. (저자 제공)

미시시피 클라크스데일에 자리한 리버사이드 호텔. 이전에는 아프리카계 미국인 병원이었는데, 자동차 사고를 당한 베시 스미스가 이곳에서 치료를 받다가 사망했다. (저자 제공)

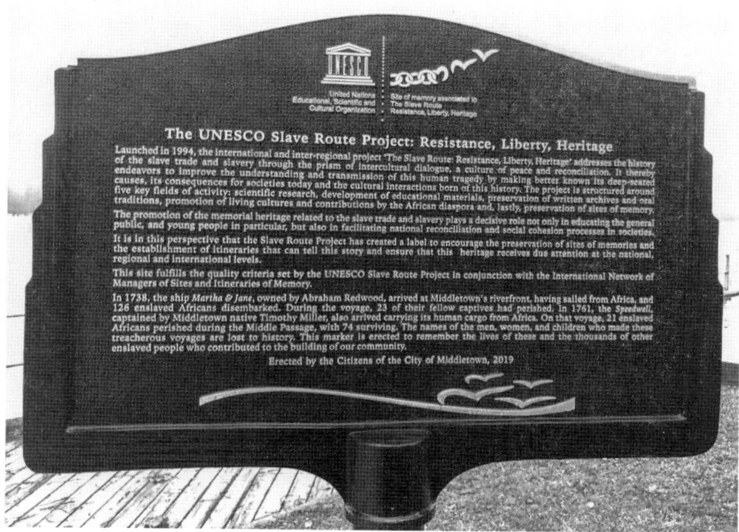

1738년, 코네티컷 미들타운으로 들어온 배 '마르타와 제인'에서 노예가 된 아프리카인 126명이 내린 지점. 유네스코의 노예의 길 프로젝트(Slave Route Project: Resistance, Liberty, Heritage)의 일부. (저자 제공)

바버스빌에 있는 제임스 바버의 저택. 토머스 제퍼슨이 이 건물을 디자인했다. (저자 제공)

버지니아 바버스빌에 있는 제임스 바버 로드 표지판. 33번 주도(State Route) 소재. (저자 제공)

16

끝없는 대륙 위의 끝없는 전쟁

16세기 초, 포르투갈인이 브라질에 발을 디딘 첫 10년 동안, 노예가 되었던 선주민이 첫 설탕 플랜테이션을 비롯해 대부분의 고된 노동을 담당했다. 당시 플랜테이션 규모는 대부분 작았고, 바이아와 페르남부쿠에서 확산되기 시작했다. 이론적 논란이 있기는 하지만, 이 시대는 서구 경제 발전에서 중요한 이행기였다. 즉 봉건적 생산양식들 속에서 자본주의의 징후들이 반짝거리기 시작하던 시기였다. 커틴은 《플랜테이션 복합체의 성장과 몰락The Rise and Fall of the Plantation Complex》에서 다음과 같이 썼다.

> 대농장주는 토지, 제분소를 비롯한 수단, 노동력(노예들)을 소유했다. 그러나 설탕 플랜테이션은 100~300명 규모의 사람들로 구성된 하나의 사회이기도 했다. 이후 세기로 가면 그 규모는 더 커진다. 플랜테이션은 새 나라의 시골 전역에 흩어져 있었고, 행정망은 아직 개인에게까지 뻗어 있지 못했다. 이 작은 사회들에는 어떤 형태로든 정부가 필요했다. 제분소 주인senhor de engenio이 분쟁을 조정하고, 공익을 침해한 자를 징벌하

고, 경찰과 형사법정이 행사하는 권력을 갖는 것은 자연스러웠다. … 소유권에는 노예를 징벌할 권리도 따라왔다. 대농장들은 자족적이었고, 식량을 거의 자급했다. 왕실은 너무 멀리 있어서 통치력을 효과적으로 행사할 수 없었다.[1]

설탕 산업은 처음에는 지중해에서 대서양과 서아프리카 해안을 따라 남쪽으로 이주하다가 마침내 브라질로 옮겨갔다. 이렇게 성공적으로 이주할 때마다 설탕 생산 산업에서 의미 있는 변화가 일어났다. 중요한 개선이 이루어지기도 했고 완전히 달라진 부분도 있었다. 마데이라와 카나리아제도에서 포르투갈인은 백인 계약인력과 카나리아 선주민과 아프리카 흑인 노예를 모두 사용했다. 1400년대 말 상투메섬으로 옮겨가면서 일어난 가장 중요한 혁신은 아프리카인 노예 노동력만 사용하는 모델로 설탕 플랜테이션을 탈바꿈한 것이다. 당시에는 아무도 이를 알지 못했지만, 이 새로운 요소가 이 시대 가장 중요한 생성력이 되었고 세계가 산업혁명으로 이행하게 한 추진력이 되었다. 그렇게 멀리 떨어진 작은 섬에서 당시 기술 수준으로 생산을 증가시킬 수 있는 유일한 현실적 방안은 흑인 노예의 수를 늘리고 최소한의 비용으로 그들에게서 최대의 노동력을 끌어내는 것이었다. 그 아래 깔려 있는 남에게 기생하려는 생각과 임대료 징수업 방식의 계산법을 통해 곧 상투메섬은 첫 번째 크리올 플랜테이션 사회가 되었다. 상투메섬은 가파른 피라미드식 사회구조를 갖추게 되었고, 그 사회의 틀은 수 세기 동안 남아 카리브해에서도, 미시시피 삼각주 지역에서도 볼 수 있게 되었다. 가장 단순화된 형태로 설명하자면, 소수의 백인, 인종 간 혼혈인으로 구성된 중간층, 그리고 가장 아래에는 다수의 흑인 노동력이 자리했다. 흑인은 가혹한 착취를 당해 사망률이 높았기 때문에 새로 수입된 노예에 대한 수요는 충족될 수 없을 만큼 높았다. 상투메섬에서는 수출용 설탕 생산에만 집중했기 때문에 백인이 소비할 모든 것은 멀리서 수입해야 했다. 사실 이런 단일작물 플랜테이션 경제를 지배했던 원리에 따르면, 자족적으로 사는 이들은 노예가 유일했다. 이 식민지 섬에서 그들은 자기들이 일하는 경작지 가장자리에 거주할 오두막을 직접 지었다. 그들은 직접 기른 바나나와 키우도록 허락된 돼지를 주로 먹었고, 이를 위해 주로 사탕수수밭 휴경지를 이용했다. 노예가 자급자족을 위해 일할 수 있는 시간은 일요일뿐이었는데, 이는 설탕 생산을 극대화하기 위한 규율이었다. 이런 동산노예제의 기본 원리가 곧 대서양을 건너 전파되었다.

한편, 브라질에서 일어난 가장 중요한 혁신은 규모의 확대였다. 포르투갈인이 설탕 플랜테이션을 세운 바이아와 페르남부쿠의 해안 지역들은 평평하고 비옥하며 관개용수가 풍성하고 광활한 지역이었다. 오늘날 과학자들의 추정에 따르면, 사탕수수의 원산지는 멀리 떨어진 뉴기니섬이지만, 브라질 북서쪽 지역의 검은 점토질 토지massapé가 이전에 경작했던 어떤 토지보다 사탕수수 경작에 적합했다.[2] 자본 외에, 유일하게 중요한 요소는 풍부한 노동력이었다. 설탕 생산에는 거의 매일 노동력이 필요했고, 대부분의 작업은 고되고 위험했다. 어디서든 환금작물 재배에는 일정 형태의 강제력이 필요했다.•

• 브라질에서는 중요한 기술적 혁신이 일어났다. 사탕수수에서 당즙을 내기 위해 삼단압축기(three-horizontal-roller mill)를 사용했던 것이다.

신세계 다른 지역과 마찬가지로, 이베리아반도에서 일확천금을 찾는 사람, 군인, 상인, 정착민이 들어오면서 브라질에서도 선주민이 대규모로 죽어나가기 시작했다. 포르투갈인은 처음에는 선주민 인구가 무궁무진해 보였다. 대서양 횡단 인신매매를 시작하던 초기에, 앙골라에서의 노예 공급은 끝없이 이어질 수 있을 것이라고 봤던 것과 흡사했다. 그러나 유럽 이민자가 옮긴 질병 탓에 설탕 플랜테이션과 여타 포르투갈 벤처사업에서 놀라울 정도로 인력회전율이 높아졌다. 선주민 노예와 계약노동자 사이에서 사망률이 치솟았던 것이다. 천연두로 보이는 전염병이 1559년 브라질 해안에서 처음 보고되어 기록으로 남겨졌다. 이는 빠르게 북쪽으로 전파되어, 포르투갈령 지역에서 살던 3000명의 선주민이 감염으로 사망하면서 절정에 달했다. 사망자 대부분이 예수회가 운영하는 선교 부락aldeias에 살던 사람들이었다. 이들 때문에 강제 이주를 당해 주변에서 살며 그들과 직간접적으로 접촉했던 선주민도 셀 수 없을 정도로 많이 사망했다. 1년 뒤, 이번에는 홍역이 갑작스럽게 번졌다. 한 포르투갈인이 당시 상황을 이렇게 기록했다. "20년 전에 비해 바이아의 인구가 빈약해졌다. 믿을 수 없을 정도로 많은 사람이 너무나 금방 사라졌다. 사망하지 않은 이들도 대부분 생기를 잃었다. 감염으로 앓아눕지 않아도 기력을 잃었다. 이 사람들이 처녀지virgin field와 같아서였다."[3] 타고난 면역력이 없었다는 말이다.

이런 상황 변화 앞에서 포르투갈인이 놀라고 당황했다는 이야기는 초기 유럽 제국주의에 대한 최근 역사서술에서 더 과장한 면이 있다. 당대의 여러 기록에 따르면, 유럽인은 열대 아프리카에서 놀라울 정도로 많은 수가 알 수 없는 이유로 사망했다. 늪지대나 우림과 연관되어 있다고 보았던 기이한 공기 때문이라고 많이들 말하곤 했다. 그러나 아메리카에서는 새로 들어온 이들과 접촉하고 얼마 지나지 않아 선주민이 사망했다. 물론 이제 우리는 현대 과학 덕분에, 그 주범이 구세계에서 들어온 병원균이라는 것을 안다. 천연두·홍역·백일해·수두·림프절 페스트·발진티푸스·장티푸스·디프테리아·콜레라·성홍열·독감 등 다양한 병원균들에 선주민은 그전까지 노출되었던 적이 없었다. 평범한 감기도 유럽의 선박을 통해 남아메리카에 처음 들어왔고, 이 역시 치명적이었다.[4]

그러나 예수회 선교사는 아메리카 인디언이 대규모로 사망한 상황을 이용해, 일종의 미신을 전파하며 전도활동을 했다. 우리는 이를 교리라고 부르며 매우 신속하게 고급 언어로 포장해준다. 선교사는 높은 사망률의 이유에 대해 의학적 문제가 아니라, 평소에 그들이 선주민에 대해 개탄했던, 서구와 다른 사회적 관습이나 성 관행, 혹은 옷을 벗고 다니는 경향에 대해 신이 분노했기 때문이라고 설명했다. 이 때문에 선교사는 자신들이 가두어두고 노동을 시켰던 사람들의 영혼, 몸과는 반대되는 영혼을 관리하는 노력에 더 집중하게 되었다. 어느 예수회 보고서에는 "더 엄격하고 더 철저한 가톨릭 교육을 통해 일탈 행위를 미연에 방지할 수 있다. 그럴 경우 큰 육체적 고통도 막을 수 있다"라고 쓰여 있다.[5] 예수회가 당시 상황에 대해 이렇게 대응한 것, 비이성적이고 주술적 사고를 했던 것은 특히 강조할 만하다. 이 시기 유럽인, 그리고 오랫동안 서구인은 자기들이 식민지로 삼았던 여러 지역, 특히 아프리카에서 선주민의 미신에 대해 비난을 퍼부어왔기 때문이다.

선주민 인구의 급격한 감소는 설탕 생산에만 차질을 가져온 것이 아니었다. 설탕 생산이 본격적으로 시작되자마자, 이는 곧 브라질 경제의 전부가 되었다. 포르투갈인은 선주민 노동력에 의존하고 있었기 때문에 식량 생산에서도 큰 타격을 받았다. 이 때문에 포르투갈 진영에 편입되어 살고 있던 선주민은 기근에 시달렸고, 백인 사이에서도 식량 부족 사태가 심각해졌다. 이런 상황에 대해 총독 멤 드 사는 무장 원정대들을 조직하여 더 내륙으로 들어갔다. 선주민을 잡아서 강제로 플랜테이션 노역을 시키기 위해서였다. 이런 원정은 포르투갈인이 무장시킨 지역의 선주민 집단들과 연합하여 진행되곤 했다. 포르투갈인은 특정 집단의 선주민에게 무기를 지원하여, 이들이 전통적인 라이벌 집단에 보복을 할 수 있도록 만들기도 했다.

이는 15세기 말에 포르투갈이 시작했던 호혜적인 교역과 외교의 시대에서 벗어난 뒤, 유럽인이 서아프리카 해안을 따라 여러 지역으로 침공해 들어가기 시작했을 때 사용했던 전술들과 놀라울 정도로 비슷하다. 이는 아프리카인 사이에서 폭력과 혼란의 씨를 뿌리려는 목적을 가진 의도적 행위였고 노예무역을 확대하는 수단이었으며 17세기에 시작되었다. 네덜란드인은 라이벌 국가들에 실제로 무기를 빌려주면서 그 국가들이 포로로 잡고 있던 수감자들을 모두 팔 것을 조건으로 내걸었다. 노예무역이 이전에 유럽인이 했던 아프리카 황금무역을 빠르게 앞지르고 있었기 때문이다. 당시 네덜란드에서는, 전쟁으로 "금은 귀해졌지만 흑인은 넘쳐나게 되었다"는 말이 회자되었다.[6] 아프리카에서 이런 식의 접근은 무기, 술, 그리고 아시아 직물을 비롯한 고급상품의 공급에 기초해 있었다. 서아프리카와 달리, 브라질 선주민 사회에서는 금속제품 제조업의 전통이 거의 없었다. 포르투갈인이 가끔 총을 팔았지만, 선주민은 주로 도끼나 톱을 선호했다. 밀림에서 사는 선주민 생활에서는 이 도구들이 혁명적 효과를 발휘했기 때문이다.

> 선주민이 사용하던 돌도끼로 약 120센티미터의 나무를 쓰러뜨리려면 거의 115시간이 걸린다. 하루 여덟 시간씩 일한다고 하면 3주가 걸리는 일이다. 철도끼를 쓸 경우 같은 나무를 세 시간 안에 넘어뜨릴 수 있다. 돌도끼로 6000평방미터(1.5에이커)를 전형적인 화전농토로 일구려면, 하루 여덟 시간으로 계산하여 153일이 걸린다. 철도끼로는 그보다 20배 더 빠르게 끝낼 수 있다.[7]

철제 도구와 무기를 사용하는 포르투갈과 기술적 차이가 있었지만, 브라질 선주민 다수는 포르투갈인이 영토를 침공하여 사람을 납치하고 몸값을 요구하는 공격적 시도들에 대해 고유의 급습 전술로 반격했다. 주로 제당소를 파괴했는데, 이는 사탕수수 재배와 설탕 생산이 포르투갈 제국 프로젝트에서 핵심이라고 간파했음을 말해준다. 전통적인 역사서술에서는 거의 강조되지 않지만, 아메리카 선주민은 카리브해 연안에서 초기 영국령 아메리카와 훗날에는 미국의 대평원 지대에 이르기까지 유럽 이민자가 '정착'했던 사실상 모든 곳에서 이런 방식으로 저항했고, 그 저항이 꽤 오래 지속되었던 경우도 많았다.

포르투갈이 선주민의 영토를 빼앗고 아메리카 선주민을 플랜테이션 노예로 몰아넣는 것에 대한 선주민의 저항이 커지면서, 유럽에서 온 식민자들이 산티다데Santidade(신성함)라고 불렀던, 메시아 숭배를 내세운 이들이 주도하는 일련의 봉기가 일어났다. 이 운동의 지도자들은 주류 요 종족 집단이었던 투피남바Tupinambá의 의례와 로마 가톨릭의 상징에서 일부를 가져와 혼합하여, 미래의 구원을 약속했고, 백인이 물러가면

이 땅에 평화가 올 것이라고 했다. 아프리카인이 주된 노동력이 되기 시작했던 1580년대까지 저항에 나선 공동체 중 일부는 그 규모가 2만 명에 달할 정도로 성장했다. 여타 다른 아메리카 지역에서와 마찬가지로, 도망노예가 이 공동체로 합류하기도 했다.[8]

노예가 되어 작은 섬으로 가서 강제 노역을 해야 했던 흑인과 달리, 브라질의 선주민은 원래 살던 땅에서 살며 활동하고 있었다. 크게 위축된 포르투갈인은 선주민의 도주를 막는 것이 거의 불가능함을 인정했다. 그들의 저항은 다양한 형태로 전개되었다. 앞서 말했듯이 무장 습격을 하기도 했고, 매수에 넘어가지 않음으로써, 즉 유럽인의 물질적 가치관으로 넘어가는 것을 거부하여 포르투갈인을 당황시키기도 했다. 지속적으로 낮은 생산성을 보여주기도 했는데, 이를 유럽에서 온 식민자는 게으름으로 오해하는 경우가 많았다. 그러나 이는 정치학자이자 인류학자인 스콧James C. Scott의 유명한 표현에 따르면, 선주민이 결연히 행한 "약자의 무기"였다.[9]

선주민 노동력을 길들이는 일이 현실에서 한계에 직면하자, 포르투갈인은 인디언을 아프리카인으로 대치하는 것을 고려했다. 아프리카인 노예 수백만 명이 아메리카에 도착하지 않았다면, 이후 이어진 역사가 우리도 잘 아는 그대로 전개되었을 것이라고 상상하기는 힘들다. 아프리카인이 오지 않았다면, 신세계 어느 곳도 그렇게 활성화되지 못했을 것이다. 번창한 식민지들이 없었다면, 유럽의 주요 제국주의 국가들, 그리고 사실 유럽 전체가 이렇게까지 부유하고 강해지지 못했을 것이다. 당시 부와 권력은 아메리카 전역에 흩어져 점점 커지고 있던 유럽인 디아스포라들과 결합되어 있었다. 그런 부와 권력이 없었다면, 애매하기는 하지만 불가피한 용어인 '서구the West'에 무엇이 남았겠는가?

현재가 주는 무게가 워낙 무겁기 때문에 이를 상상하기는 상당히 어렵다. 그러나 이렇게 맞물려 있는 일련의 발전들이 없었다면, 유럽은 지리적·문명적으로 막다른 길에 머물러 있었을 것이다. 아프리카인을 노예로 삼아 신세계를 살 만하고 수익을 내는 곳으로 만들어 장악하지 못했다고 해도, 유럽이 아시아와 이슬람 세계에 있는 앞서가는 세계문명의 중심지들 뒤로 계속 뒤처지지 않았을 것이라고 상상해볼 만한 여지는 거의 없다.[10]

결국 냉정한 시각에서 보면, 브라질로(그리고 16, 17세기 아메리카의 여러 다른 지역으로) 왔던 유럽인이 누렸던 이점은 전염병이 가져왔다고 말해야 할 것이다. 그런 이점이 없었다면, 유럽인은 그렇게 큰 규모로, 그들이 보여주었던 속도로 신세계의 그 방대한 영역을 점령하고 그곳에 정착하지 못했을 것이다.

역사학자, 인구학자, 환경과학자, 그리고 여러 다양한 학문분과의 전문가가 아메리카 선주민에게 닥쳤던 비극적인 인구 급감을 놓고 총체적이면서도 명료한 설명을 제공하고자 여전히 분투하고 있다. 최근의 연구 성과를 꼼꼼히 비평하는 것은 이 책의 범위를 넘어서는 일이지만, 이런 서사가 선주민에게 닥친 대재앙을 어느 정도 이해할 수 있는 큰 그림조차도 제공하지 않고 그냥 넘어가서는 안 될 것이다. 백인의 도착 이후 전염병과 인구소멸이 계속 이어졌고, 이를 서반구 전역에서의 '대죽음Great Dying'이라고 불러왔다. 최근 한 연구의 추정에 따르면, 이 '대죽음'으로 5600만 명, 혹은 서반구 아메리카 선주민 전체의 약 90퍼센트가 처음 유럽인이 왔던 시기부터 17세기 초 사이에 사망했다. 전염병의 전파가 가져온 죽음을 보여주는 이 숫자는 지금까지 인류사에서 세계인구 대비 가장 높은 사망률이고, 사망자의 절대적인 숫자로는 제

2차 세계대전에 이어 두 번째로 크다.[11] 한편, 다른 연구자들은 그동안 병원균에만 지나치게 관심을 집중해왔다고 비판하며 대신 전쟁이나 계속된 강제 이주의 영향도 고려해야 한다고 주장한다. 전쟁이나 이주 때문에 "물질적 궁핍이나 기아 등 질병이 확대될 조건"이 커졌다는 것이다.[12] 이 거대한 숫자가 의미하는 바를 좀 더 선명하게 이해하기 위해 특정 지역의 사례를 보자. 과학자들에 따르면, 코르테스가 멕시코 해안으로 들어왔을 때(1519년—옮긴이), 그곳에는 약 2520만 인구가 약 51만 8000평방킬로미터(20만 평방마일)의 지역을 점유하며 살고 있었다. 1620~1625년에 이르면, 그 지역 선주민 인구는 이전 인구의 3퍼센트에 불과한 73만 명으로 급감했다.[13]

17

쉼 없이 타오르는 화덕의 불길

놀 거리로 유명한 리우데자네이루(이하 리우) 때문에 나는 발롱구 부두Valongo Wharf에 이상하게 높은 기대를 갖고 있었다. 북반구가 한겨울이던 시기에 나는 리우로 갔고, 세계적으로 유명한 해변인 코파카바나에서 한 블록 거리에 있던 친구 집에 머물렀다. 연구차 갔던 여행이지만 바다는 거절할 수 없을 정도로 매력적이었다. 특히나 더운 오후에는 유혹을 이기기 힘들었다. 그러나 이 도시에서 과거 노예제를 탐구할 때 가장 어려운 것은 모래나 삼바가 아니었다. 나 스스로 대서양 노예무역의 진원지였던 곳에 서봤지만, 내가 본 리우는 브라질을 세웠을 뿐 아니라 근대 세계 자체를 만들어낸 그 역사의 어떤 측면에도 절대 눈길을 주지 않는 도시다. 도시 빈민지역과 오래된 유적지를 다니며 며칠을 보냈다. 식민지 시대의 유적지에는 일렬로 세운 돌기둥으로 받친 회색 건물들이 서 있었다. 나는 사회의 상층에 왜 흑인이 보이지 않는지를 주제로 대화를 시도했지만, 그런 식으로는 표면적인 것 이상으로 과거에 대한 더 깊은 이야기들을 건질 수가 없었다. 다른 지역에서도 했던 것처럼, 사회를 바꾸어놓았던 아프리카인 인신매매에 대해 말해주는 기

넘비나 고고학적 유적을 찾아다녔지만, 역시 헛수고였다.

발롱구 부두는 내가 뉴욕을 떠나기 전에 글로 접했던 장소였는데, 그곳으로 가기 전까지 내가 만났던 많은 리우 사람 중 그곳에 대해 아는 사람은 없었다. 아무튼, 나는 뭔가 규모도 클 것이고, 기념비도 당연히 있을 것이고, 아니면 적어도 잘 보이는 안내판으로 추모의 공간이라도 마련해놓았으리라고 기대했다. 그러나 대신 우연히 발견한 것은 바닥에 난 큰 구멍이었다. 그곳에는 긴 벽과 가라앉은 광장이 있었다. 그 광장은 다양한 크기의 거친 돌들로 포장되어 있었다. 한때 해변이었던 곳을 덮은 것이었다. 이는 168년 동안 묻혀 있다가 2011년에야 발굴되었다. 간결하고 소박한 유네스코 세계문화유산 안내판이 증언하는 바처럼, 90만 명의 아프리카인이 그곳을 통해 신세계에 첫 발을 내딛었다. 가장 많은 아프리카인이 거쳐 간 아메리카 본토 상륙지였다.

브라질이 사탕수수 재배를 시작했던 첫 수십 년 동안, 생산량은 너무 적었고 유럽에서 들어온 투자 자본도 부족하여 아프리카인 노예무역을 대규모로 할 수는 없었다. 1560년 무렵까지 브라질의 포르투갈인은 강제로 데려온 선주민 노동력에 주로 의존하고 있었다. 1560년 이후 포르투갈인은 흑인 노동력을 서서히 그러나 불가역적으로 도입하기 시작했고, 노동력을 모두 흑인으로 대체하는 데 40년이 걸렸다. 일단 아프리카인 노예제가 정착하기 시작하자, 이를 되돌릴 수는 없었다. 브라질은 다른 어떤 나라보다 플랜테이션 노동력을 위해 많은 노예를 수입했다. 아메리카에 상륙한 전체 아프리카인의 약 40퍼센트가 브라질로 들어왔다. 그런데 놀랍게도 이런 조건에서 아프리카인이 처음 수입되었을 때, 그들은 밭일을 하는 노동자가 아니라 하인이나 숙련 노동자로 수입되었다.[1] 그래서 설탕제조장인, 불순물 제거기술자(사탕수수가 정제

과정을 거치는 동안 불순물을 제거하는 일을 한다), 대장장이로 이용되었다. 그러나 브라질에서 아프리카인 강제 노동이 지배적 형태가 되면서 흑인 대부분은 허리가 휠 정도로 힘든 플랜테이션 노동을 하게 되었다.

그들의 노동이 만들어낸 성과 덕분에 설탕 산업이 중요해진 것이다. 당시는 몰랐지만, 이는 산업화된 서구를 건설하는 한 과정이었다. 첫째, 설탕 산업은 유럽에 강력한 재정 부양책을 제공했다. 설탕 사업에서 나온 가장 분명한 이득, 즉 정부의 수익과 사적 수익 외에도, 우리는 경제학자들이 말하는 승수효과multiplier effects(상승효과)를 봐야 한다. 승수효과는 설탕에서, 그리고 빠르게 팽창하고 있던 플랜테이션 경제의 세계에서 흘러나온 여러 파생효과와 부수적 사업들에서 나왔다. 규모 면에서 보면, 가장 큰 것은 폭증하고 있던 노예무역이었다. 이는 설탕이 추동해낸 것으로, 이전이든 이후든 어떤 것도 노예무역과 필적하지 못했다. 마지막으로 설탕 생산에는 기술적으로 요구되는 특질이 있었다. 사탕수수의 수확·사탕수수의 압착·끓이기 등 모든 제조 단계에서 시간을 철저히 지켜야 하고, 동시에 진행될 수 있도록 세심하게 운영해야 한다. 그래야 효율성과 상품의 질이 보장된다. 설탕 산업과 노예 산업이 통합적으로 운영되기 시작하면서, 설탕 플랜테이션과 사탕수수를 공급받는 제당소는 어디서든 가장 큰 사업이 되었다. 카리브제도에 대해서는 할 이야기가 더 있지만, 일단 설탕 산업이 그곳을 떠나 브라질로 오면서부터, 2000명 이상의 노예와 제당소를 갖춘 플랜테이션이 드물지 않게 되었다. 그렇게 큰 규모의 사업장은 당시 유럽 어느 곳에서도 보기 힘들었다. 역사학자 로즌솔Caitlin Rosenthal에 따르면, "19세기에 가서야 가장 큰 규모의 공장들이 18세기 말 플랜테이션의 규모에 육박하기 시작했다. 일부 역사가는 도예가 웨지우드Josiah Wedgwood의 유명한

도자기 작업장이 그 시대에 가장 큰 공장이었다고 말해왔지만, 1795년 웨지우드가 사망했을 때에도 이 공장에 고용된 이는 450명에 불과했다. 영국 랭커셔Lancashire 지역의 대다수 직물공장에서 고용했던 노동자 규모도 500명을 넘지 않았다."[2]

브라질에서 설탕 산업이 팽창하기 시작하던 16세기 하반기, 포르투갈은 콩고 왕국과 이미 무역과 외교 면에서 관계를 발전시켜 가고 있었다. 포르투갈은 콩고 바로 남쪽에 면해 있는 루안다에 새 식민지를 막 세운 터였다. 이 중요한 시기, 즉 브라질 식민지에서 이른바 '설탕의 세기'가 시작되면서, 중앙아프리카의 서부는 브라질로 보내는 노예의 주요 공급지가 되었다. 루안다 식민지 건설은 이렇게 여러 요소가 완벽하게 결합해가는 한 과정이기도 했다. 상대적으로 보면, 중앙아프리카는 브라질과 가깝다. 그러나 그것이 포르투갈의 입장에서 장점만은 아니었다. 앞서 살펴본 것처럼 풍향과 해류가 결정적 역할을 하곤 했지만, 대서양 역사서술에서 이는 제대로 평가받지 못했다. 그리고 해당 위도에서 바람과 해류는 동서로 대서양을 아주 빠르게 횡단했다. 그 덕분에 노예 사망률이 낮아졌고,[3] 선적 규모도 늘었고, 가격도 낮아졌다. 브라질의 광활한 농토는 평평하고, 매우 비옥하고, 관개시설이 잘 되어 있었기 때문에 플랜테이션 농업에서 가장 중요한 자본형태가 노동력이 되기도 했다. 노동력은 이 시기 설탕 생산 비용에서 약 20퍼센트를 차지하고 있었다. 도덕과 윤리를 한쪽으로 밀어놓고, 이를 경제적 문제로만 접근한다면 중앙아프리카가 분명 최고의 해결책이었다고 할 수 있다.

1595년 상투메섬에서 앙골라인들이 봉기에 거의 성공했고, 이어서 포르투갈의 유럽 경쟁국들이 탐욕을 갖고 상투메섬을 공격했다. 이는 1599년 네덜란드 함대의 공격에서 절정에 달했다. 이런 일련의 과정은 노예가 생산하는 설탕 플랜테이션의 중심지가 대서양을 건너 서쪽으로 가도록 만든 퍼펙트 스톰perfect storm(개별적으로 보면 크지 않은 태풍이 다른 자연재해와 동시에 발생해 큰 파괴력을 지닌 초대형 악재가 되는 현상—옮긴이)의 또 다른 요소였다. 상투메섬이 주기적으로 혼란 상태에 빠지면서 대농장주와 설탕 생산에서 전문성을 가진 기술자들이 모두 섬을 빠져나갔다. 수익성이 높은 이 사업을 계속하고 싶어 했던 이들은 대부분 브라질로 갔다. 당시 브라질은 막 정착이 시작된 식민지였지만, 빠르게 발전하면서 포르투갈 세계의 새로운 엘도라도라는 명성을 얻고 있었다.

놀라울 정도로 짧은 시간 내에 이런 요소, 즉 브라질 북동쪽의 끝없이 펼쳐진 비옥한 토지와 중앙아프리카에서 거의 무한대처럼 공급하는 값싼 노예가 결합하여 초기 서구 근대 세계의 경제사에서 매우 인상적인 사건이 하나 벌어졌다. 1570년 보잘것없는 생산량으로 시작했지만, 대규모의 흑인이 브라질로 수입되어 들어오면서 설탕 생산이 곧 믿을 수 없는 속도로 성장했던 것이다. 1580년에 이르면 브라질의 노예 노동력은 이미 18만 아로바의 상품을 생산하고 있었다. 이는 마데이라섬과 상투메섬의 생산량을 합친 것의 3배 정도 되는 수량이었다. 1614년에 수확량은 70만 아로바를 넘었다.[4] 이는 작은 섬들의 생산량과 비교하면, 자릿수가 달라질 정도로 큰 규모였다. 생산은 곧 100만 아로바, 약 14.5톤에 달했다. 현대인이 듣기에 그렇게 대단한 규모가 아닐 수 있지만, 당시에는 전례 없던 상품의 쇄도였고, 이에 따라 유럽의 식단과 경제와 사회가 곧 바뀌어갔다.

본격적으로 설탕 산업이 시작되면서 이를 통해 가장 큰 수익을 본 이들은 자신들이 경제적 기적을 선물 받았다고 느꼈는데, 이는 사실이었다. 그들이 느꼈던 현기증이 그 사업의 전문용어에 반영되기도 했다.

그들은 대농장들의 중심에 있던, 브라질 북동부에서 번성하던 제당소들을 '엔제뉴engenhos'라고 부르기 시작했다. '기발한ingenious'이라는 형용사를 갖고 명사로 만든 신조어다. 엔제뉴에서는 자본, 사탕수수, 노동력이 산업적으로, 즉 도덕적 상승효과와는 전혀 다른 방향으로 결합되었다. 17세기 첫 10년 동안 브라질에서의 호황에 놀라, 다음과 같은 수많은 설명들이 나왔다. "이 지방 전역에서 최고의 설탕이 풍성하게 생산되고 있다. 포르투갈의 왕실뿐 아니라 유럽 전역에 공급할 수 있을 정도로 많이 생산되고 있다. 그 수익 중 약 50만 크루자도가 왕실 재정으로 들어가고, 같은 액수가 각 개인 투자자에게 분배된다고 한다."[5] 이런 기록을 갖고, 한 역사가는 포르투갈이 브라질에서 얻은 수입이 브라질 식민지를 경영하면서 왕실이 지불했던 비용보다 50퍼센트가 더 많았다고 추정한다.[6]

나도 그랬지만, 브라질에 가면 설탕 생산으로 한때 부유했던 마을들에 가볼 수 있다. 옛날 모습 그대로인 마을들이 지금도 다도해의 섬들처럼 여기저기에 광활하게 흩어져 있다. 바이아에서 두 번째로 오래된 도시인 카쇼에이라Cachoeira도 그런 곳이다. 이 지역에서 군림했던 한 설탕 부자가 언덕 꼭대기에 있는 플랜테이션 대저택에서 살았다. 시원한 바람이 부는 이런 전망 좋은 곳에서 그는 강이 흐르는 도시 전체를 한눈에 바라볼 수 있었을 것이다. 오늘날에는 거의 유령 도시가 되었지만, 카쇼에이라의 도심은 한때 부유했던 분위기를 여전히 풍기고 있다. 그 핵심부는 보석처럼 깔끔하게 재단되어 화려한 장식의 교회, 인적이 없는 강변의 녹색 공원들, 미로처럼 좁게 이어져 있는 골목들로 구성되어 있다. 길이 좁다 보니 그늘이 져서 뜨거운 열기를 식혀준다. 바닥에 깔린 자갈들은 200여 년 전에 설탕으로 무한정 벌어들였던 돈처럼 보이기도 한다.

1630년대까지 약 6만 명의 아프리카인 노예가 브라질 플랜테이션에서 일했고, 그 숫자는 빠르게 증가하고 있었다. 아프리카인과 아프리카계 브라질인이 설탕 플랜테이션 노동력의 사실상 전부였다. 여전히 반半봉건적이었고, 아메리카 노예 산업을 완전히 장악하고 있던 포르투갈인이 매년 약 1만 5000명의 아프리카인을 대서양 건너로 보내고 있었다. 일부는 카리브해, 멕시코, 볼리비아 등 새 에스파냐 식민지로 팔려갔다. 그곳에서 많은 노예가 광산이나 광산 관련 산업에서 중요한 역할을 했다. 1630년대에 바이아에 자리한 예수회 소유의 플랜테이션들을 방문했던 한 포르투갈인 신부는 그곳 노예가 견디고 있던 인간의 고통에 대해 강렬한 인상을 받고, 다음과 같이 썼다.

> 밤의 어둠 속에서 영원히 불타오르고 있는 저 거대한 화덕들은 누구든 볼 수 있다. 화덕마다 불길이 높게 솟구쳐 오른다. 두 개의 입구와 통풍구를 갖춘 화덕들은 불 속에서 숨을 쉰다. 에티오피아인 혹은 키클롭스들이 땀으로 목욕을 한다. 검고 활기찬 이들이 두껍고 단단한 연료를 불 속에 넣고, 쇠스랑으로 헤집어 불길을 일으킨다. … 바로 밤의 색깔을 가진 사람들이 지독하게 일을 한다. 신음소리가 계속 이어진다. 평화나 휴식이라곤 없다. 천둥 같은 소리로 혼을 빼놓는 기계와 그 바빌론 같은 형체를 모두 본 사람이라면, 거기에 에트나산이 있고 베수비오산이 있다고 해도 그곳이 바로 지옥임을 의심하지 않을 것이다.[7]

라틴아메리카와 근대 초 서구의 부상에 대한 전통적인 역사서술은 신세계 광산 산업 호황의 중요성을 강조하는 경향이 있다. 이 중 가장 유명한 것은 16세기 포토시Potosí와 멕시코 식민지에서 추출된 에스파냐의 은에 대한 이야기이다. 매년 300만~500만 페소peso 가치의 은이 당대에 가장 규모가 컸던 에스파냐 범선에 실려 중국 명나라까지 우송되었다. 당시 이 무역을 통해 비단, 도자기, 차 등 여러 상품이 거래되었다.• 유럽에서 이런 상품에 대한 수요가 급격히 높아지면서 중국은 귀금속을 끌어들이는 "진공청소기"처럼 여겨졌다.[8] 최소한 11세기 이후 중국에서는 지폐가 널리 이용되고 있었는데, 인플레이션이 발생하면서 지폐 가치가 하락하는 경험을 한 이후 명나라는 은에 주력했다. 명나라 시장에서 은에 대한 수요가 크게 증대하면서 은의 가격이 서구보다 두 배로 올랐다. 사치품을 구입하여 차익을 올릴 수 있는 기회가 크게 열렸던 것이다.[9]

에스파냐는 광업에 강하게 집착하고 있었고, 그런 관점에서 신세계에 접근했다. 이에 따라 "봉건주의의 최고 단계"라는 결과를 낳았다.[10] 이에 비해, 포르투갈은 상업적인 해양 산업을 선호했고, 상대적으로 식민지 경제 경영에 직접 개입하지 않는 방식을 취했다. 그러나 에스파냐는 광대한 식민지들을 경영할 때 소소한 것까지 다 관리하려 했고, 모든 경제적 거래를 엄격하게 감시했다. 금과 은을 직접 추출하는 것에 중점을 두지 않을 때에는, 새로 정복한 사람들에게서 공물을 강제 징수하는 일에 집중했다. "노예화로 얻는 소득보다 추적하기가 더 쉬웠던"[11] 공물 징수를 선호했던 것이다. 역사학자 블랙번Robin Blackburn이 식민지 경영법의 이런 차이를 잘 설명하고 있다.

• 이는 동양에서 사치품을 들여오면서 유럽인이 오랫동안 해왔던 적자무역을 결국은 되풀이하는 것임을 상기할 필요가 있다. 앞서 본 것처럼, 말리와 가나 제국과 교역하던 시절에는 아프리카 황금을 통해 유럽인이 이 무역에 자금을 댈 수 있었다.

네덜란드, 영국, 베네치아와 달리 포르투갈 지배자는 상인에게 식민지 배를 조직할 수 있는 권한을 부여하지 않았다. 에스파냐와 달리, 포르투갈인은 해외 영토에서 거대한 자치체가 형성되는 것을 허용하지 않았다. 그렇다고 식민지 행정관료, 성직자, 군인이 무역 과정에서 자기 주머니를 챙기고, 공직을 이용해 뇌물을 받는 것을 금지시킬 수는 없었다. 식민지에서 들어오는 수입을 통해 리스본과 포르투갈 왕은 포르투갈의 다른 권력자들로부터 상대적으로 독립성을 가질 수 있게 되었지만, 이는 부패한 관료들에게 자주 의존해야 하는 일이기도 했다. 그런 왕정은 식민지로부터 황금과 상품이 자유롭게 흘러들어올 때에만 번성할 수 있었다.[12]

공정하게 보자면, 에스파냐와 달랐던 이유 중 일부는 단순한 이데올로기의 문제라기보다는 인구의 현실이 좀 더 반영된 것이라고 할 수 있다. 포르투갈은 인구가 훨씬 적었기 때문에 식민지에 정착할 관료를 대규모로 둘 수 없었다. 이와 달리 포르투갈의 이웃나라 에스파냐는 정착민을 많이 보낼 수 있었다. 에스파냐는 뉴에스파냐나 페루와 같은 곳에 최고의 직위를 만들어 귀족을 주기적으로 파견했고, 임기 말까지 그들을 주의 깊게 감시했다. 1503년부터 에스파냐는 신세계에서 진행되는 모든 상업적 거래가 거대한 왕실 기관인 세비야의 교역관Casa de Contratación을 통하도록 했다. 사방으로 뻗어 있는 에스파냐 식민지들이 이 교역관을 통해 관리되었다. 그리고 1519년부터, 에스파냐의 거대한 제국 관리기구인 식민지 위원회Council of the Indies가 매주 소집되어 식민지 사안들을 논의하고 방침을 내렸는데, 왕도 이 회의에 직접 참여하곤 했다.[13]

에스파냐가 신세계에서 추진한 사업을 통해 큰 횡재처럼 얻은 재산인 은이 세계 경제사에 지대한 영향을 미쳤다는 데에는 의심의 여지가 없다. 특히 동서양이 이전 어느 때보다 단단하게 결합되었다는 점은 잘 알려져 있다. 이 시대의 경제적 변화에 대한 설명들 중에서는 좀 덜 알려졌지만, 경제적 변화가 일으킨 새로운 부라는 측면에서 볼 때 마찬가지로 특별한 부분은 브라질의 미나스제라이스Minas Gerais 지역을 중심으로 하는 금 생산이 18세기에 장기적 호황을 누렸다는 점이다. 볼리비아의 은보다 이곳의 금 생산량이 더 많았고, 이런 대량생산은 아프리카 노예 노동력에 주로 의존했기에 가능했다. 한 예를 들면, 애덤 스미스는 "우리가 가진 금의 거의 대부분은" 포르투갈에서 왔다고 하면서, 브라질의 황금 호황으로 인해 정금正金이 유럽 경제에 다량 도입된 것이 산업혁명을 부추기는 데 일조했다며 그 공을 인정했다.[14] 그리고 서구의 부상을 다룬 대부분의 역사서술이 간과하고 있지만, 1620년대 말까지 브라질의 설탕 산업이 포르투갈 전체 세수의 40퍼센트를 차지했으며, 이는 금이나 은과 같은 어떤 귀금속의 호황보다 큰 수익을 냈다. 게다가 노예제가 추동한 플랜테이션 설탕 생산의 세계는 순전히 추출만 하는 광업에 비해 신세계 경제와 유럽 경제에 있는 다른 생산 분야들과 훨씬 더 광범하고 더 깊은 연계를 맺고 있었다. 라틴아메리카의 대표적인 역사가인 슈와르츠Stuart B. Schwartz는 이렇게 썼다.

> 브라질 역사에서 설탕 호황을 말할 때 그것이 황금 호황 다음에 왔다고 말하는 경향이 있다. 그러나 황금 생산의 절정기에도 금이나 다른 어떤 상품에서 얻는 소득보다 설탕을 통해 얻는 소득이 언제나 훨씬 더 컸다는 점은 … 강조되어야 한다. 1760년, 브라질의 총 수출액이 480만 밀레이스milreis(브라질과 포르투갈의 옛 화폐단위—옮긴이)에 달했을 때, 설

탕이 총액의 50퍼센트를 차지했고, 금이 46퍼센트를 차지했다. 설탕이 1680년 이후 곧 브라질을 의미하는 것은 아니었지만, 식민지 시대 내내 설탕은 브라질 혹은 바이아의 대표적인 수출품이었다.[15]

포르투갈은 흑인 노동력을 사용하는 브라질 식민지가 동양의 식민지보다 실질적으로 더 큰 가치를 갖고 있다는 계산을 내놓은 것은 바로 이런 이유들 때문이었다. 포르투갈은 모든 곳에서, 특히 네덜란드의 압박에 시달렸던 상황에서 괴롭지만 불가피한 선택을 해야 했다. 포르투갈은 1637년 엘미나를 상실했고, 곧 아시아의 여러 거점에서도 지배권을 포기하기 시작했다. 30년이 지나기도 전에 말라카Malacca(오늘날 말레이시아), 콜롬보Colombo(오늘날 스리랑카), 코치Kochi·카누르Kannur(오늘날 인도)에서도 지배권을 포기했는데, 모두 향신료 무역의 주요 항구였다.[16] 물론 이 모두는 심각한 패배 끝에 걷게 된 내리막길이었다. 그러나 포르투갈이 전략적 우선 순위에 따라 이리저리 뻗어나갔던 제국 중 일부를 포기했기 때문에, 실제 가장 중요하다고 여겼던 것을 계속 장악할 수 있었다. 포르투갈은 네덜란드, 그리고 중앙아프리카 서쪽에 있는 아주 유능하고 회복력이 강한 두 왕국들을 동시에 상대하면서 시소처럼 오르내리는 일련의 기이한 전쟁들을 전개한 끝에, 뒤에서 보겠지만 제국의 가장 소중한 두 보석, 즉 브라질과 앙골라에 대한 지배력을 간신히 복원했다. 앙골라를 잃으면 브라질의 가치가 거의 사라질 상황이었다. 만약 동양에서 지배력을 계속 유지하려고 했다면 포르투갈은 분명 모든 것을 잃었을 것이다.

18

유럽인의 전쟁터

1640년대, 상승세를 타고 있던 대서양 설탕혁명의 중심지가 브라질의 광활한 토지에서 좀 더 쉽게 통제할 수 있는 작은 섬들로 다시 옮겨가기 시작했다. 사실 일찍이 설탕혁명이 시작되었던 아프리카 연안의 섬들에서 옮겨갈 때와 크게 다르지 않았다. 이 이주의 첫 발은 카리브해 동쪽에 있는 작은 바베이도스섬에서 시작되었다. 이 섬은 세로 21마일(약 34킬로미터), 가로 17마일(약 27킬로미터)에 불과하다. 설탕 산업의 선배라고 할 수 있는 상투메섬의 절반에도 살짝 미치지 못하는 규모이다. 그러나 이렇게 작은 규모에도, 사탕수수 이주의 역사에 나오는 모든 중심지 중에서 이 섬은 가장 중요했다고 할 만하다. 제국의 경제라는 관점에서 당대 가장 중요한 작물을 갖고 판단하면 그렇다는 말이다. 영국 입장에서 보면, 설탕·대규모 토지보유·다수의 흑인 노예 노동력이 이 섬에서 처음 결합되었다.[1]

1627년 영국에서 영구 정착민이 처음으로 바베이도스섬에 도착했다. 당시 이 섬에는 아무도 살지 않았다. 카리브인Caribs이, 그 이전에는 아라와크인Arawaks이 이곳에서 살다가 떠나갔다. 이는 아마도 에스파냐가 히스파니올라섬에 있는 자신들의 광산에 노동력을 공급하기 위해 공격했기 때문이었을 것이다. 17세기 초, 영국과 프랑스가 소앤틸리스Lesser Antilles제도를 장악하려고 했을 때, 에스파냐는 카리브해의 주요 섬들에 대해 이미 단단한 지배력을 갖고 있었다. 당시 바베이도스섬이나 세인트마틴Saint Martin섬과 같은 곳들은 패배자에게 주는 위로상 같은 것이었다. 영국이나 프랑스는 플랜테이션 농업에 기초하여 부유한 제국을 건설하겠다는 생각을 갖기 훨씬 전에, 소앤틸리스제도를 주로 전략적 가치가 있는 곳으로 생각했다. 이는 카리브해가 '경계'를 넘어선 좋은 곳에 자리해 있기 때문이었다. 북회귀선 남쪽과 대서양 중심부에서 서쪽에 위치했다는 의미이다. 유럽 대륙에서는 통했던 제국들 사이의 외교조약, 회담, 외교관계 들을 지배했던 여타 세밀한 규약들이 그곳에서는 법적 구속력을 모두 상실했다. 해적들에게 소앤틸리스제도는 아메리카에서 보물을 싣고 항해 중인 에스파냐 선박을 노리며 숨바꼭질하기에 알맞춤이었다. 에릭 윌리엄스가 남긴 인상적인 표현에 따르면, 카리브해를 "유럽인의 전쟁터"로 만드는 데 일조한 것은 이런 소앤틸리스제도와 같은 장소들이었다.[2] 다시 말하면, 카리브해는 19세기까지 격렬한 해상 전투와 전쟁이 끊임없이 일어났던 곳이다.

영국인 정착민이 바베이도스 서쪽, 홀타운Holetown이라고 알려진 곳에 상륙한 뒤 가장 먼저 한 일은 이 섬을 덮고 있던 유난히도 울창한 숲을 제거하는 작업이었다. 그들이 보고한 바에 따르면, 숲은 처음 상륙한 해변까지 이어져 있었고, 나무의 높이는 200피트(약 61미터)에 달했다. 몇몇의 설명에 따르면, 사탕수수는 영국인이 바베이도스에 정착한 직후 지금의 가이아나, 에세키보강Essequibo River에 있던 네덜란드 식민지에서 들여왔다고 한다. 그러나 그리 전망이 있어 보이지 않았던 초기 바베이도스의 상업 활동은 담배, 인디고, 목화 재배에 기초해 있었다. 초기에 이를 경작했던 이는 대부분 영국의 계약하인이었고, 소수의 아프리카인 노예가 보조 인력으로 이용되었다. 1630년대 중반 버지니아에서 담배를 경작하기 시작했고, 바베이도스산 담배는 질이 상대적으로 떨어져 이 섬에서 담배로 부자가 되려는 초기의 꿈들은 실현되지 못했다. 그런데 버지니아가 바베이도스의 담배 수익에 압박을 가하던 바로 그 시기에 설탕 가격이 급등했다. 설탕 가격 인상은 브라질에서 지속된 불안정한 상태 때문이기도 했다. 네덜란드와 포르투갈이 남대서양의 지배권을 놓고 패권싸움을 벌이면서 생긴 불안정이었다. 담배수익에 대한 압박과 설탕 가격 상승이 합쳐지면서 바베이도스에서 설탕의 역사가 시작되는 무대가 마련되었다. 대농장주는 더 많은 노예를 구매하기 시작했다. 자금은 영국에서 투자자들이 기꺼이 제공했는데, 이는 미래의 설탕 수송에 대비한 것이기도 했다. 그리고 곧 아프리카인을 복속시키기 위한 입법에 착수했는데, 이후 신세계의 영어권 전역이 이 법을 그대로 모방했다.

1636년 바베이도스 민간 당국은, '노예는 평생을 노예로 살아야 한다'는 규정을 선포했고, 이 규정은 서반구 전역의 동산노예제 사회들에서 공유되었다. 1661년 이 섬이 한창 설탕 호황을 구가하던 시점에, 정부는 노예의 삶을 관장하는 좀 더 충실한 일련의 법을 제정했다. 이 흑인법을 놓고 한 역사가는 "식민지 입법부에서 통과된 법률 중 가장 영향력 있는 법"이라고 했다.[3] 안티과, 자메이카, 사우스캐롤라이나, 그리고 간접적으로 조지아가 이 법 전체를 그대로 적용했고, 다른 많은 영국 식민지에서도 이 법을 기준으로 삼았다. 이 법은 아프리카인을 "이교도로 야수 같고, 예측할 수 없는, 위험한 사람"이라고 묘사하면서,

백인 소유주에게 이들 삶을 거의 완전히 통제할 수 있는 권리를 부여했다. 배심원의 심판을 받을 권리는 백인에게만 보장되었을 뿐 노예에게는 부여되지 않았다. 노예주가 자의적으로 노예를 징벌할 수 있었고, 죽이더라도 명분이 있다면 문제 삼지 않았다. 또한 흑인 노예는 기술직에서 일할 수 없도록 했다. 이는 신세계에서 백인과 흑인 사이에 침투할 수 없는 막을 만들어 인종 구분을 구체화시키는 데 일조했다. 이런 단계들을 거쳐 작은 섬 바베이도스는 역사에서 엄청나게 강력한 원동력이 되었다. 이는 여기서 생산된 놀라운 부, '다른 아메리카 식민지들에서는 볼 수 없었던' 유례없던 부를 통해서이기도 했지만, 이 섬이 세운 법적·사회적 사례를 통해서이기도 했다.[4] 이 식민지 섬이 동산노예제의 개발과 플랜테이션 기구의 건설에서도 선구자로 우뚝 선 것은 이런 법령을 처음 제정한 덕분이기도 했지만, 훗날 캐롤라이나, 버지니아, 좀 더 지나서는 자메이카 지역으로 갔던 초기 흑인 및 백인 이민자를 배출한 주요 원천지였기 때문이기도 했다. 신세계에서 영국 플랜테이션 체제의 씨앗이 되는 결정체가 이곳에서 만들어진 것이다. 한 역사가는 이를 플랜테이션 체제의 "문화적 불씨"라고 표현했다.[5]

1642년 브라질의 모라도르moradores(거주민을 의미하는 포르투갈어—옮긴이), 즉 브라질에서 포르투갈어를 쓰고 포르투갈을 향한 충성심이 높은 정착민이 네덜란드의 지배에 맞서 격렬하게 봉기를 일으키면서, 유럽인 사이의 제국주의적 갈등이 또 다른 폭력적 국면으로 접어들었다. 네덜란드는 노예가 생산한 설탕에서 나오는 수익을 포르투갈과 부르봉 왕조의 에스파냐(포르투갈도 계속 결합되어 있던 왕국)로부터 빼앗기 위해 브라질을 점령하고 있었다. 브라질의 설탕 생산에서 나오는 새롭고 거대한 부의 원천을 탈취하여 포르투갈을 공격하고, 이를 통해 에스파냐까지 약화시키려는 것이 네덜란드의 초기 목표였다. 그러나 네덜란드는 여기에 만족하지 않고 세계를 제패하는 강국이 되고자 훨씬 더 야심찬 계획을 추진했다. 이 네덜란드의 기획은 초기 에스파냐나 포르투갈 정복 사업의 임기응변적인 성격과는 전혀 달랐다. 이는 이질적이지만 상호 보완할 수 있는 환대서양의 식민지들을 묶어 하나로 통합된 제국을 세운다는 고도의 계획에 기초한 것이었다.[6] 앞서 언급했다시피, '위대한 기획'에 따라 네덜란드는 새로 설립한 서인도회사를 이용하여 아시아에서 이미 성취했던 방식대로 서반구에서 독점적인 무역체제를 수립하고 싶어 했다. 아시아에서 활동했던 네덜란드 동인도회사는 당시까지 네덜란드 해외 수익의 가장 중요한 원천이었다.[7]

네덜란드의 전통적인 역사서술은 이 시기 네덜란드가 새로이 획득한 부가 아시아에 기초해 있음을 크게 강조하면서, 네덜란드가 서반구에서 아프리카인 노예 노동력, 해상운송 능력, 플랜테이션을 이용하여 성취하려고 했던 것을 모두 저평가하거나 간과해왔다. 네덜란드의 황금시대를 연구하는 대표적인 역사학자인 프리스Jan de Vries에 따르면, "초기 입안자들이 그렸던 그런 고도의 희망은 '대서양의 현실' 때문에 그 근처도 갈 수 없었다. 그러나 그렇다고 해서 시도하고픈 마음이 사라진 것은 아니었다."[8] 개념적으로 볼 때, '위대한 기획'은 오래전 포르투갈의 제국주의적 계획들에 이미 내재했던 시너지들을 전제로 하면서도, 그보다는 좀 더 나아가려고 했다. 이 기획에 따라, 네덜란드는 중앙아프리카와 서아프리카, 즉 엘미나와 루안다 양쪽에서 여러 주요 노예 공급지를 지배했다. 1630년 이래 겨우 20년 동안, 네덜란드는 설탕 생산을 위해 3만 1533명의 아프리카인을 브라질로 보냈다.[9] 동시에 네덜란드는 가장 크고 생태적으로도 가장 유망한 설탕 생산지, 즉 브라질에서 네덜란드가 정복한 토지들을 지배했다. 한편, 네덜란드는 북아메리카 본토에서 오늘날 매사추세츠부터 델라웨어에 이르는 지역에 정착지들을 세워 지배하기도 했다. 당시 그 지역은 뉴네덜란드로, 뉴욕은 뉴암스테르담으로 불리고 있었다. 이 영토들은 곧 초기 모피무역에서 벗어나 훨씬 남쪽에 자리한, 발전도상에 있던 네덜란드 플랜테이션 경제권에 식량을 공급하는 역할로 변모해갔다. 뉴네덜란드와 브라질 모두에 네덜란드인 정착민과 칼뱅파 개신교로 개종한 선주민이 거주하고 있었다.

네덜란드는 자신들의 거창한 계획을 실현하지 못했지만, 그렇다고 시도조차 하지 않았던 것은 아니다. 그들이 수행했던 작업은 영국에게 영향을 남겼다. 17세기 중엽부터 빠르게 성장하던 영국은 기본적으로 네덜란드와 비슷한 종류의 시너지 효과들을 추구했고, 네덜란드보다 훨씬 더 멀리 나아갔다. 영국은 대서양변 유럽, 아프리카, 신세계의 비옥한 열대 지역 북아메리카의 네 귀퉁이로 뻗어 있는 경제들을 더 깊게 통합시켰다. 이는 네덜란드가 실현하지 못했던 과업이었다. 북아메리카에서 영국인이 네덜란드인을 쫓아낸 뒤 이곳은 훨씬 더 큰 역할을 하게 되는데, 이에 대해서는 뒤에서 더 설명한다. 이렇게 새로 통합된 체제의 초기 단계부터 영국령 북아메리카 식민지들은 바베이도스처럼 훨씬 더 부유한 식민지들을 위해 고기, 생선, 곡물이나, 말, 소, 통나무 등 천연자원을 공급하는 역할을 했다. 설탕 산업 덕분에 바베이도스 등은 아메리카 전역에서 1인당 수출량이 가장 큰 나라가 되었고, 사탕수수 재배를 통해 얻는 수익이 워낙 높아 얼마 안 되는 토지를 다른 용도로 사용하는 것은 낭비가 되었다. 17세기 중엽 바베이도스의 한 정착민에 따르면, "사탕수수 경작에 너무 열심이다 보니, 식량을 아주 비싼 가격으로 사먹게 된다. 사탕수수 노동력을 통해 얻는 이윤이 무한할 지경으로 크기 때문에, 그 노동력으로는 식량생산을 하지 않았다."[10]

결국 아메리카 본토에서 가장 극적인 독립을 이루어낸 곳은 뉴잉글랜드였다. 뉴잉글랜드의 농부와 어부는 바베이도스를 비롯해 사탕수수를 경작하던 카리브해 연안 지역으로 식량을 공급하는 사업에 주력했다. 사실 뉴잉글랜드의 번영에 기초를 제공한 것은, 어떤 계몽주의적 이상이 아니라 서인도제도였다. 서인도제도를 통해 보스턴, 세일럼Salem, 프로비던스Providence와 같은 곳의 상인과 농부가 모국 영국에 대한 경제적 의존에서 벗어날 수 있었고, 독립에 대한 생각을 키울 수 있었다. 역사학자 워런Wendy Warren에 따르면, "1680년대까지, 보스턴 항에 정박했던 선박의 절반 이상은 늘 서인도 무역에 관여하고 있었고, 서인도제도에서 교역하던 배의 거의 절반이 뉴잉글랜드에서 출항한 배였다."[11]

그러나 포르투갈에서 네덜란드로, 네덜란드에서 영국으로, 신세계에서 유럽 제국이 형성되었던 흐름들 모두가 일차적으로는 노예가 된 아프리카인의 가치에 기반을 두고 있었다. 노예의 가치가 판도를 바꾸고 부를 만들어냈다. 노예가 없었다면 유럽인의 제국적 야심은 의미가 없었다. 18세기 말 프랑스의 뛰어난 반노예제 사상가 레날은 이런 현실을 포착했다. 그는 유럽 식민주의 역사에 대한 책이 여러 권 출판되는 것을 보며 이 주제에 대해 다음과 같이 썼다. "오랫동안 업신여겨져 왔던 이 섬들에 정착한 식민지 거주자의 노동이 아프리카 교역의 유일한 기초이다. 이 노동은 북아메리카의 어업과 농업까지 뻗어 있고, 아시아 제품에 유리한 판로를 제공해주기도 하며, 유럽 전체의 활동을 두 배 혹은 세 배까지 증가시켜준다. 이 노동이 우주를 휘젓고 있는 급속한 변동의 주요 원인이라고 볼 수 있다."[12] 마지막 문장의 "급속한 변동"은 당연히 가속도가 붙은 유럽의 급속한 경제 발전을 의미한다.

레날의 통찰력에는 윌리엄 버크William Burke의 생각이 반영되어 있다. 그는 에드먼드 버크Edmund Burke의 사촌이고, 1760년 영국이 프랑스로부터 갓 빼앗은 과들루프에서 식민지 관료를 했다. 윌리엄 버크에 따르면, "북아메리카의 대부분을 우리와 교역할 수 있게 만든 것은 서인도 제도 무역을 통해서이다. … 사실 북아메리카 지역의 무역은 아프리카의 무역과 마찬가지로, 서인도제도 무역에 종속된 일원 혹은 하위 부서라고 할 수 있다. 이 무역의 흥망은 서인도제도의 흥망과 정확히 일치할 것이다."[13] 이 말의 진의를 파악하기 위해서는 약간의 완곡어법과 간접화법을 관통할 수 있어야 한다. 버크의 글에서, 아프리카 무역은 아프리카 대륙에서부터 사슬에 묶인 채 선박에 실려 대서양을 건너가는 남녀를 강압한 채 매매하는 것이 압도적 비중을 차지하고 있다. 한편, 레날이 말한 카리브해 식민지 거주자의 노동은 주로 설탕 플랜테이션에서 죽을 때까지 강제 노동을 해야 했던 흑인의 고역을 의미한다.

네덜란드의 계획으로 돌아가면, 이는 두 단계의 실패를 겪게 된다. 첫째는 포르투갈이 네덜란드가 자신들을 상대하며 사용했던 각본을 그대로 사용하기 시작한 것이다. 브라질에서 반란을 일으킨 포르투갈 왕당파는 바이아에서 네덜란드인이 운영하던 설탕 플랜테이션들을 약탈했다. 네덜란드가 노예 노동에서 얻은 소득, 새 대서양 제국을 건설하기 위해 필요했던 소득을 약탈했던 것이다. 이 과정에서 네덜란드가 크게 약해지자, 영국이 쉽게 식민지를 챙겼다. 영국은 1664년 뉴암스테르담을 장악한 뒤 뉴욕으로 개명했으며, 카리브해에서는 더 빠르게 강력해졌다.

바베이도스와 서인도제도에 진출한 영국이 역사적으로 결정적인 기회들을 얻게 된 것은 포르투갈과 네덜란드가 계속 전투를 주고받으면서 브라질의 플랜테이션 세계가 황폐화되었기 때문이다. 첫 번째, 그리고 의심할 바 없이 가장 중요한 초기 바베이도스 사탕수수 대농장주는 드랙스James Drax라는 거칠고 야심찬 영국인으로 네덜란드를 몰아내는 일을 했다. 그는 1627년 18세의 나이에 바베이도스에 왔다. 이 섬에 정착할 사람들을 싣고 영국에서 출발한 첫 선박이 윌리엄앤존호였는데, 그는 이 선박을 타고 온 50명의 승객 중 한 명이었다. 승객 중에는 헨리 윈스럽Henry Winthrop도 있었다. 그의 부친 존 윈스럽John Winthrop은 매사추세츠에 영국인이 정착하는 과정을 이끌었던 인물이다.[14]

드랙스는 300파운드의 돈과 하나의 꿈, 즉 대농장을 세워 매년 1만 파운드의 소득을 올릴 수 있기 전까지는 영국에 돌아가지 않겠다는 꿈으로 무장하고 바베이도스로 왔다.[15] 카리브해에 정착했던 초기 영국인이 이런 동기를 가졌던 것이 유별난 것은 아니었다. 오히려 일반적이었다. 그리고 호황이 다가오면서, 드랙스는 그런 장대한 꿈을 훌쩍 뛰어넘는 큰 성취를 이루었다. 그런데 드랙스만이 이 행운을 누렸던 것은 아니다. 바로 몇 년 뒤에 윌리엄앤존호를 타고 온 다른 두 명의 정착자가 설탕 산업의 거물로 드랙스와 함께하게 된다.[16] 완벽한 타이밍의 힘을 보여주는 놀라운 사례라고 할 수 있다.

바베이도스에 상륙하기 전에, 서대서양 어딘가에서 윌리엄앤존호는 서아프리카에서 브라질로 가던 포르투갈 노예선과 조우했다.[17] 영국선박 윌리엄앤존호는 노예선을 공격하여 아프리카인 열 명을 포로로 붙잡아 그들을 바베이도스섬 최초의 노예로 만들었다. 나는 이 사건에 대해 읽을 때 그 주인공들이 느꼈을 공포가 금방 눈에 들어왔다. 나는 이 사건이 아메리카 노예무역에서 노예로 팔려 갔던 수많은 다른 아프리카인의 조건도 아주 잘 보여주고 있다고 종종 생각하곤 한다. 누구도 노예들의 이름을 모르고 그들이 어디서 왔는지 모르지만, 그 시점에서 이 아프리카인을 소유한 주인의 이름이 최소한 세 번은 바뀌었던 것 같다. 첫 번째는 아마도 아프리카 해안에서 일어난 분쟁의 결과로, 아프리카 나라들 혹은 아프리카 사회들 사이에서 바뀌었을 것이다. 그다음에는 백인 상인에게 팔려가 임시수용소에 갇혔거나, 해안 가까이에서 닻을 내리고 있던 포르투갈 선박으로 곧장 이송되었을 것이다. 포로들은 대양 항해의 경험이 없었고, 자신들이 어디로 가는지 감도 잡을 수 없었다. 그 자체로 공포를 느끼기에 충분했다. 마지막으로 그들은 다른 백인 부족들 사이에서 벌어졌던 작은 접전을 보며 또 트라우마를 경험했을 것이다. 백인들의 싸움 명분이 신성했을 리는 없었지만, 승자에게 돌아가는 포상이었던 포로들은 그 이유를 전혀 알 수 없었을 것이다. 확실한 것은 그들 앞에, 그리고 그들 뒤를 이은 수십만 명 앞에도 무시무시한 공포가 놓여 있었다는 점이다.

남아 있는 증거에 따르면, 1640년대 초 시작된 드랙스의 초기 성공은 "포르투갈 흑인" 노동력 덕분이었다. 이런 증거는 바베이도스에서 설탕 산업이 시작되던 시기에 대해 중요한 기록을 남긴 17세기 작가 리곤Richard Ligon을 통해 얻을 수 있다. 1657년에 런던에서 《바베이도스섬에 대한 정확하고 진실한 역사A True and Exact History of the Island of Babadoes》라는 책이 출판되었다.[18] 여기서 '포르투갈'이라는 단어의 의미는 드랙스가 이 섬에서 가장 선진적인 설탕 생산 체제를 조직하는 데 유리한 고지를 점하고 있었다는 뜻이다. 이를 통해 드랙스는 설탕의 초기 무역을 지배할 수 있게 되었다. 그렇게 될 수 있었던 것은, 드랙스가 브라질의 가장 부유한 설탕 생산 지역인 페르남부쿠에서 온 노예들, 즉 사탕수수의 재배와 처리과정에 대해 이미 전문가가 된 노예들을 구입하는 선견지명을 갖고 있었기 때문이었다.•

바베이도스섬에서 드랙스 대농장의 유적지를 찾기 위해 나섰을 때, 이 책 서문에서 언급했던 노예묘역에서보다는 조금 더 성과를 얻을 수 있었다. 이 유적지를 찾는 데 족히 하루가 걸렸다. 해변에서 섬 중앙까지 운전해 가면서, 비옥한 흑토 위에 세워진 마을들을 지났다. 이곳은 한때 무성한 숲이었겠지만, 당시에는 높이 자란 사탕수수가 바람에 흔들리고 있었을 것이다. 거기서부터 좁은 언덕길로 접어들었는데, 길 옆 산허리에 빅토리아시대 분위기의 주름 장식이 있는 파스텔 색조의 집들이 자리해 있었다. 초목 사이를 지그재그로 올라가는 길이었다. 시원한 바람이 불던 그곳에서 땅의 색은 더 붉어졌고 점토 함량도 높아져서 사탕수수 재배에는 최적화된 토양이 눈에 들어왔다. 그곳에서는 전화기의 GPS가 별 소용이 없었고, 나는 여러 번 길을 잘못 들었다. 여러 번 멈춰서 바베이도스 주민에게 길을 물었지만, 놀랍게도 그들은 잘 알지 못했고, 서로 다른 방향을 가리키기도 했다. 알고 보니 드랙스 대농장은 경사로 아래에 있었는데, 대로에서 나와 진흙밭을 가로질러서, 포장되어 있지 않은 자갈길을 거쳐야 했다. 나는 드랙스가 식민지 초기에 도로 위원이었음을 알고 있었다. 내가 차를 타고 온 길이 그가 설계한 길이었을 가능성이 높다. 당도한 곳에는 아메리카 전역을 통틀어 가장 오래되었을, 자코뱅 시대의 저택이 서 있었다. 1650년대 초 어느 시점

• 마찬가지로, 1530년보다 앞 시기에는 아니었다고 해도, 1530년대에는 마데이라섬과 상투메섬에서 데려온 노예들의 전문지식이 브라질에서 초기 설탕 플랜테이션을 건설하고, 첫 제당소를 세우는 데 도움이 되었다.[19]

에서, 드랙스가 지었을 귀족풍의 거각이었다. 얼핏 보기에도 오래 견디도록 지어진 집임을 알 수 있었다. 튼튼한 요새처럼 보이는 어두운 색의 3층 석조 건물로, 양 옆에 같은 모양의 박공이 있고, 지붕은 밝은 빨간색이었다. 그러나 이 저택의 완공 이후 얼마 되지 않아 알 수 없는 이유로 전성기였던 드랙스는 영국으로 갔고, 다시는 돌아오지 않았다.

저택에서 100야드(약 90미터)도 떨어져 있지 않은 곳에 높은 용광로가 세워져 있다. 견실하게 지어진 옛 제당소의 보일러로, 한때 그 주인에게 큰 이익을 안겨주었을 것이다. 저택에서 다른 방향으로는 무너진 돌더미가 있는데, 이는 사탕수수를 재배하고, 제당소에서 일했던 노예들의 거주지 유적이다. 드랙스의 주요한 통찰 중 하나는 통합된 설탕 플랜테이션을 이론적 추론을 갖고 밀어붙였던 것이다. 그가 부근에서 사탕수수를 재배했던 보다 작은 규모 농장주들의 작물 일부를 구매하기는 했지만(브라질에서 초기 제당소 운영자들 대부분이 그랬던 것처럼), 그가 의도적으로 주력했던 중요한 혁신은 사탕수수의 수숫대를 나름의 방식으로 절단하여 다시 심는 것에서부터, 흰색 과립의 설탕으로 만들어 영국으로 보내는 것까지 생산 전 과정을 통합시키는 것이었다. 토지와 노예가 풍부하다면, 그것이 플랜테이션을 가장 효과적으로 운영하는 방법이라고 판단했다. 통합은 부가가치를 극대화시킬 수 있었다. 이런 혁신이 드랙스가 거부가 되고, 그를 본보기로 삼았던 다른 대규모 대농장주들이 부자가 되었던 비결이었다. 게다가 이는 카리브해 산업의 미래였다. 이 산업을 통해 카리브해는 세계에서 유례없던 큰 부를 만들어내는 원동력 중 하나가 되었다.

바베이도스에서 설탕 생산의 통합은 분주한 플랜테이션과 제당소를 단순 결합시키는 것을 넘어서, 곧 다른 형태들로 발전했다. 1660년, 앞서 언급한 것처럼, 런던의 엘리트들이 '왕립탐험회사Company of Royal Adventurers'를 세워서 아프리카로 진출했는데, 역사학자 크리스토퍼 브라운은 이들을 '법인화된 도둑 집단'이라고 일갈했다.[20] 이 회사의 설립 동기는 서아프리카 해안을 따라 진행되던 황금무역에 우격다짐으로 끼어드려는 것이었다. 그 방식은 주로 라이벌 유럽 국가들의 선박에 대해 국가도 인정하는 습격 혹은 해적질을 감행하는 것이었다. 초기에 이 회사가 수익성이 꽤 좋아서 영국 조폐국이 새 화폐 단위인 기니guinea를 만들기도 했다. 당시 주조된 동전의 한 면에는 아프리카 코끼리 한 마리가 새겨져 있다. (이 동전은 1파운드 1실링의 액면가를 지닌 것으로, 1967년까지 유통되었다.) 이 회사가 초기에는 황금무역으로 성공을 거두었지만, 회사 창립 이후 3년 만에, 왕실독점을 보장하기 위해 만든 이 회사의 천년헌장은 주 사업을 노예무역으로 바꾸었다. 당시 왕의 형제이자 왕위상속자였던 요크York 공이 이 회사를 이끌고 있었고, 새 여왕 캐서린Catherine of Braganza를 비롯해 여러 명의 왕족이 투자자로 참여하고 있었다. 투자자로 서명한 이 중에는 옥스퍼드의 젊은 교수 로크John Locke도 있었다.

영국은 해적질로 황금무역에 끼어들다가 곧 아프리카인을 가능한 한 많이 실어 나르는 인신무역으로 사업을 전환했다. 당시 영국인은 1630년대 이래 아프리카 해안을 따라, 엘미나를 비롯한 인신무역 기지를 형성했던 포르투갈인 혹은 네덜란드인으로부터 그 무역의 주도권을 가져왔던 것이다. 회사의 특허장을 바꾸자마자 영국 선박 40척으로 구성된 호위대가 이를 위해 아프리카로 파견되었다. 역사학자 토머스Hugh Thomas에 따르면, 그들은 "대서양을 건너 북아메리카의 뉴홀랜드에 있는 뉴암스테르담을 장악하러 가기 전에, 카보베르데제도를 정복하고, 〔엘미나로부터 11마일(약 20킬로미터) 떨어져 있는〕 케이프코스트와 황금해안에 있는 다른 여러 개의 네덜란드 기지를 탈환했다. 뉴암스테르담은 이후 왕립탐험회사의 대주주였던 요크공의 이름을 따라 뉴욕으로 개명했다."[21] 크리스토퍼 브라운에 따르면, 회사가 독점하면서 누렸던 효율성이 깨지면서, 서아프리카 노예무역은 "개방적이고, 치안관리가 안 되는 시장판 같은 성격을 띠게 되었다." 많은 영국인이 일확천금을 바라며 흑인 포로를 찾아 아프리카 해안으로 가면서 벌어진 일이다.[22]

회사의 원래 목적은 "1인당 17파운드의 가격으로 노예를 바베이도스섬에 공급하는 것이었고, 1663~1666년 사이 회사는 평균 18파운드 가격으로 5000명 이상의 노예를 바베이도스섬에 상륙시켰다."[23] 회사는 그 목적을 거의 놓치지 않은 셈이다. 1660년대에, 3만 2496명으로 추정되는 아프리카인이 이 섬으로 이송되었다.[24] 당시까지 바베이도스섬으로 유입된 노예의 가격은 가장 높았던 1640년대에 비해 35퍼센트 하락해 있었다.[25] 1640년대에 팔려온 아프리카인은 1660년대보다 약 1만 명이 적었다. 짧은 기간 사이의 가격 하락보다 장기적으로 더 중요한 문제는 이 인신매매에서 네덜란드의 장악력이 무너졌다는 점이다. 대신 영국이 노예무역을 완전히 지배하게 되었고, 이렇게 한 세기 반이 지속되면서 노예무역은 영국 제국주의의 범위가 카리브해로 확대되고, 전반적으로 광범한 제국을 건설하게 만든 추동력이 되었다. 이 시기 말이 되면 왕립탐험회사와 그 계승자들, 즉 1672년에 '영국왕립아프리카회사Royal African Company of England'를 건설한 이들이 다른 어떤 기관이나 어떤 주체보다 아프리카에서 더 많은 남녀와 아동을 싣고 신세계로 향했다.[26] 영국은 쉽게 네덜란드를 능가했지만, 이는 모방을 통해서였다. 영국은 네덜란드가 구상했던 '위대한 기획'의 윤곽을 거의 그대로 따라 했다. 다만 그 야심의 규모가 더 컸을 뿐이다.

바베이도스섬에서 형태를 갖추기 시작한 매우 중요한 혁신 가운데 하나가 새로운 재정 모델들이었다. 제임스 드랙스가 솔선하며 지원하는 가운데 제당소를 갖춘 큰 플랜테이션들이 건설되었는데, 그러면서 큰 자본이 필요하게 되었다. 그리고 이는 '신용 제국'이라고 불렸던 영국 금융기구가 발전하는 데 한몫을 했다.[27] 큰 이익을 회수할 수 있다는 전망에 현혹되어, 영국 본토의 대부업자들이 융자를 늘리기 시작했다. 플랜테이션 소유자도 그들이 벌어들인 소득으로 더 많은 노예를 사서 더 높은 생산성과 수익을 추구했다. 런던에서 유입된 상업신용(은행이 기업에 제공하는 신용 대출—옮긴이)이 윤활유가 되어, 고국에서 치솟고 있던 설탕과 그 부산물들에 대한 수요에 부응할 수 있는 대규모 생산시설이 건설되면서 생산과정이 원활하게 잘 돌아가게 되었다.

19

작물 하나하나에 거름을

가속도가 붙고 있던 혁명을 제대로 이해하기 위해서는 설탕을 단순한 식료품이나 상품이라기보다는, 서구의 경제적 운명에 영향을 미친 훨씬 더 크고 중요한 것으로 생각할 필요가 있다. 민츠Sidney W. Mintz의 중요한 연구서, 《달콤함과 권력: 근대사에서 설탕의 위치Sweetness and Power: The Place of Sugar in Modern History》에 따르면, "영국 권력층 일부는 설탕과 같은 상품이 자신들의 안녕에 매우 중요하다고 확신하게 되었다. 그래서 그들은 자본의 권리를 위해, 특히 플랜테이션과 그에 수반된 것을 개발하고자 투자된 자본의 권리를 위해 치열하게 정치활동을 했다."[1] 17세기 말에 이르면, 설탕은 실제 영국 경제를 이끄는 중심 견인차가 된다. 20세기 초에 나온 한 기록은 "카리브해의 대농장주 한 명이 지출한 1000파운드는 런던의 같은 가정이 소비한 금액보다 두 배 이상 영국에 더 좋은 결과와 더 큰 이득으로 돌아왔다"라고 서술하기도 했다.[2]

영국왕립아프리카회사와 같은 새로운 교역기구들 또한 중요한 혁신 주체였다.[3] 이 기구들은 다양한 유형의 투자자가 모인 자본 연합을 기반으로 구성되었는데, 이는 현대의 기업과 다르지 않았다. 이는 이 시대 노예무역이 급속도로 성장하면서 모국 영국에서 기업, 정치, 사회의 근대화가 추진된 여러 방식 중 하나였다. 노예무역은 금융, 운송, 보험 등 관련된 여러 광범한 산업에 꾸준히 영향을 미쳤다. 노예제는, 휘그와 토리 두 라이벌 정당 체제의 등장에, 런던시가 금융 중심지로 성장하는데, 영국의 힘과 번영이 더 광범한 차원에서 피어나도록 하는 데 공헌했다.[4] 노예제의 영향은 통상 알려진 것보다 훨씬 광범했다. 대서양 노예제를 연구했던, 지금은 고인이 된 역사학자 밀러Joseph C. Miller의 표현에 따르면, 플랜테이션, 독점기업, 바베이도스와 같은 새 설탕 식민지가 '초기 투자와 경영을 위한 관리되는 실험실'이 되었다. 이 실험실들을 통해 "왕실 주도로 시작된 황금의 근대성이 창출"되었다.[5]

드랙스 일가의 이야기로 짧게 돌아가보면, 제임스 드랙스의 주도 아래 노예와 토지가 축적되었고, 바로 이어서 그의 손자 헨리가 이를 경영했다. 제임스 드랙스는 바베이도스섬의 첫 대규모 노예소유주였다. 1642년 22명의 아프리카인을 소유했는데 당시로는 큰 숫자였다. 1644년에는 34명의 노예를 추가로 구입했다. 1650년대 초 그의 농장에서는 200명의 노예가 일하고 있었다. 당시 이곳을 방문했던 프랑스인 비에르Antoine Bier 신부는 흑인이 운행하던 드랙스의 제당소가 "꽤 볼만했다"는 말을 남겼다.[6] 이와 대조적으로, 이 섬의 다른 대농장주 대부분이 흑인 노예 사용을 완전히 수용하기까지는 이후로 10년이 더 걸렸다. 그때가 되어야 아프리카인 노동력 가격이 "더 저렴해졌고, 백인보다 구하기가 더 쉬워졌다."[7] 1640년대 초까지, 드랙스는 여기저기서 400에이커(약 1.6평방킬로미터)의 토지를 구입하여 연결시켰고, 이후 10년 뒤에는 700에이커(약 2.8평방킬로미터)의 토지를 소유하게 되었다.

제임스 드랙스가 운영했던 플랜테이션이 어떠했는지는 헨리의 기록을 통해 알 수 있다. 헨리는 자세한 메모와 감독관에게 주는 24쪽의 농장운영 설명서를 남겼는데, 이 설명서는 복제되어 이후 한 세기가 넘도록 이 섬의 열의에 찬 설탕 귀족들 사이에서 탐구되었다. 이 기록을 통해 보면, 드랙스 일가는 "장부기록을 하는 농장경영자" 혹은 자본주의의 개척자다. 그들은 정밀하게 계산하고, 노동을 조직하는 일에 골몰하면서, 꼼꼼한 회계장부와 자료 관리를 통해 꾸준히 생산성 향상을 도모했다.

섬의 규모가 작은 조건에서 토지 사재기와 설탕에 대한 열광적인 투기 바람이 한 번 지나가자, 새로 온 이가 취득할 만한 부분이 거의 남지 않게 되었다. 특히 식민지 초기 이 섬 노동력의 주 구성원이었던 무일푼의 백인 계약하인에게는 남는 것이 없었다. 하인 출신의 입장에서 볼 때, 바베이도스섬은 영국령 아메리카 중에서 "가난한 이에게 최악의 식민지"였다.[8] 쉽게 부자가 되지 못했던 백인 대부분은 이 섬에서 나가기를 갈망했다. 이는 보통 카리브해에 있는 다른 영국령 식민지나 북아메리카 본토로 이주한다는 것을 의미했다. 이 섬에 백인 계약하인을 계속 공급하려는 목적으로 1655년까지 약 5만 명에 가까운 정치범이 이 섬으로 이송되었다.[9] 크롬웰의 군사 원정 과정에서 포획된 스코틀랜드인과 아일랜드인 군인 포로들과 런던이나 브리스틀과 같은 도시에서 꼬임에 빠져 온 여러 희생자가 카리브해로 강제 이송되었다. 이 일과 관련되어 나온 은어들이 영어에서 대개 사라지기는 했지만, 당시 사람들은 '바베이도스되었다Barbadosed'는 말을 하곤 했다. 이 단어는 19세기 말에 나온 '상하이되었다shanghaied('속아서 끌려가 강제 노동을 하게 되었다'는 의미—옮긴이)'는 단어와 같은 의미로 사용되었다. 아프리카인 노동력 가격이 크게 떨어지기 시작하고, 흑인이 열대 지역에서 장시간 고된 노동을 하기에 신체적으로나 기질적으로 훨씬 더 적합하다는 식으로 가공된 조잡한 인종 개념들이 생겨나는 등 이런 저런 요인들이 작용하여 대농장주는 아프리카인 노동력을 선호하게 되었다. 그 후 한 세대가 지나기도 전에 바베이도스섬은 전형적인 노예제 사회가 되었다.

1630년에서 1680년대 사이, 바베이도스섬은 소수의 흑인만을 볼 수 있었던 섬에서 인구의 75퍼센트, 그리고 노동력의 95퍼센트가 아프리카에서 사슬에 묶여 끌려온 사람들로 구성된 섬이 되었다.[10] 서구에서 새 노예제 사회는 주로 카리브해에 한정되어 있었고, 이곳에서 바베이도스섬은 노예제 사회의 화신이자 모델이 되었다. 브라질을 하나의 단위로 볼 때, 브라질이 가장 큰 규모의 노예를 갖게 되지만, 바베이도스섬에서처럼 노예 비율이 높았던 시기는 없었다. 노예와 혼혈인 크리올을 모두 합한 경우에도 이에 미치지 못했다. 한편 아메리카 전역의 인구 구성에서 흑인이 그렇게 압도적인 다수를 차지한 경우를 찾아보면, 쌀농사를 하는 캐롤라이나 저지대 지역Low Country뿐이다. 그런데 그곳 플랜테이션에서 일했던 아프리카인 노예에 대한 초기 기록에 따르면, 도시 찰스턴Charleston의 설립자이자 캐롤라이나 식민지의 세 번째 제독이었던 예먼스John Yeamans가 자신의 토지를 개간하고 농사를 시작하기 위해 노예들을 바베이도스섬에서 데려왔다고 한다.[11] 캐롤라이나, 버지니아, 메릴랜드, 그리고 로드아일랜드와 매사추세츠의 인구 구성도 바베이도스섬에서 데려온 흑인으로 인해 상당히 변화했다.

바베이도스섬, 그리고 훗날 자메이카섬과 생도맹그섬의 설탕 플랜테이션 소유주는 수확량을 늘리고 이윤을 높이려 계속 혁신하는 사람들이었다.[12] 경작 기술 그 자체뿐 아니라 노동력도 엄격하고 꼼꼼하게 관리했다. 이 플랜테이션 소유주들은 가장 "뛰어난 위업을 달성한 당대 자본가"들이었다.[13] 그들의 부, 그 시대의 그 풍요가 다름 아닌 잔혹한 노예제에 기초해 있었다는 사실을 받아들이는 것은 어려운 일이다. 그러나 우리가 공유하는 근대성의 뿌리는 바로 거기에 자리하고 있다.

노동의 윤리적 기반과 사회적 가치에 대한 새로운 개념들, 우리가 인도주의라고 부르는 생각이 영국에서 막 생겨나고 있었지만, 흑인은 그 혜택을 거의 받지 못했다. 유럽인이 아프리카인 노동력을 "소나 말처럼" 극한까지 착취해도 문제 없이 용인되었다.[14] 백인에게 그랬다면 사회적으로 용납되지 않았을 것이다. 이런 극단적 인종 착취는 쉴 새 없이 진행되던 경작노동과 함께 시작되었다. 일하는 날에는 해 뜰 때부터 해 질 녘까지, 때로는 그 이후로도 계속 노동을 했다. 왕립아프리카회사는 여성노예 한 명당 남성노예 두 명의 비율로 이송해달라고 요구했지만, 그 목표는 달성된 적이 없었다. 이는 아프리카인의 저항 때문이었을 것이다. 일부 아프리카 사회는 남성노예에게 더 높은 가격을 매겼다. 남성노예의 부족분을 보상하기 위해, 바베이도스섬을 비롯한 여러 섬에서 등장했던 플랜테이션 체제는 여성에게도 가장 힘든 일을 배당했다.[15] 이는 백인 사이에서는 계약노동자에게라고 해도 상상도 할 수 없는 일이었다. 계약노동자도 때로는 아프리카인 노예처럼 가혹한 대우를 받았다고 하지만 여성계약노동자가 그런 일을 배당받지는 않았다. 흑인 여성은 농작물을 심고, 잡초를 뽑고, 수확을 했으며, 임신 중에도 마찬가지였고, 채찍질도 거의 똑같이 당했다.[16]

흑인을 그런 잔인하고 타락한 체제에 복속시키는 것이 생산성을 높이려는 목적만은 아니었다. 이는 아주 초기부터 백인에게 심리적으로 중요했다. 이는 아메리카 전역에서 새로이 등장하고 있던 잡다한 혼합

사회들에서 백인의 정체성을 고양시키는 방법이었다. 아메리카 사회들은 백인에게 유럽 태생은 근본적으로 다른 유형의 인류이며, 흑인보다 본질적으로 우월한 기질을 가진 사람들이라는 생각을 확인시켜주는 증거가 되었다.[17] 역사학자 톰슨Peter Thompson에 따르면, "설탕 플랜테이션 노동의 성격은 유럽인의 경험에서 유례가 없었다. 그 최종 생산물을 높이 평가하는 글을 쓴 이들도 그 노동 자체에 대해서는, 그러니까 그 생산물을 만들어낸 노동자에 대해서 쓸 때에는 동물에게 쓰는 단어를 사용하여 그 특징을 표현했다."[18] 사회학자 패터슨의 표현에 따르면, 노예가 된 흑인들이 받았던 가장 노골적인 모욕에서 겨우 면제된 백인 최하층민조차도 점차 자신을 "지배층의 경험에서 나온 강한 명예의식"을 공유한 자로 여기게 되었다.[19]

비인간적인 작업 중 하나는 계절마다 거름을 처분하는 일이었다. 이는 사탕수수를 잘 재배하기 위한 필수적인 작업이었다. 집중적인 거름처리는 드랙스가 일으킨 혁신 중 하나이기도 했다. 그는 "구멍마다 거름을 주지 않으면 좋은 사탕수수가 나오지 않는다"고 기록했다.[20] 매년 드랙스 플랜테이션에서는 1에이커의 토지에 약 1톤의 거름을 부었다. 이를 위해 인간과 동물의 배설물로 출렁거리는 80파운드(약 32킬로그램)의 큰 통을 노예가 머리에 이고 날라야 했다. 얼굴로 오물이 흘러내리고, 몸까지 흠뻑 젖으면서 사탕수수 줄기를 심은 구멍 하나하나에 거름을 뿌렸다. 예상할 수 있는 것처럼, 이로 인해 거름을 날랐던 이들 사이에서 질병률이 치솟았다.[21] 17, 18세기 바베이도스섬에서 이 일을 주로 했던 이들은 아프리카에서 온 여성노예였고, 사실 이들은 모든 밭일에 동원되었다.

일이 많은 추수기 동안은 다수의 노예가 거의 밤새도록 교대로 보일러에 사탕수수를 넣어 불이 계속 타오르게 해야 했다. "일주일 중 유일하게 쉴 수 있는 때는 토요일 밤부터 월요일 아침까지였다. 그 외 시간에는 제당소에서 일하는 25명의 남녀가 하루 종일, 그리고 한밤까지 2~3일에 한 번은 밤새도록 교대로 일했다."[22] 가끔은 사탕수수즙을 계속 마시며 일하기도 했다. 사탕수수즙은 설탕 함량이 높아서 계속 일할 수 있게 만들어주었다. 때로는 사탕수수로 만든 술을 마시기도 했다. 이 때문에 녹초가 되어 많은 노예가 큰 화상을 입거나 손가락이 롤러에 끼어 들어가 으깨지는 사고를 당하며 사망했다. 롤러로 인한 사고가 꽤 빈번하게 발생했기 때문에, 쉽게 손이 닿는 곳에 손도끼를 두었다. 노예가 불운하게도 팔이 끼었을 때 몸통까지 기계 속으로 들어가지는 않도록 막기 위한 용도였다. 이런 제당소 노동 관행이 영어 속에 깊은 자국을 남겼고, 오늘날 우리 대중문화로까지 이어져 있음을 볼 수 있다. 마이클 잭슨의 인기곡 〈스릴러Thriller〉와 같은 대중음악이나 할리우드 영화와 드라마, 〈워킹데드The Walking Dead〉와 같은 좀비가 나오는 작품들을 생각해보라.[23]

노예를 너무 가혹하게 다루지 말라는 경고가 감독관에게 가끔 떨어지기도 했지만, 설탕 플랜테이션 세계는 들판 혹은 보일러 앞에서 일하다 사망한 노예의 비율이 높다는 점을 부끄러워하지 않았고, 사업의 일반적인 과정 혹은 삶의 평범한 현실로 여겼다. 예를 들어 헨리 드랙스의 기록에 따르면, 그에게는 노예가 327명 정도 있었는데 그중 매년 3~5퍼센트가 사망했다고 한다.[24] 그 시대 다른 바베이도스 대농장에서는 보통 매년 6퍼센트의 노예가 사망했다. 설탕 생산에 투입된 노예의 기대 수명은 보통 7년을 넘지 못했다.[25]

브라질 설탕 플랜테이션의 사망률 역시 믿지 못할 정도로 높았지만,

드랙스를 비롯한 바베이도스섬 거대 플랜테이션의 설립 세대 구성원의 접근방식은 페르남부쿠와 바이아의 관행과 분명하게 달랐다. 이는 봉건제에서 자본주의로 이행하는 초기 단계에서 설탕 산업이 했던 상당히 중요했지만 널리 알려지지 않았던 역할이 반영된 것이기도 했다. 역사학자 던Richard Dunn에 따르면, "브라질에서 설탕 대농장주 혹은 제당소 주인은 그 이름이 함의하는 바처럼 장원을 거느리는 위대한 영주였다. 그는 거대한 농토를 소유했고, 월급을 받는 대규모의 장인, 소작농, 노예 군단을 유지했다. 그는 저택에서 귀족처럼 살았고, 가부장적인 공동체 위에 군림했다. 이 자족적 공동체는 교회, 법정, 경찰, 사회복지기구도 갖추고 있었다."[26] 이런 봉건주의와 대조적으로, 초기 큰 성공담은 바베이도스 농장주 가운데 드랙스처럼 훨씬 편협하고 완고하게 이윤과 전문화를 추구한 사람들이나 근대 기업인의 정신에 상당히 가까웠던 사람들에게서 나왔다. 이들 중 상당수가 영국에 상업적 근간을 갖고 있었고, 대서양 무역에 투자하고 해적질을 했던 경험을 가진 가문 출신이었다. 다시 던의 이야기를 좀 더 들어보면, "영국인 대농장주는 제당소 소유주와 사탕수수 재배자의 역할을 결합했다. 대농장주는 자기 농장의 노동력에게 보급할 식량과 의복 등 생필품을 생산하려고 하지 않았다. 이런 생필품은 외부 공급자에게 의존했다. 그는 최소한의 사회복지만을 제공했다."[27]

영국이 대서양 제국에서 중요해진 설탕 식민지들로 노예가 정규적이고 충분하게 공급되는지를 확인하고, 서인도제도에서 진행되는 아프리카인 인신매매로까지 개입해 들어가자, 노예의 수명이나 출산을 더 경시하는 풍조가 나타났다. 늦어도 1660년대 초가 되면, 짧은 기대수명이나 낮은 출산율이 카리브해 전역의 플랜테이션 경제 체제에서 보편적 특징이 되었다. 바베이도스 모델은 프랑스령 식민지에서도 중요했는데, 그런 지역들에서는 다음과 같은 생각이 널리 퍼져 있었다. "노예를 가혹하게 다루어 끝까지 일하게 만들고, 쓸모없어질 때까지, 더 이상 일할 수 없을 때까지 혹사시키고 나서, 그들을 대신할 새 노예를 구매하는 것이 가장 비용이 적게 드는 방식이다."[28] 1751년 안티과섬의 한 농장주가 쓴 글이다. 식민지 네비스Nevis섬의 대농장주이자 성직자였던 로빈슨Robert Robinson은 영아의 낮은 생존율과 임신으로 인해 여성 노예를 잃을 가능성과 플랜테이션에 보탬이 되기까지 아동에게 제공할 식량과 의복을 고려해볼 때, 출산으로 얻을 이득이 "클 수가 없고" 따라서 출산을 부추길 이유가 없다고 보았다.[29]

이런 일화들이 말해주는 것처럼, 카리브해가 영국의 경제적 발전(그리고 그 뒤를 나란히 따라간 프랑스의 경제적 발전)의 배후에서 핵심이 될 수 있었던 것은 인간을 쥐어짜는 착취체제에서 시작되었다. 당신이 갖고 다니는 전화기의 제조업체가 그것이 곧 구식이 되리라 예상하듯이, 이 섬들의 노예소유주들도 흑인 노동력이 노동 부담, 영양 부족, 질병으로 인해 일찍 사망할 것이라고 예상하고 있었다. 18세기 영국에서 노예제, 무역, 제국에 대한 영향력 있는 사상가였던 포스틀레스와이트가 아프리카에서 새 노예를 대규모로 꾸준히 공급하는 것이 영국의 번영을 "지탱해줄 수 있는 기본버팀목"이라고 했을 때, 그가 염두에 두었던 것은 바로 흑인 노동력의 높은 사망률이었다.[30] 1630년대에 바베이도스섬에서 노예제가 소규모로 시작되었을 때부터 1690년대까지 이 작은 섬에서만 9만 5572명의 아프리카인이 토지와 공장에서 쓰러져 사망했다.[31] 1810년까지 바베이도스섬에서 희생된 노예가 약 25만 명에 달했다.[32] 좀 더 시야를 넓혀서 잔혹했던 역사를 들여다보면, 1807년 런던

이 대서양 노예무역을 폐지하기 전까지 150년 동안 약 270만 명의 아프리카인이 노예가 되어 영국령 서인도제도로 이송되었다. 게다가 가장 큰 규모의 노예 운송은 이 시기가 끝나가던 시기에 집중되어 있었다. 그러나 끝나는 해까지, 역사학자 브라우니Randy Browne에 따르면, "카리브해 영국령 식민지의 총 노예인구는 그 숫자의 3분의 1 수준인 약 77만 5000명에 불과했다."•[33] 노예무역의 종식 이후에도 노예 인구에서는 출산보다 사망이 훨씬 더 많았다. 브라우니에 따르면, 1834년까지 "생존한 노예는 66만 5000명에 불과했다."[34]

이는 브라질에서 형성된 유형과 좀 달랐고, 미국과는 크게 달랐다. 미국에서는 영국이 1807년 노예무역을 금지한 이후 아프리카에서의 노예 공급이 거의 차단되었고, 바로 다음해부터 미국에서도 해외 노예 수입 금지조치가 효력을 발휘하기 시작했다. 이와 비슷한 시기에 우리가 뒤에서 탐구할 '면화 대량생산Big Cotton' 시대가 시작되었다. 여기서는 아메리카 본토에서의 노예제 역시 잔혹하기는 마찬가지였음을 언급하는 정도로 충분할 것이다. 미국 대농장주들은 좀 더 키우기 용이한 작물과 좀 더 온화한 기후 덕에 질병이 크게 번지지 않는 환경의 혜택을 보고 있었고, 재산인 인간을 재생산하는 문제에 큰 관심을 갖고 있었다.

바베이도스섬이 도입한 또 다른 중요한 혁신은, 무장을 한 "몰이꾼들drivers"이 원하는 속도대로 노동자를 몰아붙이며 일하게 만드는 집단노동방식gang labor이다. 이는 17세기 말까지 보편적으로 적용되지는 않

• 1790년 카리브해 프랑스령 식민지의 노예는 67만 5000명으로 추산한다. 이곳에서의 기대수명과 사망률도 카리브해 영국령 식민지와 비슷했다.

았다. 당시는 아프리카인 노예가 백인 계약하인을 완전히 대체하지는 못했던 시기였다. 이 시스템 역시 리처드 드랙스Richard Drax가 했던 초기 실험에서 처음 시도되었다. 헨리 드랙스의 기록에 따르면, 이렇게 작은 노동단위 혹은 집단을 조직했던 애초의 이유는 "흑인이 게으름 피우는 것을 막고 자기 업무를 제대로 수행하도록 만들기 위해서"였다.[35] 이런 방식이 노예에게 가져온 것은 계속되는 감시와 가혹한 규율만은 아니었다. 이는 노예에게 성별, 나이, 근력, 기민함 혹은 끈기, 혹은 생산성 측정에 따라 관리자가 보기에 가장 적합한 과업을 배당하도록 더 미세하게 조정된 시스템으로 이어졌다. 드랙스는 2주마다 관리자에게 보고서를 제출하게 하는 관행을 만들었다.[36] 이 보고서를 근거로 드랙스는 노예와 감독관 모두에게 그가 적합하다고 생각한 보상을 주기도 하고, 그보다 더 빈번하게는 징벌을 내렸다. 특별한 역할을 했던 노예는 이 작업에서 저 작업으로 옮겨가며 뛰어난 능력을 보였지만, 전문성은 거의 발전시키지 못했다. 그러나 노예들을 공식 작업반들로 나누어 소집하는 것만으로는 충분하지 않았다. 드랙스의 플랜테이션에서 처음 선보인, 기록해야 한다는 집착 덕분에 소유주는 서열이 있고 번호가 매겨진 여러 작업단을 조직할 수 있었다.

첫 번째 노동 집단은 가장 튼튼하고 유능한 남녀노예로 구성하는 것이 보통이었다. 여성노예의 비중이 압도적인 경우도 가끔 있었다. 집단노동은 사탕수수를 심을 구덩이를 계속 파는(육체적으로 가장 괴로운) 일, 새 작물을 하나하나 심는 일, 수확하는 일을 하도록 만들었다. 모두가 조악한 괭이와 밀낫이라고 불렸던 큰 낫같이 생긴 도구를 이용했다. 노예제를 연구한 영국 역사학자 뉴먼Simon Newman이 밝혀낸 바에 따르면, "첫 번째 노동 집단의 노예는 매일 60~100개의 구덩이를 파야 했다. 한 명의 노예가 매일 평균 80개의 구덩이를 파면, 하루에 640~1500 입방피트의 땅을 파게 된다."[37] 뒤처진 이들은 채찍질을 당했다. 두 번째 노동 집단은 첫 번째 집단만큼 잘하지는 못하지만, 고된 노동을 감당할 수 있는 이들로 구성되었다. 씨를 심고, 잡초를 베고, 수확하는 일들을 했고, 여기에는 거름을 주는 일도 늘 포함되어 있었다. 세 번째 집단은 이 체제에서 살아남은 노인과 아동으로 구성되었다. 이들은 덜 힘들다고 분류된 작업을 했다.

드랙스의 체제는 산업화된 스타일의 노동 분업과 조직화, 그리고 기록 보존을 구체적으로 예고했다. 그러나 이런 요소들이 영국에서 결합되기까지는 한 세기 이상이 걸렸다. 19세기 초, 바베이도스섬의 한 플랜테이션을 관찰한 이에 따르면, "사탕수수를 심기 위해 구멍을 파는 흑인들이 호미를 들고 재빠르게 집단적으로 움직이고 있었다. 이들이 강하게 압박을 당하며 빠르게 이동할 때에는 밀집대형을 한 보병대처럼 무서워 보였다. … 그런 격렬한 노동이 장시간 계속되었다. 그런 일을 계속 반복적으로 하면서 어떻게 살 수 있는지 놀라웠다."[38] 전문화를 강조하고 시간을 크게 고려하는 작업 조정과 같은 경영 기술들은 근대의 조립라인을 예언하는 사례였다. 이런 경영기법은 밭에서만이 아니라, 제당소에서도 적극적으로 구현되었다.

> 노예들이 사탕수수를 수직으로 된 삼중압착기로 밀어 넣었다. 한 명이 꼭대기에 있는 롤러 사이로 밀어 넣고, 다른 한 명이 아래쪽 롤러 사이로 밀어 넣으면, 갈색 사탕수수액이 압착기에서 흘러 나와서 파이프를 거쳐 보일러실에 있는 탱크 속으로 모아졌다. 사탕수수액은 발효되어 쓸모없어지기 전에, 몇 시간 내로 끓여두어야 했다.[39]

이러한 장면은 산업화가 어떻게 처음 발생했는지에 대해 우리가 전통적으로 갖고 있던 생각을 재고하게 한다. 표준적인 역사서술은 산업화의 기원을 영국의 랭커셔 지역에서 찾는다. 그곳에서 투자자이자 기업가였던 이들이 각자의 집에서 베틀을 갖고 일하던 사람들에게 임금을 주어 자신들의 회사를 위해 직물을 생산하게 만들기 시작했다. 이 이른바 선대제 노동조직 방식이 큰 수익을 올렸고, 이에 더해 처음에는 수력, 이어서 증기 등 나날이 발전하는 기술을 응용한 더 새롭고 더 큰 생산으로 점차 투자가 진행되었다.

역사학자가 이런 산업화 과정의 다른 뿌리를 찾아보기 위해 영국 밖으로 눈을 돌리는 경우는 거의 없다. 카리브해에서 중요한 선구적 변화가 일어났다고 주장한다고 해서 그리고 이 시대 대규모로 통합된 제당소는 농장과 공장이 처음 합쳐졌던 세계였고 그 시대 가장 큰 기업의 일부이기도 했다는 점을 인정한다고 해서, 그것이 산업화에 대한 전통적 서사를 부정해야 하는 것은 아니다. 산업화로 이행하는 과정에 이 통합된 제당소가 특별히 기여한 점은 노동 분업, 전문화, 철저한 동시 진행 작업을 시작했다는 점 정도이다. 이 모든 것이 산업화의 특징으로 널리 인정되고 있다. 이 외에도 앞서 서술했던 상업신용이 크게 개입해 들어온 점, 운영 규모 등을 특성으로 들 수 있다. 이런 발전들의 의미를 또렷하게 각인하려면 나란히 전설이 된 이베리아반도인의 채굴 산업과 대조하여 평가할 필요가 있다. 이베리아반도인은 신세계에서 광산 산업을 통해 금과 은을 가져왔고 이는 이 시대 유럽에 떨어진 또 다른 엄청난 경제적 횡재였다. 이와 관련해 에스파냐를 연구한 아라나Marie Arana는 역사책 《은, 칼, 돌Silver, Sword and Stone》에서 이렇게 썼다. "은이 쏟아졌던 횡재를 빼놓고는 어떤 산업적 발전도 설명할 수 없다. 다리도, 도로도, 공장도 설명할 수 없고, 일반 에스파냐인의 생활이 향상되었던 것도 설명할 수 없다."[40]

이 문제에 대한 역사학자와 경제학자의 평가에만 우리의 시각을 제한해서도 안 될 것이다. 1676년 익명의 한 바베이도스 노예가 모든 노예 노동생활의 산업적 본질을 가장 멋지게 설명했다. "모든 것을 일하게 만드는 영국인 속에 악마가 있었다. 그는 흑인을 일하게 만들고, 말을 일하게 만들고, 당나귀를 일하게 만들고, 나무를 일하게 만들고, 물을 일하게 만들고, 바람을 일하게 만든다."[41] 노예가 된 한 남성이 대충 열거한 목록 외에도 설탕과 관련해서 많은 것들이 있는데, 어떤 유형이든 근대 경제학자라면 이를 '투입'이라고 할 것이며, 투입된 요소들이 신중하게 이용되고, 합리적 생산과 결과물의 극대화를 위해 다른 모든 요소와 복잡하게 조응하는 것이라고 말할 것이다. 집단노동시스템gang system(혹은 프랑스어로 작업반atelier)과 같은 흑인 노동력에 대한 가혹한 착취는 당연히 이 악마의 교향곡에서 최고의 성과를 이끌어내는 것의 요체이자 중심축이었다. 그리고 그 결과 부와 생산성의 원천지가 만들어졌고, 이는 대서양 경제가 새롭게 부상하고 유럽 자체가 새 발판을 얻는 데 기여했다. 역사학자 엘티스에 따르면, "적어도 1800년 이전에, 역사에서 어떤 사회도 17세기 바베이도스섬 노예의 1인당 생산량에 필적하는 기록을 내지 못했다. 사실 그런 일은 상상할 수도 없었다."[42]

20

자본주의의 동력

17세기 중반, 서인도제도의 플랜테이션 설탕 산업이 처음에는 바베이도스섬을 중심으로 크게 도약했는데, 이는 당시 유럽의 상황과 시기적으로 묘하게 조우하여 더 큰 상승세를 타게 되었다. 1620년 무렵 에스파냐의 신세계에서 은 생산 호황은 이미 쇠퇴하기 시작하고 있었다. 우연히도 이와 비슷한 시기에 발트해의 곡물 무역, 북유럽 교역의 주축이던 양모 무역, 프랑스의 포도주 무역이 쇠락했다. 영국의 노예제 역사학자 블랙번에 따르면, 그 결과 노예 플랜테이션이 경제적 탄력을 얻었다. 그들은 "17세기 위기의 흐름을 거슬러 헤엄쳤을 뿐 아니라 1700~1815년에는 대서양 경제를 움직이는 중심축이 되었다."[1]

이후 설탕은 공급이 수요를 거의 맞출 수 없을 정도로 희귀한 종류의 생산품이 되었지만, 가격은 시간이 가면서 크게 떨어졌다. 이는 주로 플랜테이션 단지가 점점 더 큰 섬으로 확대되면서 사탕수수 재배 면적이 증대된 결과였다. 1655년 영국이 자메이카섬을 장악하면서 바베이도스섬의 경험이 훨씬 더 큰 규모의 섬에서 재연되었다. 영국은 이후 약 120만 명의 아프리카인을 납치하여 자메이카섬으로 들여왔고 더 많은 아프리카인이 카리브해 다른 지역들로 이송되었다.[2] 초기에 좀 지체하기는 했지만, 곧 프랑스도 이 호황을 지나치지 않았고 프랑스령 섬들에서 영국의 생산을 따라잡기 시작했다. 1651~1725년 사이 아프리카를 떠나 카리브해의 프랑스령 섬들로 향한 노예의 규모가 매년 약 5500명에서 7만 7000명으로 증가했다. 이후 사반세기동안 (프랑스령—옮긴이) 생도맹그가 가장 큰 설탕 생산지로 급속하게 부상했고 프랑스 노예선박의 선적규모도 위 숫자에서 다시 두 배가 되었다.[3]

다시 설탕 이야기와 카리브해 전역에서 빠르게 노예제가 확산된 이야기로 돌아가서, 노예의 결연한 봉기를 통해 아이티가 해방되는 지점에서 마무리할 것이다. 그러나 먼저 숙고해야 할 것은 카리브해가 첫 번째 큰 변화의 파도를 겪는 동안, 노예가 생산한 설탕이 이미 일으키기 시작했던 지구적 차원의 변화가 갖는 심오한 성격이다. 제임스 드랙스가 자기 플랜테이션을 세운 이래 40년 동안, 영국에서 설탕 소비가 네 배 증가했다. 거의 대부분이 바베이도스섬에서 생산된 것이었다. 1620년대까지 브라질의 설탕과 노예를 합친 무역이 포르투갈의 전체 아시아 무역을 총 가치에서 능가했고, 에스파냐가 아메리카에서 가져가는 은의 가치와는 거의 비등했다.[4] 1600년, 브라질은 서유럽에서 소비되는 설탕의 거의 대부분을 공급했었다. 그러나 서인도제도에서 일어난 설탕혁명의 진전을 보면 놀라운 수치를 확인할 수 있다. 1700년까지 규모도 작고 늦게 출발한 바베이도스섬에서만 브라질의 바이아 지역보다 더 많은 설탕을 생산했고, 유럽 소비량의 거의 절반을 공급했다.[5] 1660년까지 작은 바베이도스섬에서 생산된 설탕의 가치가 신세계에 있는 에스파냐령 식민지들의 수출품을 모두 합한 것보다 높았다.[6] 그리고 이는 시작일 뿐이었다. 1650년에서 1800년 사이에 중요한 새 설탕 섬들이 카리브해에서 줄지어 등장했다. 이 시기 영국에서 설탕 소비는 2500퍼센트 증가했고,[7] 이 기간 동안 설탕의 시장 가치는 다른 모든 상품의 가치를 합한 것보다 계속 높았다.[8]

호황이 이렇게 크고 이렇게 오래 지속되면 직간접적으로 엄청난 영향을 미치게 마련이다. 런던에서 설탕 정제소의 숫자가 1615년 5개에서 1670년 30개로, 1700년까지 약 75개로 크게 증가했다. 다른 많은 설탕 정제소가 작은 항구도시와 지방 중심지에도 세워졌다.[9] 그러나 장기적으로 보면, 설탕과 노예 복합체의 성장 효과 혹은 상업적 효과가 이뿐만은 아니었다. 사실 설탕 호황은 대서양 전역에서 감지될 수 있는 강력하고 체계적인 경제적 흐름을 오랫동안 연속해서 만들어냈다. 우리는 초기 포르투갈이 서아프리카와 했던 교역이 유럽과 그 너머에서의 무역 순환을 어떻게 강화했는지를 이미 보았다. 포르투갈인은 아프리카산 황금으로 마닐랴라고 불리던 무거운 팔찌나 여타 금속제품들을 북유럽이나 네덜란드 시장을 통해 구입했다. 네덜란드는 아프리카와 브라질에 있던 포르투갈의 제국 기지들을 잠시나마 탈취했지만, 상품과 노예의 운송에 주력하기 위해 대서양 세계에 있던 제국 영토들은 얼마 뒤 대부분 포기했다. 그러나 네덜란드는 우월한 화력뿐 아니라 낮은 가격으로 이베리아반도의 경쟁국들보다 어떻게든 우위를 확보하기도 했다. 네덜란드인은 아프리카인이 가장 원했던 상품을 생산했고, 이를 포르투갈인보다 더 낮은 가격에 공급할 수 있었다. 여기에는 직물이 포함되어 있었는데, 이는 산업화 시대에 가장 중요한 생산품이 된다. 서아프리카인은 인도에서 생산된 가볍고 고급스러운 염색 직물을 매우 선호했고 네덜란드인은 무난하게 통할 수 있는 유사품을 서둘러 직접 제작했다. 그들은 이를 서아프리카 해안 지역에서 대량으로 판매했다.

이 초기 제국의 시대에, 영국은 네덜란드의 교역 실례를 충실하게 따라하면서도 동시에 이 가까운 이웃이자 라이벌인 네덜란드를 힘으로 몰아내기 위해 해군력을 키우기 시작했다.

아프리카의 시장들은 영국 제조업 성장에서, 주로 간접적인 방식이기는 했지만 전반적으로 중요한 역할을 하게 된다. 총포에서부터 선박에 이르기까지 밧줄에서 돛에 이르기까지 거의 모든 물품이 거래되었는데, 특히 장거리 해양무역에 필요한 품목이 많았다.[10] 그러나 카리브해 제국의 성장 기저에는 아프리카인 노동력의 징발이 있었고, 영국인은 특히 미래에 올 큰 산업, 즉 직물 산업의 중요한 새 시장을 바로 노예의 의복에서 찾았다.[11] 영국 직물업의 성장에서 노예가 가졌던 중요성은 케이프코스트와 같은 영국령 아프리카인 노예 기지나 영국령 설탕 생산 섬들에서 옷을 판매하는 데 국한되는 것은 아니었다. 17세기 중반 영국은 브라질에서 네덜란드의 지배를 종식시키려는 포르투갈의 시도를 지원했다. 이는 영국이 네덜란드와 해온 경쟁의 일환이었다. 그 대가로 포르투갈은 브라질 시장을 영국 제조업에 개방했다. 이런 국면 전환을 보며, 18세기 중엽 포르투갈 왕의 재상이었던 폼발 후작Marquis of Pombal은 "금과 은은 허구의 재물이다. 브라질의 광산에서 일하는 흑인은 영국이 제공한 옷만 입어야 한다. 이에 따라 흑인이 생산한 물품의 가치가 옷의 가격과 연동되었다"라고 개탄했다.[12]

바베이도스섬과 초기에 이를 따라했던 다른 카리브해 설탕 식민지들이 17세기 유럽 경제를 직접적으로 활성화시켰다. 그런데 이 섬들이 영국령 북아메리카에 미친 영향은 더 결정적이어서, 마치 구명 밧줄을 던져준 셈이었다. 당시 영국령 식민지들은 여러 제품을 생산해도 이를 오직 영국의 지배 아래 있던 시장에만 판매할 수 있었다. 그런데 이제 북아메리카 식민지인에게는 다행스럽게도, 바베이도스섬에서 완제품이든 원료든 기꺼이 구매하겠다는 이들을 만난 것이다. 앞서 본 것처럼 여기에는 가구, 가축(고기와 배설물 모두를 위해 필요했다. 특히 비료로 이용될 배설물이 인기였다), 목재 등이 포함되어 있었다. 바베이도스 사람들은 그런 상품들 외에도 많은 것을 수입했다. 설탕 단일작물 농사가 호황을 누리며 섬을 장악해버린 조건에서 생산성 높은 토지를 식재료 재배 등 다른 용도로 사용할 수가 없게 되었다. 오늘날 석유 생산국들이 일상에서 필요한 소비재를 거의 수입하는 상황과 마찬가지였다. 얼마 지나지 않아 바베이도스의 수입 품목 중에는 뉴잉글랜드산 럼주도 포함되었다. 에릭 윌리엄스는 《자본주의와 노예제》에서, 이 시기보다 몇 십 년 뒤의 시대에 대해 다음과 같이 서술했다.

> 1770년에 아메리카 대륙의 식민지들은 자신들이 수출하는 말린 생선의 3분의 1과 절인 생선 거의 대부분과 귀리의 8분의 7과 옥수수의 10분의 7과 완두콩과 강낭콩 거의 대부분, 밀가루의 절반, 버터와 치즈 모두, 쌀의 4분의 1이상, 양파 거의 대부분, 소나무·참나무·삼나무 목재의 6분의 5, 나무널판의 절반 이상, 굴렁쇠의 거의 대부분, 말, 양, 돼지, 가금류 전부, 비누와 양초 거의 대부분을 서인도제도로 수출했다. 앞선 시기 어느 역사학자의 말에 따르면, "뉴잉글랜드와 북미 대륙의 대서양 연안 중부 지역에 있는 식민지들의 번영과 문명의 기초에는 다른 어떤 것보다 서인도제도와의 무역을 통해 축적한 부가 자리하고 있었다."[13]

북아메리카가 설탕을 생산하는 섬들과의 교역에 의존하고 있었다는 점을 더 잘 이해하기 위해서는 영제국 내에 존재했던 일종의 부의 불평

등 수치를 확인해보면 도움이 될 것이다. 자메이카섬을 예로 들면, 한 역사학자는 윌리엄스가 연구했던 시기에 이 섬에서 백인 1인당 연소득이 약 2201파운드로, 60.2파운드 정도였던 북아메리카 영국령 식민지들보다 35배가 많았다고 추정한다.[14]

아프리카와 아프리카인이 근대 세계의 창출에 기여한 것을 심하게 과소평가해온 것을 바로잡고, 그들에게 마땅한 자리를 찾아주기 위해서는 다양한 접근법 혹은 여러 방향에서 증거들을 모아 서술해낸 논증이 많이 필요하다. 지금까지 이 책에서는 아프리카에서 이송해 온 노예(그리고 그 후손)의 노동이 가져온 직접적인 영향을 강조했다. 16세기에 아메리카 노예무역이 본격적으로 시작되면서 이 세기 동안만 약 37만 명의 아프리카인이 사슬에 묶여 대서양을 건넜다. 17세기에는 그 규모가 5배 증가했고 이 시기 카리브해 연안에서 설탕 생산이 시작되었다. 18세기에 노예무역의 규모는 앞 세기보다 3배 증가하여 약 610만 명이 신세계 노예제 사회에 상륙했다.[15]

노예 노동력은 설탕뿐 아니라 다른 여러 상품도 엄청나게 생산해냈고, 이와 함께 앞에서도 언급했던 것처럼 거대한 새로운 시장과 새로운 수요도 만들어냈다. 노예를 입히고, 먹이고, 이송할 필요 때문에 생겨난 시장이자 수요였다. 이미 본 것처럼 이는 거래가 활발해졌기 때문이기도 했지만 시장이 통합되었기 때문이기도 했다. 우선은 유럽의 북부와 남부가 통합되었고 이후 다른 곳에서도 통합이 진행되었다. 아마도 가장 중요한 것은 뉴잉글랜드와 다른 영국령 아메리카 식민지들에 미친 영향일 것이다. 이 식민지들의 경제가 활기를 띠게 된 것은 상당 부분 카리브해의 노예제 사회들에서 온 수요 덕분이었다. 역사학자 웬디 워런의 표현에 따르면, 이런 수요가 역으로 북아메리카 영국령 식민지들을 "서인도제도의 열쇠(해결책)"로 만들기도 했다.[16] 서인도제도와 북아메리카 영국령 식민지가 얼마나 상호보완적이었는지에 대해 한 학자는 이렇게 주장한다. "1686년 바베이도스와 교역했던 식민지 선박을 보면 그 80퍼센트가 뉴잉글랜드의 등록 선박이고 그중 3분의 1 이상이 보스턴 선박이었다."[17]

2000년, 중국 전공의 경제사학자 포메란츠Kenneth Pomeranz는 19세기 유럽의 비약적인 성장을 이해하는 데 큰 도움이 되는 설명을 제공했다. 무엇보다 세계 최고의 부유국으로 오랜 기간 군림했던 중국을 영국이 어떻게 뛰어넘었는가에 대한 연구를 통해서였다. 포메란츠의 대표작인 《대분기: 중국과 유럽, 그리고 근대 세계 경제의 형성The Great Divergence: Europe, China, and the Making of the Modern World Economy》은 우리가 공유하고 있는, 아프리카와 아프리카인이 근대성에 기여했다는 내용에 관한 우리의 이해를 심화시켜주는 이야기로 시작한다. 이 책은 영국이 주도했던 유럽의 급속한 상승에는 두 가지 요소가 작용했다고 말한다. 하나는 "생태적 배당금"이다. 이는 유럽이 아메리카 전역을 놀라울 정도로 빠른 기간에 완전 정복하면서 거둔 횡재였다. 유럽은 수백만 평방마일의 농토를 유럽의 경제 영역으로 효과적으로 통합시켰다. 두 번째는 유럽이 노예제를 통해 엄청난 규모로 아프리카인 노동력을 징발했다는 점이다. 이를 포메란츠는 "해외에서 무력행사를 통해 얻은 산물"이라고 다소 품위 있게 표현했다.•[18] 포메란츠는 토지와 노동력, 이 두 가지 요소를 결합시켜 설명했는데, 이는 대서양을 중심으로 지구적 차원의 새로운 자본주의 경제가 등장하는 과정에서 노예제가 중심 역할을 했다는 우리의 주장을 크게 발전시켜준다.

《대분기》는 상품화된 설탕의 공급이 비약적으로 증대하면서 영국의 식단에 놀라운 발전이 있었다고 주장한다. 영국인이 매일 먹는 식사의 칼로리가 극적으로 높아졌다는 것이다. 그리고 이런 큰 변화가 아주 저렴한 가격으로 가능했다는 점도 마찬가지로 중요했다. 특히 바베이도스섬과 이를 따라한 카리브해의 영국령 설탕 섬들이 생산자로 큰 걸음을 내딛으면서 그런 변화가 시작되었다. 포메란츠의 가정에 따르면, 값싼 설탕을 통해 칼로리 섭취가 늘어나면서 영국의 초기 공장노동자의 노동 시간이 길어졌고 노동 강도가 높아졌다. 설탕이 없었다면, 영국은 새로운 칼로리를 제공할 식량을 얻기 위해 훨씬 더 큰 토지와 훨씬 더 많은 노동력을 투여해야 했을 것이다. 포메란츠보다 15년 앞서서, 인류학자 시드니 민츠는《달콤함과 권력》에서 사탕수수와 그 부산물이 영국의 식습관에 거대한 영향을 미쳤다고 강조했다. 민츠의 추정에 따르면, 1800년 영국의 칼로리 섭취에서 설탕의 비중은 2퍼센트에 불과했다. 그러나 19세기, 즉 역사적인 영국의 팽창이 있던 세기의 말로 가면, 이 수치가 14퍼센트까지 올라갔다.[19] 이는 어떤 유럽 라이벌 나라보다 높은 수치였다. 또 다른 방식으로 측정해보면 설탕 소비량의 비약적 증대가 좀 더 인상적으로 보일 수 있다.

영국에서 1인당 설탕 소비량은 1660년대에 약 2파운드에서 1690년대에

• 한 역사학자는 이를 다음과 같이 과감하게 숫자로 설명한다. 1800년까지 영국은 설탕, 담배, 면화 생산만을 위해 일하는 백만 명의 노예를 부리면서 그 성과를 취득하고 있었다. 이는 사실상 노예로부터 25억 시간의 노동을 훔친 셈이다.[20]

4파운드로 증가했고, 18세기까지 꾸준히 증가했다. 미국 혁명 시기에는 영국의 남녀노소 모두가 1인당 매년 평균 23파운드의 설탕을 소비했다. … 북아메리카 본토의 영국령 식민지들은 영국의 절반 정도로 설탕을 수입했다. 북아메리카 영국령 식민지들에서 1770년 1인당 설탕 소비는 약 14파운드였지만, 대신 설탕의 부산물인 럼주와 당밀을 훨씬 더 많이 소비하여 이를 보충했다.[21]

오늘날의 영양사라면 눈살을 찌푸리겠지만, 포메란츠의 주장처럼 이런 칼로리의 증대가 영국의 생산성을 높이는 데 결정적으로 기여했다. 값싼 설탕이 영국 식단으로 들어오면서 케이크, 타르트 등 과자류만 폭증했던 것은 아니다. 이는 커피처럼 카페인이 함유된 음료에도 길을 열어주었다. 커피 역시 아메리카 여러 곳에서 노예가 재배했다. (또 다른 자극성 식품인 코코아도 마찬가지다.) 커피의 광풍에 이어 한 세기 뒤에는 영국에서 차가 국민 음료가 되었다. 물 공급이 비위생적인 경우가 잦았기 때문에 많은 영국인이 당시까지 에일 맥주를 선호했다. 일하는 낮 시간에 에일 맥주를 마시기도 했는데, 이는 난동까지는 아니어도 무기력을 낳을 수밖에 없었다. 따라서 설탕의 전성시대는 위생적인 음료에 기반을 둔 새로운 기민성의 시대를 열었다. 커피나 차를 준비하기 위해서는 끓인 물이 필요했기 때문에 위생도 덤으로 얻을 수 있었던 것이다. 거의 비슷한 시기에, 이런 새로운 각성제들과 함께 또 다른 자극제인 담배도 등장했다. 담배 또한 작업현장에 도움이 되었지만, 식욕appetite을 억제하는 효과로 장기적으로는 건강에 도움이 되지 않았다. 카리브해 출신의 역사학자 브라운Randy Brown은 산업혁명을 떠받치고 있던 변동을 나에게 다음과 같이 정리해주었다. "이는 진정제에서 각성제로 옮겨간 과정이었다."

설탕이 미친 영향에 대해 포메란츠가 탐구하지 않고 남겨둔 또 다른 중요하고 놀라운 내용이 있다. 근대를 말할 때에는 경제만이 아니라 그보다 더 많은 것을 고려해야 한다. 설탕을 비롯한 각성제가 다른 모든 영역의 발전에서도 특히 중요한 역할을 했다. 사회 자체의 성격을 변화시켰던 것이다. 바베이도스섬의 비약적 발전과 설탕혁명의 시대가 오늘날 시민 사회라고 부르는 영국의 발전과정에서 있었던 근본적 변화 중 하나를 만들어냈다. 뜨겁고 달고 활력을 주는 음료들을 구할 수 있었던 덕분에 최초의 커피숍이 등장했다. 1650년 옥스퍼드에서였다.[22] 이는 곧 런던으로 빠르게 번져나가 그곳에서 여러 개의 커피숍이 문을 열었다. 이는 독일에서 막 발명된 매체인 신문이 빠르게 확립되는 데 일조했다. 커피숍 같은 모임장소와 신문처럼 정기적으로 인쇄된 정치 뉴스의 가용성이, 독일의 철학자이자 사회학자인 하버마스Jürgen Habermas가 말한 근대의 공론장을 낳았다. 이는 계몽주의 시대에 나타났던 공공의 사안을 공유하면서 향상된 의식의 등장과 시민의 참여를 언급하는 멋진 방식이다. 하버마스에 따르면, 커피숍 같은 장소에서 카페인이 들어간 음료와 신문을 놓고 대화를 나누는 것은 "역사상 처음으로 사람들이 대등하게 한자리에 모여 공공의 사안을 놓고 비판적인 논의를 하는 일이 발생"했음을 보여주는 것이다.[23]

근대 초 유럽을 연구하는 역사학자 카원Brian William Cowan은 17세기 중후반의 런던을 다음과 같이 묘사했다. "수도의 여러 커피하우스들은 그 각각의 총합보다 컸다. 그들은 서로 소통하는 하나의 시스템을 구성하고 있었다. 그들은 도시의 다양한 구성원들에 의해 정보가 교환되고 이해되는 상호작용 시스템을 구성하고 있었다." 다시 말하자면, 커피하우스는 "'뉴스'가 생산되면서 동시에 소비되는 첫 번째 사회적 공간"이 되었다. "이름값을 하는 커피하우스라면 고객에게 엄선된 신문을 제공하는 것을 거부하지 않을 것이다."[24] 이런 영국 사회의 변동이 1751년 발간된 〈학생The Student〉이라는 풍자문에 2행 연구聯句, couplet에 명료하게 드러난다.

> 저녁 만찬이 끝나면, 나는 '톰'이나 '클래펌'으로 간다.
> 이 도시의 뉴스가 궁금해 참을 수가 없다.[25]

이런 주요한 역사적·사회적 변동들을 통해, 우리는 계몽주의 자체의 근간에 아프리카인 포로의 고된 노동과 땀이 자리하고 있음을 비로소 이해하게 된다. 아프리카인 포로는 인신매매를 당해 통합된 플랜테이션들에서 집단강제노동을 했다. 이는 17세기 중후반까지 카리브해 섬들에서 설탕을 생산하는 지배적인 모델이 되었다. 영국은 (설탕이 없었어도—옮긴이) 어떻게든 다른 대안을 찾아 칼로리를 확보했을 거라는 반대의견이 나올 수 있음을 예견하며, 포메란츠는 신세계에서 생산된 설탕이 신진대사, 그리고 마찬가지로 중요하게 환경적 의미에서 영국인에게 얼마나 큰 혜택이었는지를 다음과 같이 신중하게 설명한다.

> 열대 사탕수수 경작지 1에이커가 감자밭(18세기 대부분의 유럽인은 감자를 하찮게 여겼다) 4에이커 이상, 혹은 밀밭 9~12에이커 이상의 열량을 생산했다. 1800년 무렵 영국에서 소비된 설탕에서 나온 열량을 얻으려면, (민츠의 수치를 이용하면) 일반 농장의 경우 최소 130만~190만 에이커의 토지가 필요했을 것이고, 1831년에는 190만~260만 에이커까지 필

요했을 것이다. 아울러 이 시기까지 경작되지 않은 채 남아 있던 유럽(특히 영국)의 토지가 대륙에서 가장 비옥한 땅이라고는 할 수 없을 테니, 이보다 더 큰 땅이 필요했을 거라고 추정해볼 수 있다.[26]

포메란츠는 기회비용을 수반한 비슷한 논리로 19세기에 면화를 지배적인 세계적 상품으로 만든 북아메리카 본토 수백만 평방마일의 기름진 새 농토와 노예 노동력이 없었다면, 영국은 산업혁명의 핵심이었던 직물 호황을 유지하기 힘들었을 것이라고 주장한다.

1815년까지 영국은 1억 파운드의 신세계 면화를 수입했다. 1830년까지는 2억 6300만 파운드를 수입했다. 이를 같은 무게의 대마나 아마로 대치한다면, 더 필요한 토지면적이 상대적으로 그리 크지는 않을 텐데 1815년에는 20만 에이커, 1830년에는 50만 에이커가 더 필요했을 것이다. 그러나 대마와 아마, 특히 대마는 대부분의 경우 질이 떨어지고 작업하기도 힘든 섬유로 여겨졌다. 그리고 대마와 아마를 갖고 기계 방적을 하는 과정도 면화보다 더 뒤에 등장했다. 더 중요한 점은 대마와 아마 모두가 몹시도 노동집약적이고 비료가 많이 필요한 작물이라는 사실이다. 키우기가 너무 힘들어서, 대부분은 대마와 아마를 텃밭에서만 키웠다. 3세기에 걸쳐 정부가 계획을 세우고 지원했지만, 영국에서든 북아메리카에서든 이 작물들의 대규모 생산 장려는 실패했다.

이제 오랫동안 유럽인이 주로 입어온 모직물이 남았다. 그러나 영국이 신세계에서 수입해온 면화를 갖고 만든 실을 양털로 대체하게 위해 충분한 양을 기르려면 놀라 휘청거리게 될 정도로 큰 땅이 필요했을 것이다. 모형 농장의 비율을 이용해 계산해보면, 1815년에는 거의 900만 에이커가, 1830년에는 2300만 에이커 이상이 필요했을 것이다. 이 수치는 영국Britain의 목초지와 경작지를 모두 합친 것보다 크다.[27]

수입 면화로 짠 면직물을 영국산 모직물로 위와 같이 대체하는 것은 거의 불가능했겠지만, 그럴 수 있었다고 가정해도 다른 문제에 직면하게 된다. 13~14세기 이래 영국의 주된 수출품은 모직물이었고, 이는 언제나 유럽으로 팔렸다. 영국 모직물을 구매하는 유럽 시장은 17세기 중상주의 발달로 갈수록 제약을 받고 있었고, 18세기 말에는 프랑스산과 경쟁을 하게 되었다. 아프리카든 신세계든 열대 시장은 유럽의 수요를 대신할 수는 없었다. 그곳 기후에는 모직물이 적당하지 않기 때문이다. 영국이 이웃나라들보다 앞서서 경제적 비약과 산업화를 이룰 수 있었던 것은 모직물이 주도했던 성장에만 의존한 탓에 묶이게 된 한계들을 극복했기 때문이었다. 이는 새 대서양 시장들을 통해서만 성취할 수 있었다. 노예제와 설탕만이 이를 가능하게 만들었다. 이 대서양 세계가 노동 분업과 무역에 기초하여 경제적 다양성과 부를 생산해내는 기회의 공간이 되었다.

영국의 제조업들은 북아메리카 본토에서 풍부한 시장들을 찾아냈다. 이는 곧 유럽 무역 가치와 비슷해졌고, 얼마 지나지 않아 이를 넘어섰다.[28] 앞서 본 것처럼, 영국령 북아메리카 식민지들은 자기 상품을 바베이도스섬에 먼저, 그러고 나서 자메이카섬과 같이 상품을 생산하는 플랜테이션 경제의 영국령 섬들에 판매하여 모국과 교역할 때 사용할 자금을 마련했다. 명목상으로는 중상주의 시대였지만, 타국과 무역할 수 있는 기회는 많았다. 북아메리카 식민지들은 신세계에서 영국의 노예상이나 에스파냐령 신세계 사이를 오가기도 했고 카리브해에서 프랑스인 등 다른 나라 사람들에게 자신들의 제품을 판매하기도 했다. 이런 삼각 무역이 호황을 구가하면서 영국은 모직물 생산에 필요한 방목장을 위해 그렇게 큰 땅을 사용해야 하는 부담에서 벗어날 수 있었다. 그리고 이 모든 것이 아프리카인 노예제라는 단단한 기반 위에 구축되었다.[29]

노예 플랜테이션 노동에 기초하거나 혹은 여기서 자본을 얻은 상품 무역이 유럽의 부상에서 중요했다는 점에 대한 역사적 합의가 뒤늦게나마 확산되고 있는데, 여기에는 역사학자뿐 아니라 역사에 깊은 관심을 가진 경제학자나 정치학자도 참여하고 있다. 포메란츠의 《대분기》 발간 이후 5년이 지나서 나온 중요한 논문에서 MIT의 유명한 세 학자, 애스모글루Daron Acemoglu, 존슨Simon Johnson, 로빈슨James Robinson은 이 분기 혹은 유럽의 경제적 "기적"의 뿌리를 더 과거로 거슬러 올려놓으면서 이야기를 더 복잡하게 만들었다. 그들의 논문 〈유럽의 부상: 대서양 무역, 제도적 변화, 그리고 경제적 성장The Rise of Europe: Atlantic Trade, Institutional Change and Economic Growth〉은 유럽 도시화의 가속화와 경제성장과 포메란츠가 1500~1850년 사이 신세계에서 "무력행사를 통해 얻은 결실"이라고 했던 것 사이의 확고한 관계를 통계를 통해 분명하게 보여주었다. 그들의 데이터를 통해 분명하게 드러난 것은 이 시기 동안 서유럽과 다른 지역의 성장 차이는, 대서양에 접근할 수 있는 국가들 혹은 저자들 표현에 따르면 "대서양 교역가들"의 성장을 통해 대부분 설명할 수 있다는 점이다.[30] 놀랍게도 이런 차이는 콜럼버스의 신세계 개척 직후부터 등장한다.(그래서 이 저자들은 일찍이 1500년부터 시작되었다고 말한다.) 이 저자들이 활용한 데이터는 경제성장을 비교할 때 서유럽에서 대서양에 면해 있는 항구도시와 지중해 도시와 육지에 둘러싸인 동유럽 도시를 구분할 뿐 아니라 아시아 도시와도 구분하여 본다.• 그러나 가장 극적으로 갈라지기 시작한 것은 17세기 초였는데, 이는 시기적으로 단순한 우연은 아닌 듯하다. 이 시기는 네덜란드와 그 바로 뒤를 따르던 영국이 아프리카에서 부를 찾아 활발히 움직이던 때였다. 물론 그들은 황금과 노예무역을 통해 부를 추구했다. 네덜란드인은 브라질 플랜테이션 농업과 노예무역, 그리고 서인도에서 그와 관련된 교역을 했다. 영국인은 바베이도스섬과 뒤이어 카리브해에서 등장했던 다른 설탕 섬들에서 활동을 했고, 이를 통해 영국은 대서양에서 노예무역을 지배하는 강국이 되었다.

유럽이 갈라져 나오게 된 시작을 1500년까지로 올라가면서, 저자들은 중세시대 아프리카 사헬 지역에서 황금 부자였던 왕국들의 등장과 관련해 우리가 앞서 했던 말리의 황제 만사 무사의 카이로 방문과 메카 순례를 비롯한 이야기들로 잠깐 돌아가게 해준다. 만사 무사의 여행을 통해 풍성한 아프리카 황금의 원천지가 유럽 지도들에서 눈에 띄게 강조되었고, 포르투갈은 이 거대한 부의 원천을 찾아 서아프리카 해안을 따라 내려가는 긴 항해를 시작했다. 이는 엘미나에서 황금을 발견한 포르투갈의 위업이 유럽사에서 얼마나 중요한 이정표가 되었는지를 설명하는 또 다른 방식이기도 하다. 이 이야기는 이 시기를 다루는 표준적인 역사서술들에서는 대개 간과되어왔고, 아시아로 가는 바닷길을 발견한 이야기로 빠르게 넘어갔다. 마치 아프리카가 애초부터 관심 밖의 지역이었던 것처럼, 혹은 아프리카로부터 얻은 혜택이 전혀 없는 것처럼 서술해왔던 것이다.

• MIT 학자들이 주목한 패턴은 아메리카 본토에서도 관철될 것이다. 아메리카 본토에서 경제성장과 새로운 부를 획득한 가장 큰 중심지들은 대서양 세계에서 노예생산을 동력으로 했던 경제 중심지들과 직접 연결되어 있었다.

설탕 이후 시대를 다루면서, 세 명의 저자는 17세기부터 유럽의 주요 대서양 연안 강대국들이 경제 발전의 속도를 크게 올릴 수 있었던 배경에 대해 명확한 주장을 내놓지 않는다. 아프리카와(직물 등과 노예의 교환) 카리브해의 섬들과(설탕 등 플랜테이션 생산물) 북아메리카 본토와(영국산 공산품들) 새롭게 무역을 하면서 취득한 가치가 횡재라고 할 만했고, 이것이 유럽의 대서양 연안 강국들의 경제 발전을 한 번에 설명해줄 수 있음에도 말이다. 대신 이들이 전개한 아이디어는 근대로의 변화에 대해 다른 이론, 좀 더 미묘하고 복잡한 이론을 제공한다. 이 저자들에 따르면, 이 시기 초기에 에스파냐와 포르투갈은 광산업(특히 에스파냐)과 플랜테이션 농업과 노예무역(특히 포르투갈)에서 중요한 새로운 부의 원천들을 쌓아가고 있었다. 이를 통해 유럽 내 무역이 증가했는데 이는 의미 있는 일이다. 또한 이베리아의 두 나라 사이에서 제국주의적 경쟁도 극심해졌고, 범위가 넓어진 유럽 강대국 진영 내에서도 경쟁이 치열해졌다. 신세계와의 관계가 시작되면서 가장 혜택을 받은 나라는 네덜란드, 잉글랜드England(훗날 영국Britain), 그리고 그다음에 합류한 프랑스였다. 이 주장은 제국의 혜택과 효과를 평가할 때 무역에서 나오는 이득만을 측정하는 협소한 계산을 넘어서까지 전개하고 있기 때문에 특히 미묘한 차이가 있다.

저자들은 네덜란드와 영국이, 이베리아반도의 두 나라와 비교할 때, 정치구조에서 절대주의적 경향이 훨씬 덜했기 때문에 부를 추구하고 발전시키기에 더 나은 조건에 있었고, 대서양 경제가 점점 더 통합됨에 따라 이익도 더 크게 가져갈 수 있었다고 주장한다. 게다가 저자들은 사기업이 성장하면서, 특히 노예무역과 플랜테이션 농업에서 파생된 일에 관계하는 기업들이 성장하면서 왕정의 힘을 제한하는 데 일조했고, 왕실 독점을 약화시키고, 정치적 다원화를 강화하고, 더 강하고 기업친화적인 제도가 등장하는 데 기여했다고 말한다. 이 주장과 가장 일치하는 곳은 영국이었다. 영국의 역사학자 페티그루William A. Pettigrew의 표현에 따르면, 17세기에 "영국 국가의 정통성이 왕에게서 나오는가(나와야 하는가), 왕의 신민에게서 나오는가(나와야 하는가)"를 놓고 벌어진 논쟁에서 노예무역이 중심 의제가 되었다.[31] 아프리카인 노예제를 둘러싼 왕실의 독점에 반대하던 이들은 의회에 능숙하게 로비를 했고, 자유로운 언론에 자신들의 관점을 효과적으로 드러냈다. 페티그루는 이 투쟁들을 "전통적인 전근대 자본주의 사회의 양상이 아니라 근대 사회가 역동적으로 태어나는 중요한 시기의 정수를 보여주는 장면"이라고 했다.[32] 그러나 이는 시작에 불과했다. 이 로비활동이 17세기 영국을 노예제를 가진 초강대국의 지위에 올려놓는 데 한몫했는데, 이는 "서인도 인터레스트West India Interest"라는 좀 더 공식화된 단체의 결성으로 이어졌다.[33] 이 단체는 영국이 1807년 노예무역을 폐지한 이후에도 노예 플랜테이션 농업을 고수하기 위해 싸웠다.

1642~1649년 영국 내전과 1688~1689년 명예혁명에서 중요한 특징은 노예제를 통해 재산을 일군 새로운 사업가 엘리트의 역할이 컸다는 점이다. 아이러니하게도, 두 사건 모두 영국이라는 좁은 관점에서 보면 왕정의 권력을 제한하여 '자유'를 확대하는 것을 기본 목표로 한 싸움이었다. 애스모글루, 존슨, 로빈슨은 유럽의 부상을 좀 더 폭넓은 시야에서 바라보기 위해 다음과 같이 이 점을 끌어왔다. "증거를 따라가다 보면, 유럽의 부상에 대한 가장 대중적인 이론과 반대 방향에 서게 된다. 대중적 이론들은 1500년 이전과 이후 사이의 연속성을 강조한다. 문화, 종교, 지리, 유럽 국가 제도의 특징과 같은 유럽 고유의 성격

들이 중요했다고 강조한다. 그러나 증거에 부합하는 이론은 대서양 무역, 식민주의, 노예제에서 얻은 이익의 중요성을 강조하는 것이다."[34] 저자들은 또 다음과 같이 덧붙인다.

> 유럽의 부상은 대서양 무역과 식민주의의 직접적 영향뿐 아니라 이런 기회들이 가져온 중요한 사회적 변화를 반영한 것이다. … 대서양 무역은 영국과 네덜란드(혹은 좀 더 정확하게 말하면 잉글랜드와 부르고뉴 공국)에서 정치권력의 균형을 바꾸어놓았다. 대서양 무역이 왕실과 그 주변세력 밖에 자리한 교역 관계자들, 즉 해외무역을 하는 다양한 대상인들, 노예무역상, 다양한 식민지 대농장주 등을 부유하고 강력하게 만들었기 때문이다. 이 경로를 통해, 대서양 무역은 왕실 권력에 맞서 상인을 보호하는 정치제도가 등장하게 하는 데 기여했다.[35]

이런 주장들 속에서 우리는 대중소비재가 된 설탕과 이에 수반된 커피나 차와 같은 각성제가 유럽에 유입되면서 사회들이 어떻게 변화했는지에 대한 그림의 결과를 볼 수 있다. 그런 사례 속에서, 아프리카인의 땀과 생산성의 부산물로 유럽에 주어진 중요한 변화는 시민 사회와 근대적 공론장의 등장이다. 애스모글루, 존슨, 로빈슨의 통찰은 유럽이 아프리카와 가진 관계와 아프리카인의 노동을 통해 신세계 플랜테이션 경제들과 가졌던 관계가 유럽, 그리고 좀 더 엘리트 계층의 근대적 정치 변화를 만들어냈는지에 대해 중요하지만 잘 알려지지 않았던 방식으로 설명해준다. 이런 통찰은 이 시대 재정군사국가가 착취력을 키울수록 국가는 정치 개혁과 새로운 의무 개념을 갖고 시민의 요구에 부응해야 했다는 틸리의 이론을 떠올리게 한다.[36]

유럽이 근대로 발을 내딛는 지점에서, 그리고 경제적으로 다른 세계와 갈라졌던(이제는 봉합되기 시작하지만, 아무튼 당시는 갈라졌던) 지점에서 아프리카와 아프리카인이 핵심적 역할을 했음을 강조하기 시작한 이 그림을 더 발전시키고 이 이야기를 더 풍성하게 채우기 위해, 경제에 관심을 가진 역사학자와 역사에 관심이 있는 경제학자 등에게 많은 과제가 남아 있다.[37] 그러나 이 역사의 두드러진 특징 중 하나는 학계가 아프리카의 중요한 기여에 대해 아주 서서히 그리고 내키지 않는 걸음으로 겨우 고려하기 시작했다는 점이다. 1807년 영국이 노예무역을 폐지한 이래 수십 년 동안, 그리고 또 거의 150년이 지날 동안 서구의 아프리카에 대한 관심은 주로 유럽인이 아프리카 대륙에 대해 문명화의 소명이 있다는 주장, 즉 '백인이 감당해야 하는 짐'이 있다는 주장에 사로잡혀 있었다. 그들 머리에 있는 이런 전통적인 사고를 바꾸는 데에는 비유럽인이자 서인도제도 출신의 흑인남성, 에릭 윌리엄스의 연구가 중요한 역할을 했다. 유럽이 아프리카에 큰 선행을 해왔다고 하는 것에 초점을 두던 관행에서 늦었지만 변화가 시작되었다. 이른바 어두운 대륙 아프리카가 유럽의 비약적 발전을 가능하게 만드는 데 사실상 결정적 추진력이었고, 이는 대서양 노예제를 통해 가능했다는 주장으로 나아가는 변화에 윌리엄스가 한몫을 했다. 관련하여, 1944년 윌리엄스가 《자본주의와 노예제》를 발간한 이후 반세기 동안 서구 학자들은 주로 오류를 찾아내거나 헐뜯는 일에 주력해왔다는 점에도 주목해야 한다. 유럽의 서사에서 아프리카와 아프리카인이 중요한 역할을 했을 가능성을 우선 고려해보는 것에는 그리 관심을 두지 않았다. 그러나 수십 년 뒤에도 종속이론, 마르크스주의 역사학, 영국문화연구, 포스트식민주의 연구 등 다양한 분야의 학자들이 윌리엄스의 글을 계속 인용하고 있다. 이는 그의 아이디어들이 풍부하기 때문이다. 또한 유니버시티 칼리지 런던University College London에서 진행 중인 '영국 노예 소유의 유산들Legacies of British Slave-Ownership' 프로젝트도 언급해야 한다. 이 프로젝트는 윌리엄스에게서 영감을 얻어, 1833년 영국령 카리브해에서 노예소유가 금지된 이후 정부로부터 (노예소유를 포기하는 대가로—옮긴이) 2000만 파운드를 보상 받았다고 주장하는 4만 7000명의 영국인을 찾아냈다. 이 보상금은 당시 정부 예산의 40퍼센트에 달했고, 이는 오늘날 170억 파운드 정도 되는 금액이다.[38]

윌리엄스에 대한 비평들을 대체로 일축하면서, 포메란츠는 윌리엄스의 아이디어에 대한 몇 가지 주요 반대 내용을 다음과 같이 정리한다.

> 어떤 이들은 강제(예를 들면 노예제)가 평균을 웃도는 이익을 가져온다는 점을 우선 부인한다. 다른 이들은 규범을 넘는 이익이 생겼을 가능성을 최소한 인정하기는 하지만, 그런 이익의 축적은 유럽 자체 내에서 경제활동을 통해 얻은 이익의 축적과 비교할 때 사소했다고 주장한다. 그리고 또 다른 이들은 … 초기 산업혁명에서 필요했던 자본이 상대적으로 적었다는 점을 지적하면서, 규범을 넘는 이익이 있었다고 해도 그것은 산업화와 크게 상관이 없었을 것이라고 주장한다.[39]

그러나 이런 프레임들은 이 역사를 이해하는 데 가장 중요한 것을 놓치고 있다. 아프리카인 노예제가 서구에 가장 중요하게 기여한 것이 산업화와 관련이 있든 없든 하찮은 것은 아니다. 윌리엄스에게 적극 동조하는 학자들마저도 오늘날에는 윌리엄스가 기본적으로 오해했거나 과장했다고 느끼고 있다.• 사실 이는 훨씬 더 큰, 그러나 그냥 보면 숨겨져 있는 문제이고 사실 논쟁의 여지가 없다. 신세계를 경제적으로 살아나게 만든 가장 중요한 투입요소는 다른 무엇보다 아프리카와 아프리카에서 유출된 인적자원이었다. 이런 인적자원의 유출은 인류역사상 가장 규모가 큰 강제 이주를 통해 이루어졌다. 달리 표현하면, 아프리카인이 이 광대한 프로젝트에서 필수적인 요소였다는 말이다. 이를 의심하는 이들은 스스로에게 물어야 한다. 아프리카인이 없었다면 아메리카에 새로 들어온 유럽인이 무엇을 했겠는가? 우리가 그 답변을 기다릴 필요는 없다. 수백 년 동안 지배력을 행사해온 서구 자본주의의 풍요와 권력의 상당 부분은 노예제의 공포를 견디고 살아남은 아프리카인의 힘과 의지를 기반으로 하여 세워졌다. 대서양 세계가 아프리카인의 노동을 통해서만 활력을 얻은 것은 아니다. 그렇다. 이 책에서 주장해 온 것처럼, 서구의 부상에 연료를 제공하는 데 일조했던 금과 은의 상당 부분과 거의 대부분의 상품은 이렇게 도용된 노동력이 만들어낸 것이다. 그러나 그것이 다는 아니다. 갈 길이 멀다.

더 중요한 것은, 네 대륙에 걸친 유례없이 넓은 지리적 영역인 이 대서양 세계의 건설을 통해 지금 우리가 '서구the West'라고 생각하고 이해하는 개념이 만들어졌다는 점이다. 그리고 이것이 우리가 이 지리적 개념을 바로 위대함과 연결시킬 수 있게 만들었다. 아메리카가 없었다면, 아메리카와 아프리카의 길고 깊은 관계가 없었다면, 지난 500년을 재는 역사의 저울이 유럽 쪽으로 기울게 만든 것이 무엇이었을까? 이 문

• 윌리엄스의 이른바 (노예제 생산성—옮긴이) 쇠퇴론은 강하게 논박을 받아왔다. 이 이론은 카리브해의 영국 식민지에서 더 이상 이득이 나오지 않았기 때문에 영국이 노예무역과 노예제 폐지를 수용했다는 주장이다. 드레셔(Seymour Drescher)와 같은 역사학자는 그렇지 않았음을 설득력 있게 보여준다. 사실 영국에서 노예무역의 폐지는 노예무역이 특히 집중적으로 진행되던 시기, 그리고 가이아나(Guyana)에서 야심찬 새로운 설탕 플랜테이션 지대가 열리기 시작했던 시기에 나온 조치였다.

제에 답하기 위해서는 우리의 근대사 인식을 재검토해야 하고, 서구의 정체성 자체를 근본적으로 다시 생각해야 한다. 근대 유럽을 세계의 다른 지역들로부터 가장 분명하게 구분해주는 것은 문화적 우월주의자나 인종에 집착하는 이들이 주장하는 것처럼 유럽에 내재된 어떤 자질 덕분이라기보다는, 유럽인이 특정 시기에 대서양으로 진출했다는 사실 때문이다. 그리고 아프리카인의 어쩔 수 없었던 기여 덕분에 대서양 연안에서의 삶이 완전히 바뀌었기 때문이다. 여기서 유럽 자체도 바뀌었지만, 흔히 상상하는 것처럼 단지 변화의 주체로만은 아니었다. 우리가 서구라고 하는 이 새로운 창조물을 발명하고 건설하는 일에서 아프리카가 했던 본질적인 수고에 대해서는 뒤에서 더 살펴보겠다. 지금은 미국이 된 아메리카 식민지들과 지금은 아이티가 된 플랜테이션 식민지도 좀 더 살펴볼 것이다. 아이티는 세계사에서 유일하게 성공한 대규모 노예봉기의 역사와 아메리카에서 두 번째로 공화국을 세운 역사를 갖고 있다. 그러나 거기까지 가기 전에 먼저 이런 상호작용이 우리의 대서양 세계에서 간과되어온 반석, 아프리카에 어떤 영향을 미쳤는지를 알아본다.

21

노예의 주인, 바다의 승자

에릭 윌리엄스와 관련하여 마지막으로 한 가지 짚을 것이 있다. 그리고 이는 신세계 노예제와 플랜테이션이 유럽에 그렇게 중요했던 적은 없다고 주장해온 사람들에 대한 답변이기도 하다. 지금껏 탐구된 주장들만큼 효과적인 것은 아마도 질문일 것이다. 역사학자 게구스David Geggus가 카리브해에 대해 쓴 바에 따르면, "역사상 유럽의 지배를 이렇게 오래 받은 지역도 없고, 노예로 살았던 인구의 비중이 이렇게 컸던 지역도 없다."[1] 이 시기 내내 유럽인은 카리브해를 지배하기 위해 자기들끼리 큰 싸움을 벌였다. 콜럼버스부터 시작된 에스파냐의 긴 지배 기간에 이어 네덜란드, 영국, 프랑스까지 끌어들여 이전투구 했던 혼란의 시대가 있었고, 그 뒤에는 영국이 거의 헤게모니를 행사하는 시대가 이어졌지만, 동시에 프랑스령 생도맹그에서 노예가 생산한 엄청난 부가 돋보이기도 했다. 상업적 확장을 위한 주된 수단은 언제나 해상무력이었는데, 여기에는 공식 해군과 해적이 모두 포괄되어 있었다. 각각의 세력은 라이벌을 이기려고 할 뿐 아니라 전복하거나 축출하려고 했다. 어떤 이들은 이런 행동이 명예를 추구한다는 추상적인 동기에서 출발했다고 설명하는데, 이는 잘못 본 것이다.[2] 사실 카리브해를 둘러싼 제국주의적 경쟁은 권력의 상당 부분이 부에서 나온다고 하는 현실주의적 인식에 기초한 것이었다. 따라서 부의 원천을 장악해야 하고, 라이벌이 이를 장악하지 못하도록 라이벌에게 상해를 입히거나 위협을 해서 쫓아내야 했던 것이다.

역사학자 블랙번은 이렇게 말한다.

> 월폴Walpole과 채텀Chatham, 혹은 슈아죌Choiseul과 폼발Pombal 같은 정치인의 상업적·군사적 전략은 구세계뿐 아니라 신세계에도 집중되어 있었다. 영국 지배자들은 혼자서 유럽 대륙을 장악하는 상황은 피하려고 했다. 그러나 아메리카 전역에서 헤게모니 장악을 목표로 움직일 준비는 꽤 갖추고 있었다. 유럽이 프랑스에 아무리 중요해도, 프랑스 지배자들은 신세계에서 영국이 마음대로 하도록 놔두려고 하지 않았다. 이는 전설적인 부를 포기하는 것일 뿐 아니라 미래에 대한 특별한 약속을 담보해주는 것까지 포기하는 일이 될 수 있기 때문이었다. 바로 그런 사고방식이 고전기와 근대의 차이였다.[3]

블랙번은 주로 18세기와 19세기를 다루지만 그보다 앞선 시기까지 거슬러 올라가기도 한다. 이는 17세기에 카리브해에서 노예와 플랜테이션 무역을 둘러싸고 전개된 유럽인 사이의 경쟁은 폭력적이고 또 큰 비용이 소모되는 사건이었지만, 역사서술에서는 보통 잘 다루지 않기 때문일 수도 있다. 1690년, 영국이 카리브해 지역으로 막 진입하던 시기에 부유한 바베이도스섬 대농장주이자 노예소유주, 대상인, 그리고 나중에는 리워드제도Leeward Islands의 영국 총독이 되는 코드링턴Christopher Codrington이라는 사람은 다음과 같이 썼다. "모든 것이 바다의 주인에게 달려 있다. 우리가 바다를 장악하면 인구가 희박해도 우리 섬들은 안전하다. 프랑스가 바다를 장악하면 최근의 사망자 수로 인해 우리는 이 모든 섬들에서 충분한 인원을 모을 수가 없다. 섬 하나도 확보하기 힘들게 된다."[4] 그러나 로저N. A. M. Rodger는 고전이 된 자신의 책 《바다의 요구》에서 카리브해의 정복을 탐했던 유럽 강대국은 곧 다음과 같은 것을 배우게 된다고 썼다. "강대국의 대함대에 모든 이들이 많은 것을 기대했지만, 예측할 수 없는 상황에서 이런 대함대를 효과적으로 이용하기는 어렵다는 것이 곧 증명되었다. 승리보다 전투가 더 쉬웠고, 어떤 식으로든 계속 이권을 확보하는 것보다 승리하는 것이 더 쉬웠다."[5]

대함대들이 카리브해에 있는 기지들로 적절하게 소집되고 배치되었다. 재정적으로 큰 예산이 소요되었고, 150년 동안 수많은 이가 전투에서 사망했다. 그런데 여기서 "예측할 수 없는 상황"이란 무엇을 말하는 것인가? 가장 중요한 돌발 상황은 질병, 특히 황열병과 말라리아였다. 이 두 질병은 아프리카인 노예에게서 발원했고 이런 환경에서 군사작전을 펼쳤던 유럽 군대를 초토화시켰다. 자신들이 가져온 질병으로 아메리카 선주민 인구를 초토화시켰던 유럽인에게 이는 아이러니한 운명의 장난이었다. 서인도제도에서 해전은 대부분 12월에서 5월까지로 한정되어 있었다. 그러고 나면 이른바 병이 발생하는 계절이 왔다. 이 계절에 사망률은 85퍼센트에 달했는데, 유럽인 선원 사이에서 이는 특별한 일도 아니었다. 함대 전체가 쓰러지기도 했다.

1741년, 영국의 해군제독 버논Edward Vernon이 소함대를 이끌고 카르타헤나를 포위하기 위해 오늘날 콜롬비아의 해안으로 향했는데, 그 과정에서 2만 2000명의 병사가 병으로 사망했다.[6] 여기서도 원인은 대부분 황열병과 말라리아였다. 20여 년 뒤인 1762년 영국은 아바나를 에스파냐로부터 탈취하기 위해 230척 이상의 선박과 약 2만 6000명의 병사, 선원, 아프리카인 노예를 동원했다. 6주간의 열띤 전투와 뒤이은 11개월의 점령기간 동안 영국은 7년 전쟁 시 북미에서 사망했던 병사 수보다 더 많은 병사를 잃었다.[7]

이 지역에서 강대국 각각은 힘의 부침을 겪었지만, 이 나라들은 막대한 양의 해군력과 재정과 인적 자원을 계속 투자했다. 그러나 서인도제도에서 자기들이 장악한 지역을 넓히려거나 라이벌의 장악지역을 좁히려는 시도는 절반으로 줄었다. 영국과 프랑스의 입장에서 이는 각각 60~80척의 전열함과 수많은 소형 선박을 카리브해에 배치하는 것을 의미했다. 양측 모두 엄청난 손실을 거듭 보았지만, 바다 전체에서 가장 큰 포상이 된 생도맹그를 두고 결전을 벌일 때까지 계속 군사력을 유지했다. 여기서 플랜테이션 섬들과 그들이 생산한 부를 놓고 전개되어왔던 제국적 결투가 마침내 마지막 단계로 접어들었다. 종말의 시작은 당시 주인공들이 기대했던 것처럼 한 유럽 국가가 다른 유럽 국가에 승리를 거두는 형태로 오지 않았다. 이는 아프리카에서 태어난 사람들, 카리브해 섬으로 납치되어 온 사람들, 혹은 대서양 먼 곳에서 팔려온 사람들로 구성된 한 나라의 승리로 마무리되었다. 프랑스가 아이티에 대한 지배를 영원히 포기할 수박에 없게 되었을 때, 당대의 한 작가는 프랑스가 흑인에게 패배했다고 하면서 "제국에 떨어진 최악의 재앙"이라고 했다.[8] 사실 이는 그보다 훨씬 더 위대한 결과를 가져온 사건이었다. 이는 신세계 전역에서 제국들에 내려진 패배였다. 이에 대해서는 뒤에서 좀 더 다룬다. 이는 흑인 노예제도 자체를 포기하는 생각으로 이어지게 된다.

제임스가 쓴, 지금은 고전이 된 아이티 혁명사 책 초판의 머리글은 다음과 같이 시작된다.

> 1789년 서인도제도의 프랑스령 식민지 생도맹그는 프랑스 해외무역에서 3분의 2를 공급하는 역할을 했다. 이 식민지는 유럽 노예무역에서 단일 시장으로는 최대 규모였다. 이는 그 시대 경제생활의 한 부분이었고, 세계 최대의 식민지였고, 프랑스의 자랑이었다. 다른 제국주의 나라들이 모두 이를 부러워했다. 이 전체 구조가 50만 노예의 노동에 기초해 있었다. 1791년 8월, 즉 프랑스 혁명이 발발하고 생도맹그가 그 영향을 받기 시작한 지 2년 만에, 노예들이 반란을 일으켰다. 이 투쟁은 12년간 지속되었다. 노예들은 현지 백인, 프랑스의 군대, 에스파냐 침략군, 영국의 약 6만 원정대, 나폴레옹의 처남이 이끌었던 비슷한 규모의 프랑스 원정대를 차례로 물리쳤다. 1803년 나폴레옹 원정대가 패배하면서 아이티에서 흑인 국가가 수립되었고, 이는 오늘날까지 이어지고 있다.[9]

마지막 원정은 르클레르Charles Victor Emmanuel Leclerc 장군이 이끌었다. 그는 그 섬에서 백인 지배체제를 복원하고, 이미 자유를 얻은 흑인을 다시 노예로 돌려보내고, 카리브해에서 이전에 했던 정복사업을 계속 더 추진하라는 임무를 받고 파견되었다. 그러나 뒤에서 좀 더 보겠지만, 이는 나폴레옹의 프랑스가 (북아메리카에서 — 옮긴이) 루이지애나Louisiana 영토를 모두 상실하고, 신세계 전역에서 노예제 폐지를 부추기는 결과로 귀결되었다. 신세계 전역에서 노예제가 폐지되기까지는 이후 수십 년이 더 걸리긴 했다. 만약 신세계에서 노예에 기초한 제국을 유럽인이 그렇게 결사적으로 매달릴 만큼 중요한 문제로 여기지 않았다면, 그들은 왜 그렇게 큰 지출을 감수했고, 왜 그렇게 큰 수고를 마다하지 않았을까 다시 묻는다. 일부 사람들이 그럴듯하게 말하는 것처럼 노예 권력에 직접 뿌리가 닿아 있던 이런 새로운 양식의 제국을 건설하는 것이 그렇게 큰 이득이 되는 일이 아니었다면, 왜 유럽의 선도적인 국가들은 그 섬들을 위해 그렇게 오래 기꺼이 전투를 벌이며 죽어갔을까?

위 질문에 대한 대답은, 카리브해가 역사에서 가장 중요했던 시기에 카리브해는 대서양 세계에서 제국에 매우 중요했던 것들을 갖고 있었기 때문이라고 할 수 있다. 어느 역사학자에 따르면, 이는 "선주민을 제거해버린 영토들, 비옥한 토지, 좋은 항구, 순풍, 수확량이 많은 현지의 생계용 작물, 적절한 기후조건, 관리할 수 있는 치안 상황이었다. 유일하게 빠진 것은 노동력뿐이었다."[10] 그러나 이 지점에서 독자들은 이미 다 알 것이고, 또 뒤에서 자세히 보겠지만 무엇보다 가장 중요한 요소였던 아프리카가 거기에 있었다.

4부

비단뱀신의 저주

16~17세기 콩고 왕국의 청동(주형)십자가. (뉴욕 메트로폴리탄 미술관)

우리의 기억만이 그들을 도울 수 있다.

그들은 죽어 우리의 기억으로 간다.

만약 모든 죽은 이들이 산 자에게 살해당한 사람 같다면,

생명을 구해줘야만 하는 사람일 터이다.

그런 노력이 성공할 수 있을지 알지 못해도,

구해줘야만 하는 사람일 터이다.

– 아도르노Theodor W. Adorno, "말러에 대한 단상"

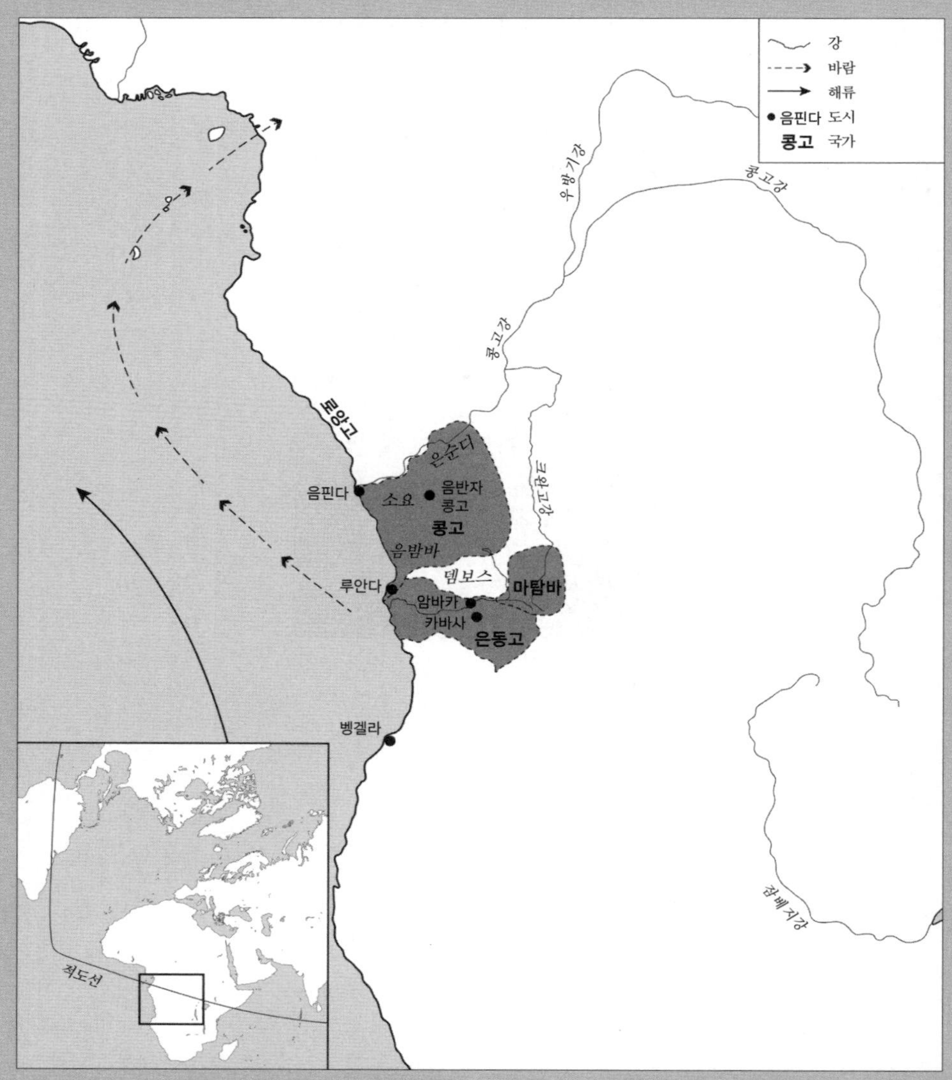

중앙아프리카 서부, 콩고를 비롯한 몇 개의 선별된 왕국들

22

분쟁 지역들

엘미나 성곽으로 들어가려면 먼저 해자 위에 놓인 좁은 다리를 건너야 한다. 해자는 외국인이나 지역민의 공격에 대비하여 성을 보호하기 위해 성 외곽을 빙 둘러 파놓은 물길이다. 통로를 따라 들어가면 끝에 대리석 현판이 걸려 있는데, 거기에 다음과 같이 쓰여 있다.

> 영원히 지속되는 우리 조상들의 비통한 기억 속에서 죽은 자들은 평화롭게 안식할지어다. 돌아온 이들은 자신들의 뿌리를 찾을지어다. 인간은 인간에 대해 그런 불의를 다시는 반복하지 말지어다. 우리 살아 있는 이들은 이를 지키겠다고 맹세한다.

입장료를 지불한 뒤, 대부분의 방문객은 이 성의 넓고 탁 트인 안마당에서 서성댄다. 그곳에서는 어쩔 수 없이 방향감각을 크게 상실하게 된다. 마당 한쪽 끝에 두 개의 큰 난간이 있는데, 이 난간은 기둥이 받치고 있는 입구로 이어져 있다. 입구를 지나면 위쪽으로 두 개의 마루가 있는데, 한때 총독과 관료가 거주하던 곳이다. 백색도료를 바른 안

마당의 외벽을 돌아나가면, 수용소로 들어가는 입구가 있다. 이 수용소에서 포로는 남녀로 분리되어 감금되어 있었다. 그곳에서 그들은 선적되기를 기다렸다. 그들은 바다를 건너 노예로 살아갈 세계로 갔다. 낯선 이들 사이에서 고립되어 고통스럽게 살아야 하는 세계였다.

나는 10여 명의 방문객 무리를 따라 다녔다. 대부분은 아프리카계 미국인 동포였다. 내려 들어가니 가장 악명 높은 방들이 있었다. '돌아올 수 없는 문Door of No Return'이라고 불렸던 어둡고 축축한 수용소였다. 1972년에 이 부근에 있는 케이프코스트의 노예요새에서 비슷한 수용소가 발굴되었을 때, 고고학자들이 그곳 마루에서 18인치(약 46센티미터)의 단단하게 싼 폐기물을 발견했다. 여기에는 주로 배설물, 피, 피부 등이 들어 있었다.[1] 내부의 낮고 어두운 공간에서 살짝 벌어진 듯 한 줄로 나 있는 유일한 작은 창에 머리를 들이대고 따가운 햇살을 느껴보려고 순서를 기다렸다. 그 과정을 거쳐 실제 잠깐 볼 수 있었던 것은 성곽과 해변 사이에 있는 좁은 육로였다. 이곳은 작은 배를 타기 위해 기다리던 곳이었다. 해변에 모여 있던 작은 배들이 육중한 사슬에 묶인 포로들을 사지까지 쓰지 못하게 결박하여 큰 배로 실어 날랐다. 바다를 건널 수 있는 큰 배가 포로를 아메리카 전역으로 이송했다. 비틀거리며 억지로 해변을 향해 발을 내딛을 때마다 분명 몹시 두려웠을 것이고, 아프리카를 떠날 때 다시 한번 공포에 질렸을 것이다. 두 사람이 하나의 사슬에 묶여 나룻배에 실렸는데, 이는 배 밖으로 뛰어 내리는 일을 막기 위해서였다. 현지 선원 중에서 충원했던 근육질의 노 젓는 이들은 때로는 10피트(약 3미터)까지 높이 치는 파도가 연속해서 들어오는 시간을 잘 아는 전문가여야만 했다. 인간 채석장이 되었던 아프리카 대륙과의 마지막 분리는 긴 통나무배를 가능한 빠르게 바다로 밀며 달리는 일로 시작되었다. 배가 뒤집히거나 가라앉지 않도록 파도가 그렇게 무섭게 치지 않을 때에 통나무배를 밀었다. 엘미나 요새에 있는 수용소의 어둠 속에서 기어 나와 그런 파도로 들어가는 것은 마치 기이하고 퇴행적인 출산 의례를 하는 과정에서 자궁을 떠나는 것과 같았을 것이다. 그들을 아메리카로 데려갈 배에 오르면서, 생존자들은 "인간에서 가축으로 가는 여정의 첫 걸음"을 내딛고 있었다.[2]

옛 수용소의 음산한 통로에서는 거의 볼 수가 없었지만, 나중에 이 요새의 위층 테라스에 섰을 때에는 주변이 한눈에 훤하게 보였다. 벤야강 강둑에 무리 지어 있는 마을도 가까이 보였다. 강구는 고기 잡는 목선으로 붐볐는데, 그 배들은 1471년 포르투갈인이 와서 사용했을 때와 크게 다르지 않았을 것 같다. 또한 그 너머에 바다 물보라로 인해 짙은 안개가 끼어 있는, 초승달 모양의 해변을 품은 만이 자리해 있었다. 이곳에서 아잠부자가 해변으로 들어오기 전에 안전하게 닻을 내릴 곳을 찾았을 것이다. 그는 이곳에서 역사를 바꿀 풍성한 황금의 공급원을 확보했다.

포르투갈 개척자들을 통해 전해 내려오는 이야기에 따르면, 그들이 엘미나에서 처음 만난 마을 주민들이 금 장신구와 금박 장식을 너무 많이 착용하고 있었기 때문에 서아프리카의 엄청난 귀금속 원천지가 부근에 있음을 금방 알아차렸다고 한다. 유럽에서 이 전설은 만사 무사의 카이로 여정까지 거슬러 올라간다. 엘미나 요새를 다녀온 날, 묵었던 작은 호텔에서 나와 오후 늦은 시간에 혼자 산책을 했다. 호텔 옆에는 녹슨 다리가 있었는데, 이 다리는 반야강 입구를 가로질러 엘미나의 초승달 모양의 만과 그 뒤까지 이어져 있었다. 그 고즈넉한 시간에 어부들은 어망을 수선하느라 분주했지만 이미 바다에서 하루의 일과는 마치고 돌아와 앉은 터였다. 해가 수평선을 향해 내려가면서 낮의 열기가 현저하게 사위었고, 여기저기서 또 다른 종류의 활동이 시작되는, 수상해 보이는 분위기가 감지되었다. 여성들과 아이들이 젖은 모래 위에서 구멍을 파고 그 안에서 손으로 헤집어 올린 것을 나무테두리가 달린 흔들리는 망 위에 올려놓고 채질을 하고 있었다. 그들은 금을 찾고 있었던 것이다.

서아프리카의 바다와 마주하며 쭉 뻗어 있는 곳, 오늘날의 가나가 자리해 있는 곳에서 옛 직업이 부활하고 있었다. 전망이 좋아서 하는 수작업은 아니었다. 주민들도 그것이 불법임을 이미 잘 알고 있었다. 그러나 금이 다시 이 나라 경제의 기둥이 되었기 때문에 벌이는 일이었다. 그렇다고 옛날처럼 일반 주민이 그렇게 화려하게 장식을 하고 다니지는 못하고 있다. 대신, 이 나라의 광산들이 이 지역 주민의 주된 일터가 되었다. 내륙으로 차로 한 시간 떨어진 은수타Nsuta라는 곳에도 광산이 있는데, 그곳에서 나의 처남 은가마Ngamah가 금속을 생산하는 다국적 기업에 소속되어 기술자로 일하고 있다.

사실 황금은 이 지역에서 대단하지 않았던 적이 없었다. 금 생산을 멈춘 적도 없었다. 은가마가 일하는 회사의 존재가 증언하는 것처럼, 유럽은 금을 얻으려는 노력을 포기한 적이 없었다. 그러나 17세기부터 놀랍게도 금은 빠르게 다른 상품에 밀려났다. 이 다른 상품은 금보다 훨씬 더 근본적으로 세계 경제의 진로를 바꾸었다. 그 상품은 바로 대서양 횡단 무역을 통해 매매된 흑인이었다.

16세기 전반, 노예무역이 처음으로 증가하기 시작했을 때, 초기 공급의 대부분은 유럽인이 카보베르데라고 불렀던 지역에서 충당되었다. 이 지역은 바로 그 이름으로 불리는 섬뿐 아니라, 오늘날 세네갈과 감비아가 자리하고 있는, 바오밥나무가 서식하는 관목 지대에서부터 기니비사우Guinea-Bissau와 시에라리온의 열대림과 늪지대까지 뻗어 있는 지대까지를 포괄한다. 이곳이 선택된 것은 유럽과 아메리카가 모두 가까운 서아프리카 해안의 일부였기 때문이다. 이런 이유로, 어퍼기니는 사하라 이남에서는 처음으로 초기 대서양 무역에 통합되었다. 일부 역사가들은 여기서 더 나아가, 어퍼기니를 대서양 경제가 실제 태어난 곳이라고 말하기도 한다.[3]

15세기 중엽 이후 이곳에서 상대적으로 아주 소규모로 유럽인이 했던 노예무역은 대개는 카보베르데제도에서 실시되었다. 이 새로운 유형의 포르투갈 식민지는 1466년 왕으로부터 처음으로 노예와 관련한 특허장을 받았다.[4] 이후 10년 뒤에는 서아프리카 해안의 다른 지역들로 탐사가 진행되었고, 그와 거의 동시에 아프리카와의 무역을 통해 큰 재산을 얻으려는 사람들이 포르투갈에서부터 모여들기 시작했다.

금 노다지를 찾았던 포르투갈의 꿈이 어퍼기니에서는 실현되지 못했다. 그러나 노예 사업의 발판이 된 카보베르데제도와 어퍼기니는 리스본의 주요 관심사를 다양하게 만족시켜주었다. 그중 하나가 포르투갈 자체 내에서 갖고 있던 인구에 대한 절박한 필요였다. 당시 포르투갈은 한 세기 전에 있었던 흑사병으로 인한 큰 재앙에서 여전히 회복하는 중이었다. 16세기 초 리스본의 약 10만 인구 중, 족히 10퍼센트는 흑인이었다.[5] 포르투갈 전체에서 아프리카계 인구는 약 4만 명이었다. 당시 포르투갈을 방문했던 한 벨기에 여행자 클레나드Nicolas Clénard는 "에보라Evora에서, 나는 지옥에 있는 도시로 간 느낌이었다. 흑인과 너무 자주 조우했다. 내가 아주 싫어하는 인종이다"라는 기록을 남기기도 했다.[6] 1472년, 포르투갈 의회는 '아프리카인'이라는 별칭을 가진 국왕 아폰수 5세에게 노예가 된 흑인이 포르투갈에서 다른 나라로, 특히 에스파냐로 수출되는 것을 금해달라고 강력하게 요구하는 청원서를 보냈다. 에스파냐에도 아프리카인을 매매하는 시장이 비슷하게 활성화되어 있었다.• 그런 청원서를 보낸 이유는 다음과 같았다. "이 왕국에서 노예는 인구의 상당 부분을 구성하고 있고, 그들은 숲을 개간하고 늪지대를 개척하여 새로운 토지를 만들어내는 등 이로운 일을 할 의무가 있습니다. 그리고 아프리카에서 온 이 사람들은 〔포르투갈에〕 항복을 하고 있는 겁니다. 외국인이 〔기니의 땅들로〕 진출하게 하는 것보다 기니인이 포르투갈 왕국에 항복하게 하는 편이 더 좋을 겁니다. 외국인은 그 땅들을 찾아내기 위해 피를 흘린 사람들이 아닙니다."[7]

사실 이 시대 왕에게 계속 제기되었던 가장 어려운 문제는 그렇게 큰 수입원이 되는 사업에 대한 통제력을 어떻게 유지할 것인가 하는 점이었다. 이 목표를 위해 포르투갈은 아프리카 본토에서 진행되는 사업을 규제할 목적으로 여러 법령을 도입했다. 얼마 지나지 않아 허가 없이 아프리카 본토를 여행하는 것은 사형을 당할 수 있는 범죄가 되었다. 당시 제정된 한 법은 "지위고하를 막론하고 흑인들과 어울리는 일은 없어야 한다. 그럴 경우, 죽음의 고통을 각오해야 할 것"이라고 했다.[8]

16세기 초에, 포르투갈인 탐험가이자 상인이던 페레이라Duarte Pacheco Pereira가 했던 계산에 따르면, 매년 어퍼기니 해안에서 3500명의 노예가 팔렸다.[9] 이보다 몇 년 앞선 1497년 콜럼버스는 카보베르데를 방문한 직후에 에스파냐의 가톨릭 국왕 페르난도와 이사벨라Ferdinand and

• 1565년 세비야의 센서스에 따르면, 이 도시의 인구는 8만 5000명이 약간 넘었는데, 그중 노예는 6327명이었고, 그 대부분이 사하라 이남 출신의 아프리카인이었다.[10]

Isabella에게 다음과 같이 편지를 보냈다. "지난 며칠 동안 카보베르데를 다녀왔는데, 그곳에서는 사람들이 노예무역을 크게 하고 있습니다. 항구에는 언제나 노예를 실은 배들이 드나들고 있습니다. 최악의 상태인 가장 싼 노예도 거기서는 8000마라베디maravedis(콜럼버스 항해 당시 선원에게는 일당 30마라베디를, 선원이 아닌 일손에게는 일당 20마라베디를 주었다고 하는 기록이 있다—옮긴이)에 팔리고 있었습니다."[11]

당시 포르투갈인이 완전히 이해하지는 못했고 미래에도 확실하게 알 수 없었던 이유들 때문에 어퍼기니 지역은 대륙을 횡단하는 노예무역 사업을 시작할 수 있는 상당히 유리한 기반이 될 수 있었다. 이는 이 지역이 이미 지난 두 세기 동안 일종의 '분쟁 지역'이 되었기 때문이다. 이 현상은 말링케 제국인 카부Kaabu가 서해안과 남해안 양쪽으로 확대하면서 시작되었다. 오늘날 말리 남서부 지역에 그 중심지를 두고 있던 카부는 팽창하면서 그 길목에 있던 다른 왕국들과 충돌했다. 그러면서, 역사학자 로드니의 표현에 따르면, "종족들 사이에서 난투mêlée"가 발생했다.[12] "사실 어퍼기니 전체가 종족 집단들 사이에서 분쟁이 일어날 수 있는 큰 빌미를 제공했다. 이 지역에서 벌어졌던 이런 전쟁들을 통해 무엇보다 수출할 노예들이 양산되었다."[13] 분쟁이 확대되면 보통은 노예시장이 팽창했다. 전통적으로 이 지역의 노예는 이슬람 시장으로 팔려갔다. 가장 큰 이슬람 시장은 멀리 사하라사막 북쪽과 근동 지역에 자리해 있었다. 아프리카인은 위와 같은 경로를 통해 라이벌 집단의 구성원을 노예로 팔았던 오랜 역사를 이미 갖고 있었기 때문에, 유럽에서 새로 들어온 이들에게도 노예를 열심히 팔았던 거라고 추정하는 것이 합리적이다.

다른 유럽 국가들이 아프리카인 노예무역에 뛰어들면서 경쟁이 치열해지고 뒤에서 살펴볼 다른 요인들도 더해지면서 포르투갈은 아프리카 해안을 따라 점점 더 남쪽으로 내려가서 콩고와 앙골라 지역에 도착했다. 그곳에서 곧 그들은 이전보다 훨씬 더 많은 노예를 획득하기 시작했다. 한편 다른 나라들, 특히 네덜란드와 영국은 엘미나와 그곳에서 동쪽을 향해 있는, 오늘날 나이지리아까지 이어져 있는 해안 지역에 주력했고 이 지역 노예무역에서 막대한 호황을 누렸다.

23

“흑인 안전요원”

수 세기 동안 아프리카인에 대한 착취와 함께 플랜테이션 복합체는 신세계에서 부를 창출하는 데 가장 중요한 원동력이었고 실제로 서구의 부상을 이끌어냈다. 앞서 보았듯이, 금과 은보다 흑인의 고난과 수고를 통해 생산된 농산물이 훨씬 중요했다. 이를 통해 북대서양은 완전히 새로운 궤도로 올라갔고 근대라는 새로운 시대를 지배할 수 있게 되었다.

그러나 그런 발전을 가능하게 만들었던 강제 노동력의 대부분은 사하라 이남 지역에서 나왔다. 이 지역들을 알아보기 전에, 노예가 된 흑인이 어떻게 신세계에서 주된 상품이 될 수 있었는지를 우선 탐구해보는 것이 중요하다. 매우 놀랍게도, 이 흑인 매매의 초창기 뿌리를 포르투갈이나 영국의 플랜테이션 경제들뿐 아니라 에스파냐의 새로운 제국주의적 정복들에서도 찾아볼 수 있다.

아메리카에 처음 도착한 흑인은 1493년 에스파냐 선박을 타고 온 프리에토Alonso Prieto로, 그는 콜럼버스가 이끌었던 두 번째 탐험대의 자유인 멤버였다.[1] 1501년 아프리카인의 노예화가 신세계에 분명하게 도입되었는데 그 시작은 콜럼버스가 세운 정착지인 히스파니올라에서였다.[2] 아프리카 대륙에서 상투메섬을 경유하여 신세계까지 가는 노예선박이 첫 운행을 했던 것은 1525년이었는데, 히스파니올라에서의 노예제는 이보다 약 사반세기 앞서 수립되었다.

16세기에 약 27만 7000명의 아프리카인이 사슬에 묶여 대서양을 건넜고, 이들 중 거의 90퍼센트가 카르타헤나, 뉴에스파냐, 베라크루즈Veracruz를 비롯해 에스파냐가 아메리카에서 새로 정복한 영토들로 갔다.[3]

장기간에 걸쳐 이 인신매매를 통해 에스파냐령 아메리카로 약 207만 명이 유입되었다.[4] 대서양을 가로지르는 직항로를 통하거나 네덜란드령 퀴라소와 영국령 자메이카와 같은 지역들이 아메리카 내에서 전개한 인신매매를 통해서였다. 이를 통해 에스파냐령 아메리카 식민지들은 영구적인 아프리카인 강제 이민지 중 브라질 다음으로 중요한 지역이 되었다. 하나의 지역으로 보면, 이곳은 영국령 혹은 프랑스령 카리브해 식민지보다 꽤 앞서 있었다. 다소 역설적이게도, 지금까지 가장 많이 자료가 남아 있는 지역인, 훗날 미국이 되는 영국령 식민지들보다도 노예거래가 훨씬 더 큰 규모로 진행되었던 지역이다. 그러나 이곳에서 아프리카인 무역에 대한 연구는 거의 이루어지지 않았다. 흑인에 대한 역사 지우기가 이처럼 완벽하게 이루어진 곳도 없었다. 그러나 남아 있는 증거에 따르면 다른 주요 유럽 식민주의 강국들의 아메리카 영토들에서와 마찬가지로 에스파냐어권의 라틴아메리카가 살아남는 과정에서도 아프리카인은 꼭 필요한 존재였다.•[5]

• 1976년, 아프리카계 미국인 학자 파머(Colin A. Palmer)가 이 주제와 관련하여, 선구적 학술서 《백인 신의 노예들: 멕시코의 흑인들, 1570~1650(Slaves of the White God: Blacks in Mexico, 1570~1650)》을 출판했다. 노예제를 연구하는 보루키(Alex Borucki), 엘티스(David Eltis), 휘트

선주민이 대규모로 사망하는 상황에 직면하자 에스파냐는 새로운 식민지들을 유지하기 위해 안정적인 노동력이 긴급하게 필요하다는 사실을 재빨리 파악했다. 1517년, 도미니크 수도원의 수도사 라스카사스는 에스파냐로 편지를 보내서 왕이 흑인을 히스파니올라로 보내서 선주민 인구를 구제하고 보충할 수 있게 해야 한다고 강력하게 주장했다. 당시 선주민 인구는 급속하게 감소하고 있었다. 라스카사스에 대한 지지와 다른 요인들이 겹쳐져서 1542년에는 에스파냐령 아메리카 전역에서 인디언 매매가 금지되었다. 이 금지령은 겉으로만 존중받았을 뿐 지켜지지는 않았지만, 왕이 새로 정복한 땅에서 아프리카인 노동력이 시급히 필요하다는 문제의식을 크게 높여주었다.

아프리카인 노예는 주로 어퍼기니에서 거래되어 뉴에스파냐로 쏟아져 들어와 은 광산에 배치되었다. 이 식민지의 가장 유명한 부의 원천지였던 곳이다. 이 외에도 흑인은 중요한 두 가지 다른 종류의 사업에서 일하도록 배치되었는데, 이 부분은 신세계의 유럽인 정착 과정에 대한 설명에서 주로 생략되어왔다. 이 중 하나는 정착민과 노예에게 필요한 신발이나 옷 등 기초제품을 만드는 산업이었고, 다른 하나는 멕시코 특유의 광활한 설탕 플랜테이션이었다. 1645년까지, 즉 바베이도스섬에서 설탕 생산이 막 시작되었던 시기까지 예수회Society of Jesus/Jesuits는

(David Wheat)는 2015년에 발표한 중요한 논문, 〈대서양 역사와 에스파냐령 아메리카로 향했던 노예무역(Atlantic History and the Slave Trade to Spanish America)〉에서 다음과 같이 말한다. "멕시코로 갔던 노예무역에 대해 파머의 책에서 부분적으로 다룬 이후로, 어떤 단행본이나 논문도 이 문제를 언급하지 않고 있다. 페루, 베네수엘라, 콜롬비아, 에콰도르와 같은 나라에 대해 학자들은 아프리카와 관련되어 있는 풍성한 사료들을 충분히 활용해야 한다. 이베리아연합(Iberian Union) 기간(1580~1640—옮긴이) 동안과 그 이후로 이베리아반도, 카나리아제도, 필리핀으로 이송되었던 아프리카인에 대해서는 거의 알려진 것이 없다."[6]

노예가 만들어낸 설탕의 대표적인 공급자였고, 푸에블라의 대주교관할구에서 두 개의 플랜테이션을 소유하고 있음을 자랑하고 있었다.[7] 이 플랜테이션들에서는 매년 150만 파운드(약 68만 킬로그램)의 설탕이 생산되었다.• 이보다 3년 앞서서 코르테스는 500명의 아프리카인을 구매하여 오악사카Oaxaca 부근에 있는 자신의 개인 설탕 작업장에서 일하도록 만들었다.[8] 코르테스는 1519년 원정단을 이끌고 아즈텍 제국을 무너뜨린 뒤, 멕시코의 대부분을 카스티야 왕국의 지배 아래 편입시킨 에스파냐인이다. 아무튼 그의 작업장은 뉴에스파냐 지역 최초로 흑인 노예 노동력을 이용한 플랜테이션으로 알려져 있다. 아프리카인을 대규모로 고용했던 또 다른 형태는 섬유 등 공산품을 생산했던 잔혹한 노동착취 방식의 공장들이다. 에스파냐가 식민지로 옷, 신발, 가죽제품 등 일상에서 주기적으로 필요한 물품들을 충분히 공급할 수 없었기 때문에 이런 식의 생산방식이 생겨났다. 이 초기 작업장obras 혹은 공장들은 도시에 집중되어 있었다. 16세기 멕시코의 흑인은 이런 곳에서 대규모로 모여 살았다. 1612년 멕시코시티를 방문했던 에스피노사Vázquez de Espinosa에 따르면, 그 도시에는 5만 명의 흑인과 혼혈인, 8만 명의 인디언, 1만 5000명의 에스파냐인이 살았다고 한다.[9] 1600년, 볼리비아에 있는 포토시의 규모는 당시 런던이나 도쿄와 비슷할 정도로 컸다.[10] 18세기 전환기까지 에스파냐령 아메리카에는 영국령 아메리카에 있던 가장 큰 도시들보다 더 큰 규모의 도시가 대여섯 개에 달했다.[11] 대표적으로 멕시코시티와 과나후아토Guanajuato 등이 있고 이들 도시 중 여러

• 이 시기 동안 예수회는 에스파냐령 아메리카에서 두 번째로 큰 노예소유 기업이었을 것이다. 가장 큰 노예소유 기업은 가톨릭교회였다.[12]

곳이 흑인으로 붐비고 있었다.

선주민의 노예화가 금지되기 전, 아프리카인 노예의 가격이 선주민 멕시코인의 10배에 달했다.[13] 이런 가격 차이는 두 집단 구성원의 노동력 착취 강도가 달랐음을 말해준다. 어떤 집단이든 편하게 지내지 못했던 것은 분명하다. 그러나 파머Colin A. Palmer가 《백인 신의 노예들Slaves of the White God》에서 설탕 플랜테이션 노동에 대해 쓴 바에 따르면, "대부분의 인디언은 하루 10시간(8시부터 18시까지)을 일했는 데 반해, 흑인 노예는 새벽 3시부터 밤 11시까지, 모두 20시간을 일하는 경우가 빈번했다."[14] 선주민 노예와 달리, 흑인 노예는 엄격한 관리 아래 교대근무를 강요당했다.

학자들은 근대 초 설탕의 역사에서 멕시코의 위치에 대해 거의 관심을 두지 않아왔다. 아마도 광산업이 너무 압도적이었고 한때 성했던 사탕수수 재배가 금방 쇠퇴했기 때문일 것이다. 그러나 이렇게 흑인 군단이 교대로 노동했던 경험은, 100년이 지나서야 바베이도스섬에서 등장하게 되는 체제인 플랜테이션의 집단노동과 상당히 닮아 있다.

멕시코에서 선주민 사망률이 더 높아지면서, 식민지 정부는 흑인 노동력 수입 문제에 골몰하게 되었다. 흑인 노동력은 인디언 노동력에 비해 규모가 작기는 했지만, "노동력이 기반하고 있는 전체 구조의 토대를 제공했다."[15] 그래서 식민지 정부당국은 흑인의 규모를 늘려달라는 청원을 계속 넣었다. 인디언 노예제 폐지 이후 20년 뒤, 멕시코시티의 시의회cabildo 혹은 행정협의회가 왕에게 다음과 같이 편지를 썼다. "개인적으로 부리던 인디언이 갑자기 많이 사망했기 때문에, … 농장, 광산, 제당소, 목장 등 사업체에서 노동력이 크게 부족합니다. 이곳으로 흑인을 많이 데려오는 것 외에 다른 해결책은 없습니다."[16] 아프리카 노예거래가 증가하는 것에 대해 교황이 간헐적으로 제기했던 우려들을 일축해버리면서, 에스파냐왕 카를로스Charles 2세는 에스파냐령 아메리카 식민지에서의 노동현황에 대한 보고서를 의뢰했다. 그리고 이에 따라 이 보고서는 다음과 같은 비슷한 결론을 제시했다. 노예무역이 없다면, "거의 흑인 노예가 경작하고 있는 주요 자산인 토지재산을 상실하는 격이 될 것이고 아메리카는 완전히 파산하게 될 것이다."[17]

이 시대 에스파냐령 아메리카의 부와 관련하여 흑인은 광산에서, 설탕 생산에서, 초기 직물작업장에서 했던 역할 그 이상으로 훨씬 큰 의미를 갖고 있었다. 에스파냐가 신세계에서 취득하는 황금의 거의 절반은 오늘날 콜롬비아, 파나마, 베네수엘라에 위치해 있는, 당시는 뉴그라나다 왕국New Kingdom of Granada이라고 알려졌던 지역에서 가져왔고, 그곳에서 금을 생산한 이들은 주로 흑인 노예였다.[18] 에스파냐가 새롭게 건설하고 있던 식민지 영토 또한 지역적 시너지 효과의 혜택을 크게 받고 있었다. 앞서 보았듯이, 잉글랜드와 서인도제도의 설탕 식민지와 북아메리카 본토에서 막 발전하기 시작했던 영국의 식민지들이 서로의 발전에 도움이 되었던 것과 같은 효과를 에스파냐도 만들어내고 있었던 것이다. 예를 들면, 볼리비아에서 포토시에 제공했던 것처럼 멕시코에서 주로 흑인이 경작한 저지대 농산물과 일상적인 교역품이 사카테카스Zacatecas나 과나후아토와 같은 은광 지대에 공급되면서 추출 산업과 일상이 제대로 진행될 수 있었다.

현재 일부 역사학자들은 프레임을 이렇게 뒤늦게 확대한다고 해도, 신세계에서 에스파냐령 왕국이 수립되는 과정에서 아프리카가 했던 기여의 근본적이고 본질적인 성격은 제대로 반영되지 못한다고 주장한다. 대중의 상상 속에서 초기 에스파냐령 아메리카는 정복자와 백인 정착민들이 살던 곳이다. 그러나 에스파냐의 뒤를 따랐던 영국이나 심지어 프랑스의 식민지와는 다르게 에스파냐는 자발적으로 온 유럽인 노동자나 계약하인을 노동력으로 거의 사용할 수 없었다. 이 사실은 거의 알려져 있지 않다. 에스파냐령 아메리카가 시작된 이후 한 세기 혹은 그 이상의 기간 동안, 그곳으로 간 에스파냐인보다 카리브해 연안 여러 지역의 흑인과 혼혈인 혹은 '물라토mulattoes'가 더 많았다. 카르타헤나, 아바나, 베라크루즈, 산토도밍고와 같은 주요 항구도시에서도, 광활하게 뻗어 있던 농촌 영토에서도, 노예든 자유인이든 간에 아프리카의 후손이 모든 경제활동의 주축이었고 토지를 점유하고 있었다. 근대 초 이베리아인의 대서양 세계를 연구하는 휘트David Wheat의 표현에 따르면, 이 아프리카계 후손은 "대리 식민지 개척자"로 살면서 자신들의 존재를 제대로 입증했다.[19] 이들이 없었다면 이곳은 훨씬 더 보잘것없었을 것이고 에스파냐가 주권을 제대로 행사할 수도 없었을 것이다.

1598년, 이런 극명한 현실을 보며 카르타헤나 총독은 "이 땅에서 … 에스파냐인은 아무 보탬도 되지 않는다. 특히 가솔도 없는 하층 직업군의 에스파냐인은 없어도 아무 지장이 없다. 일하고 있는 이들은 모두 흑인이다"라는 기록을 남겼다.[20] 휘트의 책 《대서양의 아프리카와 에스파냐의 카리브해Atlantic Africa and the Spanish Caribbean》에 따르면, 이런 현실이 "유럽인이 아메리카를 식민화한다는 개념 자체를 복잡하게 만들었다."[21]

휘트를 비롯한 학자들이 주목한 것처럼 흑인은 에스파냐 탐험대나 정복자를 위한 선봉대로, 그리고 곧이어 영국을 비롯한 침입자들의 정탐으로부터 에스파냐령 식민지 영토를 지켜내는 민병대의 선봉대로 활약하기도 했다. 이런 종류의 역할은 카스티야 왕국이 신세계로 밀고 들어오던 아주 초기까지 거슬러 올라간다. 1502년 히스파니올라에 새로 임명된 총독인 오반도Nicolás de Ovando가 에스파냐에서 많은 흑인을 데리고 왔다. 이 흑인들은 노동자로, 그리고 선주민을 규제하는 업무의 보조자로 일했다. 히스파니올라를 정복하고 정착했던 초기에, 에스파냐는 이 노예 중 일부를 '흑인 안전요원negros seguros'으로 지명하면서 이들을 무장시켜 타이노인의 저항 운동을 진압하는 데 이용했다. 이는 브라질의 포르투갈인을 비롯해 이후 신세계로 들어온 유럽 식민지 개척자들이 채택한 관행이 되었다.[22]

1508년 레온Ponce de Léon은 푸에르토리코를 정복하면서, 무장한 아프리카인을 이용했다. 그는 '많은 흑인 노예'를 출전시키라고 했는데, 벨라스케스Diego Velázquez는 3년 뒤 쿠바를 정복하면서, 이 전술을 그대로 따랐다.[23] 1526년 에스파냐의 캐롤라이나Carolinas 원정, 1530년대 바하칼리포르니아Baja California 원정, 1539년 소토의 실패한 플로리다 정복시도 때에도 아프리카인 노예가 이용되었다.[24] 흑인은 유럽인이 아메리카 본토인 파나마에 처음 정착지를 건설할 때부터 이를 지원하는 역할을 했다. 30명의 다른 노예의 도움으로, 노예가 된 흑인 정복자 올라노Nuflo de Olano는 발보아가 파나마의 태평양 해안에서 30척의 함대를 구축하는 것을 지원했다.[25] 1534년, 알바라도Pedro de Alvarado가 페루로 원정을 떠났을 때에는 200명의 아프리카인 파견대가 동행했다.[26] 페루는 이미 피사로가 정복한 지역이었는데, 피사로 역시 다수의 노예를 이용했었다.

1570년대 초, 영국인 드레이크 경Sir Francis Drake은 에스파냐령 파나마의 카리브해 연안에서 놈브레데디오스Nombre de Diós를 공격하여 4만 파운드와 금, 은, 진주를 획득했는데, 이때 흑인 도망노예 공동체cimarrones

가 프랑스 위그노 해적과 연합했던 이야기는 유명하다.[27] 그러나 티에라피르메Tierra Firme(단단한 땅이라는 의미—옮긴이)라고 알려졌던 지협을 향해 1596년 두 번째로 공략해 들어갔을 때, 드레이크의 장교 중 한 명이 식수를 길어오다가 얄롱가Pedro Yalonga라는 이름의 에스파냐 왕실 노예가 쏜 화살에 맞았다. 당시 노예와 자유흑인은 에스파냐인과 함께 드레이크의 병사에 맞서 싸우고 있었다. 그들이 파나마시를 장악하지 못하도록 막는 전투였다. 훗날 얄롱가는 그의 복무 경력을 이용해 지역 정부에 해방시켜달라는 청원서를 제출했고, 자유인이 될 수 있었다.[28]

이런 일화들과 관련된 흑인들 이름 대부분은 안타깝게도 역사에서 사라졌다. 그러나 다행스럽게도 또 한 명의 이름, 가리도Juan Garrido가 눈에 띄는 기록으로 남아 있다. 1470년대 어느 해 콩고 왕국에서 출생한 가리도는 젊은 시절 포르투갈로 갔다. 노예로 갔는지 여부는 알려져 있지 않다. 훗날, 그는 에스파냐로 여행을 했고 그곳에서 정식으로 가톨릭으로 개종했다. 1502년, 그는 에스파냐 원정대의 일원으로 산토도밍고로 갔다. 그곳에서부터 그는 '잘생겼다'는 뜻을 가진 가리도라는 이름을 사용하기 시작했고, 푸에르토리코와 쿠바 공격에도 함께했으며 코르테스의 멕시코 정복 원정에도 참여했다.[29]

가리도는 멕시코시티에서 백인과 함께 자유인으로 살면서 결혼을 해서 3명의 자녀를 두었다. 구세계의 작물인 밀의 경작을 아메리카에 도입한 사람으로 알려진 그는 30년간 에스파냐 왕실에 복무한 이후, 1538년에 자신의 공로를 인정해달라는 청원서를 다음과 같이 제출했다.

나, 피부색이 검은, 이 도시〔멕시코〕의 거주자, 후안 가리도는 폐하께 아됩니다. 왕께서 저에게 토지에 대한 영구권리증을 부여해주실 것을 청원합니다. 바예후작Marqués del Valle〔코르테스〕이 상륙했을 때부터, 이 뉴에스파냐 지역을 정복하고 평정하는 과정에서 제가 얼마나 기여했는지를 보고 드립니다. 저는 월급도 받지 못했고, 선주민 등 어떤 것도 배당받지 못했습니다. 저는 결혼해서 지금까지 이 도시에서 거주하고 있습니다. 저는 푸에르토리코 부리퀜의 산후안San Juan de Buriquén de Puerto Rico섬들을 탐험하고 평정하는 일에도 참여했습니다. 또한 아델란타도adelantado(카스티야 국왕의 대리인—옮긴이)인 벨라스케스의 정복과 평정사업에도 참여했습니다. 이렇게 저는 30년 동안 폐하를 위해 복무했습니다. 이런 이유로, 폐하께 위와 같이 청원을 드립니다. 그리고 저는 이곳 뉴에스파냐에서 최초로 밀농사를 시도했고, 내 돈을 들여 직접 실험해본 사람이기도 합니다.[30]

사실에 근거한 이 이야기는 라틴아메리카에서 흑인의 존재가 가졌던 비중이 크게 저평가되어왔다는 점과, 대서양 세계의 탄생에서 흑인이 그 중심에 있었음을 실감하게 해준다.

24

노예 호황

서아프리카에서 네덜란드가 펼친 활동에 대한 이야기를 복기해보면, 그들은 수년 동안의 노력 끝에 1637년 엘미나를 포르투갈로부터 빼앗고 번성하던 황금무역을 주도하면서 그곳을 네덜란드 동인도회사의 새 본부로 신속하게 만들어가고 있었다. 1642년, 네덜란드는 이 해안을 따라 자리한 액심Axim과 아주 작은 요새들에 남아 있던 포르투갈인도 쫓아냈다. 네덜란드는 이 지역이 포르투갈이 장악했을 때보다 더 많은 황금을 수출하도록 만들었는데, 이는 그들이 거래했던 상품이 더 훌륭했기 때문이었다. 더 크고 더 우수한 함대를 갖춘 네덜란드인은 멀리서 오는 이국적인 고급품만 보면 갖고 싶어 했던 아프리카 현지 엘리트에게 더 낮은 가격으로 상품을 공급할 수 있었다. 그러나 이 깔끔한 이야기 전개는 네덜란드인이 엘미나 공격에 성공하기 오래전부터 시작되었던 훨씬 난잡한 싸움을 놓치고 있다. 100년이 넘도록 황금해안은 유럽 여러 나라에서 일확천금을 노리고 온 이들의 공략대상이었다. 황금무역의 권리는 1494년 토르데시야스 조약 이래 포르투갈이 갖고 있었지만, 모든 이들이 끼어들 기회를 엿보고 있었다. 예를 들어, 1542년 한 프랑스 선박은 근처 해안에서 1000온스(약 28킬로그램)라는 상당한 양의 금을 구입할 수 있었다. 이로부터 10여 년 후에는 영국 선박이 황금해안 부근으로 접근하기 시작했다. 그들은 포르투갈의 규제를 피하기 위해 주로 치고 빠지는 전술을 구사했다.

네덜란드인이 엘미나 무역에 본격적으로 개입하기 시작한 것은 1593년 이후였다. 그해에 한 네덜란드인이 상투메섬에 투옥되었다가 귀국했는데, 그는 그곳에서 서아프리카 황금의 원천에 대해 중요한 정보를 얻었고, 곧 자기 힘으로 무역 탐사대를 준비했다.[1] 1600년, 아프리카 황금무역을 목표로 명시한 네덜란드회사가 처음으로 암스테르담에서 결성되었다. 이 회사는 제일 먼저 네덜란드 의회에 항해를 보호해 달라고 요청했다. 이미 1610년 이전에 네덜란드는 황금해안에서 교역하기 위해 매년 평균 20척의 선박을 보내고 있었고, 그곳에서 매년 평균 2000파운드의 황금을 얻을 수 있었는데, 이는 네덜란드의 황금시대를 가져온 중요한 원천이 되었다.[2] 17세기 초까지, 황금해안에서 나온 황금이 세계 금 공급의 10분의 1을 차지하고 있었던 것으로 추정된다.[3] 네덜란드인이 이 무역을 지배하기 시작하면서 아프리카에서 얻은 횡재가 너무 크다 보니 여기서 얻은 금으로 네덜란드 연합주United Provinces(당시 네덜란드 명칭)의 동전 거의 대부분을 제작할 수 있을 정도였다.[4] 해안을 따라 네덜란드 상인은 "담요 등 기타 상품뿐 아니라 린넨 20만 야드, 구리 양동이, 주전자 등 4만 파운드의 금속제품, 구슬 10만 파운드"를 교환의 대가로 매년 바쳤다.[5] 이와 대조적으로, 16세기 초 포르투갈인은 이 지역에서 황금무역의 상당 부분을 주로 구리 팔찌(마닐랴) 정도에 기초해 운영하고 있었다.

네덜란드의 이런 새로운 접근법은 네덜란드의 산업이 근대화하는 데 크게 도움이 되면서, 큰 경제적 효과를 가져왔다. 포르투갈 교역은 단순한 금속제품에 기초했기에 변화가 크지 않았던 것에 비해, 네덜란드가 공급했던 직물은 훨씬 큰 부가가치를 창출했다. 사실 네덜란드 직물 산업은 16세기 거의 내내 위기였고 1580년에는 그 생산이 중단되기도 했는데, 황금해안과 직물교역을 하면서 1640년대까지 극적인 성장을 했다.[6]

네덜란드산 직물이 황금해안의 시장으로 쏟아져 들어오면서, 아프리카 지역 경제와 사회에도 근본적이고 지속적인 변화를 가져왔다. 대량 생산된 네덜란드산 직물의 질이 향상되고 가격도 그만큼 낮아지면서, 현지 직물은 시장에서 거의 밀려났다. 황금해안 지역은 점점 더 가공하지 않은 천연자원 수출에 의존하게 되었다. 세계적으로 인정되는 교환 수단은 원래는 금을 의미했다. 그런데 17세기 중엽부터 아프리카 사회들이 외부와의 교역에서 지불 수단으로 노예를 사용하기 시작했다. 노예는 신세계에서 귀중품 생산의 기초로 자신들의 가치를 이미 증명한 바 있었다.

금이든 인간이든 그들의 '상품'을 내놓으면서 그 대가로 황금해안의 사회들이 취한 것은 오래가지 않고 금방 가치가 사라지는 물품들이었다. 그러나 이에 비해 그들이 내놓은 상품은 거의 보편적인 가치의 저장소인 금이나, 노예처럼 상당한 생산 잠재력을 가진 인간이었다. 유럽인이 가져온 교역품에는 조가비뿐 아니라 직물, 요리나 목욕 혹은 무언가를 비축할 때 사용하는 양동이와 같은 실용적인 금속제품이 있었다. 여기에 외부에서 온 이들이 곧 다른 소비재들, 신세계에서 가져온 럼주나 담배, 그리고 총기 등을 추가하기 시작했다.• 상업적 거래조건을 개별적으로 한정해서 보면, 아프리카인 족장들은 영리한 거래자인 경우가 많았다. 뒤에서 보겠지만, 시장 정보를 이용하고, 어려운 흥정을 추진해가는 능력도 있었다. 그러나 근대 경제학자라면 누구나 알 수 있듯이, 이런 교환의 본질적 성격으로 인해 교역조건은 시간이 흐르면서 꾸준히 그리고 결정적으로 아프리카 대륙에 불리한 방향으로 기울어갔다.

엘미나를 인수하면서 네덜란드는 리스본이 대서양과 면한 아프리카 세계에 대해 갖고 있었던 광범한 주권을 확보했다. 이것은 우선 부의 풍부한 원천, 즉 금, 그리고 곧 노예에 대한 접근권을 의미했다. 그다음으로 포르투갈이 약점을 노출할 때마다 공격하는 것을 의미했다. 이는 네덜란드와 전쟁을 했던 에스파냐에 대한 복수였다.[7] 그러나 이 지역에서 포르투갈의 상업적·외교적 영향력은 150년 동안 유지되었지만, 네덜란드는 거의 초기부터 강력한 도전, 특히 떠오르던 영국으로부터의 도전에 직면했다. 포르투갈, 그리고 심지어 네덜란드의 기준에서 볼 때 영국은 서아프리카 황금무역 현장에 별 준비 없이 성급하게 들어온 나라였다. 영국은 16세기 대부분의 기간 동안 지속적인 국가 지원 없이 산발적인 해적질을 통해 주로 관여해왔다. 이는 1530년대에 헨리 8세가 개신교로 개종한 이후 종교 분쟁으로 국력이 소진되었고, 주된 라이벌 국가인 에스파냐나 프랑스와 비교해볼 때 상대적으로 여전히 가난했기 때문이기도 했다. 영국의 초기 제국주의적 에너지는 대개는 아일랜드 지배에 집중되어 있었다. 그러나 1558년부터 시작된 엘리자베스 1세 시기에 영국은 새로운 영토, 새로운 부의 원천을 비롯해 초기 제국

• 경제생활과 교역의 양상은 수 세기동안 크게 변하지 않고 꽤 유지되고 있음을 보여준다. 현대의 가나 역시 금이나 코코아를 비롯한 가공하지 않은 원료 수출에 거의 의존하고 있다. 또한 서아프리카 나라들에서는 네덜란드인이 아프리카에 유행시킨 화려하고 왁스 인쇄된 직물이 여전히 많이 수입되면서, 그 가치를 계속 높이 인정받고 있다.

을 추구했던 유럽 강대국에 뒤처지면 안 되겠다는 생각을 점점 키워갔다. 여왕과 그녀를 둘러싼 귀족층은 유럽과 아메리카에 대한 에스파냐의 지배에 도전하고 부를 추구하면서 가톨릭주의에 맞서야 한다는 생각에 골몰했다. 여왕의 정책들은 개신교주의, 호전적인 민족주의, 그리고 해적질에 기울어 있었다. 어디서 시작하고 어디서 끝나는지를 구분하기가 힘들 정도였다. 이 시기 한 역사가는 "영국해협이나 떠돌던 작은 활동을 1560년대와 1570년대에 대양을 오가는 탐험으로 바꾸어놓고, 도적과 상인의 야심들을 다각적인 하나의 운동으로 융합해낸 것은 〔엘리자베스 시대〕 젠트리였다"라고 썼다.[8] 전성기인 1585년부터 18년 동안 영국은 약 1000척의 에스파냐와 포르투갈 선박을 해적질했다.[9]

1583년 엘리자베스 여왕의 주임보좌관이었던 월싱엄경Sir Francis Walsingham은 옥스퍼드 출신의 젊은 성직자 해클루트Richard Hakluyt를 파리로 파견하여 왕실이 해외 식민지들을 지원할 수 있는 방안을 연구하도록 했다.[10] 해클루트는 북아메리카의 버지니아를 시작으로 초기 영제국 건설을 추진했던 중요한 인물 중 한 명이 되었다. 사실 이보다 훨씬 앞선 시기에 영국은 서아프리카에 관심을 갖고 있었다.[11] 1561년부터 여왕은 서아프리카 항해를 지원했는데, 왕실 선박을 대여해주고 개인 재산을 투자하며 상당한 수익을 확보하는 일에 직접 뛰어들었다. 이 항해 대부분은 호킨스John Hawkins와 같은 사략선 모험가들이 주도했다. 호킨스는 1562년 서아프리카로 갔는데, 해클루트의 설명에 따르면, "부분적으로는 칼을 통해, 그리고 또 다른 수단을 통해 최소한 300명의 흑인을 소유하게 되었다."[12] 호킨스는 대서양을 건너 에스파니아령 히스파니올라에서 흑인들을 팔았다. 그곳에서 그는 "데리고 있던 흑인들을 모두 팔고, 그 대가로 … 상당 분량의 상품을 받았다. 그는 자기 배 세

척의 화물칸을 생강, 설탕, 고품질의 진주로 채웠고, 이로도 부족하여 다른 사람 배 두 척을 빌려 가죽 등 여타 상품으로 채웠다." 해클루트의 글과 호킨스와 롤리 경Sir Walter Raleigh과 같은 사람들의 모험 이야기들이 당대 인기 있는 작품이 되면서 큰 돈벌이가 되기도 했다. 이런 글을 통해 탐험, 선원이라는 직업, 정복, 이민, 식민지 정착에 대한 생각이 더 광범한 대중 사이로 번져 나갔다.[13]

1631년 런던탐험회사Company of Adventurers of London가 영국에서 특허장을 받으면서, 한창 번창하고 있던 네덜란드와 경쟁하려는 욕망에 힘이 실리게 되었다. 영국보다 10년 앞서서 네덜란드는 특허장을 가진 네덜란드서인도회사를 세워 운영하고 있었다. 런던탐험회사는 케이프블랑Cape Blanc(오늘날 모리타니에 위치한 곶—옮긴이)과 희망봉 사이에 있는 아프리카 서해 지대에서 '독점' 무역권을 받기는 했지만, 네덜란드서인도회사와 비교하면 초기에는 금 수입이 거의 없었다. 그래서 의회로부터 금이 나오는 장소를 잘못 안 것이 아니냐는 비난을 받기도 했다. 영국은 금의 원천지를 장악하고 싶었던 것이다.

이 초기 영국 회사의 뒤를 이어, 1660년대에는 왕립탐험회사가 아프리카로 진출했다. 이는 앞의 3부에서 간단히 언급한 바 있다. 탐험회사는 낙천적이게도, 향후 1000년간 영국의 아프리카 무역에 대한 독점권을 부여받았다.[14] 그러나 그 사업은 1664~1665년에 있었던 제2차 영국-네덜란드 전쟁으로 심각한 타격을 받았고, 1672년 비슷한 특허를 받은 왕립아프리카회사Royal African Company가 그 사업을 계승했다. 17세기 중반은 바베이도스섬에서 설탕 플랜테이션 복합체가 비상하던 시기였고, 이로 인해 영국령 카리브해에서는 아프리카인 노예에 대한 잔인한 탐욕이 치솟고 있었다. 17세기 상반기 동안 3만 4725명의 아프리카인이 노예선박에 올라 영국령 카리브해 섬들로 향했고, 그중 95퍼센트가 바베이도스섬으로 갔다. 17세기 하반기에는 그보다 10배 많은 노예가 같은 여정에 올랐고, 그중 55퍼센트가 바베이도스섬으로 갔다. 초기부터 이 섬에 대한 수요는 상당히 높아서, 사실 1698년에 왕립아프리카회사의 천년독점권이 폐지되었고 신세계에서 노예무역은 모든 이에게 개방되었다. 대신 이 무역에 참여한 이들은 10퍼센트의 세금을 내야 했다. 영국이 서아프리카의 항구들과 무역기지들을 유지하고 보호하는 데 드는 비용을 충당하기 위한 것이었다. 몇 년 뒤, 노예무역에 대한 수요와 그로부터 얻는 수익이 계속 높아지고, 이와 함께 카리브해 설탕 산업도 호황을 구가하면서, 이 세금은 낮아졌고 기본적으로 노예무역에 대한 제한도 없어졌다.[15] 이는 서인도회사의 이익을 확보하기 위해서이기도 했고, 영국 본토에서 자유무역에 대한 로비가 활발해졌기 때문이기도 했다. 비슷한 동기에서 프랑스 역시 1701년에 기니회사Guinea Company(그리고 그 후임자인 인도회사Indies Company)가 누리던 노예무역 독점을 폐지했고, 대신 정부 관리에 대한 대가로 개별 상인에게 세금을 부과했다. 세금은 아프리카인 노예의 거래 규모와 비례하여 부과되었다.

17세기 유럽 국가들은 오늘날 가나의 해안을 따라 무역항들을 세워 운영했다. 여기에는 덴마크나 브란덴부르크 프러시아공국처럼 서아프리카와 관련한 역사가 지금은 거의 기억되지 않는 곳들도 포함되어 있었다. 이 중 가장 중요한 항구는 1653년 스웨덴이 지은 케이프코스트성이다. 영국은 1664년 이 성을 빼앗아 더 크게 증축하고 강화했다. 이 성은 엘미나에서 7마일(약 11킬로미터) 밖에 떨어져 있지 않은 곳에 자리해 있었고, 그전까지 27년 동안 네덜란드가 점유하여 운영하면서 상당한 수익을 올리고 있었다. 영국이 이 섬을 정복한 것은 이 지역에서 네덜란드의 지배적 지위를 찬탈하려는 욕망을 분명하게 보여준다. 17세기 중엽, 이 지역에서 이 두 강대국은 계속 대립했다. 노예와 황금을 둘러싼 이들의 치열한 경쟁은 마침내 1664~1665년 제2차 영국-네덜란드 전쟁으로 터져 나왔다.[16]

유럽과의 관계에 비해 상대적으로 그리 분명하지는 않지만, 영국이 케이프코스트를 엘미나와 경쟁할 지역으로 선정한 배경에는 해안을 따라 자리하고 있던 아프리카인 주체들의 힘도 작용하고 있었다. 해안의 정치적 풍광을 보면, 작은 왕국들과 부족공동체들로 구성되어 있었고 인구나 영토가 모두 줄고 있어서 면적으로는 1500평방킬로미터 혹은 580평방마일을 넘는 단위가 드물었다. 주민은 3000~5000명 정도에 불과한 경우가 많았다.[17] 그러나 이런 작은 규모에도 불구하고 이 아프리카 정치체들은 해안에서 교역을 하고 싶어 했던 유럽 강대국들에 해안 지대를 조금도 내주려 하지 않았고 방어할 수단도 갖추었다. 당시 유럽 기술의 우위 수준이 그 정도 밖에 되지 않았다. 지금 남아 있는 포와 대포는 실제보다 더 그럴듯해 보이지만, 사용하기 어렵고 부정확했던 전방장전식소총front-loaded musket은 발포 준비과정이 너무 오래 걸렸다. 그래서 결연하게 대적해오는 아프리카인의 습격을 막아낼 수 없었다.[18] 황금해안의 아프리카 군대들은 상당히 막강했다.

무장이나 전술 문제들 말고도, 해안 지대 왕국들은 외부 세력들이 서로 가까운 구역 내에서 활동하도록 의도적으로 제한하기도 했다. 유럽인 사이에 사소한 분쟁이 많아져서 그들끼리 계속 견제하게 만들려는 정책이었다. 역사학자 데이비드 엘티스에 따르면, "유럽인은 아프리카인 지배자가 허락한 범위 내에서만 기지를 건설했다. 그리고 그 경우에도 황금이나 노예에 접근하기 위해서는 아프리카 당국으로부터 특혜를 받았다는 보증을 얻어야 했다. 그러나 그런 보증도 실제 상황에서는 별 큰 의미가 없기도 했다."[19] 아프리카인의 능동성은 해안가 선주민 집단들이 해왔던 상업적 정보 시스템을 통해 더 활발하게 발휘되었다. 이 시스템을 통해 정박해 있는 유럽 선박들이 정확히 어떤 종류의 상품을 갖고 있는지, 얼마에 판매하려고 하는지에 대한 정보가 제공되기도 했다. 이런 정보를 통해 현지인은 유럽인이 자기들끼리 싸우게 만들 수 있었고, 강자의 입장에서 흥정할 수 있었다.

네덜란드의 경우 에스파냐와의 전쟁 자금으로 황금을 사용했기 때문에 황금해안 무역이 그들에게 계속 중요하기도 했다. 물론 노예도 이 지역에서 구매했고, 엘미나에서 선박에 실어 이송했다. 노예는 네덜란드가 1630년 포르투갈(당시는 에스파냐와 합병되어 있던 상태)로부터 새로 빼앗은 브라질 북동부 지역의 플랜테이션들로 이송되었다. 네덜란드는 1654년까지 그곳을 지배했다. 그러나 이 문제는 17세기 후반에 영국인 쪽으로 거의 역전되었다. 영국 역시 금을 마다하지 않았고, 구할 수 있을 때마다 적극적으로 임했다. 그래서 사실 1674년에서 1714년 사이, 왕립아프리카회사는 거의 이 지역에서 가져온 금만으로 54만 8327'기니'의 금화를 주조했을 정도였다.[20] 이렇게 황금무역에서 거둔 이익뿐 아니라 1660년까지(1760년의 오기—옮긴이) 영국은 북대서양 노예무역에서 규모로 볼 때 분명한 선두주자가 되었고, 이 지위는 1807년 노예무역을 금지하던 시점까지 계속되었다.•[21]

• 1726년부터 시작해 약 25년 동안 영국의 노예무역 규모는 이 분야 선두 주자였던 포르투갈을 넘어서지는 못했다.

사실 이 시기를 거치면서 황금해안은 주로 금광 때문에 주목받던 지역에서 노예의 원천지가 되는 변화를 겪었다. 이곳 출신의 흑인 노동력은 자메이카를 비롯한 영국령 카리브해 여러 지역에서 탐내는 상품이 되었다. 1660~1713년 사이, 포로가 된 아프리카인 매매가 전반적으로 급성장하던 시기에 영국은 라이벌 네덜란드를 훨씬 능가하게 된다. 영국은 아프리카에서 신세계까지 약 56만 명의 포로들을 이송했는데, 이에 비해 네덜란드는 약 20만 5000명을 이송했다. 이런 도약은 특히 1700~1713년 사이, '노예 호황Slave Rush'이라고 불리던 13년 동안에 발생했다.[22] 당시 황금해안을 떠나는 아프리카인 규모가 이전 40년의 기간에 비해 4배가 급등하여 이송된 포로의 수는 11만 9552명에 달했다. 영국이 노예무역에 맹렬하게 돌진해 들어오면서, 엘미나를 시작으로 아프리카 해안을 따라 유럽인이 구축했던 기지들에서 분명하고 영구적인 역할의 변화가 일어났다. 사라진 것은 황금무역을 위해 기획된 전초기지들, 혹은 요새화된 해외상관comptoir(콩투아)들이었다. 차후 이는 노예수용소로 재건되었고, 지금은 유명한 유적지가 되어 있다. 그러나 이는 단단하게 맞물려 이어진 일련의 단계들일 뿐이기도 하다.

1700년까지, 영국 플랜테이션 복합체가 생산해낸 상품, 즉 설탕을 선두로 럼주, 담배, 생강, 인디고, 면화 등의 가치가 나머지 다른 유럽인이 지배하는 신세계에서 나온 생산품의 가치를 모두 합친 것과 비슷해졌다.[23] 역사가들에 따르면, 1700년 무렵 아프리카인을 거래하는 무역의 가치가 황금무역의 가치를 웃돌았다.[24]

25

잔인한 거래

17세기에 왜 그렇게 많은 유럽 국가가 점점 더 거리낌 없이 아프리카인을 향한 각축전에 뛰어들었는지를 실용적 차원에서 쉽게 이해한다고 해도, 그와 관련된 도덕적이고 윤리적인 결정들을 수용하는 것은 인간의 감정을 가진 사람들을 영원히 불안하게 만들 것임이 틀림없다. 서구 문명의 이 가장 괴로운 문제와 나란히, 또 다른 어려운 수수께끼가 있다. 역사적으로 돌이켜봤을 때, 노예무역은 아프리카 중에서도 그 무역이 가장 집중적으로 오래 진행되었던 해당 지역에 매우 유해했던 것 같다. 그런데, 왜 아프리카인은 그렇게 스스로를 기꺼이 노예무역에 내주었는가?

인신거래의 세부사항은 지역에 따라 꽤 다양했지만, 이 문제와 관련해서는 몇 가지 일관된 원리들이 있다. 그중 첫 번째는 아프리카 사회 자체들에 영향을 주었던 가내 노예제 혹은 내부 노예제의 오랜 역사가 앞서 여럿 있었다는 점이다. 세계적으로 전근대 사회의 공통적인 특징이기는 하지만, 아프리카에서는 전쟁에서 패배한 라이벌 집단에서 노예를 잡아왔고 노예를 정치적 포상으로 여겼다. 분명한 경제적 목적으로 노예를 잡거나 구매하는 관행은 광범하게 퍼져 있었다. 예를 들면, 이는 16세기 송하이 제국과 콩고 모두에서 볼 수 있었다. 그곳에서 노예는 왕가 혹은 연관된 귀족층이 소유한 거대 농장에서 일했다.[1] 이는 황금해안에서도 마찬가지였다. 그곳에서 노예는 장거리 무역의 짐꾼으로 이용되었다. 그들은 황금과 상아를 해안으로 운반했고, 수입품을 내륙으로 날랐다. 앞서 본 것처럼 서아프리카 서안에 서식하는 체체파리와 체체파리가 옮겼던 치명적인 트리파노소마 기생충 때문에 이 지역에는 짐을 나르는 가축이 없었다.

유럽인이 황금해안으로 몰려들었다. 그 지명의 어원인 바로 그 귀금속을 찾아서 온 것이다. 이에 따라 황금에 대한 외부의 수요가 공급을 넘어섰다.[2] 이런 현상은 늦어도 1680년에는 절정에 달했고, 이후로는 쇠퇴하기 시작했다. 그러나 수출 추세에서 이런 변화가 나타나기 전까지, 지역 엘리트, 이른바 '아비렘폰abirempon(아프리카 아산티 제국Asante Empire에서 큰돈을 번 사업가, 혹은 정치권력의 비호를 받으며 해외 무역을 하는 대상인을 이르는 말—옮긴이)'은 이미 해외에서 들여온 고급품에 대해 꽤나 발달된 취향을 오랫동안 과시하고 있었다. 이 고급품이 무역에서 얻는 재산과 사회적 지위의 상당 부분을 떠받치고 있었다.[3]

외국산 직물, 베네치아 구슬장식품, 고급 도자기, 비단, 잡다한 제조품, 그리고 총기를 계속 공급받기 위해 노력하면서, 해안 지대에 살던 아프리카인은 유럽인이 가장 탐내는 것이 흑인의 몸이라는 사실을 점차 알게 되었다. 그리고 이 포로들을 경쟁 이웃국가에서 데려오는 한, 해안을 따라 작은 나라들로 갈라져 있던 사회들의 지도자들 대부분은 포로를 판매하는 것에 대해 도덕적 가책을 거의 느끼지 못했다.

이를 이해하기 위해서는 유럽으로(아마도 '아프리카로'의 오기인 듯—옮긴이) 되돌아온 아프리카인이 거의 없던 시대였고, 아프리카인을 신세계로 데려간 목적에 대해 거의 누구도 제대로 알지 못했으며, 단합된 혹은 하나의 아프리카인이라는 의식과 정체성이 거의 없던 시대였음을 고려하는 것이 중요하다. 아프리카인이 내부적으로 어떤 결속력이나 공동체의식을 가졌을 것이라고 볼 근거는 없다. 오늘날 아프리카인과 아프리카인 디아스포라의 구성원들이 널리 선전하며 공유하는 정체성 같은 것은 분명 없었다.[•4] 어퍼기니와 마찬가지로 황금해안에서도 대서양 횡단 시장이 형성되기 이전에 이미 조직된 노예무역이 있었고, 이는 수단어족이 거주하는 지역과 사하라사막을 건너 진행되었던 인신매매로까지 오랫동안 연결되어 있었다. 그러나 뒤에서 짧게 보겠지만, 대륙 간 장거리 무역과 연관성이 아주 빈약했던 중앙아프리카에도 노예제 관행이 있었고, 노예제와 관련된 상업 형태가 이미 존재했다.[5] 이는 16세기에 유럽인의 노예에 대한 수요가 강력하게 등장했을 때 지역 시장들이 재빠르게 부응할 수 있었던 배경을 설명해준다.

아프리카 사회들에서 노예제가 확산되어 있었던 것에 대해 여러 설명과 논쟁들이 발전해왔지만, 아직 해결될 기미는 보이지 않는다. 오래된 한 설명에 따르면, 전근대 아프리카에서 인구밀도는 아주 낮았지만 토지는 광대했는데, 이런 조건에서 지배자는 강한 중앙권력을 가진 큰 통치조직을 형성하기 힘들었다. 이는 특히 정기적으로 대량의 세금을 부

• 유럽인들이 초기에 대면했던 아메리카 선주민 사회들의 구성원 역시 마찬가지였다.

과하고 징수하기 어려운 환경이었다. 아프리카를 인구 측면에서 보면, 군주의 부와 권력을 보여주는 전통적인 주요 지표는 지배자의 휘하에 얼마나 많은 사람이 있는가 하는 점이었다. 아프리카와 같은 환경에서는 확대된 친족 네트워크에서 혹사당했거나 불만을 품게 된 구성원들이 쉽게 밖으로 빠져나가 다른 곳에서 나름의 공동체를 재건할 수 있었다.[6] 이 때문에 지배자는 광대한 공간에서 억압적 수단을 이용해 권력을 행사하기가 힘들었다. 대신 지배자는 노예 등 외지인을 자신의 사회로 결합시키는 방법을 모색했다. 그래서 신속한 동화정책이 서아프리카 대부분의 지역에서 공통된 정치 전략이 되었다.[7] 사실 노예를 얻기 위해 이웃 공동체를 습격하는 경우가 많았지만, 그 경우에도 결혼, 동거 혹은 어린이들을 귀화시키는 것이나 이에 상응하는 정책을 통해 외지인이 자신들의 새로운 문화 속으로 온전히 들어오는 것을 허용했다.

학계의 또 다른 이들은 토지의 사적 소유 개념이 부족했거나 토지를 공유하는 관행이 여러 아프리카 사회에 있었는데, 이것이 인신매매를 부추겼다고 지금까지도 오랫동안 주장하고 있다. 그래서 바로 '사람'이, 살아 있고 대체가능한 자본의 중요한 형태 중 하나가 되었다는 것이다.[8] 앞서 우리는 노예가 유럽인과의 무역에서 자본으로 사용되었고, 이 패턴은 사람을 자본으로 보는 기존의 인식 때문에 좀 더 쉬워졌을 것이라는 점을 알아보았다. 역사학자 손턴John Thornton은 이렇게 말한다.

> 노예제는 대서양에 면한 아프리카 지역에 광범하게 존재했다. 아프리카법에서는 노예가 유일한 형태의 사유재산, 수입을 창출할 수 있는 재산으로 인정되고 있었기 때문이다. 이와 대조적으로 유럽의 법체계에서는

> 토지가 가장 주요한 형태의 사유재산, 수입을 창출하는 재산이었고, 노예제는 상대적으로 비중이 낮았다. 사실 유럽에서는 보통 토지 소유가, 최소한 농업에서는 노예를 생산적으로 사용할 수 있는 전제조건이었다. … 따라서 노예제가 아프리카 사회에서 그렇게 만연했던 것은 토지의 사적 소유가 없어서였다. 좀 더 정확히 말하면, 토지의 공동소유제corporate ownership of land 때문이다.[9]

물론 유럽인이 토지재산을 중시하는 뿌리 깊은 사고방식을 갖고 있었다고 해서, 신세계 유럽인 플랜테이션 사회들에서 아프리카인 노예를 대체가능한 자본 항목으로 취급하는 것을 금지하는 일은 전혀 벌어지지 않았다.

포르투갈인을 비롯한 유럽인이 오기 전의 아프리카 대부분 지역에 있었던 노예 관행의 세부사항, 특히 노예무역의 규모에 대한 기록은 안타깝게도 얼마 되지 않는다. 그러나 황금해안에 대한 유럽인의 관심이 워낙 높았기 때문에, 지역 엘리트와 외지인 사이의 상업적·정치적 상호작용에 대해서는 많은 것이 알려져 있다. 바닷가를 따라 요새 건축물을 세우기 위해, 그리고 그들의 노력이 보상받을 수 있을 만큼 충분한 규모의 무역을 확보하기 위해 유럽인들 내에서 갈수록 경쟁이 치열해졌다. 그렇다 보니 고도로 분열되어 있던 정치 환경에서 현지 지도자의 상업적 충성도를 배타적으로 확보하기 위해 선물, 즉 '찔러넣기dashes'라고 불리던 뇌물 같은 것을 계속 주기도 했고, 상업기지를 세우거나 운영할 권리를 갖기 위해 현지 지도자에게 자주 수수료를 내야 했다. 그러나 유럽인에게 난관은 이것이 끝이 아니었다. 무역관계가 수립된 이후에도 유럽인은 그들 사이에서 끝없이 상업적 경쟁을 해야 하는 상황에 직면했다. 당연히 아프리카인들도 이 무역에서 자기들의 이득을 극대화하려고 했기 때문이다.

황금무역의 전성기 동안 유럽 여러 나라가 아프리카에 판매한 전체 상품의 3분의 2가 황금해안을 따라 나 있는 300킬로미터의 바닷가에서 거래되었다. 이 중 85퍼센트 이상은 왕립아프리카회사가 서아프리카로 싣고 온 직물이었다.[10] 외제품에 대한 수요가 대단했기 때문에 어느 한 나라가 자국의 생산품만으로 충족시켜줄 수 있는 수준이 아니었다. 역사학자 데이비드 엘티스에 따르면, "1680년대까지만 해도, 일부 품목의 경우 19세기까지도, 영국이 아프리카나 아메리카와 거래했던 철근, 술, 다양한 직물이나 장비 등 일부 항목은 영국에서 제조된 것이 아니라 외국인 공급자들에게서 구매한 것이었다."[11] 예를 들면, 황금해안에서 수요가 높았던 유럽산 옷감으로 '슬레티아스sletias'라 불리던 린넨 직물은 원산지였던 실레지아Silesia를 아프리카 지역에서 잘못 발음하여 붙여진 이름이었다.[12] 이 해안을 따라 노예사업의 주요 중심지들이 형성되었고, 이는 유럽 내에서 상품교류를 촉진하는 중요한 자극제가 되었다. 이는 15세기 포르투갈과 아프리카의 무역이 시작되면서 처음 나타났던 과정이 심화되고 있음을 보여준다. 이렇게 시작된 아프리카와의 유대가 유럽의 통합을 추진하는 데 일조했다. 왕립아프리카회사를 보면 1698년 이전 이 회사가 노예를 구입하기 위해 아프리카 사회들에 공급한 상품의 약 절반은 외국산이었지만, 그래도 그 대부분은 유럽에서 생산된 것이었다.[13]

1600년대 초 황금해안에 갔던 유럽인 방문자는 이 지역의 위대한 문화와 언어적 다양성에 놀랐다. 1623년 서아프리카와 무역을 해온 네덜란드의 중견 상인 라위터르스Dierick Ruyters는 8~10킬로미터마다 다른 언어와 다른 관습을 가진 집단을 만나게 된다고 했다.[14] 황금무역이 쇠퇴하기 훨씬 전부터, 비용은 줄이면서 수익은 최대화하고 싶었던 유럽인은 황금해안에 있는 정치체들과 좀 더 지속적이고 배타적인 협력관계를 구축할 방도를 모색하기 시작했다. 그들은 그 방법이 아프리카 내에서 분쟁이 일어나도록 조장하는 것임을 분명히 알게 되었을 것이다. 예를 들어 1612년 네덜란드인은 아세부Asebu의 왕이 보낸 사절단을 맞았다. 이들은 포르투갈에 맞서기 위해 네덜란드의 도움이 필요하다고 했고, 이를 기회삼아 네덜란드의 의회Estates General는 아세부에 즉각 요새를 건설할 수 있었다.[15]

사실, 17세기 첫 수십 년 동안 일찍이 몇몇이 이 분할통치 전략을 공개적으로 언급했고, 노예무역의 번성을 꿈이 실현된 것으로 여기기도 했다. 예를 들어 어느 포르투갈인 상인은 "그들 사이에서 더 많은 전쟁이 일어날 것이고, 그들은 전쟁비용을 감당하기 위해 더 많은 금을 우리에게 가져올 것이다"라는 솔직한 기록을 남기기도 했다.[16] 이런 생각에서 시작해, 지역 주민 사이에서 폭력 사태를 일으키면 노예무역이 더 크게 번성할 수 있으리라는 생각으로 나아가는 것은 몇 걸음에 불과했고, 이런 발상의 전개는 곧 터져 나왔다. 역사학자 그린Toby Green에 따르면, "해안을 따라 들어서 있던 유럽 거래소들에서는 전쟁이 '황금은 귀하게 만들지만 흑인은 풍성하게 한다'는 점에 주목하고, 계속 노예를 유입하고자 무기 판매를 본격화했다."[17]

18세기 노예무역 지대에서는 영국을 선두로 한 유럽인의 총기 사업이 폭발적으로 증가했다. 총기는 점점 더 커지고 있던 유럽인의 제국주의적 목표들을 진전시켜주었고, 더 큰 수익의 원천이 되었다.[18] 총기무역은 부분적으로 노예무역을 통해 추진력을 얻기는 했지만, 또 다른 영역에서 주목할 만한 효과를 내기도 했다. 네덜란드가 황금무역에서의 수요에 부응하여 직물 생산의 양과 질을 높인 것이 네덜란드의 산업에 큰 영향을 미쳤던 것처럼, 총기무역의 호황을 통해 영국 금속 산업이 기반을 다질 수 있었고, 이어 산업화 자체에도 영향을 주었던 것이다.[19]

영국인을 비롯한 여러 나라 사람들이 서아프리카와 중앙아프리카에서 노예무역을 활성화시킬 수 있는 길을 모색하면서, 총기가(이전의 직물만큼이나) 돈 혹은 통화의 형태로 상거래에서 직접 이용되기 시작했다. 그들은 총기를 신용의 한 방식으로 주고받기도 했다.[20] 유럽인은 총기를 제작하여 아프리카인에게 분쟁에서 사용할 수 있게 제공했다. 그러면 결국 이 아프리카인이 전쟁에서 포로로 잡은 이들을 노예로 제공할 수 있다고 생각했기 때문이었다. 한때 유럽인은 아프리카인에게 총기를 판매하려고 하지 않았다. 그 총구가 자신들에게 향할 수 있다고 우려했기 때문이다. 그러나 그런 위험을 경감시켜주는 전술들이 곧 등장했다. 영국인 등은 질이 낮거나 중고이거나 겉만 새로 칠한 화기를 아프리카 시장으로 가져가 판매했다. 신뢰할 수 없는 제품이었고, 평균 수명이 일 년도 넘지 못했을 것이다. 이는 아프리카인이 외지인에게 도전할 수 있는 잠재력을 억제하기도 했고, 무역에도 영향을 미쳤다. 화기의 역사를 연구하는 학자인 사티아Priya Satia에 따르면, "대규모의 무역이 진행될 수 있었던 것은 부분적으로는 총기를 자주 바꿔야 했기 때문이기도 했다."[21]

여기저기서 아프리카인이 유럽산 총기를 군사 전술에 통합시키기 시작한 것은 분명하다.[22] 게다가 그들은 지역 분쟁에서 포로로 잡은 이들을 무역에서 자주 노예로 판매하곤 했는데, 이는 15세기 후반 콩고 왕국에서도 이미 나타났던 일이다. 많은 아프리카인이 다량의 불량품을 공급하는 유럽의 속임수를 인지하고 있었고, 고성능의 더 확실한 무기, 특히 19세기 자동화기들이 등장하기 전까지는 유럽인의 화기 기술에 그렇게 압도당했던 것은 아니었다고 볼 수 있는 여러 이유가 있다. 다시 말하면, 많은 아프리카 사회가 활과 화살과 함께 칼, 창, 작살을 여전히 애호했다. 구매를 통해서나 판촉물로 총을 쉽게 이용할 수 있을 때에도, 그들은 전통 무기를 계속해서 꽤 효과적으로 이용하고 있었다.

26

서아프리카 노예무역의 확산

아메리카 노예무역이 심화되던 시대에 아프리카에서의 전개된 정치 상황에 대해 의미 있는 말을 하려면 섣불리 일반화를 해서는 안 된다. 황금해안 지대에는 아주 작은 나라들이 군집해 있었는데, 이들은 결혼 동맹에서부터 유럽인과 무역할 권리에 이르기까지 온갖 문제를 놓고 연일 싸웠고, 이는 짧은 분쟁 혹은 격한 전쟁으로 자주 이어지곤 했다. 17세기 중엽, 오늘날 가나에 자리한 내륙 지역에서는 아프리카역사에서 가장 중요한 제국의 하나인 아산티Asante가 성장하고 있었다. 가나 중부 지역에서 온 아칸Akan어족으로 구성된 아산티는 대서양 노예무역이 행해지기 전부터 존재하고 있기는 했지만, 지역의 다른 제국이었던 덴카이라Denkyira의 속국이었다. 그러나 아산티는 내부 종족들을 규합하고 다른 종족들과 연합하면서, 오세이 투투Osei Tutu라는 왕 아래에서 중앙집권을 이루었다. 강하고 유능한 지배자 투투는 한때 종주국으로 받들었던 덴카이라에 맞서서 여러 번 중요한 군사적 승리를 거두었고, 이어 주변의 다른 거의 모든 집단과도 싸웠다. 승리를 거듭한 아산티는 1750년대가 되면 황금해안에서 황금무역 전반을 사실상 관할하게 되

었고, 노예무역에서도 스스로 나서서 지배적 역할을 했다.[1]

아산티라는 이름은 '전쟁 때문에'라는 뜻이다. 18세기 상반기 동안 이 왕국은 전쟁에서 이기면서 영토를 계속 넓혀갔고, 마침내 오늘날의 가나와 거의 일치하는 지역을 확보하게 되었다. 19세기에는 아프리카 전역에서 제국 건설을 추진하던 영국과도 일련의 접전을 벌였다. 아산티는 유럽산 무기의 열렬한 구매자였지만, 유럽-아프리카 무역의 상당 부분이 자멸적인 경제적 모순, 즉 황금과 인간을 팔고 그 대가로 사용할수록 가치가 떨어지는 직물과 같은 제품을 구입할 때 발생하는 모순을 파악하고 있었던 것으로 보인다. 아산티는 이렇게 계속 불리해져가는 교환관계의 패턴에서 벗어나려고 했다. 그런 가운데 1690년대 초 브라질에서 방대한 양의 황금이 발견되면서 지구적 차원에서 금의 공급과잉이 일어났다. 아산티는 자기들의 귀금속을 창고에 저장했고, 결국 금을 사실상 전량 수입했다.[2] 그들은 이것이 외부에서 오는 유럽인의 도전에 맞서 스스로를 단련하는 한 방식이라고 생각했다. 그러나 노예무역은 끝내 끊어내지 못했다.

신세계의 시장에 공급할 노예를 찾고 있던 유럽인은 초기에는 황금해안의 동쪽 지역에 그리 큰 관심을 두지 않았다. 그러나 17세기 후반부터 서쪽으로는 볼타강에서부터 라고스의 늪지대까지가 '노예해안Slave Coast'이라고 불리게 되었다. 오늘날의 나이지리아 지역에 해당하는 이곳은 그 이름에 걸맞게 신세계에서 매우 큰 노예 공급지 중 하나가 된다.[3] 이를 생각하면 초기의 그런 무관심은 상당한 아이러니이다. 이 지

역에 관심이 미적지근했던 이유는 자연항의 부족 때문이기도 했고, 길게 뻗은 해안을 따라 위험하게 들이닥쳤던 우레 같은 소리의 파도 때문이기도 했다. 그래서 다른 수단이 마련되기 전까지 작은 배만 무사히 해안에 접근할 수 있었고, 따라서 노예나 다른 상품을 운반하는 능력이 크게 제한될 수밖에 없었다. 마찬가지로 중요한 이유는 대서양 무역에서 초기에는 노예에 대한 수요가 그리 크지 않았다는 점이다. 상투메섬, 이베리아반도, 브라질, 에스파냐령 아메리카에서 발생하는 수요가 아직은 기존의 공급지로도 충당할 수 있는 정도였다.

그러나 이런 그림은 대서양 양안에서 중요한 발전이 전개되면서 변화하기 시작했다. 첫째는 황금해안 동쪽에 안착해 있던 큰 규모의 세련된 왕국 베냉이 유럽인 노예무역에 인신 공급을 중단하기로 결단한 것이다. 그리고 더 중요한 사건은 1630년 네덜란드가 브라질의 페르남부쿠를 점령한 것이다. 그전까지 네덜란드는 노예무역에 거의 무관심했다. 1500~1636년 사이의 136년 중 네덜란드가 노예 운송을 했던 시기는 8년에 불과했다. 그러나 신세계에서 새로 플랜테이션을 보유하게 되면서 노예를 공급해야 하는 급박한 필요가 생겼고, 또 이는 '위대한 기획Great Design'을 실현해가는 일이기도 해서 네덜란드는 노예무역에 기꺼이 뛰어들었다. 이후 100년 동안, 그들은 32만 6757명의 노예를, 혹은 사반세기마다 거의 8만 2000명의 노예를 운송했다.[4] 네덜란드는 페르남부쿠를 1654년까지만 보유했다(상투메섬은 1641년부터 1648년까지 보유했다). 시간이 경과하면서 그들은 신세계 식민지 개척자로 선두에 서기보다는 높은 수익을 챙길 수 있는 중개자가 되는 쪽에 주력하게 되었다.[5] 그들은 서인도제도에 있는 프랑스령과 영국령 설탕 섬들로 아프리카인 포로들을 열심히 이송했다. 그리고 1662년, 제국주의 허가증인 아시엔토asiento(에스파냐가 발행했던 노예무역허가증—옮긴이)를 얻은 뒤에는 한때 네덜란드의 적국이었던 에스파냐의 식민지들로도 노예를 이송했다.

황금해안에서 유럽인 사이의 경쟁이 치열해지자 이 외지인들은 황금을 찾고자 동쪽으로 진출하려 했다. 그러자 이 지역에서 이루어지는 무역은 모두에게 열린 자유무역으로 변화했다. 18세기 초 수십 년 사이에 노예해안 지역은 노예무역의 새로운 진입지에서 이 무역을 사실상 지배하는 근거지로 변화했다. 이 지역에서 노예거래를 주도한 세력은 작은 공국들이 아니라 연이어 등장했던 강력한 왕국들이었다. 제일 먼저 두각을 나타낸 것은 알라다Allada 혹은 아르드라Ardra라는 왕국이었고, 이어 부근 해안에 자리한 위다Whydah가 경쟁자로 참여했다. 그다음으로는 내륙에 기반을 두었으며 더 크고 더 성공을 거둔 왕국 다호메이가 두 나라를 잠식하며 성장했다.

1990년대 초 마이애미에 거주하면서 《뉴욕타임스》의 카리브해 담당 기자로 일하던 시절, 나는 가족과 함께 서아프리카로 여행을 가서 약 870킬로미터를 운전하며 다녔다. 코트디부아르의 아비장Abidjan에서부터 오늘날 베냉의 중심에 있는, 고대 다호메이의 수도였던 아보메이Abomey까지 둘러보았고, 아도베벽돌로 높이 쌓은 장벽이 있는 제국의 유적지를 방문했다. 한때 서아프리카에서 크기로 손에 꼽히는 구조물이었다. 원래는 열두 채의 건물로 구성되어 있었고 각각은 새 왕조가 들어설 때마다 지어졌던 것인데, 지금 남은 것은 두 채에 불과하다. 다호메이에서 주권을 행사했던 마지막 왕 베하진Béhazin이 진군해오던 프랑스군의 손에 궁전들이 넘어가는 것을 막고자 파괴를 명령했기 때문이다.

진흙으로 지은 아치형 입구를 지나 사원과 꼼꼼하게 백색도료를 바른 건물들을 지나는 동안 안내원이 다호메이 왕국의 화려한 전쟁사에 대해 설명해주었다. 안내원에 따르면, 다호메이인은 전투에 나갈 때마다 칼을 적의 피로 씻었다. 한 나라를 정복할 때마다, 포로 40명을 희생양으로 삼았고, 그들의 피를 팜유와 술에 섞어 조상께 바치는 의미로 땅에 부었다. 1724년 영국왕에게 보낸 한 보고서에 따르면, 아가자Agaja라는 다호메이의 왕은 해안에 있는 작은 왕국들을 정복할 준비를 하면서 이렇게 혼잣말을 했다고 한다. "나는 무끼들을 아주 쭝요하게 생각한다. 나에게 낭은 것이라고는 활과 화살뿐이다."(의도된 철자법 오기—옮긴이) 같은 보고서에서, 다호메이 왕은 적어도 209개 "나라들"을 정복해왔다고 주장했다.[6]

다호메이 왕국이 부상하기 전에도, 17세기 말 노예무역이 증대하던 시기에 알라다의 지배자들이 이 지역에서 등장했던 나라들의 군사력과 통치력에 대해 인상적인 주장을 한 바 있다. 여기에는 그 나라들이 유럽 강국들의 활동반경을 강하게 제한했던 점도 포함되어 있는데, 이를 두고 유럽 강국들을 순종적으로 만들었다고 말하기도 했다. 유럽인은 황금해안에서 누리던 것을 노예해안에서는 다 누릴 수 없었다. 이는 이 지역 나라들이 바로 서쪽에 있던 사회들에서 벌어진 상황을 읽고 있었기 때문임이 분명하다. 역사학자 로Robin Law의 설명에 따르면, "1670년, 프랑스가 오프라Offra에 유럽식으로(아마도 진흙이 아니라 벽돌이나 석재를 이용해) 상사를 건설하고 싶다며 허가를 요청하자, 알라다의 왕이 거절했다. 프랑스인은 아마도 여기에 대포를 설치하여 이를 요새로 만들 것이고, 알라다 왕국의 주인이 되려고 할 것이라는 이유에서였다. 왕은 네덜란드가 황금해안의 엘미나에서 이미 그렇게 했다고 말했다."[7] 위다에서 유럽인은 더 큰 압박을 받았다. 그들은 특히 그 지역과 나라에서 중요하게 생각하는 대상, 그중에서도 당베Dangbe라는 비단뱀신에 대한 숭배를 존중하라는 강요를 받았고 따르지 않을 경우 사형을 당했다. 로의 글을 좀 더 인용해보면, "1688년, 뒤카스Du Casse라는 한 프랑스인 방문객이 더 나아가, 표범 가죽을 입고, 당베신을 모시는 본당으로 가는 연례 행렬에서 아그방글라Agbangla 왕과 동행함으로써 위다 당국의 환심을 사려고 했다."[8] 이 왕국에 거주했던 다른 유럽인은 이런 행동에 분명 분개했겠지만, 그렇게 굴욕적으로라도 비위를 맞춰서 아프리카에서 매우 번성한 노예시장 중 하나인 이곳에서 좀 더 나은 조건을 확보할 수 있었다면 할 만한 일이었다. 40년 뒤, 1727년 위다와의 전투에서 다호메이 군대는 다국적으로 구성된 약 40명의 백인을 사로잡았다. 여기에는 영국왕립아프리카회사의 총독도 포함되어 있었는데, 다호메이는 이들을 내륙 쪽으로 행진하게 했다. 그곳에서 청중과 함께 서 있던 백인들을 향해 아가자 왕은 "이런 일이 벌어져서 매우 유감이다. 휘하의 대장들에게 … 백인들을 잘 이용하라고 일러두었기 때문에 일어난 일이다. 그러나 백인들은 자신들에게 닥친 일에 대해 양해해주길 바란다. 이 모두 전쟁이 만들어낸 운명이니 말이다"라고 말했다.[9]

이런 일화들은 아프리카인 지도자와 엘리트가 얼마나 주체적으로 주권을 행사할 수 있었는지를 가늠하게 해준다. 그들은 시키는 대로 하는 허수아비가 아니라 통수권자였다. 아메리카로 보낼 포로들을 잡는 과정에서 유럽인 노예 사냥꾼이나 유럽인의 직접적인 군사 작전, 혹은 아프리카 왕국들에 대한 유럽의 직접적인 군사 압력이 주도적인 경우는 거의 없었다. 일부 역사가에 따르면, 1720년대 말 아가자 군대의 힘이 절정에 올랐는데, 당시 이 군대는 아마도 세계적으로 강력한 군대 중 하나였을 것이라고 한다.[10] 아무튼, 유럽인은 노예제가 절정에 달했다가 폐지되었던 19세기까지, 신세계 대부분의 지역에서는 만끽할 수 있었던 압도적인 권력 혹은 군사력의 우위를 아프리카 대부분의 지역에서는 전혀 누리지 못했다. 유럽이 아프리카에서 군사적 우위를 가질 수 있었던 것은 주로 근대의 연발식 무기들을 사용하면서였다. 그러나 힘의 균형이 이렇게 변화했던 배경의 상당 부분은 거의 눈에 안 보이는 이유, 바로 19세기 유럽에서 의학 지식과 위생학이 크게 발전했기 때문이었다. 이런 진전이 없었던 시기에 백인은 괴멸적인 사망률을 겪고 있었다.[11]

노예무역은 1400년대에 작은 규모로 시작해 400여 년 지나서 폐지되었다. 이렇게 오래 이 정도의 규모로 교역이 진행되기 위해서는 엘리트의 수용과 열정이 필수적이었다고 할 수 있는데, 다호메이의 아가자 왕과 같은 아프리카인 지배자의 동기를 너무 좁게 해석하지 않도록 주의할 필요가 있다. 사실 이 왕국들에서도 소수만이 보고 향유할 수 있었던 고급품을 외지인에게서 구매하는 것이, 동료 아프리카인을 팔아 대양을 건너는 노예선박에 태우자는 결심을 만들어낸 결정적 요인이었다. 우리가 아는 것은 일부 지배자는 이 무역이 경제적으로, 심지어 정치적으로도 결국은 해가 될 것임을 직감하고 있었다는 점이다. 그러나 그것이 유일한 요소는 아니었다. 노예무역이 18세기에 커지면서 서아프리카에서 혼란과 정치적 파멸이 심해졌고 대부분의 나라는 이를 피할 수 없었다. 이런 조건에서 라이벌 집단 혹은 패배한 집단의 구성원과 사로잡은 적군을 무역상에게 팔아넘기는 것은 우리에게는 몹시 애석한 일이지만 합리적인 통치행위의 일환이기도 했다. 나라의 생존기간이 짧은 경우가 다반사여서 그런 통치행위가 요구되기도 했다.

다호메이의 역사에서 바로 그런 상황의 윤곽을 볼 수 있다. 다호메이가 자국보다 소규모이면서 노예해안에 자리한 알라다와 위다 왕국을 공격한 정확한 이유를 완전히 알 수는 없을 테지만, 일부 역사가들은 이렇게 설명한다. 다호메이가 노예를 몹시 탐내고 있던 유럽 상인에게 판매하기 위해 노예를 공격적으로 추구하면서, 다호메이의 권력기반이었던 내륙 지역 상황이 극도로 불안해졌다. 그렇다 보니 다호메이가 해안의 그 이웃나라들에 공세를 취했다는 것이다. 다호메이는 이 작은 경쟁국들을 압도하기 시작하면서 노예무역에 노골적으로 개입하기 시작했고 곧 주요 판매자가 되었다. 실제로 1720~1725년 사이에 약 40만 명의 아프리카인이 노예해안에서 노예선박에 실려갔다. 이는 아프리카 어느 지역에서보다 많은 숫자였다.[12] 또 다른 뛰어난 학파의 가설에 따르면, 다호메이가 그렇게 노예무역에 나섰던 것은 오늘날 나이지리아에 위치한 또 다른 큰 내륙 제국인 오요Oyo에 맞서 자국을 방어해야 할 필요가 상당히 절박했기 때문이다. 오요는 이 지역에서 새로 개발된 기마병에 기초한 군사전술을 구사했던 강력한 제국으로, 북동쪽에서부터 진군해오고 있었다. 이 관점에서 보면, 무장을 위한 자금 조달의 필요성이 날로 커졌기 때문에 아메리카 무역에 노예를 판매하는 수익성 높은 사업을 했던 것이다. 그렇다면 여기서 노예거래는 사치품과 상업적 이익을 위한 탐욕의 문제일 뿐 아니라 국정의 일환이었던 것으로 이해할 수 있다.[13]

이와 관련하여, (아프리카의—옮긴이) 북부에서 노예제 폐지 운동의 정서가 확산되고 있다는 이야기를 듣고, 당시 다호메이의 지배자였던 아공고로Agongolo 왕은 유럽인 교섭 상대자에게 이렇게 답변했다고 전해진다. "당신네 영국인들, … 내가 듣기로 당신네 나라는 바다로 둘러싸여 있다지. 그런 상황에서는 바다를 통해 교류를 할 테니, 당신들이 선박을 갖고 하는 일이 바로 그것이겠네. 그런데 우리 다호메이인은 큰 대륙에 자리해 있어. 피부색은 같지만 다 다른 언어를 쓰는 다양한 사람들 사이에 끼어 있지. 이들의 침략에 대비해 우리를 지키고, 약탈을 응징하기 위해서 우리는 늘 칼에 날을 세우고 있어야 한다네. 전쟁이 계속되니 그럴 수밖에 없는 거지. 우리가 전쟁을 하는 것이 당신들 선박에 노예를 공급하기 위해서라고, 당신들이 그렇게 단언했다는데 큰 착각이네. … 조상님과 나 자신을 걸고 맹세하네만, 다호메이 사람 누구도 당신들 상품을 사려는 목적만 갖고 전쟁을 하지는 않아."•[14]

• 역사학자 손턴(John Thornton)은 이 인용문의 진위에 대해 문제를 제기한다. 이는 그저 어느 노예무역상이 전하는 말이므로, 노예무역을 옹호하려고 만들어낸 말일 수 있기 때문이다. 그러나 손턴은 다음과 같이 덧붙인다. "그러나 이는 다호메이 담론의 기조를 꽤 잘 반영하고 있고, 왕국의 실제 상황과도 잘 부합한다."[15]

27

저항의 대가

서아프리카 해안을 따라 동쪽으로 가는 여정에서 우리가 멈춰야 할 곳이 두 곳이 있다. 우리는 15세기 포르투갈이 역사적 항해를 하면서 나아갔던 발견의 길을 따라가고 있고, 대서양 노예무역이 촉수처럼 뻗어나갔던 길을 가고 있다. 이 경로를 따라가면서 유럽인과 아프리카인 사이에서 이루어졌던 인신매매의 유형과 관행의 복잡성과 지역적 다양성을 전달하는 것에 우선 주안점을 두었다. 그리고 그다음에 파국적 결말의 이야기로 옮겨갈 것이다.

우리가 자세히 이야기했던 다른 지역들과 마찬가지로 비아프라만Bight of Biafra(오늘날 나이지리아의 남동부 지역에 있는 만—옮긴이) 또한 노예의 큰 공급지가 되었지만, 노예해안이나 황금해안과는 다른 성격들을 갖고 있었다. 독자 중에는 비아프라만이라는 지명에서 1960년대 말 나이지리아 내전의 이름을 떠올리는 이도 있을 것이다(비아프라 전쟁, 나이지리아-비아프라 전쟁으로도 알려져 있는 이 내전은 1967~1970년, 비아프라에 근거지를 둔 이보Igbo인들이 독립을 시도하면서 발발했고, 여러 나라가 참여하면서 치열하게 전개되다가, 결국 나이지리아 연방정부의 승리로 마무리되었다—옮긴이). 이 시기 아프리카 대륙에서 벌어졌던 참담한 분쟁 중 하나였다. 이 지역은 지금의 나이지리아에 있는 나이저강 삼각주에서부터 동쪽으로 가봉의 무성한 산림까지 뻗어 있는 곳으로, 아프리카 대륙의 기다란 남쪽 몸통 지대에 위치해 있고, 대서양 노예무역의 3대 공급지 중 하나였다. 1550년 이후 300년간 이곳에서 약 160만 명이 노예선박에 올랐다. 이곳에서 보낸 포로의 규모는 18세기 하반기에 특히 많았다.[1]

비아프라만은 면밀히 검토해볼 가치가 있다. 그 이유 중 하나는 강력한 국가도 없었고 제국의 역사가 깊지 않았는데도 대서양 시장에 대규모의 노예를 내보낼 수 있음을 보여줬기 때문이다. 당시 노예 대부분은 아로Aro라고 알려진 연합체와 정치적으로 분열된 지대에 확산되어 있던 작은 집단들 사이에서 벌어진 전쟁들을 통해 확보된 것이었다. 이 지역에서 유럽인 시장에 대규모로 노예를 보내기 시작한 것은 1640년대였다. 아마도 국지적인 전쟁의 결과였을 것이다. 17세기 후반에는 규모가 줄어들었다. 그러다가 아로가 이보 종족의 배후지인 서쪽과 북서쪽으로 팽창하면서 1740년대에 노예무역이 갑자기 회복세로 돌아섰다. 이에 힘입어 아프리카 대륙에서 가장 번화한 노예시장들이 들어섰다. 지금도 남아 있는 지명으로는 보니Bonny만(비아프라만의 새 이름—옮긴이), 뉴칼라바르New Calabar, 올드칼라바르Old Calabar가 있는데, 모두 나이지리아 남동쪽에 자리해 있다.[2]

비아프라만은 정치적 구성뿐 아니라 다른 이유로도 색달랐다. 노예해안이나 황금해안과 다르게 유럽인은 이 지역에 요새나 영구적인 교역기지를 세우려고 하지 않았다. 이 지역은 노예무역에 다수의 포로를 공급하기는 했지만, 유럽 노예상이 그 포로를 부당하게 억류하고 있다고 하면서, (유럽인이 노예를 다루는 방식에 대해—옮긴이) 부정적인 견해를 강력하게 표현했다. 이에 대해서는 뒤에서 설명한다. 이는 18세기에 아메리카에서 아프리카인 노예에 대한 수요가 급증했음을 반영하는 것으로 읽어야 한다. 마지막 특이점을 보면, 노예무역상은 남성을 더 비싸게 구매했는데, 이 지역에서 판매된 노예 중에서는 여성노예의 비율이 특히 높았다.[3] 이 지역에서 여성노예를 대규모로 서인도제도와 (북아메리카의—옮긴이) 버지니아로 보냈기 때문에, 이 지역은 곧 공급규모에서 황금해안을 넘어섰고, 노예해안과 거의 비슷한 수준에 이르게 되었다.[4]

(유럽인 사이에서—옮긴이) 비아프라와 그 지역 주민에 대한 부정적 태도가 처음 형성된 것은 매우 높은 사망률 때문이었다. 그 지역에 노예를 구매하러 간 유럽인과 유럽인이 구매한 노예 모두 사망률이 높았다.• 이 지역에서 유럽인이 구매한 노예 사망률은 18퍼센트가 넘었다. 이는 노예선박의 전체 노예 사망률이 10.8퍼센트였던 것과 비교된다.[5] 노예상인과 플랜테이션 소유주 사이에서 조잡한 인종주의적 고정관념들이 개발되고 있었다. 그들은 다수의 노예를 양산하고 있던 지역들 출신은 모두 각기 종족적 특성을 갖고 있다고 주장했다. 17세기 바베이도스에서 비아프라만 출신 노예는 '잉여 흑인', 즉 솥에서 넘쳐흘러 나갔거나 바닥에 들러붙어 쓸모없게 된 것 같은 이들이라며 무시당했다.[6] 인신거래를 하기 위해 비아프라만으로 온 백인은 백인과 아프리카인 모두 높

• 버지니아와 메릴랜드는 부정적인 태도를 보이지 않았던 예외적인 지역이다. 역사학자 고메즈(Michael A. Gomez)에 따르면, 이보인은 "북아메리카로 수입된 아프리카인 중 거의 4분의 1을 차지했다. 이보인은 중서부 아프리카인과 사실상 가장 밀접한 유대관계를 가진 사람들이었다." 향후 미국이 될 지역에서 서아프리카 지역 출신이 집중되어 있었던 배경은 담배를 재배하는 체서피크 지역에서 이보인 노예를 선호했기 때문이었다. 그런데, 미국으로 수입된 노예는 신세계로 온 전체 노예 인구의 4퍼센트에도 미치지 못한다는 점을 염두에 둘 필요가 있다.[7]

았던 사망률에 대해 그곳의 공기가 나쁘고 신세계 시장까지 이송하는 데 더 오래 걸리기 때문이라고 생각했다. 사실 그렇게 오래 걸리는 조건 탓에 노예선박 선원과 그들이 이송하는 노예 모두 사망률이 높아졌다. 그런데, 또 하나의 요인이 있다. 바로 자살률인데, 노예무역의 평균 수치와 비교해볼 때 대단히 높았다.

노예상과 플랜테이션 소유주가 계속 양산했던 이보인에 대한 시장의 편견은 비아프라 해안 지대의 노예시장이나 신세계 노예시장에 만연해 있었다. 그들에 따르면, 이보인은 키가 작고, "왜소한 체구에 마르고, 약하고, 누렇게 되는 경향이 있다." 이는 노예의 흑인성이 통상 힘과 인내의 상징으로 여겨지던 시대였기 때문에 부정적인 표현이었다. 꽤 만연했던 지배적 관점을 보여주는 어떤 설명에 따르면, 이보인이 "자살할 듯 풀이 죽어 있다"고 하면서, 특히 이보 남성이 노예선에서 음식을 거부한다고 들었다고 했다. 반면에 이보 여성은, 혼자서든 집단으로든 유난히 도망을 잘 갔다고 한다. 이보인이 자살하는 경향이 있다는 말이 기록된 초기 자료 중 지금까지 남아 있는 것으로는 그 자신이 이보인 노예이기도 했던 에퀴아노가 쓴 자서전이 있다. 이는 노예출신 자유인이 남긴 경험담 중 아마도 가장 잘 알려진 책일 것이다. 에퀴아노에 따르면, 그는 11세였던 1750년대 중반에 고향에서 납치되어 아프리카 대륙을 횡단하게 된다. 그는 다양한 '부족과 사람들'이 거주하는 지역들을 지났다고 하는데, 그곳은 지금의 나이지리아 동남쪽에 있는 지역이다. 그리고 곧 바베이도스로 향하는 노예선에 오르게 되었다. 그는 자신의 책에서 그 상황을 이렇게 썼다.

바람이 잔잔하여 순조로운 항해를 하던 어느 날, 함께 묶여 있던 두 명의 지친 고향 사람이(당시 나는 그들 가까이 있었다), 이런 비참한 삶보다는 죽음을 선택하겠다는 각오로 사력을 다해 그물을 뚫고 바다로 뛰어들었다. 그러자 질병으로 쇠사슬에서도 면제되어 한쪽에 기운 없이 있던 한 동향인도 그들을 따라 바다로 뛰어들어버렸다. 만약 선원들이 막지 않았다면 더 많은 이가 같은 행동을 했을 것이 분명하다. 선원들은 곧 경계태세로 들어갔다.[8]

신세계에서는 일부 노예가 마술을 부릴 수 있어 아프리카로 날아가버렸다는 믿음이 광범하게 퍼져 있었다. 자살이든 도주든, 사라져버린 이보 노예가 그런 믿음이 확산되는 데 한몫을 했을 것이다. 역사학자 마이클 고메즈는 고전이 된 그의 책, 《나라의 상징들을 교환하다Exchanging Our Country Marks》에서 이를 이보인의 환생에 대한 깊은 종교적 믿음과 관련된 행동이라고 해석했다. 결국 이는 저항하는 노예의 목을 자르는, 국가의 섬뜩한 테러리즘 관행을 부추겼다. 이런 관행은 바베이도스와 아이티에서부터 (북아메리카의—옮긴이) 루이지애나에 이르기까지 광범하게 퍼져 있었다. 목을 벤 것은, 죽으면 온전하게 귀향할 수 있다는 마음을 노예 공동체가 품지 못하도록 하기 위해서였다.[9]

비아프라만에서 거래된 포로 사이에서 자살률이 높았던 것에 대한 논의는 훨씬 더 큰 맥락, 즉 아프리카인의 저항이 아메리카 노예무역의 전체 규모에 미친 영향이 광범했다는 점을 이해하는 데 중요하다. 유럽인은 비아프라인에 대해 꽤 깊고 만연한 편견을 갖고 있었다. 그러나 막대한 규모로 구매했고 여성노예 비율이 높았던 점도 감수했다. 노예무역과 근대 초 아프리카 역사를 전공한 역사학자 은워케지Ugo Nwokeji에 따르면, 18세기에 설탕 플랜테이션 호황이 절정에 이르렀을 때에는

"수요가 끝없이 증가하고 있었기 때문에, 대농장주는 포로라면 누구든 구매하는 수밖에 선택의 여지가 없었다."[10] 자살을 항복 행위 혹은 자기파괴 행위일 뿐이라고 보고 싶은 사람도 있을 것이다. 그러나 더 자세히 보면 이는 저항적 거부의 중요한 형태로 작용했음이 분명하다. 비아프라만에서 온 노예 중 자살하는 이가 많다는 소문은, 마찬가지로 광범하게 퍼져 있던 세네감비아에서 온 노예들이 육지와 바다 모두에서 반란과 폭동을 잘 일으킨다는 소문처럼 인신매매상인들을 위축시켰다.

자살이든 반란이든, 이런 이야기들을 보며 우리는 반反사실적 가정을 해보게 된다. 노예무역을 통해 수익을 올렸던 아프리카의 현지 엘리트와는 다른 처지에 있던 아프리카인의 노예화에 대한 저항은 지역에 따라 양상이나 강도가 달랐겠지만 거의 보편적이었을 거라고 가정해볼 수 있다. 자살이나 폭동 등의 저항이 없었다면, 아메리카 노예무역은 어떤 길을 갔을까? 대표적인 노예제 역사학자인 데이비드 엘티스는 다음과 같이 답변을 시도한다.

> 1700~1800년 사이, 550만 아프리카인이 아프리카를 강제로 떠났다. 저항이 없었다면 그 숫자는 이보다 9퍼센트는 많았을 것이다. 그런 저항 때문에 18세기만 봐도 약 50만 명의 아프리카인이 아메리카 플랜테이션을 피할 수 있었다. (이에 따라 유럽인 소비자는 플랜테이션 생산물을 더 높은 가격에 구매해야 했다.) 그 결과 노예무역상에게 저항하며 사망한 아프리카인, 혹은 저항에 성공하지 못하고 살아남아 아메리카 플랜테이션에서 일해야 했던 이들도 모두 다른 아프리카인이 중간항해(노예선박을 타고 대서양을 건너는 항해를 이르는 말—옮긴이)에 오르지 못하도록 구원해준 사람들이다.[11]

이와 관련해 다른 저작에서 엘티스는 또 다른 중요한 점을 말한다. 저항과 반란의 개별적 행동들을 넘어서, 노예무역은 언제나 유럽 강국과 그 무역상과 아프리카 지배자와 엘리트 사이의 관계를 통해 강력하게 중재되었다는 것이다. 매순간 모든 관계자는 여러 요인이 복잡하게 작동하고 있다는 것을 느끼지 않을 수 없었다. 그 근저에 자리한 양측의 상대적 힘, 노예 가격, 교환을 위해 가져온 유럽 상품의 내용과 질, 지역 안보와 관련해 아프리카 지도자가 인적자원에 대해 갖고 있던 필요, 그리고 현지세력 대 외지세력 사이의 전략적 고려 등이 여기에 작용하고 있었다. 이 중 가장 중요한 것은, 유럽 무역상이 노예시장에 계속 접근하기 위해서는 현지 아프리카 지배자의 환심을 사야 했다는 점이다. 이런 상호작용의 복잡성은 역사학자 크리스토퍼 브라운이 들려주는 일화를 통해 생생하게 볼 수 있다.

> 1777년, 리버풀 출신의 휴스Benjamin Hughes 선장은 안나마보우Annamaboe〔황금해안〕에서 서인도제도로 항해할 때 보조자로 고용했던 두 명의 자유인을 노예로 팔았다. 이보다 몇 년 앞서서, 역시 리버풀 출신의 존슨James Johnson 선장이 비슷한 만행을 저질렀었다. 이에 대한 복수로 노예해안에 자리한 바다그리Badagry 왕국의 왕자가 그다음에 온 선박에 탄 아홉 명의 영국인을 인질로 잡았다. 비슷한 갈등이 재발하는 것을 막기 위해, 아프리카무역회사Company of Merchants Trading to Africa는 화가 나 있던 안나마보우의 아프리카인을 달래기 위해 이례적으로 오랜 시간을 들여 문제를 해결하려 했다. 우선, 그들은 자메이카섬으로 가서 팔려간 두 명의 안나마보우인 중 한 명인 아보안Cofee Aboan을 찾았고, 아보안이 생존해 있던 포로 아미사Quamino Amissah를 찾아냈다. 위원회는 아보안과 아미사를 영국

으로 데려갔고, 아미사의 이름으로 휴스 선장을 고소했다. 아미사가 건강하게 귀향할 수 있도록 하기 위해 상당한 노력을 들였다. 소송에서 피해들이 복구되었다는 소식이 안나마보우로 전달되었는데, 아프리카 현지에서의 관계가 회복되기를 원했기 때문이었다. 이런 힘든 과정 내내, 상인위원회는 아미사의 '친구들과 관련자들'에게 "위원회의 노고로 아미사에게 정의가 실현되었다"는 점을 강조했다. 위원회는 이런 노고를 감수한 이유도 다음과 같이 분명히 밝혔다. "아미사가 무사히 아프리카에 당도하는 것이 이 나라의 무역에 매우 중요하다."[12]

28

종교와 정치

1995년, 나는《뉴욕타임스》특파원 자격으로 당시 자이르Zaïre라고 알려진 나라에서 작은 프로펠러 비행기를 타고, 그보다 작은 이웃나라 콩고 공화국Republic of the Congo을 방문했다. 기자들 말로는 특이한 곳이기는 하지만 좀 숨통이 트일 거라고 했다. 과장 없이 말하는데, 앞서 몇 달 동안 국제 언론사들은 내가 담당하고 있던 자이르에서 진행 중인 파멸적 전투를 아프리카 최초의 세계대전이라고 규정하고 있었다. 자이르의 내전으로 이웃나라들이 그리고 우크라이나 용병과 유럽과 미국의 강력한 후원자들까지 각기 지원하는 세력을 위해 사방에서 몰려오고 있던 상황 때문에 나온 발언이었다.

그러나 내가 콩고에 간 것은 아프리카의 위대한 작가 중 한 명인 탄시Sony Labou Tansi라는 이름의 소설가를 찾기 위해서였다. 탄시는 에이즈로 죽어가고 있다고 했다. 당시는 아직 치료제가 나오기 전이었다. 나는 절박했지만, 그를 찾는다는 것이 약간 헛된 일처럼 보이기도 했다. 수도 브라자빌Brazzaville에 있는 작가의 집은 쉽게 찾을 수 있었다. 프랑스에서 의사들이 더 이상 할 수 있는 것이 없다고 하자 작가는 전통적인 치료법을 찾아 멀리 떨어진 마을로 가서 치료를 받고 있다고 했는데, 그 말만 듣고 찾아간 것이었다. 그 마을까지 가기 위해 여러 시간 운전을 했고, 불안하게 흔들리는 작은 통나무배를 타고 강을 건너기도 했다. 무사히 강둑에 오르고 몇 분 지나지 않아, 그곳에 있던 이들 중 누구도 탄시에 대해 들어보지도 못했음을 확실히 알게 되었다. 여기까지 왔는데 포기할 수는 없었다. 브라자빌에서 다행히도 소설가 탄시의 아들과 만날 수 있었고, 그를 잘 설득하여 그의 부모님이 거주하고 있다는 다른 마을까지 데려다주겠다는 약속을 받았다. 다행히도 가기로 한 날 일이 일찍 시작되었다. 그곳까지는 험한 길을 네 시간가량 또 운전해야 했기 때문이다.

지프차를 타고 울창한 열대 우림을 지나 모랫길이 나올 때까지 갔고, 마지막에는 걸어서 갔다. 언덕 위로 연기가 한 줄기 피어오르는 것을 보며 가까이 왔음을 알았고, 곧 북소리가 들렸다. 개간해놓은 지대로 가까이 가면서, 처음 만난 사람에게 탄시에 대해 물었더니, 즉시 가까운 곳을 가리켰다. 그곳에서 소설가는 이미 우리를 향해 성큼성큼 걸어오고 있었다. 그의 얼굴에 매력적인 미소가 번져 있었다. 첫 마디가, "미스터리는 여전히 존재합니다"였다. 그날 아침 그의 전통 치료사가, 오늘 한 외국인이 그를 만나러 올 것이라고 말했다는 것이다.

그 예언을 했던 치료사를 금방 만날 수 있었다. 그녀는 위 아래로 모두 흰색으로 입었고, 드러머들의 요란한 반주에 맞추어 격렬하게 방언을 쏟아냈고, 컴퓨터 연속용지 더미에 판독할 수 없는 것들을 휘갈겨 썼다. 마침내 조용해지자, 탄시는 나를 데리고 근처에 있는 대나무 오두막으로 데려갔다. 그곳에는 그의 아내 피에르테Pierrette가 앙상한 몸으로 누워 죽어가고 있었다. 그녀와 함께 잠시 앉아 있다가 나는 탄시와 대화를 시작했다. 그 부부에게 삶이 며칠 남지 않은 것이 분명했지만, 탄시는 여전히 다른 가능성을 확신하고 있었다. 그는 자기나라 콩고의 문화에 몰입하면서 희망을 되찾게 되었다고, 열정적으로 장황하게 이야기했다. 그 치료 전통들이 회복의 비밀이라면서, 그는 거기서 멈추지 않을 것이라고 했다. 아프리카의 가장 폭력적이고 부패한 종교의 문제들을 해결할 열쇠는 전통으로 돌아가는 것이고, 수백 년 전 유럽 제국주의가 해체한 정치조직체들을 재건하는 것이라고 주장했다. 탄시는 그의 치료사가 18세기의 중요한 여성 예언자였던 베아트리체Dona Beatrice의 환생이라고 했다. 베아트리체는 가장 중요하고 유명한 정치조직이었던 콩고 왕국 출신이었다. 콩고는 아프리카의 서해안을 따라 내려가는 긴 여정의 종착지였다.

어퍼기니에서부터 황금해안과 노예해안을 거쳐 비아프라만에 이르기까지 이 해변을 일주하면서 멈추어 살펴보았던 정거장들에서 유럽인을 만났던 아프리카인의 경험, 충분히 전형적인 사례로 제시할 만한 아프리카인의 경험은 찾지 못했다. 이 지역 역사에 대한 대안으로 정확하게 제시될 수 있는 경험도 찾지 못했다. 특히 아메리카로 가는 노예무역의 첫 250년 전후 기간에 대해서 아무것도 찾을 수 없었다. 여기서 제시된 설명은, 다른 설명들과 마찬가지로 철저하지 않다.

콩고 왕국의 역사는 이 이야기 속 다른 장들보다 좀 더 길게 다룰 가치가 있다. 그런데 이는 이 지역에서 전개된 무역의 규모가 다른 모든 지역을 앞지를 정도로 컸기 때문만은 아니다. 이 왕국의 역사가 여러 면에서 두드러지기 때문이다. 콩고의 이야기는 우선 엄청난 비극이지만, 그보다 훨씬 더 큰 의미를 담고 있기도 하다. 이는 이 시대 고유의 방식으로 근대화를 이루려고 고군분투했던 아프리카 사회들의 복잡하고도 특이한 투쟁들을 볼 수 있는 창이기도 하다. 이 투쟁은, 모든 지역의 근대성과 마찬가지로 다른 생소한 세계에서 오는 강력한 영향력의 파도들을 통합해내는 일이었다. 콩고에 놀라운 것은, 갑자기 등장해 성가시게 졸라대는 낯선 외지인과 접촉했던 초기부터 자국의 운명을 통제하기 위해 어떻게 그렇게 끈질기게 현실적인 창의력을 발휘하며 싸워나갈 수 있었는가 하는 점이다.

1483년 포르투갈 탐험가 캉이 오면서 유럽인과 접촉하기 시작했을 때, 콩고 왕국은 이미 정교하게 발전된 국가였다.[1] 콩고가 건국된 것은 1300년대 말 무렵으로 보인다. 1960년대까지도 서구 학자 사이에서는, '검은 아프리카'로 통칭되는 지역에서 복잡한 국가 형성이나 정교한 정부 기구 발전이 불가능했다는 견해가 지배적이었다. 위대한 업적이 있었음을 상상하게 해주는 징조들이 보이면, 그것이 베냉의 숭고한 청동 작품이건, 누비아Nubia의 혹은 고대 짐바브웨Zimbabwe의 유적이건, 그것은 잘 모르긴 해도 잠정적으로는 백인으로 여겨지는 침략자의 작품이거나 알려지지 않은 다른 뛰어난 외지인의 작품이라고 간주되었다.[2] 1897년 영국이 베냉을 약탈한 이후 베냉의 청동 작품들이 런던에서 처음 전시되었는데, 당시 한 신문사가 이를 "방랑하는 이방인 공예가 부족"의 작품이라고 기사를 썼다.[3] 지난 수십 년 동안 학계에서는 그런 인종주의적 생각이 완전히 뒤집어졌다고 할 수 있지만, 서구의 대중문화에서는 이런 생각이 여전히 유지되고 있다. 이는 세계사 교육에 아프리카를 포함시키지 못해서 나온 결과이기도 하고, 오락 산업이 아프리카 원시주의를 웃음거리로 삼는 취향을 버리지 않아서 나온 결과이기도 하다.

중세 말 콩고는 중앙 집권적 국가였고, 팽창을 거듭해 그 영토가 오늘날 앙골라에서 콩고민주공화국(이전 자이르)까지 뻗어 있었다. 1500년대 중반부터 그다음 세기 중반까지의 기간 동안 이 지역에서 헤게모니를 장악했던 콩고는 거의 6000평방마일(약 1만 5540평방킬로미터)에 이르는 지역을 지배하고 있었다.[4] 이는 잉글랜드보다 20퍼센트 더 크고, 포르투갈의 두 배에 가까운 규모였다. 곧 포르투갈과는 때로는 파트너로, 때로는 적으로 지내게 된다. 콩고는 왕국 치고는 특이한 정치제도를 갖고 있었다. 통치자를 왕의 직계 후손이 승계하는 일반적 방식이 아니라 왕가 친족과 여타 엘리트 부족들에서 보낸 선거인들이 개입하는 복잡한 과정을 거쳐 선발했다. 그리고 콩고는 종교생활도 이에 어울리게 좀 복잡했는데, 여기에는 절대적 존재인 신에 대한 숭배도 있고, 이보다 상대적으로 약한 조상신들에 대한 숭배도 있었다.

왕국 초기의 힘과 성공은 경제체제에 기초해 있었다. 경제체제는 무역과 조공 네트워크에 기반을 두고 있었는데, 이는 매우 다양한 지리적 특성과 가지각색의 특산품을 갖고 있던 여러 지역을 연결하고 있었다. 왕과 왕실은 중앙교차로를 장악하여 교역을 통제하고 과세를 할 수 있었다. 왕국의 가장 중요한 무역품은 구리였고, 그 외에 소금과 직물이 있었다. 그리고 은짐부nzimbu라고 하는 조개껍질이 공식 화폐로 사용되고 있었다. 포르투갈 탐험가 페레이라Duarte Pacheco Pereira는 옷감이 "너무나 아름다워서, 이탈리아에서도 이보다 더 나은 것을 찾을 수는 없을 것"이라고 했다.[5]

한편 또 다른 강국 베냉은 유럽과의 접촉 이전에 다각화된 경제를 갖춘 나라로, 유럽 상품이나 유럽 종교를 거의 필요로 하지 않았다. 그래서 사실, 베냉은 새로 온 유럽인과 노예무역을 시작하자마자 금방 중단시켰다. 이와 대조적으로, 그리고 그 나름의 독특한 이유로 콩고 지배자에게 기독교는 즉각적으로 강력한 매력을 발휘했다. 이는 부분적으로는 그 이전부터 콩고에 퍼져 있던 믿음으로 설명할 수 있다. 운명적인 우연의 일치로, 콩고의 우주관에는 바다 건너 어디엔가 더 높은 존재가 거하는 영역이 있는데, 그곳에는 새하얀 생명체들이 창조되어 살고 있다는 믿음이 있었다. 아직 논란 중이기는 하지만, 콩고인이 십자가를 이미 중요한 종교적 상징으로 사용하고 있었다고도 한다. 그렇다면, 콩고인은 익숙한 종교적 도상, 자기들 문화에 각인되어 있는 문양을 분명하게 앞세우고 해변에 나타난 포르투갈 선박을 보고 깜짝 놀랐을 것이다.

앞서 보았던 에퀴아노가 포로로 잡혀 비아프라만의 해변에서 이보 청년으로 노예무역에 팔렸을 때, 그는 낯선 백인 포획자들이 그에 대해 갖고 있을 계획을 상상하며 두려움에 떨었고, 훗날 이를 다음과 같이 기록했다.

> 선상에서 주변을 둘러보니, 큰 구리 난로가 있었고 가지각색의 흑인이 많이 보였다. 이들은 사슬에 함께 묶여 있었다. 모두의 안색에는 절망과 슬픔이 배어나와 있어, 내 운명에 대해 달리 생각할 여지가 없음이 확실하게 느껴졌다. 공포와 괴로움에 압도되어 나는 미동도 없이 갑판에서 쓰러졌고 의식을 잃었다. 조금 정신을 차렸을 때, 몇몇 흑인이 주변에 있었다. 그들 중에는 분명 나를 배에 태운 사람도 있었는데, 그들은 수고비를 받고 있었다. 내게 격려하는 말을 던졌지만 모두 헛소리였다. 나는 저렇게 무서운 표정과 붉은 얼굴 그리고 긴 머리를 한 백인들이 음식을 주는데, 거부할 수 있냐고 물었고, 그들은 그럴 수 없다고 답했다.[6]

공포로 가득 찬 이런 모습은 아프리카 해안 여러 지역에서 아주 흔하게 볼 수 있었을 것이다. 낯선 유럽 선박에서 연기가 불길하게 피어오르는 모습을 보며, 일부 아프리카인은 아프리카인을 잡아간 이들이 아프리카인의 뼈를 연료로 쓰거나, 기름을 얻기 위해 그들의 살을 삶고 있다고 믿었다.[7] 일부 선박의 뱃머리에는 큰 눈이 그려져 있었는데, 해안 지대의 일부 아프리카인은 이를 악마의 상징으로 받아들였다. 우뚝 솟은 돛을 처음 본 서해안 아프리카인은 이를 신비한 백인의 날개이거나 번쩍이는 칼로 여기기도 했다. 아무튼 이 역시 두려움을 자아내는 모습이었을 것이다. 역사학자 스위트James Sweet에 따르면, 또 다른 아프리카인은 "노예의 시체가 대서양에 떠다니는 것은 개오지 조개껍질cowrie shells을 모으기 위해 미끼로 던져졌기 때문"이라고 상상하기도 했다.[8] 당시 백인은 무역화폐로 이용되었던 개오지 조개껍질을 막대하게 소유하고 있었다. 접촉 초기에도 많은 아프리카인은 붉은 포도주나 치즈처럼 백인 사이에서 애용되는 식품이 동료 흑인의 피나 뇌로 만들어진 것이고, 화약은 건조된 뼈를 갖고 제조되었다고 믿었다.[9]

지금까지 우리가 보아온 서아프리카 지역들과 다르게, 콩고는 유럽인과의 접촉 당시 외부 세계에 대해 미리 갖고 있던 정보가 상대적으로 아주 적었다. 열대 밀림 지역을 통과하는 장거리 이슬람 교역망을 통해서든, 바다를 통해서든, 다른 대륙들과 연결된 무역은 아프리카 서해안의 돌출부 지대와 비교하면 훨씬 빈약했다. 긴 동해안 지대 역시 다른 대륙과의 무역은 빈약했다. 1483년 캉의 선박이 도착했을 때, 당황스러운 일이 많았던 것에는 여러 이유가 있었다.• 캉은 포르투갈 북부 지

• 16세기 초 유럽인과 첫 접촉을 했던, 당대에는 세계에서 손꼽히는 규모의 제국 중 하나였던 남아메

역의 엘리트 가문 출신으로 항해왕자 엔히크와 친분이 있었다. 캉이 처음 콩고 지역을 항해했을 때, 그는 콩고강Congo River 하구의 남동쪽 해안으로 상륙했다.[10] 강 하구는 넓고 물살이 빨라서 30리그 혹은 100마일(약 161킬로미터) 떨어진 바다에서도 식별할 수 있었다. 그곳에 그는 돌로 된 기념비 파드랑padrao(옛날 포르투갈 사람이 새로 발견한 땅에 세우며 다닌 표석標石을 이르는 말—옮긴이)을 세웠다. 이는 엔히크가 아프리카 탐험을 시작한 이래 선원들이 포르투갈에서부터 갖고 다녔던 십자가 모양의 표석이었다. 이 표석들은 해안을 따라 세워져 있어서 마치 목걸이에 달린 보석처럼 보였다. 포르투갈인은 특별한 의미가 있어 보이는 곳에 이 표석을 세웠다. 캉은 음핀다Mpinda라는 지역에서부터 이곳이 내륙 어딘가에 자리한 중요한 왕국의 일부라는 것을 금방 알아차렸고, 관계를 맺기 위해 선물을 가득 실은 사절단을 수도로 보냈다. 사절단의 안전을 위해 캉은 지역 엘리트 몇몇을 인질로 데리고 있다가, 인질과 함께 엘미나로 갔다고 한다. 2년 뒤 그는 포르투갈에서 다시 돌아왔는데, 콩고 지도자에게 줄 선물을 잔뜩 갖고 왔을 뿐 아니라 인질들도 함께 데려왔다. 이 인질들은 통역자로 복무할 수 있게 되었고, 이제껏 콩고가 알지 못했던 세계에서의 생활에 대해 증언할 수도 있게 되었다.

리카의 잉카와 콩고 사이에는 놀라운 유사점이 있다. 잉카 또한 주권자를 선출하는 제도를 갖고 있었기 때문에 국정불안이 잦았다. 피사로가 소규모의 에스파냐 원정대를 이끌고 잉카 지배자들을 정복했을 때, 잉카는 내전 상황이었다. 역사가들은 잉카가 더 혼란과 불신으로 빠져들었던 것은 12대 왕이 나라의 마지막 지배자라는 오래된 신탁이 있었는데, 당시 왕이 12대 국왕이었기 때문이라고 주장해왔다. 에스파냐인의 출현 이전에 황열병으로 추측되는 전염병이 크게 번졌는데, 이는 마치 외국인보다 먼저 들어온 것처럼 보였지만 외국인에게서 발원하여 잉카 세계로 들어온 것이었다. 이 병으로 잉카의 왕이 사망했고, 그 자리의 승계를 놓고 싸움이 시작되고 있었다. 이 모든 것으로 인해 사람들의 의심은 더 커졌을 것이다. 어떤 이들은 낯선 수염을 한 사람들의 도래를 놓고, 그 수염 난 사람들의 집들이 바람처럼 바다를 건너 왔고, "그 선박들이 무서운 천둥을 내보냈다"고 해석하면서, 상황을 다소 체념적으로, 예언된 운명으로 받아들이기도 했다.[11]

그런 가운데 중세가 막을 내리고 있었다.

콩고의 종교 전통들에 대해서 여전히 많은 것이 논쟁 중이지만, 한 해석에 따르면, 콩고인들은 흰둥이albinos〔백피증(선천성 색소결핍증)에 걸린 사람—옮긴이〕를 일상 세계와 지각할 수 없는 신비한 영역 사이의 경계에 위치한 중요한 영적 장벽을 가로지를 수 있는 물의 신으로 여겼다. 따라서 숭배할 만한 존재로 생각했다고 한다. 그런데 이것이 아프리카 특유의 후진성, 즉 논리적이지 못한 사고방식에 빠져 있음을 보여주는 증거라고 속단하지는 말자. 주의를 기울여야 할 점은 이 시대 포르투갈인(과 다른 유럽인)도 거의 똑같이 종교적 미신에 빠져 있었다는 것이다. 역사학자 노섭에 따르면, "이베리아 기독교인은 천사나 악마와 같은 소소한 영령들, 성자와 같이 강한 영적 중재자들, 그리고 마녀의 사악한 힘이 존재한다고 진지하게 믿고 있었다. 이 모두는 아프리카인이 갖고 있던 믿음과 상응하는 내용들이다."[12] 포르투갈이 콩고와 접촉을 시작한 지 100년이 지난 후에도, 군사작전을 시작하기 전에 중앙아프리카에 있던 포르투갈 제국의 대리인들은 가톨릭 의식을 통해 영적으로 무장하기 위하여 교회에 다섯 번이나 참석하며 세세한 종교적 지침들을 따랐다.[13]

음피나의 콩고인에게 십자가, 즉 자신들의 종교의식과 예술에서 광범하게 쓰였던 상징을 착용한 백인 남성들의 그 이상한 모습은 단지 죽은 이들을 위한 행사로만 보이지는 않았을 것이다. 일부는 그 광경에 빠져들어 갔을 테고, 영적 경외심도 느꼈을 테고, 심지어 축복이라고 생각하기도 했을 것이다. 캉의 부하들은 콩고인에게 백인은 포르투갈 왕의 백성이라고 했는데, 콩고인은 이를 '은잠비 음풍구nzambi mpungu(콩고인들이 숭배했던 최고의 창조주 신)', 즉 가장 높은 영적 권위라는 의미로 해석했다고 한다. 그러나 그렇다고 해서 콩고인이 이를 신앙으로 받아들였다고까지 볼 수는 없다.• 1492년에 피나Rui de Pina라는 이름의 한 포르투갈 작가가 기록한 바에 따르면, 캉의 부하들이 현지 지도자인 소요Soyo의 군주와 처음 만난 것은 1483년이었다.

> 1491년 3월 29일에 포르투갈인이 항구에 도착했는데, 도착한 그 지역의 수장은 위대한 수장이었으며, 〔콩고〕 왕의 삼촌이자 신하였다. 그는 50세의 남성으로 마니소요Manisoyo라고 불렸고, 인성이 좋고 지혜가 있었다. 그는 항구에서 2리그 떨어져 있었고, 그곳에서 (포르투갈인의—옮긴이) 함대가 도착했다는 통지를 받았고, (콩고—옮긴이) 왕에게 포르투갈인의 도착을 전해달라는 부탁을 받았다. 마니소요는 포르투갈 왕이 보낸 물품들을 보고, 눈에 띄게 기뻐했다. 그리고 〔포르투갈 왕에게 보내는〕 존경의 표시로, 두 손을 땅에 댔다가 다시 자기 얼굴로 가져갔다. 이는 왕들에게 최고의 존경을 표할 때 하는 행동이다.[14]

마니소요(음웨네 소요Mwene Soyo), 즉 포르투갈인이 상륙한 콩고의 한 지방인 소요의 수장은 기꺼이 백인 숭배로 빠져들기 시작하여 세례를 받았고 작은 교회 건설에 동의했다고 한다. 캉이 포르투갈에서 다시 돌아왔을 때, 캉은 수도 음반자콩고Mbanza Kongo까지 호위를 받았다. 내륙으로 23일이 걸리는 여정이었는데, 200명의 왕국 군대가 동행했다고 한다.[15]

인구밀도가 높은 도시인 음반자콩고는 높은 고원 지대 꼭대기에 있

• 포르투갈인은 '은잠비 음풍구(nzambi mpungu)'를 '세계의 왕'으로 해석했다.[16]

었는데, 그곳에는 특이하게 돌출된 곳이 있었다.[17] 왕의 주거 단지가 있는, 거대하고 벽으로 싸인 미로 같은 구역의 둘레는 약 1마일 반(약 2.4킬로미터)으로 추정된다. 포르투갈 방문자 중 일부는 그곳의 모습에 큰 감동을 받아서, 콩고의 수도를 자국의 주요 도시 에보라Évora와 비교하기도 했다. 포르투갈인이 그곳에 첫 발을 내딛기 전에, 소요에서 보낸 특사가 이미 콩고의 왕, 은징가 아 은쿠아Nzinga a Nkuwu에게 포르투갈인의 수도 도착이 임박했음을 고했을 것이다.

> 기독교인들이 궁정에 들어선 날, 그들은 수많은 이들의 요란한 영접을 받고, 새로 지은 큰 별채로 안내되어, 그들을 만족시키기 위해 준비된 모든 것을 제공받았다. … 왕은 (포르투갈인—옮긴이) 선장과 성직자들에게 귀족 신하를 여럿 보냈고, 다양한 여흥을 제공했고, 수많은 궁사, 창기병, 미늘창 부대 등을 선보였으며, 수많은 여성을 큰 집단들로 나누어 보냈는데, 이 여성들은 여러 상아 트럼펫과 케틀드럼을 갖고 포르투갈의 왕을 크게 찬양하고, 큰 즐거움으로 왕의 위대함을 표현했다. 그들은 이런 과정을 거쳐, 왕 앞으로 갔다.[18]

1491년 5월 3일은 콜럼버스가 동인도제도를 찾기 위해 에스파냐에서 서쪽으로 첫 항해를 나가기 15개월 전이고, 이 첫 항해가 근대를 출범시켰다고들 말한다. 그런데 이날, 콩고의 왕 '은징가 아 은쿠아'가 자기 궁궐에서 기독교로 개종했다. 콩고는 포르투갈이 열대 아프리카에서 조우한 나라 중에 가장 내실이 있었다. 이 콩고의 왕은 통치명으로 주앙 1세를 자처했는데, 이는 당시 포르투갈 왕의 이름에서 빌려온 것이었다. 주앙 1세의 귀족 여섯 명도 함께 세례를 받았는데, 모두 포르투갈 왕족 구성원의 개인이름에서 빌려와 세례명으로 삼았다.[19] 게다가 한 세대도 지나지 않아 콩고 엘리트 전체가 포르투갈의 봉건적 직함 제도를 채택하여 공작·백작 등으로 가득 찬 새로운 기독교 왕국이 시작되었다.

이 몇 년 사이에 콩고에서 기독교가 얻은 급등세는 근대로의 전환기에 벌어졌던 매우 놀라운 이야기 중 하나이다. 그러나 아프리카 역사를 공부하는 대학원 수업을 제외하고는 거의 배우지 않는 이야기이기도 하다. 주앙 1세는 개종 이후 콩고의 젊은이를 유럽으로 보내 글과 신앙을 배우게 했다. 그리고 왕국 차원에서 포르투갈어를 차용해 공식 문서, 외교, 기록 등에 사용했고, 이는 광범위한 영향을 미치게 된다. 우선 가장 중요하게는, 글을 쓰는 엘리트가 형성되어 콩고가 사하라 이남에서는 자신의 단어와 자신의 관점으로 폭넓은 내용을 수록하고 보존한 역사기록을 남긴 첫 국가가 될 수 있었다. 사실, 콩고의 주앙 1세가 마누엘 1세(주앙 2세를 계승한 포르투갈의 왕)와 '형제'로 서신교환을 한 것도 이로부터 얼마 지나지 않아서의 일이다.[20] 콩고의 역사를 연구하는 존 손턴의 계산에 따르면, 콩고 왕국이 남긴 전체 문서기록물이 1만 개 항목이 넘는다고 한다.[21]

이렇게 상황이 빠르게 전개되기는 했지만, 그렇다고 해서 주앙 1세의 개종 이야기를 통해 기독교가 콩고에서 하룻밤 사이에 모든 이들의 인정을 받았다고 생각할 수는 없을 것이다. 이 새로운 시대의 초기 몇 년 동안, 콩고 엘리트 중 일부 권력자들은 새로운 신앙에 대해 집요하고 강하게 의심을 제기했고, 분개하기도 했다. 그중 일부는 주앙 1세가 세례를 받는 동안 함께 개종할 사람들로 선발되지 않았기 때문에 그렇게 반응하기도 했을 것이다. 또 다른 이들은, 외지인의 종교가 콩고 고유의 종교와 사회적 관행 속에서 보장받고 있던 자신들의 개인적이고 제도적인 지분을 위협한다고 생각했을 것이다. 마지막으로, 중요한 결혼 문제가 있었다. 엘리트 구성원을 가르치기 위해 파견된 포르투갈인이 했던 교육에 따라, 기독교는 일부일처제를 엄격하게 요구했다. 그러나 콩고의 문화에서는 일부다처제가 지배적이었다. 게다가 콩고의 엘리트 정치와 왕위계승의 규칙은 복잡한 씨족 조직, 혹은 음위시콩고mwissikongo 부족에 기초해 있었는데, 그 부족의 구조는 일부다처제와 모계를 통한 왕위계승 원칙을 고수하고 있었다.

이 왕국의 정치에 관한 어느 이론에 따르면, 콩고에서 새 주권자의 선출은 이 씨족, 혹은 칸다kanda(콩고어로 씨족을 의미—옮긴이)들 사이에서 동맹관계의 변화를 둘러싸고 전개되었고, 그 부작용으로 폭력 사태가 자주 발생했다. 라이벌 씨족들 사이에서 벌어지는 예측할 수 없는 파벌적 합의들을 통해 주권자가 선출되었기 때문에, 이는 단일 왕가의 지배를 막아왔다. 이는 그 제도가 갖고 있던 의도이기도 했겠지만, 시간이 지남에 따라 이는 왕국의 아킬레스건이 되고 쇠퇴의 중요한 원인이 되었다. 1509년 주앙 1세가 사망하면서,• 수입되긴 했지만 부분적으로만 채택되었던 종교인 기독교는 이미 복잡해진 계승제도 속에서 새로운 와일드카드가 되었다.

콩고에서 기독교가 깊이 뿌리내리고 계속 존속하도록 하기 위해서 주앙 1세는 그의 아내, 즉 왕비의 첫 아들인 음벰바 아 은징가Mvemba a Nzinga가 세례를 받게 했다. 주앙 1세의 사망 이후, 아폰수Afonso 1세라는 기독교 이름을 부여받았던 이 아들은 왕위에 대한 권리를 주장했다. 역

• 최근 나온 대부분의 학술서에 따르면, 1506년일 수도 있다.[22]

사학자 프로몽Cécile Fromont에 따르면, 보통은 승계의정서에 의거하여 "자격을 갖춘 일군의 선거인단이 적당한 후보군에서 새 왕을 선출"하는 이런 전환제도는 "선발된 후보의 능력, 즉 자신의 지배원칙을 천명하고 정치적, 군사적, 초자연적 영역에서 정당성을 보여줄 수 있는 능력에 높은 가치를 부여한다."[23] 왕비의 자손에게 혹은 장자상속개념을 통해 장자에게 결정적 이점을 주지는 않는다는 말이다. 사실 무엇보다 이 제도는 권력이 그렇게 혈연을 통해 직접 계승되는 것을 막으려는 것이었다. 그러나 새로 들어온 이들이 실천하고 가르친 대로, 외지인의 관행인 포르투갈 전통과 기독교가 이런 (혈통을 통한 직접계승이라는—옮긴이) 대안적 방식으로 권력을 승계하는 것에 대해 강력한 근거를 제공해주는 것처럼 보였다.

부친이 사망했을 때 아폰수 1세는 수도 외곽의 은순디Nsundi 지방에 근거지를 두었고 그곳에서 지사직도 갖고 있었다. 아폰수 1세가 수도 음반자콩고에 도착하기 전에, 부친을 계승하려는 야심을 갖고 있던 비기독교인이자 이복형제인 음판주 아 은징가Mpanzu a Nzinga는 다른 콩고의 귀족들(음위시콩고)로부터 강력한 지지를 받으며 왕위를 주장했고, 어쩌면 왕위도 부여받았을 것이다.[24] 아폰수는 아마도 어머니의 도움으로 음반자콩고에 비밀리에 입성하여, 약 35명의 소수부대를 모을 수 있었다. 이 부대와 함께 그는 그의 이복형제의 편에 선 군대와 맞붙은 전투를 이끌었다. 이 소수부대에 몇몇 포르투갈인이 함께 했을 수도 있다. 양측이 수도 외곽에서 충돌했을 때, 아폰수는 병력 규모가 크게 밀리는 것을 알고 사도 야고보St. James the Apostle(산티아고Santiago)에게 호소했다. 그러자 사도 야고보가 갑자기 십자가를 들고, 흰색 옷을 입은 한두 명의 기병을 대동하여 나타났고, 이에 적군이 놀라 제각기 도망갔다고 한다. 이교도는 패배했고, 음판주 아 은징가는 잡혀서 처형되었다. 이 사건은 승리한 아폰수에 의해 역사로 남게 되었고, 아무튼 공인된 전설이 되었다.•[25]

실제 현실에서 어떤 일이 벌어졌는지는 모르지만, 결과를 보면 아폰수 1세가 관례를 뒤엎어서라도 집권하기 위해 외지에서 갓 들어온 종교를 성공적으로 이용했음을 보여준다. 그의 다음 임무는 엘리트로 구성된 대규모 이교도 군단을 물리치고, 지배력을 다지는 것이었다. 이를 위해 아폰수 1세는 그의 왕국이 기독교를 수용하게 만드는 작업에 박차를 가하여 국교로 만들었고, 포르투갈과 깊은 관계를 통해 부친 때부터 시작된 개혁정책들을 더 광범하고 철저하게 펴나갔다. 이는 한편으로는 조상숭배와 같은 기존의 종교적 관행에 대한 전반적인 공격을 수반했는데, 새 왕은 포르투갈에 감동을 주기 위한 목적으로 이를 더 대대적으로 선전했던 것 같기도 하다. 엘리트 묘지에 놓인 우상 조각상들을 파괴하라는 명령이 음반자콩고 전역에 내려졌다.[26] 한편, 새로운 기독교 숭배를 제도화하기 위해 종교적 기초시설들을 급히 건설할 필요가 있었다. 첫 단계로, 왕실 묘지 부지에 웅장한 새 교회가 세워졌다. 이는 승리의 성모께 헌정되었는데, 아폰수가 어떻게 신의 도움을 받아 승리하여 권좌에 올랐는지를 분명하게, 그리고 거의 영구적으로 모두에게 상기시켜주는 효과가 있었다.

거기에서 멈추지 않고, 아폰수는 포르투갈 왕에게 문장紋章을 받아냈다. 요구해서 받아낸 것일 수도 있고, 선물로 받은 것일 수도 있다. 콩

• 이렇게 신에게 호소했다는 이야기를 여러 차례 접하게 되는데, 잉카 정복 시에도 나온다. 잉카는 왕위계승에서 장자상속제를 폐기한 콩고와 비슷한 제도를 갖고 있었는데, 20년 뒤 에스파냐 제국주의 세력에 굴복하게 된다.

고의 문장은 포르투갈 고유의 문장 전통에서 직접 영향을 받은 것이었다. 문장에는 다섯 개의 칼이 있는데, 그 각각은 그를 위해 전투에서 싸워 승리한 전사들을 하늘이 도왔음을 상징한다. 가리비 껍질은 성 야고보를 의미한다. 두 조각이 난 우상은 "콩고 왕국의 개종에 대한 아폰수의 지원을 초자연적인 힘이 인정하면서" 이교도가 패배했음을 상징한다.[27] 아폰수 1세는 어떤 편지에서 이를 다음과 같이 자랑스럽게 이야기했다. "우리가 주님께 큰 영광과 찬양을 올렸지만, 그와 별개로 주님께서 우리에게 그렇게 큰 자비와 관용을 베푸신 것이 우리에게는 아주 정의로운 일로 보였다. 이렇게 분명하고 확실한 기적이 벌어진 가운데 대승리를 거두었기에 우리는 이 기억을 우리의 문장에 새겨 기념한다. 그래서 앞으로 콩고 왕국에서 새로이 왕좌에 오를 왕들과 왕들의 주군께서 이 위대한 자비와 혜택을 절대 잊지 않도록 하겠다. 이는 콩고의 왕, 왕국, 백성에게 행해진 놀라운 일이었다."•[28]

아폰수가 권력을 결집시켰던 또 다른 중요한 방법은 새로운 신앙에 완전히 통달했음을 보여주는 것이었다. 그러나 그의 믿음이 얼마나 진심이었고 순수했는지, 혹은 전술적이고 정치적인 동기가 얼마나 더 크게 작동했는지를 놓고 역사가들은 여전히 논쟁 중이다.

마찬가지로, 포르투갈에는 상대적으로 사료가 더 풍성하게 남아 있기는 하지만, 당시 포르투갈인이 콩고와 깊은 관계를 맺고자 하면서 우선순위를 어디에 두었는지를 확실히 알 수는 없다. 콩고와 처음 접촉했던 사람들도 콩고에 질 좋은 구리가 풍성하게 매장되어 있다는 것을 알

• 고대 수도에 위치한, 앙골라의 음반자콩고(Mbanza Kongo)시는 16세기에 썼던 이 문장을 지금도 여전히 사용하고 있다.[29]

고 있었다. 이들은 구리와 함께, 다른 광물들, 특히 은을 탐내고 있었고, 이런 헛된 추구는 족히 18세기까지 계속되었다. 대서양 제국의 초기 역사에서 포르투갈과 에스파냐의 동기는 그들 사이의 치열한 경쟁과 얽혀 있는 경우가 많았다. 그래서 어떤 이들은 포르투갈이 중앙아프리카 서부에서 은에 그렇게 집착했던 것은 에스파냐가 포토시와 멕시코에서 막대한 은을 발견한 모습을 봤기 때문이라고 해석한다. 16세기 후반 그 두 곳 모두에서 은광 사업이 큰 호황을 누렸다.

그러나 내가 파악하기로는, 이는 분명 앞뒤가 바뀐 이야기이다. 지금까지 주장해온 대로, 아메리카에서 탐험과 정복을 추동해온 것은 에스파냐였지만, 그 에스파냐를 추동한 것은 포르투갈에 대한 시샘이었다. 당시 포르투갈은 서아프리카, 특히 엘미나에서 황금무역을 통해 거대한 수익을 막 확보한 터였다. 그 황금무역이 시작된 것은 아메리카에서 은 광맥의 발견보다 약 반세기 정도 앞서서였다. 황금무역을 보며 에스파냐는 그에 견줄 만한 노다지를 찾겠다는 결의를 다졌던 것이다. 1490년대까지 포르투갈은 엘미나에서 매년 거의 600킬로그램의 금을 실어오고 있었다.[30]

한편 콩고와 그 인접 지역은 곧 에스파냐가 아메리카에서 했던 은광 사업과 빠르게 관련을 맺게 되었다. 바티칸이 승인한 토르데시야스 조약을 통해 포르투갈이 아프리카에서 무역할 권리를 독점하고 있었기 때문인데, 여기에는 초기 대서양 노예무역도 포함되어 있었다. 그래서 에스파냐는 포르투갈 공급자에게 크게 의존할 수밖에 없었다.[31] 신세계의 에스파냐 소유지에서 광업과 농업을 발전시키기 위해서는 흑인 노동력이 필수적이었기 때문이다. 늦어도 1629년에는, 콩고와 그 주변에서 온 노예가 볼리비아에 자리한 에스파냐의 은광에서 중요한 역할을 하고 있었다. 예를 들어, 중앙아프리카 서부의 주요 언어인 킴분두어Kimbundu로 된 교리문답서가 리마에서 출판되었고, 이후 수십 년 사이에 갑자기 증가한 콩고인 포로가 농장과 포토시 주변에서 중요한 역할을 하게 되면서, 의사소통을 쉽게 하기 위해 킴분두어-에스파냐어 사전도 사용되었다.[32]

그러나 콩고에서 공급되는 노예무역은 대서양 건너편에서 있었던 에스파냐 대규모 은광 발견보다 일찍 시작되었다. 포르투갈이 콩고 왕국과 했던 인신무역은 아주 작은 규모였지만, 거의 만나자마자 시작되었다.[33] 적어도 북서쪽에 있는 베냉 왕국과 교역관계가 수립된 이후로, 포르투갈은 그들이 사제왕 요한이라고 불렀던 아프리카 기독교 왕국의 왕에 대한 전설의 신비를 풀 수 있는 곳으로 가까이 갔다고 확신했던 것 같다. 그들은 콩고강이 사제왕 요한을 찾을 수 있는 열쇠라고 믿었다. 한편 이와 함께, 포르투갈은 자신들이 독자적으로 해온 제국주의적 정책을 통해 가톨릭으로 개종한 이들이 생겨나고 있음을 선전하여 로마(교황청—옮긴이)와 유럽에서 권위와 영향력을 얻으려고 했다. 역시 포르투갈의 진출 동기로 봐야 할 것이다.

콩고의 아폰수 1세가 갖고 있던 복잡한 셈법이 무엇이든 간에, 확실한 것은 그가 진정성을 갖고 개종한 것으로 보였고, 이 점이 그의 왕국을 찾았던 유럽인 다수에게 깊은 인상을 남겼다. 1516년, 아구이아르Rui de Aguiar라는 한 통신원은 포르투갈의 마누엘Manuel 왕에게 보내는 편지에서, 아폰수 1세에 대해 다음과 같이 서술했다.

> 기독교에 대한 그의 〔헌신하는〕 모습을 보면, 그는 사람이 아니라 하느님께서 이 콩고 왕국을 개종시키기 위해 보낸 천사 같습니다. … 그는 선지

자와 우리 주 예수의 복음에 대해, 그리고 선인들의 모든 삶에 대해, 그리고 가톨릭교회의 모든 의례에 대해 우리보다 더 많이 알고 있고, 이를 우리에게 가르치기도 한다고 폐하께 감히 말씀드릴 수 있습니다. … 말도 아주 정확하게 잘해서 언제나 성령께서 그를 통해 말씀하는 것처럼 보일 정도입니다. 이는 그가 늘 공부만 하기 때문입니다. 책을 읽다 그 위에서 쓰러져 자는 일도 많고, 주 하느님에 대한 이야기에 몰두하여 먹고 마시는 일을 망각하는 일도 자주 있습니다.[34]

이런 조치는 시작일 뿐이었다. 콩고 왕국을 34년간 다스렸던 아폰수 1세는 결단력 있고, 빈틈없는 전술을 구사하는 지도자였으며, 멀리 볼 줄 아는 사람이기도 했다. 이를 가장 잘 보여주는 것은 부친이 시작했던 유학생 파견 사업을 더 확대하는 일에 곧장 착수한 것이다. 그와 그의 부친은 콩고 엘리트들의 아들들을 처음에는 포르투갈로, 그리고 더 나아가 다른 유럽 나라들로까지 보냈다. 문자, 신앙의 문제, 16세기 유럽인의 생활방식 등에 대한 교육을 경험하게 하려는 것이었다. 자신과 친지의 아들들 35명 정도를 보냈는데, 이 중 일부가 공부에서 금방 두각을 나타냈다.[35]

예를 들어, 아폰수 1세의 아들 중 한 명인 엔히크Henrique는 포르투갈에서 교육받고, 1518년 '파르티버스인피델럼 주교bishop in partibus infidelum'라는 이름을 얻었다.[36] 아프리카라는 광활한 이교도의 땅을 관할한다는 의미이다. 1530년대부터 그다음 세기 내내, 콩고는 바티칸에 자주 사절단을 보냈다. 이는 콩고가 제도 권력의 위력과 유럽에서 가톨릭교회가 정치적 구심점임을 잘 알고 있었음을 보여준다. 17세기 초 바티칸으로 파견된 한 콩고 대사 안토니오 마누엘Antonio Manuel은 콩고에서만 교육을 받았지만, 포르투갈어와 라틴어에 능통했고 성경에도 통달하여 바티칸 성직자들에게 깊은 인상을 남겼다. 그래서 그는 교황 바울 5세로부터 종부성사를 받았고, 훗날 장례식이 성대하게 치러지는 가운데 바티칸에 묻혔다. 오늘날까지도 그의 초상화가 로마에 있는 산타마리아 마조레 성당의 세례당에 남아 있다.[37] 콩고 왕국은 외교적으로 포르투갈을 견제하기 위해 로마의 지원을 꾸준히 타진했지만, 이는 잘 성사되지 않았다.

그럼에도 새로운 시대가 열렸던 약 100년 동안 멀리 떨어져 있던 콩고와 포르투갈이 맺어온 관계는 일방적인 지배가 아닌 상호침투적인 관계였다고 하는 것이 가장 정확하다. 두 나라는 자국의 이익을 위해 최선을 다하면서도, 생소한 상대국의 사회구조를 이해하고 심지어 존중하기 위해 노력했고, 당대의 사건들을 완전히 따라잡으며 이해하고 있었다.[38] 이런 상호침투를 보여주는 여러 흔적 중 하나가 베레이라Antonio Vereira라는 이름의 콩고 귀족 이야기이다. 베레이라는 포르투갈에서 중개인 혹은 세금징수인으로 중요한 직함을 갖고 있었고, 16세기 중반 포르투갈 왕실 여성과 결혼을 했다.

여기서 잠시 멈춰서, 대강의 콩고 이야기가 대략 비슷한 시기에 에스파냐가 점령한 아메리카에서 발생했던 일과 얼마나 다른지를 비교해볼 필요가 있다. 가장 크고 가장 유명했던 두 선주민 국가, 아즈텍과 잉카는 유럽인과 접촉하자마자 무너져 내렸다. 잉카의 경우는 단 170명의 소수 부대에게 패했다.[39] 에스파냐령 아메리카 전체에서 기독교가 강

요되었고, 정복의 수단 등으로 이용되었다. 브라질에서 포르투갈인은 그들이 만난 선주민 문화들에 대해 에스파냐인보다 훨씬 더 냉소적이었다. 포르투갈은 새로운 식민지의 선주민에 대해 "신도 없고, 법도 없다"고 폄하하면서, 이 새로이 정복한 사람들을 짐승처럼 가두고 세뇌시키기 위해 수도회들을 이용했다.[40]

15세기 말 콩고와 포르투갈이 쌍무관계를 수립한 이래, 콩고는 포르투갈에 공물을 제공하지 않았고, 포르투갈도 공물을 요구하지 않았다.[41] 이는 다른 지역들과 대조된다. 처음에는 주앙 1세가, 그리고 다음에는 그의 아들 아폰수 1세가 포르투갈에 다양한 종류의 원조를 요청하고 받은 것은 사실이지만, 이런 일들은 계약을 통해서 진행되었고 꼼꼼하게 보상을 받았다. 예를 들어, 어떤 군사적 원조 계약에 따라 포르투갈은 180명의 선원과 40명의 화기로 무장한 군인, 중구경 대포 2문, 1000발의 대포와 300개의 미늘창 등을 제공했다.[42] 초기부터 아폰수는 노예 수출을 이용해 포르투갈과 "외교적·물질적·문화적 유대를 유지한다"는 생각을 갖고 있었다.[43] 1514년 리스본으로 보낸 편지에서 아폰수 1세는 "전에 말했던, 우리에게 필요한 원군을 사기 위해" 50명의 노예와 800개의 구리 팔찌를 포르투갈에 보냈다고 했다.[44] 나중에 아폰수 1세는 리스본에 보낸 두 조카의 거주비용을 감당하기 위해 500명의 노예를 수출했다고 언급하기도 했다.

실제로, 19세기까지 어떤 규모의 아프리카 나라도 유럽인에게 정복된 적은 없다. 유럽인과의 접촉이 단단하게 지속적으로 이어져 노예무역으로까지 치닫게 되었지만, 어떤 정치체도 복속되지는 않았다. 캉이 콩고 왕국을 발견한 이후 약 150년 동안, 콩고 입장에서 보면 포르투갈과 전반적으로 좋은 관계를 구가했다. 이 관계는 서로를 필요로 하는 동료 사이였다고 이해할 수 있다. 이는 두 문명이 만났던 당시 콩고 왕국과 제도들에 내재해 있던 어떤 강고함 때문이기도 했고, 콩고의 국정 운영 능력과 아폰수 1세와 같은 지도자들이 갖고 있던 지략과 지성 덕분이기도 했다.

앞에서 언급한 일괄 원조계약에서 알 수 있듯이, 아폰수 1세는 새로이 시작된 포르투갈과의 관계에서 그가 원하는 것이 무엇인지에 대해 분명한 생각을 갖고 있었다. 거의 처음부터 그는 포르투갈의 정치적 혹은 종교적 접근으로부터 자국을 보호할 필요가 있다는 생각을 강하게 했던 것으로 보인다. 좀 더 단순하게 말하면, 아폰수 1세는 국가 대 국가로 친밀한 관계를 갖는 것과 콩고를 개방하여 외부의 지배를 받거나 외부세력으로 인해 불안정해지도록 만드는 것 사이에 적정한 선이 있음을 일찍이 간파하고 있었다. 유럽으로 학생을 보낸 정책을 통해 콩고의 엘리트는 외국인의 방식을 더 깊이 미묘한 부분까지 이해할 수 있게 되었다. 한동안 이는 주권을 수호하려는 콩고의 노력에 힘이 되었다. 주권을 지키려는 콩고의 노력에는 독립적인 지역 교단을 만들고 콩고 전역에 포르투갈인이 아니라 선주민 평신도인 교사들이 주도하는 교구 성당을 세운 일도 포함되어 있다.

문자는 콩고 국정운영의 또 다른 중요한 수단이 되었다. 문자는 포르투갈을 비롯한 유럽과 외교관계의 목적뿐 아니라 과세제도, 사법 행정, 문서기록 등을 발전시키는 일에도 이용되었다. 이는 콩고 고유의 교육제도 수립을 강조하는 것으로 이어졌다. 포르투갈어와 라틴어 교사로, 그리고 선발된 학생들을 위한 일부 고등교육에서 포르투갈인을 고용하기는 했지만 콩고가 이를 면밀히 감독한다는 점이 강조되었다. 놀랍게도, 1520년대 중반까지 아폰수 1세는 교육을 시골 인구로까지 확대하

기 시작했고, 교사를 왕국 전역으로 파견했다.[45]

17세기까지는 콩고와 포르투갈 사이에서 본격적인 위기가 분출되지 않았다. 그러나 두 나라 사이의 관계가 시작된 초기 수십 년 동안에도 긴장과 반목의 주요 지점들이 이미 나타나기 시작했다. 콩고 엘리트가 빠르게 기독교 신앙에 익숙해지는 가운데, 기독교를 새 국교로 삼은 지 채 20년이 안 되어 콩고는 자기네 주교 관구를 두도록 허락해달라고 청원하기 시작했다. 그러나 포르투갈은 콩고와 그 주변 지역에 대한 영향력을 강화하는 수단으로 가톨릭교회를 통제할 필요가 있다고 보고, 로마 교황청에 로비를 하여 이를 막는 데 성공했다. 그 결과 포르투갈 주교들이 주재했던 새 식민지인 상투메섬이 전 지역의 교회를 관장하는 교회 행정의 중심부가 되었다. 콩고는 상투메섬에 대한 주권을 부여해달라는 요청도 했지만, 역시 거절당했다. 아폰수 1세가 포르투갈로부터 항해에 적합한 선박 혹은 콩고만의 선박들을 구매하려고 노력했지만, 이 역시 포르투갈의 비웃음을 살 뿐이었다. 상투메섬이 이 일대 지역의 모든 포르투갈 무역과 통신의 중심 집산지가 되면서, 상투메섬은 아폰수 1세의 자율성을 키워줄 수 있는 모든 것을 철저히 차단했다. 심지어 아폰수 1세가 포르투갈 왕실에 보내는 공식 서신의 상당량이 가로채이기도 했다. 콩고가 리스본과 직접 소통하는 것을 막기 위해서였다. 한편 1521년, 포르투갈 국왕 마누엘 2세를 승계한 주앙 3세는 아프리카 해안에서 떨어진 곳에 있는, 번창하던 설탕 식민지인 상투메섬의 심기를 거스르면서까지 아프리카 콩고 왕국을 지원해서 얻을 것은 거의 없다고 보았다.[46]

29

검은 심장들

역사적으로 훨씬 더 강력한 힘이 작동하는 가운데, 콩고와 포르투갈 두 왕국은 운명적으로 충돌하는 국면에 들어서게 되었다. 그러나 둘 사이의 위기가 무르익어 터져 나오기까지는 한 세기 이상이 걸렸다. 당시 구세계와 신세계 사이에서 구축되고 있던 중요한 관계들이 그런 역동성을 만들어내고 있었다. 콩고와의 노예무역에 리스본이 관심을 두기 시작한 것은 다소 평범한 이유에서였다. 첫 번째는 포르투갈의 암울한 인구 상황이었다. 국내의 노동력 부족은 흑사병으로 더 심각해졌고, 국내 경제를 크게 위축시켰다. 이로 인해 인구가 훨씬 많은 이웃국가 에스파냐와의 경쟁이 더 어려워졌다. 당시는 승자가 모든 것을 가져가는 제국주의적 경쟁이 진행되던 시기였다. 우리가 본 것처럼, 16세기 첫 사반세기 동안, 1만 2000명 이상의 노예가 서아프리카에서 유럽으로 이송되었다. 대부분은 포르투갈로 갔지만, 일부는 에스파냐로도 갔고, 그곳에서 그들은 다양한 업무에 배치되었다.[1]

이어 상투메섬의 플랜테이션 납골당으로 신선한 흑인의 신체를 제공할 필요 때문에 (흑인 노동력에 대한—옮긴이) 수요가 훨씬 커졌다. 16세기 초부터 상투메섬이 설탕 생산의 강자로 등장하면서 생긴 수요였다. 설탕은 1520년까지 상투메섬에서 호황을 누리고 있었고, 그 무렵 아메리카에서 노예 설탕 생산의 원형이 된 플랜테이션에서는 300명 규모의 아프리카인이 공동 작업을 하기도 했다.[2] 이런 배경에서 베냉이 자국의 노예무역을 금지한 결정에 대해 다시 한번 상기해봐야 한다. 베냉의 금지 때문에, 포르투갈은 콩고에 갑자기 더 관심을 두게 되었다. 콩고는 노동력 공급지의 대안으로 삼기에 편리한 위치에 있었다. 처음에 베냉은 남성은 판매하지 않겠다고 했다가, 나중에는 노예무역 전체를 중단했다.[3] 이런 조치는 포르투갈이 베냉에 진실한 기독교인임을 증명할 때까지는 대포 판매를 보류한다고 한 이후에 나온 것이었다. 이와 대조적으로 콩고의 아폰수 1세는 오히려 노예판매의 기회를 환영하는 것 같았다. 그는 곧 포르투갈인에게 사람을 노예로 팔기 시작했다. 어느 콩고인의 조사에 따르면, 16세기 중반에는 그 규모가 매년 4000명에 이르게 된다.[4]

콩고는 오랜 가내 노예제 관행이 있기는 했지만, 자유인 태생의 시민을 외부에 판매하는 것은 금지해왔었다. 권력이 전통에 따라, 그리고 무엇보다 인구규모, 즉 지도자가 통제할 수 있는 혹은 지도자에게 관습에 따른 충성과 존중을 보내는 인구규모에 따라 제한되어 있는 지역에서 노예제도는 사회의 최약자가 의존하고, 또 그 약자를 보호하고 관리하는 제도와 비슷했을 수 있다. 한 역사학자에 따르면, "노예는 원래 비천한 아웃사이더에서 유래한 경우가 많았다. 극한 굶주림, 추격, 사형 선고와 같은 상황에서 구원을 받아 시작된 경우가 많았다."[5]

이는 아프리카의 노예제를 미화하려는 것이 아니다. 노예제에 속박되어 있던 사람들이 이를 불가피하게 여기고 만족했다고 주장하는 것도 아니다. 역사학자들은 이 문제에 대해 다양한 생각을 갖고 있다. 그러나 확실한 것은 중앙아프리카 서부 지역과 같은 환경에서는 노예제에서 벗어나는 길이 상대적으로 많았다는 점이다. 결혼이나 입양을 통해 주인 가족의 일원이 되는 것도 한 방법이었다. 그리고 동산노예제 아래에서처럼 노예제가 다음 세대까지 이어지는 일은 일반적으로는 없었다. 콩고에서는 노예의 자녀가 자라서 국가의 지도자가 되기도 했는데, 이는 이 시대 다른 아프리카에서도 마찬가지였다. 예를 들면 송하이 제국의 3대 지도자였던 아스키아 대제Askia the Great가 1529년 사망한 이후, 그의 대를 이었던 여섯 명의 지도자 모두가 노예후궁의 아들이었다.[6] 한편 콩고는, 베냉이 세웠던 원칙과는 반대로 여성을 노예로 파는 것을 금지했다. 그 외에도 노예제는 전쟁포로나 중형을 선고받은 이들로 한정하고 있었다.[7]

아폰수 1세는 한동안은 별 어려움 없이 아프리카인에 대한 포르투갈인의 계속 커지는 수요를 만족시킬 수 있었다. 그는 새로운 외국인 파트너가 동맹국으로 지원해주는 서비스에 대한 답례로, 또는 신상품이나 신분을 과시할 수 있는 상품을 더 많이 공급받기 위해 노예를 판매했다. 콩고는 동쪽에 위치해 있던 또 다른 왕국인 티오Tio와의 거래를 통해 많은 노예를 얻었다. 그러나 얼마 지나지 않아 리스본의 노예 수요가 티오에서 구매할 수 있는 포로의 규모를 넘어섰고, 또 이 포로들은 콩고에 있는 친족들이 쉽게 풀어주기도 했기 때문에 문제가 더 어려워졌다. 한편 왕국으로 수입된 외국 상품에 대한 수요가 위험하고 통제 불가능한 지점에 이르렀다. 콩고는 처음에는 구리나 밀랍, 상아, 야자수 잎으로 엮은 직물 등 지역특산물로 대신 지불하려고 했다. 그러나 1560년대가 되면, 어떤 이의 표현에 따르면, 잡혀온 인간만이 포르투갈인이 받는 유일한 기본 "통화"가 되었다.[8] 포르투갈인은 콩고인이 탐내는 상품을 포로와 기꺼이 교환했다. 이에 따라 당시 유럽에서 강하게 상승세를 타고 있던 돈의 힘이 중심이 된 일종의 물질주의와, 지금까지 우리가 보아온, 즉 권력이 상거래보다는 인간 공물의 조직망에 더 의존해 있던 일반적인 아프리카 양식 사이에서 가치 충돌이 더 커져갔다. 이 두 체제 중 하나가 운명적인 승리를 거머쥐었고, 다른 하나는 마찬가지로 확실하게, 서서히 무너져야 했다.

포르투갈을 통해 사치품을 구매하는 중요한 무역에서 구리나 밀납이 별 소용이 없어지면서, 콩고는 남쪽에 있는 이웃 왕국 은동고와 국경 분쟁을 시작했고, 포로를 취하기 위해 자신이 종주국임을 주장했다. 그렇게 취한 포로는 콩고의 법에 따라 합법적으로 노예로 판매할 수 있었다. 초기에 콩고는 이웃왕국보다 우세했지만 이런 공격들로 인해 더 큰 노예전쟁들이 발생했고, 점차 이 지역 전체가 전쟁에 휘말리게 되었다.

파멸이 다가오고 있음을 보여주는 초기 전조가 주목할 만한 두 통의 편지에 나타나 있다. 이는 1526년 아폰수 1세가 포르투갈의 주앙 3세에게 노예무역이 확대되고 있음을 우려하며 보낸 것이다. 7월에 쓴 첫 번째 편지에서 콩고의 주권자는 이렇게 썼다.

> 언급했던 상인들이 우리 가신들과 부모들뿐 아니라 우리나라 사람들, 우리 땅의 아들들, 우리 귀족의 아들들도 데려가면서 우리에게 해를 입히고 있습니다. 도둑들과 양심이 없는 이들이 자기 욕심을 채우기 위해, 우리 콩고 왕국의 물건과 상품들이 갖고 싶어서 그렇게 사람들을 잡아다가 팔고 있습니다. 왕이시여, 이런 부패와 방탕으로 우리 땅의 인구가 거의 사라져 가고 있습니다. 이는 당신과 당신 신하에게도 좋지 않을 겁니다.

왕이시여. 우리 왕국에서 이 문제를 해결하기 위해 사제나 학교에서 가르칠 사람들이 더 필요하지는 않습니다. 다른 상품들도 필요 없습니다. 성찬용으로 포도주와 밀가루만 있으면 됩니다. 저희가 왕께 요청하는 것은, 이곳으로 상인이나 상품이 오지 않도록 명령하셔서 이런 문제에 놓인 저희에게 도움과 호의를 베풀어달라는 겁니다. 노예무역도 금하고 어떤 사람도 유출되지 않게 한다는 것이 저희의 뜻입니다.[9]

이어 10월에 보낸 두 번째 편지에서, 아폰수 1세는 더 괴로워보였다. 그는 "하느님께 바칠 수 없는 크나큰 폐해"라는 표현을 쓰며 문제를 호소했다.[10] 이 "폐해"는 그의 친척, 다른 귀족들, 평민 등이 "우리 왕국에 거주하는 백인"에게 팔려나가는 문제를 의미했다.

이 역사적인 편지들을 통해, 불만이 쌓이는 모습을 볼 수 있다. 아폰수 1세는 노예거래가 통제에서 벗어나기 시작하는 상황에서 이를 다시 규제하려고 하면서, 절박하게 도움을 요청했다. 그러나 이를 완전히 폐지해달라고 요구하지는 않았다. 아폰수 1세는 포르투갈이 경쟁국 은동고를 지원하기 시작했다고 하면서, 여기에 대해서도 불편한 심기를 드러냈다.[11] 사실 포르투갈은 이미 은동고와 별도의 무역관계를 갖고 있었다. 아폰수 1세는 포르투갈에서 온 사제들의 파렴치한 행동에 대해서도 실망했다. 사제들은 콩고에서 노예를 구해서 상투메섬에 판매하며 따로 돈을 벌고 있었다. 아폰수 1세에 따르면, 사제가 자신의 성적 욕망 때문에 어린 소녀 포로들을 데리고 있는 사례들도 있었다.[12] 아폰수 1세는 상투메에 기반을 둔 포르투갈 상인들이, 이전에 어퍼기니에서 포르투갈인이 했던 것처럼, 은동고의 시골로 흩어져 들어가기 시작한 방식에 마침내 경악하게 된다. 지방 중심지들과 도시들에 정착한 외국인은 현지 지도자와 직접 유럽 수입품을 거래하면서, 조상 대대로 내려온 관계망에 기초해 있던 아폰수 1세의 통치 기반을 크게 약화시켰다.[13] 이 관계망은 그의 권력의 중심 기둥이었다. 그러나 포르투갈의 주앙 3세는 노예무역의 고삐를 조이는 데 협력해달라는 아폰수 1세의 간청을 즉시 일축해버렸다. 주앙 3세는 포르투갈이 콩고와 관련해 관심을 가질 만한 것은 노예로 팔려올 사람들 외에는 거의 없다고 답했다.

1526년에 아폰수 1세가 노예무역에 대해 처음으로 불만을 제기한 것이 유명하긴 하지만, 당시는 콩고 노예에 대한 수요가 상승세를 타던 시기였다. 포르투갈이 브라질을 발견한 것은 1501년이지만, 리스본이 이 새 영토를 우리가 이해하는 온전한 식민지로 여기면서 본격적으로 관리하고 개발하기 시작한 것은 1530년대에 가서였다. 이와 함께 포르투갈은 인도나 동양보다 브라질에 우선수위를 두는 전략적 변화를 취하기 시작했고, 이는 향후 가장 광범한 결과를 가져왔다. 새 브라질 식민지를 비옥하게 만들 노동력으로 노예가 필요했고, 따라서 더 강력하고 꾸준하게 노예 공급을 확대하는 것이 포르투갈의 중요한 우선순위가 되었다. 그런 가운데 콩고를 비롯한 중앙아프리카 서부의 광활한 지역이 포르투갈의 중요한 '해결책'으로 점차 등장하게 된 것이다. 그 결과 16세기 마지막 사사분기 동안 이 지역(주로 지금의 앙골라)에서 브라질로 이송된 노예가 약 3만 2000명에 달했다. 그러나 이는 시작에 불과했다. 17세기 첫 두 분기 모두 노예무역 규모는 그보다 5배 이상 많아서 일사분기에는 18만 4000명, 이사분기에는 17만 3000명이 사슬에 묶여 아메리카 전역으로 이송되었다. 그리고 그중 절반이 브라질로 갔다.[14] 이 규모를 달성했다는 것은 중앙아프리카 서부의 새로운 노예시장들이 상품으로 넘쳐났고, 그곳에는 열렬한 구매자가 있었음을 의미했다.

그 장기적인 정치경제적 결과에 대해 여기서는 일단 제쳐두고 이야기하자면, 노예사업이 성장하면서 무역조건이 아프리카인 판매자에게 크게 유리하게 개선된 것처럼 보였다. 노예무역은 새로운 상품이 밀물처럼 들어오게 만들었고, 이에 저항하는 것은 훨씬 더 어려운 일이 되었다. 아시아와 북유럽에서 가져온 직물이 특히 중요한 역할을 했다. 작고한 노예제 전공 역사학자 조지프 밀러에 따르면, "부유한 군주들은 자신과 주변인을 구할 수 있는 가장 훌륭하고 세련된 직물로 장식했는데, 주황색 비단을 가장 좋은 위치에 배치했다. 그리고 자기들의 표정을 모자의 넓은 챙 아래로 드러냈다. 그들은 장소 이동시, 고급 호박단taffeta(광택이 있는 빳빳한 견직물—옮긴이)으로 두른 가마를 탔다."[15] 지역 수장과 그 아래 귀족들은 방대한 양의 천으로 몸을 감싸고 다녔다. 그 전에는 보지 못했던 다양한 색과 문양이 섞인 옷감들이었다. 시장이 확대되면서, "평민〔조차〕도 고급 수입 옷감을 둘렀다. 이전에는 가장 부유하고 가장 큰 권력을 가진 사람이 어쩌다 한 번 쓰던 옷감이었다."[16]

고유의 정교한 직물을 생산하던 지역으로 수입된 외국산 직물은 주로 엘리트의 소비를 위한 것이기는 했지만, 지역 근대화를 이끄는 잠재적 아이템이 되었다. 새롭고 끝이 없어 보이는 다양한 신상품이 멀리서 들어오면서 이전에는 볼 수 없었던 패션과 스타일의 순환이 시작되었다. 알려진 대로 인도와 유럽에서 온 직물의 매력이 대단했다. 이렇게 중앙아프리카 서부 지역이 대서양 시스템으로 들어가면서 옷감은 지배적인 교환수단이 되었다. 사실 처음부터, 아폰수 1세(그리고 후에는 다른 왕과 지배자들)가 여전히 유럽과의 교역에 대해 상대적으로 강한 통제력을 행사하고 있을 때, 엘리트• 한 사람을 넉넉하게 감쌀 수 있는 대략 5미터 정도의 수입 옷감이 국제 무역에서 가장 기본적인 통화단위가 되었다. 실제 이는 옷감 한 '피스piece'라고 불렸고, 일찍부터 옷감 한 '피스'는 젊고 건강한 남성노예 한 명과 거래되었다. 젊고 건강한 남성노예 한 명 역시 '페카다인디아스peça da Índias'로 불리는 단위가 되었다. 이는 '인도인 피스piece of the Indies'라는 의미였는데, 간단히 줄여서 '피스'라고 말하곤 했다.••

노예에 대한 수요가 솟구치면서 인플레이션이 발생했고 얼마 지나지 않아 한 '피스' 혹은 포로 한 명을 사려면 옷감 두 '피스'가 필요해졌고, 이후로 계속 옷감 가격은 곤두박질쳤다. 그러나 유럽인에게 사실 이것은 회계장부상의 손실 정도에 불과했다. 유럽인은 밀러가 "길들여 얻는 수익returns in dependency"이라고 묘사했던 것을 통해 더 큰 이익을 보았다.[19] 즉 수입 옷감이 아프리카 전역에 걸쳐 대량으로 들어오면서 이를 통한 수익도 당연히 더 커졌던 것이다. 노예무역 시기 동안 시장지배력의 관점에서 볼 때 옷감만 한 상품이 없기는 했지만, 술과 화기 역시 중요한 상품으로 점차 자리를 잡았다. 양주는 양적인 면에서 아프리카 술을 대체할 수 없었다. 아프리카 술은 어디에나 있었다. 그러나 양주는 지위를 보여주는 상품으로 큰 매력이 있었고, 이는 고급 옷감과 다르지 않았다. 이런 제품을 통해 수장이나 고위직은 다른 이들과 구분된다는 만족감을 느끼기도 했다. 이런 목적을 위해, 어떤 고위 정치인은 매년 400명 혹은 그 이상의 노예를 팔아 브라질산 럼주를 사서 쟁여

• 주민 대부분은 가축으로 기르는 염소의 가죽, 남부에 있는 지역들과 교류하여 얻은 소가죽, 나무껍질을 두드려 만든 것, 라피아야자섬유로 짠 옷감으로 몸을 감쌌다.[17]

•• 나중에 포르투갈인은 노예를 세는 단어로 '피스' 대신 '카베사(cabeça)' 혹은 '머리(head)'를 사용했는데, 이때가 대략 17세기 말이었다.[18]

놓았을 것이다.[20] 그 럼주를 생산한 것은 강제 노역을 했던 노예들이었다. 어떤 연구에 따르면, 루안다에서 거의 120만 명의 노예가 신세계로 가는 배에 올랐다. 그들 중 족히 3분의 1은 포르투갈인이 브라질산 사탕수수 브랜디와 같은 양주를 팔아 구매한 노예들이었다.[21]

그러나 이것이 그곳에 자리 잡고 있던 유일한 역동성은 아니었다. 대서양 건너편으로 노예를 팔기 위해 준비된 합법적인 공급 후보군이 빠르게 소진되면서, 전쟁이 '거래될 수 있는 인간'이라는 새로운 재고품을 만들어주는 수단이 되었다. 그런 가운데 노예무역의 경계는 무수히 많은 방향으로 확장되고 있었다. 현지의 포로 공급은 언제나 부족했고, 혼혈 상인 혹은 '폼베이루pombeiros(내륙지방을 다니며 선주민을 상대로 장사하는 사람을 의미하는 포르투갈어—옮긴이)'라고 불리던 크리올이 많은 제품 혹은 쉬운 신용조건을 갖고 새로운 지역으로 들어가 사람을 사겠다고 제안하며 다녔다. 무역 반경이 넓어지면서 새롭게 편입된 지역마다 외국 상품이 대량으로 쏟아져 들어갔다. 그곳에서 이는 신상품으로 가치를 크게 인정받았고 이에 따라 새로운 지역 시장의 열기가 이어졌다.

1540년이 되면 콩고는 지역 노예무역의 확장에 저항한다는 생각을 포기한 것으로 보였다. 노예무역은 이후 수십 년 동안 계속 급증할 뿐이었다. 이해에 아폰수 1세는 포르투갈 왕에게 만족할 줄 모르는 시장을 만족시키는 콩고 왕국의 독특한 능력을 자랑하는 비극적인 편지를 보냈다. "기니에 있는 나라들과 콩고를 비교해보면, 콩고가 제공한 것이 다른 모든 나라를 합한 실물보다 더 많다는 것을 알 수 있습니다. … 어떤 왕도 포르투갈 제품을 우리만큼 높이 평가하지 않으며, 포르투갈인을 우리만큼 잘 대접하지 못합니다. 우리는 포르투갈인과의 무역을 좋아했고, 그것을 유지해왔으며, 시장과 도로와 피스〔노예〕를 거래하는 음품부Mpumbu를 개방해왔습니다."[22]

1542년 아폰수 1세 사망 이후 콩고가 완전히 몰락하기까지 약 120년이 걸렸다. 그동안 콩고는 국내의 상황이 자주 불안정해지기는 했지만, 세 대륙을 잇는 과감하고 창의적인 외교를 펼치기도 했다. 또한 당시 선도적인 유럽 나라들과 협력하여, 혹은 그 나라들에 맞서서 전쟁을 일으키기도 했다. 우선 제일 먼저 벌어진 것은 두 번의 내전이었다. 왕위계승을 둘러싸고 세 번 연속 엘리트 사이에서 노골적인 분쟁이 벌어졌다. 아폰수 1세 사후 두 번째 있었던 왕위계승 전투 와중에, 콩고는 동쪽에서 자가스Jagas라고 하는 정체를 알 수 없는 집단으로부터 공격을 받고 큰 타격을 입었다. 자가스가 어떤 집단이고 공격의 동기는 무엇인지를 놓고 역사가들은 여전히 논쟁을 벌이고 있다. 일부 학자는 자가스가 드러나지 않았을 뿐 내전에 참여했던 한 집단이고, 알바로 1세라는 왕이 1568년에 집권할 수 있게 지원했다고 설명한다.[23] 다른 학자들은 자가스가 콩고 국경 너머 동쪽 지대에 거주하는 주민으로, 자신들의 땅을 휩쓸고 있던 노예무역의 약탈에 대한 대응, 혹은 수익률이 높은 외국제품 교역에 끼어드는 등 자신들도 활동에 개입하려는 욕망으로 들고일어난 집단이라고 설명해왔다.[24]

정확한 동기가 무엇이든 간에, 자가스는 알바로 1세와 그의 궁정을 수도 음반자콩고에서 몰아냈고, 처음으로 콩고 자유민들을 노예로 만들었다.[25] 알바로 1세는 유배지인 콩고강에 있는 한 섬에서 포르투갈에 지원을 요청했다. 수도로 반격해 들어가 왕실의 권위를 찾을 수 있도록 도와달라고 부탁한 것이다. 포르투갈은 긍정적으로 답변했지만, 조건이 있었다. 콩고인의 권위를 되찾는 데 도움을 주기 위해 600명의 병사를 파견하겠지만, 그 대가로 콩고 정부에 제일 먼저 일정 기간 공물을 차출하고, 아프리카 왕국이 오래 지배해온 해안 지역 남쪽에 포르투갈이 작은 식민지를 세울 수 있도록 승인해달라고 했다.[26]

1571년 포르투갈의 왕 세바스치앙Sebastião은 이 새 식민지의 존재를 공식 선포하고, 탐험가 바르톨로메우 디아스의 손자인 파울로 디아스Paulo Dias de Novais를 지도자로 임명했다.[27] 파울로 디아스는 이 식민지의 종신 총독이자 세습영주가 되었다. 4년 뒤에 파울로 디아스는 아홉 척의 선박으로 구성된 함대를 이끌고 루안다에 도착했다. 함대는 700명의 병사와 여러 대의 대포를 갖고 있었다. 그는 엘미나 이래 거의 100년 만에 처음으로 사하라 남쪽 아프리카에 유럽인이 거주하는 요새 도시를 건설하기 시작했다. 이 도시는 노예무역이 금지되기 전까지 중앙아프리카 서부의 광활한 지역을 관할하는 포르투갈 노예무역의 본부 역할을 했다.[28] 이때까지도 포르투갈 궁정의 일부 인사들은 루안다 식민지에서 다량의 금이나 은이 발견되어, 그곳이 일종의 "콴자Kwanza에 자리한 포토시"가 되었으면 하는 기대를 갖고 있었다.[29] 콴자는 그 지역의 큰 강 이름Cuanza River이다. 그러나 디아스가 가장 염두에 두었던 것은 "앙골라 왕국을 정복하고 지배하라"는 왕의 명령이었다.[30] 여기서 앙골라 왕국은 실제로는 은동고를 의미했다. 포르투갈은 그 지역 세력의 호의를 사려고 하거나 새로운 상품이 발휘하는 무역의 힘에 의존하려고 하지 않았다. 그 이전 한 세기 동안 콩고와 지내온 방식대로 하지 않았다는 말이다. 대신 포르투갈은 은동고의 주민을 "정복하고 지배"하려고 했다.[31] 과대망상증에 빠진 디아스는 자신의 식민지 범위 내에 있는 새로운 노예시장들만으로도 (고대—옮긴이) 로마와 견줄 만한, 백인이 주도하는 새로운 문명을 창출할 수 있다고 개인적으로 확신하고 있었다.[32] 이런 생각은 신세계의 노예시장들과 상업적 관계를 맺으면서 더 분명해졌다. 초기부터 루안다의 새 총독은 콩고의 왕 알바로의 묵인 아래 이런 계획을 추진했지만, 리스본과 음반자콩고로 복원한 콩고 왕실 사이의 동맹관계는 곧 파기되었다. 이는 부분적으로는 포르투갈이 콩고의 조공국이기도 하고 때로는 라이벌이기도 한 은동고를 지원했기 때문이었다. 은동고는 콩고의 영토를 남쪽에서 습격하여 콩고인을 노예로 잡아가는 일을 빈번하게 자행하고 있었다.

은동고의 건국신화에 따르면, 은동고 왕국은 16세기에 북쪽의 더 오래되고 더 큰 나라 콩고에서 파생해 나온 한 집단에서 시작되었다. 이웃나라를 따라잡기 위해 은동고는 1518~1556년 사이에 포르투갈로 연이어 사절단을 파견하기도 했다. 각 사절단은 리스본에 관계 구축을 간청했다. 여기에는 선교사 대표단도 포함되었는데, 이는 포르투갈이 50여 년 전에 콩고와 했던 것과 거의 비슷했다. 1560년, 마침내 리스본이 이런 간청에 응했고 얼마 지나지 않아 은동고와 명시적으로 동맹관계를 맺었다.[33] 그러나 이는 1579년에 깨졌고 양측은 공개적인 갈등관계로 돌입했다. 포르투갈은 은동고 왕 카센다Kasenda가 불충한 지방 지도자들을 응징하러 갈 때 지원을 했는데, 그 과정에서 디아스의 병사들은 은동고 왕국 전역으로 더 깊숙하게 들어가 자리를 잡을 수 있었다. 이를 본 카센다는 포르투갈의 진짜 목표가 자신을 끌어내리는 것이라고 믿게 되었다. 그래서 은동고 왕은 수도 카바사에 거주하던 40명의 포르투갈인을 체포하여 처형하라고 명령했다. 이 소식을 들은 디아스는 본격적으로 정복전쟁을 추진했다. 1582년 디아스는 왕 세바스치앙에게 그가 "70명의 기사들"을 이겼고, 그 힘을 통해 "은골라Ngola(은동고 지배자를 가리키는 칭호—옮긴이)"를 패퇴시킬 수 있었다고 자랑했다.[34] 은동고 왕의 군대는 개별 전투들에서 수만 명에 이르는 손실을 보았다. 이는 차례로 포르투갈 노예무역을 풍성하게 해주었는데, 사실 이것이 언제나 중요한 목표였다. 당대 포르투갈인의 계산에 따르면, 1575년에서 1590년대 사이에 리스본은 은동고에서 5만 명 정도의 노예를 브라질로 운송했다.[35]

역사학자 존 손턴에 따르면, 포르투갈은 은동고 전역에서 "정착지들과 무역공동체들 사이의 광범한 교류망"을 건설하는 데 성공했고, 이는 이 왕국들과 그 너머 영토들로 뻗어나가고 있었다.[36] 이 교류망의 목적은 당시 빠르게 확산되고 있던 대서양 노예무역을 계속 성장시키는 것이었다. 1576년 루안다에 있던 한 포르투갈인은 새로운 식민지를 다음과 같이 자랑했다. "여기서는 … 누구나 원하는 노예를 찾을 수 있다. 사실 비용은 거의 들지 않는다. 우두머리들을 제외하면, 이곳의 모든 선주민은 노예로 태어나거나 혹은 아무 설명 없이도 노예의 조건으로 전락할 수 있다."[37] 1591년 포르투갈 관료들은 자신들이 하고 있는 인신매매에 대한 전망에 크게 들떠 있었다. 그래서 그중 한 사람은 왕에게 루안다가 "세상이 끝날 때까지" 브라질에 노예를 공급할 수 있게 해달라고 했다.[38] 그러나 포르투갈의 무례함이 계속 심해지자, 콩고와 은동고는 결국 전술적 동맹을 맺게 되었다. 이를 통해 급속하게 세계화되고 있던 중앙아프리카의 이 두 강국은 포르투갈에 큰 패배를 안겨주었다. 한편, 두 나라는 포르투갈을 패퇴시키는 데 지원을 받고자, 각각 외국 파트너들을 찾기 시작했다.

1591년, 외국의 지원이 오기도 전에 아프리카인 군대가 포르투갈이 루안다만 주변에 세운 새 식민지에서 포르투갈인들을 거의 몰아냈다. 이 지역은 결국 앙골라로 알려지게 되었다. 그러나 회복력과 결의를 가진 포르투갈은 곧 회복했고, 1600년까지 콴자강 북쪽으로 식민지를 더 확장해 나가면서, 콩고가 권리를 주장하는 지역으로 강하게 잠식해 들어갔다. 이 때문에 콩고와 포르투갈 사이에 갈등이 커졌고, 콩고의 왕 알바로는 포르투갈인의 행위에 대해 리스본과 마드리드와 로마에 외교적으로 불만을 제기했다. 한편, 포르투갈은 은동고와 함께 계속 힘을 과시했다. 은동고 군대를 은동고 왕국의 중심지에서 패퇴시키지는 못했기 때문에, 포르투갈은 1615년에 전술을 바꾼다. 임방갈라Imbangala라고 알려진 이 지역의 용병부대와 동맹을 구축한 것이다. 임방갈라는 여기저기 이주해 다니며 살았는데, 그 출신을 알 수 없었고, 의례를 행할 때 식인을 하는 관습을 갖고 있었다. 아마도 초기 노예무역이나 가뭄으로 인해 약탈과 파괴가 빈번해지면서 피해를 당했던 사람들로 보인다. 이들은 2년 동안 살인, 강간, 약탈을 하며 지역을 엉망으로 만들어놓은 뒤, 은동고의 수도를 장악했고 왕을 강제로 내쫓았다.

이런 약탈적 군벌들은 가는 곳마다 종족 집단에 구애받지 않고 젊은 남성들을 받아들이면서 엄청나게 증가했다.[39] 1621년까지 그들은 5만 명의 노예를 잡아서 포르투갈인에게 팔아 급성장하던 대서양 무역을 더 크게 만들었다. 임방갈라 공격이 자아내던 공포가 너무도 커서, 포르투갈이 무역 발전을 위해 오랫동안 지원해왔던 노예시장들이 거의 쓸모없게 되었다. 그들이 가는 곳마다 공동체 전체를 대규모로 노예화하는 일이 벌어졌다. 처음으로 어린아이 혹은 물레크muleques(7~10세 사이의 노예를 이르는 말—옮긴이)가 노예가 되었다. 이는 생식 능력이 한창이었던 젊은 성인 남성 포로를 선호했던 대서양 연안 아프리카의 관행에서 벗어난 것이었다. 아동 노예가 갑자기 증가한 것은 전투를 할 수 있는 연령의 남성을 징병하고 싶어 했던 임방갈라의 욕망 때문이기도 했고, 포르투갈의 정책이 변화했기 때문이기도 했다. 왕의 칙령과 과세법을 통해 노예거래의 규칙들이 바뀌어 아동 노예도 허용되었는데, 이를 통해 수익성이 높아졌다.[40] 임방갈라의 테러와 병행하여, 그리고 그에 이어 포르투갈인은 지역 수장 혹은 소바soba(아프리카 부족의 장을 뜻하는 말—옮긴이)를 휘하의 종복으로 만들기 위해서 계속 전쟁을 유발하는 전략을 추진했다. 유럽인은 현지 수장들에게 포로의 형태로 매년 공물을 바치라고 명령했다. 여기서 포로는 보통 아동과 여성을 의미했고, 이들은 유럽인의 노예무역으로 내몰렸다.

은동고를 정복하고, 이를 노예의 원천지로 무한정 이용한다는 리스본의 원래 계획이 실현되면서, 새 포르투갈인 총독인 코헤이아João Correia de Sousa는 콩고에 대항하기 위해 임방갈라와 동맹을 하기로 결심했다. 은동고처럼 콩고도 치명적으로 약화시키거나, 완전히 파괴해버릴 수 있을 것이라고 생각했다. 그러면서 포르투갈인이 사용한 명분은 이후 동산노예제의 지정학에서 고전이 되었다. 그들은 콩고가 외딴지역에서 도망 온 노예들에게 피난처를 제공하고 있다고 주장했다. (미국 독자들은 이것이 남부가 내전을 일으킬 때 사용한 익숙한 명분이라는 것을 당연히 알 것이다.) (미국 내전 이전, 남부는 북부가 도망노예들에게 피난처를 제공하고 있다고 비판했다.—옮긴이) 콩고는 포르투갈(과 브라질)의 이중성과 공격에 직면하여 실제로 실패한 나라가 되었지만, 그 실패의 운명까지는 아직 몇십 년이 더 남아 있었다. 그전까지 콩고는 초기 유럽 제국주의에 맞섰던 역사에서 볼 수 있는 가장 훌륭한 카드들을 보여준 나라였다.

30

검은 대서양을 차지하기 위한 전쟁

1622년 말, 포르투갈은 임방갈라와 동맹하여 콩고를 침공하기 시작했다. 이는 네덜란드 의회가 서인도회사West India Company를 세우고 1년 뒤에 일어난 일이었다. 서인도회사는 에스파냐가 벌어들이는 수익의 원천지를 빼앗겠다는 분명한 목적을 갖고 창립되었다. 당시 에스파냐는 호황을 누리던 노예무역과 설탕무역에서 큰 수익을 보고 있었다. 그런데 이 두 무역을 장악하고 있던 것은 포르투갈이었다. 16세기 말 네덜란드의 해양사절단이 무역의 기회를 찾아 아프리카 해안에 나타난 이래, 콩고와 네덜란드는 관계구축을 위해 서로를 탐색하고 있었다. 독자들은 에스파냐와 포르투갈이 1580년에 왕국을 하나로 통일했던 것을 기억할 것이다. 그래서 네덜란드의 입장에서 보면, 포르투갈이 아프리카를 착취하여 얻어낸 풍성하고 새로운 부의 원천이 자리한 곳을 네덜란드가 공격하여 탈취할 경우, 이는 30년 전쟁에서 네덜란드와 맞붙고 있던 에스파냐의 재정 능력, 즉 군사행동을 재정적으로 뒷받침하는 능력을 약화시킬 수 있는 잠재적인 수단이 될 수 있었다.

1622년 11월 포르투갈-임방갈라 연합군은 콩고 왕국의 남부 지역에서 콩고군을 완패시키면서, 여러 명의 귀족을 잡아먹었다는 식인종 이야기를 만들었다. 이 공격으로 많은 이가 잡혀서 대서양 노예무역으로 이송되었다. 그러나 콩고 군대는 곧 다시 결집하여, 이듬해 1월 음반다카시Mbanda Kasi 마을 부근에서 포르투갈-임방갈라 군과 맞붙어 완승을 거두었다. 콩고 왕 페드로 1세는 특출난 외교적 능력을 발휘하여 이 승리를 굳혀나갔다. 그는 에스파냐 왕과 교황에게 보낸 편지에서 포르투갈의 공격과 임방갈라의 잔혹행위들을 비난했고, 그들이 노예로 브라질에 보낸 콩고의 귀족 등을 되돌려달라고 요구했다. 2년 뒤 그의 항의가 결실을 맺어 약 1000명이 배를 타고 대서양을 건너 귀국했다.[1]

이는 주목할 만한 전환점이었지만, 콩고의 페드로는 거기서 멈추지 않았다. 같은 해, 즉 1625년 페드로와 소요의 마누엘 백작Count Manuel은 각각 네덜란드 의회에 편지를 보내, 앙골라에서 포르투갈인을 모두 몰아내기 위해 공식 동맹을 맺자고 제안했다. 소요는 해안 지대에 있는 강력한 준자치구역이었다. 피터르손Joris Pieterson이라는 네덜란드 상인이 이 내용을 갖고 귀국하여, 의회에 "네다섯 척의 군함과 500~600명의 군인을 보내어 바다에서뿐 아니라 육지에서도 도와달라"는 콩고의 요청을 전달했다.[2] 지원해주면 그 대가로 콩고는 "선박비용과 군인의 월급을 금과 은과 상아로" 지불하겠다고 제안했다.[3] 네덜란드가 앙골라의 전략적 잠재성을 간과하지 않도록, 콩고는 루안다에 대한 지배권을 새로운 네덜란드 동맹에 허용하겠다고 제안했다. 특히 "매년 2만 4000명 이상의 흑인이 루안다에서 〔이미 선박을 통해〕 브라질, 서인도제도 등으로 이송되고 있다"는 점을 강조했다.[4]

이런 동맹제안이 왔을 당시 네덜란드는 신세계에서 에스파냐로 오는 부와 번영의 연결고리, 즉 급소를 잘라낼 방법을 이전부터 두루 찾고 있던 터였다. 당시 신세계의 부를 떠받치고 있던 것은 아프리카인 노예제였다. 신생 서인도회사가 고심해서 세웠던 계획들 중에는 쿠바의 아바나를 장악하고, 카나리아제도를 탈취하는 것이 있었다.[5] 이를 통해 네덜란드는 아프리카 대륙에서 떨어진 곳에 그럴듯한 기지를 세우고, 이를 기반으로 대서양 횡단 노예무역을 공격할 수 있을 것이라고 생각했다.

위의 지점들과 비교하면, 앙골라는 훨씬 큰 목표점이었다.[6] 1620년대까지 브라질과 에스파냐령 아메리카 식민지들로 이송된 노예의 절반 이상이 앙골라에서 출발했다. 사실 "브라질 건설은 앙골라의 몰락"에 완전히 기대고 있다는 말이 회자되곤 했다.[7] 두 프로젝트가 분리될 순 없었다. 중앙아프리카 서부에서 오는 인간 파이프라인을 폐쇄시킬 수 있다면, 그것이 서인도회사가 이베리아반도 두 강국의 대서양 복합단지를 근본적으로 약화시킬 수 있는 최선의 방법이었다.

콩고의 동맹제안은 아프리카에서도 유럽의 정치 상황을 깊이 있게 파악하고 있던 곳에서만 할 수 있는 제안이었다. 콩고는 네덜란드와 에스파냐의 갈등, 포르투갈과 에스파냐의 통일에 대해서만이 아니라, 최근 서인도회사의 설립에 대해서도 확실하게 인지하고 있었음이 분명하다. 이런 정보는 콩고가 유럽에서 외교적 대표성을 굳건하게 유지하기 위해 투자해왔고, 네덜란드와 오랜 무역 관계를 다져왔기 때문에 가능했다. 그러나 네덜란드가 그런 과감한 계획을 성취할 수 있다고 생각하게 만들어준 것은 강력하고 단호한 아프리카 동맹국이 네덜란드의 공격을 기꺼이 지원해주겠다고 한 약속 덕분이었다.

뒤이어 17세기 대서양에서 벌어진 제국주의 세력 간의 가장 큰 분쟁이 발생했고, 해상전과 육상전이 대서양 양편의 남쪽 바다에서 진행되었다.[8] 이는 20년 넘게 포르투갈을 약화시켰고, 에스파냐가 많은 비용을 치르게 하는 중요한 역할을 했지만, 30년 전쟁을 다룬 역사서들에서는 거의 무시되어왔다. 분명한 것은 콩고의 주도적인 전략이 없었다면, 이 시기 대서양에서 네덜란드의 구상은 '위대한 기획Great Design'이라는 이름값을 할 수 없었을 것이라는 점이다.

1623년 12월, 네덜란드 의회Dutch Estates General는 1년 전에 콩고의 페드로 2세가 보낸 편지에 대한 답으로 26척의 전함과 3300명의 군인으로 구성된 대규모 함대를 브라질로 파견했다. 그곳에서 그들은 곧 브라질 바이아주의 주도인 사우바도르를 점령했는데, 이 도시는 포르투갈의 세계제국에서 리스본 다음으로 가장 중요한 도시였다. 나는 반백의 여행객으로 거의 120개 나라를 다녔는데, 사우바도르의 웅장한 제국 중심지인 펠로리뉴Pelourinho가 보여준 구세계의 화려함만큼 나를 놀라게 만든 곳도 별로 없다. 펠로리뉴는 언덕 위에 멋있게 펼쳐져 있는데, 이곳에서는 광활하면서도 아늑하게 차폐되어 있는 만성만Bay of All Saints, 萬聖灣의 숨 막힐 정도로 아름다운 광경을 볼 수 있다. 셀 수 없을 정도로 많은 노예가 도착하고, 바이아의 가장 부유한 플랜테이션 지역인 헤콩카부Recôncavo에서 나온 설탕이 선적되어 떠나간 곳도, 저 보이는 곳 너머의 반짝이는 푸른색 바다에서부터였다. 펠로리뉴는 16세기부터 18세기 사이에 건설된, 아주 멋진 금박의 교회들을 비롯해 여러 귀한 건축물로 장식되어 있다. 셀 수 없이 많은 이런 건물들이 큰 광장 주변으로 빼곡하게 차 있다. 이 광장에서는 노예가 공개 매질을 당하곤 했다. 이곳에 포르투갈이 지은 건물들은 당대 유럽 기준으로 최고 수준의 세련된 건축물들이었다. 흑인 노동력 덕분에 가능했던 일이다. 이렇게 부유함을 드러내는 건물들이 멀리까지 들어서 있었다는 것은 포르투갈이 이 지역에서 물러날 거라고는 상상도 해보지 않았음을 시사한다. 포르투갈은 네덜란드를 몰아내고 지배력을 복원하기 위해 모든 수단을 동원했는데, 이 도시를 보면 포르투갈이 왜 그렇게까지 했는지를 좀 더 쉽게 이해할 수 있다.

1624년 8월, 26척의 전함보다는 훨씬 작은 규모의 함대를 이끌고 네덜란드서인도회사 소속의 부제독 헤인이 사우바도르에서 출발했다. 루안다를 장악하기 위해서였다. 콩고의 페드로 2세는 500~600명의 군인을 요구했지만, 헤인은 430명만 대동했다. 그러나 그는 자신감에 차 있었다. 페드로가 보내는 편지의 사본을 갖고 있었기 때문이고, 네덜란드의 장교인 판자위런Phillips van Zuylen 휘하의 선박이 이미 그 지역에 있음을 알았기 때문이다.[9]

그러나 헤인이 중앙아프리카 서부의 해안에 도착했을 때, 사태는 완전히 달라져 있었다. 페드로 2세가 사망했고, 콩고에서는 또 다시 왕위 계승 전쟁이 시작되고 있었다. 게다가 북쪽과 남쪽에서 공격받고 있었는데, 남쪽을 공격한 것은 포르투갈과 임방갈라 동맹군이었다. 이에 더해, 헤인은 그의 동료 판자위런이 이미 루안다를 서둘러 짧게 공격한 뒤에 북쪽으로 항해하여 빠져나갔다는 것을 알게 되었다. 헤인은 실망하지 않을 수 없었다. 그러나 이에 굴하지 않고 그는 1624년 10월 30일 나름대로 루안다를 공격하기 시작했지만, 포르투갈이 강력한 포격으로 방어하는 바람에 일주일도 못 버티고 공격을 포기했다. 곧 헤인은 소요의 콩고 지방으로 항해했고, 그곳에서 정박 중인 판자위런의 함대를 발견했다. 헤인은 마누엘 백작을 설득하여 포르투갈을 상대로 한 루안다 공격을 지원해달라고 했지만 거절당했다.[10] 헤인이 갖고 있는 콩고 왕 페드로의 편지가 위조된 것일 수 있고, 콩고인은 독실한 가톨릭이지만 네덜란드의 루터파 교인은 이단이라는 이유에서였다. 마누엘이 콩고의 왕 페드로 2세와 마찬가지로 네덜란드에 콩고와 동맹을 맺자고 청원했던 것을 생각하면 왜 거부했는지 이해하기 힘들지만, 포르투갈이 마누엘에게 가한 압력이나 유인책을 생각하면 또 어느 정도는 설명이 된다고 할 수 있다.

콩고는 곧 소모적인 내전기로 접어들었고, 이에 따라 과감한 동맹이나 외교가 당분간은 가능하지 않게 되었다. 그러나 사건은 곧 또 다른 반전을 가져왔고, 이는 헤인에게 영향을 미쳤다. 헤인은 다시 대서양을 건너 서쪽으로 향했고 그곳에서 그는 큰 성공을 거두었다. 영국이나 프랑스는 더 큰 자원과 꾸준한 노력을 기울였지만 성공하지 못했었다. 앞서 본 것처럼 1628년에 헤인은 쿠바의 마탄사스만 앞바다에서 은을 실은 에스파냐의 주 함대를 공격하여 고스란히 접수했다. 그 승리에서 얻은 전리품을 바탕으로 이전에 바이아에서 쫓겨났던 네덜란드가 그 가까이에 있는 브라질의 페르남부쿠 지역을 장악할 수 있었다. 이는 네덜란드 제국의 초석이 된다. 이 지역에서 호황을 누리던 설탕 플랜테이션으로 돈을 벌고 싶은 욕망에, 네덜란드는 이전까지 종교적 이유로 견지해왔던 대서양 노예무역에 대한 유보방침을 포기했다. 이에 따라 그들은 콩고로 돌아갔고, 17세기 중반 그곳의 인신매매 사업에서 주역이 되었다.• 오늘날 17세기 네덜란드 식민지로 가장 잘 알려져 있고 연구된 지역은 뉴암스테르담이지, 훨씬 더 중요했던 네덜란드의 브라질 식민지가 아니다. 그 이유는 아마도 노예제의 오점 때문이라고 할 수 있을

• 페르남부쿠의 노동력의 수요로 네덜란드인은 이전에 엘미나에 두었던 우선순위를 변경했는데, 이는 사업의 중점이 황금무역에서 인신거래로 바뀌는 과정이기도 했다.

것이다(네덜란드가 노예제에 가담했던 역사를 드러내고 싶지 않아서 이 지역이 많이 연구되지 않았다는 뜻이다—옮긴이).[11]

1635년, 네덜란드는 앙골라 앞바다에서 벌어진 해전에서 스스로의 한계를 인지하고 소요로 물러나 정박하고 있었는데, 그곳에서 파올로Paolo라는 이름의 새로운 백작이 그들을 초대하여 상업적 관계를 복원해주었다. 이 시기 네덜란드인은 노예 구매에 분명하게 우선 순위를 두고 있었고, 파올로는 음핀다에 노예사업을 목적으로 한 '상사factory'를 세울 수 있도록 허락했다. 음핀다는 이보다 150년 전에, 유럽인으로는 처음으로 캉이 콩고와 접촉했던 곳이다. 그러나 네덜란드-콩고 관계가 강고한 동맹으로 굳어진 것은 1641년에 가서였다. 다음 단계로의 전략적 움직임은 또 다른 지역 음밤바Mbamba의 수장 가르시아Garcia가 네덜란드 요원에게 편지를 보내면서 시작되었다. "전능하신 신께서 나를 왕이 되게 하신다면, 그리고 내가 왕위에 가장 가까운 상속자이니 신께서 곧 그렇게 하시리라 기대하는데, 그러면 나는 포르투갈을 공격할 것이다. 이곳 음밤바에서 나는 그들 때문에 많은 어려움을 겪고 있다."[12]

1641년 2월 22일, 이 편지를 쓴 직후, 음밤바의 수장은 정말로 왕이 되었고, 가르시아 2세라고 칭했다. 6개월이 채 지나지 않아 네덜란드는 서인도회사 역사에서 단일 함대로는 가장 큰 규모의 원정대를 앙골라로 파견했다. 이 원정대는 "22척의 배와 네덜란드와 다른 유럽 지역에서 데려온 이들과 브라질에서 데려온 아메리카 선주민 등 2000명의 병사로 구성되어 있었다."[13] 지휘관 욜Cornelis Cornelison Jol은 루안다를 정복하고, "콩고의 왕, 〔소요의〕 백작, 그리고 다른 이웃 왕과 군주들과 동맹을 강화하고 … 공격과 방어를 함께할 수 있도록 하여 우리 군사력이 가능한 한 확장될 수 있도록 만들라"는 명령을 받고 왔다.[14] 네덜란드는 독자적으로 루안다에서 즉각 성공을 거두었고, 이후 콩고 왕과 회동했다. 콩고 왕은 군대를 보내, 네덜란드군이 해안으로 안전하게 들어올 수 있도록 했고, 이에 따라 서인도회사의 전략이 잘 완수될 수 있었다. 1642년 3월 포르투갈을 계속 압박하면서, 가르시아 2세는 네덜란드와 포괄적 동맹을 맺고 네덜란드인에게 요새들을 지을 수 있고 노예무역을 할 수 있는 권한을 부여했다. 콩고의 군주였던 가르시아는 왕국의 주권이 침탈될 것을 경계하여, 두 가지 면에서 제한사항을 두었다. 하나는 네덜란드인에게 그들이 원했던 독점권을 부여하지 않았던 것이고, 두 번째는 개신교 신앙의 전파를 허용하지 않았던 점이다.

이렇게 제한을 했지만 새로운 동맹은 그해, 1642년 9월에 남부에서 포르투갈에 큰 패배를 안기는 성공을 거두었다. 이때, 은동고에서 오래 권좌에 앉았던 강력한 여왕 은징가Njinga가 콩고와 느슨한 동맹관계에 있던 범중앙아프리카의 일원으로 네덜란드와 조정에 나섰다. 마침내 포르투갈을 이 지역에서 완전히 몰아낼 가르시아 2세의 표현에 따르면 "브라질이나 벵골로" 보내버릴 전망을 실제로 제시할 것처럼 보였다.[15] 그러나 당시 교전자들에게는 알려져 있지 않았지만, 유럽 정치는 중앙아프리카 서부 지역의 상황을 다시 근본적으로 재편할 수 있는 방식으로 급격하게 재정비되어 있었다. 1640년 12월 포르투갈은 에스파냐의 지배에 반기를 들고 일어나 다시 독립국이 되었다. 이듬해 포르투갈은 네덜란드와 평화조약을 맺었다. 네덜란드는 늘 에스파냐를 약화시키려 했기 때문에, 이 조약을 통해 아프리카에서 포르투갈에 적대할 마지막 명분이 사라졌다. 네덜란드와 포르투갈의 평화조약 소식은 1642년 9월 21일에서야 루안다로 전해졌다. 당시 가르시아 2세의 군대는 포르투갈과 맞선 전투에서 큰 성공을 거두고 이를 만끽하고 있었다. 그러나 유럽 정치의 급변을 알리는 소식에 가르시아 2세는 더 이상 편히 앉아 있을 수 없었다.[16] 잔인하게도 가르시아 2세를 완전히 배제한 채, 두 유럽 강국은 루안다 부근에서 무역 관계에 대한 합의에 도달했다. 여기에는 예수회가 루안다에 공급하기 위해 벵구Bengo강을 따라 건설한 50여 개의 플랜테이션에서 수익성 높은 사업을 재개할 수 있게 하고, 대규모 노예무역도 다시 시작할 수 있도록 허용하는 조항이 포함되었다.•[17]

이 역사에는 좀 더 중요한 변화들이 몇 가지 더 앞에 놓여 있다. 이들 각각은 지난 400년의 역사를 이해하는 데 중요한 것이 무엇인지를 보여주지만, 학교 역사교육에서는 거의 배운 적이 없을 것이다. 이는 중앙아프리카 서부 지역의 정치와 경제가 광범한 대서양 세계와 얼마나 깊이 연결되어 있었는지에 대한 이야기들이다. 콩고는 소요와의 전쟁에 나섰고, 각각은 외교관과 귀족을 대서양 너머 페르남부쿠의 수도인 헤시피Recife로 파견하여 네덜란드 정부를 자기편으로 확보하려고 했다. 네덜란드는 다시 한번 중앙아프리카에서 콩고와 함께 싸웠다. 이는 앙골라에서 은징가 여왕의 군대가 무너지는 것을 막기 위해서이기도 했다. 포르투갈은 1648년, 브라질에서 흑인과 아메리카 선주민이 포함된 군대를 실은 주요 함대를 보내서, 마침내 유럽 라이벌의 항복을 받아냈다.[18]

콩고는 리스본이 앙골라를 재정복한 이후에도 계속해서 포르투갈과 홀로 싸움을 이어갔다. 콩고는 1660년대에 또 다시 승계를 둘러싼 지

• 앞서 본 것처럼, 예수회는 이 시기 멕시코 주변에서도 수익을 위해 많은 노예를 부리는 대규모 설탕 플랜테이션을 운영하고 있었다.

독한 분쟁으로 어려움에 처하게 되었고, 군대는 음브윌라Mbwila에서 벌어진 큰 전투에서 패배했다. 그 결과 콩고의 왕 안토니오가 잡혀서 포르투갈인에게 참수를 당했고, 이 일로 콩고 왕국에서 격렬한 내전이 발생했다. 콩고는 후퇴하면서도 리스본 전력에 계속 큰 손해를 입혔다. 1670년 포르투갈은 키톰보Kitombo라는 곳에서 벌어진 전투에서 전멸하면서, 앙골라에 개입한 이래 아마도 가장 큰 패배를 경험했다.[19] 그러나 이는 콩고의 회광반조 같은 것이었다. 포르투갈은 큰 손실을 입기는 했지만, 앙골라에 대한 지배력을 점차 강화했다. 포르투갈은 이 지역을 점령하고, 피도 흘리면서 1975년까지 식민지로 유지했다. 대서양 노예무역 기간 동안 루안다는 약 130만 명의 포로를 배출하여, 단일 노예 공급지로는 가장 많은 노예를 공급했다.[20]

가르시아 2세는 비범한 정치인을 많이 배출한 콩고 왕국에서도 특히 지략가로 눈에 띄는 인물이었다. 그의 재임기간 내내 콩고는 실패한 나라로 가는 하락기에 있었기는 했지만, 그에 대한 높은 평가는 별 이견 없이 이어져 오고 있다. 가르시아는 흡혈귀 같은 포르투갈로부터 자기 영토를 가져오기 위한 기회를 장기적 차원에서라도 노려보려면, 네덜란드와 제휴하는 도박을 받아들이는 수밖에 없다고 생각했다. 그는 자기 지역 선주민 왕국들의 복잡한 정치적 기반에 대해서도 마찬가지로 섬세하게 이해하고 있었기 때문에, 라이벌이자 때로는 적국이기도 했던 은동고를 잘 다루어서 그들 공동의 적국인 포르투갈에 맞서는 진영에 동참하도록 만들었다. 그러나 가르시아 2세와 관련해 빼놓지 말아야 할 것은 그가 심히 비극적 인물이었다는 점이다. 그는 노예제의 재앙이 콩고에 어떤 의미였는지를 너무 늦게 깨달았다. 그가 할 수 있는 일이 아무것도 없는 시점에 되어서야 그는 그 의미를 알게 되었다.

1643년 루안다에 있는 예수회의 한 성직자에게 보낸 편지에서, 가르시아 2세는 "다른 곳에서는 은이나 금 등 사물들이 돈으로 쓰이는데, 어떻게 내가 다스리는 지역에서는 노예가 화폐로 쓰이게 되었는지"를 한탄하며 "우리가 초래한 우리의 우둔함에서 우리나라의 모든 악이 자라나게 되었다"고 덧붙였다.[21]

일반적으로 거의 알려져 있지 않은 중앙아프리카 서부의 두 왕국인 콩고와 은동고에 대해 이렇게 오래 서술한 것은, 이 서사가 그 나라들의 세세한 자국사를 훨씬 넘어서는 이야기이기 때문이다. 이는 놀랍기도 하지만, 의심할 여지도 없는 이야기이다. 앞서 본 것처럼 두 나라는 근대 초기 역사의 중요한 시기에 남대서양을 둘러싸고 벌어진 세 대륙 사이의 중대한 싸움에서 영향력을 행사했던 야심찬 주체들이었다. 특히 콩고가 그랬다. 이 글의 더 큰 목표는 노예무역이 아프리카에 깊고 지속적으로 미친 영향을 다각도로 검토하는 것이다. 그런 과정에서 이 책의 핵심에 놓여 있는 주제, 근대의 탄생으로 돌아가게 된다. 우리의 과제는 아프리카가 갔던 길, 아프리카라는 개념이 깊게 조각나버렸던 방향의 길을 좀 더 잘 이해하는 것이다. 어떤 이들은 이 이해를 위해 오늘날 가나에 자리했던 아산티의 풍부한 역사를 보여주거나, 오늘날 나이지리아의 남부 지역에 위치했던 베냉 제국의 발전을 대신 들여다볼 수도 있다. 아산티는 19세기의 상당 부분을 영국에 완강하게 맞서 세 번의 전쟁과 여러 번의 작은 전투들을 치르며 보냈고, 마침내 1900년에 가서야 세계최강의 제국 영국에 정복을 당했다. 아산티의 패배가 확실

해진 것은 엔필드-스나이더 소총처럼 장거리를 정확하게 조준하는 무기들과 18세기 마지막 3분의 1시기에 영국이 군사작전에 통합하기 시작했던 근대식 포병이 도입되면서였다.[22] 그런데, 슬프게도 아산티 역시 노예무역에 큰 비중으로 참여하고 있었다.

콩고는 자신이 직접 제작한 풍성한 기록 자료를 남겨놓았다는 특이한 이점이 있지만, 생명과 노동력을 상실하고, 미국 노예제에 생산적 잠재력을 더하는 노예무역의 자리에서 결코 뒤로 물러난 적이 없다. 이는 은동고를 비롯해 이 지역 여러 작은 나라들 역시 마찬가지였다. 대서양 노예무역이 가져온 인구학적이고 인간적인 재앙과 한 쌍을 이루는 이 정치사는 근대의 도래와 이어진 근대국가의 형성, 그리고 사하라 이남의 많은 나라들의 다양한 차원의 독립을 생각할 때 유용한 경험의 세 가지 범주를 제공해준다.

대서양 노예무역과 그것을 통해 만들어낸, 세계를 변화시킨 산업들(설탕, 이후에는 면화)이 유럽과 미국의 부상에서 중요한 역할을 했다면, 우리의 가장 중요한 목적은 그들이 아프리카의 최근 과거사와 현대로 진입하는 과정에서는 어떤 역할을 했는지를 탐구하는 것이다. 콩고가 유럽, 그리고 대규모 노예화와 맺었던 관계의 비극적 역사는 그동안 많이 간과되었던 측면, 즉 아프리카와 유럽이 만났던 근대 초의 정치적 측면에 대해 드라마 같은 그림을 제공한다. 예상할 수 있는 것처럼 중세 말 아프리카의 정치 지형은 유럽과 마찬가지로 상당히 다양했다. 아프리카는 아주 작은 나라들로 가득했고 대부분이 단명했다. 이는 사회과학자들이 무국가상태stateless라고 말하는 다른 많은 사회들과 마찬가지였다. 그러나 중세 말 근대 초에 콩고에서, 그리고 그 남쪽에 있던 은동고에서, 그리고 현대의 말리와 나이지리아가 포괄하는 지역들뿐 아니라 서아프리카 해안 지대(가나, 세네감비아 등)에서부터 광활한 내륙에 이르기까지 여러 다른 지역들에서 볼 수 있었던 모습은 복합적이고 실질적이며 상당한 역량을 갖춘 나라들이 형성되었다는 것이다.

이는 유럽인이 오지 않았다면, 아프리카의 정치 지도에 어떤 일이 일어났을지를 생각하게 해준다. 그들은 언제 황금무역에, 그리고 언제 노예무역에 매진했겠는가? 여러 가능한 대안적 결과를 생각해볼 수 있다. 그런데, 중앙아프리카 서부 대부분의 지역에서 점진적인 정치적 통합 과정이 있었을 것이라는 상상은 그리 합당해 보이지 않는다. 정치적 통합은 다른 세계와 마찬가지로, 피 흘리는 정복 과정뿐 아니라 평화적 동맹과 점진적 합병에 기초해서 이루어질 수 있다. 아프리카에 상대적 자율성을 개발할 수 있는 시간과 공간이 좀 더 주어졌다면, 이후 세계경제로 통합되기 위해 훨씬 잘 준비되었을 것이다. 그리고 중요한 전환을 협상할 때 자신에게 실질적으로 유리하게 끌고 갈 수 있는 능력을 더 잘 발휘할 수 있었을 것이다.[23] 그런 시나리오 아래에서, 우리는 베를린협약 이래 시작되어 오늘날까지 아프리카 대륙 전반을 짓누르고 있는 극심한 분열을 피할 수 있었을 아프리카를 상상해볼 수 있다. 오로지 제국주의 유럽의 변덕에 따라 무작위로 그려진 국경선으로 나뉘어 있는, 대부분은 작은 54개 국가의 존재가 아프리카 대륙의 사람들에게 이제는 미래로 무한정 짊어지고 가야 하는 심각한 부담이 된 것 같다.

이는 특히 내륙에 자리한 16개 아프리카 나라, 혹은 전체 아프리카 대륙의 약 3분의 1에 해당하는 지역의 이야기이다. 그들 중 14개 나라는 유럽인이 그은 국경선을 그대로 유지하고 있다. 육지로 둘러싸인 이 나라들은 세계에서 가장 덜 개발된 나라들 중에서도 잘 언급되지 않던 곳들이다. 평균적으로 그들의 무역량은 연안 국가들에 비해 30퍼센트가 적다. 육지로 둘러싸인 나라들에서 사업을 하는 데 드는 비용은 해안 지역 나라들에서보다 일반적으로 훨씬 높다. 이 때문에 아프리카에서 투자는 채굴 산업 외에는 거의 이루어지지 않고 있다. 세계은행의 추산에 따르면, 내륙에 위치하고 있다는 사실만으로도 연 국가성장률이 평균 1.5퍼센트 감소하게 된다.[24] 그런 효과가 해마다 복합적으로 작동하고 있다는 점을 고려하면, 이는 지속적으로 큰 형벌을 가하는 것과 마찬가지라고 할 수 있다. 사방으로 이웃나라와 접해 있기 때문에, 내륙 국가들은 국경분쟁이나 이웃 국가에서 발생한 혼란한 상황으로부터 부정적인 영향을 받게 될 가능성에 훨씬 크게 노출되어 있다. 그 결과, 인구비례에서 볼 때 내륙 국가들이 아프리카에서 상당히 높은 비율로 난민을 양산하고 있다. 현실을 목도하기 위해서는 사헬 지역보다 멀리 갈 필요도 없다. 사헬 지역은 중세 말 역사와 우리가 다루고 있는 대서양 세계에서 많이 주목을 받은 지역이다. 말리, 부르키나파소Burkina Faso, 니제르, 차드Chad와 같은 내륙 국가들은 아프리카 대륙에서 가장 가난하고 가장 불안정한 나라들이다. 현재 이들 나라에서 내분이 빈발하면서, 다른 아프리카 지역으로, 유럽으로, 그보다 훨씬 더 먼 곳으로 대규모의 이민이 발생하고 있다.

반反사실적 상상에 완벽하게 공정을 기하기 위해서는 외지인이 부가한 국경선이라는 치명적인 유산을 넘어서서, 400년 동안의 대서양 노예무역이 가한 압박과 바로 그 뒤를 이은 기생적인 식민주의 헤게모니의 압박, 이 두 가지 압박 아래서 제 길을 가지 못했던 주권 정치의 경험을 가진 아프리카가 지불해왔던 더 큰 비용들을 고려해야 한다. 식민주의 시대 서구인은 절망적일 정도로 낙후된 아프리카 대륙에 근대적

제도와 규범을 부여하여 이른바 '백인의 책무'를 완수하고 있다는 생각에 스스로 우쭐해 있었다. 그 결과 한때 강고했던 선주민의 제도들이 매우 빈번하게 파괴되었다. 그리고 이를 대신하여 간접지배 혹은 단순히 공백을 메우는 차원에서, 지역의 관습이나 정체성의 복잡성을 제대로 이해하지 못한 채 어설프게 새로 구성된 제도가 도입되는 일이 잦았다. 역사학자 베리Sara Berry에 따르면, 식민주의 국가들은 "〔유럽의〕 법과 제도 혹은 자신들 식으로 만들어낸 '전통적인' 아프리카의 법과 제도를 선주민 사회들에 부과할 수가" 없었다.[25] 일부 학자들에 따르면, 이는 현지의 권력구조들을 불안정하게 만들 뿐이었다.[26] 또 다른 학자들에 따르면, 식민주의가 발명해낸 신식 전통주의 제도들은 새로운 아프리카 방식의 권위주의로, 혹은 우간다 학자 맘다니Mahmood Mamdani의 표현에 따르면, "분권화된 전제주의"로 이어졌다.[27] 어떻게 진단하든 간에, 유럽이 아프리카를 건강하고 안정적인 궤도에 올려놓았다고 보는 사람은 오늘날 거의 없다.

대서양 횡단 노예무역의 시대에서 본격적인 유럽의 아프리카 식민화 시대로의 전환이 18세기 말부터 19세기 말까지 점진적으로 오랜 시간 동안 진행되었다. 이 시기 유럽과 아프리카가 어떻게 구체적으로 상호작용했는지에 대해서는 오늘날 거의 상기되고 있지 않다. 그러나 그 세부적인 과정에는, 아프리카가 근대로 가는 힘든 여정에 대해 우리가 제기해온 문제들을 이해하려는 이들이라면 크게 관심을 둘 만한 이야기들이 담겨 있다.

영국에서 독립한 뒤, 미국은 아프리카에 제국을 건설하는 일을 처음으로 진지하게 고려하기 시작했다. 아프리카 대륙은 런던의 입장에서 노예 공급지로 당연히 중요했다. 노예를 통해 카리브해 식민지들에서 부를 생산해내고 있었기 때문이다. 그러나 미국 독립전쟁이 끝날 무렵, 카리브해 지역 노예 플랜테이션 복합체의 유럽 최대 수혜국은 프랑스가 되어 있었다. 생도맹그 식민지 덕분이었다. 당시 영제국은 이른바 자유무역 제국주의를 발전시키겠다고 하면서, 빠르게 진출할 수 있는 지역으로 아프리카를 보고 있었다. 여기에는 두 가지 목적이 있었다. 하나는 미국을 상실하고 얻은 심리적 타격을 완화시키는 것이었고, 둘째는 여러 종류의 농산물과 원자재의 무궁무진한 원천이 될 수 있는 열대 지역을 확보하는 것이었다.[28] 이는 산업혁명이 본격적으로 진행되면서 필요하게 될 자원이었다. 이에 따라 결국 아프리카는 세 번째로 유럽인이 꿈꾸던 엘도라도의 화신이 되었다. 그 이전에 아프리카는 이베리아반도 사람들의 주도 아래 처음에는 아프리카산 황금으로, 두 번째에는 여러 세기 동안의 노예무역으로 엘도라도의 화신이 되었다. 그런데 앞의 두 시대와 달리 이 새 시대는, 지금은 거의 잊혀 잘 보이지 않게 되었다.

아프리카가 천문학적인 성장 가능성을 가진 잠재적 원천이라는 생각은 열대 지역의 풍성함에 대한 신화적 믿음에서 비롯되었다. 영국을 비롯한 유럽 여러 나라의 아프리카(그리고, 그 문제와 관련해서는 브라질과 아시아 열대우림 지역) 여행객들은 토지의 놀라운 생산성에 대해 눈이 휘둥그레질 만한 이야기들을 갖고 돌아왔다. 땅이 너무나 비옥하여 씨만 뿌리고 잡초만 몇 번 뽑아주면 엄청난 수확을 할 수 있다는 이야기였다. 노예제 폐지론자나 기업가 중 일부는 그런 결과를 얻을 수 있는 비결이 노예제가 아니라 계몽된 서구의 농업, 축산, 경영 관행을 지침으로 삼아 영국인이 아프리카인 노동력을 고용해서 이루어낸 결과에 있다고 주장하기 시작했다.[29] 이런 관점에서 만들어진 아프리카의 잠재성에 대한 상상이 잠시나마 아프리카에 대한 관심을 높이 불러일으켰다. 이는 근대 이전, 사실 근대 이후로도 없었던 수준의 관심이었다. 영국은 미국을 상실하기 이전에도 아프리카에 대한 태도를 바꿀 준비가 되어 있었을 것이다. 이는 1736~1765년 사이에 팔절판의 책 65권으로 출판된 영국백과사전의 만국사 부분에서 분명한 힌트를 얻을 수 있다. 영국의 제국주의적 이권과 제국 관련 주식이 점점 커지던 상황을 보여주듯이 만국사 내용의 거의 절반이 비서구 세계의 역사에 할당되어 있었고, 특히 근대사에 할당된 분량의 8분의 1이 온전히 아프리카에 집중되어 있었다. 이는 동아시아, 동남아시아, 남아시아를 모두 합친 분량과 같았다.[30]

그러나 아프리카 대륙에 대한 그런 열광은 그것이 일어났던 만큼이나 빨리 무너졌는데, 이는 시기와 밀접하게 연결되어 있던 두 가지 이유 때문이었다. 앞서 본 것처럼 18세기 말 영국이 제국을 위한 다음번의 거대한 발판으로 아프리카에 대한 환상을 키우기 시작했을 때, 유럽은 여전히 질병 관리에서 위생의 역할을 거의 알지 못하고 있었고, 근대적 세균 이론은 아직 개발되지 않은 상태였다. 그 결과 서아프리카에 왔던 이들 중 상당수가 그 지역 열대 풍토병에 대한 면역력이 부족했고, 이에 따라 상당히 높은 사망률을 보였다. 서아프리카 해안에 도착한 유럽인 중 25~75퍼센트가 1년이 채 안 되어 사망했다. 그래서 이 지역은 '백인의 무덤'이라는 불길한 별명을 얻었다. 이런 환경에서 무사히 첫 해를 살아남은 사람 중에서도 매년 약 10퍼센트가 계속 사망했다. 유럽인의 인명의 관점에서 보면, 아프리카에서 사업을 하면서 치러야 하는 손실이 인도나 카리브해보다 훨씬 컸다.

남아시아에 대한 영국의 관심은 사실 바로 이 시기에 커지고 있었다.[31] 이는 아프리카 진출이 결실을 맺는 단계에서 잘리게 되는 데 한 몫을 하기도 했다. 1780년대와 1790년대에 영국의 동인도회사가 인도 아대륙을 사실상 장악했다. 동인도회사의 독점은 1813년에 끝나지만, 그 시기까지 인도 무역은 특히 아프리카 대륙이 분열되어 있는 조건에서 상상할 수 있는 아프리카의 어떤 대안보다 훨씬 더 발전되고 안전한 교역의 원천이 되었다.

일단 영국이 1807년에 노예무역을 금지하자, 다른 유럽 국가들도 이후 수십 년에 걸쳐 점차적으로 금지해나갔다. 이는 부분적으로는 영국의 노예무역 금지를 위한 노력을 통해서 이루어졌는데, 영국은 동조하는 다른 노예제 나라들에 재정지원을 하기도 했다. 이런 식으로 기억되는 경우도 드물지만, 오랜 노예무역 시대에 이어 매우 짧은 식민통치 기간이 있었다. 이 기간 동안 서구의 법과 제도가 아프리카의 정치에 깔끔하게 접목된 것으로 상상되기도 한다. 그러나 현실은 그렇게 희망적이지 않았다. 심지어 초반부터도 장밋빛은 아니었다. 식민통치 기간 동안 거의 예외 없이 유럽 강국들은 아프리카 관리에 예산이든 인력이든 귀한 자원은 사실상 쓰지 않았다. 대륙 전역에 걸쳐 식민주의가 이렇게 유난히 가벼운 발자국만 남긴 점에 대해, 내가 다른 곳에서 다음과 같이 서술한 바 있다.

> 1930년대 말까지 프랑스령 아프리카에서 1500만 아프리카 백성의 운명을 관할하는 행정관은 385명에 불과했다. 영국령 아프리카에는 4300만 명의 주민이 있었는데, 행정관은 1200명 정도였으니 비율로 보면 거의 비슷했다. 1950년대 말까지, 즉 아프리카 대륙에서 독립의 동이 트던 무렵까지 사하라 이남의 2억 아프리카 인구 중, 유럽 관리인이 배출한 중등

학교 졸업생은 8000명에 불과했다. 그중 절반이 영국령 가나와 나이지리아에서 나왔다. 프랑스령에서는 학령 아동 중 약 3분의 1만이 겨우 초등교육을 받았다.[32]

인도에서 행한 1861년 제국 센서스에 따르면, 영국인 인구는 12만 5945명이었다. 아프리카에 대한 포괄적인 통계가 나오기는 어렵지만, 아프리카 대륙에 있던 영국인 인구가 훨씬 적었을 것임은 의심할 여지가 없다. 동남아시아와 비교해도 아프리카는 분명한 차이가 있다. 어느 연구에 따르면, 프랑스 식민 치하의 베트남에서도 인구의 10퍼센트 가까이 문자교육을 받았다.[33] 이는 동시대 아프리카 어떤 식민체제가 이룬 교육적 성과보다도 열 배는 큰 규모이다.

아프리카 전역에서 유럽의 직접적인 식민주의적 관리는 동시에 시작되지도 동시에 끝나지도 않았지만, 대략 1885년부터 1960년대 초까지 지속되었다고 말할 수 있다. 그러나 남아프리카 이외의 지역에서는 제2차 세계대전 이후에야 어떤 규모든 기반시설에 대한 투자가 비로소 시작되었다.[34] 정말 얼마 안 되는 철도도 대부분 작은 궤도로 지어졌고, 그마저도 가공되지 않은 광물을 광산에서 항구로 이송하는 데 집중되어 있었다. 한 식민지에서 다른 식민지로 가는 철길이나 고속도로를 찾아봐야 헛수고이다. 유럽이 아프리카를 식민지로 지배한 기간이 짧고 내용적으로도 빈약했던 점에 비추어보면, 아프리카의 많은 지역이 독립 이후 발전하는 과정에서 정치적으로 불안하고 경제적으로 발전하지 못했던 것이 놀라운 일은 아니다.

31

흩어져 나간 사람들, 고갈된 대륙

아프리카 대륙이 독립을 맞이한 시대로 접어들면, 우리는 이 대륙의 약한 경제적·제도적 기반의 문제로 돌아가게 된다. 그러나 무엇보다 우선 대서양 노예무역의 또 다른 중요한 측면, 즉 인구에 미친 가혹한 영향에 대해 말해야 한다.

가장 널리 수용되고 있는 추정에 따르면, 약 1250만 명의 아프리카인이 대서양을 건너 신세계로 향하는 노예무역 과정에서 살아남았다.[1] 이 외에 또 다른 약 600만 명의 아프리카인이 북아프리카, 홍해, 인도양을 경유하는 인신매매를 통해 아프리카 땅을 떠났을 것으로 추정된다. 역사학자 러브조이Paul Lovejoy는 이렇게 대규모로 인구가 유출된 것을 두고 아프리카 역사에서 있었던 "뿌리까지 잘려나간 단절radical break"이었다고 했는데, 타당한 표현이다.[2] 수년에 걸쳐 전문가들은 아프리카 인구의 이런 유출이 인구학적으로 가져온 결과들을 놓고 열띤 논쟁을 해왔다. 어느 세밀한 연구에 따르면, 근대 노예무역의 결과 1850년 아프리카의 인구는 그런 대규모 인신매매가 일어나지 않았을 경우를 가정했을 때의 인구와 비교해볼 때 절반 정도로 감소했다.[3] 다른 연구에 따르면, 1975년까지 아프리카 인구 밀도는 1500년 유럽의 인구 밀도에도 미치지 못했다.[4]

입체감 있게 상황을 이해해보려는 시도가 면밀하게 진행되고는 있지만, 대부분은 아프리카 대륙에서 발생한 인명 손실에 대한 추정을 생략함으로써, 노예무역이 인구에 미친 영향을 크게 과소평가하고 있다. 노예화와 관련해 아프리카 대륙에서 일어난 전쟁, 포획, 그리고 특히 내륙에서 해안으로 가는 여정에서 사망한 사람들, 노예무역 지대에서 사망한 사람들에 대해 신뢰할 만한 수치가 나오기는 아마 불가능할 것이다. 몇몇 역사학자는 이런 식으로 사망한 아프리카인의 숫자가 대서양을 횡단하는 항해과정을 거치며 생존한 숫자와 비슷할 것이라고 추정한다.[5] 대서양을 횡단하며 아프리카인을 이송했던 떠다니던 무덤들(노예선을 말함—옮긴이) 위에서 사망한 아프리카인의 숫자까지 계산에 넣으면, 노예무역으로 끌려간 사람들 중 신세계에서 판매될 때까지 살아남은 이들은 42퍼센트에 불과할 것이다.[6] 역사학자 조지프 밀러의 추정에 따르면, 이 엄청난 피해에 더해, 브라질(그리고 다른 플랜테이션 사회들)에 도착한 이후 노예가 견뎌야 했던 3~4년의 '적응seasoning'기간까지 생존한 이들은 아프리카에서 잡힌 이들이 100명이었다고 할 때 28~30명에 불과했다.•[7] 이는 인간 생명의 전반적인 '소모'율이 3분의 2였다는 점을 보여준다. 그런데, 수십 년이 지나도 포르투갈인을 비롯한 여러 주요 무역상인들은 이런 끔찍한 손실을 도덕적으로는 언급할 가치가 없는 '사업 과정에서 발생하는' 비용으로 간주했다.

• '적응'은 신세계에서 동산노예제가 발전한 곳이라면 거의 모든 곳에 있던 표준화된 관행이었다. 이 기간 사망률은 지역에 따라 달랐지만(새 환경에 순응하는 기간이 달랐던 것처럼), 어느 곳에서든 상당히 높았다.

아프리카 땅에서 포로로 잡히는 과정에서 사망했던 아프리카인의 숫자가 노예선박에 올랐던 이들의 숫자와 비슷했다고 하는 밀러의 추정에 조금이라도 타당한 면이 있다면, 이는 노예제가 아프리카에 미친 인구학적 영향에 대한 전반적 추정을 근본적으로 재검토해야 한다. 일부 전문가는 아프리카 대륙의 인구 성장을 보면, 노예무역이 이루어지던 시기가 노예무역이 없었을 때보다 훨씬 낮았고, 대서양 노예무역 400년 동안 실제 아프리카 인구는 절대적으로 감소했다고 믿는다.[8] 그러나 얼마나 많은 사람이 아프리카에서 떠나갔는가 하는 문제는 우리 이야기에서 중요하다. 이는 정확성을 넘어서는 문제이다. 아프리카에 얼마나 많은 주민이 있었는지는 근대화로 가는 길을 구성하는 매우 중요한 기초들 중 하나이다. 전근대 역사 대부분의 기간 동안 아프리카는 유럽이나 아시아와 비교해볼 때 인구가 상당히 적었다.[9] 이는 열대 아프리카에서 예외적으로 높은 질병 부담 때문에 출산율이 낮아지고, 영아 사망률은 높아서 인구 증가에 부정적 영향을 강하게 미쳤기 때문이었다.[10]

수백만 명의 사람을 비교적 짧은 기간 동안 빼앗아간 대서양 노예무역 때문에, 인류 사회가 처음으로 지구화되던 바로 그 시기에 아프리카는 세계 다른 지역들과의 경쟁에서 크게 뒤처진 상태로 남게 되었다. 이 시기 영국을 비롯한 유럽의 많은 지역에서는 인구가 급증했는데, 이를 우연이라고 할 수는 없을 것이다. 이 시대 어디에서든, 급속한 인구증가는 도시화를 촉진했고, 도시화는 모든 종류의 근대화 과정을 차례로 이끌어냈다. 인구증가로 더 크고 더 강력한 국가가 되고, 더 큰 군대를 조직하고 배치할 수 있는 능력을 갖추게 되었다. 인구증가는 시장의 엄청난 확대와 무역이 성장할 잠재력을 의미했다. 그러나 노예제로 아프리카에서 이 모든 것이 빠져나가게 되면서, 아프리카는 외부 경쟁자와 공격자, 특히 유럽인 앞에서 더 취약해졌다. 유럽은 스스로 빠르게 성장했을 뿐 아니라, 앞서 본 것처럼 아프리카 노동력을 전용하여 더 큰 부자가 되었다. 당시 아프리카에서 유출된 노동력은 기획에 따라 절대 다수가 생산성이 최고조에 올라 있던 사람들로 구성되어 있었다.

게다가 노예무역과는 별도로, 19세기 말 유럽인이 광범하게 아프리카 대륙을 정복하던 시기 동안, 아프리카의 인구는 아프리카의 정치기구들과 마찬가지로 결정적인 타격을 받았다. 사실 아프리카 인구는 식민화 초기인 20세기 초까지도 계속 감소세였을 것이다.[11]

중세 말 시작되어 18세기 말과 19세기 말 사이에 절정에 올랐던 아프리카인의 외부 유출이 아프리카의 과거와 뿌리까지 잘려나간 단절을 가져왔다고 말한다면, 20세기 전간시대에 늦었지만 아프리카 인구가 폭발적으로 증가했던 것은 이 시기에 발생한 또 다른 근본적인 단절이었다고 할 수 있다. 그리고 이는 비단 아프리카뿐 아니라, 모든 인류에게도 마찬가지였다. 아프리카의 인구는 모든 역사를 통틀어 유례없이 급속하고 지속적으로 성장했는데, 20세기에 약 600퍼센트 증가했다.[12] 100년 사이에 약 1억 3000만 명에서 10억 명으로 증가한 것이다. 이는 인류역사상 어떤 대륙에서 나타났던 인구 증가의 속도도 뛰어넘는 것으로, 전부는 아니라고 해도 그 대부분은 과거 약탈당했던 경험으로부터의 회복 혹은 반등 같은 것으로 이해되어야 할 것이다. 그러나 아프리카의 20세기 인구증가는 유럽, 북아메리카 등 지구의 부와 권력의 중심지들과 경쟁하기 위한 좋은 조건을 마련하는 것으로 이어지기에는 너무 늦게 일어났다. 이는 이들 지역이 부상할 수 있던 토대가 이미 100년 전 혹은 그보다 더 오래전에 갖춰졌기 때문이다. 세계는 해양 교통과 무역을 통해 더 긴밀하게 연결되었다. 경제 단위들이 고도로 세계화된 시대에 이런 연결은 북대서양 나라들에 훨씬 유리하게 작용했다.

많은 사람들이 훨씬 더 놀라워할 일은 21세기 아프리카의 성장이 100년 전의 기록적인 성장보다 훨씬 더 엄청난 속도로 진행되고 있다는 사실이다. 이는 장기적으로 볼 때 우리 인간의 미래를 결정하고 규정하게 될 것이다. 신뢰도가 높은 유엔 인구국Population Division의 전망에 따르면, 이 책을 집필하고 있는 현재 아프리카의 인구는 약 14억이지만, 21세기 중엽이 되면 20억, 그리고 21세기 말이 되면 현실적으로 40억까지 도달할 것이라고 한다. 여기에는 씁쓸한 역사적 아이러니가 있다. 아프리카에서 가장 가파른 인구 증가는 '백인의 책무'라는, 온건했다고들 말하는 유럽인의 관리 아래에서 나온 것이 아니라 1950년대와 1960년대에 독립이 시작되던 시대에 진행되었다. 공중 보건, 특히 산모와 영아를 돌보는 일에 대한 중요한 투자는 식민지 시대가 아니라 독립과 함께 비로소 시작되었다.[13]

이제 전 세계 앞에 무겁게 다가오는 문제는 다음과 같다. 앞으로 수십 년 사이에 인류의 일원으로 새로이 세상에 나올 수억 명의 아프리카인은 수많은 조각으로 갈라진 유산을 가진 나라에서 출생할 텐데, 그곳에서 그들은 자신들을 위해 어떤 종류의 삶을 확보할 수 있을 것인가? 그 대답은 세계 구석구석까지, 당신이 어디에 살든, 오늘 당신의 관심사가 아프리카로부터 얼마나 떨어져 있든 상관없이 영향을 미치게 될 것이다. 인류는, 특히 유럽은 과거에 아프리카에서 노동력을 착취해갔던 것과 그 노동력을 조직하여 풍성한 수익을 보았던 것에 대해 막대한 청구서를 받게 될 수 있다. 21세기 내내 아프리카 상황이 나쁘게 풀려간다면, 이는 오늘날 목도하고 있는 수준과 비교해서는 상상할 수도 없을 정도로 큰 이민의 파도가 몰려올 것이다. 우리는 새롭게 등장한 질병, 만성적인 전쟁상태, 그리고 테러리즘 등이 확산되는 것을 보게 될 텐데, 이 모든 것은 아프리카의 정치적 불안과 경제적 저발전과 관련되어 있다. 우리는 전 세계를 황폐하게 만드는 규모의 환경 악화를 겪게 될 것이다. 예를 들면 아프리카에 광범하게 남아 있는 열대우림 지대의 파괴, 혹은 아프리카와 마주하고 있는 대양들의 오염과 같은 일이 생길 수 있다.

이런 재앙을 피할 수 있는 대안은 현재 아프리카가 가고 있는 궤적을 크게 수정하는 데 도움이 될 수 있는 훨씬 더 본격적이고 구체적인 작업을 통해서만 실현 가능하다. 특히 이전보다 훨씬 큰 규모의 산업화를 비롯해, 아프리카의 경제적 발전을 추동할 수 있는 노력이 필요하다. 이 목적을 위해, 그리고 인구곡선을 결정적으로 바꾸기 위해서는 고용과 교육이 가장 중요한데, 특히 여성 고용과 교육이 절실하다. 안타깝게도 유럽, 서구, 혹은 최근 아프리카와의 관계로 큰 관심을 끌고 있는 중국을 비롯한 어떤 주체도 이런 어려운 과제에 실제로 나섰다는 신호는 없다. 하버드대학의 역사학자 로드릭Dani Rodrik이 지적한 것처럼, 사실 지난 50년 동안 새롭게 산업화된 중국의 발전으로 인해 그 이후로 현저한 규모의 산업화를 이루는 것이 어떤 나라든 훨씬 더 어려워졌다.[14] 이는 특히 베를린회의로 작은 시장들과 육지로 가로막힌 상태, 혹은 생존의 위기에 처한 상태가 된 여러 아프리카 나라들에 해당되는 이야기라고 할 수 있다.

인구와 관련한 마지막 고려사항은 노예무역이 초래한 아프리카 내의 대규모 이동이다. 사업의 운영반경 혹은 포획 지역이 해안 지대에서 내륙으로 점차 확대되면서 새로 잡은 포로들을 엮어 만든 인간 사슬이 20명에서 100명까지 다양한 규모로 생겨났다. 이들은 이리저리 끌려다니면서 해안가로 향했다. 조지프 밀러에 따르면, "각 개인의 오른 손목을 감은 고리를 통해 그 혹은 그녀를 중심 사슬과 연결했는데, 이는 오른손을 사용해 족쇄를 풀지 못하도록 하기 위해서였다. 저항하거나 넘어진 개인은 그가 묶인 집단의 다른 구성원들에 의해 땅에 끌려갔다."[15] 서인도제도의 플랜테이션을 채우기 위한 외국의 수요가 급증하고, 이와 함께 18세기에 아프리카에서 내부 이동이 갑자기 증가하면서, 아프리카 내에서 그리고 아프리카인 사이에서도 노예제의 관행이 크게 증가했다. 이는 역설적으로 보이기도 한다.

여기에는 다양한 이유가 있다. 그중 하나는 유럽인과 수입제품을 직간접적으로 교환하는 새로운 방식이 퍼지면서 전통적인 가치 체계가 근본적으로 변화했기 때문이다. 또 다른 이유는 여러 지역에서 질서가 무너졌기 때문이다. 마지막으로 인신매매된 수많은 아프리카인이 중간 집결지에서 억류된 채 해안까지 가지 못했기 때문이다. 이는 우연히 '주최 측'이 된 사회들을 몹시 불안정하게 만들었다. 게다가 노예무역의 초기 단계에서 인구 감소를 겪었던 해안 지역 사회들이 이 인신매매에서 더 큰 역할을 하게 되면서, 이 중 많은 사회가 내륙에서 최근 도착한 인신매매의 피해자들을 자신들의 사회로 흡수하려고 했다. 이 신참자들은 해안 지역 사회들이 상실했던 인구를, 비록 노예 신분으로나마 보충해주었고, 이웃 경쟁국에 맞서는 힘을 키우는 데도 기여했다. 19세기 상반기에 노예무역이 마침내 중단되자, 일부 서아프리카 왕과 수장들은 그들의 생계가 파탄이 났을 뿐 아니라 내륙에서 끌려왔고 앞으로도 계속 팔릴 것이라는 전제 아래 노예로 들어온 대규모의 신참자를 먹이고 어느 정도 통합해내야 하는 짐까지 감당하게 생겼다고 심하게 불평했다.[16] 결국, 이 새로 끌려온 이들 중 다수가 (그들에게는) 새로운 아프리카 환경에서 노예가 되었다.

이러한 역동성은 서아프리카 해안 지대 거의 모든 문화들에서는 익숙하지만, 인정하거나 논의하기에는 불편한 문제로 남아 있다. 대서양 무역에서 그들의 조상이 어떻게 참여했든지 간에, 서아프리카와 중앙아프리카 서부의 광활한 지역에서는 노예화를 거쳐 다른 지역에서 온 포로들을 자기들 종족 집단으로 흡수했고, 실제 가족으로도 받아들였다. 이는 연구를 통해서뿐 아니라 나의 처가가 겪은 아픈 경험을 통해서 알게 된 것이기도 하다. 몇 년 전 가족 간의 다툼에서 나는 아내 친족의 한 지파가 다른 지파의 노예였음을 알게 되었다. 이는 상당히 오래전 일이어서 이미 양측은 서로를 동등한 사촌으로 여기고 있었다. 노예였던 지파가 노예를 부렸던 측보다 더 부유했지만, 다툼 중 방심하고 있던 순간에, 노예를 부렸던 지파의 일원이 다른 지파에게 그 점을 지적했다. 그러자 오래전에 모두 다 아물었다고 여겼던 상처가 다시 벌어졌다.

다른 인구 집단들은 더 내륙으로 도망쳤다. 반사막, 열대우림, 불모지, 험한 절벽 지대 등 거주에 부적합한 지역까지 들어가는 사례도 빈번했다. 수십 년 전, 대학교 4학년 때 나는 코트디부아르의 아비장에서부터 말리 중부에 있는 나이저강 중류까지 대륙을 가로지르는 여러 번의 긴 여행이 될 첫걸음을 시작했다. 그곳에는 도곤Dogon이라고 알려진 사람들이 살고 있었는데, 이들은 노예무역이 그들 지역을 휩쓸던 15세기 어느 시점에 피난처를 찾아온 사람들이었다. 이들은 가파른 산등성에 거주지를 마련했고, 일부는 오늘날까지도 그곳에서 살고 있다.[17]

이는 흑인의 몸을 거래했던 대서양 무역의 오랜 기간 동안 많은 아프리카인이 의존했던 극단적 수단 중 하나이기도 했다. 노예무역이 성행했던 아프리카의 모든 지역에서, '조각난 구역들'은 계속 확대되던 인신매매의 반경에서 도망해 온 절박한, 그리고 대개는 이질적인 사람들이 섞여 사는 방식으로 채워져 갔다.[18]

'중세 말부터 시작된 유럽과 아프리카 사이의 얽힘이 세계에서 아프리카의 지위에 장기적으로 어떤 영향을 미쳤는가'라는 4부의 핵심 질문에 대한 논의를 마무리하기 위해서는, 경제 발전과 제도 구축을 다시 봐야 한다. 앞쪽에서는 아프리카의 심각한 발칸화(서로 적대하는 작은 세력으로 분열되는 현상—옮긴이)와 수많은 내륙 국가의 형성이 어떻게 대륙의 번영을 가로막았는지를 설명했다. 여기서는 아프리카를 경제적·제도적으로 계속 쇠락하게 만든 더 놀라운 원인이라고 할 수 있는 문제로 넘어가자. 정치학자 넌Nathan Nunn과 그의 동료 완치콘Leonard Wantchekon은 아프리카 여러 지역에서 노예무역의 강도와 지속기간과 사회적 신뢰의 지속적인 하락 사이에 강한 상관관계가 있음을 보여주었다. 그들의 작업은 번영과 경제 발전에서 사회적 신뢰가 중요함을 강조하는, 최근 수십 년 동안 축적된 경제학 연구 성과들을 따른 것이기도 하다.

넌과 완치콘은 "노예무역은 노예무역을 경험한 종족 집단들의 문화적 규범을 바꾸어놓았다. 그들은 다른 이들을 덜 신뢰하게 되었다"고 분명하게 주장한다.[19] 그리고 다음과 같이 덧붙인다. "신뢰수준이 낮은 지역에서 개발된 제도는 더 취약했고, [그들의] 더 취약한 제도는 더 나쁜 행동과 훨씬 더 낮은 수준의 신뢰로 이어졌다. 이런 사회는 비협조적인 행동, 불신, 비효율적인 제도가 평형을 이룬 가운데 갇힌 상태에 머물러 있다." 두 연구자에 따르면, 노예무역의 압력하에서 개인은 공동체 내의 다른 사람에게 등을 돌림으로써 올무로부터 자신을 보호하려고 했기 때문에 이런 결과들이 자리 잡게 되었다.

노예로 잡혀가게 된 사례를 보면, 의심하지 않는 사람들에게 도움이나 은신처를 제공하겠다며 집으로 유인하여 노예로 끌고 가는 속임수가 이따금 있었다. 공인된 법적 절차를 통해 판매되기도 했는데, 이런 절차는 노예사업으로 인해 철저하게 부패되어 있었다. 일반적인 전술 중 하나는 오늘날 허니 트랩Honey Trap이라고 불리는 것인데, 많은 아프리카 사회에서 엄격히 금지된 간음을 시도하는 행위를 통해 (대부분은) 남성을 의도적으로 유인한 다음, 이들이 실제로 범죄를 저지르게 하거나 혹은 그럴 의도를 갖고 있었다고 하여 이들이 벌을 받아 마땅한 사람들이라고 비난하는 것이다. 왕, 수장, 우두머리들은 대개 아내가 여럿이었는데, 때로는 이들을 시켜 위와 같이 함정을 만들기도 했다. 이렇게 올무에 걸려든 이들은 이후 약식재판을 받고 노예시장으로 팔려갔다. 조지프 밀러에 따르면, 지방 관리는 권력을 이용하여 "원래는 중재재판소였던 사법기구를 기소되어 온 시골 출신의 도둑, 마녀, 주술사에게 유죄판결을 내려 팔거나 추방하는 단죄의 장소로 바꾸어놓았다."[20]

넌과 완치콘에 따르면, 이렇게 사법절차가 왜곡되면서 제도와 권위 자체에 대한 신뢰가 심각하게 훼손되었다. "수장이 노예상인인 경우가 다반사였거나 혹은 수장이 자기 공동체의 구성원을 노예로 팔 수밖에 없었기 때문에 노예무역은 정치인, 특히 지역 지도자를 향한 불신을 양산했을 것이다."[21]

우리는 여기서 이 저자들이 전개하는 길고 상세한 통계적 주장은 피하고, 대신에 이러한 불신이 확산되었을 것으로 추정되는 메커니즘들과 그것이 양산했을 결과들에 더 집중하려고 한다. 최신 데이터(그러나 식민지 이전 아프리카에 대한 데이터가 불가피하게 부족함)를 풍부하게 이용하면서, 넌과 완치콘은 "노예무역이 성행했던 지역에서는 타인에 대한 불신의 규범이 신뢰의 규범보다 더 유익해졌고, 시간이 지남에 따라 더 만연하게 되었다"고 말한다.[22]

이 통계 작업이 이 연구 분야에서 가치 있는 업적으로 인정받으면서, 최근 몇 년 사이에 다양한 학자들이 대규모 노예화가 아프리카에서 사회적·정치적 응집력에 미친 파괴적이고 지속적인 영향을 강조하고 있다. 예를 들어 역사학자 호손Walter Hawthorne에 따르면, "대서양 노예무역은 그 효과가 사회구조 깊숙이 침투했기 때문에 크게 주목을 끌지 않고도 작동할 수 있었다. … 이는 국가의 차원을 넘어 마을과 가정의 차원으로 침투했다. … 따라서 많은 지역에서 노예무역은 이웃 간의 싸움이 되었다."[23] 그리고 시간이 지나면서 이는 가장 가까운 사회적 관계도 심각하게 좀먹어 들어가기 시작했다.

아프리카 사회가 노예무역으로 기반이 흔들리면서 크게 지속적으로 무너졌던 메커니즘들에 대한 마지막 고려 사항은 더 사변적이라고 할 수도 있고, 과학적으로 영감을 받았다고도 할 수 있다. 이는 다양한 유형의 스트레스가 자손에게 전달될 수 있고, 후생적後生的 통로epigenetic channel라는 것을 거쳐 그 자손에서 더 다음 세대로 이어질 수 있다는 이론이다.[24] 다시 말해, 관찰 가능한 유기체의 특성들은(물론, 이 경우 유기체는 인간을 의미함) 유전자형genotype, 遺傳子型(공통 유전자형을 가진 개체군—옮긴이)뿐만 아니라 표현형phenotype(유전자와 환경의 영향에 의해서 형성되는 형질—옮긴이)을 통해서도 영향을 받는다. 이 이론에 따르면, 표현형은 다양한 유전자들의 발현과 환경 및 사회적 조건 사이의 상호 작용의 결과로 발생한다.

간음이나 주술에 대한 비난과 관련된 위의 사례들도 하나의 고려사항이지만, 다음 세대로까지 이어지는 후생적 트라우마가 어떻게 작용하는지 이해하려면 자신의 공동체가 노예상인에게 희생되었을 때 갖게 되는, 사라지지 않고 늘 배경처럼 자리하고 있는 스트레스를 상상할 수 있어야 한다. 대서양 노예무역으로 가장 큰 타격을 입은 지역인 중앙아프리카 서부 지역 사람들의 경험을 바탕으로 한 평가에서, 조지프 밀러는 2000만 명 정도였던 이 지역 전체인구 중 0.25~0.5퍼센트 정도가 매해 내륙에서 노예 항구들을 향해 서쪽으로 끌려갔을 것이라고 추정한다. 밀러에 따르면, 이러한 상황에서 "100명의 주민으로 구성된 일반적인 농촌의 경우 20명의 젊은이가 있었다고 가정하면, 농작물 경작 주기마다 혹은 두 주기마다 그중 한 명이 사라지는 고통을 겪었고, 그리고 또 사라질 것이라는 생각에 고통을 겪었을 것이다."[25] 이처럼 인신매매 속으로 사람들이 꾸준히 사라졌던 사건을 겪었던 사람들은 주변 환경에 대한 불안감을 부지불식간에, 그러나 감당하기 힘들 정도로 무겁게 떠안고 살아가게 된다. 이 때문에 우리가 언급했던 아프리카의 인력, 생산, 비옥함에 대한 과세수준을 넘어서는 사회적 비용이 부과된 셈이다. 여기에는 세대를 이어 전달되는 후생적 비용도 포함되었을 거라고 생각하는 것이 무리로 보이지 않는다. 밀러가 쓴 것처럼, "어린 시절에 가까운 친척이나 친구가 흔적도 없이 사라지는 것을 경험하는 일은 사실상 불가피했다."[26] 세대를 이어 전달된다고 하는 후생적 유전 이론을 통해 아프리카의 특정한 사회적 신뢰 결핍에 대해서 더 깊이 이해하는 데 도움을 받을 수 있다. 이는 아프리카 사회들에서 많은 이가 정부기관에 대해, 시장에 대해, 자기 종족 집단 외부의 사람들에 대해, 혹은 가까운 지역 사회들에 대해서 신뢰가 부족하다고 하는 문제만은 아니다. 훨씬 더 깊고, 보이지 않게 작동하는 것일 수 있다. 세대를 거쳐 전해지는, 좀처럼 사라지지 않는 상처의 메아리이기도 하고, 또 다른 끔찍한 타격이 닥칠 것만 같은 불안감 속에서 살 때 느끼게 되는 지속적인 위축감일 수도 있다.

5부

검은 대서양과 새롭게 형성된 세계

1811년, 저먼코스트German Coast 봉기를 주도한 찰스 데스론데스Charles Deslondes 등 여러 지도자를 위한 기념비, 미국 루이지애나주 월리스의 휘트니 플랜테이션. (저자 제공)

"문명이 산산조각 나고 있어." 톰이 갑작스레 끼어들었다. "나는 끔찍한 비관주의자가 되었어. 이 고더드Goddard라는 사람이 쓴 《유색 제국들의 부상》 읽어봤어?"

– 피츠제럴드, 《위대한 개츠비》

내전 이전 미국과 카리브해 유역

32

자유의 향기

그들이 어떻게 연락을 주고받았는지에 대한 상세한 이야기는 절대 밖으로 새나가지 않았고, 지금까지도 비밀로 남아 있다. 날짜조차도 시간이 지나면서 잊혔다. 그러나 1810년 12월 어느 날, 미시시피강이 멕시코만으로 진흙물을 흘려보내는 지점에서 수십 마일 거슬러 올라간 지류의 농장 지대에서 한 무리의 노예가 미국 역사상 최대의 노예봉기를 도모하고자 모임을 가졌다. 이는 미국 역사에서 처음으로 진압을 위해 군대가 소집되었던 봉기가 되었다.

모든 증거를 종합해볼 때, 이 기획을 주도한 것은 앤드리Manuel Andry 플랜테이션의 혼혈인 노예 데스론데스Charles Deslondes였다. 그는 주인으로부터 어렵게 신뢰를 얻어 대우가 좋은 감독driver 자리에 올랐었다. 신세계에서 노예봉기는 상대적으로 자신감을 가질 수 있었던 지위의 노예가 주도하던 경향이 있는데, 이 사례 역시 이에 부합한다. 노예봉기는 처음에는 마부가, 다음에는 시종이, 그리고 이후에는 감독이 주도하는 경향이 있었다. 스물두 살 정도 되었던 데스론데스는 앤드리 플랜테이션에서 매일 아침 종을 울려 노예를 소집하여 사탕수수 밭으로 가는 것으로 고된 하루 일과를 시작했다. 그는 노예의 작업량을 기록했는데, 이를 통해 채찍질을 당할 이와, 드물지만 작은 상을 받을 만한 이를 가렸다. 데스론데스는 꽤 큰 상을 받았다. 리버로드River Road를 따라 다른 플랜테이션까지 다녀올 수 있는 허가장을 받았던 것이다. 그의 애인이 노예로 있던 플랜테이션이었다. 이렇게 다니면서, 데스론데스는 역사를 보는 시야를 갖게 되었다.

두 플랜테이션을 이어주는 리버로드는 저먼코스트German Coast라고 알려진 올리언스Orleans준주의 매우 비옥한 지역을 가로지르고 있었다. 저먼코스트는 18세기 초에 이 지역으로 독일인 이민자가 대거 유입되면서 붙여진 지명이었다. 이후로 세인트찰스교구St. Charles Parish에 있는 미시시피강 동쪽 연안을 따라 설탕 플랜테이션이 빼곡하게 들어섰고, 세계에서 가장 생산적이고 주목할 만한 설탕 생산 지대로 성장했다. 그러나 그것이 다가 아니었다. 이 지역을 가로질러 흐르는 큰 강을 통해 미국 수출품의 상당 부분이 수송되었다. 19세기 초까지 대서부Great West 지역에서부터 시작해, 멕시코만Gulf of Mexico을 거쳐 나가는 수출량이 미국에서 곧장 대서양쪽으로 내보낸 수출량과 비슷할 정도였다.[1] 봉기 당시 이 지역은 큰 경제 호황을 누리고 있었고, 이에 힘입어 이 지역 플랜테이션의 부동산 가치도 매년 두 배씩 증가하고 있었다.

1803년, 토머스 제퍼슨은 1500만 달러라는 역사에 남을 만한 소액으로 프랑스로부터 루이지애나를 매입하는 기념비적인 쿠데타를 일으켰다. 이 한 번의 계약으로, 신생국 미국의 영토는 거의 두 배가 되었고, 이 루이지애나에서 이후 15개의 새로운 주state가 조직되었다. 이 15개 주 중에는 그 지리적 구역이 이 영토에 온전히 속해 있는 주도 있고, 이 지역에 걸쳐 있는 주도 있다. (1803년 프랑스로부터 구매한 루이지애나Louisiana Territory는 북아메리카 중앙에 자리한 광대한 지역으로, 지금 미국의 루이지애나주보다 훨씬 큰 지역이다—옮긴이) 대체로 이곳은 선주민의 것이었고 당시도 대부분은 여전히 선주민 통치영역이었는데, 그 면적은 현재 미국 영토의 4분의 1에 달했다. 제퍼슨이 파견한 협상가 리빙스턴Robert Livingston은 나폴레옹 치하의 프랑스와 계약을 체결하면서 다음과 같이 선언했다. "우리가 오래 살았지만, 지금 하는 일만큼 우리 인생에서 값진 일은 없었다. 방금 서명한 조약은 기술로 만들어내거나 강제로 얻은 것이 아니다. 이는 계약 당사자 모두에게 똑같이 이득이 되는 계약이다. 이를 통해 광활하고 고적한 지역이 번창한 곳으로 바뀔 것이다. 이제 미국은 일류 강대국 자리에 서게 되었다."[2] 제퍼슨의 이 영토구입은 그 유명한 구절처럼, "바다에서부터 빛나는 바다로from sea to shining sea"(1893년 베이츠Katharine Lee Bates가 쓴 노래 〈아름다운 미국America the Beautiful〉에 나오는 구절로, 대서양에서 태평양까지 이어진 미국 영토를 표현하는 말—옮긴이) 뻗어나가 결국 대륙만큼 큰 나라가 되는 미국의 미래를 내다보면서 과감하게 시행한 정책이라고 평가받는다. 그러나 이는 당시에도 깜짝 놀랄 만한 도둑질이었다. 왜냐하면 그 새로운 지역이 엄청난 부를 토해내고 있었기 때문이다. 물론 그 부의 대부분은 노예제에서 나오고 있었다. 1797년 의회에 제출된 한 문서에는, 상황이 달랐다면 루이지애나가 얼마나 별 가치가 없었을지가 유창하게 서술되어 있다. "감히 제가 다음과 같이 아뢰는 것을 허락해주시옵소서. 이 나라(루이지애나—옮긴이)에서는 노동의 대부분이, 미국 남부 주들에서와 마찬가지로, 노예에 의해 수행되고 있습니다. 만약 노예노동이 없다면, 이 지역 점유자들에게 이곳 농장들의 가치는 황무지와 크게 다를 바가 없을 것입니다."[3]

동산노예제를 통한 가혹한 착취에 기반을 둔 일련의 사회적 관계에 내재한 위험들을 (당시 미국 대통령이었던—옮긴이) 토머스 제퍼슨이 모르고 루이지애나 매입을 추진했던 것은 아니었다. 그는, 그가 직접 표현한대로 "자유의 제국"을 건설하겠다는 야심을 품고 있었다. 그가 의미하는 자유는 백인 자영농을 위한 자유였다. 흑인의 땀으로 범벅된 땅 위에 풍요를 건설하겠다는 꿈을 안고 동부 지역에서, 그리고 그 너머 유럽에서부터 새 땅을 향해 몰려올 자영농을 위한 자유였다. 그러나 계약 당시 이미 제퍼슨은 자기 고향인 구남부舊南部, Old South 지역에서 노예봉기가 일어날 수 있다는 위험에 겁을 먹고 있었다. 전통적인 미국사 교육에서는 거의 강조되지 않지만, 제퍼슨의 루이지애나 프로젝트가 호소력을 가졌던 중요한 매력 중 하나는 미시시피강 계곡과 강안을 따라 세워지고 있던 면화 플랜테이션을 버지니아가 뻗어나갈 수 있는 출구로 이용하여 노예봉기의 위험을 줄일 수 있다는 발상이었다. 제퍼슨이 속한 버지니아를 비롯해서 캐롤라이나, 메릴랜드, 조지아Georgia와 같은 지역의 노예들을 서부로 제2의 대규모 이주를 하게 만들면, 기존 지역에서 흑인에 대한 백인의 인구비율도 높일 수 있고, 흑인이 일으킬 수 있는 혁명적 폭력 사태의 위험도 줄일 수 있다는 것이 제퍼슨의 생각이었다. 그리고 바로 그 목적을 위해 1820년에서 1860년 사이에 100만 명의 흑인이 예상대로 '강을 따라 팔려갔다.' 그러나 그렇게 간단히 표현하기에는 너무나 잔혹한 여정이었다. 이는 아메리카에 노예를 공급했던 아프리카로부터의 치명적인 강제 이주가 되풀이된 것과 별 다를 바 없었고, 그 규모만 두 배로 늘어났을 뿐이었다. 이런 이동은 제퍼슨의 구상을 실현하고, 면화 농장주들의 급증하는 노동력 수요에 부응하기 위해 설계되었다.[4] 이는 프랑스가 아이티를 상실했던 시기와 우연히 일치하면서 더욱 힘을 받았다. 한때 아이티는 영국 직물 산업에 중요한 면화 공급지였다.

한편, 제퍼슨은 이 출구가 완전히 가동된다면 흑인 봉기는 시간문제일 뿐이라고 생각했다. 그는 뉴올리언스로 노예가 몰리게 되면 그 도시와 주변 지역이, 그가 사는 버지니아의 담배경작 지대에서 그가 두려워했던 것보다 더 폭발적인 위험을 가진 지역이 될 수 있다고 우려했다. 제퍼슨은 앞날을 내다보며 이런 기록을 남겼다. "생도맹그St. Domingo (Saint Domingue를 말함—옮긴이)에서 시작된 이 역사의 첫 장은 … 다른 모든 섬에서 모든 백인이 어떻게 쫓겨나게 될지를 자세히 보여줄 것이다." 이는 노예봉기에 성공한 이후 1804년에 아이티로 이름을 바꾼 플랜테이션 식민지를 언급한 것이었다. "만일 어떤 조치를 서둘러 취하지 않는다면, 우리는 우리 자녀들의 살인자가 될 것이다. … 지금 전 세계를 휩쓸고 있는 혁명적 폭풍이 우리에게 닥쳐오고 있다. 이 폭풍이 우리 땅을 무사히 지나갈 수 있도록 우리가 시기적절하게 준비하면 좋겠다."[5] 신세계에서 노예가 된 흑인 대중의 자유를 향한 움직임을 멈추려는 것은 호흡기 바이러스가 지역 사회에 널리 퍼진 후에 전염병을 통제하려는 것과 비슷했다. 헛된 노력이라는 말이다. 수년 전 조지 워싱턴도 제퍼슨과 비슷한 생각을 했다. 1791년 생도맹그에서 노예봉기가 시작되었을 때, 워싱턴은 주미 프랑스대사에게 다음과 같이 도와주겠다고 서약했다. "히스파니올라섬에서 흑인이 일으킨 경악할 만한 반란을 진압하기 위해 미국은 우방이자 좋은 친구인 프랑스에 힘을 보탤 수 있는 모든 도움을 제공할 준비가 되어 있다. 이를 증명할 수 있는 기회가 생겨 기쁘다."[6] 그런데, 워싱턴이 이렇게 "경악"했던 것은 바로 자신이 대규모 노예소유주였던 사실과 무관하지 않다.

1811년, 뉴올리언스와 그 교외 지역은 인구가 2만 5000명으로 불어났고, 당시로서는 중간 크기의 도시였지만 빠르게 성장하고 있었다.[7] 흑인 노예는 이 중 약 1만 1000명이었고, 자유유색인은 약 6000명에 달했다. 가까운 저먼코스트는 면화 플랜테이션이 아니라 설탕 플랜테이션이 군림했던 지역이었는데, 인구의 75퍼센트가 노예였다.[8] 미시시피강 계곡 지대에서는 곧 면화 플랜테이션이 번창하게 된다. 이 지역 백인 가구 중 최소한 90퍼센트가 노예를 소유하고 있었다.

1810년 12월, 데스론데스는 봉기를 위한 비밀 계획을 세우기 시작하면서, 역사의식이라고 볼 수 있을 정도로 예리한 타이밍 감각을 발휘했다. 사실 데스론데스의 통찰력은 명료함과 예지력에서 제퍼슨에게 뒤지지 않으며, 심지어 능가하기도 한다. 연말은 저먼코스트와 뉴올리언스에서 질펀한 파티들이 벌어지는 시기였다. 백인이 준비태세를 갖추는 데 집중하지 못했던 또 다른 이유는 웨스트플로리다West Florida에서 미군이 에스파냐와 전쟁을 하고 있었기 때문이었다. 미국은 아메리카 본토에서 쇠락하고 있던 유럽 강대국 에스파냐를 몰아내고 싶어 했다. 그런데, 데스론데스의 대담함에는 단순한 상황인식을 넘어서는 것이 있었다. 그를 비롯하여 몇몇 노예가 협력해 작은 모임을 만들고 저먼코스트에서 봉기를 기획했을 때, 그들은 역사라는 공기를 타고 바람에 실려 온 자유의 향기를 실제로 느끼고 있었다.

1770년부터 미국에서 노예무역이 금지되었던 1808년까지, 2만 9000명에 달하는 노예가 뉴올리언스를 통해 로어미시시피밸리Lower Mississippi Valley로 수입되었다.[9] 이 중 상당수가 생도맹그에서 왔다. 1791년 생도맹그에서 노예봉기가 시작되면서, 대농장 주인들이 그곳을 빠져나가고 있었다. 백인은 노예제도가 정당하며 심지어 흑인에게 혜택이라고까지 말하는 뻔지르르한 신화들을 계속 퍼뜨리고 있었지만, 흑인은 자유가 자신들의 타고난 당연한 권리라는 것을 모두 잘 알고 있었다. 아이티에서 수입된 노예는 이 외에도 중요한 것을 알고 있었다. 백인이 재산과 가시적인 권력을 갖고 있기는 하지만, 흑인이 일치단결하여 단호하고 용감한 행동으로 그들을 패배시킬 수도 있다는 점을 알게 된 것이다. 아이티에서 흑인이 승리하고 있다는 소식을 들을 때마다 제퍼슨이 매번 놀랐던 것만큼이나, 신세계 전역의 노예들 사이에서는 사기가 고양되었다.[10] 이와 관련해 놀라운 사례가 많다. 한 예를 들면, 이미 1808년에 필라델피아의 자유흑인들은 1월 1일을 아이티 독립기념일로, 어느 아프리카계 미국인 목사의 표현을 빌리면 "우리의 정치적 해방 축일"로 기념했다.[11]

저먼코스트 봉기에 참여한 주요 인물 중 일부는 아이티 출신이었는데, 그곳에서 발생했던 혁명적 사건에 대한 직접적인 지식을 갖고 있었을 것이다. 그러나 몰랐던 사람들도, 역사학자 스콧Julius S. Scott이 《모두의 바람common wind》이라는 중요한 저작에서 "모두의 바람"이라고 명명한 것을 통해 정보를 얻었다. 노예들은 대서양 세계 전역에서 일어나는 발전들, 특히 자기들이 놓인 조건과 관련해 직접적으로 중요한 소식들을 빠르게 공유하는 능력을 발휘했는데, 백인 노예주에게 이는 때로 기적 같아 보였다. 노예든 주인 없는 흑인이든, 흑인이 사용한 정보망 중 많은 것이 대서양 주변, 특히 카리브제도에 위치한 항구 도시들에서부터 퍼져 나왔다. 그곳에서 흑인은 다양한 역할로 살고 있었다. 이 책 앞부분에서 언급했던 에퀴아노도 그중 한 명인데, 이 사람은 여러 배를 타고 대서양을 다녔다. 뉴스와 정보가 장거리로 전송되기 위해 지났던 가장 중요한 결절지점은 아바나, 킹스턴Kingston, 카프프랑수아, 브리지

타운, 찰스턴, 뉴올리언스와 같은 도시들이었다. 이 장소들을 통해 활기 넘치는 새로운 크리올 문화와 육지와 바다를 아우르는 정보, 사상, 그리고 유대의 연계망들이 생성되었다. 그런 의미에서 이 도시들은 엘미나의 신세계 후손들이었다.

그런데, 이것이 전부는 아니다. 자메이카의 노예소유주들은 항구에서 멀리 떨어졌거나 언덕이 많은 내륙에 자리한 플랜테이션들에서 노예로 일하는 이들이 자신들만큼, 아니 그보다 더 빨리 소식을 듣는다는 점에 경탄했다. 이로 인해 일부 백인은 흑인이 문명이 부족하다고 알려져 있음에도 불구하고, "알려지지 않은 정보 전달 방식"을 (백인이 보기에—옮긴이) 성가시게도 유지하고 있었다는 사실을 인정하지 않을 수 없었다.[12] 건국의 아버지이자 제2대 미국 대통령인 애덤스John Adams는 놀라서 "흑인은 자기들끼리 정보를 전달하는 놀라운 기술을 갖고 있다. 1주에서 2주 동안 족히 수백 마일은 달리는 것 같다"라는 글을 일지에 남겼다.[13]

결과적으로 아이티 혁명은 저먼코스트의 노예봉기 직전에 그곳의 공기를 떠돌던 자유의 노래가 되었고, 자기들의 자유를 위해 싸우기로 결심한 사람들에게 의지를 불어넣어주는 노래가 되었다. 그러나 이 노래가 유일한 원동력은 아니다. 검은 대서양 여기저기에서 작은 불길이 거의 끊임없이 밝혀지고 있었다. 이 불길들은 주기적으로 꺼지기도 했지만, 이곳에서 저곳으로 긴박한 해방의 물결이 계속 흐를 수 있게 해주었다. 노예가 거주하는 곳마다 소식은 일부라도 확실하게 전달되었다. 이 소식들이 단편적이기는 했지만, 여기서 얻은 교훈이나 영감은 다음 번 불길을 준비하는 과정에 도움이 되었다. 제퍼슨이나 워싱턴과 같은 초기 미국 정치인도 알고 있었던 것처럼 18세기 내내 카리브해 연안과 대서양 연안 전역에 자리한 플랜테이션 경제권들의 노예 사이에서 자유를 향한 결기와 행동이 준비되고 있었다. 이 중에는 1733년 당시 덴마크 식민지였던 세인트존섬island of St. John에서 발생한 대규모 반란도 있다. 그리고 1739년 사우스캐롤라이나에서 발생한 스토노 봉기Stono Uprising도 있는데, 이는 (미국) 조지아에서 (남미 콜롬비아의) 카르타헤나에 이르는 아메리카 대륙 본토에 대한 권리와 노예무역의 전리품을 둘러싸고 광범하게 엎치락뒤치락 전개되어온 경쟁의 일부이기도 했다. 스토노 봉기에서 영국 식민지들의 노예는 플로리다를 점유하고 있던 에스파냐군으로 결집했다. 그쪽이 자유를 보장해줄 것처럼 보였기 때문이다.

같은 1730년대 거의 내내 자메이카에서 발생했던 도망노예 공동체들의 완강하고 반복적인 반란들 역시 여기에 포함된다. 지금은 거의 기억되지 않지만, 1712년과 1741년에 뉴욕에서도 봉기가 있었다. 1712년에는 황금해안에서 왔다고 알려진 약 30명의 흑인이 총, 곤봉, 칼을 이용해 백인 아홉 명을 죽이고 일곱 명에게 상해를 입힌 뒤 지역 민병대에게 진압되었다.[14] 1749년에는, 에스파냐에서 온 카디스Juan de Cádiz라는 흑인 자유민이 '에스파냐 왕이 서인도제도의 모든 노예를 해방시키라고 명령했다'는 소문을 퍼뜨린 이후, 카라카스Caracas(오늘날 베네수엘라의 수도—옮긴이)에서 노예들이 반란을 일으켰다.[15] 마르티니크에서도 놀랍도록 비슷한 일이 일어났다.[16]

이 책에서는 여러 작은 봉기들을 건너뛰고 있다. 그러나 '태키의 전쟁Tacky's War'으로 알려지게 된, 1760년 자메이카에서 있었던 거대한 봉기는 빼놓을 수 없다. 이 봉기가 영제국을 흔들어놓았고, 그 충격파는 아메리카 전역으로 퍼져나갔다. 예를 들어, 당시 버지니아는 플랜테이션-노동 경제를 급속히 확장하고 있었지만, 자메이카에서 노예를 수입하는 것은 임시로라도 금지하려고 했다.[17] 그곳에서 온 노예가 본토에서 반란의 매개체가 될까 두려웠기 때문이다. '태키의 전쟁'이 식민지 전역의 봉기로 확산되기는 했다. 그러나 이 봉기를 주도했던 황금해안 출신의 노예들, 이른바 코로만티Coromantees라고 불리던 이들의 목표는 영국군에 맞서 재래식 전쟁을 벌이는 것이 아니라 섬의 경제를 완전히 멈추게 하는 것이었다. 당시 자메이카는 인구의 90퍼센트가 흑인이었고, 영제국에서 분명 가장 수익성이 높은 식민지였다. 또한 정치적으로도 가장 영향력 있는 식민지였다. 영국은 봉기를 진압하기 위해 아메리카에서 가장 강력한 해군 전대戰隊를 배치해야 했다.[18]

사슬에 묶여 대서양을 건너 온 플랜테이션 노예들은 흑인 노예 사이에서 일어난 이와 같은 대규모 봉기들 외에도, 백인 사이에서 일어나고 있던 번잡한 이데올로기적 변화들까지 인지하고 있었다. 그 가장 중요한 사례는 미국과 프랑스에서 있었다. 영국령 아메리카 식민지들에서는 노예를 소유하고 있던 백인 스스로가 자신들이 영국 노예제의 희생자라고 주장했다. (영국 의회에서—옮긴이) 정치적으로 제대로 대표되지 못하고 있다는 이유에서였다. 그러던 중 압력이 가해졌을 때 그들은 자기들의 이른바 '자유'를 확보하기 위해 혁명 전쟁을 벌였다. 1779년, 아이티에서 동원된 수백 명의 흑인이 프랑스와 미국 혁명가를 위해 싸웠다. 그들은 이 미국 혁명 전쟁에서 영국의 서배너Savannah 포위 공격을 뚫기 위해 싸웠다. 이 노력은 실패했지만, 여기서 퇴각하는 미군을 엄호하는 중요한 역할을 했다.[19] 그러나 미국 혁명은 모두를 위한 혁명이라기보다는, 흑인 노예를 소유한 백인의 권리를 확보해주는 것임을 자명하게 보여주었다. 역사학자 톰린스Christopher Tomlins에 따르면, 신생

공화국의 명시되지 않은 기본 원리는 그 유전자에 새겨진 것으로, "자유인의 숭고한 자유는 노예의 노예화를 통해 생산된 자원에 의존하고 있다"는 관념이었다.[20]

미국의 독립을 위해 생도맹그에서 서배너로 와서 영국과 싸운 이들로는 앙리 크리스토프(훗날 아이티의 왕이 된다. 이 전쟁에서 경상을 입는다), 리고André Rigaud, 베스Martial Besse 등이 있다.[21] 이들 모두가 아이티 혁명의 인명사전에 등재되는 주요 인물이 된다. 프랑스령 생도맹그 출신의 다른 두 주요 혁명가인 마캉달François Makandal과 부크만Dutty Boukmann은 노예로 있던 자메이카에서 생도맹그로 탈출하여 스스로 해방을 쟁취했던 사람들이다.

아이티 혁명으로 넘어가기 전에, 그 혁명을 진압하기 위해 프랑스가 초기에 펼쳤던 시도를 좀 더 살펴보자. 아이티의 대규모 노예봉기는 2년 전 시작한 프랑스 혁명에서 강력한 영향을 받았다. 1791년, 나폴레옹이 아이티 노예봉기를 진압하기 위해 라살 후작Marquis de la Salle을 파견했을 때, 그는 그의 군대에 프랑스 혁명에서 직접 영감을 받은 문구인 "자유로운 삶이 아니라면 죽음을"이라는 기치를 "국가, 법, 왕"으로 바꾸라고 명령했다. 문구에 담긴 체제전복적 성격을 지우기 위해서였다. 후작의 설명에 따르면, 그렇게 바꾸지 않을 경우 "모든 재산이 흑인의 노예화에 기초해 있는 땅에서 만약 흑인이 그 구호를 채택하게 되면, 흑인이 노예주를 학살하고, 나아가 식민지에 평화와 법을 가져다주기 위해 바다를 건너온 군대까지 학살하는 사건이 벌어질 것이기 때문"이었다.[22]

프랑스는 프랑스 혁명에 대한 직접적인 지식을 갖고 있을 유럽의 노예가 생도맹그로 가는 것을 막으려 했는데, 그 이유에 대해서는 궁금할게 별로 없다. 프랑스는 수십 년의 짧은 기간 동안 노예 인구의 매우 빠른 증가를 통해, 자신이 지배하는 히스파니올라섬의 일부인 생도맹그, 즉 미래의 아이티를 세계 최대의 설탕과 커피 생산지로 전환시켰다. 아이티 혁명 이전 10년 동안 프랑스 선박은 22만 4000명 이상의 아프리카인을 싣고 대서양을 건너가 노예로 팔았는데, 그들 대부분이 생도맹그로 갔다. 노예가 된 이 아프리카인의 거의 절반이 앙골라와 콩고 지역에서 왔다.[23] 1780년대 말이 되면, 생도맹그는 나머지 프랑스 식민지들을 다 합친 것보다 더 큰 부를 생산했다. 생도맹그가 프랑스 무역량의 3분의 1을 차지하고 있었다.

이 혁명의 시대에 아마도 가장 일관되게 관철된 규칙이 있다면, 흑인 사이에서 인권과 자유에 관한 정보가 확산되는 것을 막기 위해 취했던 예방조치들이 모두 소용없었다는 점이다. 여러 신세계 노예 사회에서 속박되어 있던 사람들 사이에 돌던 '모두의 바람'의 침투력은 너무도 강해서 어떤 검열체제로도 막을 수 없었다.[24] 1802년, 아프리카계 미국인이 우편 배달부일을 하는 것을 불법화하면서 우체국장 그레인저Gideon Granger는 미국 상원 감독위원회 의장에게 편지를 보내, 히스파니올라섬의 사건으로 인해 미국 노예는 "인간의 권리가 피부색에 좌우되지 않는다는 사실을 알게 될 것이다. … 생도맹그가 세상에 보여준 사건들을 보며, 우리는 남부 네 개 주에서 비슷한 악행이 벌어지는 것을 예방하기 위해 조심하고 또 조심해야 할 것이다. 특히 그 지역의 동부와 오래된 정착지들에서 흑인의 비율이 너무 높기 때문에 자유시민의 평온과 행복이 위협받기 쉽다"고 경고했다.[25] 그러나 1827년이 되면 미국 최초로 흑인 신문이 등장하여 독자에게 자유의 확산에 대한 지식을 공유하자고 공개적으로 선언하게 된다. 이 신문은 이런 질문을 던졌다. "서인도제도와 에스파냐령 나라들에 있는 노예가 모두 자유시민이 되면 어떻게 될까요?"[26]

로어미시시피밸리 이야기로 다시 돌아가면, 나중에 저먼코스트 봉기의 중요한 전조로 간주될 만한 음모가 1795년 푸앵트쿠페Pointe Coupée라는 지역에서 무산되었다.[27] 이 음모는, 당시 그 지역을 지배하고 있던 에스파냐가 노예 주거지에서 1789년에 나온 프랑스 인권선언문 사본을 발견하면서 드러나게 되었다. 이 사건이 일어나기 몇 년 전인 1791년, 마르티니크의 한 프랑스인 대농장주는 인권선언의 여파를 예견하면서 다음과 같이 썼다. "노예나 유색인이 '나도 사람이야, 그러니 나도 권리가 있어, 그 권리는 모두에게 평등해'라고 말할 수 있다고 생각하면, 누구나 몸서리가 쳐질 것이다."[28]

데스론데스가 믿을 만한 공모자 몇 명과 비밀리에 만나기 시작했을 때, 아마도 그의 애인과 정기적으로 밀회하는 거라고 위장하고 만나기 시작했을 때, 그 참가자들은 오늘날 범아프리카주의의 구현이라고 부를 만한 활동과 별 다르지 않은 일을 하고 있었다.

데스론데스나 그의 동료 지도자들이 자신들의 행동을 정확히 이런 틀로 분명하게 의식했을 것 같지는 않지만, 그렇다고 해서 우리가 그렇게 생각해보지 못할 이유도 없다. 대서양 노예제의 여러 특성 중 하나를 말하자면, 이는 백인이 아프리카 인종에 맞서 일으킨 일종의 전쟁이었다는 점이다. '짐승에 대한 전쟁' 혹은 아프리카인을 완전히 착취하려는 목적으로, 아프리카인을 짐승으로 규정한 전쟁이었다.[29] 아프리카 대륙 자체에서는, 이 전쟁이 배타적인 인종적 특성을 갖고 있다는 점을 실감하는 일이, 또는 아프리카인이라고 불리는 인종의 존재를 깨닫게 되는 과정이 더디게 나타났다. 반면 서구에서는 흑인의 타자성이 공식적으로 형성되고 있었고, 법으로 체계화되고 있었다. 이는 주로, 우리가 본 것처럼 아프리카의 정치 지형이 매우 원자화되어 있었기 때문이었다. 마찬가지로 중요한 점은 사실상 어떤 아프리카인도 시대를 바꾸어놓은 프로젝트인 플랜테이션 동산노예제를 엿보고자 신세계를 여행하고 다시 귀환하여 그 실상과 그것이 흑인과 어떻게 연관되어 있는지를 설명한 적이 없었다는 사실이다.

자메이카, 마르티니크, 바베이도스와 같은 카리브해의 잔인한 설탕 식민지에서 노예의 평균 기대수명은 이곳에 도착한 시점에서부터 5년에서 7년 사이였다. 자유국가 아이티를 낳은 혁명 당시 생도맹그의 인구 대다수는 아프리카에서 출생한 사람들이었다. 대규모 설탕 플랜테이션에서는 가족을 구성하거나 여러 세대에 걸쳐 있는 친척을 가질 수 있는 여지가 거의 없었고, 노년층의 규모도 훨씬 적었다. 기대 수명이 낮은 조건에서 흑인의 경우 거의 대부분은 최소한 문화적 차원에서는 상당한 정도로 '아프리카인'으로 남아 있었다. 그러나 미시시피계곡에서(그리고 일반적으로 아메리카 본토에서)는 다소 다른 상황이 전개되었다. 저먼코스트 지역에서는 설탕 생산이 지배적이었지만, 면화 등 다른 상품들을 재배하는 플랜테이션들이 인근에 들어서면서 확대되고 있었다. 이 새롭게 확장된 세계에서 노예가 된 이들의 기대수명은 고립되어 있던 설탕 플랜테이션들의 노예보다 길었다. 그래서 인구의 '자연' 증가 현상이 실제로 나타나기도 했다. 노예의 후손이 부모세대를 수적으로 더 크게 대체했고, 그들은 크리올이라고 불리게 되었다. 여기서 크리올은 아메리카 토양에서 태어났음을 의미했다.

데스론데스는 크리올이었다. 게다가 혼혈이었다. 그가 전개했던 운동은 공유되고 있던 흑인성에 대한 생각이 확장되는 가운데 사람들을 결집시키고 있었다는 점에서 범아프리카 운동으로 이해되어야 한다. 이는 아메리카에서 태어나고 자란 크리올 흑인이며, 아프리카 말은 한 마디도 할 줄 몰랐던 데스론데스와 공통점이 있는 사람들을 끌어들였다. 그리고 소수의 혼혈 인종이 확실히 존재했다.• 아프리카 출신의 노예도 다양하게 있었다. 황금해안 출신인 코로만티인들도 있었는데, 지도부 중 두 명이 코로만티였다. 역사학자 존슨Walter Johnson은 당시의 상황을 다음과 같이 설명한다.

> 그들 중에는 찰스Charles, 큐피돈Cupidon, 텔레마크Telemacque, 잔비어Janvier, 해리Harry, 조셉Joseph, 쿠크Kooch〔또는 Kook〕, 콰메나 밍고Quamana〔혹은 Quamena 또는 Kwamena〕 Mingo, 디아카Diaca, 오마르Omar, 알하산Al-Hassan이라는 이름의 남성들이 있었다. 이들은 아프리카계이면서 아메리카 출생인 사람, 프랑스계이면서 영어를 하는 사람, 기독교인, 이슬람교도, 크리올, 아칸인, 콩고인 등의 소집단으로 조직되기도 했는데, 이는 그들의 배경이 다양했음을 반영하는 것이다. 신세계 노예제의 다양성을 모두 보여주었던 그들은 노예제를 전복한다는 하나의 목표로 매진했다.[30]

루베르튀르Toussaint Louverture, 데스론데스, 그리고 데스론데스의 동맹

• 이 시기에 발생했던 다른 노예봉기에서와 마찬가지로, 노예 혹은 자유인인 혼혈인이 백인이 주도했던 봉기 진압에 합세하기도 했다.

자들과 관련해, 또 다른 학자는 그들의 크리올화된creolizing 운동의 이데올로기와 전술적 계획들이 "활기차고 비옥한 환경"에서 전개되어왔다고 말한다. "사상들과 실천들이 아프리카와 카리브해 사이에서뿐 아니라, 유럽과 카리브해 사이에서도 교류되는 환경"이었다는 말이다.[31]

오늘날 가나와 중앙아프리카 서부 지역에서 데려온 노예의 경우, 여러 전쟁에서 막 잡혀온 사람들이 많았다. 당시 아프리카 대륙의 두 지역에서 전쟁이 빈발했고, 여기서 생긴 포로가 노예로 팔렸다. 포로의 전투 경험을 통해 공모자들의 계획이 더 정교해졌을 수 있고, 곧 펼쳐지게 될 대결상황에서 도움을 받았을 수도 있다. 아이티에서 온 이들도 많았는데, 그들은 무장한 흑인이 백인과 맞붙었을 때 무엇을 할 수 있는지를 직접 보았고, 일부는 아이티의 탄생에 직접 참여한 경험도 있었을 것이다. 사실, 저먼코스트 봉기는 "미국 역사상 가장 활발하고 치밀하게 계획된 노예 공모와 봉기의 시대"라고 불리는 1800년에서 1831년 사이 기간의 3분의 1 동안 전개되었다.[32]

특히 데스론데스와 그의 동료들은 도망노예 공동체들로부터 지원을 받았다. 이 공동체들은 저먼코스트 플랜테이션들의 배후에 멀리 뻗어 있던 늪지대에 살았다. 이렇게, 데스론데스는 16세기 초 상투메섬에서 처음으로 보여줬던 저항 양상을 재현하고 있었다. 상투메섬에서 노예와 도망노예는 양측을 단절시키려는 백인의 시도에 맞서며 함께 모의해나갔다. 마룬과 협력하면 봉기에 참여하는 흑인의 수도 증가하겠지만, 실패할 경우 늪지대나 후방의 야생숲으로 탈출할 수 있는 경로를 미리 마련해둘 수 있다는 생각도 했을 것이다.

데스론데스와 그의 동료들이 출발점에서 36마일(약 60킬로미터)을 행진한 후 뉴올리언스에 들이닥치면 자유를 얻을 수 있으리라고 믿었다는 것은 거의 분명하다. 그러나 그들은 조건이 전반적으로 자기들에게 불리하다는 점도 분명하게 알았다. 이기든 지든 간에, 그들의 봉기가 부분적으로는 후세에게 큰 충격을 전달하고 자유의 향기를 공기 중에 퍼뜨린다는 생각으로 그들은 힘을 내고 있었던 것 같다. 그들은 피를 많이 흘리고, 요란하게 소문을 내는 것을 목표로 했다. 자유를 얻기 위해 흑인은 무엇이든 했다는 모습을 보여주고, 역사가 그들을 기억하게 만들기 위해서였다.

1811년 1월 8일 밤, 찰스 데스론데스는 소수의 노예 부대를 이끌고, 그가 일했던 플랜테이션의 주인인 매뉴얼 앤드리를 공격하면서 봉기를 시작했다. 앤드리는 노예감독인 데스론데스를 신뢰하여 집 열쇠들을 맡겼다. 데스론데스가 이끄는 부대가 2층 침실에서 앤드리를 놀래킨 뒤 그의 아들을 죽이고 앤드리에게 중상을 입혔지만, 그의 탈출을 막지는 못했다. 앤드리 플랜테이션을 이상적인 첫 번째 목표로 선정했던 것은 앤드리가 지역 대농장주들이 만든 민병대의 지도자였고 방책을 잘 갖추고 있다고 보였기 때문이다. 그러나 그곳에서는 기대했던 것보다 무기를 많이 발견하지 못했다. 총 몇 정과 군복 몇 벌에 만족해야 했다. 이들은 여기서 압수한 군복을 입고 다녔다. 아이티에서도 반군이 백인의 군복을 입고 다녔었다.

그들이 제방을 따라 남동쪽으로 나아가자, 다른 플랜테이션의 노예들도 나와서 그들과 합세했다. 그 규모가 빠르게 커져서, 처음에는 25명 정도였는데 금방 200명 정도까지 증가했다. 그들의 대열은 브라운James Brown이라는 한 백인 정착민의 플랜테이션을 공격하면서 더욱 커졌다. 그곳에서 코로만티인인 쿠크와 콰메나가 봉기에 가담했고, 이들은 전술 기획자 역할을 했다. 전진하면서 반란군은 수많은 머스킷총을 확보하여, 주된 무기였던 농기구와 단검을 보완했다. 그들은 또한 수십 마리의 말을 갖고 있었는데, 이를 통해 더 먼 거리를 이동하고 더 쉽게 지형을 정찰할 수 있었다. 당시까지 혁명가들은 깃발을 흔들며 군악대의 북소리에 맞추어 행진을 했고 "뉴올리언스로", "자유가 아니면 죽음"과 같은 구호를 외쳤다. 이를 통해 그들은 사기를 높일 수 있었고 자신들의 도착 소식을 빠르게 전할 수 있었다. 갈수록 점점 더 많은 노예가 그들의 대의 아래 집결했고, 저먼코스트 전역에서 백인을 내보냈다. 백인은 아이티에서 프랑스 농장주와 식민지 개척자들이 학살되었던 것을 상기하며 도시로 도망쳤다. 그러나 앤드리는 강 서안으로 탈출하여 그곳에서 소규모의 중무장한 백인 군대를 일으켜 노예 반군의 길을 막아설 준비를 했다.

노예봉기에 대한 백인의 반응은 처음에는 얼어붙은 듯했고, 무질서했다. 1월 9일 아침 일찍 파수꾼들이 뉴올리언스로 말을 달려가서, 강 상류에서 발생한 사건을 알렸다. 그리고 몇 시간 뒤에 9마일(약 14킬로미터)을 걷는 백인 행렬이 이어졌다. 그들은 폭우를 맞으며 안전한 곳을 찾아 도시로 터벅터벅 걸어 들어갔다. 그날 오후, 준주의 총독인 클레어본William C. C. Claiborne은 새로 도착한 웨스트플로리다West Florida의 미군 사령관인 햄프턴Wade Hampton에게 도시 방어를 준비하라고 명령했다. 그러나 그는 부릴 수 있는 사람이 거의 없었다. 햄프턴이 소집한 부대는 30명의 정규군으로 구성된 두 개의 지원병 중대뿐이었다.

그날 저녁 일찍, 폭우가 계속되는 가운데 햄프턴의 병사들이 출발했고, 여기에 뉴올리언스의 해군사령부 함대 선원들이 합류하여 그 규모가 대략 100명에 달했다. 노예들은 계획 단계에서 이를 예상한 것으로 보이지만, 뉴올리언스에 거주하는 흑인 다수가 도시의 무기고를 공격하여 그곳에서 대량의 무기와 군수품을 탈취하기를 기대했다.[33] 그러나 햄프턴의 군대는 자신들이 산적, 폭도, 약탈자라고 무시한 노예봉기자들을 상대하러 나서면서 무기고를 지켜낼 수 있을 만큼 충분한 인원을 남겨둔 채 전선으로 출발했다. 이에 따라 노예봉기 기획에서 상당히 중요했던 단계, 즉 도시 무기고를 장악한다는 계획이 흐지부지되고 말았다.

1월 10일 새벽 4시 무렵 뉴올리언스에서 약 15마일(약 25킬로미터) 떨어진 곳에 있는 칸 브륄레Cannes Brulées('불에 탄 사탕수수'라는 뜻이다—옮긴이)라는, 어울리는 지명을 가진 지역에 자리한 어느 제당소에서 첫 대결이 벌어졌다. 노예출신 자유인으로 구성된 군대는 야간 행군을 중단하면서 현명하게도 이곳을 선택했다. 말뚝으로 된 울타리가 빽빽하게 쳐진 큰 공간 안에 견고하게 지어진 설탕 작업장들이 있었는데, 그 작업장들 사이에서 그들은 요새 같은 피난처를 확보할 수 있었다. 미국정규군은 광범하게 정찰을 한 뒤에, 말을 타고 진격하여 반군 진영을 재빨리 포위했다. 그들은 기습으로, 신중하게 계획된 공격을 시작했다. 그러나 중화기의 포연이 걷혔을 때 그들이 발견한 것은 무장하지 않은 소수의 흑인뿐이었다. 다른 모든 것들은 공격 훨씬 전에 성공적으로 사라져버렸다.[34] 미군은 그것을 알 방법이 없었다. 그런데 중앙아프리카 서부 지역의 전쟁터에서 그 지역 군대들은 포르투갈의 대규모 공격에 직면하면 흩어져버리는 것으로 유명했다. 미군이 이 고전적인 전술의 희생양이 된 것이다. 이럴 경우 미군은 혼란스러운 추격에 휘말리거나, 기진맥진한 상태가 되고, 각개격파되었다.[35]

이후 반란군은 햄프턴의 군인들을 혼란에 빠뜨리기 위해 경로를 바꿔서 북서쪽으로 거슬러 올라가면서 도시와 멀어졌다. 행군 과정에서 군인들을 괴롭히기도 했지만, 곧 놀랄 상황에 처하게 되었다. 이는 첫 대면보다 훨씬 치명적이고 결정적이었다. 앤드리가 완전히 무장한 약 90명의 민병대와 함께 미시시피강을 건너 돌아온 것이다. 어떤 정보를 통해서든 혹은 순전히 운이 좋아서든, 앤드리는 주인 없는 흑인들을 쉽게 타격할 수 있는 지점으로 돌아왔다.

아침 9시가 조금 지나서 양측은 열린 들판에서 만났다. 그곳에서 앤드리의 민병대는 햄프턴의 소규모 군대와 더 먼 북쪽에서 온 또 다른 백인 부대와 합류했다. 이제 흑인에게 봉기는 자유보다 심지어 더 큰 것을 의미하게 되었다. 패배한다면, 최후의 1인까지 전멸당할 것임을 그들은 분명 알고 있었다. 놀라운 규율을 보여주며 그들은 전투 대열을 만들고 다가올 일에 대비했다. 그러자, 아니나 다를까 백인이 공격했다. 데스론데스는 머스킷총의 정확성이 떨어진다는 것을 알고 있었기 때문에, 부하에게 백인이 바로 앞에 오기 전까지는 사격하지 말라고 명령했다. 그러나 이와 달리 탄약이 충분했던 백인은 멀리서부터 맹렬하게 사격을 가하면서 끊임없이 돌격해왔다. 그런 공격 앞에 흑인은 한 사람 한 사람 쓰러지기 시작했다. 그래도 그들은 탄약이 떨어지기 시작할 때까지 대오를 유지했다. 전투로 시작했지만 패주로 바뀌었고, 패주에서 대학살로 바뀌었다. 봉기에 참여했던 수십 명의 흑인이 살해되었다. 만족했던 앤드리는 훗날 이를 "대량 도살"이라고 했다.[36]

봉기자 중 21명이 인근의 한 플랜테이션으로 이송되었다. 그곳에서 그들은 복수심에 불타는 대농장주들로 가득했던 배심원단에 의해 재판을 받고 사형을 선고받았다. 이 중에는 코로만티인 지도자인 쿠크와 콰메나도 있었다. 쿠크는 데스론데스의 여성 파트너의 소유주인 대농장주 트레파니에François Trépagnier를 도끼로 죽였다고 자랑스럽게 인정했지만, 다른 동료 봉기자에 대한 정보를 제공하는 것은 거부했다. 콰메나 역시 마찬가지로 저항했다. 재판기록에 따르면, 콰메나는 자신의 죄를 인정했지만 "아무도 원망하지 않았다"고 한다.[37] 데스론데스는 전투현장에서 탈출하여 인근 늪지대로 도망쳤지만, 곧 체포되어 남들보다 더 잔혹한 방식으로 처형되었다. 양팔이 난도질당했고, 양다리가 부러뜨려진 뒤에 총에 맞았다. 그러나 그를 살해한 이들은 죽이는 것만으로는 만족하지 않았다. 보복의 마지막 단계로, 그의 축 늘어진 피투성이 시신에 침을 뱉었고 불에 태워 공개 전시했다.

29명의 다른 생존자는 뉴올리언스로 이송되어 좀 더 공식적인 재판을 받았다.[38] 그런데 여기서 재판을 주도한 백인 판사는 아이티 혁명을 피해 (북아메리카로—옮긴이) 도망쳐 들어온 사람이었다. 나중에는 약 100명의 봉기 참가자들의 피 묻은 머리를 창에 꽂아 세워놓았다. 여기에는 콰메나를 죽인 대농장주들에게 처형된 사람들도 포함되어 있었다. 뉴올리언스에 있는 플레이스 다메스Place d'Armes에서부터 강의 제방을 따라 상류에 자리한 저먼코스트까지, 창에 꽂힌 머리들이 일정한 간격으로 세워졌다. 교구 '법원'의 표현에 따르면, "미래에 공공의 평정을 교란할 수 있는 모든 것에 대한 무서운 본보기"로 세운 것이었다.[39] 이들은 무더운 공기 속에서 썩어가면서, 쪼아 먹으러 온 새들의 먹이가 되었고, 대농장주에게는 격려와 안심을 주었으며 살아남은 노예들에게는 경고가 되었다.

데스론데스의 봉기는 확실하게 진압되었지만, 루이지애나의 정치사에 중요한 영향을 미쳤다. 따라서 미시시피강 계곡 전체에 영향을 미친 셈이다. 한때 대농장주 집단들은 미국으로 통합해 들어가는 사안에 대해 의심과 적개심을 품었지만, 국가에 대한 태도가 금방 호의적으로 바뀌었다. 노예제 사회가 갖는 불가피한 기본 성격인 근본적 불평등과 숨 막히게 하는 억압을 강압적으로 유지하기 위해서는 지역 민병대로는 부족하다는 생각이 공유되었기 때문이다. 루이지애나는 1812년에 연방에 편입되었다. 이후 뉴올리언스에서 경기호황이 재개되고 여기에 가속도까지 크게 붙었다. 면화는 이 지역 전역에서 도약하기 시작하여 미국 전체를 강력하게 끌어올렸고, 대서양 세계를 바꾸어놓았다.

만약 데스론데스가 역사에 대고 자신의 운동을 크게 이야기하려고 했다면, 그리고 나는 그가 그렇게 하려고 했다고 믿지만, 그의 그런 야망은 최근까지 거의 실현되지 못했다. 대농장주들이 그 지역에 대한 장악력을 다시 확립하고, 경제적 도약과 하나의 주로 미국연방에 가입하는 절차가 진행되면서, 반란은 꾸준히 그리고 부지런히 기억에서 지워졌다. 라스무센Daniel Rasmussen은 하버드대학 학부 논문으로 시작해 2011년 출판한 책에서 다음과 같이 쓰고 있다. "1811년 봉기는 미국 역사상 가장 큰 노예봉기였지만, 이에 대해 출판되어 나온 학술적 설명 중 가장 긴 것도 24쪽에 불과하다."[40] 이것이 학술적 무관심의 문제만은 아니라는 점은 분명하다. 망각과 삭제를 주도한 것은 나라의 정치였다. 이 프로젝트는 여러 세대에 걸쳐 진행되었으며, 지금은 수익성 높은 플랜테이션 관광 산업의 손에 들어가 있다.

이 책을 준비하면서, 미시시피강 계곡에서 시간을 보냈다. 멤피스Memphis 남쪽에서부터 목화를 재배하는 삼각주 지역을 거쳐 저먼코스트쪽으로, 그리고 그곳에서부터 뉴올리언스까지의 짧은 드라이브를 통해 이 역사의 잔재들을 찾고 싶었지만, 대부분은 실망스러웠다. 이 과정에서 남아 있는 웅장한 플랜테이션 저택들을 일부 볼 수 있었다. 이 저택들에서는 과거를 별로 생각해본 적이 없어 보이는 사람들에게 이상하게 낭만적으로 보이도록 만든 과거에 대한 향수를 제공하고 있었다. 거기에 더해 기억하지 않으려는, 일종의 도피에 더 가까워보이는 관광 사업이 분주하게 진행되고 있었다. 그 시대 의복을 입고 결혼식 사진을 찍고, 벨 에포크Belle Époque 시대 사진을 찍는 구역도 있었다. 루이지애나의 세례요한 침례교구에 있는 웅장한 에버그린Evergreen 플랜테이션에서, 백인 관리자와 대화를 나누면서 나는 내가 노예제에 관심이 있는 '역사가'라고 했다. 그러자 그가 낮은 목소리로 정중하게 "사실 우리는 이곳 노예의 경험을 그다지 자세하게 강조하지 않습니다"라고 경고했다. 초점은 주로 건축과 백인의 생활방식에 맞추어져 있었다. 그의 설명에 따르면, 백인의 생활방식은 그들이 소유했던 흑인의 생활방식과 분리될 수 있는 것 같았다. 아무튼 나는 돈을 내고 들어갔다. 타란티노Quentin Tarantino 감독의 할리우드 영화 〈장고: 분노의 추적자Django Unchained〉가 생생하게 그려낸 조직적인 인종적 잔혹함의 한 면이라도 그 건물 속에서 느낄 수 있기를 바랐다.

무더운 봄날, 돈을 낸 소수의 방문객이 하얗게 빛나는 저택의 유명한 쌍둥이 난간 앞 잔디밭으로 사진을 찍기 위해 몰려들었다. 우리는 그리스건축을 모방한 건물 디자인에 대한 설명을 들었고, 거주지를 일부 둘러보려 내부로 들어갔다. 그곳에서 농장주와 여주인이 했던 계절별 업무와 강 제방 지역에 살았던 백인 생활에 대해 수많은 자잘한 삽화를 접했다. 무엇보다도 우기에는, 2층에 있는 긴 베란다에서 볼 수 있는 리버로드가 거의 다닐 수 없는 진흙탕으로 변했음을 알게 되었다. 우리를 안내해준 중년의 백인 여성은 진흙에 빠진 마차 바퀴를 밀어올리고 백인 주인을 대신해 식량을 운반하면서 누가 그 진흙과 싸워야 했는지에 대해서는 언급하지 않았다. 부근에서 발생했던 대규모 노예봉기에 대해서도 한마디 하지 않았다.

저택 관련 일정이 끝나고 방문객 대부분은 출구로 빠져나갔지만, 일부는 노예 숙소까지 돌아보는 후속 투어도 선택했다. 노예숙소는 뒤편 늪을 향해 뻗어 있는 곳에 자리해 있었다. (걸을 수 있는—옮긴이) 짧은 거리였지만, 의무사항이라고 하기에 미니밴에 차곡차곡 올라탔다. 여기서 새 안내인을 만났는데, 이번에는 흑인이었다. 그녀는 50대의 마른 체격으로 거의 심남부Deep South(미국 남단의 동부 지역으로 조지아, 앨라배마Alabama, 미시시피, 루이지애나, 사우스캐롤라이나 주가 있는 지역—옮긴이) 스타일을 패러디한 것처럼 과장되게 연기하듯이 승객들을 이끌어갔다. 우리에게 어디에서 왔는지 물은 후, 그녀는 불쑥불쑥 질문을 던지며 인물명과 날짜가 간간히 나오는 짤막한 역사 수업을 진행했다.

냉기가 돌던 차에서 내린 곳은 거대한 참나무가 화려하게 그늘을 드리운 멋진 오솔길 입구였다. 그 참나무 가지들 위로 초록 이끼가 얇은 거미줄처럼 올라와 있었다. 이는 나체즈Natchez에서 뉴올리언스에 이르기까지 내가 방문한 플랜테이션 주택들의 특징이었고, 타란티노의 영화가 금방 연상되는 장면이기도 했다. 연신 감탄하며 관광객은 돌아가며 사진을 찍었고, 이어 안내인을 따라 천천히 자연스럽게 자리를 옮겼다. 오솔길이 끝나는 지점의 그늘 아래에, 가장 잘 보존된 노예오두막들이 자리해 있었다. 나무판자로만 지어져 있었고, 계절에 따른 극한 기온 변화를 완화시키기 위해 지면에서 약간 올라가 있었는데, 꽤 깔끔해보였다. 우리는 그중 몇 곳에 들어가 부엌, 거실, 침실 공간이 모두 하나로 어우러진 이 단칸방에서 흑인 가족 전체가 어떻게 살았을지를 조금이나마 상상해볼 수 있었다.

관광객들은 안락함과 프라이버시가 분명 부족했다는 사실에 놀란 것처럼 보였지만, 그 외에 그들이 무엇을 상상했을지는 잘 가늠할 수 없었다. 분명 이 점 때문에 마음이 불편했던 관광객들은 미니밴으로 돌아왔을 때 노예가 겪었던 고난에 대해 질문을 했다. 내가 말하고 싶었지만 참았다. 안내인은, 아마도 분명히 자기가 들었던 대로 설명을 하는 것일 텐데, 이 지역 노예가 운이 좋았다고 했다. 이 지역은 프랑스인이 식민화하기 시작했는데, 프랑스인은 노예에게 "가장 잘 해준" 사람들이었다고, 너무도 확신하듯 말했다.

다행히도, 플랜테이션 관광지 모든 곳이 이렇지는 않았다. 그날 늦게 나는 가까운 거리에 있는 다른 대저택으로 차를 몰았다. 휘트니Whitney 플랜테이션은 앞서 갔던 곳보다는 덜 웅장했지만 언뜻 보기에 훨씬 더 상업화되어 있었다. 에어컨이 설치된 그럴싸한 방문자 센터가 입구 바로 안쪽에 있었고, 그곳에 티켓 판매자, 안내인, 기념품 판매원들이 가득 모여 있다는 점이 우선 못마땅했다. 그러나 이후 이어진 상황은 완전히 달랐다. 이곳은 백인 노예주나 경영자보다 노예제 아래 있던 흑인의 경험에 더 비중을 두고 있었다. 약 15명의 관광객이 안내인의 말에 귀를 기울이면서 경내를 돌아보았다. 어두워지기 전에, 우리는 노예들의 이름이 새겨진 화강암 비석 앞으로 갔다. 그들은 뉴올리언스에서 팔려서 이곳으로 왔거나 이 플랜테이션에서 태어난 노예들이었는데, 생몰날짜도 적혀 있었다. 그들 중 일부는 아프리카 이름을 유지하고 있었기 때문에 오늘날의 가나, 나이지리아, 콩고, 기니 등 어디 출신으로 대서양을 건너왔는지를 추측해볼 수 있었다. 대부분은 수명이 짧았지만, 소수의 예외도 있었다.

우리는 늪지대를 따라 걸었다. 거기에는 악어가 살고 있는데, 옛날에도 마찬가지였다고 한다. 탈출을 꿈꾸는 노예에게 이는 채찍과 탐색견

외의 또 다른 위험요소였다고 한다. 그리고 모퉁이를 돌아 기념식장 같은 한 공간에 도착했는데, 그곳에서 나는 예상치 못했던 장면과 맞닥뜨렸다. 실제처럼 보이게 제작된 흑인 머리 19개가 조개껍질 무늬가 그려진 붉거나 흰 머릿수건에 싸인 채로 창에 꽂혀 세 줄로 나란히 놓여 있었다. 예술가들의 표현에 따라 이들 각각은 고유의 얼굴을 부여받았다. 데스론데스의 얼굴은 앞줄에 있는데, 말을 하려는 듯 입을 약간 벌리고 있다. 그 앞에 있는 흰색 대리석 명판에는 그의 이름과 함께 그가 남긴 전설이 한 단어, 즉 '지도자Leader'라는 단어로 새겨져 있다.

33

블랙 자코뱅

카리브해, 트리니다드섬의 역사학자 C. L. R. 제임스는 1962년에 출판한 그의 저서 《블랙 자코뱅: 투생 루베르튀르와 아이티 혁명》의 서문에서 아이티 혁명을 매우 명료하게, 그리고 역시 거장다운 필치로 이렇게 정리한다.

> 1791년 8월, 즉 프랑스 혁명이 발발하고 생도맹그가 그 영향을 받기 시작한 지 2년 만에, 노예들이 반란을 일으켰다. 이 투쟁은 12년간 지속되었다. 노예들은 현지 백인, 프랑스의 군대, 에스파냐 침략군, 영국의 약 6만 원정대, 나폴레옹의 처남이 이끌었던 비슷한 규모의 프랑스 원정대를 차례로 물리쳤다. 1803년 나폴레옹 원정대가 패배하면서 아이티에서 흑인 국가가 수립되었고, 이는 오늘날까지 이어지고 있다.[1]

제임스의 서문 첫 문단은 독자들이 이 상퀼로트들, 즉 노예 군단의 기념비적인 업적을 미리 맛보게 해준다. 루베르튀르의 표현에 따르면 노예들은 "벌레처럼 벌거벗겨진" 취약한 상황에서 싸우면서, 그들에게 자유를 주지 않기 위해 벼르고 온 유럽인의 파도를 잇달아 좌절시켰다. 제임스가 잘 해낸 것처럼, 여기에는 발전시켜갈 만한 충분한 이야깃거리가 있다. 인류 역사상 가장 대규모의 노예봉기이고, 우리가 아는 한, 자유국의 탄생으로 이어진 유일한 노예해방 운동의 이야기이다. 그 외에도 제임스는 신세계의 다른 노예봉기들이 프랑스 식민지 생도맹그의 노예를 자유로 이끌 흑인들에게 선례를 남기고 격려를 전하면서 아이티 혁명과 연관성을 갖고 있었음을 이 책 여기저기에서 말해주고 있다. 그러나 아이티의 해방을 통해 어떻게 신생 미국이 대륙을 가로지르는 권력을 갖게 되었는지에 대해서는 아무것도 이야기하지 않고 있다. 그리고 아이티 혁명이 세계사를 어떻게 변화시켰는지에 대한 설명은 매우 부족하다. 다른 근대 혁명들과는 거의 비교할 수 없을 정도이다.

지금 이 책에 나오는 많은 이야기와 마찬가지로, 아이티 혁명의 역사는 줄거리를 제외하면 알려진 내용이 너무 빈약하여 연보를 채우기도 어려울 정도다. 고도의 고등교육을 받은 서구 독자층에도 거의 알려져 있지 않고, 제대로 평가되고 있지도 않다. 당시 생도맹그 노예 대부분은 아프리카에서 온 지 얼마 안 된 사람들이었다. 그런 사람들이 자기 해방을 이루어낸 이 사건이 충격적일 정도로 철저하게 무시되어온 데에는 적어도 두 가지 이유가 있다. 첫째는 아이티가 위치한 섬인 히스파니올라가 미국과 물리적으로 가깝기 때문이다. 그리고 두 번째는 아이티 혁명이 미국의 크기와 형태뿐 아니라, 미국이라는 나라의 성격과 미국이 세계 강국으로 등장하는 데에도 영향을 미쳤기 때문이다.

데스론데스의 불운한 봉기가 프랑스 혁명 소식과 그 뒤를 이어 아이티에서 일어난 봉기 소식에서 직접적으로 기운을 받았던 것처럼, 아이티 혁명 역시 앞서 있었던 사건들의 영향을 받았다. 논리적으로 보면,

아이티에서 프랑스 혁명이 했던 역할은 루이지애나에서보다 훨씬 직접적이고 강력했다. 생도맹그가 프랑스령 식민지였기 때문이다. 그런데, 잘 주목받지 못하는 내용은 자메이카 등 카리브해의 영국령 식민지들에서 구매해온 노예들이 생도맹그에서 흑인의 저항에 활력을 불어넣었고, 그들 중 많은 이가 18세기 말에 그곳에서 발생한 봉기에서 지도적 역할을 했다는 점이다.

놀랍도록 짧은 기간에, 프랑스령 식민지 생도맹그는 세계에서 가장 부유한 지역이 되었다. 마찬가지로 놀라운 사실은 프랑스의 대외 무역 전체가 다섯 배로 확장된 시기에 생도맹그가 프랑스 모든 대외 무역의 3분의 1을 감당하고 있었다는 것이다.[2] 히스파니올라섬에서 프랑스가 소유한 3분의 1이 역사상 가장 부유한 식민지가 된 것은 무엇을 의미했는가?[3] 1716년에서 1787년, 18세기 프랑스가 가장 큰 호황을 누렸던 기간 동안 경제성장의 족히 15퍼센트는 프랑스의 카리브해 식민지들에서 나온 것으로 추정된다.[4] 프랑스 왕의 백성 중 적어도 100만 명 이상이 직접 식민지 무역에 생계를 의존하고 있었다.[5] 생도맹그 식민지 하나의 무역량이 미국 전체 무역량과 비슷했다.[6] 영국과 프랑스가 지배하는 서인도제도 플랜테이션 사회들이 창출한 막대한 이익에 힘입어 두 국가의 경제는 산업화 시대로 훨씬 쉽게 진입할 수 있었다. 제임스가 쓴 바에 따르면, 이는 "수 세기 동안 서구 세계가 경험하지 못한 경제적 진보였다."[7] 그리고 두 나라 모두에서 이는 새로운 부르주아 계급의 탄생을 끌어내는 강력한 힘이 되었고, 그 부르주아가 주요한 사회적·정치적 변화를 열어나가는 일원이 되었다. 제임스에 따르면, 프랑스의 주요 대서양 항구 중 "보르도에서, 낭트에서 창출된 재산이 부르주아에게 자부심을 주었다. 이 자부심에는 자유가 필요했고, 이 자부심이 인간 해방에 기여했다."[8] 제임스의 도시 목록에 르아브르Le Havre와 마르세유Marseilles도 추가하여 확장할 수 있다. 우리시대 역사학자들은 제임스의 생각을 더 강하게 표현하기 시작하고 있다. (아이티를 연구하는 저명한 현대 역사학자 중 한 명인 뒤부아Laurent Dubois처럼) 생도맹그의 노예가 생산한 새로운 부가 "프랑스 혁명의 토대를 마련하는 데 도움이 되었다"고 직접적으로 주장하기도 한다.[9]

노예 노동을 기반으로 한 이러한 변화, 즉 설탕의 기적이 얼마나 빨리 일어났는지는 아무리 강조해도 지나치지 않다. 1697년 에스파냐가 생도맹그를 프랑스에 양도했을 때 그곳에 살던 유럽인은 해적질도 하고 목축도 하며 자급적으로 살았고, 간혹 가죽 거래도 하며 지냈다. 그러나 1739년에 이르면 이미 세계에서 가장 부유한 노예 식민지가 되었고, 제당소의 숫자도 많아져서 19세기로의 전환기를 거치면서 35개에서 450개로 증가했다.[10] 많은 사례를 통해 보았듯이, '노예 식민지'라는 바로 그 문구는 부의 창출과 유지가 흑인 신체에 전적으로 의존해 있음을 의미했다. 생도맹그가 다른 곳과 달랐던 점은 주로 아프리카인의 신체를 소비하는 속도의 문제였다. 이는 18세기 내내 빠르게 증가하다가 혁명 직전에 무섭게 치솟았다. 설탕, 인디고, 면화, 커피로 새로운 부를 얻고자 하는 프랑스인의 욕망은 계속 커져서, 노예봉기 이전 10년 동안 생도맹그에 데려온 노예의 규모가 그 이전 10년에 비해 세 배로 증가했을 정도였다. 그 10년의 수년 동안 섬으로 끌려온 노예의 수는 3만 명을 넘어, 식민지에 사는 백인의 수를 능가했다. 노예 수입 규모는 1790년에 절정에 달했는데, 이해에 노예봉기가 시작되었다. 18세기 동안 전체적으로 대략 68만 5000명의 노예가 사슬에 묶여 이 납골당으로 운반되었으며, 그들 중 상당수가 대체로 아프리카 콩고의 여러 지역에서 왔다.[11] 백인 대농장주들은 이를 충분히 이해하지 못한 것 같지만, 아프리카에서 직접 섬으로 온 사람들이 압도적 다수인 노예인구 집단의 경우 착취를 견디려는 경향과 의지가, 노예제 아래서 성장한 크리올과 비교하면 더 낮았을 수 있다. 아프리카에서 새로 들어온 이들은 신선하고 살아있는 자유의 경험을 갖고 있었고, 그들 중 다수가 콩고인Kongolese처럼 저항과 전쟁의 기술을 이미 경험했을 것이다. 당시 노예는 가장 극심한 압박을 받으며 지독히도 높은 사망률을 기록하고 있었다. 하지만 생도맹그의 대농장주 계급은 수십 년 후 미국 남부와 마찬가지로 노예가 자신의 운명에 만족하고 있다고 오판하면서 안심하고 있었다. 그중 한 사람은 "똑똑하고 교육받은 사람이라면, 아프리카에서 아프리카인이 살아가는 비참한 상황과 식민지에서 아프리카인이 생활에 필요한 모든 것을 제공받으면서 누리는 즐겁고 쉬운 삶을 비교할 수 있을 것이다"라고 썼다.[12]

이렇게 말하는 것이 사악해보일 수 있지만, 여러 면에서 생도맹그는 자기 성공의 희생자라고 이해할 수 있다. 아니면 최소한 그곳에 만연했던 그로테스크한 수준의 탐욕이 낳은 희생자였다고 할 수 있다. 영국에 비해 해군과 상선의 힘이 약했던 프랑스는 더 많은 노예 노동력에 대한 집요한 수요를 대서양 횡단 무역을 통해 충족시키기 위해 고군분투해야 했다. 이로 인해 생도맹그의 백인 정착민은 인근의 훨씬 더 성숙한 영국 노예 식민지들과 치명적인 노예무역을 하게 되었다. 여기서 '더 성숙하다'는 것은 영국 식민지가 상당히 일찍 대규모 플랜테이션 복합체를 건설하기 시작했다는 점뿐 아니라, 노예 저항과 도망노예 공동체 문화도 훨씬 더 깊이 뿌리내리고 있음을 말한다. 특히 자메이카가 중요했는데, 18세기 전반 이 섬에는 오랜 역사를 가진 대규모 도망노예 공동체들이 있었고, 노예들이 조직적으로 저항했던 숱한 사례들이 있었다. 앞에서 본 바와 같이, 이 저항은 '7년 전쟁' 중이었던 1760년 자메이카에서 '태키의 전쟁'으로 절정에 올랐다. 이 전쟁으로 500명 이상이 살해되었고, 식민지배가 심각한 위기에 놓이게 되었다. 이 자메이카 반란은 "20세기 이전에 외부의 적이 아니라 내부의 적이 일으킨 영국 통치에 대한 가장 심각한 전시 도전"이었다고 평가되어왔다.[13]

'태키의 전쟁'은 아이티 혁명 이전에 생도맹그에서 발생했던 가장 중요한 노예반란과 비슷한 점이 있다. '태키의 전쟁'은 노예출신의 자유인과 도망노예 공동체와 마캉달이라는 이름의 종교지도자가 이끌었다. 자메이카섬 북부에서 마캉달이 광범한 영향력을 발휘할 수 있었던 것은 그가 가톨릭 도상圖像과 용어를 사용했기 때문이기도 했다. 가톨릭 도상과 용어는 여러 아프리카 신앙들과 쉽게 결합할 수 있었다. 또한, 아프리카 종교 의례를 공개적으로 행하는 것이 공식적으로는 금지되어 있었지만, 자메이카의 백인 정착민은 아프리카 콩고에서 그 당시까지 거의 200년 동안 가톨릭 의례가 행해지고 있었다는 사실을 거의 알지 못했다. 생도맹그의 종교지도자 중에는 노예무역을 통해 갓 들어온 사람이 많았다. 이들은 콩고나 다호메이와 같은 아프리카의 고향에서 전통적인 종교 의식을 이끌었던 사람들이었다. 이 지역을 휩쓴 광범한 갈등과 정치적 불안정으로 인해 이곳 사람들은 언어와 신앙에서 매우 유연한 면모를 갖게 되었다. 패터슨의 유명한 말처럼 노예가 "사회적 죽음"을 당한 자로 기가 죽어 있기만 했던 것은 아니었다. 노예무역선을 타고 가는 중간항해Middle Passage 과정을 통해 인신매매되어 온 아프리카인은 자기들의 종교 의례들을 숙지하고 있었고, 이를 통해 새로운 강력한 정체성과 동맹을 구축할 수 있었으며, 신세계에서 가톨릭의 난해한 용어와 의례들을 전통 종교와 재빠르게 결합시킬 수 있었다.[14] 이는 생도맹그에서만이 아니라, 브라질에서부터 뉴올리언스까지 노예봉기가 일상이 되었던 모든 곳에서 현실로 나타났다.

마캉달은 결국 체포되어 마법 혐의로 기소되었고, 1758년 화형을 당했다. 이전에 그가 이끄는 저항 운동의 과정에서 약 5000명이 사망했는데, 가장 큰 사망 원인은 확실하게 중독이었다. 불가사의한 죽음이 계속 이어졌던 것에 대해 마캉달이 비난을 받았다. 그러나 최근 역사학자들에 따르면, 많은 희생자가 흑인이었고 밀가루의 보관 조건이 열악하여 곰팡이 균이 범벅이 된 식량을 먹다 보니 사망자가 우연히 많이 나왔던 것 같고[15] 마캉달과는 무관했다고 한다. 마캉달은 자메이카섬에서 탈출하여 생도맹그로 갔다. (그곳에서 프랑스 식민당국에 체포되어 처형되었다.—옮긴이) 또한 은밀한 종교지도자이자 1791년 아이티 노예봉기를 시작한 사람으로 널리 알려진 부크만이라는 노예도 있다. 이 봉기는 생도맹그 식민지 북부에서 밤에 비밀리에 진행된 부두Vodou교 의례에서 시작되었다. 생도맹그의 또 다른 중요한 혁명 지도자인 크리스토프는 영국의 플랜테이션 섬인 세인트키츠St. Kitts에서 노예로 태어났다.[16]

아이티 혁명 직전에 생도맹그에는 약 46만 명의 흑인 노예가 있었는데, 백인은 3만 1000명에 불과했다. 타협할 수 없는 적대적 이해관계를 가진 노예주와 노예, 이 두 인구 집단 사이에 백인과 거의 같은 규모의 이른바 자유유색인이라고 하는 제3의 집단이 있었다. 이는 매우 복잡한 사회학적 설정을 단순화한 것이다. 자유로운 유색인종은 피부색이 옅은 혼혈인 정도로 여겨지는 것이 보통이지만, 실제로 유색인 집단에는 거의 모든 피부색을 가진 사람들이 있었다. 여기서 효력을 가진 단어는 '자유'였다. 이들은 속박되지 않은 채 살던 아프리카계 사람들이었기 때문이다. 백인도, 예를 들면, 부유함의 정도와 계급 혹은 플랜테이션과 노예 소유의 여부에 따라 여러 측면에서 구분할 수 있었다. 자유유색인도 비슷하게 구분할 수 있었다. 그러나 가장 단순하게 말하면, 프랑스를 위해 엄청난 황금 알을 낳았던 이 식민지에서의 삶은 잔혹한 인종 삼각관계로 시달리는 생활이었다. 이 섬에서의 삶은 피부색을 토대로 "병리적으로 계층화"되어 있었다.[17]

1720년대에 생도맹그 식민지가 경제적으로 도약한 직후, 이 지역 백인 사이에서 프랑스 본국에 대한 분노가 치솟았다. '대표 없이 부과된 세금'에 대해 불만을 품은 대농장주들의 반발이 거세졌던 것이다. 이런 대농장주의 반발은 훗날 발생한 미국 혁명의 중심 주제를 선명하게 예견해주는 것이기도 했다. 대농장주는 프랑스 중상주의가 가하는 통제에 대해서도 불만이었다. 중상주의 정책에 따라, 국가는 노예 공급에 대해 독점권을 갖고 있었다. 설탕을 통해 큰 부자가 될 기회를 모색했던 이들은 늘 그런 중상주의가 제대로 된 정책이 아니라고 생각했다. 또한 프랑스 본국 정부는 식민지 정착자가 상품을 본국에만 판매할 수 있게 했고, 판매 조건은 본국만이 결정할 수 있게 했다. 대농장주의 분노는 1780년대에 다시 불이 붙었다. 프랑스가 노예에 대한 착취를 규제하는 일련의 규정들, 즉 흑인법Code Noir을 제정하는 등 온건한 개혁 정책을 도입했기 때문이다. 이 개혁 중 하나는 노예에게 기존의 일요일 휴무 외에 토요일 오후에도 휴가를 주는 것이었고, 음식과 의복을 좀 더 개선하도록 의무화한 것이었다. 생도맹그 식민지의 한 백인 관리는 이 새 규정을 "신성한 재산권"에 대한 침해라고 비난했다.[18] 1785년에는 또 다른 이가 이런 질문을 했다. "하루에 16시간만 일하게 하면, 우리가 어떻게 설탕을 많이 만들 수 있겠습니까?"[19] 여기서 "우리"는 노예를 의미했다. 이런 질문을 던진 자가 스스로 답한 바에 따르면, 식민지 플랜테이션 경제의 부는 '소비하는 인간과 동물' 사이의 비율과 불가피하게 연결되어 있었다. 어느 사상가에 따르면, "어떤 법이든, 그것이 정의롭고 인도적일지라도, 그 법이 만약 흑인에게 유리하다면 이는 언제나 재산권을 침해하게 마련이다. 더욱이, 식민지 정착민의 지지를 받지 않은 법이라면, 이 역시 재산권을 침해하게 된다. … 재산에 관한 모든 법은 소유자로서 그 법에 관심을 가진 사람들의 의견을 통해 지지를 받을 경우에만 정당하다."[20] 18세기까지, 재산 소유자의 신성한 권리에 대한 침해가 백인이 지배하는 노예제 사회들에서 거의 보편적인 주제가 되었다.

생도맹그 사회의 세 인종 집단들 사이의 모순은, 마침내 발생한 1789년 프랑스 혁명으로 결단을 내려야하는 상황이 올 때까지 18세기 내내 꾸준히 격화되었다. 18세기 중반까지 백인은 인근 자메이카에서 그랬던 것처럼 생도맹그 식민지 전체로 퍼지고 있던 도망노예 공동체들의 봉기들을 진압하기 위해 자유유색인을 소집해야 한다고 결정했다. 유색인은 재산을 소유하고, 전문직 업무에 종사하고, 심지어 노예도 소유할 수 있었지만, 식민지 의회에 참여하는 것은 금지되어 있었다. 정치적 대표성을 박탈당하고 있었던 것이다. 그러나 백인이 유색인에게 군사적 동맹으로 의존해 있었기 때문에, 유색인 역시 백인이 본국에 요구했던 대표성에 대해 똑같은 주장을 펼칠 수 있었다. 백인이 자기 안전을 유색인에게 의존하게 되면서 긴장은 더욱 고조되었다. 그리고 백인의 인종 개념은 피부색에 따라 사람들을 더 확연하게 구분하는 방향으로 굳어졌다. 백인은 생도맹그 사회 피라미드 꼭대기에 자리한 백인의 특권적인 지위가 더 엄격한 인종차별을 통해서만 유지될 수 있다고 믿었기 때문에, 다양한 조상을 둔 인류를 놓고 상상으로 재단한 차이들을 법률화하고자 했다. 예를 들어, 1767년에 나온 한 법령에는 이렇게 쓰여 있다. "아프리카 혈통을 가진 사람들에게 찍힌 노예제의 낙인은 자유의 선물로 지워질 수 없다."[21] 이는 자유유색인의 평등에 대한 열망을 의식하고 내놓은 법령이었다.

가장 수익성이 높은 수단을 소유하고 있던 프랑스나 생도맹그의 백인 정착민이 상황파악을 너무도 못하고 있었기 때문에, 생도맹그는 잔혹한 인종 삼각관계를 통해 파멸의 길로 접어들고 있었다. 미라보 백작Comte de Mirabeau의 표현에 따르면, 이 섬은 "베수비오Vesuvius산의 기슭에서 잠들어 있었다."[22] 생도맹그에서 일어난 혁명은 의도치 않은 결과였지만, 생도맹그에서 화산 폭발이 불가피한 지경이라는 공언이 프랑스 혁명의 발발과 함께 제기되었던 것이다. 바스티유 감옥이 함락되고 몇 주 후에 국민의회에서 채택된 '인권 선언문'의 제1항이 땅을 뒤흔들었다. 제1항에 따르면, "인간은 권리에 있어 나면서부터 평등하며, 계속 평등하다." 충분히 예견할 수 있는 것처럼, 이런 말에 고무된 것은 유색인만이 아니었다. 1789년에 프랑스령 마르티니크에서도 노예들이 봉기를 일으켰다. 노예들은 '모두의 바람'을 타고 온 이 소식을 듣고, 왕이 노예에게 자유를 허하기로 결심했다는 의미로 해석했다. 그러나 그 법령을 무시하려는 욕심 많은 대농장주들이 이를 가로막고 있다고 생각했다.

한편, 프랑스 혁명이 시작되면서, 본국의 정치적 발전에 대해 잘 알고 있던 생도맹그의 자유유색인 사이에서 정치적 동요가 일었다. 이에 1791년 초 일부 백인은, 생도맹그에서 인종적 긴장에 대한 유일한 해결책은 유색인을 숙청하는 것이라고 했고, 유색인을 학살해야 한다고도 말했다.[23] 일부 백인의 이런 주장은 생도맹그 식민지의 보호를 위해 영국이 일정한 역할을 하도록 끌어들임으로써, 프랑스 본토의 지배에서 벗어나보려는 더 큰 계획의 일부였다. 한편, 아메리카 전역의 노예 소유주들 사이에서 함께 뭉쳐 흑인 노예를 억압하고, 유럽에서 일고 있던 초기 개혁 운동의 바람을 차단하며, '자유의 전염'을 중단시키자는 주장들이 나왔다.[24] 이는 플랜테이션 사회 모델의 생존과 영속을 보장하려는 노력이었다. 여기서 독자들은 조지 워싱턴이 노예 소유를 위해 연대할 것을 주미 프랑스 대사에게 맹세하는 편지를 기억할 것이다. 프랑스가 본국에서 발생한 혁명적 투쟁들에 주로 몰두해 있는 동안, 생도맹그에서는 백인과 유색인 사이에서 공개적인 무력 충돌이 발생했다. 이는 향후 2년 동안 간헐적으로 계속되었다. 때로 양측은 기회주의적으로 노예를 동원하려고 했다.

이보다 10년 전, 프랑스 혁명 이전에도, 프랑스 연대기 작가이자 식민주의 백과사전 작가인 레날은 생도맹그에서 흑인 해방의 불가피성에 대해 선견지명을 갖고 글을 쓴 바 있다. 레날은 노예에게 자유를 목표로 하는 것이 바람직하고 또 현실적이라는 조언은 할 필요가 없다고 강조했다. 노예에게는 사례도 필요하지 않았다. 자메이카나 수리남 같은 곳에 있던 도망노예 공동체들을 통해 이미 봤기 때문이었다. 이 공동체들은 성공적인 노예봉기의 결과물이었다. 생도맹그에서 노예에게 필요했던 것은 봉기를 일으킬 만한 제대로 된 기회와 제대로 된 지도자들뿐이었다. "흑인에게 부족한 것은 그들을 복수와 대학살로 이끌 만한 용감한 인물뿐이다. … 그는, 이 위대한 인물은 어디에 있는가? 이렇게 힘들고, 억압당하고, 고통받는 아이들에게, 자연은 부채를 지고 있는 셈이다. 그는 어디에 있는가? 그는 나타날 것이다. 분명하다."•[25] 생도맹그에서 백인과 유색인 간의 갈등이 심화되고, 식민지 대농장주들이 프랑스에 대해 반발하는 틈을 타서, 반란의 기회가 생겼다. 그리고 한 플랜테이션의 마부였던 투생 루베르튀르라는 인물이 생도맹그의 노예 집단 사이에서 특별한 지도자로 부상했다. 사실 루베르튀르는 노예로 태어나 40대 중반에야 자유인이 되었다. 그러나 이때 이미 글을 읽을 줄 알았을 뿐만 아니라 마키아벨리Machiavelli, 몽테스키외Montesquieu, 루소Rousseau의 저작을 열심히 읽었고, 특히 레날의 글에 매료되었다고 한다.[26] 그는 읽고 또 읽으며, 그 내용을 전투를 준비하라는 소명으로 받아들였다.

• 최근 일부 역사가들은 이 말이 프랑스 철학자 디드로(Denis Diderot)의 말이며, 레날이 인용표시 없이 자신이 편집한 책에 넣은 것이라고 주장한다.

34

금박 계급장을 단 흑인들

1791년 8월 22일 밤 10시 무렵, 생도맹그 식민지의 최북단에 위치한 플랜테이션 단지 중심지에서 아이티 혁명이 시작되었다. 목적론의 유혹이 작동하게 마련이지만, 이를 물리치는 것이 혁명을 이해하는 데 도움이 될 것이다. 오래 전승되어온 역사기록에 따르면, 아프리카식 종교의례가 진행되던 보아 카이망Bois-Caïman(악어숲)이라는 곳에서 노예들이 야간 봉기를 일으키면서 사건은 시작되었다. 그곳에 모인 지도자들은 돼지를 제물로 바치고 그 피를 들이켰고, 술을 따르면서 충성을 맹세하고 결의를 다졌다고 한다. 무거운 가락의 북소리가 밤새 크게 울려 퍼지는 가운데 인근 플랜테이션에서 온 노예들이 봉기에 가담하기 시작했다. 그러자 하늘이 발갛게 물들었고, 사탕수수밭들과 플랜테이션 작업장들, 주인의 저택들이 모두 불타올랐다. 1804년 혁명이 종결될 무렵, 북반구에서 두 번째로 독립한 국가이자 정부인 흑인 통치 공화국이 새롭게 탄생했다. 이 사건들을 통해, 어느 역사가가 “세상에서 가장 래디컬한 인권선언”이라고 제대로 평가한 문서가 나왔다.[1] 사실 어떤 의미에서는, 아이티에서 일어난 사건이 그보다 20년 앞섰고 훨씬 더 미화되어 있는 미국 혁명보다 더 래디컬했다는 것은 재론할 필요도 없다. 새로운 아이티 공화국은 노예제도와 인종 차별을 금지했다. 미국은 19세기로 넘어가서도 반세기 넘게 머뭇거리기만 하다가 겨우 금지하기 시작했던 조치들이었다.

루베르튀르는 생전에 공화국의 탄생을 보지 못했지만, 그 혁명의 목적을 설정하는 일에 누구보다 크게 기여했다. 이는 노예제도가 지속되는 한 결코 실현될 수 없는 보편적인 자유와 진정한 형제애라는, 프랑스 혁명이 달성하지 못한 이상을 실현하는 과업이었다. 자신의 목표를 말하면서, 이 군사 지도자는 "피부색이 어떠하든 인간 사이에 존재해야 하는 구분은 선과 악의 구분, 그 하나뿐이다. 흑인, 유색인, 백인이 동일한 법의 통치를 받는다면 동등하게 보호받아야 하며, 법을 벗어나면 동등하게 제약받아야 한다"라고 선언했다.[2] 어느 역사가가 언급했던 것처럼, "이런 이상은 이후 수십 년 동안 어떤 세계 지도자도 감히 입에 올리지 못했던 말이었다."[3] 루베르튀르의 소신들을 계몽주의 시대 영국과 미국의 선도적인 당대인들의 생각과 대조해서 보면 더욱 눈에 띈다. 1805년 탈레랑Talleyrand은 다음과 같이 썼다. "가장 흉악한 범죄로 더럽혀진 나라를 점령한 채 무장하고 있는 흑인의 존재는 모든 백인 국가에게 끔찍한 광경이다."[4] 이와 비슷하게, 루베르튀르를 꺾기 위해 히스파니올라에 파견된 지휘관이었던 영국 장군은 본국의 목표를 생도맹그에서 나온 "자유와 평등에 대한 거칠고 해로운 교리들"이 부유한 영국령 서인도 노예 식민지들로 전염되는 것을 막는 것이라고 했다.[5]

노예봉기가 이 프랑스 식민지의 북부 지역으로 확산되자 겁에 질린 백인은 당시 생도맹그에서 가장 큰 도시이자 서반구의 대도시 중 하나였던 카프프랑수아로 몰려들었다. 이에 따라 길고 혼잡한 피난민의 물결이 형성되었고, 1811년 뉴올리언스를 예언하는 듯한 무서운 장면들이 나왔다. 아이티의 노예봉기가 백인에게는 자연발생적인 것처럼 보였지만, 결코 그렇지 않았다. 봉기의 초기 단계에서 부크만이라는 종교지도자가 주도한 영역은 부분에 불과했고, 그에 대해서는 앞에서 언급한 바 있다. 부크만은 세네감비아에서 태어났고, 자메이카에서 산 적이 있는데, 그곳에서 노예감독으로 고용되어 있었다. 노예감독으로 일했다는 이력은 그가 매주 휴무일에 농장을 떠날 수 있는 능력을 포함하여, 봉기를 준비하는 기간 동안 특혜를 누릴 수 있었음을 의미했다. 이것이 혁명적 행동을 계획하는 데 열쇠가 되었다. 생도맹그 북부 지역을 불태웠던 보아 카이망 의례에서 부크만은 봉기에 기꺼이 참여하려는 노예들에게 조상의 문화와 종교를 존중하라고 하면서, 완전히 메시아 같은 어조로 연설을 했다. 그는 이렇게 말했다. "우리의 눈물을 갈망하는 백인들의 신의 모습은 갖다버리자. 그리고 우리 모두의 마음속에서 우러나오는 자유의 목소리에 귀를 기울이자."[6]

생도맹그 사건들에서 직접적인 도화선 중 하나는 히스파니올라에 퍼졌던 한 소문이었던 것 같다. 프랑스 왕 루이 16세가 채찍 사용을 금지하고, 노예에게 매주 3일의 휴식을 허용하라는 명령을 내렸지만 지역 정부가 이를 무시하고 있다는 소문이었다. 앞서 언급한 1789년 마르티니크 노예봉기도 비슷한 원인으로 촉발됐다. 이는 이 시대에 계속 반복되던 익숙한 양상이었는데, 이번에는 다른 결말로 이어졌던 것이다. 그러나 훨씬 더 박차를 가해준 중요한 계기는 프랑스 대혁명 그 자체였다. 많은 노예가 이를 프랑스에 사는 일부 백인이 다른 백인에 의해 노예 상태에 있다가, 자신들의 힘으로 스스로를 해방시켰다는 의미로 해석했다. 그들도 해냈다면 우리라고 왜 안 되겠는가 하는 생각이 생도맹그 노예 사이에서 퍼져나갔다.[7] 그 결과 1791년 9월 말까지 카프프랑수아 주변 북부의 넓은 지대에 자리해 있던 플랜테이션들이 봉기를 일으킨 수만 명의 노예에 의해 파괴되었다. 얼마 지나지 않아, 생도맹그 식민지 대부분이 전쟁에 휩싸였다.

아이티 혁명은 루베르튀르가 최전선에 서면서 시작된 것도 아니고, 루베르튀르가 주도권을 잡는 것으로 끝나지도 않았다. 대신 초기 단계는 지도층이 다소 분산된 상태에서 진행되었다. 1791년 11월 초 폭력이 확산되고 1천 개가 넘는 플랜테이션이 잿더미가 되면서, 당시까지 가장 저명한 인물 중 한 명인 부크만이 잡혀 살해되었다.[8] 노예들의 충성을 얻어 질서를 회복하기를 희망했던 혁명 프랑스는 불안한 상황에 대응하기 위해, 식민지의 자유로운 유색인에게 동등한 권리를 부여하는 법령을 제정했다. 이는 본국에서 이미 노예제도의 미래를 놓고 논의가 진행 중이었기 때문에 가능했던 일이었다. 생도맹그의 백인은 그 두 가지 발전 모두에 대해 격분했다. 한 대농장주는 다음과 같이 말했다. "노예제가 없다면, 생도맹그에는 문명도 없다. 우리가 아프리카 해안에서 50만 명의 야만인 노예를 찾아 구매한 것이 그들을 프랑스 시민으로 식민지에 데려오기 위해서는 아니었다. 자유인으로서 그들의 존재는 우리 유럽 형제들의 존재와 물리적으로 양립할 수 없다."[9] 자유인이 된 흑인과 유럽인의 양립을 상상할 수 있었던 사람은 그때에는 거의 없었다. 그러나 적어도 서류상으로는 정확히 1년 안에 그 양립이 실현되었다.

1791년 10월, 루이 16세의 권력이 정지되면서 프랑스 공화국이 탄생했고, 같은 달에 생도맹그에서는 알라다 왕의 둘째 아들이라는 자가 전면에 나서면서 스스로를 봉기한 노예들의 지도자라고 선언했다.[10]

그는 "나는 생도맹그에서 자유와 평등이 지배하기를 원한다. 우리에게로 단결하여 같은 대의를 위해 함께 싸우자"라고 주장했다.[11] 그가 바로 투생Toussaint이었다. 제임스에 따르면, 그가 갖고 있던 천재적 지도력의 가장 중요한 비결은 노예화로 인해 인간성을 극심하게 짓밟혔던 사람들에게 "흑인인 것을 부끄러워할 필요가 없다"는 말을 전달하는 능력이었다.[12] 그가 주도했던 혁명은 새로 해방된 이들에게 "성취의 가능성, 자신감, 자부심"을 안겨주었다.[13] 곧 루베르튀르L'Ouverture(나중에 Louverture로 단순화됨)라는 이름을 채택한 투생은 어떻게든 항상 길을 찾거나 기회를 만들어내는 사람으로 평가받아왔다. 제임스에 따르면, "항상 나폴레옹은 예외지만, 프랑스 혁명의 전체 기간 동안(에도 투생만큼—옮긴이) 그렇게 빨리, 그렇게 멀리 여행했던 인물은 없었다."[14]

생도맹그의 인종 삼각관계가 말처럼 그렇게 깔끔했던 적은 없었다. 봉기가 힘을 받으면서, 가난한 백인과 부유한 백인 사이, 대농장주와 노동자 사이, 왕당파(대부분 부유하고 직위가 있는 이들)와 공화파 사이가 빠르게 벌어졌다. 생도맹그의 대농장주들은 인근 영국 식민지, 특히 항해 거리가 하루도 안 되는 곳에 있는 자메이카의 백인들에게 도움을 청했다. 그들은 서인도제도의 가장 큰 플랜테이션 사회에서 노예반란이 성공하면, 이는 곧 다른 지역으로 빠르게 퍼질 수 있다는 꽤 그럴듯한 논리를 호소했다. 영국도 그런 두려움이 있었기 때문에, 1793년 9월 붉은 군복의 영국군이 생도맹그섬에 상륙하여 침공하면서 본격적으로 개입하기 시작했다. 영국은 북반구에서 경제 모델과 플랜테이션 노예제도를 모두 유지하고 싶어 했다. 침략해 들어간 영국군이 생도맹그의 영토를 점령할 때마다 그들은 노예제를 복원하고 설탕 및 기타 환금작물 생산을 재개하라는 지시를 받았다. 그러나 런던의 목표가 자유의 전염을 막는 것만은 아니었다. 이와 함께 영국은 가장 큰 라이벌 프랑스의 가장 부유한 식민지를 빼앗고 싶어 했다. 섬에 확산되어 있던 무정부 상태를 기회로 삼아서 이익을 챙기고 싶었던 것이다. 그리고 이 사건은, 18세기 대부분의 기간 동안 영국과 프랑스가 서로 맞서며 점점 확대해갔던 세계적 차원의 전쟁으로 이어지게 된다.

여기에서 아이티 혁명을 제대로 그려내는 것은 어렵다. 아이티 혁명은 상당한 복잡성과 공포와 원대함을 모두 갖고 있는 가장 중요한 세계사적 사건이다. 그러니 여기서 다 보여주겠다고는 하지 않겠다. 이 책은 주로 혁명이 가져온 다음과 같은 효과에 초점을 두려고 한다. 아이티 혁명은 유럽이 대서양 전역에 수립할 노예제를 종식시키고, 세계적 차원에서는 반식민주의를 촉발시키는 데 기여했다. 그리고 신생 미국의 형성에도 영향을 미쳤다. 이는 표준 역사 교과과정에서 근대성의 탄생과 서구의 부상을 다룰 때, 전통적으로 제외시켜왔던 이야기들이다.

도착한 영국군은 자유유색인 군대가 일으킨 첫 번째 저항을 맞닥뜨렸다. 그러나 영국군에게는 이미 더 큰 문제가 닥쳐오고 있었다. 영국의 개입 당시, 투생은 이미 막강한 전투력을 구축하고 있었다. 투생이 이끄는 군사력의 대부분은 해방된 노예로 구성되었지만, 조력자 중에는 자기 진영에서 탈주해 온 백인 프랑스인 식민자도 있었다. 그리고 곧 투생은 히스파니올라섬 동부의 3분의 2를 지배하고 있던 에스파냐와 동맹을 맺었다. 한동안 투생의 군대는 영국과 프랑스에 맞서 싸웠다. 제임스는 투생이 에스파냐와 동맹 전술을 취했던 것에 대해 다음과 같이 서술한다. "그들을 군인으로 인정하면서, 총과 탄약과 보급품을 제공하는 백인 남성들이 있었다. 백인 남성들은 그들을 동등하게 대우하면서, 다른 백인들을 쏘라고 요구했다."[15] 유럽의 주요 제국주의 강대국인 영국, 프랑스, 에스파냐 사이에서 발생한 잔인한 투쟁은 이 기간 백인 정착민, 자유유색인, 노예 사이에서 지배적이었던 야만스러운 인종 삼각관계와 괴이한 상관성을 갖고 있었다. 유럽인은 단독으로 또는 연합하여, 섬 내에서 서로 갈등을 빚고 있던 인종 집단들 가운데 특정 집단을 지원했다. 여기에 미국이 곧 에스파냐를 대신해서 이 삼각관계의 세 번째 각으로 들어와 나름의 역할을 했다.

투생의 가장 큰 자질은 전술가적 재능이었다. 프랑스 공화국이 노예제의 종식을 선언하자, 그는 곧 다시 프랑스에 충성하겠다고 입장을 바꾸었다. 콩고와 앙골라를 뒤흔든 전쟁에서 활약했던 노예가 대규모로 생도맹그에 들어온 지 얼마 안 되었기 때문에, 투생의 군대는 아마도 그들에게 배웠을 가능성이 있는 전투 전술들을 사용하여, 그들을 재래식 집단 대형으로 끌어들이려 했던 영국의 시도를 여러 번 무산시켰다. 투생의 군인들은 영국인 사이에서 공포와 혼란을 일으키기 위해 격렬한 뇌우가 치는 시간에 공격을 했다.[16] 그들은 언덕이나 덤불 속에 숨어 있다가, 적군이 도로로 이동할 때 기회를 잘 포착하여 공격했다. 투생은 히스파니올라의 열대 질병도 유리하게 활용했다. 영국인은 카리브해에서 150년의 경험을 쌓았지만, 여전히 그 문제를 거의 해결하지 못하고 있었다. 이 침략자들은 무거운 플란넬 제복을 완고하게 갖춰 입고 행진했다. 그들은 수은이나 붉은 고춧가루를 쓰거나 혹은 오래 피를 흘리게 하는 방식으로 열병을 치료했다.[17] 게다가 그들은 세균 이론(특히 가장 많은 수의 병사를 사망하게 만든 질병인 황열병과 말라리아가 모기에서 비롯되었다는 점)을 이해하지 못한 채, 수도 포르토프랭스의 늪지대 부근에 가장 큰 병원을 세웠다. 투생도 바이러스와 기생충의 존재에 대해 알지 못했겠지만, 그는 우기에 외국 군대가 가장 약하고 병에 많이 걸린다는 것을 관찰을 통해 알았기 때문에, 주로 그 시기에 맞추어 대규모 작전을 계획했다.

투생의 지휘력과 그의 훈련된 군대, 그리고 살인적인 질병 환경이 결합된 조건에서 처음 침략해 들어갔던 영국 부대는 크게 패퇴했다. 이에 영국은 1795년 후반에 두 번째 원정을 시작하여 상황을 반전시키려고 했다. 당시로는 영국 역사상 가장 큰 규모의 출정이었다.[18] 영국은 아프리카에서 서인도제도로 가는 노예선박에서 노예를 사서, 급하게 훈련을 시켜 곧장 전투원으로 투입하기도 했다.[19] 영국인은 노예를 참전시키며, 생존하면 자유를 주겠다고 약속했다. 1795년에서 1807년 사이에 이렇게 새롭게 공세를 펼치면서, 영국군은 영제국에서 가장 큰 노예소유주가 되었다. 당시 영국군은 카리브해 섬들로 팔려간 노예의 약 10분의 1을 구매했다. 그러나 이 모든 것이 소용이 없었다. 1798년, 의회는 생도맹그에서 영국의 모험주의가 낳은 비용에 경악했고, 분명한 성공 전망이 없었기 때문에 플러그를 뽑기로 결정했다. 에드먼드 버크는 프랑스 식민지를 점령하려는 시도가 "묘지를 정복하기 위해 싸우는 것과 같다"고 하는 유명한 불만의 변을 남기기도 했다.[20] 버크를 비롯해서 영제국을 지지했던 이들은 노예출신 자유인들을 제대로 파악하지 못했던 것 같다. 노예출신 자유인들을 움직인 것은 완전히 다른 보상구조였다. 투생은 병사들에게 이렇게 말했다. "우리는 자유가 소멸되지 않도록 하기 위해 싸우고 있다. 자유는 지상의 모든 소유물 중에서 가장 소중하다."[21]

1798년 10월, 생도맹그 침공을 시작한 지 5년이 지나, 영국군은 마지막으로 국기 유니언잭Union Jack을 내려 보관함에 넣은 뒤, 철수했다. 배치된 2만 병력 중 5분의 3이 사망한 상황에서 다른 선택의 여지가 없었다. 노예로 자랐던 투생 루베르튀르는 이제 섬의 해방자로 추앙받았다. 그의 승리는 그곳에 있던 가장 위대한 제국을 물리치면서 달성된 것이었다. 이 책에 담긴 많은 역사 이야기와 마찬가지로, 심화된 역사 수업과정 외에 다른 곳에서 이를 배운 사람은 거의 없다. 20년 전 미국 혁명군의 손에서보다, 생도맹그를 점령하려는 헛된 과정에서 더 많은 영국군이 사망했다. 그러나 이 흑인 식민지 생도맹그의 이름은 중요한 전투나 희생자를 기리는 연대기에 지금까지 한 번도 등장하지 않았다. 이는 이 삭제로 가득한 교향곡에서 또 하나의 역사적 침묵 행위로 표시해둘 부분이다.[22]

1802년 3월, 나폴레옹 보나파르트Napoleon Bonaparte가 프랑스에서 권력을 장악하고, 스스로 제1집정관이라는 혁명적 칭호를 채택한 지 거의 2년 반이 지난 후, 영국은 아미앵Amiens에서 영원한 라이벌 프랑스와 평화조약을 체결했다. 유럽에서의 전쟁과 영국과의 해전에서 빠져나오면서, 나폴레옹은 우선 식민지에 대한 프랑스의 지배력을 재확립하는 작업에 착수했다.[23] 더 많은 소득을 얻고, 유럽을 이끄는 강대국의 지위를 되찾기 위해서였다. 이에 따라, 생도맹그의 부에 대한 프랑스의 지배력을 다시 주장하는 것이 최우선 과제가 되었다. 프랑스 독재자의 광대한 계획은 노예가 재배한 설탕과 커피로부터 얻는 막대한 이익을 되찾고, 에스파냐와 외교적 관계를 복원하여 광활한 루이지애나를 확보하는 것이었다. 프랑스는 루이지애나를 카리브해에 있는 프랑스령 섬 플랜테이션 사회들을 유지하는 데 꼭 필요한 곡창 지대이자 원료의 공

급지라고 생각했다. 이 모두가 나폴레옹의 독창적인 생각이라고 할 수는 없다. 앞서 본 것처럼, 미국 식민지 시대부터 뉴잉글랜드와 같은 지역들이 바베이도스에서 자메이카에 이르는 영국령 노예 사회들에 대해 동일한 역할을 수행해왔었다. 존 애덤스가 미국 혁명 직전에 말한 바에 따르면, 이른바 서인도 무역은 "뉴잉글랜드를 지금의 모습으로, 남부지방을 지금의 모습으로, 〔그리고〕 서인도제도를 지금의 모습으로 만들어놓은 광대한 사슬에서 필수적인 연결고리 역할을 했다."[24] 그러나 제1통령의 많은 일들과 마찬가지로, 서로 다른 경제적 소명을 가진 영역들을 통합하려는 나폴레옹의 비전이 남달랐던 것은 그 규모의 방대함과 웅장함이었다.

프랑스가 제국의 시선을 서인도제도로 되돌리고 있던 바로 그 시기에, 제복을 입고 일하던 마부 출신의 투생 루베르튀르가 이제 견장을 단 군 지휘관이 되었고, 공개적으로 식민지의 분명한 지도자 역할을 맡고 있었다. 당시 공식적으로는 루베르튀르가 프랑스 군대에 충성스러운 장교로 남아 있었지만, 생도맹그 땅에서 투생은 점점 더 독재자의 방식으로 권력을 행사하기 시작했고, 심지어 종신 총독의 지위를 취하기도 했다. 많은 사람이 언급했듯이, 그와 나폴레옹은 작은 키와 군사적 천재성부터 도전받지 않는 권위에 대한 욕망에 이르기까지 여러 측면에서 닮았다. 그리고 이 모든 것이 그들을 부딪치게 만들기도 했다.

1800년에 공포된 새 헌법에서 나폴레옹은 "'사물의 본질과 기후'의 차이 때문에 식민지는 특별법으로 다스려야 한다"고 선언했고, 이후 식민지는 프랑스 의회로 대표자를 보낼 권리를 인정받지 못했다.[25] "흑인의 자유와 평등이라는 신성한 원리가 흑인 사이에서 어떤 공격도, 수정도 당하지 않을 것"이라고 나폴레옹이 특별히 주의를 기울여 언급했지만, 역사학자들은 이를 카리브해에서 노예제를 복원하려는 움직임의 시작으로 해석하곤 한다.[26] 사실 2년도 채 안 되어 프랑스는 더 공공연하게 노예제 복원을 시도했다. 무슨 일이 일어날지 예감하며, 신중해진 투생은 프랑스 집정정부(프랑스 혁명기에 나폴레옹의 쿠데타로 수립되어 1799년부터 1804년까지 존립한 정부. 임기 10년의 집정관 세 명을 두었는데, 제1집정이었던 나폴레옹이 황제의 자리에 오르면서 폐지되었다—옮긴이)의 대표에게 다음과 같이 말했다. "오늘날 우리가 자유인인 것은 우리가 가장 강하기 때문이다. 〔나폴레옹은〕 마르티니크와 부르봉섬Île Bourbon〔레위니옹섬Réunion〕에서 노예제를 유지하고 있다. 그가 가장 강력한 권력을 갖게 되면 우리는 노예가 될 것이다."[27]

프랑스의 허가나 사전 협의 없이 투생은 나폴레옹의 칙령을 자신의 칙령으로 만들어 따랐고, 이는 지방 헌법의 형태를 취했다. 저항적인 투생은 다음과 같은 글을 남겼다. 생도맹그는 프랑스의 일부로 남게 되었지만, "우리가 원하는 것은 우리에게만 허용된, 상황에 따른 자유가 아니다. … 우리가 원하는 것은 붉게 태어나든, 검게 태어나든, 하얗게 태어나든 상관없이 어느 누구도 다른 사람의 소유물이 될 수 없다는 원칙을 절대적으로 받아들이는 것이다."[28] 이에 따라 투생은 다음과 같이 단언했다. "노예는 존재할 수 없다. 예속제도는 영원히 폐지한다. … 여기서 태어난 이는 모두 사나 죽으나 자유인이고 프랑스인이다."

투생은 생도맹그가 완전한 단절을 모색하는 것은 아님을 식민주의 권력이 잘 알고 안심하게 만들기 위해 프랑스를 칭찬하고 그 지도자에게 아첨을 하느라 자주 괴로워했다. 그러나 나폴레옹은 격노했다. 그는 다음과 같이 말했다. 투생의 발언에는 "좋은 내용들이 많다." 그러나 "일부 내용은 프랑스 국민의 위엄이나 주권에 위배된다."[29] 아마도 나폴레옹의 관점에서 볼 때 최악은, 나폴레옹도 평등한 존재라고 했던 노예출신 자유인 투생의 무모함이었을 것이다. 투생은 한 편지에서, "흑인들 중 제일가는 사람에서부터 백인들 중 제일가는 사람에 이르기까지" 평등하다고 쓴 바 있다.[30] 사실, 나폴레옹은 투생의 헌법을 보기도 전에 이미 원정군을 카리브해에 배치하라는 명령을 내렸다. 그리고 그 헌법이 그의 손에 도착하여 자신이 품었던 두려움의 실체가 확인되면서 파견 부대의 규모를 늘렸을 뿐이었다.[31]

나폴레옹이 소집한 함대는 생도맹그를 공격하기 위해 출범한 부대 중 최대 규모였고, 당시까지 유럽 국가가 해외에 배치한 부대 중에서도 손에 꼽히는 규모였다. 원정군의 분명한 임무는 그곳의 흑인 장군들을 이기고 식민지를 회복하는 것이었다. 모두 50척의 선박으로 구성된 호송대에는 3만 5000명의 프랑스 군인과 수병이 타고 있었고, 여기에는 그 당시 권력의 정점에 가까이 있던 프랑스 최고의 장군들도 여럿 포함되어 있었다. 이들 중에는 폴린 보나파르트Pauline Bonaparte와 결혼한 나폴레옹의 처남 르클레르Charles-Victor-Emmanuel Leclerc도 있었는데, 그가 이 원정군의 전체 사령관이었다. 프랑스에서 나폴레옹은 자신의 공격을 "아메리카에서 부상하고 있는 흑인 야만인에 맞서서 서구의 문명화된 사람들이 펼치는 십자군 전쟁"이라고 표현하면서, "에스파냐인, 영국인, 미국인도 이 흑인 공화국의 존재에 당황하고 있다"고 했다.[32] 한편, 나폴레옹은 르클레르 장군에게 대령 이상의 지위에 있는 흑인을 식민지에서 제거하라고 명령하면서, "우리 가운데에서 이 금박 계급장을 단 흑인들만 제거해주면 더 이상 바랄 것이 없을 것"이라는 유명한 문구를 사용했다.[33]

그러나 영국의 노예제 폐지 운동가이고 변호사이자 나중에 국회의원이 된 스티븐James Stephen은 특히 카리브해 문제를 자세히 탐구하면서, 재앙이 벌어지고 있음을 인지했다. 그는 생도맹그의 사람들을 노예로 만드는 것은 불가능하리라고 썼다. 이는 "철학자에게 유모가 들려줬던 미신이야기를 새로 믿게 만드는 것, 즉 거인과 마술사를 다시 믿게 만드는 것이기 때문이다. 또는 다 큰 어른에게 학교 선생님의 회초리를 갖고 협박하는 것이 되기 때문이다."[34]

투생은 선박들이 엄청난 규모로 해안에 집결한 것을 보며, 좀처럼 보여주지 않았던 패배주의적인 절규를 남겼다. "우리는 죽을 것이다. 모든 프랑스가 생도맹그로 왔다."[35] 그러나 평소의 투지를 금방 되찾은 투생은 새로 재건된 카프프랑수아를 불태우고, 르클레르의 군대와 계속되었던 힘든 전투에서 조금도 물러나지 말라고 명령했다. 투생은 훗날 다음과 같이 선언했다. "나는 내 피부색의 자유를 위해 무기를 들었다. 이 자유를 선포한 것은 프랑스뿐이었지만, 프랑스라고 해서 이를 무효화할 권리는 없다. 우리의 자유는 더 이상 프랑스의 손에 달려 있지 않다. 자유는 바로 우리의 것이다. 우리는 그것을 지킬 것이고, 지키지 못하면 죽게 될 것이다."[36]

생도맹그의 노예출신 군인들은 격렬하게 대항했다. 프랑스 부대가 행군하는 중에도 르클레르가 위축감을 느낄 정도였다. 한 프랑스 지휘관은 이런 글을 남겼다. "우리는 어디에서나 승리자이지만, 지금 우리가 가진 것은 소총밖에는 없다. 적군은 어떤 곳도 점유하고 있지 못하지만, 나라의 주인이 되려는 시도를 포기하지 않고 있다."[37] 이는 흑인들의 정확한 지도력를 비롯해 갓 해방된 이들이 아프리카에서부터 가져온 전쟁경험과 무엇보다 전투전술들에 대한 증언이었다. 그럼에도 프랑스군은 곧 우세를 점하기 시작했다. 그러면서 점차적으로 백인과 자유유색인을 확보했고, 마침내 일시적이긴 했지만 투생의 유능한 두 동맹자인 데살린Jean-Jacques Dessalines과 크리스토프를 그들 편으로 끌어들였다. 이런 좌절 앞에서, 투생 스스로도 결국 협상이라는 유인에 넘어갔다. 그는 속임수에 넘어가 협상자리에 나갔고, 결국 체포되고 추방당했다. 그가 섬을 떠나기 전에 했다고 기록된 말을 보면, 이보다 더 미래를 정확히 예측할 수가 없다. "나를 쓰러뜨린다고 해도, 당신이 생도맹그에서 자른 것은 자유라는 나무의 가지일 뿐이다. 나뭇가지는 뿌리에서부터 또 올라온다. 이 나무의 가지는 많고, 뿌리는 깊다."[38] 프랑스 쥐라Jura산맥에 있는 감옥으로 끌려간 투생은 그곳에서 1803년 4월 7일 사망했다.

식민지의 주요 흑인 지도부를 잘라냈으니, 이제 상황은 프랑스에 확실히 유리하게 전환될 것 같았다. 그러나 운이 좋았던 이런 변화는 금방 휘발되었고, 유지되지 않았다. 흑인의 저항 운동이 가라앉기는 했지만, 완전히 꺼지지는 않았다. 실제로 마카야Macaya와 상수시Jean Baptiste Sans Souci와 같은 혁명적 지도자가 새롭게 등장했다.[39] 그들은 생도맹그에서 봉기가 시작된 이래로 싸워왔고, 이른바 보살bossales이라고 불리던 부대를 지휘했다. 보살 부대원들은 지도부와 마찬가지로 아프리카 태생으로, 콩고 내전에서 전투했던 경험이 있었다. 그러나 승리로 의기양양했던 프랑스 본국에서 곧 사건들이 발생하면서 식민지 봉기가 다시 시작될 수 있었고, 상황은 그 어느 때보다 더 격렬해졌다. 1802년 5월, 국민의회는 마르티니크, 레위니옹 등 프랑스령 섬들에서 노예제를 복원하는 것을 놓고 투표하여, 211 대 60으로 복원을 결정했다. 그해 7월, 이 소식이 생도맹그로 전해졌다. 과들루프에서 온 노예들이 카프프랑수아의 항구에 정박해 있던 선박에서 탈출하여 전해준 소식이었다. 르클레르 장군은 이것이 생도맹그에서 반란을 촉발할 위험이 있음을 즉각 감지하고, 나폴레옹에게 주의를 촉구하는 전갈을 보냈다. "한동안은 이곳에 노예제를 재건할 생각을 하지 마십시오"라는 강력한 주장을 보냈던 것이다.[40] 나중에 독립 아이티의 첫 번째 지도자가 될 데살린은 르클레르에게 "지진이 일어날 것이다!"라고 경고했다.[41] 그러나 프랑스 황제는 설득되지 않았다. 실제 그해 말에, 프랑스에서 가장 부유한 식민지(생도맹그—옮긴이)에서 노예제를 부활시킨다는 내용이 선포되었다.

이 책은 흥미로운 역사적 반反사실에 대해 깊이 생각해볼 수 있는 여러 기회를 제공하는데, 노예제를 놓고 나폴레옹이 180도 전환한 사건 역시 그런 상상을 펼쳐볼 수 있는 매력적인 사례 중 하나라고 할 수 있다. 프랑스가 생도맹그의 자치권을 인정하고, 앞서 시행했던 노예제 금지를 고수했다면, 투생과 그 후계자들은 서인도제도에서 영국에 함께 맞서는 강력한 프랑스의 동맹세력이 되었을 것이다. 사례를 생각해보면, 최소한 이는 자메이카를, 혹은 라이벌 영국이 갖고 있던 여러 식민지 중 일부를 불안정하게 만들었을 것이다. 투생은 침략군의 수장이 되어, 영국령 섬의 노예들을 해방시키는 데 도움을 주었을 것이다. 이는 단순한 공상만은 아니다. 다른 사람도 아닌, 당시 프랑스 외무장관이었던 탈레랑이 이런 시나리오를 구상하기도 했다.[42] 그러나 나폴레옹은 가장 거친 인종적 용어를 써가며 자신의 결정을 정당화했다. 그런데, 나폴레옹의 이 말이 묘하게 동시대인의 귀에 박혔다. "나는 백인이기 때문에 백인 편이다. 다른 이유는 없고, 나는 그 이유가 좋다. 아프리카인에게 어떻게 자유를 줄 수 있는가? 그들에게는 문명이 없다. 식민지가 무엇인지, 프랑스가 무엇인지도 모르는 자들이다."[43]

이후 대서양 세계의 역사가 어떻게 전개되었는지를 알고 있는 조건에서, 우리의 공부를 카리브해에 국한할 이유가 없다. 뒤에서 더 자세히 살펴볼 미국 남단의 동부 지역과 미시시피계곡에서 노예봉기가 폭발적으로 커졌던 바로 그 순간에 전해진 생도맹그의 노예해방 소식 역시 미국의 노예 플랜테이션 단지를 동요시켰을 것이다. 우리는 이미 아이티의 성공적 해방 사례가 어떻게 루이지애나에서 반란을 추동했는지 살펴보았다. 프랑스가 노예무역 금지로 나아가던 영국의 행보를 훔쳐서, 자신의 정책으로 펼쳐냈다면 그 효과는 얼마나 더 강력했을까? 그리고 프랑스가 노예해방을 먼저 실행했다면, 친프랑스 성향이 강했던 신생의 미국 공화국에서 노예제 폐지를 놓고 이를 문명인의 규범으로 받아들일 만할지를 계산했을 때, 그 과정에 어떤 영향을 미쳤을까? 아! 그러나 그런 일은 벌어지지 않았다. 대신에 19세기의 첫 10년 동안 실제 일어난 일은 영국이 노예무역을 금지하면서, 세계를 선도하는 국가가 되었다는 것이다. 이뿐만 아니라, 이렇게 노예무역 금지를 주도하면서 영국은 도덕적 자본을 축적할 수 있었고, 이는 유럽에서 영국이 나폴레옹을 물리치고 영제국을 강화하는 데 도움이 되었다. 그런데 막상 영국은 서인도제도에서 60만 명의 노예를 해방시키기 위해 아무것도 하지 않으면서, 그리고 여전히 노예의 노동을 통해 수익을 얻으면서 이런 과업을 달성했다.[44]

투생이 쥐라의 감옥에서 사망하기 얼마 전에, 르클레르는 분쟁의 흐름이 돌이킬 수 없이 프랑스에 불리하게 돌아가고 있음을 감지하기 시작했다. 그가 보기에 노예출신 자유인들, 특히 보살들, 즉 아프리카 태생들은 자유를 지키려는 결의로 거의 미쳐 있는 것 같았다. 르클레르 부대의 테러 전술에 직면해서도 그들은 결연했기에, 르클레르는 그들이 죽음에 무심하다고 투덜거렸다. 이미 자유를 맛보고, 프랑스에 맞서 싸운 경험이 있는 흑인을 항복시키는 일 앞에서 절망하게 된 르클레르는 나폴레옹에게 유일한 해결책은 "절멸 전쟁"이며, (모두 절멸시킨 뒤에—옮긴이) 아프리카 대륙에서 막 데려와 지난 10년간의 투쟁에 대해 아무것도 모르는 이들로 생도맹그 식민지를 새로 채우는 것이라고 말했다.[45] 1802년 10월, 르클레르는 증원군이 절실하다고 나폴레옹에게 경고하는 글을 썼다. 영국군과 마찬가지로, 프랑스 병사도 황열병으로 다수 사망하는 등 기세가 계속 꺾이고 있었다. 같은 달에 데살린과 크리스토프가 탈주하여 저항군의 지휘자로 복귀했다. 르클레르는 이렇게 썼다. "즉시 교체병력 1만 2000명을 보내고 현금으로 1000만 프랑을 보내지 않으면 생도맹그를 영원히 잃게 됩니다."[46] 이것이 그의 마지막 편지였다. 11월 2일 밤, 르클레르 자신이 황열병으로 사망했다.

르클레르의 후임 로샹보Vicomte de Rochambeau는 프랑스의 절박한 상황 앞에서, 당시까지 있었던 어떤 무서운 전투도 뛰어넘는 수준의 광기로 대응했다. 한 역사가는 로샹보를 "잔혹 행위의 전문가"로 묘사했다.[47] 그는 절멸시킨다는 생각을 단단히 갖고 있었다. 그는 흑인들을 배에 실은 뒤, 유황을 연소시켜 질식시켰다. 이는 현대 화학전의 시작으로 알려진 사례 중 하나가 되었다. 그는 쿠바에서 큰 개를 수입하여, 흑인을 공격하도록 훈련시켰다. 그러나 로샹보의 극단적 폭력은 흑인과 유색인을 결합시키는 효과를 낳았을 뿐이었다. 이는 또한 흑인 군대, 특히 데살린의 지휘 아래 있는 군대를 자극했고, 그들은 보복으로 대규모의 백인을 살해했다. 생도맹그는 자유로워질 수밖에 없었다. 지휘관으로서 마지막 날들을 술에 취해 방탕 속에서 보낸 로샹보는 이를 인정하고, 마침내 데살린에게 항복했다. 데살린은 식민지에 대한 지휘권을 갖고, 생도맹그의 독립을 선언했다. 승리한 흑인들은 이 땅의 이름을 아이티Haiti로 개명했다. 섬의 원래 주민인 타이노인들이 사용했다는 이름이다. 흑인들은 독립선언문에서 이렇게 썼다. "두 세기 동안 우리 땅을 피로 물들인 야만인들을 쫓아낸 것만으로는 충분하지 않다. … 우리는 국가가 가진 권위를 이용한 마지막 행동으로, 우리가 태어난 나라에서 자유의 제국을 영원히 보장해야 한다."[48]

나폴레옹은 근대에 비교할 인물이 없는 군사 천재라고 인정받고 있지만, 이와 동시에 1812년 러시아 원정에서 패한 것으로도 유명하다. 나폴레옹의 러시아 원정은 기념비적인 오산일 뿐만 아니라 교만함의 교과서적 사례로 여겨진다. 그러나 이미 한 번 자유를 쟁취했고 유럽의 다른 두 대제국인 영국과 에스파냐에 맞서서 성공적으로 자유를 지켜낸 흑인들을 대서양 건너편에 위치한 권력의 힘으로 잔혹하게 눌러서 다시 노예로 만들 수 있다고 믿은 것도 어리석었다. 이는 겨울에 군대를 이끌고 모스크바로 진군했던 것과 비슷한 수준의 행동이었다. 이에 따라 프랑스 황제가 지불한 대가는 상당했다. 열여덟 명의 장군을 포함하여 5만 명 이상의 프랑스인이 자유의 시계를 뒤로 돌리려 하다가 목숨을 잃었다. 한 역사가에 따르면, "나폴레옹은 워털루Waterloo에서보다 생도맹그에서 더 많은 사상자를 냈다."[49]

미국 전역의 학교에서는 투생 군대의 손에 영국이 패한 사건과 나폴레옹이 생도맹그에서 패배한 내용을 거의 가르치지 않는다. 그러나 히스파니올라에서 (노예출신 자유인들이—옮긴이) 거둔 승리가 아프리카에서 아이티로 끌려온 흑인들에게, 또는 나폴레옹과 그의 프랑스 군대에게 중대한 의미였듯이, 곧 북아메리카 본토에서 벌어질 사건들 또한 중요했으며, 오늘날에도 여전히 세계에 깊은 영향을 미치고 있다.

35

블루스와 아메리카의 진실

이 책을 준비하면서 미시시피강을 따라 남쪽으로 길고 지루한 드라이브를 했다. 그러면서 데스론데스가 이끌었던 저먼코스트 봉기 발생지에도 갔고, 뉴올리언스에도 갔다. 뉴올리언스에 있는 클라크스데일Clarksdale이라는 작은 마을에서는 며칠을 머물렀다. 30년 전에도 한 번 가본 적이 있는데, 검은 흙이 멀리 지평선까지 완전히 평평하게 펼쳐져 있는 광경에 매료되어, 차를 몰고 미시시피 삼각주 지역을 누비고 다녔었다. 당시는 아내 아부카Avouka와 어린 두 아들 윌리엄William과 헨리 넬슨Henry Nelson과 함께 여름휴가 중에 마이애미에서 올라오는 길이었다. 우리의 주목적은 1950년대와 60년대 미국 민권 운동의 주요 중심지들에 가보는 것이었다. 나의 부모님은 앨라배마주 셀마Selma의 에드먼드 페터스 다리Edmund Pettus Bridge에서 거행된 역사적인 버밍엄Birmingham 행진에 참여했던 분들이었다.

당시 나는 카리브해와 중미를 담당하는 《뉴욕타임스》 지국장이었다. 그리고 이미 노예제의 역사와, 미국 흑인과 서아프리카 사이에 있는 깊은 문화적 연결점들에 대해 큰 호기심을 갖고 있었다. 그러나 지난 수십 년을 돌이켜보면, 이 책에서 탐구하는 여러 점들을 온전히 연결하기까지는 이후로 상당한 시간이 필요했다. 그해 여름, 우리는 빅스버그Vicksburg에서 멤피스Memphis까지, 서쪽의 미시시피강에서 동쪽 야주Yazoo 지역의 황토 절벽까지, 남쪽에서 북쪽으로 200마일(약 322킬로미터)에 달하는 삼각주 지역, 충적토로 이루어진 평원에 있는 좁은 길을 돌아다녔다. 그때 나에게 가장 큰 충격을 준 두 가지가 있었다. 진부하게 들릴지 모르지만, 그중 하나는 철저하게 시대를 벗어난 느낌, 시간을 초월하여 사물의 질감만이 있는 곳으로 던져진 느낌이었다. 이곳에서 삶은 흘러가기보다는 새나가버리는 것 같았다. 다른 하나는 보편화된 빈곤이었는데, 이는 그 이전부터 늘 그래왔듯이 이 지역 흑인 인구를 부정적으로 보는 편향된 시선에서 나온 것이기는 했다. 우리는 1950년대 엽서에서 튀어나온 것처럼 보이는, 삐걱거리는 천장 선풍기가 있는 작은 식당의 리놀륨 테이블 상판에서 튀긴 메기, 으깬 감자, 잘게 썬 양배추 샐러드로 저녁을 먹었다. 흑인 여종업원은 무슨 큰 기관의 직원처럼 흰색 유니폼을 입고 있었다. 우리 주변의 백인 손님들은 정찬을 먹는 우리 흑인 가족을 믿을 수 없다는 식의 경계하는 시선으로 계속 쳐다보곤 했다. 우리 식구의 피부색조는 다양했고, 우리는 영어와 아부카가 코트디부아르에서 자라면서 익혔던 불어를 사용하며 대화를 하고 있었는데, 그렇다 보니 우리가 그들 가운데 있는 어떤 외지인으로 찍힌 것이다. 그들이 우리를 보며 당황해하는 모습을 보니, 윌슨Woodrow Wilson 행정부의 국무장관 브라이언William Jennings Bryan이 아이티에서 있었던 어느 위기상황을 다루면서, 당황하여 내뱉었다는 말이 생각났다. 미국의 외교관 수장이라는 사람이 했다는 말이다. "상상이나 할 수 있어! 프랑스어를 하는 깜둥이라니."[1]

1990년대 초 그 여행에서, 우리는 골목길에서 헤매기도 하며 뜨거운 오후 시간들을 즐겁게 보냈다. 목화가 심어진 들판 위에서 농약 살포기들이 천천히 돌고 돌면서 길게 흐르는 흰 구름 같은 독약을 방출하는 것을 감탄하며 지켜보기도 했다. 그리고 흑인으로만 구성된 작업단이 주 도로를 따라 높이 자란 풀들을 베어내는 광경도 보았는데, 무서웠다. 옛날에 노예나 노예출신 자유인들이 사슬에 묶인 채 집단작업을 하던 관행이 생각났기 때문이다. 그들은 구남부에서 이 지역으로 강제로 행진해왔던, '한 줄로 묶였던 노예들' 혹은 사슬에 묶여온 노예들의 후손이었다.

당시 우리는 사람들과, 특히 이발소나 삐걱거리는 현관 문간에 앉아 시원한 바람을 음미하던 흑인 노인들과 대화를 나누기 위해 가던 길을 멈추곤 했다. 우리는 클라크스데일의 유명한 리버사이드 호텔로 갔는데, 짐크로 시대 동안 여러 세대의 흑인 음악가가 선호했던 숙소였다. 이 건물은 심지어 신화가 되었다고 할 수 있는데, 1937년 블루스의 여제 스미스Bessie Smith가 멤피스에서 오던 중 고속도로에서 야간 교통사고를 당해 이송되어 왔던 곳이기 때문이다. 당시 이 벽돌건물은 아프리카계 미국인 병원이었다. 사실은 아니었지만, 시적으로 그럴듯해보였기 때문에 그녀가 읍내의 백인 병원에서 거절당한 후 사망했다는 이야기가 일종의 전설처럼 빠르게 번져나갔다. 마지막으로 우리의 주요 목적지인 '클라크스데일 델타 블루스 박물관Clarksdale's Delta Blues Museum'에 갔다. 이 박물관은 당시 마을에 있던 튼실한 카네기 공공 도서관 2층에 있었다. 수백 개의 다른 도서관과 마찬가지로, 이 도서관은 철강왕 카네기Andrew Carnegie로부터 1만 달러의 보조금을 받아 세워지기 시작했고, 1914년에 문을 열었다면화 생산의 전성기에, 삼각주 지역 인구의 4분의 3이 흑인이었다. 이는 카리브해에서 흔히 볼 수 있던 인구 비율과 그리 다르지 않았다. 그러나 백인이 더 많고 깔끔한 격자처럼 잘 정비되어 있는, 불과 12블록 정도의 한산한 시내만 가본 사람은 결코 알지 못할 것이다. 클라크스데일의 다른 나머지 흑인 거주지역은 거의 눈에 띄지 않는 곳에 있었다. 도시의 동쪽에, 문자 그대로 철로 건너편에, 더 좁고 포장이 잘 안 된 거리를 따라 들어서 있었다. 편백나무가 늘어선, 유유하게 흐르는 선플라워강Sunflower River의 강둑에서 퍼져나간 길이었다. 아부카와 나는 아프리카계 미국인 마을을, 마을이 살아나는 밤에 가보기 위해 몰래 나갔다. 아이들이 곤히 잠든 것을 확인한 후 서둘러 나가며 죄책감을 느끼긴 했지만, 아이들이 깨지 않을 것이라고 생각했다. 우리는 허름한 술집과 연기가 자욱한 주크박스가 있는 클럽에 갔다. 크게 증폭되어 흘러나오는 블루스 음악과, 10달러나 20달러 지폐를 던지는 도박꾼들이 모여드는 당구 게임이 있었다. 때로는 이 게임이 아주 소란하고 열광적으로 진행되어서 형광등 아래 당구대 주위로 군중이 모이기도 했고, 그러면 댄스 플로어가 텅텅 비기도 했다.

나는 고등학교 때 델타 블루스에 대해 깊은 애정을 갖게 되었는데, 이는 미국 북동부에 사는 중산층 아프리카계 미국인 가정에서 자란 소년치고는 다소 특이한 취향이었다. 당시까지 이 창법은 구닥다리로 간주되었고, 어떤 사람들은 약간 민망하다고 여기기도 했다. 그러나 내 취향은 항상 절충적이었다. 이런 취향은 지미 헨드릭스Jimi Hendrix의 음악을 너무도 사랑하면서 갖게 된 것이기도 하고, 간접적으로는 학교의 백인 친구들 사이에서 생겨난 관심에서 영향을 받은 것이기도 했다. 당시 백인 친구들은 롤링스톤스Rolling Stones같은, 블루스를 공공연하게 모방해서 차트 1위를 했지만 분명 아류라고 할 수 있는 백인 록 음악에 열광했다. 1961년 리처드Keith Richards와 재거Mick Jagger가 음악적으로 결합했을 때, 그들은 머디 워터스Muddy Waters의 음반을 듣고 있었다.[2] 롤링스톤스의 가장 큰 히트곡인 〈만족(할 수 없어I Can't Get No)Satisfaction〉은 이 경험에서 직접 영감을 받았다. 물론 이 모두는 훨씬 오래된 뿌리를 갖고 있다. 롤링스톤스 이전에 프레슬리Elvis Presley는 흑인 아티스트들을 그대로 도용하여 막대한 스타덤에 오르고 큰돈을 버는 새 길을 열었다.

그 시기 이후 나는 삼각주 지역이 거친 현실을 그대로 보여주는, 때로는 묵시록 같은 흑인 컨트리 음악, 한정되고 특수한 흑인 음악의 산실 정도에 그치는 것이 아니라 훨씬 더 깊은 흐름을 갖고 있는 중요한 곳이라는 점을 알고 있었다. 이 지역 음악의 기초를 놓은 공연자들은 선 하우스Son House, 패튼Charley Patton, "빅보이" 크러덥Arthur "Big Boy" Crudup, 그리고 초기 실험음악가들 중 가장 유명한 존슨Robert Johnson과 같은 선구자들이었다. 블루스의 산실이라는 명성이 훗날 클라크스데일의 간판이 되었다. 이런 명성을 듣고 백인 관광객이 '진짜' 블루스를 듣기 위해, 그곳을 보기 위해 멀리서부터 모여 들었다. 존슨이 61번 고속도로와 49번 도로의 교차로 지점에서 음악적 재능을 얻기 위해 악마에게 영혼을 팔았다는 이야기가 돌기도 했다.

미시시피 삼각주 지역이 미국 음악을 가장 미국적으로, 가장 특별하게 만드는 데 기여한 강력하고 폭넓은 두 가지 예술적 조류 중 하나인 블루스(다른 하나는 재즈)의 주요 원천지였다는 점에 대해서는 반박할 여지가 없다. 이곳에서 등장한 스타일들은, 미술사학자 톰슨Robert Farris Thompson이 한때 "즉흥적인 추진력과 탁월함으로 특별하게 무장된 어떤 사람들의 영적인 번득임"이라고 평했던 흐름의 일부였다.[3] 톰슨의 말은 신세계의 문화적 가마솥, 즉 검은 대서양에서 아프리카의 전통(특히 요루바Yoruba, 다호메이, 콩고 및 만데의 전통)들이 융합되고 거기에 유럽의 영향이 더해져 혼합되었던 것에 대한 언급이었다. 대서양 서안에서 문화적 교류들을 통해 태어난 것으로는 재즈와 블루스뿐 아니라 록, 레게, 삼바, 보사노바, 맘보도 있다.

델타 블루스의 가장 큰 특징은 수 세대에 걸쳐 목화를 땄던 노예의 경험과 그들이 걸었던 바로 그 밭고랑에서 힘들게 일했던 수많은 소작인의 경험을 기반으로 나온 음악이라는 점이다. 하얗게 부풀어 오른 목화 꼬투리마다 숨어 있던 가시 때문에 손에 피가 나고 굳은살이 돋는 삶이었다. 또한 길고 무거운 면화자루를 채우고, 옮기고, 들어올리느라 허리가 휘는 인생이었다. 이 모든 삶의 양식들과 비슷하게, 이 음악은 걸걸하면서도 분명하고, 상당히 오랜 뿌리를 갖고 있었다. 음악은 수백만 명의 아프리카인이 사슬에 묶인 채 대서양을 건넜던 여정과 연결되어 있었다. 음악은 함께 애도하고 함께 살아남자고 했던 결연한 노력과도 연결되어 있었다. 이들에게 생존은 육체적인 것만이 아니라 문화적이고 영적인 것이기도 했다. 더 거슬러 올라가면, 미시시피 삼각주의 음악은 또 다른 큰 강인 나이저강과 그 삼각주, 그리고 1000년 전 그곳에 있던 왕국과 제국들로 연결되는 것도 같았다. 그리고 이는 확실히 베냉만 지역과 다시 연결되었다. 이런 지역들에서 하이햇 심벌high-hat cymbal이나 기타의 기원이 되는 악기들과 목화밭에서 나온 밴조 같은 악기들이 사용되었는데, 이는 투레Ali Farka Touré와 같은 현대 나이저강 삼각주 지역 음악가들과 미시시피 삼각주 지역 음악가들이 만들어내는 억지스럽지 않고 자연스러운 소리의 콜라보를 통해서도 확연히 느낄 수 있다.

문화평론가 존스LeRoi Jones(아미리 바라카Amiri Baraka)에 따르면, "블루스는 모든 정통 재즈의 부모이고", 이외에도 완전히 근본에서부터 아메리카에서 생산된 것들의 부모이다.[4] 그러나 재즈의 정확한 기원은 다소 모호하다. 블루스와 아프리카계 미국인의 노예 경험에 뿌리를 두기도 했지만, 실제 시작은 보통 남부의 흑인 도시생활에서 찾는다. 재즈에서 특히 중요한 배경은 뉴올리언스에서 등장한 다양한 크리올 사회와 문화이다. 이는 에스파냐, 프랑스, 초기 미국뿐만 아니라 아이티와 아프리카의 영향도 받았다. 이 모두가 함께 어우러져 완전히 새롭고 멋진 음악이 만들어졌다.

우연이 아닌 것이, 뉴올리언스는 클라크스데일에서 남쪽으로 336마일(약 540킬로미터) 떨어진 곳에 자리한 항구도시로, 삼각주 지역 목화밭에서 생산된 귀한 물결 모양의 흰색 면화가 이곳에 모여 리버풀로 향하는 선박에 실렸다. 18세기 후반부터 19세기 중반까지, 리버풀로 간 이 면화가 영국의 산업화를 이끌었다. 영국의 산업화는 세계 다른 어느 곳에서 일어났던 유사한 경제적 변화보다 더 강력했고, 더 일찍 시작되었다. 그 시대 한 역사가에 따르면, "19세기 중반까지 영국이 … 지구적 차원의 헤게모니를 확보할 수 있었던 것은 영국이 최초의 산업화에 성공했고, 그에 상응하여 세계 최고의 금융국가가 되는 데 성공했기 때문이다."[5] 1800년 이전 1000년 동안은, 세계 어느 곳에서도 경제성장에서 비약은 없었다. 비약을 가능하게 만든 것은 무엇보다도 삼각주 지역의 목화와 플랜테이션 노예제였다.[6]

블루스와 재즈는 각기 다른 방식으로 목화밭의 산물이라고 할 수 있는데, 두 음악 장르를 빼고 미국 대중문화를 상상하기는 힘들다. 블루스와 재즈는 유럽의 전통과 확실하게 구별되며, 그 스타일을 세계에 강력하게 각인시켰다. 두보이스W. E. B. Du Bois는 이런 독특한 음악적 전통을 향기로운 나무에서 흘러나오는 수액의 힘에 비유했다. 두보이스에 따르면, 그 음악적 전통은 "기름부음의 성유"로서 미국 노예의 경험에서 흘러나왔고, "순수 예술로는 미국에 내려진 유일한 선물"이다.[7] 음악 평론가 지오이아Ted Gioia는 이런 생각을 다음과 같이 표현했다. "삼각지가 우리 음악 생활의 사운드에 미친 영향은 오늘날 너무나 광범위하여 이를 제대로 알기가 거의 불가능하다. 채소나 양념 없이 하는 요리, 혹은 페니실린이 등장하기 전의 약품을 상상하는 것과 비슷할 것이다."[8]

나의 블루스 사랑에 대해 말하자면, 최근 이 두 번째 여행에서 삼각주 지역까지 간 것은 사실 목화 때문이기는 했지만, 이때에도 방향을 제시해준 것은 음악이었다. 젊은 시절, 내가 좋아했던 예술가 중 한 명은 무대 이름인 워터스Muddy Waters로 주로 알려진 연기자 모건필드McKinley Morganfield였다. 워터스는 태어나서부터 할머니 손에 자랐다. 그의 할머니는 스토벌Stovall 농장에서 소작농으로 일했다. 이 농장은 내전 이전에 스토벌 가문이 세운 면화 플랜테이션이었다. 어린 시절 워터스는 목화를 따고, 옥수수를 따고, 마침내 트랙터를 운전하다가, 음악을 통해 농장 일에서 벗어날 길을 찾았다.[9] 스토벌 집안이 소유한 4500에이커 플랜테이션이 클라크스데일 도심에서 서쪽으로 불과 6마일(약 9.6킬로미터) 떨어진 곳에 있다. 1990년대 초 내가 처음 그곳을 갔을 때만 해도, 이 블루스 가수가 어린 시절을 보냈던 작고 낡은 판잣집이 여전히 자리해 있었다. 그 집 앞에 서면 멀리 2차선 아스팔트 고속도로의 완만한 곡선이 보였다. 전형적인 소작농 거주지였다. 땅 위에 놓인 땅 없는 사람들의 허름한 집으로, 전기도 배관도 없고 장작난로가 유일한 난방 기구였다. 당시에도 현관은 없어진 지 오래였다. 천천히 썩어가다가 토네이도에 휩싸여 사라졌던 것이다. 바로 그 현관에서 20대의 머디 워터스는 토요일 밤마다 '음악'이 있는 생선튀김 파티를 주도했다. 판매가 금지된 독주 위스키를 병째 마시고, 춤과 도박을 하고, 자주 주먹질도 벌어지면서 열기가 오르던 파티였다. 머디는 이런 환경에서 성장했다. 자기계발이 필요하다고 설교하는 겸손하고 유약한 흑인 중산층의 존중의 정치respectability politics를 거부하는 분위기였다. 흑인 중산층은 교육을 통해서, 그리고 1950년대에 흑인 사회학자인 존슨Charles S. Johnson의 표현을 빌리면, "특히 극도의 공손함과 예의를 갖추어 행동하는 것"을 통해서 자기계발이 필요하다고 설교했지만, 머디가 놓인 환경은 그런 설교가 미치는 곳이 아니었다.[10] 머디를 사로잡은 창의적 열정은 그의 성장 환경에서 비롯되었다.

먼 훗날 워터스는 젊은 시절을 회고하며, 이렇게 말했다. "내가 제대로 일해서 먹고 살았다고 말하지는 않겠다. 그러나 아무튼 당시 나는 무언가를 하고 있었다. 학교공부가 내게는 별 도움이 되지 않았다. 학교도 그리 좋지 않았고, 무엇보다 당시에는 정말 시간이 없었고, 학교가 성가시다고 생각했다."[11] 이 세대의 블루스 음악가들은 선대의 목화 소작농들처럼 그들이 갖고 있는 지역성을 당연히 알고 있었다. 오랜 세월에 걸쳐 50피트(약 15m) 깊이로 쌓인 표토를 가진 이 지역을 놓고, 엘리엇T. S. Eliot은 미시시피강의 "강력한 갈색의 신"이라는 인상 깊은 표현을 남기기도 했는데, 이곳은 믿을 수 없을 정도로 큰 부를 생산해내는 지역이기도 했다. 이곳 흑인은 그 부를 다른 이들이 가져가는 것, 특히 멀리 떨어진 뉴욕이나 런던 같은 곳의 사람들이 가져가는 것임을 잘 알고 있었다. 이곳에서 살며 일하는 대부분의 사람들에게는 타파할 수 없을 것 같은 빈곤과 인종 차별이 운명처럼 남을 것이라는 점도 잘 알고 있었다. 마지막으로, 그들은 이것이 우연이 아니라는 것도 알았다. 상황이 이런 식으로 분명하게 설계되었던 것이다. 고인이 된 위대한 아프리카계 미국인 소설가이자 비평가인 머리Albert Murray에 따르면, 블루스란 삶의 비천한 사실들을 솔직하게 진술하는 것이다. "어려운 상황을 최대한 활용하는 예술이다. 굴복을 견딜 수 있게 해주는 것이 아니라, … 연속성과 역경을 직시하는 노래이다."[12]

클라크스데일에서 흑인을 받는 고등학교가 처음 생긴 것은 1950년대에 가서였다. 몇 개 안되던 빈약한 초등학교는 목화농장주의 필요에 따라 학교 일정을 조정했다. 비가 와서 땅이 너무 질척여 일하기 힘든 날에만 수업을 했다고 한다. 머디 워터스가 태어났을 때 미 연방 상원의원이었던 전임 주지사 바더먼James K. Vardaman은 흑인을 교육하는 것에 대해 이렇게 말했다. "교육은 흑인을 백인이 부여한 일에 걸맞지 않게 만들 뿐이다. 억지로 교육을 받게 해봐야, … 좋은 농사 인력을 망치고, 요리사를 무례하게 만들 뿐이다."[13] 훗날 미시시피주립대학Ole Miss은 바더먼을 기려, 한 건물에 그의 이름을 붙이기도 했다. 머디가 기타의 슬라이드 주법을 연마하면서 강력하고 독특한 바리톤까지 개발한 것은 이러한 환경에서였다. 이는 고통과 분노를 담은 소리이기도 했지만, 오만한 저항으로 가득하기도 했다. 그는 자신의 눈부신 운명에 대한 신비롭고 초자연적인 믿음으로 충만했다. 머디는 이 모든 것이 태어나기 전부터 어떤 집시 여인에 의해 예언되어 있었다고 자랑했다. 그는 그런 예언에서 자신감을 끌어내는 것 같았고, 그 자신감으로 농장에서 벗어나 시카고로 향했고, 세계로 나아갔다. 목화에 매여 살았던 조상들은 상상할 수도 없었던 세계로 나아간 것이다. 그는 고향을 자주 노래했지만, 다시는 돌아가지 않았다.

스토벌 집안 역시 그럭저럭 이 지역을 떠났다. 플랜테이션에서 얻은 부의 도움을 받아 시카고에 기반을 둔 부동산회사를 시작했고, 1993년에는 기업공개를 했으며, 2006년에 35억 달러에 매각했다.[14] 이런 이야기를 통해 지역 역사 전반이 어떻게 작금의 현실에 구체적으로 반영되어 있는지를 엿볼 수 있다. 클라크스데일은 1882년에 코호마 카운티Coahoma County에 정착한 영국 건축가 클라크John Clark를 기념하는 지명이다. 햄린Françoise N. Hamlin은 그의 저서 《클라크스데일의 교차로: 제2차 세계대전 이후 미시시피 삼각주에서 일어난 흑인의 자유를 향한 투쟁Crossroads at Clarksdale: The Black Freedom Struggle in the Mississippi Delta After World War II》에서 다음과 같이 서술한다. "유럽인들이 코호마 카운티를 목화 벨트의 황금 버클로 만들었다. 그들은 토양과 노예를 쥐어짜서 부를 유지했다. 이제는 검은 근육과 땀보다는 기계와 화학 물질에 투자한다."[15]

워터스의 자칭 "남자답던" 소년 시절에 그가 거주했던 판잣집은 현재는 델타 블루스 박물관에 들어가 있다. 이 박물관은 독특한 델타 블루스 사운드를 구축하는 데 기여한 다른 음악가들과 함께 워터스를 기리고 있다. 후커John Lee Hooker, 하울링 울프Howlin' Wolf, 제임스Elmore James 등과 같은 여러 가수의 이름이 박물관 목록을 채우고 있다. 근처 제방을 배회하고 강변의 작은 빈 마을들을 오래 헤매고 다니다가, 그 판잣집이 원래 있던 자리를 찾아냈다. 큰 밭의 가장자리에 있었는데, 요즘은 목화가 아니라 옥수수와 콩을 재배하고 있었다. 그럼에도 불구하고 19세기 초에 사탕수수를 대체한 작물인 목화가 그것을 재배한 사람들의 땀과 피를 통해 서구 세계에서 농업으로 풍요를 만들어낸 원천이라는 생각을 하다 보니, 누를 길 없는 경외감이 올라왔다.

내가 조사한 토지가 스토벌 가문의 손에 들어간 1836년까지 목화는 그 시대 가장 강력하게 등장하던 경제에서 가장 금전적 가치가 높은 생산물이었다.[16] 그러나 목화로 얻은 부, 실제로는 노예가 생산한 부가 미국에서 정점을 찍은 것은 이후 20년 이상이 지나서였다. 19세기 전반기 동안 미국에서 면화 생산량이 급증했고, 이 면화는 영국 산업화에서 핵심적인, 정말 없어서는 안 될 투입 요소가 되었다. 면화가 없었다면 대량생산·대량판매되는 직물도 없었다. 18세기가 끝나기 10년 전, 영국 전역에서 면직물은 이미 상당한 수익을 올리고 있었지만, 상품의 가공 또는 변형으로 얻은 가치의 한계 증가분, 혹은 경제학 용어에 따르면 부가가치에서 차지하는 비중은 2.6퍼센트에 불과했다. 그러나 1801년 면직물 부가가치는 17퍼센트를 차지했고, 1831년에는 더 증가하여 22.4퍼센트에 이르렀다. 이 시기까지 영국 노동자 6명 중 1명이 직물생산에 고용되어 있었다.[17] 역사가 베커트Sven Beckert가 지적했듯이 직물 및 의복 산업의 부상은 영국 철도망, 제철공장 등 떠오르고 있던 여러 경제활동의 초기 발전을 뒷받침하는 중요한 추진력이 되었다.

미시시피계곡 전역에 걸쳐 있던 아메리카 선주민의 영토들을 폭력적으로 점령하지 않았다면 이 중 어느 것도 가능하지 않았을 것이라는 말이 지나치다고 할 수는 없다. 이런 결과를 가져온 계획은 1803년 프랑스로부터 루이지애나 매입을 완료한 지 불과 5년 만에 한 공무원이 전쟁부 장관에게 "인디언을 미시시피강 너머로 몰아낼 때까지 이 국경들에서 조용할 날이 없을 것입니다"라고 조언하면서 시작되었다.[18] 1808년 5월, 체로키인Cherokee(북아메리카에 거주하는 현재 가장 큰 규모의 선주민 민족—옮긴이) 한 집단이 수도 워싱턴으로 가서 그들의 권리를 호소했을 때, 당시 제퍼슨 대통령은 그들에게 직접 이렇게 말했다. "미시시피강 너머에 있는 우리 땅에 정착하라."[19]

이후 인디언 이주법Indian Removal Act의 비준으로 시작된 10년 동안, 1830년대까지 멈추지 않았던 장기간의 강제 이주 군사작전이 이어졌다. 대량학살을 동반한 이 작전으로 크리크인Creek과 촉토인Choctaw 중 서쪽 지역 구성원들과 치커소Chickasaw 민족nation과 세미놀Seminole 민족의 다수가 죽고 흩어지고 쫓겨났다. 스토벌 집안이 토지를 취득한 바로 그해에, 즉 1836년에 강제 이주의 영향을 받았던 또 하나의 민족인 체로키의 수장 로스John Ross가 다음과 같은 편지를 의회로 보냈다. "우리 재산을 우리 눈앞에서 약탈당하고 있다. 우리 각자는 폭행도 당하고 있다. 우리의 생명을 앗아가도, 우리의 호소를 들어줄 사람이 없다. 우리는 무국적자가 되었다. 우리는 공민권을 박탈당했다. 우리는 인류의 한 구성원의 자리에서도 쫓겨났다."[20] 궁극적인 재결합은 다양한 형태를 취했는데, 대부분은 폭력을 통해서였다. 그러나 그들의 영혼까지 함락시켜버린 것은 1825년 켄터키의 상원의원이자 정치가인 클레이Henry Clay의 말이었다. 당시 클레이가 각료회의에서 애덤스John Quincy Adams와 함께 선주민 인구에 대해 말하면서 했던 발언이 다음과 같이 기록으로 남아 있다. "그는 선주민이 멸종될 운명이라고 믿었다. 선주민에 대해 비인도적인 행위를 하는 것을 용인하지는 않았지만, 그들이 보존될 가치가 있는 종족이라고 생각하지도 않았다. 그는 그들이 앵글로색슨족보다 본질적으로 열등하다고 생각했다. 이제 이 대륙에서 그들의 자리를 대신 차지한 것은 앵글로색슨족이다. 선주민은 개량될 수 있는 종족이 아니었다. 그들이 인류에서 사라져도 세상에 큰 손실이 되지 않을 것이다."[21] 인디언 제거와 이어진 백인 정착의 결과가 너무나 절대적이었기 때문에, 이 시대 미시시피강 계곡에서 전개되었던 폭력의 역사는 유럽의 정부들이 다음 세기인 20세기까지 다른 곳들에서 추진했던 백인 정착민 운동을 부추기는 역할을 하기도 했다. 아프리카 남부와 케냐, 프랑스령 알제리가 그런 곳이다. 산트Claudio Saunt가 《가치 없는 공화국Unworthy Republic》에서 썼듯이, "나치가 동유럽을 정복하는 동안, 히틀러는 '(동유럽—옮긴이) 선주민'을 '인디언'과 동일시했다. 히틀러는 '볼가강은 분명 우리의 미시시피강'이라고 선언한 것으로 악명이 높다."[22]

36

흑인의 기여

신세계 노예제를 생각할 때, 우리는 농작물을 심고 수확하는 문제로만 보는 경향이 있다. 담배와 쌀에서 목화에 이르기까지 초기 미국 경제 모델은 플랜테이션의 확산을 기반으로 했기 때문에 그것이 불가피할 수도 있다. 북미 본토에서 피어난 번영에 대해 우리가 갖고 있는 이미지는 완전히 틀린 것은 아니지만, 비참할 정도로 빈약하다. 유럽인 정착민이 인종적으로 점령하기 전에, 선주민이 한때 그들의 본거지로 소중히 여겼던 미시시피강 계곡은 대부분 울창한 야생 숲이었다. 거대한 편백나무, 고무나무, 물푸레나무가 가득했고, 퓨마와 곰도 많이 살았다. 광활한 늪지대와 믿을 수 없을 정도로 빽빽한 덩굴이 그득했는데, 정복된 이 땅을 서구식 생산 용도로 사용하기 위해서는 이를 모두 제거해야 했다. 요즘에는 거의 잊혔지만, 이 역시 흑인 노예의 일이었다. 노예가 조종하는 납작한 배를 타고 이동하면서 작업이 진행되었는데, 노예는 때로는 사슬에 묶여 있기도 했고, 조잡한 도구를 들고 다니기도 했다. 그들은 광대한 삼림 지대에서 벌채를 했다. 습지의 물을 빼내고, 나무를 자르고, 집을 짓고, 울타리를 만들고, 들판을 가꾸었다. 그러면서 수만 명의 노예가 과로로 일찍 사망했다. 이런 모든 노동과정이 없었다면, 농업 자체가 거의 불가능했을 것이다.

현재 그 과정은 망각되었지만, 그 결과는 모두 알고 있다. 대륙 크기의 신생국, 훗날 헤아릴 수 없을 정도로 부유해진 미국의 기초를 놓은 것은 본질적으로 이런 중요한 노동이었다. 1853년, 《미국면화대농장주American Cotton Planter》라는 잡지가 미시시피 삼각주와 관련하여 언급한 바에 따르면, 남부는 거의 끝없이 넓은 토지와 "세계에서 가장 저렴하고 이용 가능한 노동력을 결합시켜, 식량 다음으로 인류의 편의에 가장 필수적인 작물을 생산하고 있음을 자랑스럽게 여기고 있다. 인류 대부분이 그 소비자로 들어서고 있다."[1] 머디 워터스의 할머니가 고된 노동을 통해 일구었을 클라크스데일의 농지를 스토벌 집안이 인수하던 1830년대까지, 영국인의 6분의 1이 직물 생산에 고용되었고, 100만 명 또는 미국인 13명 중 1명(그 압도적 다수는 노예)이 목화를 재배했다.

한자 집가家 자는 두 가지 요소로 구성된 표의문자이다. 하나는 지붕이고, 다른 하나는 돼지이다. 이는 고대에 가정을 구성할 때(또는 최소한 건축을 시작할 때) 필요한 것을 아주 단순하게 표현한 것이다. 즉 집은 지붕이 있어 보호받을 수 있는 곳이자, 당시 선호했던 가축이 있는 곳이었다. 미시시피강 계곡에서 대규모 목화 재배의 시대가 시작되면서, 그 토지가 동부 지역에서 쏟아져 들어온 백인 남성에게 개방되었다. 그들이 자기들의 사회적 지위와 개인적 부를 위해 매우 중요하다고 여겼던 세 가지가 있다.[2] 바로 코카시아인 여성을 아내로 두는 것, 일정한 토지, 그리고 노예였다. 대농장주가 가진 흑인의 소유권은 단순히 생산을 가능하게 하는 것보다 훨씬 더 큰 의미가 있었다. 최초 소유지든 대지의 확장이든 상관없이, 노예는 새로운 토지의 취득을 쉽게 만들어주어

재산을 몇 배로 증식해줄 수 있었다. 게다가 토지와 흑인의 땀에서 나온 풍요 덕분에, 기꺼이 결혼해서 평생 살겠다고 하는 백인 여성이 변경에 자리한 면화 재배지로 꾸준히 유입되었다.

이 세상을 돌아가게 만든 것은 노예, 오직 노예뿐이었다. 미시시피 계곡의 백인, 즉 자리 잡은 대농장주와 토머스 제퍼슨이 이상화한 '자영농', 새로운 목화밭 엘도라도로 일확천금을 찾고자 계속 몰려드는 사람들은 노예를 얻는 방법에 집착했다. 그 시대의 작가 잉그러햄Joseph Ingraham에 따르면, "흑인을 사기 위해 목화를 파는 것, 더 많은 흑인을 사기 위해 더 많은 목화를 생산하는 것, 이를 '무한정 하는 것'이 철두철미한 목화농장주가 하는 모든 작업의 목표이자 노골적인 지향점이다. 농장주의 온 영혼은 노예를 더 가지려는 갈망에 휩싸여 있다."[3] 계곡의 목화밭 농부들은 이런 관념의 깊은 역사를 알지 못했을 수 있지만, 독자들은 그 계보가 1640년대 바베이도스의 초기 설탕 산업 호황기까지 거슬러 올라간다는 사실을 기억할 것이다. 삼각주 지역은 미시시피강 계곡 하류 중 플랜테이션 생산에 마지막으로 개방된 곳이었는데, 곧 최적의 목화 재배지로 판명되었다. 따라서 다른 어느 지역보다 많은 노예가 살게 되었다. 삼각주 지역의 중심에 있는 워싱턴 카운티는 꽤 전형적인 사례이다. 1840년까지, 스토벌 집안이 부근의 플랜테이션을 취득하고 불과 4년이 지났을 시점에 노예의 규모는 그 지역 백인 거주자의 10배가 되었다. 그리고 겨우 10년 뒤, 워싱턴 카운티 백인 가구가 소유한 평균 노예 숫자는 80명이 넘었다.[4]

미국의 합법적인 해외 노예 수입은 1807년에 끝났을지 모르지만, 미시시피, 앨라배마, 루이지애나와 같은 목화 재배 중심지로 노예를 공급하는 데는 전혀 문제가 없었다. 당시 이 지역들에서는 목화 재배가 비약적으로 발전하고 있었다. 사실, 다수의 노예가 정신없을 정도로 계속 들어왔고, 이는 완전히 합법이었다. 노예 공급의 소용돌이 속으로 빨려 들어간 흑인 대부분은 버지니아나 메릴랜드와 같은 상남부上南部, Upper South에서 차출된 이들이었다. 상남부 지역은 18세기 동안 미국 노예제의 중심지였다. 이 자유롭지 못한 흑인과 그들의 직계 조상은 중간항해에서 살아남은 사람들이었다. 그들은 이후 사망률이 높았던 끔찍한 적응기간을 거쳐 생존한 사람들이기도 했다. 그리고 그들은 잔혹한 노동 시스템과 식량 부족 상태에서 지내야 했던 체서피크 지역의 플랜테이션 생활에서도 살아남았다. 그런데 갑자기 많은 수의 노예가 멀리 (남서부로—옮긴이) 보내지게 되었다. 가족과 관련해서 보면, 노예의 가족은 법적 인정을 받지 못했고, 헤어져 뿔뿔이 사방으로 흩어지게 되기 십상이었다.

이 국내 또는 내부 노예거래에서 소규모 사업가와 투기꾼이 상남부에서 흑인을 구매해왔다. 한 번에 서너 명에서 10여 명 정도를 사오는 경우가 많았다. 무장 경비 아래 쇠사슬로 묶어서 가축처럼 새로운 목화 재배 지역들로 데려갔다. 노예는 남쪽으로 조지아를 거쳐 루이지애나까지 가면서, 노예를 탐하는 대농장주에게 팔렸다. 1790년에서 1810년 사이, 전국을 들썩이게 한 목화 호황의 첫 20년 동안 거의 10만 명의 노예가 이런 방식으로 버지니아와 메릴랜드를 떠나 남쪽과 남서쪽 지점들로 향했다.[5] 그리고 이는 시작에 불과했다. 1830년대에 미시시피에서만 13만 명의 노예를 수입했는데, 이들은 구舊 노예소유 주들states에서 강제로 이주된 이들이었다.[6] 결국 내전이 발발할 때까지 50년 동안, 약 100만 명의 노예가 상남부에서 걸어가거나 바다에서 선박을 타고 이주했다. 이는 아프리카에서 출발해 영국령 북아메리카에 상륙한 흑인의 약 두 배에 달하는 규모였다. 지금 우리는 이주에 대해, 좀 더 정확히 말하면 대규모 강제 이주에 대해 말하고 있다. 이렇게 강제 이주를 당한 흑인의 수가 20세기 그 많은 할리우드 전설의 소재였던, 마차를 타고 서부로 정착해 들어갔던 백인보다 더 많았다. 또한, 19세기에 러시아와 동유럽에서 이주한 유대인보다도 더 많았다.[7] 그런데, 오늘날 학교에서 누가 이것에 대해 자세히 배우는가? 역사학자 존슨Walter Johnson은 다음과 같이 서술했다.

> 노예를 사고, 운송하고, 재판매하면서 큰돈을 벌 수 있다는 것이 분명해지자 고도로 조직된 일군의 회사들이 생겨났고, 그들은 제멋대로인 투기꾼들과 경쟁했다. 이런 회사는 한 번에 100명의 노예를 수용할 수 있는 높은 벽으로 둘러싸인 감옥, 인적 자산을 훈련시킬 수 있는 넓은 마당, 관심 있는 구매자가 구매대상인 사람들에게 질문하고 조사할 수 있는 진열실을 갖춘 영업소를 거래가 이루어지는 양쪽 끝 지역에 두고 있었다.[8]

그리고 이 수익성 있는 인신매매가 번성하면서, 정기적으로 경매가 열렸다.[9] 경매는 찰스턴과 뉴올리언스처럼 노예매매의 양쪽 끝에 있는 주요 도시에서, 특히 지역 법원의 앞 계단에서 자주 열렸다.

1859년, 내전에서 남부가 패하기 불과 몇 년 전, 이 '흑인 열풍'과 이로 인해 발생한 대규모 이주는 지금까지 기록된 최대 규모의 단일 노예 경매와 함께 정점에 달했다. 그 경매는 조지아주 서배너에서 진행되었는데, 부유한 대농장주 가문의 후예인 버틀러Pierce Mease Butler라는 남자의 요청에 따라 조직되었다. 빚을 갚기 위해 갖고 있던 노예들을 정리한 경우였다. 버틀러는 주식시장에서 도박에 가까운 투자로 그의 재산의 상당 부분을 날렸고, 이혼으로 비싼 값을 치르면서 더 많은 재산을 잃었다. 그해 신문들은 다음과 같은 내용의 머리기사로 경매를 알렸다.

경매 알림

면화와 쌀을 재배할 흑인들의 긴 행렬! 440명으로 구성된 노예 집단

이들은 쌀을 비롯한 식량을 마련하는 문화에 익숙하며, 이 중 기술자나 가내하인은 없다. 3월 2일과 3일, 서배너에서 브라이언(판매원)이 판매할 예정이다.[10]

매각 직전에, 버틀러의 노예들은 서배너 도심에 있는 감옥으로 옮겨졌다. 이는 서배너에서 가장 오래된 흑인 교회인 제일아프리카침례교회First African Baptist Church가 세워질 부지와 인접해 있었다. 판매 날짜가 가까워지자, 노예들은 도시의 백인 엘리트가 오랫동안 즐겨 모이던 경마장으로 이송되었다. 역사학자 베일리Anne Bailey는 이 장면을 다음과 같이 묘사한다. "구매자가 노예 사이를 누비고 다니며, 노예에게 춤을 추게 시켰다. 구매자는 노예의 옷을 열어 상처를 확인했다. 구매자는 노예의 팔다리를 꼬집고 근육을 구부렸다. 구매자는 흉터를 열심히 찾았다. 흉터는 반항적인 본성의 증거라고들 했기 때문이다."[11] 백인 중개상이라고 불리던, 이 구매자들은 나중에 술을 마시며 "'다루기 힘든 검둥이'를 통제하는 가장 좋은 방법"에 대해 서로 요령을 교환했다.

스토벌 집안이 플랜테이션을 인수했을 때, 삼각주의 두터운 표토는 위와 같은 방법을 통해 공급된 노예들의 고된 노동을 통해 지구상에서 가장 가치가 높은 농지가 되어 있었다. 그토록 비옥한 검은 땅은 부를 급류처럼 생산해냈다.[12] 이는 프랑스가 생도맹그에서 얻었던 막대한 부를 훨씬 능가했다. 인구 대비 백만장자의 수가 미국에서 가장 많았다는 것이 그 점을 증명해준다. 이 숫자는 사실이지만, 여전히 믿기 어렵다. 1790년 미국의 면화 생산량은 약 150만 파운드였다. 1800년에는 3650만 파운드로 증가했다.[13] 1820년, 연간 생산량은 1억 6750만 파운드였다. 그리고 미국 내전 직전까지 면화 생산은 지리적으로 확장되었지만 여전히 미시시피강 계곡에 집중되어 있었고, 연간 생산량은 놀랍게도 무려 20억 파운드에 육박했다. 역사학자 스벤 베커트의 비교에 따르면, 면화가 19세기 미국에 갖는 의미는 석유가 20세기 사우디아라비아에 갖는 의미와 같았다.[14] 면화는 미국을 역사상 가장 부유하고 가장 성공적인 노예제 사회로 만들었다. 미국산 면화 생산량이 급증하면서, 면화는 세계에서 가장 가치 있는 상품으로 확고히 자리 잡았다. 인구 비례로 볼 때, 목화는 미국 남부인을 영국을 제외한 모든 유럽 나라의 국민보다 더 부유하게 만들어주었다.

이 기간 동안 면화는 다른 세계가 미국에서 정기적이고 대량으로 구매하고 싶어 했던 유일하고 중요한 품목이었다. 어떤 계산에 따르면, 남부는 미국 수출의 3분의 2를 담당했지만, 수입은 10분의 1에 불과했다.[15] 이는 동산노예제에 내재한 본질적 성격인 극심한 불평등과 박탈을 말해준다. 1840년대에 미시시피주 나체즈에서 나왔던 한 신문 사설에 따르면, 이 지역의 대규모 플랜테이션 주인들은 "리버풀에서 목화를 팔고, 런던이나 아브르Havre에서 와인을 구입한다. 보스턴에서 자기들 소유의 흑인이 입을 의복을 구입하고, 신시내티Cincinnati에서는 플랜테이션에서 사용할 도구와 비품을 구입하며, 뉴올리언스에서 식료품과 장식품을 구입한다."[16]

1500년대 초 상투메에서 처음 선보였던 플랜테이션 노예제에서 기획되었던 특징들이 다양한 지역과 다양한 작물의 플랜테이션들 가운데에서 대략 일관되게 유지되었다. 플랜테이션에서 대다수 부자유한 흑인은 겨우 먹고사는 수준의 생활을 이어갔다. 그곳에서는 노예의 신진대사의 경제학 역시, 밭에서 노예가 거둔 생산량에 대한 것과 마찬가지로 이익률의 관점에서 다루어졌다. 이는 조지 워싱턴의 사저 마운트버넌Mount Vernon에서 일했던, 워싱턴의 사망 시 124명에 달했다던 노예에게도 마찬가지였다.[17] 미시시피주와 앨라배마주의 노예에게도 마찬가지였다. 노예는 고기를 거의 먹지 못했고, 으깨진 쌀에서 소금에 절인 생선에 이르기까지 식단의 하나하나가 빠듯하게 배급되었다.

이렇게 노예의 식량을 제한했던 것은 분명 투자 수익의 문제였지만, 심리적 목적도 확실히 있었다. 이런 한계설정은 사회적 지배와 비인간화라는 고의적 전략의 일부였고, 한 인종을 비하하고 다른 인종을 높여서 인종 간의 차등을 강화하는 방법을 계속 추구하는 과정이기도 했다. 이런 식으로, 동산노예제는 미국 사회에 존재하는 "속성에 기초한 서열"의 기본 요소가 되었다고 봐야 한다.[18] "속성에 기초한 서열"이란 출신이나 특성의 차이에 따라 인생에서 다른 지위를 부여받도록 오랫동안 작동해온 시스템이다. 물론 또 다른 측면에서 보면 백인성 자체가 인종적 정체성으로 발전하고 강화되는 과정에서 동산노예제가 중심적인 역할을 했다. 백인성은 근대성이 낳은 영향력 있는 부산물 중 하나이다. 모리슨에 따르면, "노예제만큼 〔백인을 위한〕 자유를 두드러지게 보여준 것은 없다."[19]

나는 자메이카의 북쪽 해안에 남아 있는, 무너져가는 플랜테이션의 그린우드 저택Greenwood Greathouse를 관람하면서, 이 시스템의 유산을 보았다. 그곳에서 가장 특권을 누렸던 노예, 즉 '집house'이라고 불리던 노예조차 주인에게 음식이 제공되는 동안 계속 부엌과 식탁 사이의 통로를 왕복해야 했다. 그들을 끊임없이 감시 아래 두기 위해서였다. 어느 박식한 흑인 안내원이 나에게 알려준 바에 따르면, 이는 그들이 음식을 조금이라도 훔쳐서 자기 마음대로 쓰지 못하게 하기 위해서였다. 흑인 중에 높은 자리에 있는 이들끼리라도 맛있는 것을 즐기지 못하게 하기 위해서였다는 말이다.

노예 경제의 기본적이고 중요한 특징이었던 영양 공급에 대한 이런 장면은 우리가 미국의 동산노예제를 훨씬 더 큰 차원에서 생각해볼 수 있는 창을 열어준다. 동산노예제는 방대한 양의 상품을 생산하는 수단일 뿐만 아니라, 독창적이고 혁신적이며 동시에 도덕적으로 타락했다고 할 수 있는 미국의 초기 자본주의에서 심각하게 과소평가된 요소이기도 하다. 노예는 생산의 주체로도 중요했지만, 중요한 자본의 구성요소이자 가치를 비축해두는 수단이었다. 그래서 노예는 새로운 토지와 장비 혹은 더 많은 노예를 구입하기 위해 대출을 할 때 담보로 많이 쓰였다. 노예제의 이런 금융적 특징은 일찍이 바베이도스 시절부터 사용되고 있었다. 당시 영국의 대형 은행들이 사탕수수 농장주들에게 자금을 지원했는데, 일반적으로 농장주들은 노예의 가치를 이용하여 대출을 받을 수 있었다. 미시시피계곡 지대에서는 이런 관행이 확대되고 강화되었다. 이런 활동이 베어링Barings이나 로스차일드Rothschilds와 같은 중요한 국제 금융가나 미국 대형 은행들에 국한된 것은 아니었다. 모두 이 사업에 열심히 참여했고 막대한 이익을 보았다. 소규모 지역 은행들

이 급증하기도 했는데, 수익률이 높았던 노예 금융사업을 통해 기회를 얻기 위해서였다. 실제로 최근 몇 년간 나온 연구들에 따르면, 내전 이전에 미국에서 노예의 가치는 다른 모든 산업 및 운송 자산(철도, 도로, 항만 등)을 합친 것보다 더 컸다. 국민총소득보다 컸고, 그 두 배는 안 되는 정도였다고 한다.[20]

역사학자 마르틴Bonnie Martin이 보여준 것처럼, 노예에 비축된 가치를 담보로 저당권을 발행하는 관행은 1730년대까지 거슬러 올라갈 수 있다. 프랑스령 루이지애나와 영국령 버지니아에서 이런 방식이 통용되고 있었다. 마르틴에 따르면, "이런 금융 전략을 최대한 활용한 것은 국제 은행가가 아닌 남부의 보통 사람들이었다."[21] 이는 이웃들끼리 노예를 담보로 금융 계약을 맺는 방식으로 이루어졌다. 이렇게 인간의 생명을 저당 잡아 대출을 받으면서, 노예소유주는 동산노예의 노동에서 계속 이익을 얻을 수 있었을 뿐만 아니라 동산노예가 어린 경우 그 가치의 상승에 따른 이익도 얻을 수 있었다. 신세계 노예제의 잔인한 관습으로 노예주는 노예가 아기를 낳을 때마다 이익을 얻었다. 그 아기는 자동으로 노예주의 재산이 되었기 때문이다. 마르틴의 추정에 따르면, 미시시피강 계곡 지대가 광대한 면화 생산 지대가 되었을 때, 이런 식으로 조달된 자본의 가치는 플랜테이션에서 나온 경작물 가치의 20퍼센트에서 175퍼센트 이상에 달했을 정도로 다양했다.[22]

이러한 주장 중 일부를 발전시키는 과정에서 나는 현세대 역사가들의 글에서 크게 도움을 받았다. 그중 일부는 직접 따오거나 인용했지만, 많은 경우 그렇게 하지 못했다. 이들의 연구는 미국의 발전이 노예제, 특히 면화를 재배한 남부가 창출했던 부에 어떻게 직접 뿌리를 두고 있는지에 대해 분명하고 깊이 있는 설명을 새롭게 제시하고 있다.

역사학에서 진행 중인 이 혁명은 오랫동안 유지된 많은 개념을 뒤집는 데 도움이 되고 있다. 그중 일부는 노예제가 아메리카에서 갖고 있는 근본적인 경제적 중요성을 부인하는 것과 관련이 있다. 이렇게 노예제의 비중을 부정하는 주장 중에는 노예제가 주로 남부의 일이었으며, 북부는 다른 길, 경제적으로 독립적인 길, 아마도 윤리적으로 우월한 길을 따라 발전했다는 주장들이 있다. 또 어떤 이들은 미국 남부에서 시행되었던 노예제가 진정한 자본주의가 아니라고도 주장한다. 더욱이 그들은 남부가 북부에 비해 근본적으로 후진적이며, 노예제가 혜택이 되지도 않았다고 주장한다. 사실 이는 이전에 널리 퍼져 있던 관점이었는데, 이에 따르면 노예제는 국가 발전에 걸림돌이었다. 이런 이유와 또 다른 여러 이유로, 노예제는 결국 실패할 운명이었다는 주장이 계속 간간이 제기되어왔다.

사실, 인디언 추방에서부터 흑인 노예를 동남부 지역에서 다른 지역으로 재배치했던 것, 그리고 미시시피강 계곡과 인근 지역의 목화밭에 새로운 플랜테이션을 설립하는 것까지 이 모두를 재정적으로 열심히 지원했던 것은 월스트리트를 비롯한 여러 북동부 금융가들이었다. 이들은 그 과정에서 막대한 이익을 챙겼고, 그 결과 "남부 대농장주에 상응하는 북부인"이 되었다.[23] 플랜테이션 생산을 지원하는 수익성 높은 금융업을 멀리 떨어진 곳에서, 즉 노예제가 이미 악평을 받고 있던 지역의 금융 중심지들에서 하는 관행은 대서양 건너 런던까지 뻗어 있었다. 그러면서 투자 네트워크가 더 커졌고, 플랜테이션의 자금 확보 능력은 더 강화되었다. 이에 따라 흑인의 몸에 대한 지속적인 착취를 기생적인 남부만의 문제라고는 더 이상 말할 수 없게 되었다. 노예제는 대서양 전역에서 광범하게 전개된 경제적으로 중요한 사업이었다.

물론, 이런 최근 연구의 상당 부분은 흑인 지식인들이 이룩해온 연구 성과에 축적된 강력한 선례를 갖고 있다. 흑인 지식인들은 대서양의 역사와 미국의 역사에서 노예제의 역할을 놓고 기존 주류 학계가 해온 설명에 대해 지난 한 세기 동안 도전해왔다. 이 책 앞부분에서 트리니다드의 역사학자이자 정치가인 윌리엄스의 생각들을 이런 관점에서 소개했다. 미국에서는 아프리카계 미국인 학자 두보이스가 그의 시대를 훨씬 앞서갔던 인물이었다. 그는 바로 위에서 제기되었던 개념들 중 많은 것을 배출해낸 거대한 지적 결과물을 남겼다. 그 한 예로 두보이스는 1924년에 발간한《흑인 민족의 기여: 흑인과 아메리카의 형성The Gift of Black Folk: The Negroes in the Making of America》에서 이렇게 썼다. "근대 세계의 상업을 확립한 것은 흑인 노동력이었다. 근대 상업은 노예의 몸을 거래하면서 시작되었다. 오늘날 최고의 상업 도시들이 번영을 누리는 첫 번째 이유는 바로 그 인신거래에 있다."[24] 이후 10년 뒤에 내놓은 그의 걸작《흑인의 재건: 미국 민주주의를 재건하려는 시도에서 흑인 민족이 해온 역사에 관한 글Black Reconstruction in America: An Essay Toward a History of the Part Which Black Folk Played in the Attempt to Reconstruct Democracy in America》에서 두보이스는 충분한 근거를 갖고 다음과 같이 주장한다. 흑인 노동이 "남부의 사회구조뿐만 아니라 북부의 제조업과 상업, 영국의 공장제 체제, 유럽의 상업, 전 세계적 차원에서 이루어지는 거래의 초석이 되었다."[25]

아프리카에서 데려온 노예가 근대를 떠받치는 기둥이라는 이미지가 이 책 전반을 관통하며 하나로 묶어주는 중심 논지이다. 두보이스의 논지는 당대에는 기성 역사학자들에게 제대로 인정받지 못했고, 주류 언론들도 무시했다. 언론은 주로 역사적 순응을 강조했고, 흑인이 아메리카와 나아가 더 확대된 대서양 세계에 해온 중요한 기여는 마치 없던 일처럼 만들어버렸다. 예를 들어, 당시 미국에서 강력한 여론주도주체 중 하나였던 《타임Time》지는 두보이스를 "칼을 가는 사람"이라고 불렀고, 그가 《흑인의 재건》에서 새로 보여준 미국의 역사는 "모든 친숙한 장면과 중요한 사건들이 바뀌거나 쓸려나간 이상한 나라의 모습"이라고 평했다.[26]

노예제가 미국의 힘과 풍요를 창출하는 과정에서 했던 근본적이고 거대한 역할을 부정하는 수준에서 빨리 벗어날수록, 미국인이 스스로에 대해, 그리고 세계사에서 미국의 진정한 위상에 대해 더 잘 이해하게 될 것이라고 믿는다. 한 눈에 보아도 매우 분명한 것은 미국 혁명 이후 10~20년 남짓 지난 시점의 신생국 시절에 미국은 더 큰 대서양 경제에서 그 역할이 상대적으로 작았다는 점이다. 당시 미국이 상당한 잠재력을 가진 나라인 것은 분명했지만 예정된 강국은 아니었고, 나중에 미국이 이루게 된 경제적 동력을 발산해내는 나라도 아니었다. 그러나 불과 수십 년후에, 즉 19세기 중반에 이르면 미국은 무엇보다도 목화라는 한 가지 작물에 기초한 플랜테이션 노예제에 힘입어 빠르게 산업화된 국가이자 세계 강국으로 발을 내디딘다. 사실, 한 역사학자가 쓴 것처럼, "면화 무역은 미국 경제가 갖고 있던 유일한 '주요 팽창력'이었다."[27]

37

서구는 어떻게 형성되고, 어떻게 '이겼는가'

이 상황이 어떻게 발전하고 전개되었는지를 설명하지만, 서로 대척점에 있는 두 이론을 살펴보자. 첫 번째는 지배적인 견해로, 매우 기술 중심적이다. 다른 하나는 지금도 대부분의 커리큘럼에서 거의 다루지 않거나 강조하지 않는데, 미국 정치에 방점을 두면서 더 넓은 대서양 세계의 역사에 따라서 조건이 형성되는 방식들에 주목한다. 다양한 관점들이 있기는 하지만, 대부분은 본질적으로 신화에 기반을 두고 있다. 그리고 유럽에서 들어와 북아메리카 동부해안에 정착한 뒤에, 다시 동부해안에서 출발하여 애팔래치아산맥Appalachian Mountains의 서쪽과 남서쪽에 위치한 미국의 광대한 황무지를 '길들여' 생산을 해낸 백인 남성의 용기, 진취적 기상, 그리고 궁극적으로 독창성에 초점을 두고 있다. 이는 우리 모두가 배운 이야기이다. 더 이상 정식 교육과정에서 그렇게 주입식으로 가르치지 않아도, 텔레비전과 영화, 그리고 정치적 담론을 통해 마치 세뇌되듯 배운 이야기이다.

미국을 산업화시키고 위대하게 만든 기술에 대한 설명은 변혁을 가져온 한 기계인 조면기의 발명과 그 발명가인 휘트니Eli Whitney에게 현저하게 집중되어 있다. 이는 거의 모든 미국인이 학교에서 배우는 이야기이다. 그 가장 단순한 교훈은 경제 발전 과정에서 기술적 난관에 직면했을 때 발휘된 미국인의 타고난 불굴의 독창성에 관한 것이다. 휘트니의 조면기는 1793년에 개발되었는데, 당시 미국의 면화 생산량은 연간 9000베일bale이 조금 넘었다. 우리는 이 발명만으로 두 개의 거대한 병목 현상이 제거되어, 산업화 과정에 있던 영국에서 급증했던 면화 수요를 미국이 충족시킬 수 있었다고 배웠다. 면화를 수확한 후 처리하는 작업은 매우 느리고 힘들었다. 1파운드에 불과한 흰색 면화 뭉치에서 씨앗들을 분리하기 위해 노예 한 명이 하루 종일 지루하게 육체노동을 해야 하는 일이 다반사였다. 더군다나 이 값비싼 작물을 경작할 수 있는 토지 면적은 지극히 제한되어 있었다. 대부분의 초기 미국 면화는 조지아와 사우스캐롤라이나 해안 지역에서 생산되었는데, 여기서 자랐던 귀한 '장섬유' 목화인 시아일랜드Sea Island 품종이 광대한 내륙 지대에서는 잘 성장하지 못했기 때문이다. 우리가 배운 이야기에 따르면, 휘트니의 조면기가 '단섬유' 면화를 처리하거나 씨앗을 제거할 수 있게 만들어, 단번에 모든 것을 바꿔놓았다. 이 단섬유 면화 변종은 이른바 업컨트리upcountry라고 불리는 내륙에서 크게 번성했다. 이 혁신을 둘러싼 승리의 이야기는 이미 19세기 초부터 만들어지기 시작했는데, 그린Constance McLaughlin Green과 핸들린Oscar Handlin이 1956년에 내놓은 책의 제목, 즉《엘리 휘트니와 미국 기술의 탄생Eli Whitney and the Birth of American Technology》이 아마도 이 이야기의 내용을 가장 잘 드러낸 표현이라고 할 수 있다.[1]

휘트니가 했던 정확한 역할에 대해서는 활발한 논쟁이 지속되고 있지만, 여기서 요점은 휘트니나 그의 발명품이 가졌던 유용성을 아주 부정하는 것이 아니다. 조면기는 거의 1500년 전부터 인도에서, 다소 다른 기술이 이용된 것이기는 했지만 이미 사용되고 있었다. 많은 역사학자들 또한 휘트니 조면기의 발명을 둘러싼 정형화된 이야기가 남부를 나태한 노예와 후진적인 백인의 세계로 보는 시각을 조장하는 식으로 오랫동안 전해져온 것에 이의를 제기해왔다. 그 이야기 속에서 그 지역 주민은 그 지역의 경제를 근본적으로 바꾸어낼 힘이 없는 것으로 묘사되었다. 그러나 다행히도 휘트니가 우연히 남부에 왔고, 예일대에서 교육받은 이 북부인이 그 전엔 본 적도 없던 작물의 생산을 힘들게 한 난제를 금방 해결했다는 것이 이런 식의 이야기의 결론이다.• 그 과정을 거의 기적처럼 설명한 이 전통적 줄거리는 1780년대 미국에서 경제의 압도적인 중심축이었던 담배의 가격이 하락하는 가운데, 담배를 대신할 만한 경작물을 찾으려 노심초사했던 정서를 무시한다.

1790년대에 미국 남부에서 면화 생산이 시작되었고, 휘트니 조면기가 적지 않은 역할을 했다는 것은 논쟁의 여지가 없다. 한 연구에 따르면, 조면기 사용 이후 목화 재배에 이용된 주요 토지의 가격이 순식간에 세 배로 증가했다.[2] 자 그렇다면, 이 이야기에서 빠진 것은 무엇인가? 가공 기술은 이 시대에 면화 생산을 제한했던 유일한 병목지점도, 가장 중요한 병목지점도 아니었다. 앞서 본 것처럼, 면화 생산량은 그 다음 10여 년 동안 크게 증가하여, 19세기로 접어들면 3600만 파운드(약 1600만 킬로그램)에 이르게 된다. 그 공로가 마치 새 조면기 덕분인 것처럼 말하지만, 면화 생산의 증가에서 더 큰 역할을 한 것은 노예와

• 조면기 혁신에서 휘트니의 역할과 그의 조면기를 둘러싼 역사적 논쟁을 가장 잘 설명한 책은 라크위트(Angela Lakwete)의 2003년 저서 《조면기의 발명: 내전 이전 미국의 기계와 신화(Inventing the Cotton Gin: Machine and Myth in Antebellum America)》이다.

관련된 일련의 발전이었다. 우선, 아프리카에서 수입한 노예의 규모가 급증했다. 그리고 노예무역이 영구적으로 금지된 1807년 이후로, 상남부에서 새로운 목화 재배 지역으로 노예를 대규모 재배치하는 데 속도가 붙었다. 그런데 이는 자본재, 즉 노예의 증가가 어떻게 생산을 크게 증가시켰는지에 대한 고전적인 이야기 그 이상을 의미한다. 미국 목화 생산의 증가에 대한 전통적 설명에서는 당시 플랜테이션에서 노예생산성이 엄청나게 증가했다는 점을 거의 언급하지 않는다. 하지만 역사학자 뱁티스트Edward Baptist가 추정한 바에 따르면, 1800년에서 1860년 사이에 노예생산성이 400퍼센트 증가했다.[3] 그의 주장에 따르면, 이는 감독과 처벌이라는 폭력적인 수단이, 훨씬 더 광범하게 많은 것을 기록하는 관행과 결합하여 체계화하면서 이루어진 것이다.

> 1801년, 목화 채집의 경우 1인당 하루 28파운드가 여러 사우스캐롤라이나 노동수용소의 평균 수확량이었다. 1818년, 제임스 매그루더James Magruder의 미시시피 노동수용소 노예는 하루에 50~80파운드를 수확했다. 10년 뒤, 앨라배마 한 플랜테이션의 총계를 보면, 1인당 수확이 132파운드까지 올랐다. 1840년대, 미시시피 한 노동수용소에서 어느 좋은 날 1인당 평균 수확이 341파운드였다. 그날 감독관은 "이렇게 큰 수확량은 들어보지도 못했다"고 기록했다. 다음 10년 동안, 평균 수확량은 더 급속하게 증가했다.[4]

생산 증가가 새로운 기술을 통해 이루어졌는지 아니면 점점 더 가혹한 노예 학대를 통해 이루어졌는지에 관계없이, 어느 시점에서 면화 생산은 한때 번거로운 수작업의 비용 문제보다 훨씬 더 막강한 한계에 맞닥뜨렸다. 면화 재배에 적합한, 서리가 내리지 않는 새로운 토지가 부족해진 것이다. 이 병목 현상은 소박하게 만들어낸 독창성, 희생, 인내와 같은 미국사의 더 편안하고 친숙한 줄거리를 통해서도, 심지어 뱁티스트가 정리한 것처럼 노예에게 가해진 새로운 형태의 비인간적인 착취를 통해서도 해결할 수 없었다. 대신 이는 아이러니하게도, 자유 속에서 살고자 했던 생도맹그 흑인의 억누를 수 없는 욕구에서 나온 결과를 통해 해결되었다.

나폴레옹은 생도맹그를 잃게 될 위기에 놓이자, 아메리카 본토에 제국을 세우려 했던 꿈을 사실상 포기할 수밖에 없었는데, 이 과정에서 위에서 말한 면화 생산의 한계상황에 대한 해결의 단초가 마련되었다. 1803년 1월, 당시 미대통령 제퍼슨은 먼로James Monroe와 파리에 있던 리빙스턴을 특사로 임명하여, 프랑스 정부와 뉴올리언스 매입을 논의하도록 했다. 그들의 목표는 오하이오강과 미시시피강 유역 사이의 영역을 확보하여 미국 상품이 바다로 나가는 출구를 마련하는 것이었고, 이를 통해 경계를 넓히면서 경제적 생존을 도모하는 것이었다. 두 달 뒤, 제퍼슨의 특사들은 프랑스의 역제안에 놀라게 된다. 그리고 결국 프랑스의 제안에 따라, 미국은 루이지애나에 속해 있는 총 82만 8000 평방마일에 달하는 아메리카 선주민 거주지에 대한 제국의 권리들을 구입하게 된다. 그런 횡재는 꿈도 꾸지 못했던 특사들은 즉시 1500만 달러에, 다시 말하면 에이커 당 약 3센트의 가격에 동의했다. 〔미국이 지불한 금액에는 (루이지애나에서 쫓아낸—옮긴이) 선주민 인구를 강제로 이주시킨, 이어졌던 여러 '보상' 정착지들에 대한 상당한 비용은 포함되지 않았다.〕

이 영토가 미국으로 매각되기 전에, 프랑스의 루이지애나 식민화 작업은 보잘것없었고, 그저 선언에 가까운 수준이었다. 루이지애나는 프랑스의 주춧돌이 되는 해외 식민지, 특히 높은 수익을 가져다주었던 생도맹그 식민지에 식량을 공급하는 기지 또는 그 식민지를 후원하는 배후기지로 의미가 있는 제국주의 프로젝트였다. 이 전략적 기획은 1789년에 이미 만들어져 있었다. 당시 프랑스의 장관 또는 미국으로 파견된 대사는 파리로 보내는 보고서에서 에스파냐로부터 루이지애나를 되찾기 위해 신속히 움직일 것을 촉구했다. 당시 보고서에 따르면, 루이지애나는 "북부 모피무역의 중심지, 프랑스의 상품 시장, 앤틸리스제도로 보낼 물류의 공급지, 미국과 방대한 무역을 전개할 수 있는 무대가 될 수 있는 곳이다."[5] 사실상 이는 제국 통합을 통해 노예제의 효율성을 크게 상승시키려는 오래된 유럽의 꿈을 갱신한 것에 지나지 않는다. 이는 이 책 앞부분에서 말한 네덜란드의 '위대한 기획'으로 처음 접했던 전망이기도 했다. 나폴레옹은 나중에 이 개념을 자신의 것으로 받아들이면서, 곧 생도맹그의 노예봉기를 진압하고 그곳의 플랜테이션 체제를 복구할 수 있을 것이라고 믿었다. 역사학자 파케트Robert Paquette에 따르면, 나폴레옹은 생도맹그섬의 부를 통해 "프랑스의 다른 아메리카 식민지들과 아마도 프랑스 자체를 합쳐서 하나의 상호의존적이고, 무엇보다도 그 안에서 자급자족하며 번영하는 단위로 만들어갈 수 있다"고 믿었다.[6]

1802년 10월 생도맹그에서 데살린과 자유유색인이자 아이티의 공동 설립자인 페시옹Alexandre Pétion의 프랑스인 측근들이 망명을 하고, 그

다음 달 그곳에서 르클레르 장군이 사망한 뒤, 영국과의 전쟁이 재개되면서, 나폴레옹은 그가 놓친 식민지의 담벼락에 씌어 있던 글을 마침내 보게 되었다. 이 프랑스 황제는 유럽을 지배하겠다는 희망을 유지하고자 그가 생도맹그에서 초래한 막대한 재정적 손실을 어떻게든 줄여야 했기 때문에 "망할 설탕, 망할 커피, 망할 식민지"라고 외쳤다고 한다.[7] 그러면서 나폴레옹이 생도맹그를 중심으로 대서양 제국을 건설하겠다는 꿈을 포기한 것이 19세기 위대한 두 사건의 열쇠였다. 영국의 입장에서 볼 때, 카리브해에서 프랑스가 패배한 것은 대서양의 플랜테이션 중심 세계에서 경쟁자의 위협이 사라졌음을 의미했다. 심리적으로 쫓기지 않고 자유로워진 영국은 노예제 폐지를 향해 서서히 나아갈 수 있었다.[8] 영국의 노예제 폐지는 1808년의 노예무역 금지와 함께 이루어진 것이 아니라, 35년이 더 지난 후에야 달성되었다. 자유를 향한 열망이 확고했던 아이티인은 19세기에 미국이 강대국으로 가는 길에 들어서는 데 똑같이 중요한 역할을 했다. 오늘날 우리가 지도에서 알고 있는 대륙 크기의 미국을 형상화하는 데 가장 중요하게 기여한 것은 스스로를 해방시켜낸 생도맹그 노예들이었다. 이들이 미국 역사에서 일어났던 어떤 사건보다도 중요했다.

여러 세대에 걸쳐 미국의 문필가와 교육자는 이런 사실들을 경시해왔지만, 미국 역사서술의 전통들 또한 편의적인 신화들의 정반대에 있는 과거의 세세한 사실들을 조용히 묻어버리며 간과하는 경향을 보였다. 고인이 된 나의 친구 트루이요Michel-Rolph Trouillot는 그의 대표작 《과거를 침묵시키기: 권력과 역사 만들기Silencing the Past: Power and the Production of History》에서 아이티 혁명과 루이지애나 구입 사이의 관계에 대해 "논란의 여지가 없는 그런 '사실들'에 대해,[9] 부정적인 이야기라도 일련의 의견들이 나올 것이라고 누구든 기대했을 것"이라고 말한다. "그러나 프랑스 역사책들을 정독하다 보면, 다층적 침묵을 보게 된다"고 한탄한다.• 사실 영국도 거의 마찬가지이다. 영국은 자국이 거의 단독으로 대서양 노예제를 끝냈다는 영웅적 방식으로 그 시대를 상상하고 있다.

루이지애나 매입과 같은 방대한 규모의 부동산 취득을 통해 토머스 제퍼슨을 비롯한 버지니아 엘리트는 오랫동안 가져온 목표, 즉 노예를 부분적으로 매각하는 일을 추진할 수 있게 되었다. 그들이 거주하는 지역에 노예가 집중되어 있기 때문에, 치명적인 위험으로 발전할 수 있다는 위기감을 늘 느끼고 있었던 것이다. 아이티 혁명의 사례가 사람들의 마음에 새롭게 각인되면서, 이 문제도 시급한 현안으로 떠올랐다. 미국 혁명 당시 50만 명이었던 흑인 노예가, 19세기 초에 100만 명으로 증가했다.[10] 어떤 백인 정치가도 그 수치를 정확히 알 수 없었지만, 1865년에 이르면 노예 인구가 400만 명에 가까워졌다. 제퍼슨의 움직임은 확장과 배제 모두에 기초하여 미국 백인에게 영향을 미치려고 했던 유구한 프로젝트의 일환으로 보아야 한다. 이 프로젝트에는 프랭클린Franklin, 애덤스, 워싱턴을 포함한 여러 주요 인사들이 연루되어 있다. 맨 처음부터 인디언 저항과 흑인 봉기라는 한 쌍의 위협은, 백인 영

• 프랑스의 일반 고등학교 커리큘럼에서 아이티 혁명은 언급조차 되지 않는다. 영국에서는 14세 이후로 역사과목이 필수가 아니기 때문에, 프랑스보다 나을 것도 없다.[11]

토의 경계를 넓히겠다는 공약과 결합하여 신생국가 미국을 하나로 단결시키기 위한 전략적 필수요소였다.[12]

제퍼슨은 아이티 국가의 탄생으로 이어졌던 사건들을 오랫동안 주시해왔다. 그것이 미국 백인의 권력과 안전에 위협이 될 수 있다고 생각했기 때문이다. 백인에게 흑인의 자유는 저주와 같다고 생각했다. 그런 관점이 오늘날 우리를 놀라게 하지만, 이는 명확하고 분명한 논리를 따르고 있다. 결국, 역사학자 고든-리드Annette Gordon-Reed에 따르면, "그 식민지 정착민들은 어떻게 이 노예들을 그들의 해안으로, 그들의 들판으로, 그들의 집으로 데려올 수 있었는지를 정확히 알고 있었다. 식민 정착자들의 사회는 실제적이고 위협적인 폭력에 의해 건설되고 유지되는 사회였다."[13] 이런 현실을 보며, 토크빌Alexis de Tocqueville은 인종이라는 유령이 "〔모든〕 미국인의 상상을 악몽처럼 계속 사로잡고 있다"고 썼다.[14]

건국 세대 중에서 해밀턴Alexander Hamilton은 아이티의 해방이 루이지애나의 선물을 가능하게 만들었다고 공개적으로 인정한 드문 인물이었다. 그는 이렇게 말했다. "흑인 주민의 용기와 완고한 저항에 우리가 빚을 지고 있다. 그것이 (프랑스의—옮긴이) 루이지애나 식민화를 가로막았기 때문이다."[15] 그러나 미국에 떨어진 큰 지정학적 횡재를 놓고 흑인 혁명에 감사를 표하는 일은 제퍼슨에게는 상상도 할 수 없었다. 제퍼슨에게 투생 루베르튀르는 '식인종'에 불과했다.[16] 제퍼슨은 아이티 혁명을 놓고, "인간이 경험해보지 못한, 너무도 끔찍한 비극"이라고 하면서 이렇게 설명했다. "이제 서인도제도 전체가 유색인의 손에 넘어갈 것이고, 백인은 조만간 모두 추방될 것이라는 확신이 날로 강해진다. 유혈 사태가 벌어질 수 있음을 생각해야 할 시기이다. 우리 자손은,

그리고 아마도 (포토맥강 남쪽의) 우리 역시 그런 상황을 돌파하거나 피해갈 수 있도록 미리 준비해야 할 것이다."[17]

영국령 북미 식민지 중 가장 부유했고 정치적으로도 분명 가장 중요했던 버지니아에서는 담배 재배로 벼락부자가 되는 시대가 이미 17세기 중반에 끝났고, 담배에서 벗어나 밀과 옥수수로 다각화하는 작업이 18세기 중반까지 순조롭게 진행되었다.[18] 선도적인 대농장주였던 조지 워싱턴은 1763년에 담배 재배를 줄이기 시작하여, 3년 후에는 완전히 중단했다.[19] 담배 재배가 카리브해 사탕수수 재배만큼 고되지는 않았지만, 노예는 1년 중 9개월을 밭에서 계속 분주하게 일해야 했다. 그러나 담배 가격이 하락하면서 옥수수와 같이 노동집약적 성격이 훨씬 약한 작물을 재배하게 되었고, 그러면서 버지니아의 대규모 플랜테이션 소유주들 사이에서 노예노동에 대한 수요가 감소했다. 버지니아 식민지로 노예 수입이 가장 많았던 시기는 1730년대였는데, 당시 새로 도착한 아프리카인이 인구의 34~44퍼센트를 차지하고 있었다.[20] 역사학자 앨런 테일러Alan Taylor에 따르면, "1760년대 버지니아의 지도자들은 노예가 너무 많아서 당시 경제로는 감당할 수 없을 정도이고, 반란의 위험도 커졌다고 걱정했다."[21] 1808년 미국에서 대서양 횡단 노예무역이 금지되면서, 노예 수요가 급증하고 새로 획득한 영토에서 노예의 가격이 높아졌다. 이런 조건에서 많은 이들이 노예매매 사업에 뛰어들었고, 이에 따라 앞서 언급했던 미국 내 노예거래가 크게 성행했다.

루이지애나 매입을 통해 제퍼슨은 광대한 "자유의 제국"을 건설하려는 오랜 꿈을 추진할 수 있게 되었다. "자유의 제국"이라는 이 유명한 말이 역설을 의도한 것은 아니었다. [(사실 제퍼슨이 이 말을 쓰기 전에 발표된—옮긴이) 아이티의 인권선언에 이 구절이 나오기는 한다.] 이 말은 새로 획득한 서부 영토를 통해 새로운 백인 자영농 계층을 구축하는 데 도움을 주기 위해 쓴 표현이었다. 서부에 자영농으로 진출한 이들은 대부분 영국인, 아일랜드인, 독일인이었고, 제퍼슨은 이들이 신생 민주주의의 공화주의적 가치를 가장 잘 구현하고 이어갈 수 있으리라 믿었다. 제퍼슨이 볼 때, 노예로 붐비는 동부에서 흑인을 외부로 내보내는 것은 돌 하나로 여러 마리의 새를 죽이는 것과 같은 효과를 볼 수 있었다. 이 '새로운' 땅이 사실은 선주민 공동체들의 거주지라는 사실은 고려 사항이 아니었다. 동부에서 폭력적으로 쫓겨 간 선주민이 그 땅에 자리를 잡고 있었다. 이는 사실 모두가 하나로 조직된 거대한 사업이었다. 아메리카 선주민이 미국 동부에서 쫓겨날 때 거쳤던 경로를 이제는 사슬에 묶인 흑인 노예가 거의 그대로 따라 걸었다. 노예가 된 흑인이 프리랜서 헤드헌터를 통해 버지니아 시골과 구남부 여러 지역에서 팔려 강제로 이주하게 된 것이다. 수수료를 받고 일하던 이 노예상인들은 담배, 쌀, 밀을 경작하며 수익을 내는 데 어려움을 겪고 있던 백인 농부들이 거부할 수 없는 액수를 제시했다. 노예상인은 구매한 흑인을 보통 30~40명씩 하나의 '사슬'로 묶어서 데리고 다녔고, 때로는 수백 명 단위로 데리고 다니기도 했다.[22] 마차를 탄 백인이 경계하는 가운데, 손목에 수갑을 찬 포로들이 행진을 했다. 이들은 엄청나게 긴 한 줄의 사슬로 연결되어 있었다. 이런 상태로 동남부 지역을 가로질러 나체즈나, 특히 뉴올리언스와 같은 큰 호황을 누리던 노예시장들로 갔다. 뉴올리언스에서는 약 50만 명의 흑인이 공개 경매를 통해 판매되었다. 이 경매는 일종의 백인 오락물이 되어, 프랑스 오페라 하우스나 테아트르 오를레앙Théâtre d'Orléans의 공연과 견줄 정도였다. 그럼에도, 이 번성했던 국내 노예매매를 연구한 한 역사학자에 따르면 2015년 현재 뉴올리언스에서 노예거래를 기억하는 공공 역사 유적지는 한 군데 밖에 없다. 그마저도 의도는 좋았지만, "마스페로Maspero's"라는 식당의 외벽에 붙인 표지판은 "마스페로의 거래소Maspero's Exchange"로 알려진 노예시장의 위치를 아쉽게도 잘못 표시하고 있다.[23]

1810년에서 1860년 사이에 버지니아주에서만 약 45만 명의 흑인을 이러한 방식으로 호황을 누리던 미시시피 지역으로 보냈다. 1857년 한 해에만 리치먼드에서 이런 인신거래를 통해 공식적으로 400만 달러, 오늘날로 환산하면 약 4억 4000만 달러의 소득을 올렸다.[24] 구남부에서 흑인을 내보내면서, 제퍼슨이 사랑했던 버지니아의 중심부에 자리한 백인에게 다가왔던 위협감을 줄일 수 있었을 뿐 아니라, 버지니아 노예소유주는 큰돈을 벌 수 있었고, 과세를 통해 주정부도 큰 수입을 얻을 수 있었다. 그러나 남서부로 팔려간 노예는 백인 자영농을 위한 노동을 해야 했다. 제퍼슨의 제국주의적 전망에 강제된 흑인 노동력이라는 실질적 토대가 마련되었던 것이다. 제퍼슨의 관점에서 이는 정상적인 세상의 질서였다. 버지니아를 비롯해 여타 구남부 노예 밀집 지역의 혼잡 해소를 통해 흑인과 가장 불행한 백인 집단, 대부분 막 계약하인에서 벗어난 백인들 사이의 연대가 사전에 방지되는 효과를 낳기도 했다. 고든-리드에 따르면, "(흑인과 연대하는—옮긴이) 대신 가난한 백인은 엘리트의 정책에 고무되어 이제 막 개방을 시작한 미국 서부 지역에서 언젠가 자기도 노예소유주가 될 수 있다는 꿈으로, 백인성 속으로 안주해 들어갔다."[25]

당연히, 정치가가 취하는 모든 활동 과정은 다른 가능성을 차단한다. 제퍼슨이 미시시피강 계곡 지대와 미국 서부에 일반적으로 취했던 접근방식 역시 마찬가지였다. 최근 역사가들의 주장에 따르면, 제퍼슨은 서부의 토지들을 (백인 정착민에게—옮긴이) 판매하여 생긴 자금을 이용해, 그가 가끔 혐오한다고 공언하기도 했던 노예제가 해소될 수 있도록 (연방정부의 자금으로—옮긴이) 흑인의 자유를 구매할 수도 있었다. 백인 사이에 흑인이 많이 모여 사는 것을 그저 참을 수 없는 일이라고만 여겼다면, 제퍼슨은 자유인이 된 노예출신들의 재정착을 위해 거대한 서부 영토 중 일부를 따로 떼어놓았을 수도 있다.• 이런 역사학자들의 상상은, 과거를 공부할 때 우리 안에 많이 스며들어 있는 목적론적인 사고방식, 즉 과거에 일어난 일들은 다 불가피했다는 사고방식에 대한 하나의 비판이기도 하다. 이런 목적론적 사고방식은 프랑스 역사학자 퓌레가 '(현재의—옮긴이) 사실이 만들어내는 제2의 오류적 진실 효과the second illusion of truth'(지금의 세계를 가져온 과거 역사의 전개를 필연으로 여기는 경향—옮긴이)라고 불렀던 것이기도 하다.[26] 역사학자 내쉬Gary Nash가 그의 책 《잊힌 5분의 1The Forgotten Fifth》에서 지적한 바에 따르면, 제퍼슨 시대 신생국 미국에서는 친노예제 정서가 아직 확고히 자리 잡지 않았기 때문에 이런 과감한 시나리오도 오늘날의 시각에서 추정하는 것보다 그렇게 이상하게 보이지는 않았을 것이라고 한다.[27]

그러나 미국 초기에 남부인이 지배했던 정치 지도층은 노예를 동력으로 한 서부로의 팽창, 특히 미시시피강 계곡으로의 팽창을 위한 다른 동기를 곧 찾아냈다. 이는 애초 제퍼슨의 구상을 넘어서는 것이었다. 1812년 영미전쟁에서 영국은 흑인에게 남부 플랜테이션에서 탈주할 것을 적극적으로 장려했고, 그 결과 체서피크 지역에서 탈출해 온

• 물론 이런 생각은 선주민에게 가해진 도덕적 재앙을 완화하는 데 아무 소용이 없었을 것이다. 선주민은 독립선언문에서 "야만인"으로 언급되었고, 미국인은 서부로 팽창하면서 이런 선주민에 대한 규정을 계속 밀고 나갔다.

3400명의 노예에게 자유를 주었다. 이는 대규모로 노예를 소유하고 있던 모든 주의 백인 사이에서 다시 공포를 불러일으켰다. 식민지들에 있는 두 개의 큰 유색 인종 집단, 즉 아메리카 선주민과 흑인, 그리고 영국 사이에서 괴이한 동맹이 형성될 수 있다는 두려움이었다. 버지니아 민병대의 대령이자 나중에 하원의원이 된 베일리Thomas M. Bayly는 다음과 같이 말했다. "외국의 적에게 체포될 위험 외에도, 우리는 우리나라의 심장부에 위험한 적이 있다. 이는 대서양 건너편에서 올 수 있는 어떤 것보다도 더 위험하다."[28] 이런 인종 공포는 현실을 기본적으로 잘못 이해한 것이었다. 영국은 훗날 미국 혁명이 된 전쟁에서 반란을 진압하기 위해 자신들의 식민지를 파괴하려고 하지 않았다. 1812년 영미 전쟁을 인종 전쟁으로 바꾸어버리려는 희망으로 다수의 흑인을 무장시켜 전선에 배치하려고 하지도 않았다. 사실, 절망적 상황에서 500명의 노예를 무장시켜 미국 혁명 기간 동안 영국군에 맞서게 만든 것은 버지니아인 자신들이었다.[29] 그러나 이는 이후로 부정되었고 대부분 역사적 기억에서 사라졌다. 영국과 미국이 노예를 무장시켰던 이 두 번의 조치는 미국 독립전쟁에서 일어났던 이전의 사건들이 반복된 것이었다. 그러나 오늘날 미국인은 학교에서 이런 사실을 거의 배우지 않고 있다. 영국과 흑인 사이의 동맹 가능성에 대한 두려움이 너무 컸기 때문에, 1812년 전쟁 초기 영국이 수도 워싱턴을 공격했을 때, 별 근거 없는 노예봉기의 소문들이 돌았다. 이 때문에 미국 민병대 구성원들이 수도 워싱턴과 그 주변에 있는 메릴랜드주와 버지니아주의 군郡들을 빠져나가 도망쳐버리기도 했다. 덕분에 영국군은 총을 거의 쏘지 않고, 방위병력이 없는 도시를 쉽게 점령할 수 있었다. 물론 미국인은 결국 볼티모어 전투에서 전세를 역전시켰고, 이 전투를 통해 훗날 국가國歌가 될 프랜시스 스콧 키Francis Scott Key의 노래가 나오게 되었다. 매일 경기장이나 야구장에서 〈미국 국가The Star-Spangled Banner〉를 부르는 사람도 세 번째 연에 나오는, "용병과 노예를 구원할 수 있는 피난처는 어디에도 없다"는 가사의 의미는 거의 모른다. 여기에는 흑인의 반란을 상상하면서, 그 반란을 조롱하고 그 진압을 기리는 의미가 담겨 있다.

방금 인용한 다양한 동기 외에도, 백인 정착지와 노예제가 미시시피 계곡과 그 너머 서부로 확장되면서, 이런 팽창 자체가 영국의 공격과 노예봉기라는 두 개의 위협을 약화시켜 국가 안보를 강화하는 수단이 되었다. 제퍼슨과 그의 버지니아 동료들이 이 생각을 얼마나 진지하게 받아들였는지는 그들의 말과 행동을 통해 알 수 있다. 헨리Patrick Henry는 "자유가 아니면 죽음을 달라"는 문구로 불멸의 이름을 얻은 대농장주 겸 정치인인데, 그는 이보다 덜 유명하긴 하지만 다음과 같은 글도 남겼다. "우리나라는 사람들로 채워지게 될 것이다. 그런데 문제는 유럽인으로 채울 것인가, 아프리카인으로 채울 것인가 하는 점이다. … 자신의 조국이 노예로 채워져 암울하게 쇠퇴하는 것을 보고 싶을 정도로 삐뚤어진 사람도 있는가? 없다. 우리가 할 수 있는 한은, 이 땅이 우리 내부의 평화를 지켜주는 사람들로 채워지게 하고 해외에서도 존중받을 수 있는 나라로 만들자."[30] 제퍼슨은 백인과 흑인이 자유 속에서 공존하는 것이 불가능하다는 부정적인 의견을 피력했다. "백인이 품고 있는 뿌리 깊은 편견들, 흑인이 간직하고 있는 상처에 대한 만 가지 기억, 새로이 전개되고 있는 도발들, 자연이 만든 진정으로 다른 것들, 그리고 여러 여타 상황이 우리를 파벌로 갈라지게 하고 격동으로 이끌 것이다. 이는 한 인종이 다른 인종을 절멸시킬 때까지 아마도 그치지 않을 것이다."[31] 두 인종 사이에는 "진정으로 다른 것들"이 있다고 가정하면서,

제퍼슨은 흑인의 지능을 폄하하는 긴 글을 덧붙였다. 흑인 중에서 "유클리드Euclid의 연구를 추적하고 이해할 수 있는 사람은 거의 찾을 수 없다. 상상력을 보자면 흑인은 둔하고, 취향도 없고, 괴이하다."[32]

이런 편견으로 인해 제퍼슨 등 버지니아주의 유명 인사들은 주에서 흑인 인구를 제한하거나 줄이기 위해 한층 더 큰 노력을 기울였다. 예를 들어, 1806년에 버지니아주는 주인으로부터 자유를 얻은 소수의 노예출신 자유인을 제약하는 새로운 해방법 하나를 통과시켰다. 이 법에 따라 주인에게서 해방된 노예출신의 자유인은 1년 내에 버지니아주를 떠나야 했다. 그리고 이 점은 강조해야겠는데, 패트릭 헨리는 한 명의 노예도 해방시킨 적이 없다.[33] 미국의 제3대 대통령인 제퍼슨은 평생 단 두 명을 해방시켰다. 두 명 모두 그가 성적으로 지배했던 헤밍스Sally Hemings라는 노예 여성이 낳은 직계 자손은 아니었다. 1785년 《버지니아주에 관한 비망록Notes on the State of Virginia》에서, 당시 이미 흑인 자녀가 있었던 제퍼슨은 흑인이 "혼혈을 초래하지 않도록 멀리 보내 없애야" 한다고 썼다.•[34]

버지니아주가 심남부로 흑인을 팔아넘긴 규모는 매우 컸다. 따라서 이를 노예봉기의 위협을 줄이기 위해 국가적 차원에서 취했던 해결책으로 볼 수는 없다. 그렇다 보니 제퍼슨뿐 아니라 제4대 대통령 매디슨James Madison과 제5대 대통령 먼로 등은 다수의 노예를 아프리카에 재정착시키는 계획을 탐구하기도 했다. 다른 사람들과 마찬가지로 제퍼슨은 전성기(가장 높은 시장 가격)에 있는 남성을 추방할 때 드는 큰 비용

• 1826년 제퍼슨이 사망했을 때, 채권자에게 빚을 갚기 위해 다섯 명을 제외한 그의 노예 모두가 경매로 팔려갔다.[35]

을 걱정하면서, 노예 인구를 줄이는 더 저렴한 방법으로 영아와 소녀를 모두 (정부가—옮긴이) 구매해버리자는 아이디어를 한동안 내세우기도 했다. 역사학자 앨런 테일러에 따르면, 제퍼슨은 "흑인 가족이 아이를 잃고 겪을 고통은 무시했다. 공화국의 이익과 아프리카에서 자유를 얻게 될 흑인 후손의 더 나은 '행복'과 비교할 때 그런 고통은 중요하지 않다고 일축했다."[36] 아프리카계 미국인의 추방과 관련된 이런 제안이 워싱턴과 라파예트 사이에서 논의되기도 했다. 이후로도 이는 미국의 '인종 문제'에 대한 매력적 해결책으로 미국 정치 지도자들을 계속 매료시켰다. 그래서 미국 흑인을 아프리카로 "되돌려" 보내는 사업에 전념하는 조직 '미국식민협회American Colonization Society, ACS(이후 식민협회)'가 만들어졌다. 이런 생각은 링컨Abraham Lincoln 대통령에게로 이어졌다. 그는 내전 이전에도, 내전 중에도 노예를 아프리카로 보내 자유를 누리도록 하거나, 중앙아메리카나 카리브해 섬들로 보내 그곳에서 살게 하는 방안을 구상하고 있다고 밝혔다.• 링컨은 북부의 흑인에게 이 방안을 진지하게 고려해보라고 하면서 "지금 우리와 함께 살고 있는 유색인인 당신들에게 가혹하게 들리겠지만, 우리 국민 중 일부는 (당신들을—옮긴이) 내켜하지 않는다"라고 말했다.[37] 그런데, 당시는 미국에서 태어난 흑인의 비율이 미국 출생의 백인보다 훨씬 높았다는 점을 여기서 강조할 필요가 있겠다.

식민협회는 1816년에 사적으로 설립되었으며, 이후 10년 동안 노예제를 옹호하는 정치인과 노예제 폐지 운동가, 양측으로부터 강력한 지

• 1862년 12월, 링컨은 아이티의 한 섬인 일아바슈(Île à Vache)에 5000명의 흑인을 정착시키기로 하고, 어느 수상한 사업가와 계약서에 서명을 했다. 그들 중 400명이 그곳에 실제 도착했지만, 1864년까지 살아남은 사람들은 미국으로 돌아왔다.[38]

원을 받았다. 그들은 "미국에서 인종 간 민주주의로는 미래가 없다"는 믿음 아래 전술적으로 단결했다.[39] 아프리카계 미국인도 미국을 떠나 바다를 건너 더 우호적인 곳으로 가는 것에 상당한 관심을 표현하기 시작하던 시기에 이런 단체가 등장했다. 흑인은 노예제뿐 아니라 모든 종류의 인종적 폭력으로부터, 그리고 미국 사회 전역에 스며들어 있는 차별로부터 자유로운 곳으로 가는 문제에 관심을 보였다. 예를 들어, 1810년대에 커프Paul Cuffe라는 한 남자가 북동부 지역의 흑인들을 모아 아프리카 어딘가로 이주해가자는 운동을 시작했다. 그러나 1810년대 말에 목표지가 아이티로 옮겨갔다. 아이티가 독립을 쟁취했고 교육받은 흑인 사이에서 그 나라에 대한 신망이 높아졌기 때문이다. 이후 몇 년 동안 약 1만 3000명의 아프리카계 미국인이 아이티에 정착했지만, 나중에는 많은 이들이 미국으로 귀환했다.[40]

이민을 주장했던 흑인 집단의 표현 중 일부를 모방하기도 했던 식민협회는 광범하게 퍼져 있던 흑인의 이민에 대한 긍정적인 생각을 직접 드러내주었다고 할 수도 있지만, 두 가지 측면에서 흑인과는 분명한 선을 긋고 있었다. 첫째 식민협회의 주도자들은 가부장적 온정주의로 무장하고 있었기 때문에, 지도부에 흑인 대표의 자리를 허용하지 않았다. 그리고 다른 하나는 식민협회 고유의 표현법이었다. 그들의 언어는 흑인에 대한 인종차별적 표현으로 가득 차 있었다. 그들은 흑인을 "인류 중 특히 하위에 있는, 더 짐승 같은 카스트"라고 했고, 이런 이유로 흑인을 추방한다는 생각을 정당화했다.[41] 이런 언어가 흑인의 의심을 샀고, 결국 1820년대로 가면 흑인이 이 계획을 강력하게 반대하게 된다. 이와 동시에 저명한 백인 인사들 사이에서는 추진력을 얻게 되었다. 그러나 이 시기가 되면 많은 흑인이 다른 누구 못지않게 미국을 자신의 나라라고 깊이 믿게 된다. 그리고 흑인이 다른 고향을 찾는 것이 미국의 인종위기를 푸는 해결책이라는 생각을 완전히 거부하게 된다. 1829년에 흑인 노예제 폐지 운동가 워커David Walker가 긴급하게 쓴 《세계 유색인 시민에게 드리는 호소문Appeal to the Colored Citizens of the World》은 페인Thomas Paine의 《상식》과 지금까지도 비교되곤 하는데, 워커는 아프리카계 미국인을 "선민, 선택된 사람들"이라고 했다.[42] 아프리카계 미국인의 투쟁을 통해서만 미국의 이상들이 온전히 구현될 수 있다고 보았기 때문이다.

사실, 18세기 후반 미국 노예 대부분은 미국 노예 사이에서 자연적 인구증가를 통해 태어난 사람들이었다. 아프리카에서 수입해 온 이들이 아니라, 미국 땅에서 나고 자란 사람들이었다는 말이다. 노예 중 조상의 대륙인 아프리카에 대한 직접적인 지식을 조금이라도 가진 사람은 거의 없었을 것이다. 사실 대서양 노예무역이 금지되면서, 아무도 아프리카에 대해 알지 못하게 되었을 것이다. 더욱이 노예를 그들의 조상이 떠나왔던 특정 해안으로 돌려보낸다는 생각은 전혀 고려되지도 않았고, 그저 아프리카로만 보낸다는 생각뿐이었다. 아프리카에 대해 제대로 알지 못해도, 그것이 1822년부터 식민협회가 '자원자'를 보내 서아프리카의 후추해안Pepper Coast이라고 불리는 곳에 정착하게 만드는 것을 막지는 못했다. 후추해안에 정착한 노예들은 1846년에 독립을 선언했고, 아프리카 최초의 공화국인 라이베리아를 세웠다. 미국은 1862년에 가서야 라이베리아를 인정했다. 1867년까지 미국에서 약 1만 3000명의 흑인이 그곳으로 보내졌다. 서아프리카 해안에서 비가 많이 오는 곳 중 하나인 그곳에서 많은 사람이 열대성 질병과 열악한 위생으로 사망했다.

1820년대까지, 미국 팽창사업은 미국 정부의 주된 관심사였다. 1828년, 남부의 노예소유주 잭슨Andrew Jackson이 제7대 대통령으로 백악관을 차지했다. 그는 인디언을 살해한 여러 군사작전을 주도한 장군으로 명성을 떨치면서 대통령까지 올라간 인물이었다. 가장 유명한 것은 미국-크리크 전쟁 말기에 있었던 호스슈벤드Horseshoe Bend 전투로, 그의 부하들이 800명에서 900명에 달하는 선주민을 학살했다.[43] 1829년 12월, 대통령으로 의회에 보내는 첫 연례교서에서 잭슨은 아메리카 선주민에게 "자발적으로" 미시시피강 너머 서부 영토로 떠나라고 촉구했다.[44] 물론 이는 백인이 미시시피강 지역에 정착하기 위한 것이었다. 면화 왕국의 노예가 된 흑인이 만들어낸 놀라운 호황을 계속 이어나가기 위해 면화 재배는 모든 힘을 쏟는 과업이 되었다. 잭슨 대통령은 측량사를 투입하여 수억 에이커의 땅에 대한 지도를 만들어 세분하게 하고, 새로운 도시를 완전히 처음부터 계획하도록 했고, 측량사들은 이에 부응하기 위해 고군분투했다. 잭슨은 열성적인 구매자들을 위해 새로운 증서 더미에 서명하는 일을 담당할 정규직 직원을 고용해야 했다.[45] 무엇보다도 가장 인기 있는 것은 표준 크기 160에이커의 직사각형 토지들이었다. 이 땅들은 무심한 기하학적 규칙성을 보이며 강변에서 내륙으로 세로로 뻗어 있었고, 면화를 쉽게 항구로 우송할 수 있는 장점이 있었다.

토지의 이런 상품화는 꾸준히 강화되던 노예 노동의 상품화와 함께 진행되면서, 버지니아와 여타 동부의 지점들에서부터 새로운 목화 왕국으로 전진해갔다.[46] 인간의 생명에 전혀 관심을 두지 않는다면, 이는 역사상 타의 추종을 불허하는 놀라운 조합이었다. 1820년에서 1860년 사이, 로어미시시피밸리 지역의 노예 인구는 7배 증가한 반면, 면화 생산은 40배 증가했다. 이렇게 가파른 상승세가 나타난 것은 더 많은 일손이 더 넓은 토지에서 일했기 때문이기도 했고, 우리가 본 바와 같이 노예의 생산성이 급격하게 증가했기 때문이기도 했다. 노예의 생산성 증가 대부분은 채찍질을 가해 얻어낸 것이었다.[47] 최근까지 노예제는 기업 경영에 관한 역사서들에서는 거의 볼 수 없었다. 그러나 새로운 학술연구는 "독특한 제도"였던 노예제가 경영 혁신의 원천이자, 만약 근대성의 화신이라는 것이 있다면 바로 그 화신으로, 선구적 역할을 했음을 보여주고 있다. 실제로 노예제의 이런 선구적 역할은 철도를 "경영 혁명"의 시초라고 했던 유명한 하버드대학의 챈들러Alfred Chandler가 철도의 공헌 시기로 보는 시대보다 시기적으로 훨씬 앞서 있다.

케이틀린 로즌솔이 《노예제에 대한 설명Accounting for Slavery》에서 쓴 바에 따르면, 특히 면화의 경우 노예소유주는 "노예가 주어진 시간 내에 얼마나 많은 노동을 할 수 있는지 정하려고 노력했고, 최대치를 달성하도록 노예를 압박했다."[48] 사실 이는 바베이도스에 있는 드랙스 가문의 플랜테이션에서 사악하다고 할 정도로 복잡한 설탕 생산을 지휘하기 위한 목적으로 부기에 집착하게 되었던 이야기로 돌아가는 것이다. 그런데 이는 미국 남부에서 더 본격적으로 추진되었다. 설탕보다 생산이 훨씬 간단했던 면화를 생산하면서, 더 많은 수확량과 더 큰 이익을 얻기 위해 측정할 수 있는 모든 투입물과 변수를 보다 체계적으로 정량화하려고 노력했다. 여기에는 노예의 출생, 사망, 구입 및 알려진 종족성에 대한 정보가 포함되었다. 미국 노예제를 더욱 자세히 설명하는 이야기로는 수도 워싱턴에서 납치되어 루이지애나로 팔려간 자유흑인 노섭Solomon Northup의 사례가 있다. 그가 다시 자유인이 된 직후 출판된 그의 회고록 《노예 12년Twelve Years a Slave》에서 노섭은 면화 플랜테이션에서 생산성에 대한 극도의 집중과 공포가 어떻게 하나로 결합되었는지를 기억하기 쉽게 설명한다.

> 아무리 피곤하고 지쳐도, 아무리 잠과 휴식이 그리워도, 노예가 목화 바구니를 들고 조면공장으로 갈 때 두려움을 빼놓고 갈 수는 없다. 만약 그 무게가 부족하다면, 즉 자신에게 주어진 임무를 완전하게 수행하지 못했다면, 분명 고초를 당할 것임을 알기 때문이다. 만약 10파운드 또는 20파운드를 초과했다면, 주인은 이에 따라 그다음 날의 작업량을 정할 것이다. 그래서 들고 가는 것이 너무 적든 너무 많든, 조면공장으로 향할 때마다 그는 언제나 무섭고 떨렸다.[49]

38

우리의 기원들에 대한 새로운 관점을 향하여

노섭은 1854년에 다시 자유를 얻었다. 자신의 출신지인 뉴욕에서 이례적인 사법적 도전을 시작한 후에야 얻을 수 있었던 자유였다. 당시는 미국 최대 도시인 뉴욕시의 부는 은행에서부터 상품 중개인, 보험회사에 이르기까지 대부분 남부의 노예제와 목화에 유례없을 정도로 크게 의존해 있었다.[1] 납치되었던 자유흑인 중 노섭만큼 그렇게 운이 좋은 경우는 거의 없었을 것이다. 7년 후에 발발한 미국 내전을 통해서만 플랜테이션이 만들어낸 부를 향한 돌진과, 그것이 파생시킨 납치라는 극악한 관행을 멈출 수 있었다. 그때나 지금이나 북부 사람들은 노예제도를 종식시키기 위해 싸우고 죽어가는 과정에서 북부가 했던 역할에 대해 대단한 도덕적 자부심이 있었다. 그러나 영국이 노예제의 종식을 국가적 신화의 핵심으로 엮어서 그 나라가 두 세기 동안 대서양 노예제 세계를 지배한 초강대국이었다는 사실을 편하게 가려버렸던 것처럼, 미국의 경험에 대한 도덕적 이야기는 대체로 신화화된 것이다.[2] 실제로 주의 깊게 살펴보면, 누구든 흑인의 노예화가 남부만큼이나 북부에도, 방식은 매우 달랐지만 큰 혜택을 주었다는 사실을 인정하지 않을 수 없다. 마침내 미국의 두 '지역' 사이에서 균열이 터져 나왔던 시기를, 두보이스는 다음과 같이 설명한다.

> 남부는 연방에서 노예제를 잘라내고자 싸우고 있었고, 북부는 노예제를 연방 내에서 유지하고자 싸우고 있었다. 남부는 미국 헌법의 한계를 넘어서기 위해 싸웠고, 북부는 오랫동안 보장해온 것을 위해 싸웠다. 양쪽 모두 흑인을 경멸하고 있었고, 양쪽 모두 흑인을 모욕하고 있었다.[3]

이런 말은 내전이 처음부터 끝까지 노예제에 관한 것이었고, 북부는 이 잔인한 제도를 폐지하기 위해 영웅적으로 나섰다는 설명에 길들여진 현대의 독자들을 혼란스럽게 만들 수 있다. 링컨이 했던 다음과 같은 명료한 연설에 대해서 배워본 사람은 거의 없다.

> 노예제를 유지할 수 없다면 연방도 유지하지 않겠다는 사람들이 있다면, 나는 그들에게 동의하지 않는다. 노예제를 무너뜨릴 수 없다면 연방도 유지하지 않겠다는 사람들이 있다면, 나는 그들에게 동의하지 않는다. 이 분쟁에서 나의 가장 중요한 목표는 연방을 구하는 것이지, 노예제를 유지하거나 무너뜨리는 것이 아니다. … 모든 노예를 해방시켜 연방을 구할 수 있다면, 나 역시 그렇게 할 것이다. 노예제와 유색 인종에 대해 내가 하는 일은, 그것이 연방을 구하는 데 도움이 되리라고 믿기 때문에 하는 것이다.[4]

결국, 남부 경제와 남부의 전쟁 노력을 약화시키면서, 스스로를 해방시키는 과업을 위해 적극적으로 나선 이들은 남녀를 불문하고 모두 아프리카인의 후손이었다. 이는 태업, 염탐 등 직접적 대립을 피하는 여러 방법을 통해 먼저 시작되었다. 북부군을 지원하기 위해 농기구를 던져버리고, 플랜테이션을 걸어 나왔던 일도 여기에 포함된다. 수천 명이 그렇게 행동했다. 우리가 카리브해의 노예 사회에서 본 '모두의 바람'이 계속 전해지면서, 많은 노예가 탈출하여 연방군 기지로 무사히 도착했고, 그들은 그들에게 자유를 부여한 노예해방법들의 조항을 정확하게 암송했다.[5] 곧이어 그들은 연방을 위해 싸울 수 있게 되었고, 전쟁이 끝날 무렵에는 18만 명의 흑인이 연방군 군복을 입고 복무했다.[6] 이는 미국의 45세 미만 성인 남성 흑인 인구의 5분의 1이 넘는 숫자였다. 흑인은 전쟁 말기에 버지니아에서 벌어진 여러 중요한 전투에 참여했다. 역사학자 벌린Ira Berlin의 주의 깊은 관찰에 따르면, "연방을 지키기 위한 전쟁이 자유를 위한 전쟁으로 변모했음을 가장 잘 보여주는 것은 파란 연방군 제복을 입은 흑인 군인의 등장이었다."[7]

링컨이 (내전 중에—옮긴이) 노예해방을 말했던 목적이 부분적으로는 군사 전략상 흑인의 전쟁참여가 필요했기 때문이었다고 말한다고 해서, 그것이 링컨을 폄하하는 것은 아니다. 북부 백인이 전투에서 얼마나 많은 피를 흘렸는지, 전쟁에 얼마나 지치고 분개했는지를 링컨보다 더 잘 알았던 사람은 없었다. 1863년 7월 미국 상업과 금융 중심지인 뉴욕시에서 발생한 징병 반대 폭동은, 역사학자 포너Eric Foner에 따르면, "내전을 일으킨 남부의 반란을 제외하면 미국 역사상 최대 규모의 시민 반란"이었다.[8] 이를 진압하기 위해 게티스버그Gettysburg 전투를 막 끝낸 군대를 동원해야 했을 정도였다. 내전의 균형이 깨지고 연방군 쪽으로 승세가 기울게 된 것은 흑인의 전쟁 참여를 허용하면서였다. 노예해방이 선포되자, 그랜트Ulysses S. Grant 장군은 환호했다. "문제가 해결되었다. 흑인은 남자고, 군인이고, 영웅이다."[9] 그랜트가 인정한 것처럼 흑인은 자기 해방을 위한 전투에서 성실하게 선봉을 지켰다. 그러나 그것이 다가 아니었다. 자유를 위한 흑인의 투쟁은 국가로서의 미국이 출현한 것뿐 아니라, 자명한 진리에 대한 가장 유명한 약속의 이행과도 불가분의 관계에 있었다. 이는 흑인의 입대를 허용했던 1862년이 아니라, 미국이 세워지던 바로 그때부터 시작되었다. 특히 1775년 11월 7일 던모어Dunmore의 백작이자 영국령 버지니아 식민지 총독이었던 존 머리가 영국을 위해 싸운 노예에게 자유를 주겠다고 선언한 이후, 흑인은 자유인이건 노예이건 상관없이 혁명기 동안 양측에서 전투에 참여했다. 이는 도망노예들이 스스로 내린 결단이었다.[10]

많은 미국 건국자가 노예주였던 조건에서, 여러 이유로 (미국 건국자들보다는—옮긴이) 영국의 왕당파 편에 서서 싸운 노예가 훨씬 많았다. 이러한 사실은 학교의 표준 교육과정에서 마치 어두운 비밀처럼 취급되고 있다. 그러나 적어도 5000명은 (조지 워싱턴이 이끄는—옮긴이) 대륙군과 해군 편에서 싸웠다. 1775년 4월, '세계로 울려 퍼진' 총성이 나던 날, 매사추세츠주 콩코드에 있는 "루드 브리지rude bridge(콩코드에 있는 올드 노스 브리지Old North Bridge를 이르는 말. 에머슨Ralph Waldo Emerson이 미국 혁명 전쟁 시 콩코드 전투를 기리며 쓴 시 〈콩코드 찬가Concord Hymn〉에 나오는 한 구절—옮긴이)" 기슭에 흑인과 선주민 민병대가 있었다.[11] 두 달 뒤, 150명의 흑인이 벙커힐Bunker Hill 전투에서 싸웠다. 전투에 참여했던 애국파 중 약 5퍼센트에 달하는 규모였는데, 이 흑인 군인 비율은 그 지역 흑인 인구 비율의 두 배였다.[12] 그리고 그다음 해인 1776년, 흑인은 맨해튼의 볼링그린Bowling Green 공원에 있는 영국 왕 조지George의 동상 철거를 지원했다.[13] 1781년, 영국이 항복한 요크타운 전투에서 흑인 중대가 조지 워싱턴의 지휘 아래 싸웠다.

원래 워싱턴은 노예가 독립전쟁에 참여하지 못하게 했지만, 역사학자 신하Manisha Sinha에 따르면, "포지계곡Valley Forge에서 절박한 경험"을 하면서 마음을 바꾸었다.[14] 역사적으로 말하자면, 이 중 어느 것도 이상하지 않다. 노예를 사고파는 사회는 외부 위협에 맞서 방어하기 위해 언제나 노예를 무장시키는 방법에 의존하곤 했다. 그러나 이러한 사실은 국가가 어떻게 탄생했는지를 설명할 때 단호하게 잘려나갔다. 건국자가 된 사람들의 주요 과업이 백인 주민을 결속시켜 하나의 나라를 세우는 것이기 때문이었다.[15] 이 목적을 위해, '애국파' 뉴스보도와 혁명적 선전에 강조점을 두면서 '국내 폭도들'과 '무자비한 야만인' 이야기들에 강하게 매달렸다. 역사학자 파킨슨Robert Parkinson이 관찰한 바에 따르면, 위와 같은 이유로 "미국의 독립으로 혜택을 받을 자격이 없는" 흑인과 인디언의 "선량함"은 어떠한 경우에도 조용히 묻어두고 가는 것이 중시되었다.[16]

한편, 영국이 무장한 사람들을 포함하여 수만 명의 도망노예를 품으려던 목적은, 아메리카에서든 혹은 그 어느 곳에서든, 노예제를 폐지하려는 것이 아니었다. 미국 독립 전쟁에서는 어느 쪽도 노예제의 유지 혹은 폐지를 전쟁의 목표로 생각하지 않았다. 그러나 그렇다고 해서 흑인이 전쟁을 자신의 자유를 위한 것, 특히 남부의 노예를 위한 것이라고 생각하는 것을 막지는 못했다. 사실, 북미의 13개 영국령 식민지 모두에서 노예는 주로 영국군의 후방으로 들어갔다. 그래서 역사학자 내쉬Gary Nash는 미국 혁명을 미국의 역사에서 가장 큰 노예봉기라고 불렀다. 이전에는 누구도 그렇게 생각해본 적이 없다. 내쉬에 따르면, "아프리카계 미국인에게는 혁명 속에서 또 하나의 혁명이 발생한 셈이었다. 그들은 자신들의 '숭고한 대의'가 '76 정신'(1776년에 발표된 미국 독립선언문의 정신—옮긴이)을 가장 순수하게 표현하고 있다고, 당당하게 자부하고 있었다."[17]

이런 역사가 우리에게 환기시켜주는 바에 따르면, 흑인은 처음부터 미국 프로젝트에 에너지, 창의성 및 도덕적 절박성을 불어넣는 데 주도적인 역할을 해왔다. 미국인이 그들 자신을 유지하고, 그들의 나라를 유지해간다는 생각을 보편적인 자유라는 근본적인 가치관과 강하게 결합시켜준 것은 무엇보다도 흑인의 투쟁이었다.

이런 생각은 내가 이 책을 완성하는 동안에도 재차 확인되었다. 약 250년 전에 뉴욕에서 영국 왕 조지의 동상이 무너졌던 것처럼, 남부 전역에서 남부연합 전쟁 '영웅들'의 동상이 차례로 끌어내려지는 것을 군중은 박수를 치며 바라보았다. 또한 가장 존경받는 건국자의 삶에 대해서, 혹은 링컨과 같은 탁월한 인물이 흑인의 생명과 관련하여 내린 도덕적 타협들에 대해서 새롭게 문제가 제기되고 있다. 변할 수 없는 남부의 아이콘 중 하나로 1861년 4월 내전이 시작된 찰스턴에 세워져 있던 칼훈John C. Calhoun의 동상이 있었다. 그는 존 퀸시 애덤스 대통령과 앤드루 잭슨 대통령 아래서 부통령을 했고, 노예제를 강하게 옹호했던 사람이다. 그리고 또 리치먼드에 있는 리Robert E. Lee의 동상이 있다. 리치먼드는 반란을 일으켰던 남부연합의 수도였고, 1865년 4월 연방군에 장악되면서 곧 전쟁이 마무리되었다.

물론 내전의 역사, 그리고 훨씬 더 광범한 미국 노예제의 역사는 방대하고 거의 끝이 없는 주제다. 이 주제로 전집 전권을 쉽게 채울 수 있을 정도이고, 사실 이에 관한 책들이 도서관 서가에 층층이 꽂혀 있다. 이 책에서 다루는 모든 주요 주제와 마찬가지로, 미국 노예제의 역사에 대해서도 이 책이 철저히 다뤘다고 말할 수는 없다. 5세기에 걸쳐 네 개 대륙을 다루는 조건에서는 더욱 불가능한 일이다. 독자에게 남기고 싶은 주된 생각은 흑인이 자신의 해방과정에서, 그리고 신생국 미국이 연방을 보존하는 과정에서 결정적 역할을 했다는 점이다. 이는 신세계에서 민주주의가 유지되도록 만드는 과정에서 아프리카인 디아스포라가 수행했던 두 번째 특별한 행동으로, 아이티 혁명 이후 61년 만에 나온 행동이었다. 이 책의 중심 과제는 가르치고 기억되는 과정에서 왜 그러한 것들이 지나치게 과소평가되었는지를 질문하고 문제로 제기하는 것이다. 그리고 그렇게 함으로써, 스스로를 좀 더 온전하게 이해하고자 할 때, 미국이 당면할 큰 과제를 밝힐 수 있다.

이 책에 나오는 아프리카의 황금, 노예제, 설탕, 목화에 대한 이야기들을 보면, 이들 각각은 앞섰던 것보다 더 큰 부를 창출했고 더 큰 변화를 가져왔다. 이런 이야기들 속에서 나는 아프리카인과 아메리카에 살던 아프리카인의 후손을 근대의 시작과 근대사의 중심에 놓으려고 했고, 그 역사의 모든 단계에서 주도자로 그리기 위해 노력했다. 영국 역사학의 거장 홉스봄Eric Hobsbawm은 한때 산업화를 인류 역사상 가장 위대한 사건으로 묘사했다.[18] 노예제, 플랜테이션, 그리고 그 시대의 가장 중요한 생산물인 면화를 재배한 흑인 노동에 대한 이야기가 바로 그 대단한 인류의 변화, 즉 산업화에서 핵심 요소였다. 이는 합리적 기준에서 볼 때 당연하다. 그러나 그것이 다가 아니다. 목화를 둘러싼 경제활동은 금융업과 보험업을 발전시켰고, 이전에는 볼 수 없던 규모의 세계화된 교역을 만들어냈다. 이는 대륙들의 정치 지도를 근본적으로 재구성했다. 또한 이미 19세기 후반에 미국을 세계에서 가장 크고 가장 역동적인 경제 강국의 지위에 올려놓았다. 그리고 1914년까지 새로운 미국의 거대 경제가 영국 경제 규모의 두 배가 되는 성취를 빠르게 이루는 데 기여했다.[19]

그러나 어떤 면에서는, 도난당하고 빼앗긴 흑인 노동력이 수행했던 중요한 역할을 이해하는 과정에서 우리에게 가장 도움이 되는 것은 노예제가 공식적으로 폐지된 이후 발생했던 일이다. 여기에서 우리는 영국, 프랑스, 에스파냐가 18세기 내내, 그리고 19세기까지, 카리브해의 노예 플랜테이션 부동산을 잘 통제하면서 이익을 얻어내고 유지하려 얼마나 열심히 그들의 피와 자산을 투자했는지를 상기할 수 있다. 그러나 대부분의 기존 역사서술은 유럽의 부상에서 설탕 노예제의 중요성을 강조하는 데 거의 노력을 할애하지 않는다. 유럽 강국들이 함대와 군대를 기꺼이 희생한 것은, 일부 사람들이 여전히 주장하는 것처럼 명예와 같은 추상적인 개념 때문이 아니다. 이는 유럽 강국들이 플랜테이션에 연결된 경제적 지분을 중시했음을 보여주는 것이다.[20] 그것이 우리가 알아야 하는 점들이다. 마찬가지로, 미국 노예제가 남부뿐 아니라 미국 자체에서 가졌던 가치를 우리가 제대로 감지하기 위해서는, 노예제도가 폐지된 지 불과 몇 년 만에 노예제를 복원해내기 위해 미국 사회가 얼마나 이상한 길을 갔는지를 봐야 한다. 내전이 겨우 끝났던 1865년에, 조지아주의 한 신문인 《메이컨 텔레그래프Macon Telegraph》는 부끄러운 기색도 없이 "지금 우리 국민 앞에 놓인 큰 문제는 이 나라의 모든 아프리카인 노동력을 어떻게 전용할 것인가 하는 문제이다"라는 내용이 담긴 글을 실었다.[21] 실제로, 전쟁 전에 있었던 노예제도의 잿더미 위에서 새로운 체제 구축이 즉각 시작되었다.

그 체제는 소작제라고 알려졌고, 짐크로 제도가 그 동반자가 되었다. 소작제는 플랜테이션 남부에서 경제생활을 지배하게 된다. 남부는 1865년부터 1945년까지 향후 80년 동안 흑인 노동력과 흑인 노동력이 경작한 농작물을 크게 할인된 가격으로 계속 공급했다. 소작제는 딕시Dixie(미국 남부, 혹은 미국 남부의 일부 지역을 이르는 말—옮긴이)가 완전히 패배하기 전부터 발전했는데, 흑인 노동력이 간절했던 백인 대농장주가 흑인에게 임금과 작물 몫을 협의하자고 제안하면서 시작되었다.[22] 이는 흑인 노동력을 밭에 묶어 두면서, 연방군으로 '탈주'하는 것을 막기 위해서였다. 새로운 기계가 보급되면서 소작농은 치명타를 입었다. 이는 휘트니의 조면기에 비하면 거의 주목을 받지 못했지만, 분명 훨씬 더 놀라운 발전을 나타내주는 일이었을 것이다. 1944년 10월 2일 미시시피주, 그중에서도 클라크스데일에서 생산준비를 마친 기계식 목화수확기 모델이 첫 시연을 했다.[23] 기계 하나가 흑인 소작인 50명의 작업을 수행할 수 있었는데, 이는 삼각주 지역의 백인 대농장주가 오랫동안 기념할 사실이 되었다.

이 기계 발명품이 등장하기 전에는, 흑인을 계속 노역에 묶어두기 위해 사회적·법적으로 궁리해낸 기발한 방식들이 수도 없이 도입되었다. 흑인이 농장에서 일하며 맺었던 계약들은 그들에게서 노동의 결실을 강탈했고, 그들이 어떤 부나 교육이나 희망도 축적해갈 수 없도록 만들었다. 이것이 머디 워터스의 할머니가 태어난 세상이었고, 그녀가 경험했을 시스템이었다. 소작제는 지역의 고립, 심남부에서 새로운 복고주의로 무장한 민주당 백인의 정치적 지배, 그리고 폭력의 통치에 기초해 있었다. 여기서 린치는 가장 악명 높은 전술일 뿐이었다. 그러나 이 시대 대부분의 기간 동안 북쪽으로 탈출한다는 생각은 마법 같은 해결책이 되지도 못했다. 북부 대부분의 지역에서 여론은 흑인의 유입 혹은 유입 가능성에 대해 극도로 적대적이었다. 산업화된 일자리는 백인만 차지할 수 있었다. 인종 분리의 선이 고용에서 확고하게 고수되고 있었던 것이다.

공포가 지배하는 이 철저하게 고립된 지역에서, 1960년대 초 나의 사촌 부커Simeon Booker가 "미시시피는 잔혹함과 증오의 측면에서 볼 때, 남아프리카 공화국, 앙골라 또는 나치 독일과 분명 같은 수준에 있다"라는 글을 썼다.[24] 잡지 《제트Jet》의 기자였던 부커는 남부에서 흑인의 삶을 조사하는 데 수년을 보냈고, 관에 담겨진 틸Emmett Till의 절단된 시신 사진을 입수하기도 했다. 클라크스데일에서 불과 48마일(약 77킬로미터) 거리에 있어 차로 쉽게 갈 수 있는 미시시피주 머니Money 부근에서 일어난 틸 살해사건이 국제적 관심을 불러일으키게 하는 데 이 사진이 큰 역할을 했다. 이는 분명 수도 워싱턴에서는 달가워하지 않았을 것이다. 아무튼 이 사건을 통해 남부 흑인의 처지에 대한 국제적 관심이 높아졌고, 삼각주 지역에서 민권 운동을 일으키는 힘이 되었다. 부모님 나이에 가까워서 아저씨라고 불렀던 사촌 부커는 자유여행 형식으로 인종차별철폐를 위한 민권 운동을 하는 이들과 이 지역에서 아프리카계 미국인의 정치적 권리를 획득하기 위한 운동이 폭발적으로 시작되었던 것을 취재하기도 했다. 1961년 5월, 그가 탄 트레일웨일즈Trailways 버스(미국의 장거리버스—옮긴이)가 앨라배마주 버밍엄을 향해 갈 때 여러 정류장에서 공격을 당했다. 특히 한 정류장에서는 버스에 탄 민권 운동가들이 백인 폭도에게 잔인하게 두들겨 맞았다. 부커는 그곳을 겨우 빠져나와 택시를 타고 지역 흑인 교회 지도자인 셔틀스워스Fred Shuttlesworth의 집으로 갔다. 그곳에서 부커는 케네디 행정부의 법무부 고위 관리에게 전화를 걸어 연방의 보호를 요청했다.[25] 훗날 부커가 쓴 바에 따르면, 당시 남부에서는 백인이 모든 외지인을 말썽을 일으키지 않을까 의심했고, 흑인이 백인의 눈을 똑바로 쳐다볼 수 없었으며, 목소리를 높여 옳은 이야기를 하는 이들이 나중에 "이상한 사고"로 사망하는 일이 종종 벌어졌던 시절이었다.

그러나 이 사악한 체제를 계속 유지시킨 것이 폭력행위만은 아니었다. 방랑의 개념을 백인이 원하는 의미로 바꾸어 흑인을 지배하는 무기처럼 사용할 수 있게 만든 것도 폭력이긴 했지만, 이는 법으로 쓰인 폭력, 즉 '흑인법들'의 확산을 통해 구현되었다. 미시시피와 사우스캐롤라이나가 1865년 후반에 처음으로 흑인법을 도입했고, 이는 남부 전역으로 빠르게 퍼졌다. 이 새로운 법률들에 따라, 모든 흑인이 매년 1월에 고용증명서를 서면으로 제출해야 했다. 게으름, 소명을 소홀히 함, 혹은 자신의 돈을 잘못 소비하고 있음 등과 같은 애매한 내용들이 방랑이라는 광범한 의미를 가진, 그러나 이제는 범죄를 의미하게 된 붉은 글자 아래 놓이게 되었다. '고의에 의한 기물 손괴'를 포함해, 백인을 모욕하는 것으로 간주되는 모든 것이 금지되었다.[26] 이 범주에는 면허 없이 복음을 전파하는 것까지 포함되었다. 역사학자 에릭 포너가 쓴 글에 따르면, 이미 계약을 맺은 흑인 노동자를 유인하기 위해 더 높은 임금을 제공하는 것도 불법이 되었다. 흑인이 "다른 노동자가 받는 일반적인 보통의 임금"이 아닌 다른 (보통은 더 낮은—옮긴이) 조건으로는 일하기를 거부한다면 이 역시 불법이 되었다.[27] 이 외에도 흑인이 공유지에서 사냥, 낚시 또는 소 방목하는 것을 금지했는데, 이는 흑인이 플랜테이션 외부에서 자급자족하며 살아갈 수 없게 만들기 위해서였다.

또 다른 가능한 탈출 경로를 차단하기 위해 흑인이 도시 지역에서 토지를 임대하는 것을 금지했다. 재건시대가 무너져 내린 후 이른바 '복원시대Redemption era'에는 상황이 훨씬 악화되었다. 이 시대 정부의 중심 목적은 흑인의 인종적 종속을 공개적이고 절대적으로 복구하는 것이었다. 이 목적을 달성하기 위해 채택된 수단이 너무 많아서 여기서는 속속들이 다 설명할 수가 없다. 흑인이 혜택을 받지 못하도록 하기 위해, 모든 종류의 공공 서비스에 대한 주정부의 지출이 삭감되었다. 교육위원회는 폐지되었고, 경범죄에 대해서 가혹한 선고가 내려졌다. 절도에 대해 종신형을 선고하는 식이었다. 흑인 죄수는 농장에서 강제노동을 해야 했다. 이 경우 노예와 거의 다를 바 없었다. 루이지애나의 흑인 애덤스Henry Adams는 이렇게 탄식했다. "남부 전체가, 남부의 모든 주가 우리를 노예로 소유했던 바로 그 사람들의 손에 들어갔다."[28]

백인 우월주의의 변화가 잠정적으로나마 시작된 것은 제2차 세계대전 직후 목화수확기가 상용화되면서였다. 목화수확기 상용화 이후, 대농장주를 비롯한 많은 백인 사이에서 제퍼슨 시대의 백인 버지니아인이 가졌던 정서가 다시 등장하기 시작했다. 흑인이 너무 많다는 사실이 이제 백인 사이에서 큰 위협으로 느껴졌던 것이다. 당시는 흑인을 아프리카로 일괄 추방하자고 누구든 진지하게 말할 수 있었던 시대로부터 이미 멀리 지나온 시점이었다. 이런 잔혹한 제안이 공개적으로 나왔던 것은 복원시대가 마지막이었다. 그런데 이제는 남부 흑인이 다른 곳에서 더 자유로운 삶을 살기를 공개적으로 갈망했다. 그중 소수는 아프리카라도 가고 싶어 했다. 그러나 이는 일시적인 정서였다. 1887년 한 투고자는 브루스Blanche K. Bruce에게 이런 공개편지를 썼다. "우리는 이제 아프리카인이 아니다. 유색인 미국인이다. 미국시민권의 자격이 있는 사람들이다."[29] 버지니아에서 노예로 출생한 브루스는, 아프리카계 미국인으로는 처음 임기를 채운 상원의원이었다. 그는 1875년에서 1881년까지 미시시피주를 대표하는 공화당 상원의원으로 복무했다.

목화수확기 상용화 이후, 남부의 흑인은 미국의 다른 지역, 특히 우리가 러스트 벨트Rust Belt(미국 북동부 오대호 주변의 공장 지대, 지금은 제조업 사양화로 쇠락한 지역—옮긴이)라고 부르는 지역과 대서양 연안 중부 지대와 서부로 이주했다. 이 이주는 남부에서 광범위한 봉기를 미연에 방지하는 배기판排氣瓣, escape valve 역할을 했을 수도 있다. 1948년, 라이트Fielding L. Wright는 미시시피 전역에서 나오는 라디오를 통해 미시시피 흑인에게 사회적 평등을 진지하게 기대하고 있다면 다른 곳으로 가라고 "권고"했다.[30] 라이트는 당시 미시시피 주지사였고, 그해 1948년 대선에서 주정부권리옹호민주당States' Rights Democratic Party의 대통령 후보로 나온 서먼드Strom Thurmond 아래서 부통령 후보를 했던 정치인이다. 흑인에게는 그런 조언이 필요하지 않았다. 그들은 이미 남부를 빠져나가고 있었다. 남부를 떠났던 이들 사이에서 가장 유명한 관심 도시는 시카고였다. 특히 1892년, 일리노이중앙철도Illinois Central Railroad가 삼각주 지역에 있던 더 오래된 철도 시스템들을 매입하여 자체 철도망에 통합하기 시작한 이후에 더 그렇게 되었다. 이것이 삼각주 지역의 고립을 꿰뚫어버렸다.[31] 과거에는 볼 수 없었던 현상이었다. 흑인의 이주는 급증하여, 1920년까지 50만 명이 남부를 떠났다.

숫자에서 알 수 있듯이, 흑인이 그저 운명으로 여기며 체념하던 것도 아니고, 새로운 기술에 의해 해방되기를 운명론적으로 기다리던 것도 아니다. 그들은 남부에서 쏟아져 나왔다. 이는 지금까지 근대에 발생한 가장 큰 규모의 국내 이주였다고 한다. 역사학자 윌커슨Isabel Wilkerson은 흑인의 대이주에 대해 훌륭한 설명을 내놓은 책에서 다음과 같이 말한다. "남부를 떠난 많은 흑인 부모가 떠나는 것만으로도 원하던 것을 하나 얻었다. 그들의 자녀는 짐크로 제도에서 벗어나 더 온전한 자아로 성장할 기회를 갖게 될 것이다."[32] 목화수확기가 현실화되면서, 아프리카로의 추방 이야기는 지나간 과거가 되었다. 헨리Aaron Henry라는 한 현명한 흑인 남성이 자신과 같은 인종에 대한 백인의 태도에 대해 말하면서, "시카고는 우선 가까웠다"라고 했다.[33] 이는 데이터로 입증된다. 시카고의 흑인 인구는 1910년에서 1930년 사이에 약 다섯 배 증가하여 23만 4000명에 달했다.[34] 이 거대한 이주의 역사는 이 책이 시작한 큰 서사, 즉 사슬에 묶인 채 아프리카에서 대서양을 건너 카리브해, 브라질, 멕시코, 그리고 훗날 대륙국가 미국이 된 북아메리카로까지 오면서 역사를 바꾸어놓은 거대한 움직임으로 연결되어야 한다. 팽창하던 남부로 잔혹하게 번져나간 국내 노예거래와 증가했던 흑인 인구도 이 이야기에 함께 엮어야 한다. 노골적 속박이었던 노예제가 폐지된 이후 이어졌던 것은 가혹한 소작제였다. 대이주는 그런 소작제에서 벗어나서 자유로 가는 한 걸음이자 그들의 나라를 다시 한번 변화시키기 위한 한 걸음이었다. 그렇게 짜여온 양탄자는 너무도 웅장하여, 이를 제대로 이해하려면 우리는 한 두 걸음 뒤로 물러서야 한다. 윌커슨이 강조한 바에 따르면, 미국에서 처음으로 시카고 시장 워싱턴Harold Washington, 로스앤젤레스 시장 브래들리Tom Bradley, 뉴욕 시장 딘킨스David Dinkins 등 흑인 도시 지도자들이 파도처럼 등장했던 것은 바로 이 마지막 대이주 덕분이었다. 마찬가지로, 이때 남부에서 대거 이주했던 아이들 중에서 모리슨Toni Morrison, 볼드윈James Baldwin, 윌슨August Wilson과 같은 위대한 작가가 나왔다. 이 대이주는 무엇보다 20세기를 대표하는 음악을 탄생시켰다. 재즈의 몽크Thelonious Monk와 데이비스Miles Davis에서 콜트레인John Coltrane까지, 프랭클린Aretha Franklin과 헨드릭스Jimi Hendrix로, 리듬 앤 블루스, 모타운Motown 사운드, 팝의 잭슨Michael Jackson에 이르기까지 모두 대이주를 통해 등장한 예술가들이다. 스포츠에서는 루이스Joe Louis와 오언스Jesse Owens, 브라운Jim Brown과 메이스Willie Mays, 윌리엄스 자매Venus & Serena Williams 등 헤아릴 수 없이 많은 선수를 배출했다.

20대 초반부터 내가 문화적·예술적으로 추앙했던 머디 워터스도 1943년 5월 어느 날 오후 4시에 클라크스데일에서 배를 타고 삼각주를 빠져나갔다. 다른 많은 사람과 마찬가지로, 그도 시카고로 향했다. 부모와 동행한 것이 아니라 휘트먼적인(19세기 미국 시인 월트 휘트먼Walt Whitman식의 낭만적이고 낙천적인 경향을 말하는 듯하다—옮긴이) 성격에 젊고, 자신감 있고, 주체적인 사람으로서 길을 떠났다. 다른 이들과 마찬가지로 그는 북부의 이 크고 건장한 도시 시카고에서 새로운 삶을 살기로 결심했다. 워터스가 고유의 언어로 특유의 낮고 자기주장이 담긴 편안한 목소리로 전달하는 것은 그 5월의 오후에 그가 탔던 기차라기보다 그의 꿈들이었다. 1941년 1월 워터스는 로맥스Alan Lomax라는 연구원과의 우연한 만남으로 의회 도서관을 위해 처음 녹음을 했다. 거기서 그는 〈힘들어I Be's Troubled〉라는 노래를 통해 다가올 대이주Great Migration를 사실상 예언했다. 나중에는 이 노래를 약간 수정하고, 제목도 〈만족할 수 없어I Can't Be Satisfied〉로 변경했다.

흠, 오늘 느끼는 것을 내일도 느껴야 한다면
나는 짐을 싸겠네
나는 벗어나겠네

후기

이 책의 앞부분에서 나는 가나 서부에 있는 본야르Bonyere라는 지역에 뿌리를 둔 아내의 가족에 대해 간간이 언급했다. 이 지역은 15세기에 주변 아프리카 왕국들과 바다 건너 멀리서 건너와 탐색하던 포르투갈인 사이에서 금 무역이 시작된 곳과 매우 가까운 돌출부 지대(곶)에 위치해 있다.

이 책을 마무리하면서는 내 가족을 간략하게 소개하고 싶다. 내 가족의 역사는 모계로는 미국 노예제의 말기까지, 즉 내전으로 노예제가 폐지되기 전인 19세기 중반까지 거슬러 올라갈 수 있다. 이는 금이 아니라 영국령 북아메리카에서 동산노예로 팔려간 아프리카인을 매매했던, 또 다른 무역의 중심지이자 출발지였던 버지니아의 이야기이다. 버지니아는 19세기로 접어들던 시기에도 여전히 다른 어떤 지역보다 흑인 인구가 많았다.

어린 시절에 여름이면 버지니아로 가곤 했는데, 그때가 내 인생에서 가장 행복한 시기이기도 했다. 그 땅은 노예였던 조상이 힘들게 일구어 우리에게 전해준 땅이었다. 그들의 이야기를 들려주려면, 개인적인 기억에서부터 시작해야 한다. 이는 어머니 캐롤린Carolyn과 관련이 있다. 어머니는 역사를 진지하게 여겼고, 자녀들도 그렇게 생각하기를 원했다. 여름에 브라운랜드Brownland라고 불리는 선조의 집으로 모일 때면, 우리는 몬티셀로Monticello를 방문하기 위해 차로 30분 거리에 있는 샬러츠빌Charlottesville까지 갔다. 몬티셀로는 토머스 제퍼슨이 설계한 언덕 위에 있는 저택과 노예노동으로 운영되는 플랜테이션으로 구성되어 있다.

어머니는 그곳에서 놀이처럼 관광을 즐겼다. 그녀의 여덟 자녀가 성인이 된 뒤에도, 우리는 이를 가족 전통으로 지켰다. 이 게임은 제퍼슨 부지의 단체관광 중에 시작되었다. 안내원은 언덕 꼭대기에 남아 있는, 제퍼슨의 천재성을 보여주는 여러 가지를 해설하는 데 주력했다. 기둥이 있는 저택의 특이한 팔각형 방, 훌륭한 서재, 책을 읽느라 밤새 앉아 있곤 했다는 멋진 침대, 시간과 날씨를 추적하는 시대를 앞서간 영리한 장치들, 만족할 줄 모르는 호기심으로 박물학자이자 아마추어 생물학자가 된 이 르네상스형 인간이 수집한 야생 생물 표본 등을 중심으로 해설을 했다. 정중하면서도 꾸준하게, 어머니는 이 모든 웅장함을 만들어낸 노예 노동자에 대해 날카로운 질문을 하여 의도된 절차의 흐름을 방해했다. 관광객들은 우와 혹은 아 하는 감탄사로 감사를 표현했고, 안내자는 당혹스러운 표정이었지만 이는 시작일 뿐이었다. "제퍼슨의 실제 자손인 노예는 어떻게 되었나요?" 안내원 측에서 저항하는 분위기를 표출하기 시작한 것은 어머니가 헤밍스Sally Hemings의 이름을 언급하며 질문했을 때였다. 헤밍스는 노예였고, 제퍼슨 아내의 이복 자매였으며, 그녀는 제퍼슨과의 관계를 통해 여섯 자녀를 낳았다. 당시 그곳의 직원은 그런 이야기가 그냥 루머일 뿐이라고, 화를 내며 반박했다. 전문가로서 그들의 임무는 입증된 기록의 한계 내에서만 말하는 것이라고 했다. 미국의 건국자들이 살아 있던 시대에도 널리 퍼졌던 제퍼슨과 헤밍스의 이야기는 1997년 아프리카계 미국인 역사가 고든-리드Annette Gordon-Reed의 획기적인 작업을 통해 온전하고 상세하게 밝혀졌다.[1] 그러나 그곳의 안내원들은 여전히 예전의 설명 방식을 유지하고 있었다. DNA 검사를 통해 헤밍스의 후손이 제퍼슨을 조상으로 두고 있음이 분명하게 확인된 바로 그다음 해까지 그들은, 애매하게 그런 입장을 유지했다.

이 이야기는 사실 어머니에게 각별했다. 우리 가계는 1812년 제임스 바버James Barbour라는 사람이 프리실라Priscilla라는 여성노예를 구입한 시기까지 거슬러 올라갈 수 있기 때문이다. 이는 추측의 문제가 아니다. 우리는 판매증서 사본을 갖고 있다. 버지니아에 정착했던 초기 가문 중 하나의 후예인 바버는 공직 생활을 오래 했는데, 특히 존 퀸시 애덤스 대통령 아래서 전쟁장관secretary of war을 했고, 연방 상원의원이기도 했다. 그의 남동생 필리프 P. 바버Philippe Pendleton Barbour는 연방의회 하원 의장이었고, 1835년 앤드루 잭슨 대통령의 임명으로 연방대법원 판사가 되기도 했다. 1835년은 태니Roger Taney가 대법원장으로 임명된 해였다. 태니는 1857년 스콧Dred Scott 판결로 유명하다. 그 판결은 미국 흑인의 열등한 지위가 "영원하고 당연한" 것이라며 공식 낙인을 찍었는데, 그 판결의 근거로 이전에 필리프 P. 바버가 제시한 주장을 인용했다. 프리실라 매입 당시 제임스 바버는 신임 버지니아 주지사였고, 주지사 관저에 처음으로 거주한 주지사이기도 했다.

제퍼슨과 헤밍스의 연결을 증명해준 것과 같은 DNA 분석의 혜택을 아직 받지는 못했지만, 대를 이어 내려오는 우리 가문의 전통에 관한 이야기에는 프리실라가 빠지지 않았다. 바버는 프리실라를 선호했다고 알려져 있고, 바버와의 관계를 통해 프리실라는 1835년 우리 할아버지의 할머니인 위니프레드Winifred를 낳았다. 훗날 위니프레드는 인접한 벌링턴Burlington 플랜테이션의 노예였던 뉴먼J. Albert Newman과 결혼했다. 뉴먼 역시 제퍼슨이 했던 식의 인종 간 관계에서 태어난 사람이었다. 전해져오는 가족사에 따르면, 1850년대에 사망한 뉴먼의 백인 부친은 유언장을 통해 뉴먼에게 토지를 약속했다고 한다. 그러나 스콧 판결의 여파로, 부분적으로는 바로 이웃에 사는 노예주의 형제를 통해 만들어진 그 판결의 여파로, 뉴먼의 백인 자손은 흑인 이복형제가 아무것도 얻지 못하도록 할 수 있었다.

해방 후, 구두 수선공 앨버트J. Albert와 대장장이인 그의 형 에드거Edgar는 그들의 노예시절 이름을 버리고, 브라운Brown이라는 성을 채택했다. (이 이름에는 피부색의 의미도 담겨 있다.) 두 사람은 힘을 합쳐, 작게 할당된 토지들을 구입하기 시작했고, 마침내 100에이커의 땅을 확보했다. 그것이 지금 우리의 브라운랜드Brownland가 되었다.

브라운Brown 가문이 결연하게 투쟁한 이유는 그들이 건국을 도왔던 나라에서 온전한 시민권을 누리자는 것뿐이었다. 사실 이는 노예제를 통해 이 땅으로 오게 된 아프리카계 미국인 가족 모두의 공통된 희망이었다.[2] 노예제 자체가 금지된 북부에서도 아프리카계 미국인의 시민권은 계속 모호했고 약화되어 있었기 때문에, 온전한 시민권은 북부의 흑인도 바라는 바였다. 오늘날에도 이는 여전히 희망으로 남아 있다.

2009년 흑인의 달 행사를 위해 버지니아주 바버스빌Barboursville에 자리한 나의 브라운 쪽 조상의 예배 장소인 블루런침례교회Blue Run Baptist Church를 언급하며 역사 이야기를 쓴 적이 있다. 이를 읽고 생각에 잠기

셨던 나의 어머니 캐롤린은 노예제와 강탈의 시대, 재건시대, 그리고 1919년의 붉은 여름Red Summer of 1919(1919년 여름에 수많은 폭동이 일어났던 상황을 이르는 말. 대개는 백인이 흑인을 테러하는 폭동이었다—옮긴이)의 시대를 거쳐온 흑인의 투쟁에서 우리 집안사람들이 여러 세대 동안 겪어온 노고에 대해 말해주었다. 우리 여덟 남매는 어머니의 말을 모두 마음에 새기며 자랐다. 어머니는 이런 글을 썼다. "그들을 양육하는 기저에는 조상의 믿음, 희망, 꿈이 자리해 있다." 다른 무엇보다 선조의 이야기를 통해 나는 광대한 대서양 세계의 역사를 연구하는 길로 접어들 수 있었다. 우리 모두가 알고 경험한, 근대라는 것을 구축하는 과정에서 아프리카가 보이지 않게 되어버린 상황을 끝내는 것이 저 투쟁의 핵심이다.

감사의 말

아마도 역사서로는 이례적일 텐데, 우선 이 책은 일과 생활 모두에 걸쳐 있는 개인적 경험에서 비롯되었다. 생활에서의 경험이란 일찍이 아프리카계 미국인으로서 어린이 시절부터 배우기 시작했던 교훈들, 미묘한 분위기에서부터 폭력에 이르기까지 생활 전반에 걸쳐 흐르던 여러 방식의 가르침, 즉 아프리카인 조상을 둔 이들을 주변으로 밀어내는 미국 사회의 작동방식에 대한 경험을 의미한다.

가장 생생한 초기 경험은 무더운 어느 여름날 버지니아의 한 작은 마을에 갔다가, 그곳에 있던 공공 수영장에서 형제, 자매들과 함께 금방 쫓겨났던 일이다. 가장 노골적인 형태의 인종차별체제 짐크로 제도는 이 사건이 있었던 1960년대 중반에는 이미 금지되었거나 빠르게 금지되고 있었다. 그래서 관리자들은 (당장 우리만 쫓아내지는 못하고—옮긴이) 일시적으로 수영장을 백인과 흑인 모두에게 폐쇄하여, 당시 초등학생이었던 나와 나의 형제, 자매가 그곳을 사용하지 못하게 했다. 그리고 이런 방법으로 인종분리를 사실상 지속시켰다.

무엇보다 돌아가신 어머니 캐롤린Carolyn과 아버지 데이비드David에게 감사한다. 그분들은 미국의 인종사로 인해 아프리카 후손들이 겪는 여러 장애에 내가 대비할 수 있도록 도와주셨다. 또한 나의 일곱 형제·자매에게도 감사한다. 투쟁도 배움도 함께했던 그들은 늘 사랑으로 나를 가르치고 지원해주었다.

젊은 시절 아프리카로 여행을 다니기 시작하고 아프리카 대륙으로 들어가 거주하면서, 새로운 배움의 원천을 찾았고 아프리카가 겪고 있는 소거消去, erasure의 심각성을 더 잘 이해하게 되었다. 미국에 있는 나의 학창시절 친구들에게는, 내가 화성에 있는 식민지에 합류하는 편이 차라리 나았을지도 모른다. 그들에게는 내 선택이 너무 이상하고 낯설어 보였을 것이다. 나중에 언론인의 길을 가면서, 대중의 세계관에 영향력을 행사하는 사람들의 관심사에서 아프리카는 주변부라는 것을 계속 실감했다. 그러면서 내 생각도 단련되어 아프리카에 깊이 천착해야겠다는 책임감이 들 정도였다. 그래서 아프리카 대륙을 출발점으로 삼을 수 있다고 생각했다. 다른 기대는 없었다. 얄궂게도 이 책의 역사 이야기 역시 아프리카를 출발점으로 한다.

앞서 다른 장에서도 설명한 바와 같이, 직업 때문에 취재차 세계 여기저기를 우연히 다니게 되었는데, 모두 이 책을 쓰는 데 소중한 경험이 되었다. 예를 들자면, 수년간 서인도제도, 카리브해와 마주하고 있는 라틴아메리카 지역을 배회했고, 중앙아프리카와 아프리카 서부에서 《뉴욕타임스》 지부장으로 근무하기도 했다. 이러한 경험을 통해, 근대 세계를 만드는 과정에서 아프리카가 해온 역할에 대한 질문들이 내 마음 속에서 점점 더 구체화되었다. 당장은 분명하게 보이지 않을 수 있지만, 동아시아에서 기자로 10년 이상 거주하며 일한 시간도 이러한 통찰에 도움이 되었다. 그곳에서는 서구가 왜 그렇게 오랫동안 우세했는지에 대한 질문이 늘 가까이에서 제기되고 있었다. 서구의 우세를 불가피하거나 영구적인 것으로 받아들이는 분위기가 결코 아니었다. 사랑하는 가족 아부카Avouka, 윌리엄William, 헨리Henry에게 감사한다. 가족은 어려울 때 나를 지원해주었다. 우리는 함께 모험하며 같이 성장할 수 있는 길을 찾았다.

물론 이 책은 저널리즘이나 취재기나 회고록이 아니다. 이는 수년간 대서양 세계에 대한 연구서들을 읽고 내놓은 결과물이고, 지난 6세기 동안 인류가 살아온 이야기 안으로 아프리카와 아프리카인의 제자리를 찾아주고 연결시키려는 노력의 산물이다. 전통적인 이야기들은 아프리카인을 주변부에 한정하거나 실체를 알 수 없는 유령 같은 모습으로 그려왔다. 그러나 여기서는 아프리카인이 실제 있었던 곳인 문제의 핵심으로 그들을 데려가려고 노력했다. 이 과정에서 나는 학계의 여러 역사학자들로부터 격려와 조언과 비평을 받았고, 그 결과 엄청난 혜택을 입었다. 이 학자들이 내놓은 필생의 업적들이 내 이야기의 재료가 되었다. 이 책으로 그들에게 경의를 바친다. 그들의 생각을 놓고 나는 진지하게 씨름해왔다. 그들이 이룬 획기적인 업적이 없었다면, 나는 이렇게까지 생각을 진전시킬 수 없었다.

이 프로젝트를 시작한 지 얼마 되지 않았을 때, 보스턴대학Boston University에서 중앙아프리카와 대서양 세계를 연구하는 뛰어난 학자 헤이우드Linda M. Heywood와 손턴John K. Thornton과 저녁 식사를 하면서 이야기를 나눴다. 그 이후로 손턴은 자신의 생각을 아낌없이 나누어주었고, 읽을거리들도 알려주었다. 또 다른 초기 대화 상대는 컬럼비아대학Columbia University의 동료인 크리스토퍼 브라운이다. 노예제, 노예제 폐지, 대서양 세계의 구축에 대해 깊이 고민하는 그와 나눈 대화 역시 마찬가지로 도움이 되었다. 뉴욕대학New York University의 명예교수이고 아프리카 역사학자인 쿠퍼Frederick Cooper 역시 일면식도 없던 나와 기꺼이 점심을 함께 해주었다. 처음 쿠퍼를 찾아갔을 때, 나는 아직 작업의 초기 단계였는데, 생각을 구체화하는 데 큰 도움을 받았다. 이 프로젝트의 전 과정에서 런던 킹스칼리지King's College London의 그린Toby Green은 큰 관대함으로 생각을 나누고, 제안하고 비평해주었다. 덕분에 이 책을 여러 방면에서 발전시켜 나갈 수 있었다. 드폴대학DePaul University의 가필드Robert Garfield는 상투메로 안내해주었고 나에게 그 섬의 사람들을 소개해주었으며 그 역사를 가르쳐주었다. 버지니아대학University of Virginia의 뒤부아Laurent Dubois는 아이티를 주제로 한 자신의 생각과 비평을 너무도 관대하게 나누어주었다. 자비어대학Xavier University의 브라운Randy M. Browne도 카리브해 지역에 대한 좀 더 광범한 생각들을 마찬가지로 공유해주었다. 컬럼비아대학의 또 다른 동료인 콥Jelani Cobb은 미국 역사에 대한 사려 깊고 명료한 이야기들을 해주었고, 이 또한 큰 도움이 되었다.

여기에 언급된 모든 학자가 이 책의 일부를 읽었고, 초고 전체를 읽은 분도 있다. 그분들의 성의 덕분에 책 내용을 발전시키는 과정에서 헤아릴 수 없을 정도로 도움을 받았다. 그러나 과오나 누락 등 어떤 잘못도 그 책임은 온전히 나에게 있다는 점을 여기서 말해두는 것이 적절하겠다.

집필 과정에서 두 명으로 구성된 연구팀으로부터 결정적인 도움을 받았고, 덕분에 책 내용을 크게 향상시킬 수 있었다. 재능 있고 젊은 역사학자인 릭터Reynolds Richter는 초기 초안을 읽고 포괄적인 비판과 제안을 해주었다. 바실리Rafaela Yoneshigue Bassili가 참여하여 중세 말과 근대

초의 포르투갈어 문서를 찾고 번역하는 것을 도왔지만, 훨씬 더 광범한 재능을 가진 연구원임을 금방 알게 해주었다. 그녀의 엄청난 작업 외에도 그녀의 지칠 줄 모르는 열정이 연구를 계속해나가는 데 도움이 되었다. 찾을 수 없을 것 같았던 자료를 신속하게 얻을 수 있게 도와준 뉴욕 공공도서관과 컬럼비아 대학도서관에 감사인사를 할 때, 라파엘라도 함께했다.

뉴욕 메트로폴리탄 박물관의 아프리카·오세아니아·아메리카 담당 예술큐레이터인 라감마Alisa LaGamma는 지난 10년 동안 훌륭한 지적 동반자였다. 이 책에 사용된 이미지들을 연구하고 쓸 수 있게 허가를 받는 과정에서 그녀와 그녀의 팀에게 신세를 졌다. 또한 이 책의 지도를 디자인한 복시아Wang Boxia와 책 앞부분에 있는 대서양 세계의 지도제작 투영도를 사용할 수 있도록 친절하게 베풀어준 게이오대학Keio University의 하지메Narukawa Hajime에게 큰 감사를 드린다. 내가 정기적으로 칼럼을 쓰는 《세계정치평론World Politics Review》의 편집장인 그룬스타인Judah Grunstein도 마무리될 즈음의 원고를 역시 친절하게도 완독해주었다.

또한 '열린사회재단Open Societies Foundations'의 회장이었던 가스파르Patrick Gaspard에게도 진심으로 감사드린다. 그는 처음부터 이 프로젝트를 신뢰해주었고, 열린사회재단은 여행과 연구 활동을 모두 지원해주었다. 이 중요한 지원이 잘 진행되도록 도와준 열린사회재단의 베나르도Leonard Benardo에게도 감사드린다.

출판사 노턴/리브라이트W. W. Norton/Liveright도 지속적으로 든든하게 지원해주었다. 우리 관계는 한 대규모 출판사 대표들 오찬에서, 당시 사장이었던 맥필리Drake McFeely 옆에 우연히도 나란히 앉게 되면서 시작되었다. 드레이크와 나는 역사를 사랑한다는 공통점으로 금방 통하게 되었고, 그는 곧 이 책을 만드는 데 중요한 역할을 하게 된다. 출판 이사이자 리브라이트의 편집장인 웨일Robert Weil이 직접 편집자로 이 프로젝트를 맡았다. 통찰력, 능수능란함, 지칠 줄 모르는 열정을 발휘하여 그는 크고 작은 모든 일에서 내가 결승선까지 가도록 지원해주었다. 책 편집을 도왔던 더피Trent Duffy의 집중과 관심을 통해 나의 작업이 여러 면에서 개선되었다. 호미스키Rebecca Homiski도 상황을 감독하는 데 있어 적극적이고 고무적인 역할을 했다. 마지막으로, 브래컨Haley Bracken은 처음부터 끝까지 오케스트라의 수장이자, 모든 종류의 질문에 대해 신뢰할 만한 멋진 해답을 내놓는 최고의 해결사였다.

첫 번째 책부터 나와 함께 일해온 에이전트 루미스Gloria Loomis에게 정말 특별한 감사를 보낸다. 일찍부터 믿어주고 꾸준히 지원해주었고, 나는 그 덕을 크게 입었다. 당연히, 사랑을 담아 그녀에게 보내는 메시지에 서명을 한다.

훌륭한 학생이었던 코브-세이람Selase Kove-Seyram에게도 감사를 보낸다. 그는 가나로 연구여행을 갔을 때 동행했고, 언제나 임기응변의 뛰어난 재능과 기상천외한 유머를 보여주었다. 그리고 마지막으로 둘째 아들 헨리에게 다시 한번 감사와 사랑을 보낸다. 여러 여행을 함께해주었고, 이 책을 집필하는 내내 따뜻하고 진지한 지적 동반자였다.

옮긴이의 말

잘 알려져 있다시피, 산업혁명은 영국 면직물 제조업에서 생산성이 획기적으로 증가하면서 본격화되었다. 그런데 이를 위해서는 원료인 면화 공급도 함께 증가했을 텐데, 대부분의 역사 개론서는 이에 대해 거의 관심을 두지 않는다. 이 책은 아프리카인을 잡아 노예로 만들어 노동력으로 부린 면화 플랜테이션의 확대와 그곳에서 이루어진 노예 노동의 생산성 향상 역시도 산업혁명의 기초였음을 보여준다. 이 책의 논지 중 하나는 서양 근대 세계의 형성에 대한 서사에서 아프리카와 아프리카인이 했던 역할을 제대로 인정하자는 것이다. 그래서 이 책은 콩고의 왕 만사 무사가 1324년 카이로를 순방했던 사건에서부터 이야기를 시작한다. 그 왕이 이집트를 경유하여 메카로 성지순례를 다녀오면서 뿌린 황금에 대한 소문이 유럽에 파다하게 번지면서, 유럽인 사이에서 아프리카에 대한 환상이 커졌다. 통상 역사 교과서에서는 포르투갈인 항해자들이 서아프리카 항로를 개척한 것은 아시아로 가는 길을 찾기 위해서였다고 말하지만, 사실은 그렇지 않았음을 이 책의 지은이 하워드 W. 프렌치는 기존의 연구 성과들에 힘입어 설득력 있게 설명한다.

프렌치는 기자로 오래 일했고, 지금은 언론학을 가르치는 교수로 있지만, 이 책은 서양 근대의 시작과 발전에 대해 새로운 이야기를 제공하는 본격적인 역사서이다. 아마추어 수준의 역사책이 아니며, 전문 역사가도 진지하게 읽는 역사서라는 말이다. 프렌치는 서양 근대사 서술에서 간과되어왔던 아프리카인 혹은 아프리카계 아메리카인의 역할에 주목한다는 점에서 트리니다드토바고의 역사가 에릭 윌리엄스와 미국의 역사가 W. E. B. 두보이스의 맥을 잇는 학자라고 할 수 있다.

또한 이 책에는 수십 년 간 특파원으로 중앙아메리카 · 카리브해 · 서아프리카 · 중앙아프리카 · 일본 · 중국 등을 다녔던 경험이 깃들어 있다. 프렌치는 이 책에서 다루는 역사의 현장들을 찾곤 했는데, 그러면서 주로 느낀 것은 벅찬 감흥보다는 황망함과 씁쓸함이었던 듯하다. 수백만 명의 노예가 거쳐 간 항구나 섬, 혹은 플랜테이션 지대에서 그들을 기리는 기념비는 거의 볼 수 없었다고 한다. 그 대신 노예제가 번성했던 지역에서 조우했던 것은 노예무역을 지지했던 영국 넬슨 제독의 동상이거나 노예제를 수호하기 유지하기 위해 내전을 일으켰던 미국 남부연합의 주모자들이었다.

자메이카의 전설적인 가수 밥 말리는 "정신적 노예제에서 해방"되라고 호소하지만(〈〈구원의 노래〉〉), 쉽지 않은 일이다. 법적으로 보면 1888년 브라질 노예해방령을 마지막으로 근대적 노예제가 폐지되었지만, 우리가 살고 있는 세계는 그 그늘을 벗어나지 못하고 있다. 노예봉기에 기초해 해방을 이루어낸 아이티를 제외하면, 노예제를 폐지하면서 이를 반성하는 태도를 제대로 보여준 나라를 찾을 수 없다. 노예제를 실시했던 나라의 위정자들은 무일푼으로 해방된 노예출신 자유인보다 노예라는 재산을 상실하게 된 노예주를 우려했고, 노예제 없이 플랜테이션을 어떻게 유지할 수 있을지를 걱정했다. 이 책에서 소개된 최근 영국에서 진행 중인 연구에 따르면, 1833년 영국은 영국령 카리브제도에서 노예제를 금지하면서 노예주들에게 금전적 보상을 했는데, 그 액수가 당시 영국 정부 예산의 40퍼센트에 달하는 금액이었다고 한다. 반면 노예였던 이들은 생계를 이어갈 수 있는 수단조차 거의 제공받지 못했기 때문에 플랜테이션에서 노예 시절과 비슷하게 일을 해야 하는 경우가 많았다.

이 책은 아프리카인과 유럽인 사이의 만남이 활발해지던 15세기부터 노예제가 절정에 달하면서 폐지되었던 19세기 후반까지를 중점적으로 다루지만, 부제에서는 이 책의 범위를 "제2차 세계대전까지"라고 명시한다. 이는 아마도 미국 남부의 상황을 고려한 표현일 것이다. 미국에서 아프리카계의 인구는 주로 남부 플랜테이션 지대에 집중되어 있었는데, 이들이 대거 남부를 벗어날 수 있었던 것은 제2차 세계대전 직후 목화수확기가 도입되면서였다. 1865년 노예해방 이후에도, 남부에서 지배층은 노예출신 자유인과 그 후손들을 계속 목화밭에 묶어두기 위해 모든 수단을 강구했다. 그런데 농기계의 도입으로 노동력이 이전처럼 크게 필요하지 않아지면서, 비로소 아프리카계는 남부 농촌을 벗어나 더 나은 기회를 찾아 미국 전역으로 이동할 수 있게 되었다. 노예제가 폐지되어도 노동자들이 일자리를 선택하고 더 나은 삶의 조건을 만들어갈 수 없다면, 그들을 자유 임노동자라고 보기 힘들다. 매일 임노동을 해도 겨우 먹고 살 수 있을 뿐, 여유 있는 미래를 준비하지 못한다면 이 역시 실질적으로는 자유 임노동자라고 말하기 힘들다. 이 책은 미국 남부 플랜테이션 지대에서 노예제 시대부터 이어져 내려온 아프리카계 노동력에 대한 폭력적 억압이 적어도 제2차 세계대전까지는 거의 지속되었다고 본다. 그리고 마침내 거기서 벗어나게 된 아프리카계 후손들이 민권운동을 통해 미국 사회에서 민주주의를 실질적으로 구현하려고 노력해왔고, 블루스나 재즈 등 미국 고유의 문화를 창조해냈다는 서사를 제시한다.

그러나 노예제를 상기시키는 비극적이고 부조리한 노동력 착취는 지금도 계속되고 있다. 2022년 카타르 월드컵을 위해 10여 년간 경기장, 공항, 호텔 등을 건설하는 작업 과정에서 수천 명의 외국인 노동자가 사망했다. 대부분 인도, 네팔, 방글라데시 등에서 온 젊은이들이었다. 이는 먼 곳에서 온 취약한 노동자들이 열악한 노동조건에서 장시간 일해야 했기에 벌어진 참사였다. 2010년 카타르가 월드컵 개최지로 선정된 이래 영국의 《가디언》지를 비롯해 서구 언론이나 인권단체는 아랍의 부유한 산유국들이 가난한 이주자들에게서 착취한 노동력에 크게 의존하고 있으며, 이를 위해 카팔라Kafala와 같은 억압적 제도를 운영하고 있다고 지적해왔다. 카팔라는 후원자가 이주노동자를 관리하고 책임지는 제도로, 이 때문에 이주노동자는 보통은 후원자이기도 한 고용주와 자유로운 계약을 맺기 힘들다. 그러나 이런 상황이 아랍 특유의 지역성에서 나온 것만은 아니다. 이 제도는 영국이 이 지역과 인도를 식민지로 삼아 운영하던 시절에 만든 서구 제국주의 통치의 잔재이다. 그리고 가난한 나라의 노동력이 부유한 나라에서 저임금의 불안정한 일자리를 채우는 상황이 아시아에서만 벌어지는 현상은 아니다.•

• 김인선, "6750명 이주노동자 죽음과 지구촌 향연," 《국제신문》, 2022년 12월 21일. http://www.kookje.co.kr/news2011/asp/newsbody.asp?code=1700&key=20221222.22019007071; Armani Syed, "Why We May Never Know How Many Migrants Died Erecting the Qatar World Cup. Too Hot To Work; Qatar's World Cup Building Boom," *Time*, December 2, 2022. https://time.com/6237677/qatar-migrant-deaths-world-cup/; Zahra Babar and Neha

최근 미국에서는 아동노동 문제가 심각하게 제기되고 있다. 2023년 2월 28일자《뉴욕타임스》기사에 따르면, 미국 전역의 다양한 임노동 분야에서 십대의 청소년이 장시간 노동을 하고 있다. 월마트Walmart나 타깃Target에서 판매할 도시락을 조리하고, 벤앤제리스Ben&Jerry's 아이스크림을 만들고, 홀푸드Whole Foods에서 판매할 닭고기에서 뼈를 발라내는 일을 하고 있다. 포드, 제너럴 모터스, 기아, 현대자동차의 부품공장에서도 일하고 있다. 밤이면 식당 주방에서 설거지하는 아이들의 모습을 어느 도시에서든 볼 수 있다고 한다. 이들은 주로 중앙아메리카에서 미국으로 혼자 온 아이들이다. 2022년 부모 없이 입국한 아동의 규모는 13만 명에 달했는데, 이는 5년 전에 비하면 3배가 증가한 것이라고 한다. 코로나로 인해 가난한 나라의 경제사정이 더 악화되면서 아이들이 쫓기듯 고향을 떠나 미국으로 건너 온 것이다. 미국 정부도 이를 알고 있고, 이 문제를 책임지고 있는 보건복지부Department of Health and Human Services가 관리하려 하지만 역부족이다. 담당 공무원이었던 이의 진술에 따르면, 단속을 해도 다른 곳에 가서 또 일을 할 것이 거의 분명하기 때문에 차라리 점심시간을 확보할 권리, 시간외 근무는 거부할 권리가 있음을 알려주는 일을 하곤 했다고 한다.•

이렇게 아이들이 임노동에 나오는 것은 돈이 절박하기 때문이다. 고향에 있는 가족 걱정도 있고, 미국으로 오는 과정에서 빚을 졌기 때문

Vora, "The 2022 World Cup and Migrants' Rights in Qatar: Racialised Labour Hierarchies and the Influence of Racial Capitalism," *The Political Quarterly*, Vol. 93, No. 3, July/September 2022, pp. 498-507.

• Hannah Dreier, "Alone and Exploited, Migrant Children Work Brutal Jobs Across the U.S.," *New York Times*, Feb. 25, 2023. https://www.nytimes.com/2023/02/25/us/unaccompanied-migrant-child-workers-exploitation.html

에 채무 압박도 크다. 미국은 지붕작업, 육류처리, 식품제조 등을 하는 위험한 작업장에서는 청소년의 노동을 연방법으로 금하고 있지만, 취약한 아동 노동력은 결국 그곳으로 향하게 된다. 기자 드라이어Hannah Dreier에 따르면, 일하다가 중상을 입은 아동들을 여럿 보았고, 2017년 이후 미국에서 사망한 이주 아동 노동자도 최소한 수십 명을 확인했지만, 미국 노동부는 그 수치를 발표하지 않고 있다.

드라이어는 관계자들이 알면서도 방관했기 때문에 이러한 일이 벌어졌다고 분석한다. 기업은 서류에 기재된 내용보다 훨씬 앳된 얼굴의 인력이 왔지만 모른 체했고, 교사는 학생이 불법 노동에 종사하고 있음을 인지했지만 신고하는 것이 학생에게 득보다 실이 될 수 있다고 우려하여 방치했고, 보건복지부는 이주 아동들이 미국 사회 속으로 보이지 않게 녹아들어가 있는 것처럼 말하고 있다는 것이다. 최근에는 미국 의회에서도 이 문제가 논의되었지만 여전히 속수무책인 것으로 보인다.• 이는 앞으로도 풀기 어려운 문제로 오랫동안 남을 것이다. 미국 자체 내에서 해결할 수 있는 문제가 아니기 때문이다. 미국이 가난한 나라에서 온 취약한 아동을 상대로 한 노동 착취에 기대어 있는 파렴치한 상황에서 실제로 벗어나기 위해서는 중남미를 비롯한 세계의 빈곤에 대해서도 책임 있는 자세로 임하는 폭넓은 시야가 필요하다.

근대 노예제 시대에 노예를 이용해 부를 쌓고 호사를 누린 것이 노예주나 노예사업 관계자만은 아니었다. 프렌치는 영국이 노예무역을 가장 먼저 금지한 나라인 것은 맞지만, 그것 때문에 그 이전 약 200년 동

• Hannah Dreier, "Migrant Child Labor Debate in Congress Becomes Mired in Immigration Fight," *New York Times*, May 7, 2023. https://www.nytimes.com/2023/05/07/us/politics/child-labor-immigration-democrats-republicans-biden.html

안 노예제로 큰 부를 챙긴 나라였다는 점을 덮을 수는 없다고 말한다. 미국 북부는 남부의 노예제를 수치로 여기고 증오했던 것처럼 말하지만, 북부의 여러 기업은 남부의 노예 플랜테이션과 여러 사업적 관계를 맺으며 높은 수익을 올렸다. 21세기에도 멀리 있는 가난한 나라의 인력을 데려다 착취하여 부당한 이익을 취하는 것이 카타르의 집권층이나 미국의 기업만은 아니다. 이는 전 지구적 차원에서 재생되고 있다. 한국 역시 의식주 생활의 상당 부분을 저임금 외국인 노동자에게 의존하고 있다.

근대 세계는 영국의 산업혁명과 프랑스의 시민혁명뿐 아니라 유럽인이 아프리카인과 만나면서 얻은 물질적 · 인적 자원을 통해 자라난 것이기도 하다. 대개의 서구 사회는 근대 세계를 마치 유럽 문명과 아메리카로 건너간 유럽인의 개척을 통해 일구어낸 것처럼 기억하고 싶어 한다. 그래서 이 책에 따르면, 아프리카와 아프리카인의 역사를 가능한 한 잊어버리고 싶어 했다. 이를 위해 서구의 종교는 백인 기독교인의 지배가 신의 섭리라는 주장을 내세웠고, 학문은 인종적 우열이 객관적 진리인양 포장된 인종주의를 제공하면서, 유색인 억압에 기초한 근대 세계 형성에 앞장서왔다.

이 책을 번역하며, 중요한 역사적 사실들을 많이 알게 되었다. 나는 꽤 오래 서양 근대사를 공부했고, 심지어 가르치기도 했지만 유럽과 아프리카가 그렇게 오래, 그렇게 깊게 관계를 맺은 가운데 근대를 시작했다는 점을 제대로 인지하지 못했다. 아프리카에 대한 지식의 부족함을 간간이 느끼면서도, 막상 그 공부는 늘 뒷전으로 미뤄왔다. 알게 모르게 아프리카 역사를 얕게 보는 편견을 갖고 있지 않았을까 싶기도 하다. 아프리카에 대한 나의 이런 무시와 무지는 서구중심적인 지식 체계의 결과이자 또 그 일부이기도 해서, 나 역시 지배적인 서구적 사고방식의 유지와 확산에 일조하며 살아온 셈이 되었다. 앞서 산 모든 이들이 우리의 조상이기는 하지만, 이 책을 읽으면서 아프리카인 노예야말로 기억하고 주목해야 하는 선조라는 생각을 한다. 면직물 옷을 입고, 매일 설탕을 소비하는 우리 현대인의 일상과 편의는 그들의 피와 땀, 삶과 생명에 빚지고 있다. 이 책은 그동안 가려져왔던 아프리카인의 경험을 서양 근대사 속에서 보여주는 시도를 통해 서구 중심적 시각, 지배자의 시각에서 한 발 물러나 세계를 좀 더 크게 볼 수 있는 지점으로 가까이 가게 해준다. 세상을 더 잘 보고 싶은 이들에게 이 책을 권한다.

도서출판 책과함께의 권준 편집자가 오류들을 바로잡고, 다듬어주었다. 그래도 남아 있을 불찰은 모두 옮긴이의 탓이다.

2023년 여름에

최재인

주

서론

1. Marie Arana, *Silver, Sword, and Stone: Three Crucibles in the Latin American Story*(New York: Simon & Schuster, 2019), 48.
2. Mahmood Mamdani, *Neither Settler nor Native: The Making and Unmaking of Permanent Minorities*(Cambridge, Mass.: Belknap/Harvard University Press, 2020), 2.
3. Charles Taylor, "Two Theories of Modernity," *Public Culture* 11, no. 1(Jan. 1999): 153.
4. João de Barros, *Décadas da Ásia*(Lisbon: 1778), vol. 1., bk. 3, ch. 12, pp. 264-65 (저자의 번역).
5. Peter Earle, *The World of Defoe*(New York, 1977), 131.
6. Randy M. Browne, *Surviving Slavery in the British Caribbean*(Philadelphia: University of Pennsylvania Press, 2017), 3.
7. Edward E. Baptist, *The Half Has Never Been Told: Slavery and the Making of American Capitalism*(New York: Basic Books, 2016), 126.

1. 균열

1. Roderick J. McIntosh and Susan Keech McIntosh, "The Inland Niger Delta Before the Empire of Mali: Evidence from Jenne-Jeno," *The Journal of African History* 22, no. 1(Jan. 1981): 1-22.
2. Michael A. Gomez, *African Dominion: A New History of Empire in Early and Medieval West Africa*(Princeton, N.J.: Princeton University Press, 2018), 18.
3. Ousman Oumar Kane, *Beyond Timbuktu: An Intellectual History of Muslim West Africa*(Cambridge, Mass.: Harvard University Press, 2016), 17.
4. Timothy F. Garrard, "Myth and Metrology: The Early Trans-Saharan Gold Trade," *The Journal of African History* 23, no. 4(1982): 449.
5. Toyin Falola and Kevin D. Roberts, eds., *The Atlantic World, 1450-2000* (Bloomington: Indiana University Press, 2008), 12.
6. Nehemia Levtzion, *Ancient Ghana and Mali*(New York: Africana Publishing, 1980), 23.
7. Ghislaine Lydon, *On Trans-Saharan Trails: Islamic Law, Trade Networks, and Cross-Cultural Exchange in Nineteenth-Century Western Africa*(Cambridge: Cambridge University Press, 2009), 62.
8. Levtzion, *Ancient Ghana and Mali*, 132.

9. Gomez, *African Dominion*, 100.
10. 다음을 참고하라. Rudolph T. Ware III, *The Walking Qur'an*(Chapel Hill: University of North Carolina Press, 2014), 86.
11. 다음을 참고하라. Levtzion, *Ancient Ghana and Mali*, 20.
12. Gomez, *African Dominion*, 70.
13. Levtzion, *Ancient Ghana and Mali*, 92.
14. Lydon, *On Trans-Saharan Trails*, 9.
15. Ware, *The Walking Qur'an*, 89.
16. David Levering Lewis, *God's Crucible: Islam and the Making of Europe, 570 to 1215*(New York: W. W. Norton, 2008), 360.

2. 흑인 왕, 황금 왕홀

1. François-Xavier Fauvelle-Aymar, *The Golden Rhinoceros: Histories of the African Middle Ages*(Princeton, N.J.: Princeton University Press, 2018), 165.
2. Michael A. Gomez, *African Dominion: A New History of Empire in Early and Medieval West Africa*(Princeton, N.J.: Princeton University Press, 2018), 123.
3. 다음을 참고하라. Nehemia Levtzion, *Ancient Ghana and Mali*(New York: Africana Publishing, 1980).
4. Frederick Cooper, *Africa in the World: Capitalism, Empire, and Nation-State*(Cambridge, Mass.: Harvard University Press, 2014), 44.
5. Gomez, *African Dominion*, 115.
6. Levtzion, *Ancient Ghana and Mali*, 211.
7. Brook Larmer, "The Real Price of Gold," *National Geographic*, June 2009, 49.
8. Felipe Fernández-Armesto, *Before Columbus: Exploration and Colonisation from the Mediterranean to the Atlantic, 1229-1492*(Houndmills, Eng.: Macmillan Education, 1987), 147.
9. Gomez, *African Dominion*, 116.
10. Ibid., 117.
11. Ibid., 119.
12. Cooper, *Africa in the World*, 45.
13. Pier Larson, "African Slave Trades in Global Perspective," *The Oxford Handbook of Modern African History*, October 1, 2013, https://doi.org/10.1093/oxfordhb/9780199572472.013.0003.
14. Paul E. Lovejoy, *Transformations in Slavery: A History of Slavery in Africa*(Cambridge: Cambridge University Press, 1983), 70.
15. Gomez, *African Dominion*, 122.
16. John Hemming, *The Conquest of the Incas*(London: Macmillan, 1970), 55.

3. 다시 생각해보는 탐험의 시대

1. Howard W. French, *Everything Under the Heavens: How the Past Helps Shape China's Push for Global Power*(New York: Alfred A. Knopf, 2017), 96.
2. Alexander G. Ioannidis et al., "Native American Gene Flow into Polynesia Predating Easter Island Settlement," *Nature* 583, no. 7817(July 2020): 572-77.
3. Helen Thompson, "A DNA Search for the First Americans Links Amazon Groups to Indigenous Australians," *Smithsonian Magazine*, https://www.smithsonianmag.com/science-nature/dna-search-first-americans-links-amazon-indigenous-australians-180955976/, accessed December 20, 2020; Vitorino Magalh.es Godhinho, *A expansao quatrocentista*(Lisbon: Dom Quixote, 2008).
4. Bailey W. Diffie and George D. Winius, *Foundations of the Portuguese Empire, 1415-1580*, vol. 1 of *Europe and the World in the Age of Expansion*(Minneapolis: University of Minnesota Press, 1977), 162.
5. Peter Gordon and Juan José Morales, *The Silver Way: China, Spanish America and the Birth of Globalization*(Melbourne: Penguin Books, 2017), 24. 또한 Diffie and Winius, *Foundations of the Portuguese Empire*, ch. 2, "The Search for a Way Around Africa to the East"(to their credit, these authors do mention African gold, but place little emphasis on it)도 참고하라.
6. William D. Phillips Jr. and Carla Rahn Phillips, *The Worlds of Christopher Columbus*(Cambridge: Cambridge University Press, 1992), 1.
7. Ibid., 36.
8. John Robert Seeley, *The Expansion of England: Two Courses of Lectures*(Boston: Roberts Brothers, 1883).
9. Michael A. Gomez, *Reversing Sail: A History of the African Diaspora*, 2nd ed.(Cambridge: Cambridge University Press, 2020), 47.
10. Felipe Fernández-Armesto, *Before Columbus: Exploration and Colonisation from the Mediterranean to the Atlantic, 1229-1492*(Houndmills, Eng.: Macmillan Education, 1987), 147.
11. Alisa LaGamma, ed., *Sahel: Art and Empires on the Shores of the Sahara*(New York: Metropolitan Museum of Art, 2020), 149.
12. Paolo F. De Moraes Farias, "Islam in the West African Sahel," in ibid., 127.
13. Tony Campbell, review of *Mapamundi: The Catalan Atlas of the Year 1375*, by Georges Grosjean, *Imago Mundi* 33(1981): 115-16.
14. Clara Estow, "Mapping Central Europe: The Catalan Atlas and the European Imagination," *Mediterranean Studies* 13(2004): 6.
15. Diffie and Winius, *Foundations of the Portuguese Empire*, 9.
16. Felipe Fernández-Armesto, "The Origins of the European Atlantic," *Itinerario* 24, no. 1(Mar. 2000): 121.

17. Fernández-Armesto, *Before Columbus*, 147.
18. Marq de Villiers and Sheila Hirtle, *Timbuktu: The Sahara's Fabled City of Gold*(New York: Walker, 2007), 77. 또한 cresqueproject.net/Catalan-atlas-legends/panel-iii를 참고하라.

4. 아비스 왕조의 시작

1. Clara Estow, "Mapping Central Europe: The Catalan Atlas and the European Imagination," *Mediterranean Studies* 13(2004): 2.
2. Felipe Fernández-Armesto, *Before Columbus: Exploration and Colonisation from the Mediterranean to the Atlantic, 1229-1492*(Houndmills, Eng.: Macmillan Education, 1987), 135-36.
3. Ibid., 136.
4. A. H. de Oliveira Marques and J. Serrão, *A Nova história de expansão portuguesa*(Lisbon: Editorial Estampa, 1998), 2:33-34.
5. M. D. D. Newitt, *A History of Portuguese Overseas Expansion, 1400-1668*(London: Routledge, 2005), 5.
6. Toby Green, *The Rise of the Trans-Atlantic Slave Trade in Western Africa, 1300-1589*(New York: Cambridge University Press, 2012), 42. 또한 Labelle Prussin, "Judaic Threads in West African Tapestry: No More Forever?," *The Art Bulletin* 88, no. 2(2006): 333, 344-45를 참고하라.
7. Ghislaine Lydon, *On Trans-Saharan Trails: Islamic Law, Trade Networks, and Cross-Cultural Exchange in Nineteenth-Century Western Africa*(Cambridge: Cambridge University Press, 2009), 3.
8. Fernand Braudel, "Monnaies et civilisations: De l'or du Soudan à l'argent d'Amérique," *Annales* 1, no. 1(1946): 9-22; John Day, "The Great Bullion Famine of the Fifteenth Century," *Past & Present* 79, no. 1(May 1978): 3-54.
9. Braudel, "Monnaies et civilisations," 12(저자의 번역).
10. "The Great Bullion Famine," 37.
11. Aeneas Syvius Piccolomini(Pope Pius II) to the Council at Siena, 1436, in *Reject Aeneas, Accept Pius: Selected Letters of Aeneas Sylvius Piccolomin*, ed. and trans. Thomas M. Izbicki, Gerald Christianson, and Philip Krey(Washington, D.C.: Catholic University of America Press, 2006), 95.
12. Newitt, *A History of Portuguese Overseas Expansion*, 10.
13. Académie des Inscriptions et Belles-Lettres, ed., *Recueil des historiens des Croisades: Historiens occidentaux*(Paris: Imprimerie Royale, 1844), 728.
14. P. E. Russell, *Prince Henry "the Navigator"*(New Haven: Yale University Press, 2000), 51.

5. 아프리카 근해 섬들

1. Bailey W. Diffie and George D. Winius, *Foundations of the Portuguese Empire, 1415-1580*(Minneapolis: University of Minnesota Press, 1977), 43.
2. Jill Lepore, *These Truths: A History of the United States*(New York: W. W. Norton, 2018), 4.
3. Ibid., 18.
4. John K. Thornton, *A Cultural History of the Atlantic World, 1250-1820*(Cambridge: Cambridge University Press, 2012), 26.
5. G. R. Crone et al., *The Voyages of Cadamosto and Other Documents on Western Africa in the Second Half of the Fifteenth Century*, 2nd ser., no. 80(London: Hakluyt Society, 1937), 14.
6. John Mercer, *The Canary Islands: Their Prehistory, Conquest, and Survival*(London: Collins, 1980), 186.
7. Crone, *The Voyages of Cadamosto*, 88.
8. Gomes Eanes de Zurara, *Chronica do descobrimento e conquisita da Guiné*(Paris: J.P. Aillaud, 1841), 47(저자의 번역).
9. P. E. Russell, *Prince Henry "the Navigator"*(New Haven: Yale University Press, 2000), 121.
10. Wendy Warren, *New England Bound: Slavery and Colonization in Early America*(New York: Liveright, 2016), 52.
11. John Reader, *Africa: A Biography of the Continent*(New York: Alfred A. Knopf, 1998), 353.
12. Russell, *Prince Henry "the Navigator,"* 97.
13. Duarte Pacheco Pereira and Raphael Eduardo de Azevedo Basto, *Esmeraldo de Situ Orbis*(Lisbon: Imprensa Nacional, 1892), bk. 1, ch. 23, p. 42.
14. Eanes de Zurara, *Chronica do descobrimento e conquisita da Guiné*, 103-4(저자의 번역).
15. Ibid., 106.
16. Felipe Fernández-Armesto, *Ferdinand and Isabella*(New York: Taplinger, 1975).

6. 아프리카 본토

1. Hugh Thomas, *The Slave Trade: The Story of the Atlantic Slave Trade, 1440-1870*(New York: Simon & Schuster, 1997), 57.
2. Herman L. Bennett, *African Kings and Black Slaves: Sovereignty and Dispossession in the Early Modern Atlantic*(Philadelphia: University of Pennsylvania Press, 2019) 62.
3. Duarte Pacheco Pereira, *Esmeraldo de Situ Orbis*, edited by George H. T. Kimble (London: Hakluyt Society, 1927), 74-75.

4. Gomes Eanes de Zurara, *Chronica do descobrimento e conquisita da Guiné* (Paris: J.P. Aillaud, 1841), 135(저자의 번역).
5. Ibid., 135(저자의 번역).
6. Ibid.(저자의 번역).
7. Ibid., 91(저자의 번역).
8. Ibid., 133(저자의 번역).
9. Bennett, *African Kings and Black Slaves*, 37.
10. Ibid., 85.
11. Newitt, *A History of Portuguese Overseas Expansion*, 30.
12. P. E. Russell, *Prince Henry "the Navigator"*(New Haven: Yale University Press, 2000), 12.
13. Robert Smith, "The Canoe in West African History," *The Journal of African History* 11, no. 4(1970): 515–33.
14. Eanes de Zurara, *Chronica do descobrimento e conquisita da Guiné*, 416(저자의 번역).
15. Ibid., 402.
16. Toby Green, *The Rise of the Trans-Atlantic Slave Trade in Western Africa, 1300-1589*(New York: Cambridge University Press, 2012), 74.
17. David Northrup, *Africa's Discovery of Europe, 1450-1850*, 3rd ed.(Oxford: Oxford University Press, 2014), 27.
18. Green, *Rise of the Trans-Atlantic Slave Trade*, 84.
19. Prasannan Parthasarathi, "Why Europe Grew Rich and Asia Did Not: Global Economic Divergence, 1600–1850," EBook Comprehensive Academic Collection-North America, 2011, 23–26; https://doi.org/10.1017/CBO9780511993398.
20. Colleen E. Kriger, *Cloth in West African History*(Lanham, Md.: AltaMira Press, 2006), 142; David Richardson, "West African Consumption Patterns and Their Influence on the Eighteenth Century English Slave Trade," in *The Uncommon Market: Essays in the Economic History of the Atlantic Slave Trade*, ed. Henry A. Gemery, Jan S. Hogendorn, and Mathematical Social Science Board(New York: Academic Press, 1979), 319.
21. Newitt, *A History of Portuguese Overseas Expansion*, 35.
22. Duarte Pacheco Pereira and Raphael Eduardo de Azevedo Basto, *Esmeraldo de Situ Orbis*(Lisbon: Imprensa Nacional, 1892), bk. 2, ch. 3, p. 64(저자의 번역).
23. Ibid., bk. 2, ch. 4, p. 68.
24. K. Y. Daaku, *Trade and Politics on the Gold Coast, 1600-1720: A Study of the African Reaction to European Trade*(London: Clarendon Press, 1970), xviii.
25. Pereira and Basto, *Esmeraldo de Situ Orbis*, bk. 2, ch. 3, p. 64.

26. Felipe Fernández-Armesto, *Ferdinand and Isabella*(New York: Taplinger, 1975).
27. John Vogt, *Portuguese Rule on the Gold Coast, 1469-1682*(Athens: University of Georgia Press, 1979), 10.
28. Bailey W. Diffie and George D. Winius, *Foundations of the Portuguese Empire, 1415-1580*(Minneapolis: University of Minnesota Press, 1977), 149.
29. John W. Blake, *Europeans in West Africa, 1450-1560*(London: Hakluyt Society, 1942), 1:236.
30. Diffie and Winius, *Foundations of the Portuguese Empire*, 152.
31. Ivor Wilks, "Wangara, Akan and Portuguese in the Fifteenth and Sixteenth Centuries. II. The Struggle for Trade," *The Journal of African History* 23, no. 4(Oct. 1982): 463-72.
32. Felipe Fernández-Armesto, *Before Columbus: Exploration and Colonisation from the Mediterranean to the Atlantic, 1229-1492*(Houndmills, Eng.: Macmillan Education, 1987), 205.
33. *Journals and Other Documents on the Life and Voyages of Christopher Columbus*, ed. and trans. Samuel Eliot Morison(New York: Heritage Press, 1963), 70-72.
34. Alan Mikhail, *God's Shadow: Sultan Selim, His Ottoman Empire, and the Making of the Modern World*(New York: Liveright, 2020), 109.
35. C. L. R. James, *The Black Jacobins: Toussaint L'Ouverture and the San Domingo Revolution*, 2nd ed.(New York: Vintage, 1989), 3.
36. Fernández-Armesto, *Before Columbus*, 207.
37. Ibid., 194.
38. Lisa Lowe, *The Intimacies of Four Continents*(Durham, N.C.: Duke University Press, 2015), 3-4.

7. 광산

1. A. R. Disney, *A History of Portugal and the Portuguese Empire: From Beginnings to 1807*(Cambridge: Cambridge University Press, 2009), 135.
2. Bailey W. Diffie and George D. Winius, *Foundations of the Portuguese Empire, 1415-1580*(Minneapolis: University of Minnesota Press, 1977), 161.
3. William D. Phillips Jr. and Carla Rahn Phillips, *The Worlds of Christopher Columbus*(Cambridge: Cambridge University Press, 1992), 106.
4. John Vogt, *Portuguese Rule on the Gold Coast, 1469-1682*(Athens: University of Georgia Press, 1979), 21.
5. Ibid., 22.
6. Ibid., 31.
7. Ibid., 23.

8. Ivor Wilks, "Wangara, Akan and Portuguese in the Fifteenth and Sixteenth Centuries. II. The Struggle for Trade," *The Journal of African History* 23, no. 4(Oct. 1982): 463-72.
9. Vogt, *Portuguese Rule on the Gold Coast*, 23.
10. João de Barros, António Baião, and Luís F. Lindley Cintra, *Asia de João de Barros: Dos feitos que os Portugueses fizeram no descobrimento e conquista dos mares e terras do oriente*(Lisbon: Imprensa Nacional-Casa da Moeda, 1988), bk. 3, ch. 1, pp. 158-60(저자의 번역).
11. Herman L. Bennett, *African Kings and Black Slaves: Sovereignty and Dispossession in the Early Modern Atlantic*(Philadelphia: University of Pennsylvania Press, 2019), 33.
12. Disney, *A History of Portugal and the Portuguese Empire*, 58.
13. Toby Green, *The Rise of the Trans-Atlantic Slave Trade in Western Africa, 1300-1589*(New York: Cambridge University Press, 2012), 113.
14. Vogt, *Portuguese Rule on the Gold Coast*, 24.
15. Ibid., 26.

8. 유예된 아시아 항로 개척

1. John Vogt, *Portuguese Rule on the Gold Coast, 1469-1682*(Athens: University of Georgia Press, 1979), 38.
2. Ibid., 89, 91.
3. K. Y. Daaku, *Trade and Politics on the Gold Coast, 1600-1720: A Study of the African Reaction to European Trade*(London: Clarendon Press, 1970), 8.
4. Vogt, *Portuguese Rule on the Gold Coast*, 74.
5. A. R. Disney, *A History of Portugal and the Portuguese Empire: From Beginnings to 1807*(Cambridge: Cambridge University Press, 2009), 59.
6. Vogt, *Portuguese Rule on the Gold Coast*, 9.
7. M. D. D. Newitt, *A History of Portuguese Overseas Expansion, 1400-1668* (London: Routledge, 2005), 49.
8. Ibid., 52.
9. Ibid., 54.
10. P. E. Russell, *Prince Henry "the Navigator"*(New Haven: Yale University Press, 2000), 128.
11. William D. Phillips Jr. and Carla Rahn Phillips, *The Worlds of Christopher Columbus*(Cambridge: Cambridge University Press, 1992), 181.
12. Robin Blackburn, *The Making of New World Slavery: From the Baroque to the Modern, 1492-1800*(London: Verso, 1997), 107-8.
13. Herman L. Bennett, *African Kings and Black Slaves: Sovereignty and*

Dispossession in the Early Modern Atlantic(Philadelphia: University of Pennsylvania Press, 2019), 40.

14. Felipe Fernández-Armesto, "The Origins of the European Atlantic," *Itinerario* 24, no. 1(Mar. 2000): 124.

9. 인적 재산 대 물적 재산

1. Philp D. Curtin, *The Rise and Fall of the Plantation Complex: Essays in Atlantic History*(Cambridge: Cambridge University Press, 1990), 8.
2. J. Bato'ora Ballong-Wen-Mewuda, *São Jorge Da Mina(1482-1637): La vie d'un comptoir portugais enAfrique Occidentale*(Lisbon: Fondation Calouste Gulkenkian/Paris: Centre Culturel Portugais, 1993), 232.
3. Orlando Patterson, *Slavery and Social Death: A Comparative Study*(Cambridge, Mass.: Harvard University Press, 1982), vii.
4. Robin Law, *The Slave Coast of West Africa 1550-1750: The Impact of the Atlantic Slave Trade on an African Society*(Oxford: Clarendon/Oxford University Press, 1991), 135.
5. Toby Green, *A Fistful of Shells: West Africa from the Rise of the Slave Trade to the Age of Revolution*(Chicago: University of Chicago Press, 2019), 53.
6. 이러한 관점은 다음을 참고하라. Jane I. Guyer, "Wealth in People, Wealth in Things-Introduction," *The Journal of African History* 36, no. 1(Mar. 1995): 83-90.
7. J. Bato'ora Ballong-Wen-Mewuda, *São Jorge Da Mina*, 324.
8. Fred Pearce, "The African Queen," *New Scientist*, September 11, 1999, https://www.newscientist.com/article/mg16322035-100-the-african-queen/.
9. Elizabeth M. McClelland, *The Kingdom of Benin in the Sixteenth Century*(London: Oxford University Press, 1971), 46.
10. Andrea Felber Seligman, "Ambassadors, Explorers and Allies: A Study of the African-European Relationships, 1400-1600," *Undergraduate Humanities Forum 2006-7: Travel*, April 1, 2006, 18; https://repository.upenn.edu/uhf_2007/13.
11. David Northrup, *Africa's Discovery of Europe, 1450-1850*, 3rd ed.(Oxford: Oxford University Press, 2014), 31.
12. Ibid., 32.
13. "Sculpture: The Bronzes of Benin," *Time*, Aug. 6, 1965.
14. Robert Garfield, *A History of Sao Tome Island, 1470-1655: The Key to Guinea*(San Francisco: Mellen Research University Press, 1992), 46.
15. José Lingna Nafafé, *Colonial Encounters: Issues of Culture, Hybridity and Creolisation; Portuguese Mercantile Settlers in West Africa*(New York: Peter Lang International Academic Publishers, 2007).
16. John L. Vogt, "The Early Sao Tome-Principe Slave Trade with Mina, 1500-1540,"

The International Journal of African Historical Studies 6, no. 3(1973): 464.

17. Ivor Wilks, "Wangara, Akan and Portuguese in the Fifteenth and Sixteenth Centuries. II. The Struggle for Trade," *The Journal of African History* 23, no. 4(Oct. 1982): 463–72.
18. Vogt, "The Early Sao Tome–Principe Slave Trade" 454.
19. Northrup, *Africa's Discovery of Europe*, 33.
20. Curtin, *The Rise and Fall of the Plantation Complex*, 41.
21. Saidiya V. Hartman, *Lose Your Mother: A Journey Along the Atlantic Slave Route* (New York: Farrar, Straus and Giroux, 2007), 111.
22. Andrea Felber Seligman, "Ambassadors, Explorers and Allies: A Study of the African–European Relationships, 1400–1600," *Undergraduate Humanities Forum 2006-7: Travel*, April 1, 2006, 19; https://repository.upenn.edu/uhf_2007/13.
23. David Eltis, *The Rise of African Slavery in the Americas*(Cambridge: Cambridge University Press, 2000), 139.

10. 구항로와 신항로

1. David Brion Davis, "The Slave Trade and the Jews," *New York Review of Books*, Dec. 22, 1994.
2. Robert Garfield, *A History of Sao Tome Island, 1470-1655: The Key to Guinea*(San Francisco: Mellen Research University Press, 1992), 30.
3. Arlindo Manuel Caldeira, "Learning the Ropes in the Tropics: Slavery and the Plantation System on the Island of São Tomé," *African Economic History* 39(2011): 48.
4. Garfield, *A History of Sao Tome Island*, 28; John L. Vogt, "The Early Sao Tome–Principe Slave Trade with Mina, 1500–1540," *The International Journal of African Historical Studies* 6, no. 3(1973): 466.
5. Philip D. Curtin, *The Rise and Fall of the Plantation Complex: Essays in Atlantic History*(Cambridge: Cambridge University Press, 1990), 12.
6. Sidney Wilfred Mintz, *Sweetness and Power: The Place of Sugar in Modern History*(New York: Viking, 1985), 51.
7. Caldeira, "Learning the Ropes in the Tropics," 51.
8. Mintz, *Sweetness and Power*, 142.
9. Philip Misevich, Daniel Domingues, David Eltis, Nafees M. Khan, and Nicholas Radburn, "A Digital Archive of Slave Voyages Details the Largest Forced Migration in History," *Smithsonian,* May 1, 2017, https://www.smithsonianmag.com/history/digital-archive-slave-voyages-details-largest-forced-migration-history-180963093/.

11. 세계의 끝까지

1. Herman L. Bennett, *African Kings and Black Slaves: Sovereignty and Dispossession in the Early Modern Atlan-tic*(Philadelphia: University of Pennsylvania Press, 2019), 64; Hugh Thomas, *The Slave Trade: The Story of the Atlantic Slave Trade, 1440-1870*(New York: Simon & Schuster, 1997), 57.
2. Thomas, *The Slave Trade*, 73.
3. Robert Garfield, *A History of Sao Tome Island, 1470-1655: The Key to Guinea*(San Francisco: Mellen Research University Press, 1992), 64.
4. Ibid., 72.
5. Ibid.. 73.
6. Marie Arana, *Silver, Sword, and Stone: Three Crucibles in the Latin American Story*(New York: Simon & Schuster, 2019), 99, 104.
7. Herbert Klein, *The Atlantic Slave Trade*, 2nd ed.(Cambridge: Cambridge University Press, 2010), 67.
8. Alexander Koch et al., "Earth System Impacts of the European Arrival and Great Dying in the Americas After 1492," *Quaternary Science Reviews* 207(Mar. 2019): 13-36.
9. Philip D. Curtin, *The Image of Africa: British Ideas and Action, 1780-1850*(Madison: University of Wisconsin Press, 1964), 451.
10. Curtin, *The Image of Africa*, 71.
11. John Thornton, "Early Kongo-Portuguese Relations: A New Interpretation," *History in Africa* 8(1981):186; https://doi.org/10.2307/3171515.
12. Curtin, *The Image of Africa*, 31.
13. Sylviane A. Diouf, *Servants of Allah: African Muslims Enslaved in the Americas*(New York: New York University Press, 1998), 160.
14. David Eltis, *The Rise of African Slavery in the Americas*(Cambridge: Cambridge University Press, 2000), 149.
15. Eric Eustace Williams, *Capitalism and Slavery*(Chapel Hill: University of North Carolina Press, 1994), 19.

12. 저항의 길

1. John L. Vogt, "The Early Sao Tome-Principe Slave Trade with Mina, 1500-1540," *The International Journal of African Historical Studies* 6, no. 3(1973): 461.
2. Arlindo Manuel Caldeira, "Learning the Ropes in the Tropics: Slavery and the Plantation System on the Island of São Tomé," *African Economic History* 39(2011): 61.
3. Michael Craton, *Testing the Chains: Resistance to Slavery in the British West Indies*(Ithaca, N.Y.: Cornell University Press, 1982), 24.

4. Lorenzo J. Greene, "Mutiny on the Slave Ships," in*Freedom's Odyssey: African American History Essays from Phylon*, ed. Alexa Menson Henderson and Janice Sumler-Edmond(Atlanta: Clark Atlanta University Press, 1999), 350.
5. Craton, *Testing the Chains*, 33.
6. Robert Nelson Anderson, "The Quilombo of Palmares: A New Overview of a Maroon State in Seventeenth-Century Brazil," *Journal of Latin American Studies* 28, no. 3(1996): 545-66.
7. Philip D. Morgan, " 'To Get Quit of Negroes': George Washington and Slavery," *Journal of American Studies* 39, no. 3(2005): 408.
8. Matthew Parker, *The Sugar Barons: Family, Corruption, Empire and War* (London: Hutchinson, 2011), 267.
9. James Baldwin, "The Fire Next Time," in *Collected Essays*(New York: Library of America, 1998), 292.
10. Sylviane A. Diouf, "Slavery's Exiles: The Story of the American Maroons," EBook Comprehensive Academic Collection-North America, 2014, 81.
11. Joseph Kelly, "The Masterless People: Pirates, Maroons, and the Struggle to Live Free," *Longreads*(blog), October 30, 2018, https://longreads.com/2018/10/30/the-masterless-people-pirates-maroons-and-the-struggle-to-live-free/.
12. Richard Price, *Maroon Societies: Rebel Slave Communities in the Americas*, 3rd ed.(Baltimore: Johns Hopkins University Press, 1996), 1.
13. Kelly, "The Masterless People."
14. The 1619 Project, *The New York Times*, August 14, 2019, https://www.nytimes.com/interactive/2019/08/14/magazine/1619-america-slavery.html.
15. Philip D. Curtin, *The Image of Africa: British Ideas and Action, 1780-1850*(Madison: University of Wisconsin Press, 1964), 44.
16. C. L. R. James, *The Black Jacobins: Toussaint L'Ouverture and the San Domingo Revolution*, 2nd ed.(New York: Vintage, 1989), 112.
17. Frederick Douglass, *The American Anti-Slavery Almanac*, April 28, 1848, 45.
18. Daniel J. Boorstin, Brooks Mather Kelley, and Ruth F. Boorstin, *A History of the United States*(Needham, Mass.: Prentice Hall, 1989), 229.

13. 크리올이 되다

1. Ira Berlin, *Generations of Captivity: A History of African-American Slaves*(Cambridge, Mass.: Harvard University Press, 2004), 25.
2. Ira Berlin, "From Creole to African: Atlantic Creoles and the Origins of African-American Society in Mainland North America," *The William and Mary Quarterly* 53, no. 2(1996): 259.
3. Toby Green, *A Fistful of Shells: West Africa from the Rise of the Slave Trade to the*

Age of Revolution(Chicago: University of Chicago Press, 2019), 120. 또한 다음을 참고하라. José da Silva Horta, "Evidence for a Luso-African Identity in 'Portuguese' Accounts on 'Guinea of Cape Verde'(Sixteenth-Seventeenth Centuries)," *History in Africa* 27(2000): 99-130; https://doi.org/10.2307/3172109.
4. 역사가 Linda Heywood와 John Thornton은 2007년 저서에서 콩고어와 킴분두(Kimbundu)어를 사용하는 서부 중앙 아프리카인이 이러한 초기 대서양 크리올어의 가장 중요한 출처 그룹이라는 설득력 있는 사례를 제시했다. 다음을 참고하라. Linda M. Heywood and John K. Thornton, *Central Africans, Atlantic Creoles, and the Foundation of the Americas, 1585-1660*(New York: Cambridge University Press, 2007), 238.
5. Barry Hatton, *Queen of the Sea: A History of Lisbon*(London: C. Hurst, 2018), 98.
6. Berlin, *Generations of Captivity*, 274.
7. Ibid., 30.
8. Ibid., 268.
9. Wendy Warren, *New England Bound: Slavery and Colonization in Early America*(New York: Liveright, 2016), 177.
10. K. Y. Daaku, *Trade and Politics on the Gold Coast, 1600-1720: A Study of the African Reaction to European Trade*(London: Clarendon Press, 1970), 96.
11. Ibid.
12. Mariana Candido, *An African Slaving Port and the Atlantic World: Benguela and its Hinterland*(Cambridge: Cambridge University Press, 2015), 1-10; Christina Frances Mobley, "The Kongolese Atlantic: Central African Slavery and Culture from Mayombe to Haiti,"(Ph.D. diss., Duke University, 2015), v.
13. Berlin, "From Creole to African," 254.
14. "Toni Morrison: The Pieces I Am," *American Masters*, PBS, June 23, 2020, https://www.pbs.org/wnet/americanmasters/toni-morrison-the-pieces-i-am-about/12366/.

14. "얼마 안 되는 눈 쌓인 벌판"

1. Michael Guasco, *Slaves and Englishmen: Human Bondage in the Early Modern Atlantic World*(Philadelphia: University of Pennsylvania Press, 2014), 176.
2. Carla Gardina Pestana, *The English Conquest of Jamaica: Oliver Cromwell's Bid for Empire*(Cambridge: Belknap Press, 2017), 8.
3. John K. Thornton, "The Kingdom of Kongo and the Thirty Years' War," *Journal of World History* 27, no. 2(2016): 189.
4. David Eltis, *The Rise of African Slavery in the Americas*(Cambridge: Cambridge University Press, 2000), 12.
5. David Richardson, "West African Consumption Patterns and Their Influence on

the Eighteenth Century English Slave Trade," in *The Uncommon Market: Essays in the Economic History of the Atlantic Slave Trade*, ed. Henry A. Gemery, Jan S. Hogendorn, and Mathematical Social Science Board(New York: Academic Press, 1979), 305.
6. Matthew Mulcahy, *Hubs of Empire: The Southeastern Lowcountry and British Caribbean*(Baltimore: Johns Hopkins University Press, 2014), 202.
7. Daniel A. Baugh, *The Global Seven Years War, 1754-1763: Britain and France in a Great Power Contest*(Harlow, Eng.: Longman,2011), 3.
8. Eltis, *Rise of African Slavery*, 266.
9. Baugh, *The Global Seven Years War*, 575.
10. Trevor G. Burnard and John Garrigus, *The Plantation Machine: Atlantic Capitalism in French Saint-Domingue and British Jamaica*(Philadelphia: University of Pennsylvania Press, 2016), 88.
11. Michel-Rolph Trouillot, *Silencing the Past: Power and the Production of History*(Boston: Beacon Press, 1995), 17.
12. Burnard and Garrigus, *Plantation Machine*, 89. 또한 다음을 참고하라. Laurent Dubois and Richard Lee Turits, *Freedom Roots: Histories from the Caribbean* (Chapel Hill: University of North Carolina Press, 2019), 73.
13. Burnard and Garrigus, *Plantation Machine*, 21-22.
14. Selwyn H. H. Carrington, "Capitalism and Slavery and Caribbean Historiography: An Evaluation," *The Journal of African American History* 88, no. 3(2003): 304.
15. Zadie Smith, "What Do We Want History to Do to Us?," *New York Review of Books*, Feb. 27, 2020.
16. Carrington, "Capitalism and Slavery," 304.
17. Scott Reynolds Nelson, "Who Put Their Capitalism in My Slavery?," *Journal of the Civil War Era* 5, no. 2(2015): 290.
18. David Brion Davis, *Inhuman Bondage:The Rise and Fall of Slavery in the New World*(New York: Oxford University Press, 2006), 248.
19. Ibid.
20. Eric Eustace Williams, *Capitalism and Slavery*(Chapel Hill: University of North Carolina Press, 1994), 142.
21. Eltis, *Rise of African Slavery*, 12.
22. Bronwen Everill, *Not Made by Slaves: Ethical Capitalism in the Age of Abolition*(Cambridge, Mass.: Harvard University Press, 2020), 45-46.
23. Michael Taylor, *The Interest: How the British Establishment Resisted the Abolition of Slavery*(London: Bodley Head, 2020), 18.
24. Christopher Leslie Brown, *Moral Capital: Foundations of British Abolitionism*(

Chapel Hill: University of North Carolina Press, 2006), 27.

25. Charles Tilly, *Coercion, Capital, and European States, AD 990-1992*(Cambridge, Mass.: Blackwell, 1993), 75.
26. Ibid., 83.
27. Frederick Cooper, *Africa in the World: Capitalism, Empire, Nation-State* (Cambridge, Mass.: Harvard University Press, 2014), 12.

15. 아프리카인을 확보하기 위한 경쟁

1. John Vogt, *Portuguese Rule on the Gold Coast, 1469-1682*(Athens: University of Georgia Press, 1979), 191.
2. Ibid., 185.
3. Hugh Thomas, *World Without End: The Global Empire of Philip II*(London: Allen Lane, 2014), 275.
4. Vogt, *Portuguese Rule on the Gold Coast*, 145.
5. Philip D. Curtin, *The Rise and Fall of the Plantation Complex: Essays in Atlantic History*(Cambridge: Cambridge University Press, 1990), 90.
6. Jan de Vries, "The Atlantic Economy During the Seventeenth and Eighteenth Centuries," in *The Atlantic Economy During the Seventeenth and Eighteenth Centuries: Organization, Operation, Practice, and Personnel*, ed. Peter A. Coclanis(Columbia: University of South Carolina Press, 2005), 1; https://doi.org/10.2307/j.ctv1169bdh.
7. John K. Thornton, "The Kingdom of Kongo and the Thirty Years' War," *Journal of World History* 27, no. 2(2016): 191.
8. De Vries, "The Atlantic Economy," 4.
9. Tilly, *Coercion, Capital, and European States*, 92.
10. Joseph Calder Miller, *Way of Death: MerchantCapitalism and the Angolan Slave Trade, 1730-1830*(Madison: University of Wisconsin Press, 1988), 232. In the 1780s, this Luanda traffic would peak at roughly 40,000 slaves per year.
11. Natalie Arsenault and Christopher Rose, "Africa Enslaved: A Curriculum Unit on Comparative Slave Systems for Grades 9-12," https://liberalarts.utexas.edu/hemispheres/_files/pdf/slavery/Slavery_in_Brazil.pdf.
12. Hugh Cagle, *Assembling the Tropics: Science and Medicine in Portugal's Empire, 1450-1700*(Cambridge: Cambridge University Press, 2018), 171.
13. Ibid.
14. Sidney Wilfred Mintz, *Sweetness and Power: The Place of Sugar in Modern History*(New York: Viking, 1985), 44.
15. Robin Blackburn, *The Making of New World Slavery: From the Baroque to the Modern, 1492-1800*(London: Verso, 1997), 163.

16. Curtin, *Rise and Fall of the Plantation Complex*, 26.
17. Mintz, *Sweetness and Power*, 38.

16. 끝없는 대륙 위의 끝없는 전쟁

1. Philip D. Curtin, *The Rise and Fall of the Plantation Complex: Essays in Atlantic History*(Cambridge: Cambridge University Press, 1990), 53-54.
2. Lilia Moritz Schwarcz and Heloisa Maria Murgel Starling, *Brazil: A Biography*(London: Allen Lane, 2018), 43.
3. Stuart B. Schwartz, *Sugar Plantations in the Formation of Brazilian Society: Bahia, 1550-1835*(Cambridge: Cambridge University Press, 1985), 44.
4. Nathan Nunn and Nancy Qian, "The Columbian Exchange: A History of Disease, Food, and Ideas," *Journal of Economic Perspectives* 24, no. 2(June 2010): 165.
5. Hugh Cagle, *Assembling the Tropics: Science and Medicine in Portugal's Empire, 1450-1700*(Cambridge: Cambridge University Press, 2018), 189.
6. K. Y. Daaku, *Trade and Politics on the Gold Coast, 1600-1720: A Study of the African Reaction to European Trade*(London: Clarendon Press, 1970), 30.
7. Charles C. Mann, *1491: New Revelations of the Americas Before Columbus*(New York: Alfred A. Knopf, 2005), 339.
8. Schwarcz and Murgel Starling, *Brazil*, 41.
9. James C. Scott, *Weapons of the Weak: Everyday Forms of Peasant Resistance*(New Haven: Yale University Press, 1985).
10. Felipe Fernández-Armesto, *Pathfinders: A Global History of Exploration*(New York: W. W. Norton, 2006), 142, 157.
11. Alexander Koch et al., "Earth System Impacts of the European Arrival and Great Dying in the Americas After 1492," *Quaternary Science Reviews* 207(Mar. 2019): 13-36.
12. Jeffrey Ostler, *Surviving Genocide: Native Nations and the United States from the American Revolution to Bleeding Kansas*(New Haven: Yale University Press, 2019), 5.
13. Mann, *1491*, 146.

17. 쉼 없이 타오르는 화덕의 불길

1. Alberto Vieira, "Sugar Islands: The Sugar Economy of Madeira and the Canaries, 1450-1650," in *Tropical Babylons: Sugar and the Making of the Atlantic World, 1450-1680*, ed. Stuart B. Schwartz(Chapel Hill: University of North Carolina Press, 2004), 68.
2. Caitlin Rosenthal, *Accounting for Slavery: Masters and Management*(Cambridge, Mass.: Harvard University Press, 2018), 14.

3. Philip D. Curtin, *The Rise and Fall of the Plantation Complex: Essays in Atlantic History*(Cambridge: Cambridge University Press, 1990), 53.
4. Robin Blackburn, *The Making of New World Slavery: From5the Baroque to the Modern, 1492-1800*(London: Verso, 1997), 172.
5. Stuart B. Schwartz, "A Commonwealth Within Itself: The Early Brazilian Sugar Industry, 1550-1670," in *Tropical Babylons*, ed. Schwartz, 161.
6. Ibid.
7. Sermon XIV from 1633, "Impression of Slave Labor on Brazilian Sugar Plantations," http://www.dominio publico.gov.br/pesquisa/DetalheObraForm.do?select_action=&co_obra =16412.
8. Vitorino Magalhães Godinho, *Os descobrimentos e a economia mundial*(Lisbon: Editôra Arcádia, 1963), 1:432-65.
9. Peter Gordon and Juan José Morales, *The Silver Way: China, Spanish America and the Birth of Globalization*(Melbourne: Penguin Books, 2017), 54.
10. Robin Blackburn, *The Making of New World Slavery: From the Baroque to the Modern, 1492-1800*(London: Verso, 1997), 129.
11. Ibid.
12. Charles Tilly, *Coercion, Capital, and European States, AD 990-1992*(Cambridge, Mass.: Blackwell, 1993), 92.
13. Blackburn, *The Making of New World Slavery*, 131.
14. Adam Smith, *The Wealth of Nations*(New York: Collier, 1902), pt. 2, pp. 283-86.
15. Stuart B. Schwartz, *Sugar Plantations in the Formation of Brazilian Society: Bahia, 1550-1835*(Cambridge: Cambridge University Press, 1985), 241.
16. Hugh Cagle, *Assembling the Tropics: Science and Medicine in Portugal's Empire, 1450-1700*(Cambridge: Cambridge University Press, 2018), 258.

18. 유럽인의 전쟁터

1. Matthew Mulcahy, *Hubs of Empire: The Southeastern Lowcountry and British Caribbean*(Baltimore: Johns Hopkins University Press, 2014), 3.
2. Eric Eustace Williams, *From Columbus to Castro: The History of the Caribbean, 1492-1969*(New York: Harper & Row, 1971), 71.
3. Russell R. Menard, *Sweet Negotiations: Sugar, Slavery, and Plantation Agriculture in Early Barbados*(Charlottesville: University of Virginia Press, 2006), 111.
4. Mulcahy, *Hubs of Empire*, 57.
5. Menard, *Sweet Negotiations*, 112.
6. Wim Klooster, *The Dutch Moment: War, Trade, and Settlement in the Seventeenth-Century Atlantic World*(Ithaca, N.Y.: Cornell University Press, 2016), 3.
7. Jan de Vries, "The Atlantic Economy During the Seventeenth and Eighteenth

Centuries," in *The Atlantic Economy During the Seventeenth and Eighteenth Centuries: Organization, Operation, Practice, and Personnel*, ed. Peter A. Coclanis(Columbia: University of South Carolina Press, 2005), 2; https://doi.org/10.2307/j.ctv1169bdh.

8. Ibid., 1.
9. Ibid., 4.
10. Mulcahy, *Hubs of Empire*, 51.
11. Wendy Warren, *New England Bound: Slavery and Colonization in Early America* (New York: Liveright, 2016), 11.
12. Adam Hochschild, *Bury the Chains: Prophets and Rebels in the Fight to Free an Empire's Slaves*(Boston: Houghton Mifflin, 2005), 54.
13. Trevor G. Burnard and John Garrigus, *The Plantation Machine: Atlantic Capitalism in French Saint-Domingue and British Jamaica*(Philadelphia: University of Pennsylvania Press, 2016), 95.
14. Mulcahy, *Hubs of Empire*, 35.
15. Menard, *Sweet Negotiations*, 26.
16. Matthew Parker, *The Sugar Barons: Family, Corruption, Empire and War*(London: Hutchinson, 2011), 15.
17. 이 부분에 대한 가장 좋은 설명으로 다음을 참고하라. Stephanie E. Smallwood, *Saltwater Slavery: A Middle Passage from Africa to American Diaspora* (Cambridge, Mass.: Harvard University Press, 2007).
18. Menard, *Sweet Negotiations*, 17.
19. Stuart B. Schwartz, "A Commonwealth Within Itself: The Early Brazilian Sugar Industry, 1550-1670," in *Tropical Babylons: Sugar and the Making of the Atlantic World, 1450-1680*, ed. Stuart B. Schwartz(Chapel Hill: University of North Carolina Press, 2004), 159.
20. Christopher Leslie Brown, *Moral Capital: Foundations of British Abolitionism* (Chapel Hill: University of North Carolina Press, 2006), 140.
21. Hugh Thomas, *The Slave Trade: The Story of the Atlantic Slave Trade, 1440-1870*(New York: Simon & Schuster, 1997), 199.
22. Brown, *Moral Capital*, 263.
23. Hilary McD. Beckles and Andrew Downes, "The Economics of Transition to the Black Labor System in Barbados, 1630-1680," *The Journal of Interdisciplinary History* 18, no. 2(1987): 243.
24. Mulcahy, *Hubs of Empire*, 55.
25. Beckles and Downes, "The Economics of Transition to the Black Labor System in Barbados," 243.
26. William A. Pettigrew, *Freedom's Debt: The Royal African Company and the*

Politics of the Atlantic Slave Trade, 1672-1752(Chapel Hill: University of North Carolina Press, 2013), 1.

27. H. V. Bowen, "Elites, Enterprise and the Making of British Overseas Empire," in *Britain's Oceanic Empire: Atlantic and Indian Ocean Worlds, c. 1550-1850*, ed. H. V. Bowen, Elizabeth Mancke, and John G. Reid(Cambridge: Cambridge University Press, 2012), 92.

19. 작물 하나하나에 거름을

1. Sidney Wilfred Mintz, *Sweetness and Power: The Place of Sugar in Modern History*(New York: Viking, 1985), 61.
2. James Edward Gillespie, *The Influence of Oversea Expansion on England to 1700*(New York: Columbia University Press, 1920), 13.
3. Charles Davenant, *Reflections on the Constitution and Management of the Trade to Africa*(London: 1709), 33.
4. William A. Pettigrew, *Freedom's Debt: The Royal African Company and the Politics of the Atlantic Slave Trade, 1672-1752*(Chapel Hill: University of North Carolina Press, 2013), 4.
5. Joseph C. Miller, review of *The Making of New World Slavery*, by Robin Blackburn, *The American Historical Review* 104, no. 5(December 1999): 1635–36.
6. Peter Thompson, "Henry Drax's Instructions on the Management of a Seventeenth-Century Barbadian Sugar Plantation," *The William and Mary Quarterly* 66, no. 3(2009): 569.
7. Hilary McD. Beckles and Andrew Downes, "The Economics of Transition to the Black Labor System in Barbados, 1630–1680," *The Journal of Interdisciplinary History* 18, no. 2(1987): 247.
8. Russell R. Menard, *Sweet Negotiations: Sugar, Slavery, and Plantation Agriculture in Early Barbados*(Charlottesville: University of Virginia Press, 2006), 45.
9. Ibid., 38.
10. Beckles and Downes, "Economics of Transition to the Black Labor System," 227.
11. William James River, *A Sketch of the History of South Carolina: To the Close of the Proprietary Government by the Revolution of 1719*(N.p.: 1856), 107–9. 또한 다음을 참고하라. Hugh Thomas, *The Slave Trade: The Story of the Atlantic Slave Trade, 1440-1870*(New York: Simon & Schuster, 1997), 203.
12. 다음을 참고하라. Justin Roberts, *Slavery and the Enlightenment in the British Atlantic, 1750-1807*(Cambridge: Cambridge University Press, 2018).
13. Trevor G. Burnard and John Garrigus, *The Plantation Machine: Atlantic Capitalism in French Saint-Domingue and British Jamaica*(Philadelphia: University of Pennsylvania Press, 2016), 37.

14. Dunn, *Sugar and Slaves*, 73.
15. 다음을 참고하라. Jennifer L. Morgan, *Laboring Women: Reproduction and Gender in New World Slavery*(Philadelphia: University of Pennsylvania Press, 2004).
16. David Eltis, *The Rise of African Slavery in the Americas*(Cambridge: Cambridge University Press, 2000), 100.
17. Menard, *Sweet Negotiations*, 71.
18. Thompson, "Henry Drax's Instructions," 574.
19. Orlando Patterson, *Slavery and Social Death: A Comparative Study*(Cambridge, Mass.: Harvard University Press, 1982), 11.
20. Simon P. Newman, *A New World of Labor: The Development of Plantation Slavery in the British Atlantic*(Philadelphia, University of Pennsylvania Press, 2013), 208.
21. Ibid., 209.
22. Mintz, *Sweetness and Power*, 49.
23. Menard, *Sweet Negotiations*, 15.
24. Thompson, "Henry Drax's Instructions," 575.
25. Robin Blackburn, *The Making of New World Slavery: From the Baroque to the Modern, 1492-1800*(London: Verso, 1997), 339.
26. Dunn, *Sugar and Slaves*, 64.
27. Ibid., 65.
28. Menard, *Sweet Negotiations*, 84.
29. Ibid.
30. Jack P. Greene, *Evaluating Empire and Confronting Colonialism in Eighteenth-Century Britain*(Cambridge: Cambridge University Press, 2013), 27.
31. Menard, *Sweet Negotiations*, 47.
32. Mintz, *Sweetness and Power*, 53.
33. Randy M. Browne, *Surviving Slavery in the British Caribbean*(Philadelphia: University of Pennsylvania Press, 2017), 3.
34. Ibid.
35. Thompson, "Henry Drax's Instructions," 578.
36. Blackburn, *The Making of New World Slavery*, 344.
37. Newman, "A New World of Labor," 207.
38. Ibid., 208.
39. Ibid., 211.
40. Marie Arana, *Silver, Sword, and Stone: Three Crucibles in the Latin American Story*(New York: Simon & Schuster, 2019), 100.
41. Neil Oatsvall and Vaughn Scribner, " 'The Devil Was in the Englishman That He Makes Everything Work': Implementing the Concept of 'Work' to Reevaluate

Sugar Production and Consumption in the Early Modern British Atlantic World," *Agricultural History* 92, no. 4(2018): 461-90; https://doi.org/10.3098/ah.2018.092.4.461.

42. Eltis, *The Rise of African Slavery in the Americas*, 7.

20. 자본주의의 동력

1. Robin Blackburn, *The Making of New World Slavery: From the Baroque to the Modern, 1492-1800*(London: Verso, 1997), 377.
2. Statistic from SlaveVoyages, https://slavevoyages.org/estimates/pVr7i5. 또한 다음을 참고하라. Tom Zoellner, *Island on Fire: The Revolt That Ended Slavery in the British Empire*(Cambridge, Mass.: Harvard University Press, 2020), 7.
3. 이 기간의 프랑스 및 기타 제국주의 열강에 대한 수치는 다음을 참고하라. "Trans-Atlantic Slave Trade-Estimates," SlaveVoyages, https://slavevoyages.org/estimates/E1PNmWdH.
4. Blackburn, *The Making of New World Slavery*, 173.
5. Russell R. Menard, *Sweet Negotiations: Sugar, Slavery, and Plantation Agriculture in Early Barbados*(Charlottesville: University of Virginia Press, 2006), 18; Richard S. Dunn, *Sugar and Slaves:The Rise of the Planter Class in the English West Indies, 1624-1713*(New York: W. W. Norton, 1973), 48.
6. Menard, *Sweet Negotiations*, 18.
7. Sidney Wilfred Mintz, *Sweetness and Power: The Place of Sugar in Modern History*(New York: Viking, 1985), 73.
8. Ibid., 44.
9. Menard, *Sweet Negotiations*, 80.
10. David Brion Davis, *Inhuman Bondage: The Rise and Fall of Slavery in the New World*(New York: Oxford University Press, 2006), 81.
11. Blackburn, *The Making of New World Slavery*, 375.
12. John Smith Athelstone Carnota, *Memoirs of the Marquis of Pombal: With Extracts from His Writings, and from Despatches in the State Papers Office, Never Before Published*(London: Longman, Brown, Green, and Longmans, 1843), 125.
13. Eric Eustace Williams, *Capitalism and Slavery*(Chapel Hill: University of North Carolina Press, 1994), 108.
14. Matthew Mulcahy, *Hubs of Empire: The Southeastern Lowcountry and British Caribbean*(Baltimore: Johns Hopkins University Press, 2014), 81.
15. Blackburn, *The Making of New World Slavery*, 377.
16. Wendy Warren, *New England Bound: Slavery and Colonization in Early America*(New York: Liveright, 2016), 42.
17. Stephen J. Hornsby, "Geographies of the British Atlantic World," in *Britain's*

Oceanic Empire: Atlantic and Indian Ocean Worlds, c. 1550-1850, ed. H. V. Bowen, Elizabeth Mancke, and John G. Reid(Cambridge: Cambridge University Press, 2012), 31-32.

18. Blackburn, *The Making of New World Slavery*, 581.
19. Kenneth Pomeranz, *The Great Divergence: China, Europe, and the Making of the Modern World Economy*(Princeton, N.J.: Princeton University Press, 2000), 4.
20. Mulcahy, *Hubs of Empire*, 46.
21. Sidney Wilfred Mintz, *Sweetness and Power: The Place of Sugar in Modern History*(New York: Viking, 1985), 133.
22. Mitchell Stephens, *A History of News*, 3rd ed.(NewYork: Oxford University Press, 2007), 34.
23. Michael Schudson, "News," in *The International Encyclopedia of Journalism Studies*, ed. Tim P. Vos and Folker Hanusch(Hoboken, N.J.: Wiley-Blackwell, 2019), https://doi.org/10.1002/9781118841570.
24. Brian William Cowan, *The Social Life of Coffee: The Emergence of the British Coffeehouse*(New Haven: Yale University Press, 2005), 171-73.
25. Stephens, *A History of News*, 34.
26. Pomeranz, *The Great Divergence*, 275.
27. Ibid., 27.
28. Knick Hartley, "Commodity Frontiers, Spatial Economy, and Technological Innovation in the Caribbean Sugar Industry, 1783-1878," in *The Caribbean and the Atlantic World Economy: Circuits of trade, money and knowledge, 1650-1914*, ed. Adrian Leonard and David Pretel(Houndmills, Eng.: Palgrave Macmillan, 2015), 165-66.
29. J. E. Inikori, *Africans and the Industrial Revolution in England: A Study in International Trade and Economic Development*(New York: Cambridge University Press, 2002), 91-92.
30. Daron Acemoglu, Simon Johnson, and James Robinson, "The Rise of Europe: Atlantic Trade, Institutional Change, and Economic Growth," *The American Economic Review* 95, no. 3(2005): 546.
31. William A. Pettigrew, *Freedom's Debt: The Royal African Company and the Politics of the Atlantic Slave Trade, 1672-1752*(Chapel Hill: University of North Carolina Press, 2013), 2.
32. Ibid., 5.
33. Michael Taylor, *The Interest: How the British Establishment Resisted the Abolition of Slavery*(London: Bodley Head, 2020), 14.
34. Acemoglu, Johnson, and Robinson, "The Rise of Europe," 562.
35. Ibid., 562-63.

36. Charles Tilly, *Coercion, Capital, and European States, AD 990-1992*(Cambridge, Mass.: Blackwell, 1993), 83.
37. Valentina Romei and John Reed, "The Asian Century Is Set to Begin," *Financial Times*, March 26, 2019, https://www.ft.com/content/520cb6f6-2958-11e9-a5ab-ff8ef2b976c7.
38. Matthew Brown, "Fact Check: United Kingdom Finished Paying Off Debts to Slave-Owning Families in 2015," *USA Today*, June 30, 2020, https://www.usatoday.com/story/news/factcheck/2020/06/30/fact-check-u-k-paid-off-debts-slave-owning-families-2015/3283908001/.
39. Pomeranz, *The Great Divergence*, 186.

21. 노예의 주인, 바다의 승자

1. David Geggus, "The Caribbean in the Age of Revolution," in *The Age of Revolutions in Global Context, c. 1760-1840*, ed. David Armitage and Sanjay Subrahmanyam(Houndmills, Eng.: Palgrave Macmillan, 2010), 83.
2. Lawrence James, *Empires in the Sun: The Struggle for the Mastery of Africa: 1830-1990*(London: Weidenfeld & Nicolson, 2016), 40.
3. Robin Blackburn, *The Making of New World Slavery: From the Baroque to the Modern, 1492-1800*(London: Verso, 1997), 378.
4. N. A. M. Rodger, *The Command of the Ocean: A Naval History of Britain, 1649-1815*(London: Allen Lane, 2004), 151.
5. Ibid.
6. John Robert McNeill, *Mosquito Empires: Ecology and War in the Greater Caribbean, 1620-1914*(New York: Cambridge University Press, 2010), 2.
7. Laurent Dubois, *Avengers of the New World: The Story of the Haitian Revolution*(Cambridge, Mass.: Belknap/Harvard University Press, 2004), 3.
8. C. L. R. James, *The Black Jacobins: Toussaint L'Ouverture and the San Domingo Revolution*, 2nd ed.(New York: Vintage, 1989), ix.
9. Blackburn, *The Making of New World Slavery*, 383.
10. Elena A. Schneider, *The Occupation of avana: War, Trade, and Slavery in the Atlantic World*(Chapel Hill: University of North Carolina Press, 2018), 12.

22. 분쟁 지역들

1. Saidiya V. Hartman, *Lose Your Mother: A Journey Along the Atlantic Slave Route*(New York: Farrar, Straus and Giroux, 2007), 114.
2. Zora Neale Hurston, *Barracoon: The Story of the Last "Black Cargo,"* ed. Deborah G. Plant(New York: Amistad/HarperCollins, 2018), 5-6.
3. Toby Green, *The Rise of the Trans-Atlantic Slave Trade in Western Africa,*

1300-1589(New York: Cambridge University Press, 2012), 69.
4. Ibid., 99.
5. Barry Hatton, *Queen of the Sea: A History of Lisbon*(London: C. Hurst, 2018), 97.
6. Nicolas Clénard, *Correspondence de Nicolas Clénard*, ed. A. Roersch(Brussels: 1940), 3:36(저자의 번역).
7. Michael Guasco, *Slaves and Englishmen: Human Bondage in the Early Modern Atlantic World*(Philadelphia: University of Pennsylvania Press, 2014), 91.
8. António Brásio, *Monumenta missionaria africana: Africa ocidental*, 2nd ser. (Lisbon: Agência Geral do Ultramar, Divisão de Publicações e Biblioteca, 1958), 1:453-54.
9. Walter Rodney, *A History of the Upper Guinea Coast, 1545-1800*(New York: Monthly Review Press, 1970), 75.
10. Brasio, *Monumenta missionaria africana*, 1:658.
11. Ibid., 107.
12. Rodney, *A History of the Upper Guinea Coast*, 103.
13. Ibid.

23. "흑인 안전요원"

1. Colin A. Palmer, *Slaves of the White God: Blacks in Mexico, 1570-1650*(Cambridge, Mass.: Harvard University Press, 1976), 7.
2. Richard Price, *Maroon Societies: Rebel Slave Communities in the Americas*, 3d ed.(Baltimore: Johns Hopkins University Press, 1996), 1.
3. "Trans-Atlantic Slave Trade-Estimates," SlaveVoyages, https://www.slavevoyages.org/assessment/estimates.
4. Alex Borucki, David Eltis, and David Wheat, "Atlantic History and the Slave Trade to Spanish America," *The American Historical Review* 120, no. 2(2015): 445.
5. Ibid., 434.
6. Ibid., 460.
7. Palmer, *Slaves of the White God*, 73.
8. Ibid., 67; Hugh Thomas, *The Slave Trade: The Story of the Atlantic Slave Trade, 1440-1870*(New York: Simon & Schuster, 1997), 116.
9. Palmer, *Slaves of the White God*, 46.
10. Marie Arana, *Silver, Sword, and Stone: Three Crucibles in the Latin American Story*(New York: Simon & Schuster, 2019), 97.
11. Borucki, Eltis, and Wheat, "Atlantic History and the Slave Trade," 455.
12. Ibid.
13. Palmer, *Slaves of the White God*, 35.
14. Ibid., 69.

15. Ibid., 73.
16. Ibid., 77.
17. Elizabeth Donnan, *Documents Illustrative of the Slave Trade to America*(New York: Octagon Books, 1965), 1:350.
18. Borucki, Eltis, and Wheat, "Atlantic History and the Slave Trade," 454.
19. David Wheat, *Atlantic Africa and the Spanish Caribbean, 1570-1640*(Chapel Hill: University of North Carolina Press, 2016), 14.
20. Ibid., 5.
21. Ibid., 8.
22. John K. Thornton, *Africa and Africans in the Making of the Atlantic World, 1400-1800*, 2nd ed.(New York: Cambridge University Press, 1998), 141.
23. Matthew Restall, "Black Conquistadors: Armed Africans in Early Spanish America," *The Americas* 57, no. 2(2000): 176.
24. Ibid., 182.
25. Ibid., 183.
26. Ibid., 183, 185.
27. Kris E. Lane, *Pillaging the Empire: Piracy in the Americas 1500-1750*(Armonk, N.Y.: M. E. Sharpe, 1998), 42; Matthew Mulcahy, *Hubs of Empire: The Southeastern Lowcountry and British Caribbean*(Baltimore: Johns Hopkins University Press, 2014), 28.
28. Wheat, *Atlantic Africa and the Spanish Caribbean*, 2.
29. Peter Gerhard, "A Black Conquistador in Mexico," *The Hispanic American Historical Review* 58, no. 3(1978): 451-59.
30. Restall, "Black Conquistadors," 171.

24. 노예 호황

1. Robert Garfield, *A History of Sao Tome sland, 1470-1655: The Key to Guinea*(San Francisco: Mellen Research University Press, 1992), 265.
2. K. Y. Daaku, *Trade and Politics on the Gold Coast, 1600-1720: A Study of the African Reaction to European Trade*(London: Clarendon Press, 1970), 11.
3. Ibid., 8.
4. Ibid., 11.
5. Ibid.
6. Toby Green, *A Fistful of Shells: West Africa from the Rise of the Slave Trade to the Age of Revolution*(Chicago: University of Chicago Press, 2019), 144.
7. John K. Thornton, "The Kingdom of Kongo and the Thirty Years' War," *Journal of World History* 27, no. 2(2016): 190.
8. Kenneth R. Andrews, *Elizabethan Privateering: English Privateering During the*

Spanish War, 1585-1603(Cambridge: Cambridge University Press, 1964), 16.

9. Alan Gallay, *Walter Raleigh: Architect of Empire*(New York: Basic Books, 2019), 170.
10. Michael Guasco, *Slaves and Englishmen: Human Bondage in the Early Modern Atlantic World*(Philadelphia: University of Pennsylvania Press, 2014), 11.
11. George Frederick Zook, *The Company of Royal Adventurers Trading into Africa*(Lancaster, Pa.: Press of the New Era, 1919), 4.
12. Richard Hakluyt, *The Principal Navigations: Voiages, Traffiques and Discoveries of the English Nation, Made by Sea or Over-Land, to the Remote and Farthest Distant Quarters of the Earth, at Any Time Within the Compasse of These 1500 Yeeres, Devided into Three Severall Volumes, According to the Positions of the Regions, Whereunto They Were Directed*, ed. George Bishop et al.(London: G. Bishop, R. Newberie and R. Barker, 1598), 10:8.
13. Gallay, *Walter Raleigh*, 172.
14. Anne Ruderman, "Intra-European Trade in Atlantic Africa and the African Atlantic," *The William and Mary Quarterly* 77, no. 2(2020): 229.
15. K. Y. Daaku, *Trade and Politics on the Gold Coast, 1600-1720: A Study of the African Reaction to European Trade*(London: Clarendon Press, 1970), 10; William A. Pettigrew, "*Freedom's Debt: The Royal African Company and the Politics of the Atlantic Slave Trade, 1672-1752*(Chapel Hill: University of North Carolina Press, 2013), 10-11.
16. Daaku, *Trade and Politics on the Gold Coast*, 16-17.
17. John K. Thornton, *Africa and Africans in the Making of the Atlantic World, 1400-1800*, 2nd ed.(New York: Cambridge University Press, 1998), 105.
18. Green, *A Fistful of Shells*, 114.
19. David Eltis, *The Rise of African Slavery in the Americas*(Cambridge: Cambridge University Press, 2000), 132.
20. Green, *A Fistful of Shells*, 117.
21. 다음을 참고하라. "Trans-Atlantic Slave Trade-Estimates," Slave-Voyages, https://www.slavevoyages.org/assessment/estimates.
22. Eltis, *The Rise of African Slavery in the Americas*, 177; "Trans-Atlantic Slave Trade-Estimates"; Daaku, *Trade and Politics on the Gold Coast*, 15.
23. Eltis, *The Rise of African Slavery in the Americas*, 39.
24. Ibid., 150-51.

25. 잔인한 거래

1. Nehemia Levtzion, *Ancient Ghana and Mali*(New York: Africana Publishing, 1980), 117; Anne Hilton, *The Kingdom of Kongo*(Oxford: Oxford University Press, 1985), 78.
2. David Eltis, *The Rise of African Slavery in the Americas*(Cambridge: Cambridge

University Press, 2000), 253.

3. Toby Green, *A Fistful of Shells: West Africa from the Rise of the Slave Trade to the Age of Revolution*(Chicago: University of Chicago Press, 2019), 122.
4. Frederick Cooper, *Africa in the World: Capitalism, Empire, Nation-State* (Cambridge, Mass.: Harvard University Press, 2014), 17.
5. John K. Thornton, *Africa and Africans in the Making of the Atlantic World, 1400-1800*, 2nd ed.(New York: Cambridge University Press, 1998), 13.
6. 예를 들면, 다음을 참고하라. Jeffrey Herbst, "War and the State in Africa," *International Security* 14, no. 4(1990): 117–39.
7. Cooper, *Africa in the World*, 14.
8. K. Y. Daaku, *Trade and Politics on the Gold Coast, 1600-1720: A Study of the African Reaction to European Trade*(London: Clarendon Press, 1970), 49.
9. Thornton, *Africa and Africans in the Making of the Atlantic World*, 74.
10. Eltis, *The Rise of African Slavery in the Americas*, 173.
11. Ibid., 41.
12. Colleen E. Kriger, *Cloth in West African History*(Lanham, Md.: AltaMira Press, 2006), 142.
13. David Richardson, "West African Consumption Patterns and Their Influence on the Eighteenth Century English Slave Trade," in *The Uncommon Market: Essays in the Economic History of the Atlantic Slave Trade*, ed. Henry A. Gemery, Jan S. Hogendorn, and Mathematical Social Science Board(New York: Academic Press, 1979), 307.
14. Green, *A Fistful of Shells*, 123.
15. Daaku, *Trade and Politics on the Gold Coast*, 12.
16. Green, *A Fistful of Shells*, 140.
17. Ibid., 120.
18. Priya Satia, *Empire of Guns: The Violent Making of the Industrial Revolution*(New York: Penguin Press, 2018), 1.
19. Ibid., 6.
20. Daaku, *Trade and Politics on the Gold Coast*, 30.
21. Satia, *Empire of Guns*, 9.
22. Hilton, *The Kingdom of Kongo*, 69.

26. 서아프리카 노예무역의 확산

1. Toby Green, *A Fistful of Shells: West Africa from the Rise of the Slave Trade to the Age of Revolution*(Chicago: University of Chicago Press, 2019), 300.
2. Ibid., 440.
3. 다음을 참고하라. "Trans-Atlantic Slave Trade-Estimates," SlaveVoyages, https://

www.slavevoyages.org/assessment/estimates.

4. Ibid.
5. Robin Law, *The Slave Coast of West Africa 1550-1750: The Impact of the Atlantic Slave Trade on an African Society*(Oxford: Clarendon/Oxford University Press, 1991), 121.
6. John K. Thornton, *A Cultural History of the Atlantic World, 1250-1820*(Cambridge: Cambridge University Press, 2012), 92.
7. Law, *The Slave Coast of West Africa*, 150.
8. Ibid., 155.
9. James H. Sweet, *Domingos Álvares, African Healing, and the Intellectual History of the Atlantic World*(Chapel Hill: University of North Carolina Press, 2011), 9.
10. Ibid., 26.
11. Philip D. Curtin, *The Image of Africa: British Ideas and Action, 1780-1850*(Madison: University of Wisconsin Press, 1964), 346.
12. Sweet, *Domingos Álvares*, 14.
13. Thornton. *A Cultural History of the Atlantic World,* 93.
14. Archibald Dalzel, *The History of Dahomy: An Inland Kingdom of Africa; Compiled from Authentic Memoirs by Archibald Dalzel*(London: Cass, 1967), 217.
15. Thornton. *A Cultural History of the Atlantic World,* 94.

27. 저항의 대가

1. 다음을 참고하라. "Trans-Atlantic Slave Trade-Estimates," SlaveVoyages, https://www.slavevoyages.org/assess ment/estimates.
2. G. Ugo Nwokeji, *The Slave Trade and Culture in the Bight of Biafra: An African Society in the Atlantic World*(New York: Cambridge University Press, 2010), 34.
3. Ibid., 22.
4. Ibid., 42.
5. Nwokeji, *The Slave Trade and Culture in the Bight of Biafra*, 22.
6. Edwin Stede and Stephen Gascoigne, "Petition of Edwin Stede and Stephen Gascoigne, Agents to the Royal African Company, to Sir Jonathan Atkins, Governor of the Caribbee Islands"(1679), *The Calendar of State Papers, Colonial: North America and the West Indies 1574-1739*(London: n.d.), 9: 515.
7. Michael A. Gomez, *Exchanging Our Country Marks: The Transformation of African Identities in the Colonial and Antebellum South*(Chapel Hill: University of North Carolina Press, 1998), 90.
8. Henry Louis Gates, ed., *The Classic Slave Narratives*(New York: Signet Classics, 2012), 61.
9. Gomez, *Exchanging Our Country Marks*, 90-100.

10. Nwokeji, *The Slave Trade and Culture in the Bight of Biafra*, 43.
11. David Eltis, *The Rise of African Slavery in the Americas*(Cambridge: Cambridge University Press, 2000), 160. 또한 다음을 참고하라. David Richardson, "Shipboard Revolts, African Authority, and the Atlantic Slave Trade," *The William and Mary Quarterly* 58, no. 1(2001): 75.
12. Christopher Leslie Brown, *Moral Capital: Foundations of British Abolitionism*(Chapel Hill: University of North Carolina Press, 2006), 306.

28. 종교와 정치

1. Cécile Fromont, *The Art of Conversion: Christian Visual Culture in the Kingdom of Kongo*(Chapel Hill: University of North Carolina Press, 2014), 2.
2. Wyatt MacGaffrey, "A Central African Kingdom: Kongo in 1480," in *The Kongo Kingdom: The Origins, Dynamics and Cosmopolitan Culture of an African Polity*, ed. Koen A. G. Bostoen and Inge Brinkman(Cambridge: Cambridge University Press, 2018), 43.
3. Barnaby Phillips, *Loot: Britain and the Benin Bronzes*(London: Oneworld, 2021), 123.
4. Koen Bostoen and Inge Brinkman, "Introduction: Cross-Disciplinary Approaches to Kongo History," in *The Kongo Kingdom*, ed. Bostoen and Brinkman, 3.
5. Duarte Pacheco Pereira and Raphael Eduardo de Azevedo Basto, *Esmeraldo de Situ Orbis*(Lisbon: Imprensa Nacional, 1892), 84(저자의 번역).
6. Henry Louis Gates, ed., *The Classic Slave Narratives*(New York: Signet Classics, 2012), 57.
7. Toby Green, *A Fistful of Shells: West Africa from the Rise of the Slave Trade to the Age of Revolution*(Chicago: University of Chicago Press, 2019), 220.
8. James H. Sweet, *Domingos Álvares, African Healing, and the Intellectual History of the Atlantic World*(Chapel Hill: University of North Carolina Press, 2011), 28.
9. Joseph Calder Miller, *Way of Death: Merchant Capitalism and the Angolan Slave Trade, 1730-1830*(Madison:University of Wisconsin Press, 1988), 5.
10. Hugh Thomas, *The Slave Trade: The Story of the Atlantic Slave Trade, 1440-1870*(New York: Simon & Schuster, 1997), 81.
11. Marie Arana, *Silver, Sword, and Stone: Three Crucibles in the Latin American Story*(New York: Simon & Schuster, 2019), 34.
12. David Northrup, *Africa's Discovery of Europe, 1450-1850*, 3rd ed.(Oxford: Oxford University Press, 2014), 31.
13. Linda M. Heywood, *Njinga of Angola: Africa's Warrior Queen*(Cambridge, Mass.: Harvard University Press, 2017), 30.

14. Rui de Pina and Alberto Martins de Carvalho, *Crónica de el-rey D. João II*(Lisbon: 1950), 158.
15. Green, *A Fistful of Shells*, 207.
16. Hilton, *The Kingdom of Kongo*, 44.
17. António Brásio, *Monumenta missionaria africana: Africa ocidental*, 2nd ser. (Lisbon: Agência Geral do Ultramar, Divisão de Publicações e Biblioteca, 1958), 1:113(저자의 번역).
18. Anne Hilton, *The Kingdom of Kongo*(Oxford: Oxford University Press, 1985), 50.
19. Hilton, *The Kingdom of Kongo*, 51.
20. John Thornton, "Early Kongo-Portuguese Relations: A New Interpretation," *History in Africa* 8(1981): 183; https://doi.org/10.2307/3171515.
21. John K. Thornton, "The Kingdom of Kongo," in *Kongo: Power and Majesty*, ed. Alisa LaGamma(New York: Metropolitan Museum of Art, 2015), 87.
22. John K. Thornton, *A History of West Central Africa to 1850*(Cambridge: Cambridge University Press, 2020), 33.
23. Fromont, *The Art of Conversion*, 2.
24. Hilton, *The Kingdom of Kongo*, 53; Thornton, "The Kingdom of Kongo," 91.
25. Ibid.(both).
26. Hilton, *The Kingdom of Kongo*, 62.
27. Fromont, *The Art of Conversion*, 4.
28. Brásio, *Monumenta Missionaria Africana*, 1:268-69(저자의 번역).
29. Thornton, "The Kingdom of Kongo," 92.
30. Thomas, *The Slave Trade*, 109.
31. Miller, *Way of Death*, 484.
32. Discussion with John Thornton. 또한 다음을 참고하라. Thomas, *The Slave Trade*, 169.
33. Linda M. Heywood, "Slavery and Its Transformation in the Kingdom of Kongo: 1491-1800," *The Journal of African History* 50, no. 1(2009): 4.
34. Fromont, *The Art of Conversion*, 38.
35. Hilton, *The Kingdom of Kongo*, 64.
36. Thornton. "The Kingdom of Kongo," 95.
37. Ibid., 98.
38. Thornton, "Early Kongo-Portuguese Relations," 191.
39. John Hemming, *The Conquest of the Incas*(London: Macmillan, 1970), 47.
40. C. R. Boxer, *The Golden Age of Brazil, 1695-1750: Growing Pains of a Colonial Society*(Berkeley: University of California Press, 1962), 34.
41. John K. Thornton, *A Cultural History of the Atlantic World, 1250-1820*(Cambridge: Cambridge University Press, 2012), 183.

42. Louis Jadin and Mireille Dicorato, eds., *Correspondance de Dom Afonso; Roi du Congo, 1506-1543*(Bruxelles: Académie Royale des Sciences d'Outre-mer, 1974), 18-19.
43. Heywood, "Slavery and Its Transformation," 3.
44. Brásio, *Monumenta missionaria africana*, 1:294-323.
45. Thornton, "The Kingdom of Kongo," 94.
46. Robert Garfield, *A History of Sao Tome Island, 1470-1655: The Key to Guinea*(San Francisco: Mellen Research University Press, 1992), 53.

29. 검은 심장들

1. 다음을 참고하라. "Trans-Atlantic Slave Trade-Estimates," SlaveVoyages, https://www.slavevoyages.org/assessment/estimates.
2. Philip D. Curtin, *The Atlantic Slave Trade: A Census*(Madison: University of Wisconsin Press, 1969), 99-101.
3. A. F. C. Ryder, *Benin and the Europeans, 1485-1897*(Harlow, Eng.: Longmans, 1969), 52.
4. Discussion with John Thornton.
5. Joseph C. Miller, *Way of Death: Merchant Capitalism and the Angolan Slave Trade, 1730-1830*(Madison: University of Wisconsin Press, 1988), 51.
6. Michael A. Gomez, *Reversing Sail: A History of the African Diaspora*, 2nd ed.(Cambridge: Cambridge University Press, 2020), 40.
7. Linda M. Heywood, "Slavery and Its Transformation in the Kingdom of Kongo: 1491-1800," *The Journal of African History* 50, no. 1(2009): 6.
8. Ibid., 9.
9. Afonso's letter from July 6, 1526, in Visconde de Paiva-Manso, *História do Congo*(Lisbon: 1877), 53-54(저자의 번역). 또한 다음을 참고하라. John Reader, *Africa: A Biography of the Continent*(New York: Alfred A. Knopf, 1998), 375.
10. Levy Maria Jordão, *Historia do Congo*(Lisbon: Typ. da Academia, 1877), 56-58.
11. John Thornton, "Early Kongo-Portuguese Relations: A New Interpretation," *History in Africa* 8(1981): 193; https://doi.org/10.2307/3171515.
12. Heywood, "Slavery and Its Transformation in the Kingdom of Kongo," 6.
13. Anne Hilton, *The Kingdom of Kongo*(Oxford: Oxford University Press, 1985), 115.
14. "Trans-Atlantic Slave Trade-Estimates"; Curtin, *The Atlantic Slave Trade,* 106-7. 또한 다음을 참고하라. Thomas, *The Slave Trade*, 185.
15. Miller, *Way of Death*, 80.
16. Ibid., 80-81.
17. Miller, *Way of Death*, 80.
18. Ibid., 68.
19. Ibid., 70.

20. Ibid., 84.
21. José C. Curto, *Enslaving Spirits: The Portuguese-Brazilian Alcohol Trade at Luanda and Its Hinterland, c. 1550-1830*, vol. 2 of *The Atlantic World*(Leiden: Brill, 2004), 185.
22. Anne Hilton, *The Kingdom of Kongo*(Oxford: Oxford University Press, 1985), 61.
23. John K. Thornton, "The Kingdom of Kongo and the Thirty Years' War," *Journal of World History* 27, no. 2(2016): 195.
24. 예를 들면, 다음을 참고하라. Joseph C. Miller, "Requiem for the 'Jaga'(Requiem pour les 'Jaga')," *Cahiers d'Etudes Africaines* 13, no. 49(1973): 121-49; John K. Thornton, "A Resurrection for the Jaga(La Résurrection des Jaga)," *Cahiers d'Etudes Africaines* 18, no. 69/70(1978): 223-27; Anne Hilton, "The Jaga Reconsidered," *The Journal of African History* 22, no. 2(1981): 191-202.
25. Heywood, "Slavery and Its Transformation in the Kingdom of Kongo," 7.
26. John K. Thornton, *A Cultural History of the Atlantic World, 1250-1820*(Cambridge: Cambridge University Press, 2012), 183.
27. Hilton, *The Kingdom of Kongo*, 105.
28. Linda M. Heywood, *Njinga of Angola: Africa's Warrior Queen*(Cambridge, Mass.: Harvard University Press, 2017), 25.
29. Miller, *Way of Death*, 110.
30. Heywood, *Njinga of Angola*, 35.
31. David Wheat, *Atlantic Africa and the Spanish Caribbean, 1570-1640*(Chapel Hill: University of North Carolina Press, 2016), 70.
32. David Birmingham, *Trade and Conflict in Angola: The Mbundu and their Neighbours Under Portuguese Influence, 1483-1790*(Oxford: Clarendon Press, 1966), 38.
33. Thornton, "The Kingdom of Kongo and the Thirty Years' War," 195.
34. Heywood, *Njinga of Angola*, 25, 26.
35. Ibid. 27.
36. Thornton, *A Cultural History of the Atlantic World*, 185.
37. Fr Dieudonée Rinchon, *La Traite et l'esclavage des congolais par les européens* (Brussels: 1929)(저자의 번역).
38. Domingos de Abreu e Brito, *Um inquérito à vida administrativa e econômica de Angola e do Brasil em fins do século XVI*(Coimbra: 1931), 35(저자의 번역).
39. Thornton, "The Kingdom of Kongo and the Thirty Years' War," 196.
40. Wheat, *Atlantic Africa and the Spanish Caribbean*, 72, 100.

30. 검은 대서양을 차지하기 위한 전쟁

1. John K. Thornton, "The Kingdom of Kongo and the Thirty Years' War," *Journal*

of World History 27, no. 2(2016): 198.

2. Ibid., 199.
3. Ibid.
4. Ibid., 199.
5. Ibid., 192.
6. Ibid., 200.
7. David Wheat, *Atlantic Africa and the Spanish Caribbean, 1570-1640*(Chapel Hill: University of North Carolina Press, 2016), 71.
8. Wim Klooster, *The Dutch Moment: War, Trade, and Settlement in the Seventeenth-Century Atlantic World*(Ithaca, N.Y.: Cornell University Press, 2016), 3.
9. Thornton, "The Kingdom of Kongo and the Thirty Years' War," 201.
10. Ibid., 203.
11. Klooster, *The Dutch Moment*, 7.
12. Thornton, "The Kingdom of Kongo and the Thirty Years' War," 206.
13. Linda M. Heywood, *Njinga of Angola: Africa's Warrior Queen*(Cambridge, Mass.: Harvard University Press, 2017), 133.
14. Thornton, "The Kingdom of Kongo and the Thirty Years' War," 207.
15. John K. Thornton, "The Kingdom of Kongo," in *Kongo: Power and Majesty*, ed. Alisa LaGamma(New York: Metropolitan Museum of Art, 2015), 98.
16. Thornton, "The Kingdom of Kongo and the Thirty Years' War," 210.
17. Toby Green, *A Fistful of Shells: West Africa from the Rise of the Slave Trade to the Age of Revolution*(Chicago: University of Chicago Press, 2019), 213.
18. Thornton, "The Kingdom of Kongo and the Thirty Years' War," 212.
19. Thornton, "The Kingdom of Kongo," 103.
20. Wheat, *Atlantic Africa and the Spanish Caribbean*, 73.
21. Linda M. Heywood, "Slavery and Its Transformation in the Kingdom of Kongo: 1491-1800," *The Journal of African History* 50, no. 1(2009): 11.
22. Robert B. Edgerton, *The Fall of the Asante Empire: The Hundred-Year War for Africa's Gold Coast*(New York: Free Press, 1995), 67.
23. Howard W. French, *A Continent for the Taking: The Tragedy and Hope of Africa*(New York: Vintage, 2005), 16.
24. Jean-François Arvis, Gaël Raballand, and Jean-François Marteau, "The Cost of Being Landlocked: Logistics, Costs, and Supply Chain Reliability," Policy Research Working Paper no. 4258(Washington, D.C.: World Bank, 2007), https://openknowledge.worldbank.org/handle/10986/7420.
25. Sara Berry, *No Condition Is Permanent: The Social Dynamics of Agrarian Change in Sub-Saharan Africa*(Madison: University of Wisconsin Press, 1993), 24.
26. Ibid.

27. Mahmood Mamdani, *Citizen and Subject: Contemporary Africa and the Legacy of Late Colonialism*(Princeton, N.J.: Princeton University Press, 2018), 37.
28. Philip D. Curtin, *The Image of Africa: British Ideas and Action, 1780-1850* (Madison: University of Wisconsin Press, 1964), 13, 89.
29. Ibid., 451.
30. Ibid., 13.
31. William Dalrymple and Olivia Fraser, *The Anarchy: The Relentless Rise of the East India Company*(New York: Bloomsbury, 2019), 39.
32. Howard W. French, "A History of Denial," *New York Review of Books*, April 19, 2018, https://www.nybooks.com/articles/2018/04/19/africa-history-of-denial/.
33. Benedict R. O'G Anderson, *Imagined Communities: Reflections on the Origin and Spread of Nationalism*, rev. ed(London: Verso, 2006), 128.
34. Frederick Cooper, *Africa in the World: Capitalism, Empire, Nation-State* (Cambridge, Mass.: Harvard University Press, 2014), 22.

31. 흩어져 나간 사람들, 고갈된 대륙

1. 다음을 참고하라. "Trans-Atlantic Slave Trade-Estimates," SlaveVoyages, https://www.slavevoyages.org/assessment/estimates.
2. Paul E. Lovejoy, "The Impact of the Atlantic Slave Trade on Africa: A Review of the Literature," *The Journal of African History* 30, no. 3(1989): 365.
3. Nathan Nunn, "The Long-Term Effects of Africa's Slave Trades," *The Quarterly Journal of Economics* 123, no. 1(2008): 142.
4. Francis Fukuyama, *The Origins of Political Order: From Prehuman Times to the French Revolution*(New York: Farrar, Straus and Giroux, 2011, 90.
5. Joseph Calder Miller, *Way of Death: Merchant Capitalism and the Angolan Slave Trade, 1730-1830*(Madison: University of Wisconsin Press, 1988), 153.
6. Shane Doyle, "Demography and Disease," in *The Oxford Handbook of Modern African History*, ed. John Parker and Richard J. Reid(New York: Oxford University Press, 2013), 3.
7. Miller, *Way of Death*, 440.
8. Lovejoy, "The Impact of the Atlantic Slave Trade on Africa," 394.
9. Doyle, "Demography and Disease," 1.
10. Ibid., 2. 무역이 아프리카에 미치는 인구통계학적 영향에 대한 역사적 논쟁은 다음을 참고하라. Ana Lucia Araujo, *Public Memory of Slavery: Victims and Perpetrators in the South Atlantic*,(Amherst, N.Y.: Cambria Press, 2010), ch. 1.
11. Doyle, "Demography and Disease," 1.
12. Ibid., 4.
13. Ibid., 9.

14. Dani Rodrik, "Premature Deindustrialisation in the Developing World," *Frontiers of Economics in China* 12, no. 1(Apr. 2017): 1-6.
15. Miller, *Way of Death*, 194.
16. Toby Green, *A Fistful of Shells: West Africa from the Rise of the Slave Trade to the Age of Revolution*(Chicago: University of Chicago Press, 2019), 507-8.
17. Howard W. French, "Treasures of the Sahel," *New York Review of Books*. May 14, 2020, https://www.nybooks.com/articles/2020/05/14/art-treasures -sahel/.
18. James C. Scott, *The Art of Not Being Governed: An Anarchist History of Upland Southeast Asia*(New Haven: Yale University Press, 2009), x.
19. Nathan Nunn and Leonard Wantchekon, "The Slave Trade and the Origins of Mistrust in Africa," *The American Economic Review* 101, no. 7(Dec. 2011): 3223.
20. Miller, *Way of Death*, 123.
21. Nunn and Wantchekon, "The Slave Trade and the Origins of Mistrust in Africa," 3226.
22. Ibid., 3222.
23. Walter Hawthorne, *Planting Rice and Harvesting Slaves: Transformations Along the Guinea-Bissau Coast, 1400-1900*(Portsmouth, N.H.: Heinemann, 2003), 106-7.
24. M. I. Lind and F. Spagopoulou, "Evolutionary Consequences of Epigenetic Inheritance," *Heredity* 121(2018): 205; https://doi.org/10.1038/s41437-018-0113-y.
25. Miller, *Way of Death*, 154.
26. Ibid.

32. 자유의 향기

1. Walter Johnson, *River of Dark Dreams: Slavery and Empire in the Cotton Kingdom*(Cambridge, Mass.: Belknap/Harvard University Press, 2013), 10.
2. Curtis M. Geer, *The Louisiana Purchase and the Westward Movement*(Philadelphia: G. Barrie, 1904), 197.
3. Memorial to Congress by Permanent Committee of the Natchez District, Oct. 23, 1797, in *The Territorial Papers of the United States*, vol. 5, *The Territory of Mississippi, 1798-1817*, ed. Clarence Edwin Carter(Washington, D.C.: GPO, 1937), 10.
4. Johnson, *River of Dark Dreams*, 6.
5. Julian P. Boyd et al., eds., *The Papers of Thomas Jefferson*(Princeton, N.J.: Princeton University Press, 1950-), 29:519.
6. John Clement Fitzpatrick et al., eds., *The Writings of GW from the Original Manuscript Sources, 1745-1799*(Washington, D.C.: GPO, 1931-1944), 31:375.
7. Albert Thrasher, *On to New Orleans!: Louisiana's Heroic 1811 Slave Revolt*(New Orleans: Cypress Press, 1996), 1.

8. Daniel Rasmussen, *American Uprising: The Untold Story of America's Largest Slave Revolt*(New York: Harper, 2011), 9.
9. Ibid., 23.
10. Brandon R. Byrd, *The Black Republic: African Americans and the Fate of Haiti* (Philadelphia: University of Pennsylvania Press, 2020), 2.
11. Gary B. Nash, *The Forgotten Fifth: African Americans in the Age of Revolution* (Cambridge, Mass.: Harvard University Press, 2006), 143.
12. Julius Sherrard Scott and Marcus Rediker, *The Common Wind: Afro-American Currents in the Age of the Haitian Revolution*(London: Verso, 2018), xi.
13. Ibid., 80.
14. Vincent Brown, *Tacky's Revolt: The Story of an Atlantic Slave War*(Cambridge, Mass.: Belknap/Harvard University Press, 2020), 104.
15. Laurent Dubois and Richard Lee Turits, *Freedom Roots: Histories from the Caribbean*(Chapel Hill: University of North Carolina Press, 2019), 108.
16. Scott and Rediker, *The Common Wind*, 78.
17. Brown, *Tacky's Revolt*, 210.
18. Ibid., 181.
19. Scott and Rediker, *The Common Wind*, 53.
20. Christopher L. Tomlins, *Freedom Bound: Law, Labor, and Civic Identity in Colonizing English America, 1580-1865*(New York: Cambridge University Press, 2010), 409.
21. Michel-Rolph Trouillot, *Silencing the Past: Power and the Production of History*(Boston: Beacon Press, 1995), 38; Scott and Rediker, *The Common Wind*, 57.
22. Scott and Rediker, *The Common Wind*, xv.
23. John K. Thornton, "African Soldiers in the Haitian Revolution," *The Journal of Caribbean History* 25, no. 1(1991): 60.
24. Scott and Rediker, *The Common Wind*, 6.
25. Walter S. Franklin et al., eds., *American State Papers: Documents, Legislative and Executive, of the Congress of the United States, from the First Session of the First to the Second Session of the Twenty-Second Congress; Inclusive Commencing March 3, 1789 and Ending March 3, 1833*, vol. 7, *Post Office Department*(Washington, D.C.: Gales and Seaton, 1834).
26. "Memoirs of Capt. Paul Cuffee," New York *Freedom's Journal*, April 6, 1827, 1.
27. Rasmussen, *American Uprising*, 89.
28. Laurent Dubois and Richard Lee Turits, *Freedom Roots: Histories from the Caribbean*(Chapel Hill: University of North Carolina Press, 2019), 111.
29. Tomlins, *Freedom Bound*, 507.
30. Johnson, *River of Dark Dreams*, 18.

31. Sudhir Hazareesingh, *Black Spartacus: The Epic Life of Toussaint Louverture*(New York: Farrar, Straus and Giroux, 2020), 11.
32. Peter P. Hinks, *To Awaken My Afflicted Brethren: David Walker and the Problem of Antebellum Slave Resistance*(University Park: Pennsylvania State University Press, 1997), xiv.
33. Thrasher, *On to New Orleans!*, 57.
34. Rasmussen, *American Uprising*, 109.
35. Thornton, "African Soldiers in the Haitian Revolution," 58–80.
36. Rasmussen, *American Uprising*, 140.
37. Ibid., 154–55.
38. Johnson, *River of Dark Dreams*, 21.
39. "Summary of Trial Proceedings of Those Accused of Participating in the Slave Uprising of January 9, 1811," *Louisiana History: The Journal of the Louisiana Historical Association* 18, no. 4(1977): 473.
40. Rasmussen, *American Uprising*, 2.

33. 블랙 자코뱅

1. C. L. R. James, *The Black Jacobins: Toussaint L'Ouverture and the San Domingo Revolution*, 2nd ed.(New York: Vintage, 1989), ix.
2. William Doyle, *The Oxford History of the French Revolution*(Oxford: Clarendon/Oxford University Press, 1989), 13.
3. Julius Sherrard Scott and Marcus Rediker, *The Common Wind: Afro-American Currents in the Age of the Haitian Revolution*(London: Verso, 2018), 6.
4. Trevor G. Burnard and John Garrigus, *The Plantation Machine: Atlantic Capitalism in French Saint-Domingue and British Jamaica*(Philadelphia: University of Pennsylvania Press, 2016), 2.
5. Laurent Dubois, *Avengers of the New World: The Story of the Haitian Revolution*(Cambridge, Mass.: Belknap/Harvard University Press, 2004), 21.
6. Adam Hochschild, *Bury the Chains: Prophets and Rebels in the Fight to Free an Empire's Slaves*(Boston: Houghton Mifflin, 2005), 261.
7. James, *The Black Jacobins*, 45.
8. Ibid., 47.
9. Dubois, *Avengers of the New World*, 18.
10. Scott and Rediker, *The Common Wind*, 6.
11. Sudhir Hazareesingh, *Black Spartacus: The Epic Life of Toussaint Louverture*(New York: Farrar, Straus and Giroux, 2020), 24.
12. James, *The Black Jacobins*, 112.
13. Burnard and Garrigus, *The Plantation Machine*, 122.

14. James H. Sweet, *Domingos Álvares, African Healing, and the Intellectual History of the Atlantic World*(Chapel Hill: University of North Carolina Press, 2011), 26.
15. Christina Frances Mobley, "The Kongolese Atlantic: Central African Slavery and Culture from Mayombe to Haiti"(Ph.D. diss., Duke University, 2015).
16. Scott and Rediker, *The Common Wind*, 53.
17. Dubois, *Avengers of the New World*, 135.
18. James, *The Black Jacobins*, 22.
19. David Geggus, "Les Esclaves de la plaine du nord a la veille de la revolution francaise," *Revue de la Société Haïtienne d'Histoire et de Géographie* 142(1984): 24.
20. James, *The Black Jacobins*, 22.
21. Dubois, *Avengers of the New World*, 68.
22. James, *The Black Jacobins*, 55.
23. Dubois, *Avengers of the New World*, 90.
24. Ibid.
25. Ibid., 57.
26. Hazareesingh, *Black Spartacus*, 12.

34. 금박 계급장을 단 흑인들

1. Brandon R. Byrd, *The Black Republic: African Americans and the Fate of Haiti*(Philadelphia: University of Pennsylvania Press, 2020), 1.
2. Neil Roberts, *Freedom as Marronage*(Chicago: University of Chicago Press, 2015), 105.
3. Adam Hochschild, *Bury the Chains: Prophets and Rebels in the Fight to Free an Empire's Slaves*(Boston: Houghton Mifflin, 2005), 290.
4. David Nicholls, *From Dessalines to Duvalier: Race, Colour, and National Independence in Haiti*(New Brunswick, NJ: Rutgers University Press: 1996), 36.
5. Hochschild, *Bury the Chains*, 268.
6. Carolyn E. Fick, *The Making of Haiti: the Saint Domingue Revolution from Below*,(Knoxville: University of Tennessee Press, 1990), 93–4.
7. Carolyn E. Fick, *The Making of Haiti: The Saint Domingue Revolution from Below*(Knoxville: University of Tennessee Press, 1990), 97, 106–7.
8. Hochschild, *Bury the Chains*, 260.
9. Jean-Philippe Garran-Coulon, *Rapport sur les troubles de Saint-Domingue*(Paris: 1798–1799), 3:141–44.
10. Sudhir Hazareesingh, *Black Spartacus: The Epic Life of Toussaint Louverture*(New York: Farrar, Straus and Giroux, 2020), 11.
11. David Patrick Geggus, *Haitian Revolutionary Studies*(Bloomington: Indiana University Press, 2002), 127.

12. C. L. R. James, *The Black Jacobins: Toussaint L'Ouverture and the San Domingo Revolution*, 2nd ed.(New York: Vintage, 1989), 256.
13. Ibid., 244.
14. Ibid., 256.
15. Ibid., 124.
16. Hazareesingh, *Black Spartacus*, 80; John K. Thornton, "African Soldiers in the Haitian Revolution," *The Journal of Caribbean History* 25, no. 1(Jan. 1991): 67.
17. Hochschild, *Bury the Chains*, 271.
18. Ibid., 276.
19. Taylor, *The Internal Enemy*, 117.
20. Hochschild, *Bury the Chains*, 278.
21. Ibid.
22. Ibid., 279, 281.
23. Jeremy D. Popkin, *A New World Begins: The History of the French Revolution*(New York: Basic Books, 2019), 538.
24. Julius Sherrard Scott and Marcus Rediker, *The Common Wind: Afro-American Currents in the Age of the Haitian Revolution*(London: Verso, 2018), 54.
25. The Louverture Project, https://the louvertureproject.org/index.php?title=Napol%C3%A9on_Bonaparte_Proclamation_ on_Saint-Domingue_(1799).
26. Dubois, *Avengers of the New World*, 241.
27. Popkin, *A New World Begins*, 538.
28. Dubois, *Avengers of the New World*, 242.
29. Hochschild, *Bury the Chains*, 291.
30. Ibid.
31. Popkin, *A New World Begins*, 539.
32. Dubois, *Avengers of the New World*, 256.
33. Hochschild, *Bury the Chains*, 291.
34. James Stephen, *The Crisis of the Sugar Colonies: Or, An Enquiry into the Objects and Probable Effects of the French Expedition to the West Indies, and Their Connection with the Colonial Interests of the British Empire, to Which Are Subjoined Sketches of a Plan for Settling the Vacant Lands of Trinidada. In Four Letters to the Right Hon. Henry Addington*(1802; repr., New York: Negro Universities Press, 1969), 75-76.
35. François-Joseph-Pamphile de Lacroix, *Mémoires pour servir à l'Histoire de la Révolution de Saint-Domingue* vol. 2(Paris: 1819), 63(저자의 번역).
36. James, *The Black Jacobins*, 281.
37. Dubois, *Avengers of the New World*, 268.
38. James, *The Black Jacobins*, 334.

39. Michel-Rolph Trouillot, *Silencing the Past: Power and the Production of History* (Boston: Beacon Press, 1995), 67.
40. James, *The Black Jacobins*, 341.
41. Ibid.
42. Dubois, *Avengers of the New World*, 260.
43. Popkin, *A New World Begins*, 538.
44. Taylor, *The Internal Enemy*, 114.
45. Dubois, *Avengers of the New World*, 291-92.
46. Hochschild, *Bury the Chains*, 293.
47. Dubois, *Avengers of the New World*, 293.
48. Laurent Dubois and John D. Garrigus, eds., *Slave Revolution in the Caribbean, 1789-1804: A Brief History with Documents*(New York: Bedford/St. Martin's, 2006).
49. Hochschild, *Bury the Chains*, 294.

35. 블루스와 아메리카의 진실

1. Edwidge Danticat, "The Long Legacy of Occupation in Haiti," *The New Yorker*, July 28, 2015.
2. Ted Gioia, *Delta Blues: The Life and Times of the Mississippi Masters Who Revolutionized American Music*(New York: W. W. Norton, 2008), 205.
3. Robert Farris Thompson, *Flash of the Spirit: African and Afro-American Art and Philosophy*(New York: Vintage, 1984), xiii.
4. Amiri Baraka, *Blues People: Negro Music in White America*(New York: Quill/William Morrow, 1999), 17.
5. David Cannadine, *Victorious Century: The United Kingdom, 1800-1906*(London: Allen Lane, 2017), 45.
6. Sven Beckert, *Empire of Cotton: A Global History*(New York: Alfred A. Knopf, 2014), 63.
7. W. E. B. Du Bois, *Black Reconstruction in America: An Essay Toward a History of the Part Which Black Folk Played in the Attempt to Reconstruct Democracy in America, 1860-1880*(New York: Oxford University Press, 2007), 10.
8. Gioia, *Delta Blues*, 2.
9. Ibid., 202.
10. Giles Oakley, *The Devil's Music: A History of the Blues*, 2nd ed.(New York: Da Capo Press, 1997), 197.
11. Ibid., 221.
12. Albert Murray, *The Hero and the Blues*(New York: Vintage, 1995), 36-37.
13. Nicholas Lemann, *The Promised Land: The Great Black Migration and How It Changed America*(New York: Alfred A. Knopf, 1991), 47.

14. "Robert L. Stovall: 1932–2009," *Chicago Tribune*, Aug. 6, 2009.
15. Françoise N. Hamlin, *Crossroads at Clarksdale: The Black Freedom Struggle in the Mississippi Delta After World War II*(Chapel Hill: University of North Carolina Press, 2012), xiv.
16. Walter Johnson, *River of Dark Dreams: Slavery and Empire in the Cotton Kingdom*(Cambridge, Mass.: Belknap/Harvard University Press, 2013), 3.
17. Beckert, *Empire of Cotton*, 73.
18. Jeffrey Ostler, *Surviving Genocide: Native Nations and United States from the American Revolution to Bleeding Kansas*.(New Haven: Yale University Press, 2019), 191.
19. Ibid.
20. Beckert, *Empire of Cotton*, 108.
21. *The Memoirs of John Quincy Adams, Comprising Portions of His Diary from 1795-1848*, ed. Charles Francis Adams(Philadelphia: 1875), 7:90.
22. Claudio Saunt, *Unworthy Republic: The Dispossession of Native Americans and the Road to Indian Territory*(New York: W. W. Norton, 2020), xvi. 또한 다음을 참고하라. Mahmood Mamdani, *Neither Settler nor Native: The Making and Unmaking of Permanent Minorities*(Cambridge, Mass.: Belknap/Harvard University Press, 2020), 98.

36. 흑인의 기여

1. *American Cotton Planter*, April 23, 1853, 152.
2. Walter Johnson, *River of Dark Dreams: Slavery and Empire in the Cotton Kingdom*(Cambridge, Mass.: Belknap/Harvard University Press, 2013), 193.
3. Joshua D. Rothman, "The Contours of Cotton Capitalism: Speculation, Slavery, and Economic Panic in Mississippi, 1832–1841," in *Slavery's Capitalism: A New History of American Economic Development*, ed. Sven Beckert and Seth Rockman(Philadelphia: University of Pennsylvania Press, 2016), 129.
4. Sven Beckert, *Empire of Cotton: A Global History*(New York: Alfred A. Knopf, 2014), 113.
5. Alan Taylor, *The Internal Enemy: Slavery and War in Virginia, 1772-1832*(New York: W. W. Norton, 2013), 48.
6. Rothman, "The Contours of Cotton Capitalism," 130.
7. Edward Ball, "Retracing Slavery's Trail of Tears," *Smithsonian Magazine*, November 2015, https://www.smithsonianmag.com/history/slavery-trail-of-tears-180956968/.
8. Johnson, *River of Dark Dreams*, 41.
9. James Oakes, *Slavery and Freedom: An Interpretation of the Old South*(New York: Alfred A. Knopf, 1990), 23.

10. Anne C. Bailey, *The Weeping Time: Memory and the Largest Slave Auction in American History*(New York: Cambridge University Press, 2017), 9.
11. Ibid., 11.
12. Johnson, *River of Dark Dreams*, 5.
13. Beckert, *Empire of Cotton*, 104; Edward E. Baptist, *The Half Has Never Been Told: Slavery and the Making of American Capitalism*(New York: Basic Books, 2016), 113.
14. Beckert, *Empire of Cotton*, 113.
15. Johnson, *River of Dark Dreams*, 11.
16. Oakes, *Slavery and Freedom*, 98.
17. Mary V. Thompson, *"The Only Unavoidable Subject of Regret": George Washington, Slavery, and the Enslaved Community at Mount Vernon* (Charlottesville: University of Virginia Press, 2019), 244–45.
18. Rogers M. Smith, *Civic Ideals: Conflicting Visions of Citizenship in U.S. History*(New Haven: Yale University Press, 1997), 17–18.
19. Toni Morrison, *Playing in the Dark: Whiteness and the Literary Imagination*(New York: Vintage, 1993), 38.
20. Thomas Piketty and Gabriel Zucman, "Capital Is Back: Wealth-Income Ratios in Rich Countries 1700–2010," *The Quarterly Journal of Economics* 129, no. 3(2014): 33.
21. Bonnie Martin, "Neighbor-to-Neighbor Capitalism: Local Credit Networks and the Mortgaging of Slaves," in Beckert and Rockman, *Slavery's Capitalism*, 108.
22. Ibid.
23. Claudio Saunt, *Unworthy Republic: The Dispossession of Native Americans and the Road to Indian Territory*(New York: W. W. Norton, 2020), 187.
24. W. E. B. Du Bois, *The Gift of Black Folk: The Negroes in the Making of America*(New York: Oxford University Press, 2014), 42.
25. W. E. B. Du Bois, *Black Reconstruction in America: An Essay Toward a History of the Part Which Black Folk Played in the Attempt to Reconstruct Democracy in America, 1860-1880*(New York: Oxford University Press, 2007), 5.
26. Ibid., xxxi.
27. Christopher L. Tomlins, *Freedom Bound: Law, Labor, and Civic Identity in Colonizing English America, 1580-1865*(New York: Cambridge University Press, 2010), 413.

37. 서구는 어떻게 형성되고, 어떻게 '이겼는가'

1. Constance McLaughlin Green, *Eli Whitney and the Birth of American Technology* (Boston: Little, Brown, 1956).

2. Sven Beckert, *Empire of Cotton: A Global History*(New York: Alfred A. Knopf, 2014), 102.
3. Edward E. Baptist, *The Half Has Never Been Told: Slavery and the Making of American Capitalism*(New York: Basic Books, 2016), 128.
4. Ibid., 126.
5. Robert I. Paquette, "Revolutionary Saint Domingue in the Making of Territorial Louisiana," in *A Turbulent Time: The French Revolution and the Greater Caribbean*, ed. David Barry Gaspar and David Patrick Geggus (Bloomington: Indiana University Press, 1997), 207.
6. Ibid., 206.
7. Ibid., 209.
8. Michael Taylor, *The Interest: How the British Establishment Resisted the Abolition of Slavery*(Vintage Digital, 2020), 23.
9. Michel-Rolph Trouillot, *Silencing the Past: Power and the Production of History*(Boston: Beacon Press, 1995), 100.
10. Annette Gordon-Reed, *The Hemingses of Monticello: An American Family*(New York: W. W. Norton, 2008), 54.
11. Christopher L. Tomlins, *Freedom Bound: Law, Labor, and Civic Identity in Colonizing English America, 1580-1865*(New York: Cambridge University Press, 2010), 411.
12. Robert G. Parkinson, *The Common Cause: Creating Race and Nation in the American Revolution*(Chapel Hill: University of North Carolina Press, 2016), 24.
13. Lauren Collins, "The Haitian Revolution and the Hole in French High School History," *The New Yorker*, Dec. 3, 2020; Maya Jassanof, "Misremembering the British Empire," *The New Yorker*, Nov. 2, 2020.
14. Alexis de Tocqueville, *Democracy in America: And Two Essays on America*, trans. Gerald E. Bevan(London: Penguin, 2003), 420.
15. Alexander Hamilton, "Purchase of Louisiana," *New York Evening Post*, July 5, 1803.
16. Sudhir Hazareesingh, *Black Spartacus: The Epic Life of Toussaint Louverture*(New York: Farrar, Straus and Giroux, 2020), 3.
17. Thomas Jefferson, *The Papers of Thomas Jefferson*, vol. 26, ed. John Catanzariti(Princeton, N.J.: Princeton University Press, 1995), 503.
18. Edmund S. Morgan, *American Slavery, American Freedom: The Ordeal of Colonial Virginia*(New York: W. W. Norton, 1975), 135.
19. Philip D. Morgan, " 'To Get Quit of Negroes': George Washington and Slavery," *Journal of American Studies* 39, no. 3(2005): 413.
20. Gordon-Reed, *The Hemingses of Monticello*, 50.

21. Alan Taylor, *The Internal Enemy: Slavery and War in Virginia, 1772-1832*(New York: W. W. Norton, 2013), 20.
22. Claudio Saunt, *Unworthy Republic: The Dispossession of Native Americans and the Road to Indian Territory*(New York: W. W. Norton, 2020), 43.
23. Edward Ball, "Retracing Slavery's Trail of Tears," *Smithsonian Magazine*, November 2015, https://www.smithsonianmag.com/history/slavery-trail-of-tears-180956968/.
24. Ibid.
25. Gordon-Reed, *The Hemingses of Monticello*, 53.
26. Here I especially have drawn on arguments of Michel-Rolph Trouillot in *Silencing the Past: Power and the Production of History*(Boston: Beacon Press, 1995), 107.
27. Gary B. Nash, *The Forgotten Fifth: African Americans in the Age of Revolution*(Cambridge, Mass.: Harvard University Press, 2006), 72-74.
28. Taylor, *The Internal Enemy*, 113.
29. Ibid., 323.
30. William Writ Henry, *Patrick Henry: Life, Correspondence and Speeches*(New York: Charles Scribner's Sons, 1891),1:116.
31. Thomas Jefferson, *Notes on the State of Virginia*, ed. Frank Shuffleton(New York: Penguin Books, 1999), 200.
32. Ibid., 201.
33. Gordon-Reed, *The Hemingses of Monticello*, 115.
34. Jefferson, *Notes on the State of Virginia*, 143.
35. Nash, *The Forgotten Fifth*, 108.
36. Taylor, *The Internal Enemy*, 403.
37. "Address on Colonization to a Deputation of Negroes," August 14, 1862, in *The Collected Works of Abraham Lincoln*, ed. Roy P. Basler(New Brunswick, N.J: Rutgers University Press, 1953), 5:372.
38. Eric Foner, *Reconstruction: America's Unfinished Revolution: 1863-1877*, rev. ed.(New York: HarperPerennial, 2014), 6.
39. Martha S. Jones, *Birthright Citizens: A History of Race and Rights in Antebellum America*(Cambridge: Cambridge University Press, 2018), 37.
40. Sara Fanning, *Caribbean Crossing: African Americans and the Haitian Emigration Movement*(New York: New York University Press, 2014).
41. Peter P. Hinks, *To Awaken My Afflicted Brethren: David Walker and the Problem of Antebellum Slave Resistance*(University Park: Pennsylvania State University Press, 1997), 205.
42. Ibid., xiv.

43. Saunt, *Unworthy Republic*, 48.
44. Ibid., 49.
45. Walter Johnson, *River of Dark Dreams: Slavery and Empire in the Cotton Kingdom*(Cambridge, Mass.: Belknap/Harvard University Press, 2013), 34, 36.
46. Taylor, *The Internal Enemy*, 402.
47. Johnson, *River of Dark Dreams*, 256.
47. Caitlin Rosenthal, *Accounting for Slavery: Masters and Management*(Cambridge, Mass.: Harvard University Press, 2018), 2.
49. Solomon Northup, *Twelve Years a Slave*(Chapel Hill: University of North Carolina Press, 2011), 117.

38. 우리의 기원들에 대한 새로운 관점을 향하여

1. Jonathan Daniel Wells, *The Kidnapping Club: Wall Street, Slavery, and Resistance on the Eve of the Civil War*(New York: Bold Type Books, 2020), 5.
2. Alan Taylor, *The Internal Enemy: Slavery and War in Virginia, 1772-1832*(New York: W. W. Norton, 2013), xvii.
3. W. E. B. Du Bois, *Black Reconstruction in America: An Essay Toward a History of the Part Which Black Folk Played in the Attempt to Reconstruct Democracy in America, 1860-1880*(New York: Oxford University Press, 2007), 49.
4. "Abraham Lincoln's Letter to Horace Greeley," August 22, 1862, Abraham Lincoln Online, http://www.abrahamlincolnonline.org/lincoln/speeches/greeley.htm, accessed December 21, 2020.
5. Ira Berlin, *The Long Emancipation: The Demise of Slavery in the United States*(Cambridge, Mass.: Harvard University Press, 2015), 160.
6. Eric Foner, *Reconstruction: America's Unfinished Revolution: 1863-1877*, rev. ed.(New York: HarperPerennial, 2014), 6.
7. Berlin, *The Long Emancipation*, 170.
8. Foner, *Reconstruction*, 32.
9. Du Bois, *Black Reconstruction in America*, 89.
10. Manisha Sinha, *The Slave's Cause: A History of Abolition*(New Haven: Yale University Press, 2016), 48.
11. Robert G. Parkinson, *The Common Cause: Creating Race and Nation in the American Revolution*(Chapel Hill: University of North Carolina Press, 2016), 25.
12. Gary B. Nash, *The Forgotten Fifth: African Americans in the Age of Revolution*(Cambridge, Mass.: Harvard University Press, 2006), 8.
13. Sinha, *The Slave's Cause*, 49.
14. Ibid.
15. David Brion Davis, *Inhuman Bondage: The Rise and Fall of Slavery in the New*

World(New York: Oxford University Press, 2006), 35.

16. Robert G. Parkinson, *The Common Cause: Creating Race and Nation in the American Revolution*(Chapel Hill: University of North Carolina Press, 2016), 22.
17. Nash, *The Forgotten Fifth*, 39.
18. E. J. Hobsbawm, *The Age of Revolution, 1789-1848*(New York: New American Library, 1980), 44.
19. G. John Ikenberry, *A World Safe for Democracy: Liberal Internationalism and the Crises of Global Order*(New Haven: Yale University Press, 2020), 83.
20. Lawrence James, *Empires in the Sun: The Struggle for the Mastery of Africa, 1830-1990*(London: Weidenfeld & Nicolson, 2016), 40.
21. Sven Beckert, *Empire of Cotton: A Global History*(New York: Alfred A. Knopf, 2014), 281.
22. Foner, *Reconstruction*, 10.
23. Nicholas Lemann, *The Promised Land: The Great Black Migration and How It Changed America*(New York: Alfred A. Knopf, 1991), 1, 5.
24. Simeon Booker, *Black Man's America*(Englewood Cliffs, N.J.: Prentice-Hall, 1964), 161.
25. Taylor Branch, *Parting the Waters: America in the King Years, 1954-63*(New York: Simon & Schuster, 1988), 423.
26. Foner, *Reconstruction*, 200.
27. Ibid., 94.
28. Eric Foner and Joshua Brown, *Forever Free: The Story of Emancipation and Reconstruction*(New York: Alfred A. Knopf, 2005), 199.
29. Foner, *Reconstruction*, 599-600.
30. Françoise N. Hamlin, *Crossroads at Clarksdale: The Black Freedom Struggle in the Mississippi Delta After World War II*(Chapel Hill: University of North Carolina Press, 2012), 13.
31. Isabel Wilkerson, *The Warmth of Other Suns: The Epic Story of America's Great Migration*(New York: Vintage, 2011), 534.
32. Ibid., 535.
33. Lemann, *The Promised Land*, 49.
34. Ibid., 16.

후기

1. Annette Gordon-Reed, *Thomas Jefferson and Sally Hemings: An American Controversy*(Charlottesville: University Press of Virginia, 1997).
2. Nicholas Guyatt, *Bind Us Apart: How Enlightened Americans Invented Racial Segregation*(New York: Basic Books, 2016), 70.

찾아보기

ㄷ

ㄹ

ㅅ

ㅇ

ㅈ

ㅊ

ㅋ

ㅌ

ㅍ

ㅎ

본 인 블랙니스

아프리카, 아프리카인, 근대 세계의 형성, 1471년부터 제2차 세계대전까지

1판 1쇄 2023년 9월 9일

지은이 | 하워드 W. 프렌치
옮긴이 | 최재인

펴낸이 | 류종필
편집 | 권준, 이정우, 이은진
경영지원 | 김유리
표지 디자인 | 석운디자인
본문 디자인 | 이미연

펴낸곳 | (주) 도서출판 책과함께
주소 (04022) 서울시 마포구 동교로 70 소와소빌딩 2층
전화 (02) 335-1982
팩스 (02) 335-1316
전자우편 prpub@daum.net
블로그 blog.naver.com/prpub
등록 2003년 4월 3일 제2003-000392호

ISBN 979-11-92913-38-4 03900